현 대 정 치 학

오 명 호 吳明鎬

서울대학교 문리과대학 정치학과 졸업
서울대학교 대학원 정치학석사
University of Hawaii 정치학과 M.A.
University of Pennsylvania 정치학과 Ph.D.
Harvard University 국제문제연구소 연구원
한양대학교 행정대학원장, 사회과학대학장, 교무처장, 부총장
일본 와세다대학 교환교수(한국현대정치사)
현재 한양대학교 정치외교학과 명예교수

저서 『현대정치학이론』, 박영사(1990)
『중국의 정치와 경제』(공저), 집문당(1993)
『현대정치학방법론』, 박영사(1995)
『한국현대정치사의 이해』, 오름(1999)
『현대정치학이론 2』, 박영사(2004)

논문 "Demand, Capacity and Decay: A Control Systems Formulation," *Comparative Political Studies*, Vol. 7, No. 4(Jan. 1975).
"Economic Development and Political Instability: Tunnel Effect and Relative Deprivation," *Social Science Journal*, Vol. 8(1981).
"America's Korean Policy, 1972~1977: Moralism and Issue Net-works, *The Journal of East Asian Affairs*, Vol. 3, No. 1(1983).

현 대 정 치 학
이론적 구성과 연구 동향

오명호 지음

초판 1쇄 인쇄 2010년 2월 20일 **초판 1쇄 발행** 2010년 2월 25일
발행인 김종량 **발행처** 한양대학교출판부
주소 133-791 서울 성동구 행당동 17번지 **전화** 02)2220-1432~4 **팩스** 02)2220-1435
홈페이지 www.press.hanyang.ac.kr **전자우편** presshy@hanyang.ac.kr
출판등록 제4-7호(1972년 2월 29일) **인쇄처** 화신문화㈜

ISBN 978-89-7218-368-6 93340

현대정치학

| 이론적 구성과 연구 동향 |

오명호 지음

한양대학교출판부

서 문

이 책은 현대정치학의 이론적 구성과 관련된 최근의 연구들을 정리하여 본 것이다. 그동안 몇 차례에 걸쳐(1990, 1995, 2004) 정치학에서 논의되는 이론의 구조와 그 실제적인 구성 및 적용상의 문제들을 다루어 보았으나, 이 책에서는 최근에 논의되는 주제들을 좀 더 포괄적으로 다루어 보는데 그 초점을 두었다.

정치학을 비롯한 사회과학 분야에서 이론(理論, theory)이란 우리들의 사회생활 속에서 일어나는 사건이나 현상을 설명하고 이해하게 만드는 것으로 정의해볼 수 있다. 우선 전후 1960년대까지 사회과학의 주류를 이루어온 '실증주의'는 자연과학의 방법론이 그대로 사회과학의 연구에도 적용될 수 있다는 전제하에 이론이란 상호연결된 명제들의 집합으로서 사회생활의 설명과 예측을 가능케 하며 이론의 구조면에서는 포괄적인 법칙이나 가설적-연역적 형태가 강조되는 '형식적인'(formal) 측면이 두드러졌다.

그러나 1960년대 후반 유럽을 중심으로 하는 사회-정치적 격동을 전환점으로 이론의 의미는 좀 더 해석적이고 비판적이며 실용적인 측면이 첨가된다. 의미 만들기와 이해(理解)를 앞세우는 이른바 '해석주의'가 학계의 분위기를 바꾸게 된다. 이론적 구성에는 언제나 사회적 이해(利害)나 가치가 반영되기 마련이고 이렇게 만들어지는 이론은 현실세계를 이해하고 또한 사회적 실천의 방향을 좌우할 수 있다는 보다 문제 지향적이고 실용주의적인 의미가 부여된다. 언어의 구성적 역할과 권력의 작용이 이론적 구성에 불가피하게 작용하기 마련이고 세계와 현실에 대한 다원적인 해석가능성을 앞세우는 후기구조주의, 포스트모더니즘, 구성주의, 신실용주의 등의 지식관은 이러한 새로운 움직임을 대표한다고 볼 수 있다. 뿐만 아니라 사회-정치적 격동기는 문제의 소재와 그 해법을 둘러싼 규범적인 논쟁을 유발하기 마련이어서 정의라든가 평등, 민주주의와 같은 정치사상의 고유 영역에도 변화의 바람을 일으키게 되고 이론은 이러한 규범적인 요청을 수용하는 방향전환이 권장된다. 이제 이론은 현실세계를 정확히 표상(表象)하는 거울이라기보다는 그러한 현실을 새롭게 이해하고 조명하며 현실 자체를 바람직한 방향으로 바꾸어 나가는 실행적인 구성물이 되어야 한다는 주장에 힘이 실리게 된다. 이런 점에서 이론은 보다 복잡하고 다차원적인 입론(立論, argumentation)으로 파악될 수도 있다. 즉 실증주의에서처럼 이론의 형식적 구조를 검증하는 연구라기보다는 이론이 기초하는 해석학적 구조, 규범적 공명, 비판적 반사성 등이 적절히 조화되는 체계적인 논쟁적 구성물이 되어야 한다는 주장도 나온다(S. Seidman & J. Alexander, 2001, 2-3). 물론 이러한 이론관(理論觀)이 지금까지의 표준적 견해로 굳혀진 실증주의적 과학관을 완전히 대체한다는 주장으로 이어지는 것은 아니다. 최근에 나타나는 후기실증주의나 자연주의(진화이론)의 논의에서 보듯이 실증주의는 수정과 보완의 형태로 나름대로의 명맥을 유지해 나간다고 볼 수 있기 때문이다. 따라서 이 책에서는 이론의 의미를 좀 더 폭넓게 설정하고 이론적 구성과 관련되는 최근의 전반적인 흐름이 균형 있게 부각되도록 노력해 보았다.

우선 제1편 '정치학 연구의 철학적 기초'에서는 이론적 구성의 문제를 실증주의(實證主義, positivism)와 해석주의(解釋主義, interpretivism)라는 두 갈래의 큰 흐름으로 나누어 다루어 보았다. 전자가 자연과학에서처럼 설명과 예측에 초점을 두는 반면, 후자는 사회과학의 특수성을 전제로 이해와 해석을 강조하는 입장으로 정리해 보았다. 1930년대의 '논리실증주의'를 기본으로 하는 실증주의는 전후(戰後)의 사회과학을 지배하면서 오늘에 이른다. 과학적 지식은 검증의 원칙에 충실해야 하고 이론의 형태는 연역적 구조가 바람직하다는 이 실증주의의 흐름은 정치학에서도 탄탄한 기반을 다져 왔다고 볼 수 있다. 그러나 1970년대에 들어서면서 실증주의를 비판적으로 재구성하고자 하는 새로운 움직임이 일기 시작하면서 사정은 달라진다. 주로 후기실증주의(post-positivism)로 불리기도 하는 이 흐름에서는 K. Popper의 반증주의를 비롯하여 실재론(實在論, realism) 등이 학계의 활발한 논의를 주도하게 된다.

한편 실증주의에 대한 비판과 대응 추세는 신과학철학(T. Khun)이나 지식사회학(D. Bloor, B. Barness) 등의 상대주의적 과학철학의 영향을 받으면서 해석주의의 기세확장으로 이어지게 된다. 사회과학은 자연과학에 바탕을 두는 실증주의의 군림에서 벗어나야 하며 사회적 현실은 그 의미의 이해에 충실하는 해석적 방법을 선택할 것을 강력히 주문하면서 구체적으로는 후기구조주의, 포스트모더니즘, 구성주의 등의 방법론적 대안으로 나타난다. 주로 실증주의와 해석주의라는 두 갈래의 큰 흐름에서 출발하되 그 각각의 흐름에 세부적으로 나타나는 다양한 지류들을 둘러싼 방법론상의 논의들을 배경으로 현대정치학의 현황을 파악할 수 있게 된다. 정치학의 현 위치와 이론적 구성의 문제와 관련해서는 2000년도를 계기로 정치학계에 나타난 페레트로이카 운동을 비롯하여 G. King, R. Keohane, S. Verba 등의 방법론 연구를 둘러싼 새로운 평가들을 다루어 보았다.

제2편 '사회과학의 이론적 구성: 최근의 연구동향'에서는 최근의 사회

과학에서 논의되고 있는 주요 이론적 구성의 문제들을 정리해보았다. 우선 현상의 저변에 깔려 있는 심층구조나 인과메커니즘의 탐구를 앞세우는 실재론의 경우 현재 학계의 관심을 모으고 있는 R. Bhaskar의 비판적 실재론을 선택해 보았다. 해석주의의 흐름에서 두드러지는 후기구조주의, 포스트모더니즘, 구성주의 등과 관련해서는 비교적 최근의 논의들에 나타나는 소재들을 요약해보았다. 그리고 페미니즘에 나타나는 방법론상의 혁신으로서 입장이론(standpoint theory)을 다루어 보았고 이론적 구성과 관련하여 지식의 도구적 성격과 유용성을 앞세우는 '신실용주의'를 부각시켰다. 자연주의는 실증주의의 흐름을 현대적으로 재구성하려는 하나의 새로운 시도로 볼 수 있는데 주로 생물학의 자연선택론이 새롭게 조명되는 측면을 정리해 보았다.

제3편 '정치학의 주요 이론적 접근'에서는 위에서 살펴본 사회과학의 이론적 구성의 기본 원형들이 정치학의 영역에서 구체적으로 적용될 수 있는 몇 가지 대표적인 형태들을 '이론적 접근'(theoretical approaches)으로 정리하였다. 우선 '구조와 행위: 종합적 접근'은 최근의 사회과학에서 가장 관심을 모으는 연구주제로 볼 수 있다. 사회와 개인, 구조와 행위의 관계는 오랫동안 사회과학의 연구를 이원론으로 빠져 들어가게 하는 함정의 의미를 지녀왔으며 이를 극복하기 위한 종합적 접근이 모색되어 왔다. 이 문제의 해결은 근래에 와서 실재론의 계보에 속하는 학자들에 의해 그 실마리가 풀리기 시작하였다고 볼 수 있으며, 대체로 ① A. Giddens의 구조화이론(structuration theory), ② 비판적 실재론의 입장(R. Bhaskar, M. Archer), ③ P. Bourdieu의 하비투스(habitus) 이론 등으로 개략적인 내용을 정리해 보았다. 그 다음으로 역사적 접근은 사회적 변화에 관한 장기적인 과정을 다루는 이론적 접근이 되는데 역사학 분야와 사회과학이 결

합되는 학제간 연구의 산물이기도 하다. 사회과학의 이론적 구성과 방법론상의 새로운 고안들이 역사연구에 도입되는 독특한 이론적 접근이 된다. 역사사회학, 역사적 사회이론, 역사이론 등으로 불리는 이 분야는 정치현상의 장기적이고 역동적인 과정을 분석하는데 상당히 기여할 것으로 기대된다. P. Anderson의 절대주의 국가의 연구, 근대화이론, 종속이론, 복지국가론 등은 이 유형에 속할 수 있다. 특히 M. Foucault의 계보학은 정치학의 영역에서 역사를 새롭게 조명할 수 있는 분석적 틀로 각광을 받는다.

정치학에서의 정치사상(정치철학)은 인간이 추구하는 궁극적 가치(자유, 평등, 정의, 민주주의 등)들을 실현하기 위한 다양한 정치적 배정(political arrangements)을 다루는 연구 분야로서 규범적이면서도 동시에 처방적인 성격을 띠는 연구 분야이다. 그러나 처방적 성격을 띤다는 점에서 언제나 사회-경제적 변환과 밀접한 실천적 문제에 직면하게 되며 또한 규범적 고려와 현실적 제약의 상호작용으로 인한 부단한 이론적 성찰이 불가피해진다. 궁극적 가치에 대한 개념들에 정확성을 기하고 그러한 가치들을 위한 정치적 배정이나 제도적 고안과 관련하여 다음과 같은 주제들이 논의될 수 있다: ① 평등자유주의, ② 자유지상주의, ③ 마르크스주의, ④ 공동체주의, ⑤ 협의민주주의와 시민이론, ⑥ 다문화주의, ⑦ 페미니즘. 문화적 접근은 종래의 사회과학이 물질이나 비문화적 요인들에 치중하는 물질주의를 비판하고 문화가 인간의 의미부여와 정체성, 가치습득에 있어서 구성적 역할(constitutive role)을 담당한다는 입장이다. 문화의 '의미 만들기'의 결정적 작용력에 초점을 두게 되는 만큼 해석주의의 흐름에 속하는 후기구조주의, 구조주의언어학, 포스트모더니즘, 구성주의 등의 다양한 이론적 구성이 투입되는 매우 포괄적인 이론적 접근이 된다. 정치학에서는 이미 1960년대에 정치문화의 연구(G. Almond, S. Verba 등)가 형성된 바 있으나 최근의 문화적 접근에서는 정치적 정체성, 민족과 인종문제, 국가형성, 시민사회의 유형, 사회운동과 정치적 변동의 연구 등으로 이어진다. 정치심리학도 심리학과 정치학이 결합되는 새로운 이론적 접근이 된다. 정치지도자의 성격적 특성과 정책결정과정의 다양한 유형을 비롯해서 정치적 상호작용에 나타나는 인지적 측면과 관련되는 이미지 구성, 외교정책에서 나타나는 전망이론, 정치적 폭력과 관련되는 극단주의, 정치적 대중운동 등의 다양한 주제들이 선별되었다. 여기서는 Freud의 정신분석학이 최근 새롭게 조명되는 측면도 부각시켜 보았다.

제4편은 정치학에서의 구체적인 연구영역(areas of inquiry)이 된다. 정치학에는 전통적으로 어떤 중요하다고 생각되는 중심개념으로 이루어지는 특정한 연구영역이 있다. 주로 권력, 엘리트, 국가와 같은 주요 개념들을 중심으로 이론적 구성이 이루어져 왔으며, 시대의 변화에 대응해서는 정치문화, 근대화, 정치발전, 혁명 등의 새로운 개념들이 기존의 연구영역에 추가되면서 그 이론적 구성이 시도되어 왔다. 즉 현실에 대한 개념화가 이론화를 촉성하게 되는 측면이 된다. 지난번 책(현대정치학이론, Ⅱ, 2004)에서는 '정치와 경제발전', '민주화', '정보사회와 사이버공간의 정치' 등의 연구영역을 다루었으나, 이번에는 '근대와 탈근대의 역사적 변환', '민주주의: 도전과 선택', '환경과 정치', '세계화' 등의 네 가지 영역을 다루어 보았다.

우선 현대사회를 이해하기 위해서는 근대(近代, modernity)와 탈근대(脫近代, postmodernity)의 대치구도로서 각각의 역사적 변환에 나타나는 특성을 파악할 필요가 있다. 근대가 인간이성의 무한한 잠재력, 과학의 힘, 무한한 진보의 가능성 등으로 그 특성이 파악되면, 탈근대는 자율적 자아에 대한 회의, 지식의 불확실성, 탈중심적(脫中心的) 세계관 등의 대조적인 특성으로 부각될 수 있다. 그리고 근대에 대한 '포스트모더니즘'의 비판과 공격은 역으로 '근대'의 대항과 반격이라는 대치상황을 만들어내게 되는데 이와 관련해서는 근대의 프로젝트를 옹호하는 J. Habermas나 A. Giddens의 논지들을 정리해 보았다. 1980년대 구소련의 붕괴로 '민주주의'의 확산과 정착은 세계사적 추세로 전망되었으나 이미 완숙된 선진민주주의 국가의 경우도 정치적 신뢰의 하락과 같은 새로운 고민이 도사리고 있음이 지적된다. 선진민주주의는 안으로 정치적 지지도의 장기적 퇴조에 시달리고 있으며 밖으로는 세계화와 발전국가들의 추격에서 오는 강한 경쟁적 압력에 직면하게 되어 이에 대한 다양한 제도적 개혁이 논의된다. '환경과 정치'에서는 지구적 환경문제의 해결에 있어서 미봉적인 경영적 접근에 머무는 '환경주의'와 현 세계적 사회-경제적 구조의 과격한 변화를 촉구하는 '생태주의'가 서로 차별화된다. 그리고 장기적인 해법과 관련해서는 분권화라든가 녹색국가의 구성과 같은 여러 가지 전략적 대응방향 등이 검토된다. 최근 환경정치의 최대 현안으로 등장한 지구온난화 및 기후변화와 관련해서는 UN의 노력과 국제적 공조의 과정을 살펴보고 정책적 논의와 관련된 여러 방안들, 특히 최근에 제기된 지정학적(地政學的) 논쟁의 일면도 다루어 보았다. 끝으로 '세계화'는 21세기가 당면하는 새로운 이론적 연구영역이 된다. 이 역사적 과정을 경제, 문화, 정치적 가버넌스의 여러 차원에서 그 장기적 추세를 파악해 보고 이와 관련되는 낙관론과 비관론의 여러 논의들을 추려 보았다. 특히 세계화의 경제적 측면과 관련해서는 2008년 미국발 세계금융 위기가 만들어내는 세계적 금융질서의 구조적 특성이 문제가 된다. 이를 둘러싼 정통경제학과 좌파경제학의 대조적인 관점을 부각시켜 보았다.

현대정치학의 이론적 구성이 이 책 한권으로 소개되기에는 너무나 광범위한 분야임을 잘 알고 있으며 일부 난해한 이론적 구성의 논리와 해석의 정리에서 여러 가지 미흡한 점이 많은 것을 솔직히 시인하게 된다. 이러한 부분에 관해서는 추후 보완의 기회를 갖고자 한다. 이론적 연구 분야의 많은 동학(同學)들의 조언과 강의에 참가한 많은 학생들과의 대화들이 이 저술의 값진 밑거름이 되었다. 그리고 자연과학과 관련된 부분에 있어서는 물리학 분야의 한양대 홍주유 교수의 각별한 조언이 있었음을 고맙게 생각한다.

끝으로 한양대학교에서의 뜻 깊고 보람있는 교직생활을 거쳐 이 책의 출판에 이르도록 변함없는 성원과 배려를 아끼지 않으신 김종량 총장님에게 저자는 심심한 감사를 드리고자 한다. 그리고 어려운 출판의 전 과정에 정성을 다해 주신 출판부 여러분에게도 고마운 마음을 간직하고자 한다. 오랜 저술과정에 꾸준한 힘이 되어준 아내에게도 고마운 뜻을 적어둔다.

2010년 봄

저자 씀

차례

제3장 구성주의

제4장 페미니즘: 입장이론

제5장 신실용주의

제6장 자연주의: 진화이론

제3편 현대정치학의 주요 이론적 접근

제1장 구조와 행위: 종합적 접근

제2장 역사적 접근

제3장 정치사상: 현대적 접근

제4장 문화적 접근

제5장 정치심리학

제4편 현대정치학의 이론적 연구영역

제1장 근대와 탈근대의 역사적 변환

제2장 민주주의: 도전과 선택

제3장 환경과 정치

제1편

정치학 연구의 철학적 기초

정치학의 연구 방법과 관련되는 철학적인 논의는 정치학을 포함하는 사회과학 전반의 연구 주제와 연구의 방법을 둘러싸고 전개되기 마련이다. 대체로 그 내용은 크게 세 갈래의 흐름으로 파악될 수 있다. 첫째로 정치학이 포함되는 사회과학의 연구는 자연과학에서 정립된 방법을 그대로 수용하는 것이 바람직하다는 '실증주의'(實證主義, positivism)의 입장이 있다. 둘째로 사회과학과 자연과학은 연구대상이 서로 다르기 때문에 각자의 연구 방법이 절실하다는 전제하에 인간의 사회행동의 의미를 해석하는데 주력해야 한다는 '해석주의'(解釋主義, interpretivism)가 있다. 사회과학의 철학적 기초와 관련해서는 1930년대부터 2차 대전 이후의 상당 기간에 걸쳐 주로 실증주의가 주류를 이루면서 그에 대항하는 해석주의의 도전이라는 두 갈래의 흐름이 형성되어 왔다고 볼 수 있다.

그러나 1970년대 이후 몇 갈래의 새로운 움직임들이 나타나기 시작한다. 실증주의에 대한 비판적 대안으로 등장한 '실재론'(實在論, realism)을 비롯하여 해석주의의 흐름에서는 반표상(反 表象)과 해석의 다원성 및 한정성을 앞세우는 '후기구조주의'(後期構造主義, poststructuralism)와 '포스트모더니즘', 그리고 지식의 형성이 인간의 인지적 구조에 의해 결정적으로 좌우된다고 보는 '구성주의'(構成主義, constructivism) 등이 등장한다. 특히 최근에는 '페미니즘', '신실용주의'(新實用主義, neo-pragmatism), '자연주의'(自然主義, naturalism) 등 사회과학의 연구방법론과 관련되는 새로운 움직임들이 나타나고 있다. 이러한 다양한 흐름을 그 특징별로 부각시켜 정치학의 현황과 관련시켜 보고자 한다.

1. 실증주의

실증주의는 경험주의(empiricism), 행태주의(behaviorism)로도 불리며 사회과학의 주류를 형성해온 연구방법론이다. 19세기의 콩트(Auguste Comte)로부터 밀(Mill), 스펜서(Spencer), 뒤르켐(Durkheim)으로 이어지면서 1920~1930년대의 '논리실증주의'(logical positivism)로 그 내용이 내실화된 하나의 철학적 전통을 뜻한다. 주로 O. Neurath, R. Carnap, H. Reichenbach, C. Hempel, A. Ayer 등으로 대표되는 논리실증주의는 참된 지식이란 경험적 근거에 바탕을 두어야 하며 자연과학의 연구 방법과 절차가 그대로 사회현상의 연구에도 적용될 수 있다는 것이 그 기본입장이다. 즉 자연과학과 사회과학의 통일을 강조하는 방법론적 일원론이 된다.

논리실증주의는 모든 과학적인 명제는 경험적인 근거(관찰)에 의해 검증될 때에만 그 진리가 확정된다는 기본입장이다. 그리고 자연이나 사회를 막론하고 모든 현상의 설명에 있어서는 경험적 현상간에 일어나는 일관된 연결로서의 '법칙'(law)에 근거할 것이 강조된다.[1] 즉 물이 왜 끓고 있느냐 하는 설명을 위해서는 '물은 열을 가하면 끓는다'는 일반적 법칙과 '이 물은 지금 열이 가해지고 있다'는 선행조건으로부터 결론을 끄집어내는 방식이 된다. 따라서 모든 현상의 설명을 위해서는 경험과 관찰

---

1 Carl G. Hempel, *Philosophy of Natural Science* (Englewood Cliffs, N. J. : Prentice-Hall Inc., 1966), p.54.

에 근거한 일반적인 법칙을 만들어내는 것이 과학의 가장 긴요한 과제가 된다. 예를 들면 자연현상과 관련해서는 '가스의 온도가 올라가면 그 압력이 일정한 수준으로 유지되는 한, 용량도 증가한다', '액체 속에 고체가 용해되면, 그 액체의 비등점은 올라간다', '자석봉을 둘로 쪼개면, 그 각각은 또 다른 자석봉이 된다' 등의 여러 언명들은 법칙의 본보기가 될 수 있다. 사회현상과 관련해서도 그 보편적인 형태에는 약간의 이론(異論)이 있을 수도 있지만, '갈등이 심화되면 집단의 단합은 강화된다', '모든 대규모의 조직들은 과두제(oligarchy)로 가는 경향이 있다', '산업화가 증대되면 인구의 식자율(level of literacy)도 증대된다'는 등의 여러 법칙들을 생각해 볼 수 있다. 이러한 법칙에 따른 설명은 이른바 '포괄적 법칙에 의한 설명', 또는 '연역적 법칙적 설명'으로 불리기도 한다. 또한 법칙에 의한 현상의 설명은 미래에 대한 예측을 가능케 한다. 즉 물에 열을 가하면 언제든지 끓게 만들 수 있다는 미래의 결과를 예측해 낼 수 있다. 바로 자연과학의 저력과 매력은 이 예측의 능력에 달려 있다고도 볼 수 있다. 예측의 힘으로 현재의 조건들을 조작하여 우리의 욕망에 따라 미래를 바꾸어 놓을 수 있을 뿐만 아니라 심지어 현재의 상황을 재구성함으로써 미래의 불행을 예방할 수도 있기 때문이다. 법칙의 발견으로 그리고 이러한 법칙들을 하나의 집합의 구조로서 묶는 이론을 통하여 자연세계에 대한 놀라운 제어의 가능성이 열리기 때문에 자연과학이 사회과학자들에 주는 매력은 그만큼 절실할 수 있다. 자연과학의 발전과 그 저력이 보장할 수 있는 이러한 인류를 위한 '예측을 통한 개선'으로 말미암아 자연과학의 방법론은 꾸준히 사회과학의 영역에 심대한 영향을 미치고 있다고도 볼 수 있다.[2] 그리고 이러한 법칙들의 집합으로서의 이론

---

2 Alexander Rosenberg, *Philosophy of Social Science*, Third Edition (Boulder, CO : Westview

을 만들어내는 '이론적 구성이야말로 과학적 탐구의 기본과제가 된다고 믿게 된다.[3]

그러나 실증주의 방법론은 1960년대를 고비로 여러 가지 문제점들이 제기된다. 우선 '비판적 합리주의'(critical rationalism)로 알려져 있는 K. Popper는 과학의 법칙성과 관련하여 현상간의 일관된 연결이 한결같을 수가 없음을 전제로 이론의 검증문제에 결정적인 제동을 걸기 시작한다. 그는 과학적 이론이란 관찰과 경험만으로 그 진리가 밝혀지기 힘들다는 점을 들고 나온다. 즉 '백조는 희다'는 사례가 아무리 많이 나오더라도 '모든 백조는 희다'는 결론은 도출될 수 없다는 것이다. 언제든지 그것을 뒤집는 반대 사례가 나올 수 있기 때문이다. 따라서 과학은 귀납법으로 추진될 것이 아니라 어떤 이론적 가설로부터 도출되는 연역의 결과를 경험적 사실로서 검증하는 방식이 되어야 하고 이론은 그러한 연역적 검증으로 '반증'되지 않는 한 살아남을 수 있다는 논리를 전개한다. 결국 반증의 계속적인 시도, 즉 가혹한 테스트 속에서 경쟁적으로 살아남는 이론을 선택하는 것이 이론 검증의 궁극적인 기준이 된다.[4] 이론은 증명되는 것이 아니라 반증의 가혹한 검증을 통하여 '확증'될 수 있을 뿐이라고 주장한다.[5] 그의 과학성에 대한 엄격한 기준에 따르면 동의어적이거

Press, 2008), pp.8-9, p.243.

3 과학철학에서 '이론'이란 "체계적으로 관련된 언명들의 집합으로서, 그것은 경험적으로 검증 가능한 '법칙성 일반화들'을 포함하는 것"으로 정의된다. Richard Rudner, *Philosophy of Social Science* (Englewood Cliffs, N. J.: Princeton Univ. Press, 1966), p.5; 그리고 이론이 법칙들의 집합으로 파악되는 이상 그 구조를 둘러싼 다양한 형태가 논의될 수 있는데 A. Kaplan은 계층이론(hierarchical theory)과 연쇄이론(concatenated theory)으로 양분한다. 그러나 정치학의 연구와 관련되는 이론적 구성에 있어서는 이론의 구조를 둘러싼 형식적인 논의는 언제나 이론이 추구하는 설명력(說明力)이나 이해(理解)의 수준을 높이는 실질적인 문제와 보완적인 관계가 이루어져야 한다는 점이 강조될 수 있다. 이러한 이론의 구조를 둘러싼 논의와 관련해서는 오명호, 『현대정치학이론』(박영사, 2004), pp.98-119 참조.

4 Karl R, Popper, *The Logic of Scientific Discovery* (New York : Science Editions, Inc.,1961), p.108.

5 *Ibid.*, p.251.

나 은유적인 언명들은 단호히 배격되어야 하고 반증을 외면하고 검증에만 유리한 사례들로서 뒷받침되는 모든 이론들은 재검토되어야 하며 마르크스주의도 예외가 될 수 없게 된다.

실증주의에 대한 비판은 과학철학 분야의 Thomas Kuhn에 의해서도 제기된다. 그에 의하면 과학의 발달은 부단한 과학적 지식의 축적과정이 아니라 하나의 '패러다임'(paradigm)이 또 다른 패러다임으로 바뀌는 불연속적인 혁명적 과정으로 이루어진다. 예를 들면 '천동설'이라는 패러다임이 '지동설'이라는 또 다른 패러다임으로 넘어가는 과학적 혁명으로 파악된다. 패러다임의 교체는 세계관의 변화이자 경험의 통일적 전체의 변경이기 때문에 과학자의 시야에는 혁명적인 변화가 된다. 혁명 이전에는 오리로 보이던 것이 혁명 이후에는 토끼로 보일 정도의 시각적 전체상의 변화를 초래하게 된다는 것이다.[6] 또한 패러다임이 바뀌면 그에 따른 개념도 바뀌어 전혀 다른 관찰을 가능하게 만들며, 패러다임 간에 공통되는 중립적인 관찰적 언어를 기대하기는 불가능하다고 본다.[7] 뿐만 아니라 과학적 혁명의 단계에 있어서는 서로 경쟁하는 패러다임은 비통약적이라는 점을 강조한다.[8] 서로 경쟁하는 패러다임 간에는 문제의 성격이나 표준 자체가 비통약적이라고 보게 되면 어느 것이 좋다는 판단을 내릴 수 있는 방법론상의 기준은 있을 수 없다는 이야기가 되어버린다. 즉 과학자들이 새로운 패러다임을 받아들이게 되는 것은 그것이 문제해결에 도움이 된다든가, 또는 계량적 정밀성이나 새로운 현상의 예측능력이 많다든가 하는 어떤 객관적인 기준에 의한 것이라고는 볼 수 없

---

6 Thomas Kuhn, *The Structure of Scientific Revolution,* 2nd ed., enlarged (Chicago : The Univ. of Chicago Press, 1970), p.110.

7 *Ibid.*, p.125.

8 *Ibid.*, p.103.

게 된다. 그보다는 새로운 패러다임이 보다 많은 문제를 해석할 수 있을 것이라는 '신념'에 의해 좌우된다는 점을 그는 강조한다.[9] 경쟁하는 패러다임은 서로 비상응적이다. 패러다임의 수용은 궁극적으로 과학자들의 믿음의 문제로 귀결된다는 Kuhn의 과학철학은 경험적 근거(관찰)를 전제하는 실증주의의 '검증의 원칙'을 결정적으로 약화시키는 계기를 마련하였다고 볼 수 있다.

끝으로 실증주의에 대한 불신은 1980년대 인류학적 맥락에서 주장되는 '사회적 구성주의'(social constructivism)의 등장으로 더욱 확산된다. Bruno Latour와 Steve Woolgar에 의하면 순수한 과학적 사실이란 존재하지 않으며, 그것은 어디까지나 한정적인 성격을 띠게 되며 그러한 의미에서 사회적으로 만들어진다고 주장한다. 우리들은 과학에서 다루어지는 사실들을 과학지(科學誌)의 논문에 기록된 사회적 구성과는 무관한 독립적인 존재로 취급하기 쉬우나 실제로 모든 사실은 실험실의 명각장치(inscription device)에 의해 만들어지는 사회적 구성물이라는 것이다. 여기서 명각장치란 쓰기와 같은 언어학적 행위뿐만 아니라 스크린이나 척도 위의 점이나 흔적, 막대그래프, 기록된 숫자, 스펙트럼, 도표 등을 지칭하는 모든 장치들로써 여러 가지 물량적 조각들을 문자화된 서류로 전환시키는 단계를 뜻한다. 과학자들이 일하는 실험실은 이러한 명각장치라는 물질적 배치를 통하여 과학적 사실을 만들어낸다. 따라서 과학이 다루는 '현상'은 이러한 실험실의 물질적 편성에 의해 구성된다는 주장으로 이어진다. 실험의 참여자들이 어떤 객관적인 실체와 관련시켜 묘사하는 인공적 현실이란 따지고 보면 명각장치의 사용으로 구성된 것임을 알 수 있게 된다는 것이다.[10] 뿐만 아니라 이처럼 사회적으로 구성된 사

9 *Ibid.*, pp.153-159.

실들은 어느 정도 시간이 경과하여 광범한 공공적 합의를 얻게 되면 그 자체의 생명력을 얻는 전위의 과정을 거쳐 객관화의 형태를 띤다고 보고 있다.[11]

2. 해석주의(해석학)

사회과학의 철학적 기초를 이루는 또 하나의 흐름은 해석주의이다.[12] 사회과학은 연구의 대상도 자연과학과 다르기 때문에 자연과학과는 차별화되는 독특한 방법론이 모색되어야 한다는 것이 그 기본입장이며 이로 인하여 '반자연주의'(antinaturalism)로 불리기도 한다. 자연과학과 차별화되는 독특한 방법론이 바람직하다는 논의가 전개되어감에 따라 다양한 대안들이 쏟아져 나오는 것은 극히 당연한 일이다. 과학의 방법이 본격적으로 거론되기 시작한 19세기 말엽부터 관념론, 현상학, 민속 방법론, 기호학, 해석학, 구성주의, 후기구조주의, 포스트모더니즘 등의 다양한 표제의 방법론적 대안들이 학계의 논의를 활성화시켜 왔다고 볼 수 있다. 그러나 이러한 다양한 방법론적 주장에도 불구하고 그 모두에 공통되는 것은 바로 '해석'이라는 중심개념이다. 사회과학은 자연과학의 '예측을 통한 개선'보다는 현실을 보다 명료하게 이해할 수 있게끔 만드는

10 Bruno Latour and Steve Woolgar, *Laboratory Life : The Construction of Scientific Facts* (Princeton : Princeton Univ. Press, 1986), p.51, p.64.

11 *Ibid.*, p.176.

12 해석주의는 객관적인 자연세계를 전제하는 실증주의는 자연과학에나 합당한 것으로 비판하고 인간의 문제를 다루는 인문과학에서는 어떠한 행동을 설명하는데 있어서도 그에 대한 해석, 지각, 인지 등의 중심적 역할을 강조하는 입장으로 정의될 수 있다. 그 현대적인 구성에 있어서는 포스트모더니즘, 문화적, 구성주의적 접근 등이 대표된다. Daniel M. Green, 'Constructivist Comparative Politics : Foundations and Framework,' in Daniel M. Green (ed.), *Constructivism and Comparative Politics* (New York : M. E. Sharpe, 2002), pp.5-6.

'가해성'(可解性, intelligibility)에 목표를 두어야 하며 이를 위해서는 인간의 사회적 행동에 관한 의미를 알기 쉽게 만드는 '해석'의 방법이 가장 바람직하다고 주장한다.[13]

Max Weber는 해석에 관한 가장 영향력 있는 선두적인 이론가이다. 그는 의미 있는 사회적 행동을 네 가지 유형으로 나누고 그 가운데 '수단적 합리성'에 초점을 두고 해석의 논리를 전개한다.[14] 수단적 합리성이란 어떤 목표를 달성하기 위한 수단적인 성격을 띠는 행동으로서 예를 들면 교육에 열성적인 것은 교육을 통하여 좋은 직업을 얻고 돈을 많이 벌 수 있기 때문이라고 해석하는 경우가 된다. 교육 자체에 숭고한 가치를 두는(배움의 즐거움, 자기수양 등) '가치 합리적인' 행동과는 대조적으로 교육이 직장 구하기와 돈벌이의 수단이 될 수 있기 때문이라고 해석하는 것이 '수단적 합리성'이다. Weber는 이 수단적 합리성의 개념을 가지고 프로테스탄트 윤리와 자본주의 발전의 연관성을 밝히고 있어 주목을 모은다. 칼빈교(Calvinism)는 내세의 구원은 죽기 전에 미리 결정된다는 운명예정설을 전제하기 때문에 모든 교인들은 항상 구원 불안의 내면적 외로움에 시달리는 것으로 되어 있다. 그러나 이들은 부지런히 일하고 사회적으로 성공을 거두면 내세의 구원에 선별될 수 있는 길이 열린다고 믿게 된다는 것이다. 즉 내세의 구원에 선별되기 위한 수단으로 부지런함과 금욕주의, 상업적 및 물질적 성공을 추구하게 되는데 이로 말미암아 자본주의의 발전이 가능하게 되었다는 해석이다.[15] 자본주의의 발달

13 A. Rosenberg, *op. cit.*, p.27.

14 M. Weber에 의하면 의미 있는 사회적 행동이란 ① 뿌리 깊은 습관에서 오는 전통적인 행동, ② 행위자의 특정한 정이(情誼, affects)나 믿음에서 오는 정이적이고, 특히 감정적인 행동, ③ 윤리적, 심미적, 종교적인 가치들을 성공여부와 관련 없이 그 자체로서 믿고 받아들이는 '가치 합리적'인 행동, ④ 합리적이고 계산된 목적을 달성하기 위한 조건 또는 방법과 관련되는 '수단적으로 합리적인' 행동 등의 네 가지로 분류된다. Max Weber, *Economy and Society : An Outline of Interpretative Sociology,* Edited by Guenther Roth and Claus Wittich, (New York : Bedminster Press, 1968), pp.24-25.

은 따지고 보면 칼빈교의 금욕주의(禁慾主義, asceticism)와 내면적 속심의 의도하지 않은 결과라는 풀이가 된다.

그러나 해석주의는 해석학과 만나면서 더욱 다양하고 풍부한 내용으로 전개된다. 17세기에 등장하게 되는 해석학은 당초 성서의 해석에서 시작되면서 모든 문헌에 대한 객관적인 이해에 주안점을 두는 것이었다. 그 후 19세기에 들어서 해석학에 대한 체계화를 시도한 F. Schleiermacher는 이 학문이 자연과학과는 구별되는 인간적 의미의 과학으로서 텍스트의 저자에 초점을 두는 깊은 의미의 파악, 그리고 해석적 순환 등을 통하여 모든 형태의 인간적 의사소통의 객관적 이해에 적용될 수 있다고 믿었다. 그러나 이러한 텍스트에 대한 '객관적인 이해'로서의 해석학은 20세기에 들어서면서 Martin Heidegger와 Ludwig Wittgenstein에 의해서 그 내용이 가히 혁명적이라 할 수 있는 '주관적인 측면', 또는 '맥락의존적인 해석'에 초점을 두는 이른바 '언어적 전환'을 이루게 된다. 이들은 해석학이 Husserl의 인간의 의식에 초점을 두는 현상학과는 달리 인간의 생활세계에 관한 이해는 '언어'에 의해서 좌우된다는 점을 강조한다. 즉 생활세계의 현실이 언어에 의해 구성되는 만큼 참된 지식의 습득에 있어서는 언어에 의한 매개가 불가피함을 역설한다. 그리고 이러한 인간의 사회적 현실의 언어적 구성을 강조하는 이른바 철학적 해석학의 발상은 현대 사회과학에 폭넓게 확산되면서 상징적 상호작용론(M. Mead), 지식사회학(K. Mannheim), 신 웨버주의(P. Winch), 후기구조주의(J. Derrida), 포스트모더니즘과 통치성(M. Foucault) 등의 다양한 해석학적 분파로 전개된다.[16]

---

15 Max Weber, *The Protestant Ethic and the Spirit of Capitalism,* Originally in German, 1904-1905, (London: Routledge, 1992), pp.98-128, pp.110-115.

16 Gerard Delanty, *Social Science,* Second Edition(New York: Open Univ. Press, 2005),

Wittgenstein에 의하면 언어는 어떤 현실을 그리는 단순한 그림에 그치는 것이 아니라 여러 가지 다양한 용도에 사용되는 도구의 성격을 가지고 있으며 사용자의 의도에 따라 그 의미가 달라진다는 점이 강조된다. 마치 사자가 말을 한다고 해서 우리가 그것을 이해할 수 없듯이 언어는 각기 다른 생활양식의 터에서 그 사용이 공공성을 띠면서 일정한 의미를 만들어낸다고 볼 수 있다. 즉 언어는 궁극적으로 인간의 다양한 생활양식에 따라 그 의미가 결정될 수밖에 없다는 결론이 된다. 과학적인 용어는 과학의 세계 속에서의 사용으로부터, 종교는 종교적인 세계에서, 음악은 음악의 세계에서, 군사적인 용어는 군사의 세계에서 등, 언어는 인간의 다양한 생활양식의 형태에 따라 그 의미가 달라지는 해석적 기능을 갖게 된다는 것이다. 그는 이처럼 언어가 인간생활의 다양한 행동(예 : 명령, 복종, 묘사, 보고, 추측, 가설설정, 이야기, 노래하기, 수수께끼, 농담 등)을 둘러싼 생활양식의 일부임을 나타내기 위해서 언어게임이라는 용어를 만들어내고 있는데 우리들의 현실이 언어적 구성임을 새삼 강조하는 대목이다. 예를 들면 경매의 현장에서는 고성과 난해한 전문적인 용어들이 오가지만 그래도 그것은 어떤 규칙에 따라 움직이는 질서 있는 경매활동의 하나의 게임으로 받아들일 수 있으며 게임 참가자들에게는 다양한 개념, 몸짓, 가정들로 이루어지는 하나의 언어게임으로 볼 수 있다.[17] 따라서 사회적 현실은 이러한 다양한 언어게임으로 이루어지는 그야말로 다양한 의미의 해석이 가능한 세계가 된다.

언어철학의 이러한 가정들은 가다머(H. Gadamer)의 철학적 해석학에

pp.54-55.

17 Ludwig Wittgenstein, *Philosophical Investigations,* translated by G. E. M. Anscombe (Oxford : Basil Blackwell, 1978), pp.11-12; Richard E. Flathman, *Concepts in Social and Political Philosophy* (New York : Macmillan Publishing Co., Inc., 1973), pp.9-12.

잘 반영된다. 그는 의미의 해석에 있어서 선입견과 전통이 작용하는 심대한 영향력을 강조한다. 우선 의미의 해석에 있어서는 해석자의 선입견이 투사되기 마련이어서 텍스트의 경우 우리들은 어떤 책의 제목이나 저자만 알아도 그것이 탐정소설이라고 일단 의미를 투사한다. 그리고 이러한 선입견의 투사는 해석자가 속한 '상황'에 의해서도 좌우된다고 본다. 그러나 이해에는 전통이 가지는 영향력이 보다 크게 작용한다. 텍스트의 이해에서는 해석자가 속해 있는 심미적, 과학적, 그리고 윤리적-정치적 전통에 비추어 이해하고 사정하게 된다는 것이다. 즉 과거로부터 해석되어온 형식에 따르고 역사적-해석적 전통의 성장에 뿌리를 둔다. 따라서 어떤 텍스트나 예술작품의 해석은 특정 개인의 관점이 아니라 역사와 전통이라는 우리들의 유산의 표출이라고 주장되며, 아무리 해석자가 그러한 전통에서 벗어나려고 해도 그것은 계속해서 어떤 규범적인 힘을 행사하게 된다고 보고 있다.[18] 가다머는 궁극적으로 이해란 대화의 구조로 비유될 수 있다고 보고 텍스트와 해석자 사이에 주제에 관한 합의에 따라 이해가 이루어짐을 강조하고 있다. 그리고 해석자의 지평과 텍스트 저자 사이의 대화의 결과로 나타나는 합의 또는 의견의 일치를 '지평융합'(地平融合, fusion of horizons)으로 부르고 있다.[19]

한편 Wittgenstein의 언어철학은 사회학에서는 Peter Winch에 의해 폭넓게 소개되었고 Alfred Schutz의 현상학적 해석학, Harold Garfinkel의 민속방법론, Erving Goffman의 프레임분석, Clifford Geertz의 문화현상의 분석 등의 다양한 해석학적 접근의 파급에 결정적인 촉매 역할을 하였으며, 인문과학의 여러 분야에서는 E. Cassier, Maurice Merleau-Ponty,

---

18 Georgia Warnke, *Gadamer : Hermeneutics, Tradition, and Reason* (Oxford : Polity Press, 1987), pp.75-79, p.169

19 Hans-Georg Gadamer, *Truth and Method* (New York : The Seabay Press, 1975), p.350.

Charles Taylor 등에 의해 실증주의의 대안으로 활발한 논의와 함께 적절한 적용가능성의 검토로 이어진다. 그러나 이러한 활발한 언어철학과 해석학적 방법론의 출현에도 불구하고 이에 대한 학계의 평가는 비판적인 면도 있음을 간과할 수 없다. 즉 해석학의 기본성향이 이미 전승되거나 존재하는 사회현실의 언어적 구성을 강조하는 나머지 자칫 해석의 성향이 언제나 상대주의적이고 보수적인 것으로 그쳐버릴 수 있다는 한정성이 문제가 된다. 사회에 대한 비판적인 안목을 결하고 있으며 단순한 이해에만 머문다는 것이다. 현실은 언제나 건드릴 수 없는 것으로 전제되고 사회과학은 문화적 경계를 넘을 수 없고 낯선 문화의 해석은 언제나 문화적인 특수성으로 파악되는 한계에 부딪힌다. 결국 이러한 비판으로 말미암아 Paul Ricoeur, Karl-Otto Apel, Jurgen Habermas 등으로 대표되는 '비판적 해석학'(critical hermeneutics)의 길을 열게 된다. 예로서 P. Ricoeur는 텍스트에 담긴 의미는 저자의 의도와는 같지 않으며 그 객관성은 오히려 텍스트의 근원(저자)으로부터의 거리두기로 가능해지며 또한 그로 말미암아 해석의 다원성의 길이 열릴 수 있다고 주장한다. 해석의 행위는 가다머에서처럼 '지평의 융합'에서가 아니라 텍스트에 담긴 전통으로부터의 거리의 정도에 따라 좌우되며 텍스트의 진리는 그것이 폭로하고 있는 세계가 된다고 보고 있다.[20]

3. 최근의 새로운 움직임

과학의 철학적 기초와 관련되는 논의는 전후(戰後)의 상당기간 주로

20 Gerard Delanty, Social Science, *op. cit.*, pp.61-62.

실증주의와 해석주의의 두 흐름으로 파악될 수 있음을 살펴보았다. 그러나 1960년대에 들어서면서 실증주의는 상당한 비판에 직면하게 되자 초기의 기본원칙들을 수정・보완하는 단계에 접어들게 된다. 우선 '실재론'(realism)이 실증주의의 비판적 대안으로 논의되기 시작하였고 20세기의 종반에 다가서면서 다양한 비판과 수정론이 '후기실증주의'(post-positivism)로 표출되기도 한다. 그리고 해석주의의 흐름에서는 후기구조주의와 포스트모더니즘, 구성주의 등이 언어적 전환의 논리로서 학계의 비상한 관심을 모으게 된다. 극히 최근에 이르러서는 페미니즘, 신실용주의, 자연주의의 부상 등이 새로운 흐름을 형성한다고 볼 수 있다. 이러한 몇 갈래의 새로운 움직임을 그 특성별로 요약해 보기로 한다.

(1) 실재론과 후기실증주의

1970년대에 들어서 사회과학에 새로운 바람을 몰고 온 것은 '실재론'이다. 실재론에 의하면 실증주의는 경험과 관찰에 집착하는 나머지 현실세계의 표면에 머무는 피상적인 연구에 그친다고 비판하고 관찰의 세계를 만들어내는 인간의 정신과는 독립적으로 존재하는 '관찰될 수 없는 실체'를 찾아낼 것을 주창한다.[21] 주로 '과학적 실재론'(scientific realism)으로 불리기도 하는 이 입장에서는 현상의 설명에 있어서도 실증주의에서처럼 법칙이나 통칙에 의존하는 '포괄적 법칙에 의한 설명'이 아니라 관찰되는 세계를 만들어내는 심층구조나 인과메커니즘을 찾아낼 것을 주문한다.[22] 예를 들면 1980년대 Walter Alvarez에 의한 6500만년 전 공룡의 대절멸을 설명하는 경우 거대한 운석이 당시에 지구에 떨어졌다는 것을

21 Michael Devitt, *Realism and Truth,* Second Ed. (Oxford : Basil Blackwell, 1991), pp.13-24.

22 실재론의 인과메커니즘에 의한 설명과 관련해서는 오명호, 『현대정치학이론』(서울: 박영사, 2004), pp.65-75 참조.

지구상에 존재하는 화학적 성분인 '이리디움'(iridium)층의 발견으로 추리하는 방식이 된다. 이 충돌로 형성된 거대한 먼지구름이 공룡의 먹이사슬을 파괴하여 대절멸을 가져왔다는 설명이다. 즉 관찰되는 데이터를 설명하는 구조나 과정을 추리하고 그 근거를 제시하는 형태가 된다. 실증주의의 귀납법이 아니라 '소인법'(遡因法, abduction)으로 불리는 이 방식은 관찰에서 출발하여 어떤 인과메커니즘을 추리해내는 형태로서 '설명적 추리'로 널리 권장되기도 한다.[23] 주로 1970년대에 들어서 영국을 중심으로 Rom Harré, Mary Hesse, E. H. Madden, Russel Keat, John Urry 등이 실재론을 대표하는 것으로 소개된다.

실재론의 계보에서는 심층구조의 발견에 있어서 비판적인 측면을 강조하는 이른바 '비판적 실재론'(批判的 實在論, critical realism)이 학계의 상당한 관심을 모은다. Roy Bhaskar나 Andrew Collier에 의해 대표되는 이 실재론에서는 '과학적 실재론'에서처럼 경험의 세계를 만들어내는 '저변메커니즘'을 전제한다는 점에서는 공통된다.[24] 그리고 그러한 심층구조의 파악에서는 '업덕션'(abduction)과 '리트러덕션'(retroduction)을 통한 설명방식을 택한다는 점에서도 차이가 없다.[25] 그러나 관찰의 세계에 대한 설명에 있어서는 비판을 앞세우는 '설명적 비평'을 강조한다는 점이 그

---

23 P. Godfrey-Smith는 과학적 실재론에서의 '설명적 추리'에 있어서는 가설의 검증에 '베이지언 통계학'(Bayesian statistics)의 적용가능성이 하나의 적절한 방법이 될 것으로 보고 있다. 그러나 보다 바람직한 방향으로는 여러 대안들을 제거해나감으로써 마지막으로 남는 가설을 택하는 '제거 추리'를 제시하고 있다. '제거추리'는 J. Earman, P. Kitcher 등에 의해 논의되고 있다. Peter Godfrey-Smith, *Theory and Reality : An Introduction to the Philosophy of Science* (Chicago : The Univ. of Chicago Press, 2003), pp.40-44, pp.202-213 ; John Earman, *Bayes or Bust ? : A Critical Examination of Bayesian Confirmation Theory* (Cambridge, MA: MIT Press, 1992), Philip Kitcher, *The Advancement of Science* (Oxford : Oxford Univ. Press, 1993).

24 Ted Benton and Ian Craib, *Philosophy of Social Science : the Philosophical Foundations of Social Thought* (New York: Palgrave, 2001), pp.124-125.

25 Berth Denemark et. al., *Explaining Society : Critical Realism in the Social Sciences* (London : Routledge, 2002), pp.88-90, pp.96-100.

특색으로 부각된다. 마르크스주의가 사회과학에서 관심을 모으던 1970년대의 분위기를 반영하듯 실재론이 비판적인 설명의 형태를 띤다. 예를 들면 마르크스의 임금형태의 분석에서 보듯이 착취적인 자본과 노동의 관계의 설명에 있어서는 설명하는 현상의 원인들에 대해서 부정적인 가치판단을 하게 만드는 작용이 두드러진다. 즉 설명을 통한 비판적인 가치판단으로 사회변화의 해방 프로젝트를 정당화해 준다고 볼 수 있다.[26]

최근 실재론에서 또 다른 관심을 모으는 이론적 논의는 구조와 행위의 상호작용에 관한 것이다. '과학적 실재론'의 계보에 속하는 A. Giddens의 이른바 '구조화이론'(structuration theory)이나 R. Bhaskar의 '비판적 실재론'에 있어서는 모두가 구조와 행위의 양자간에 벌어지는 상호작용력을 인정하고 이 바탕 위에서 사회적 변환에 관한 다양한 이론적 구성을 시도하고 있다는 점이 지적될 수 있다.

한편 실증주의에 대한 비판적 대안으로서는 '후기실증주의'의 움직임을 간과할 수 없게 된다. 후기실증주의에서도 역사와 문화의 복잡성이 개재되는 사회적 현실의 경우 시간과 장소를 초월하는 보편적인 법칙(통칙)을 만드는데 있어서의 한계점, 인간이 중심이 되는 사회과학의 특성상 실험과 같은 통제된 연구의 어려움, 그리고 이론적 구성에 있어서의 연구자의 주관이나 가치의 개입 문제 등을 솔직히 받아들인다. 그러나 이러한 여러 가지 어려움에도 불구하고 실증주의의 기본전제만은 그대로 고수한다는 입장이다. 즉 인간의 의식과는 독립적으로 존재하는 사회적 현실의 인정(존재론적 실재론, ontological realism), 객관적 진리(objective truth)의 가능성, 실험적 방법론의 장점 등은 그대로 준수되어야하고 이와 관련되

---

26 Roy Bhaskar, *The Possibility of Naturalism* (Hemel Hempstead : Harvester Wheatsheaf, 1979, 1998), pp.69-91.

는 방법론적 보완을 주창한다. 이점 현실세계와 진리에 관한 입장에서 상대주의(relativism)에 흐르는 해석주의와는 분명한 선을 긋는다.[27] 최근의 한 연구에서는 실용주의철학의 John Dewey, 반증론의 Karl Popper, 과학철학의 Nicholas Rescher 등이 후기실증주의의 기본논리를 대표하는 것으로 부각되고 있다. 즉 이론적 구성의 단계에서는 연구주제와 관련되는 '문제'의 해결에 초점을 두는 가설정립과 자료수집 및 분석이 우선되어야 하고(Dewey), 이론의 구조와 관련해서는 가설들과 부수적 언명들이 거미줄과 같은 네트워크 모형을 이루어야 하며(Rescher), 이론의 확증에 있어서는 언제나 추측과 논박의 비판적 변증법으로서의 반증주의를 받아들이는(Popper) 기본원칙들이 강조된다.[28]

(2) 해석주의 : 후기구조주의, 포스트모더니즘, 구성주의

'해석주의'의 흐름에서 볼 때 1970년대 이후의 사회과학에 혁신적인 변화를 가져온 것은 후기구조주의와 포스트모더니즘이다. 주로 문학, 건축, 예술, 철학, 사회이론 등의 광범위한 분야에 걸쳐 새로운 사고와 비평의 전기를 마련한 지식운동으로서 정치학을 포함하는 사회과학의 연구를 위해서 여러 가지 방법론상의 성찰과 쇄신의 길잡이가 되고 있다. 근대를 상징하는 기초주의나 본질주의가 부정되고 현실에 대한 무한한 해석가능성, 무한한 해석적 선택이 강조되면서 해석주의 흐름에서는 다소 과격한 양상을 띠기도 한다. 후기구조주의를 대표하는 J. Derrida의

---

27 후기실증주의에 관한 최근의 논의와 관련해서는 D. C. Philips and Nicholas C. Burbules, *Postpositivism and Educational Research* (Lanhm, MA: Rowman & Littlefield, 2000), John H. Zammito, *A Nice Derangement of Epistemes: Postpositivism in the study of science from Quine to Latour*(Chicago : The Univ. of Chicago Press, 2004) 등을 참조.

28 George Demetrion, *Postpositivist Scientific Philosophy: Mediating Convergences*(October 2004), www.the-rathouse.com/Postpositivism.htm.

해체론, M. Foucault의 담론과 계보학을 비롯해서 포스트모더니즘에 있어서는 J. Lyotard의 탈근대의 '소규모 설화'(little narratives) 등 사회과학 전반에 걸친 개념적 혁신과 이론적 재구성면에서의 긍정적인 평가가 가능해진다.[29] 특히 Foucault의 계보학이나 통치성 개념 등은 정치학에서도 그 적용의 범위가 확대되어나가는 추세를 눈여겨볼 수 있다.

구성주의는 해석주의의 또 다른 전향적인 흐름을 대표한다. 우선 인간이 외부적 현실을 있는 그대로 파악할 수 있다는 객체주의를 반대하며 우리가 알 수 있는 현실이란 인간의 사고에 의해 표상되는 현실뿐이라는 점이 강조된다. 그리고 현실에 관한 인간의 지식이란 따지고 보면 인간이 만들어내는 '구성'의 결과임이 역설된다. 과학적 지식도 인간의 인지구조에 의한 구성의 결과임이 강조되기 때문에 구성주의는 과학적 지식의 성격을 둘러싼 논의에 있어서 '지식사회학'(에딘버러 학파 : D. Bloor, B. Barness), '사회적 구성주의'(B. Latour, S. Woolgar), '오토포이에스 체제'(H. Maturana, F. Varela, N. Luhman) 등 세 갈래의 분파를 이룬다. A. Wendt는 구성주의를 국제정치학에 널리 적용하는데 앞장서고 있으며 최근에는 물리학의 양자이론(量子理論, Quantum theory)으로 그의 이론적 구성을 재단장하고 있다.

(3) 기타의 형태 : 페미니즘, 신실용주의, 자연주의

최근의 사회과학 방법론에서 각별한 화제를 모으는 것은 페미니즘, 신실용주의, 자연주의 등이다. 페미니즘은 남성지배의 가부장적 질서가 남성이라는 특수한 입장에서 만들어지듯이 이제는 여성들의 '입장'에서

---

29 후기구조주의와 포스트모더니즘의 소개는 Madan Sarup, *An Introductory Guide to Post-structuralism and Postmodernism* (New York : Harvester Wheatsheaf, 1988) 참조.

문제를 다루고 이론적 구성과 실천적 과제를 다루어야할 새로운 인식론과 방법론상의 절차가 절실하다고 주창한다.[30] 다양한 사회세력들의 특수한 입장을 전제하는 이러한 '입장이론'의 발전은 사회과학의 방법론과 관련해서 여러 가지 의미 있는 파급효과를 가져올 수도 있다.

실용주의는 과학적 지식의 도구적 성격과 그 유용성을 강조하는 입장이다. 최근 이른바 '신실용주의'를 대표하는 R. Rorty는 과학이 현실세계(자연과 사회)를 거울처럼 적확히 표상할 수 있다는 전통적 사고를 '표상주의'로 몰아붙이면서 '반표상주의'(anti-representationalism)를 강력히 주창한다. 그리고 표상주의의 대안으로서는 지식 창출의 연구자들이 서로 대화로서 지식의 객관성을 늘려나가는 '인식론적 행동주의'(epistemological behaviorism)를 제의한다.[31]

자연주의는 자연과학의 방법론(가설, 예측, 검증, 반복 등)이야말로 현실을 조사할 수 있는 가장 효과적인 길이 된다는 입장으로서 사회과학에 있어서도 그대로 적용될 수 있다고 주창한다. 그 기본 논지는 후기실증주의와 합치한다. 자연과학의 광범위한 방법론의 적절성을 전제하는 만큼 실증주의의 포괄적 법칙에 의한 설명이나 가설적-연역적 방법 등이 모범이 되어야 한다는 집착에 얽매이지 않는 보다 개방적인 입장이 된다. 그리고 최근 물리학 치중의 과학철학의 관심이 점차로 생물학으로 전환되면서 진화이론에 대한 새로운 조명의 계기가 마련되고 있다.[32] C. Darwin의 진화이론이 가장 혁신적인 방법론적 선택으로 부각되고 있으

30 Sandra Harding (ed.), *The Feminist Standpoint Theory Reader : Intellectual and Poltical Controversies* (New York : Routledge, 2003).

31 Richard Rorty, *Philosophy and the Mirror of Nature* (Princeton, New Jersey : Princeton Univ. Press, 1979), pp.170-174.

32 Robert L. Millstein, 'Evolution,' in Peter Machmer and Michael Silberstein (eds.), *Philosophy of Science* (Malden, Mass.: Blackwell Publishers, 2002), p.227.

며 '자연선택'(natural selection)의 논리가 사회과학 분야에 있어서도 기능주의나 합리적 선택이론 등을 보다 심층적으로 재구성할 수 있다는 주장이 무게를 싣고 있다.[33] 이러한 진화론의 부상이 정치학 분야에서는 국가정책과 관행, 공공재의 형성, 세계화의 장기적 추세 등에 관한 연구에 나타나고 있다.

4. 정치학의 현황

2차 대전 후의 정치학은 실증주의가 정착되어 온 과정으로 파악될 수 있다. 특히 논리실증주의가 사회과학 전체의 주류로 각광을 받으면서 정치학에도 이른바 행태주의라는 이름하에 정치학의 과학화운동이 전개되어 왔다. 자연과학이 가장 선진화된 모형으로 수용되는 만큼 관련 분야의 다양한 연구도구와 방법론상의 절차들이 널리 수용・개발되었고 여론조사나 표본조사 방법, 수학적 통계 및 컴퓨터기술 등 계량화를 위한 다채로운 기법들이 정치학자들의 관심을 끌기 시작하였으며, 새로운 연구대상으로서는 전통적인 접근 방법이 강조하던 제도나 공식적 기구가 아니라 개인의 행태를 초점으로 하는 실증적 조사연구가 주류를 형성하게 된다. 1970년대에 들어서면서 해석주의적인 흐름이 간헐적으로 주입되면서 해석학적인 비판과 보완이 논의되기 시작하였으나 실증주의적인 대세는 이른바 '표준적인 견해'로서 단단한 기반을 유지해왔다고 볼 수 있다.

---

33 Alexander Rosenberg, *Philosophy of Social Science,* Third Edition (Boulder, Co. : Westview, 2008), pp.158-181.

그러나 정치학의 실증주의는 20세기의 후반에 들어서면서 사회과학의 전반에 걸친 실증주의에 대한 비판 움직임에 영향을 받으면서 상당한 시련기에 접어들게 된다. 특히 2000년 이후로 정치학의 실증주의는 매우 거센 저항에 부딪히기도 하는데 그 비판적 논의의 내용을 두 갈래로 정리해볼 수 있다.

(1) **페레스트로이카 운동**(perestroika movement)

우선 2000년에 들어서 이른바 페레스트로이카 운동으로 불리는 하나의 비판운동이 돌출하게 된다. 이를 주동하는 정치학자들은 미국 정치학의 전국적 조직이 극히 비민주적인 관행에 젖어있고 그 대표적인 학술지인 『American Political Science Review』는 계량적이고 게임 이론적 접근에만 지나친 특혜를 주고 있음을 맹렬히 비난하고 나섰다. 실증주의의 범주에 들어가는 이러한 접근들은 극히 제국주의적 과학주의로부터 수혜를 누리고 있으며 무엇이 주류 정치학을 이루는가의 기준을 일방적으로 설정한다는 비판이 언론을 통해 대대적으로 확산되었다. 이러한 운동을 주동하는 인물들(James Scott, Benedict Anderson, Theda Skocpol, Susanne Rudolph)의 이름은 2000년 10월 이메일을 통해 전 세계로 퍼져나갔다. 이 사건을 계기로 미국 정치학계는 재편의 계기를 맞았고 보다 전향적인 학술적 평가와 민주적 운영의 길로 방향을 전환하는 모양새를 갖추어나가게 되었다.

이러한 미국 정치학계의 새로운 움직임이 미국 정치학의 실증주의적 지배를 완화시킬 것이라는 속단을 불허하는 것이기는 하지만 이 사건과 관련하여 최근에 나타나는 몇 가지 논의들을 살펴볼 수 있다. 우선 해석적 방법에 관한 새로운 논의가 관심을 모으게 된다. S. Mihic, S.

Engelmann, E. Wingrove 등은 정치학의 하나의 전통을 이루어온 '정치이론' 분야의 경우 가치에 초점을 두는 규범적 논의로 말미암아 정치학의 실증주의적인 추세를 오히려 지속시키는데 기여하였다는 역설적인 결과를 중시한다. 정치사상 또는 정치철학으로 불리는 이 '정치이론'의 연구 분야는 가치와 사실을 엄격히 구별하여 가치에만 중점을 두는 연구로 받아들여져 왔다. 즉 정치이론이 전제하는 선의 개념은 정의, 진정한, 자유주의적, 분노로부터의 자유, 민주적, 해방적, 페미니스트 등에 가치를 두는 연구가 되고 있지만 이러한 평가적인 문제는 어디까지나 '사실'의 결정에 좌우된다는 것이 문제가 된다. 해석학적 전통에서 보면 가치와 사실은 상호작용의 과정을 거치는 측면이 많으며 가치에 대한 논의는 사실을 외면하게 되면 공허한 내용이 되고 또한 사실의 결정에는 이미 가치가 개입되어 있다는 Charles Taylor의 연구가 참고되어야 한다고 주장한다. 사실에 대한 어떤 주장에는 이미 규범적인 것이 개재되어 있고 그러한 사실들은 또한 평가를 좌우한다고 본다. 정치이론은 가치-사실의 상호관계를 재조명해줄 수 있는 해석학적 안목의 도입이 절실함이 지적된다.[34] 둘째로 게임이론 등과 관련되는 연역적 연구방법에 관한 것이 있다. 게임이론은 극히 제한된 공리로부터 매우 역동적인 정치적 상황과 과정에 관한 통칙을 도출해냄으로써 정치적 현실의 파악에 상당한 통찰력을 마련해주는 하나의 '발견적 지표'(heuristics)의 역할을 하고 있는 것이 사실이다. 그리고 최근에는 게임의 전략과 관련된 상징과 수사에도 관심을 기울이는 긍정적인 측면도 있다. 그러나 이것은 어디까지나

[34] Sophia Mihic, Stephen G. Engelmann, Elizabeth Rose Wingrove, 'Making Sense in and of Political Science : Facts, Values, and "Real" Numbers,' in George Steinmetz (ed.), *The Politics of Methods in the Human Sciences* (Durham/London : Duke Univ. Press, 2005), pp.475-482.

'발견적인' 통찰력에 그쳐야 하지 이론 자체의 사실적 검증과는 구별되어야 한다는 점이 지적된다. 이점 해석적 접근은 게임과 관련된 맥락의 파악에 있어서 어떠한 분열이 은폐되어 있는가, 어떤 구별이 이루어지지 않았는가, 그리고 게임의 진행에 있어서 누가 적절한 플레이어(player)가 될 수 있을까 등에 관한 문제들을 밝히는데 나름대로의 몫을 할 수 있다고 주장한다. 해석적 연구는 정치학에 있어서의 지배적인 접근 자체에 대한 비판적인 검토 없이도 현존하는 범주들에 대한 교정 또는 교란자의 역할을 담당할 수 있다고 제의한다.[35]

한편 정치학에 있어서의 '방법'과 '문제'의 비중에 관한 논의도 재연되고 있다. 이미 행태주의를 비판한 1970년대의 이른바 '후기행태주의'(post-behaviorism)의 등장에서도 정치학이 지나치게 효율성의 수단이나 이를 위한 방법(기법)에 기운 나머지 실질적인 문제나 규범적 측면을 외면하고 있어 이를 시정해야 한다는 움직임이 있었다. 정치학이 연구의 방법에만 얽매인 나머지 중요한 문제에는 등한하다는 비판이 위에서 언급된 '페레스트로이카' 운동과 비슷한 시점에서 제기되고 있어 관심을 모은다. 이 문제를 다룬 Ian Shapiro, Rogers M. Smith, Tarek E. Masoud 등이 내놓은 최근의 연구에는 이러한 문제에 대한 하나의 해법이 제시되고 있다. 우선 정치학에 있어서 방법에만 기운 경향을 시정하기 위해서는 문제의 제기가 중요하다는 인식은 되어 있으나 어떻게 문제를 제기할 것인가가 문제된다. 문제를 불러일으키기 위해서는 어떤 '기술'(記述, description)이 필요하게 된다.

1. 두 정당들의 실질적인 다수가 입법을 지지하면, 양당합의가 이루어

35 *Ibid.,* pp.487-493.

진다.

2. 두 정당들의 실질적인 다수가 입법을 지지하면, 민주주의를 제약하는 공모가 이루어진다.

예를 들면 이와 같은 두 기술들은 전혀 다른 의미와 이론적 관점을 나타내게 된다. 전자는 협의와 합의가 전혀 문제를 만들어내지 않는다는 민주주의에 대한 견해를 대표하며 오히려 민주주의를 위해서는 양당합의가 바람직하다는 이론적 시각이 된다. 그러나 후자는 '반트러스트의 틀'(antitrust-framed)에 잡힌 것으로서 민주주의의 핵심은 논쟁과 경합이라는 밀의 입장, 또는 잘 나가는 민주주의는 '권력을 위한 경쟁'을 필요로 한다는 Schumpeter의 입장이 된다. 즉 우리가 어떻게 사안을 기술하느냐에 따라 이론적 관점이 개재될 수밖에 없고 또한 이에 따라 문제의 성격(심각도, 중요성, 해법 등)이 달라진다는 이야기가 된다. 양당합의를 정치세력들의 공모로 보고 민주주의를 제약하는 것으로 받아들이는 경우, 정치적 현실의 은폐된 일면을 부각시키는가 하면 경험적으로나 정당화에 관련된 전혀 다른 문제들을 불러일으킬 수 있게 된다. 즉 문제화시킬 수 있는 재기술이 되기 때문이다.[36] 따라서 현실에 대한 기술은 그 자체로서 이미 이론화되었다고 볼 수밖에 없고 문제화를 위해서는 문제를 불러일으킬 수 있는 이론적 구성의 필요성을 면할 수 없게 된다. 결국 모든 문제에의 접근에 있어서는 이미 수용된 것을 그대로 받아들이기보다는 과감한 재기술로서 현실적인 문제의 해결에 기여할 수 있는 이론적 방향

36 Ian Shapiro, 'Problems, methods, and theories in the study of politics, or : what's wrong with political science and what to do about it,' in Ian Shapiro, Robeers M. Smith, and Tarek E. Masoud (eds.), *Problems and Methods in the Study of Politics* (Cambridge : Cambridge Univ. Press, 2004), p.38.

이 권장된다. 즉 이론적으로 조명이 가능하고 학계 이외의 외부 인사들에게도 설득력 있는 가해성이 이루어지도록 문제화가 진행되어야 한다는 것이다.[37] 이러한 논의의 결론은 '문제'에로의 중요성이 어디까지나 '이론'이나 방법론상의 문제와 밀접히 관련된다는 점을 재인식시켜 준다고도 볼 수 있다.

(2) King, Keohane, Verba의 방법론 연구 : 문제점과 대안

1994년 Gary King, Robert Keohane, Sidney Verba (이하 KKV) 등은 『Designing Social Inquiry』라는 정치학 방법론에 관한 연구를 내놓았는데, 이 저서는 미국의 대학원 과정의 방법론 교재로서 매우 결정적인 영향력을 발휘해왔다.[38] KKV 연구는 논리실증주의가 표방하는 핵심적인 방법론상의 원칙과 지침들을 함유하고 있는 것으로 평가되어 왔다. 즉 과학적 탐구에 있어서는 하나의 과학적 방법론만이 있을 수 있다는 실증주의의 핵심적 주제로부터 출발하여 현상(자연 및 사회)의 규칙성의 발견, 복제의 문제, 인과적 추리의 중요성, 경쟁적 이론에 대한 관찰적 검증의 원칙, 가치중립적이고 반증 가능한 가설의 중요성 등 이른바 비엔나 학파(Vienna Circle)의 논리실증주의가 그 기본이 되고 있는 것으로 인정받아 왔다.[39] 이러한 KKV의 방법론적 주장에 대해서는 실증주의에 대항하는 해석주의의 입장에서 다양한 비판적 논의가 가능하나 비교적 최근에 나타난 다소 체계적인 검토를 소개해 본다.

---

37 *Ibid.,* pp.39-40.

38 Gary King, Robert Keohane, Sidney Verba, *Designing Social Inquiry* (Princeton : Princeton Univ. Press, 1994).

39 Richard Ned Lebow, 'What Can We Know ? How Do We Know ?,' in Richard Ned Lebow and Mark Irving Lichbach (eds.), *Theory and Evidence in Comparative Politics and International Relations* (New York : Palgrave Macmillan, 2007), pp.4-5.

첫째로 KKV 연구는 철학적인 '토대 면에서의 주장'(foundational claims)에서 비판을 받는다. 즉 논리실증주의는 과학적 이론이 '검증의 원칙'에 따라 진위가 밝혀져야 한다고 주장하며 특히 Popper는 '반증'이 그 기본이 된다고 보았다. 관찰될 수 있고 사실로서 규명될 수 있는 객관적인 '실제 세계'가 있다는 '토대' 면에서의 주장이 그 기본을 이룬다. 그러나 A. Schutz에서처럼 모든 사실은 인지적 과정의 산물이라는 점이 우선적으로 지적될 수 있다. J. Searle의 경우에는 과학이 대상으로 하는 현실이란 '관찰 가능한 사실'(예 : 산)과 '사회적 사실'(예 : 세력균형)이라는 두 가지로 구분되며, 사회과학자들은 사회적 사실을 주로 다루기 때문에 어떤 이론적 명제와 관련되는 '증거'의 제시에 있어서는 의미 부여가 불가피해진다는 점이 강조된다. 결국 과학적 공동체의 어떤 공유된 관행이나 합의에 의해서 검증의 문제가 다루어질 수밖에 없다는 T. Kuhn의 '패러다임론'이 이 대목에서는 힘을 얻게 된다.[40] 이러한 검증의 어려운 문제 때문에 F. Kratochwil은 과학의 관행을 '법정'의 절차로 비유한다. 어려운 문제는 단순한 증명에 의해서가 아니라 증거의 제시와 반론에 따라 결정될 것을 권장한다. 서로 경쟁적인 주장을 중개하는 권위적 결정은 이미 확립되어 있는 절차적 기준에 따라 그 정당성이 확정되어야 한다는 것이다. 주장과 반론이 오가고 새로운 사실이 나타나면 재심의 가능성을 언제나 열어 놓는 재판의 과정을 관장하는 과학자들(예 : 학술지 편집자, 회의 사회자 등)은 법정의 재판관으로 비유되는 하나의 그림을 제시하고 있다.[41]

둘째로 KKV 연구는 연구방법에 있어서 지나치게 통계적 추리에 의

---

40 *Ibid.,* p.7.

41 *Ibid.,* p.8; Friedrich V. Kratochwil, 'Evidence, Inference, and Truth as Problems of Theory Building in the Social Sciences,' in R,. Lebow and M. Lichbach (eds.), *op. cit.,* p.41.

존하는 점을 비판받는다. 이른바 '가설적-연역적 방법'(hypothetico-deductive method : H-D 방법)에 의하면 이론으로부터 연역적으로 도출된 명제는 관찰이나 사실로서 이루어지는 공인된 절차에 의해 그 이론의 진위가 가려지게 되어 있다. 그러나 이론의 증명에 있어서는 경험적 증거 이외에도 다양한 기준이 있을 수 있다는 반론이 제기된다. 예를 들면 공룡소멸의 설명에 있어서는 한때 '운석 충격'과 '이리디움 층'의 존재라는 두 가지 사실들의 연결로서 입증된 적이 있으나, 이 가설은 최근에 와서 운석충격이 만들어낸 인과메커니즘에 의한 증명방식으로 바뀐 것이 좋은 예로 제시되고 있다. 즉 이리디움의 존재만으로 공룡의 소멸이 입증되는 것이 아니라, 운석 충격이 대규모의 먼지구름을 만들어내고 이것이 먹이사슬의 붕괴와 대량 소멸을 가져왔다는 인과메커니즘의 작동이 보다 적절한 설명으로 인정받게 된다.[42] 반드시 통계적 추리만이 아니라 이처럼 인과메커니즘에 의해서 이론의 증명이 가능해진다는 이야기가 된다. 뿐만 아니라 이론은 보다 좋은 이론이 나타나면 부정될 수 있다. 천동설은 코페르니쿠스(Copernicus)의 태양중심설에 의해 부정되는데 후자가 전자보다 단순하다는 것이었다. 천동설은 80개의 주전원(epicycles)으로 천체의 운동을 설명함으로써 코페르니쿠스 모형과 같은 정도의 정확성을 유지할 수 있었으나 Kepler의 법칙이 코페르니쿠스 모형을 보강하게 됨으로써 그 한계가 지적된다.[43]

이러한 KKV의 연구방법론의 문제점과 관련하여 S. Bernstein, R. Lebow, J. Stein, S. Weber 등은 정치학 방법론의 새로운 대안적 제의로 관심을 모은다.[44] 이들은 우선 고전 물리학에서처럼 연역적 이론과 경험

42 David Waldner, 'Transforming Inferences into Explanations : Lessons from the Study of Mass Extinction,' in Lebow and Lichback, *op. cit.*, pp.147-150.

43 R. Lebow, *op. cit.*, p.14.

적 조사로서 자연계의 시계와 같은 규칙성을 발견하고 예측의 문제를 해결하려고 시도할 것이 아니라 오히려 진화론적 생물학에서처럼 진화의 과정과 역사를 설명하는 이론적 구성이 바람직하다고 주장한다. 고전 물리학이 폐쇄적이고 선형적인 체제에서 가능한 경험적 불변성을 전제한다면 진화론적 생물학은 개방적이고 비선형적인 체제에서 가능한 무작위성과 우발성 등을 고려하는 이론적 구성이라는 점에서 정치학이나 국제관계의 연구에 보다 도움이 될 수 있다고 보고 있다.

이를 위해서는 국제관계의 연구의 경우, 물리학에서처럼 과거의 사실에 근거하는 순간예측에 집착할 것이 아니라 적절한 추세에 근거하는 진화론적 생물학의 특성을 도입함으로써 현재와 미래에 보다 무게를 두는 시나리오나 설화에 의존할 것을 주문한다. 미래에 전개될 추세에 근거한 개연적 인과메커니즘을 제시하고 그 공공정책상의 함축성도 검토할 수 있게 만드는 일종의 '진단학'(diagnostic)이 주창된다.[45] 그리고 구체적으로 이와 같은 '전향적 추리 전략'에 의한 시나리오 방법론은 ① 추진력의 확인, ② 사전 결정된 요인들의 제시, ③ 결정적 불확실성의 확인, ④ 각색 구비 시나리오의 구성, ⑤ 시나리오마다의 기초지시물의 추출, ⑥ 각 시나리오마다의 함축성 검토, ⑦ 결정적인 와일드카드의 마련 등의 7개의 단계로 구성된다.[46] 또한 현 시점에서 추정될 수 있는 국제관계의 전향적 추세로서는 ① 격화일로의 인종적 갈등, ② 핵 확산, ③ 안전 사유화의 세 가지가 예시되고 있다.[47]

---

44 Steven Bernstein, Richard Ned Lebow, Janice Gross Stein, Steven Weber, 'Social Science as Case-Based Diagnostics,' in Lebow and Lichback, *op. cit.*, pp.229-260.

45 *Ibid.,* p.236.

46 *Ibid.*, pp.238-242.

47 *Ibid.,* pp.243-254.

제2편

사회과학의 이론적 구성

최근의 연구동향

제1장 비판적 실재론

'실재론' 또는 '비판적 실재론'은 1970년대 영국에서 등장한 과학철학의 한 분야이다. 논리실증주의와 비판적 합리주의(K. Popper)는 물론 T. Kuhn의 상대주의적인 과학철학도 배격하는 독특한 메타 이론적 입장에서 나름대로의 몇 가지 대안들을 제시하고 있어 관심을 모은다. 당초 Mary Hesse, Rom Harré 등은 자연과학의 연구방법과 관련하여 논리실증주의, 주로 Hempel의 논리 연역적 입장에서 벗어나 모형이나 유추의 역할을 강조하는 것이었으나 1970년대 중반 Roy Bhaskar에 이르러서는 자연과학뿐만 아니라 사회과학의 영역도 포함하는 매우 포괄적이고 체계적인 메타 이론적 체계를 이루게 된다.[1] Russel Keat와 John Urry에 의해서도 잘 정리되었고 1980년대에 들어서 사회이론 분야에서는 Margaret Archer, Ted Benton, Andrew Collier, 사회과학 철학 분야에서는 Derek Layder, Peter Manicas, Andrew Sayer, William Outwaite, 경제학 방법론에서는 Tony Lawson, 역사 분야에서는 Christopher Lloyd 등에 의해 계속적인 논의가 이루어져 왔다. 이외에도 비판적 실재론의 사고에 가까운 학자들로서는 Anthony Giddens, Jurgen Habermas, Pierre Bourdieu 등이 꼽힌다. 그러나 비판적 실재론은 R. Bhaskar나 A. Collier에서 잘 나타

---

1 Roy Bhaskar, *A Realist Theory of Science* (London : Verso, 1975, 1997); Roy Bhaskar, *The Possibility of Naturalism* (Hemel Hempstead : Harvester Wheatsheaf, 1979, 1998).

듯이 실재론의 기본골격을 유지하되 마르크스주의의 비판적인 관점이 어느 정도 반영되는 일면이 있음을 참고할 수 있다.

1. 실재론의 중심 주제

첫째로 실재론은 논리실증주의가 전제하는 '법칙'의 성격에 문제를 제기한다. 이 법칙은 Hume의 인과론에 근거한 것인데 현상이나 사건의 규칙적인 계기현상에 근거하여 원인은 결과와 연결된다는 가정에 서 있다. 그러나 실재론자들은 x가 일어나면 언제나 y가 일어난다는 계기 현상은 태양계와 같은 폐쇄된 체제에서나 가능한 것이지 '개방된 체제'에서는 불가능한 것으로 본다. 물에다 열을 가하면 몇 분 내에 끓는다는 명제는 개방된 체제(주위 환경, 고도 등의 기타 조건들) 하에서는 단정적일 수 없기 때문이다. 기후의 변화만 보더라도 어떤 특정 장소에 있어서의 실제적인 기후적 조건은 많은 상이한 요인들(압력 변화도, 공기의 운동, 전기의 잠재성, 서로 상이한 고도에서의 온도, 습도 등)의 상호작용의 결과일 수 있기 때문이다.[2]

둘째로 단순한 법칙의 제시는 그러한 인과적인 관찰적 규칙성이 왜 만들어지느냐에 대한 해답을 주지 못한다. 논리실증주의는 법칙에 매달리는 한 그것은 표면에 나타나는 규칙적인 계기현상 관찰에만 그칠 수 있다. 실재론은 그러한 현상을 만들어내는 '인과메커니즘' 또는 '심층구조'의 존재를 밝혀낼 것을 강조한다. 예를 들면 실증주의의 경우 흡연을

2 Ted Benton and Ian Craib, *Philosophy of Social Science : the Philosophical Foundations of Social Thought* (New York : Palgrave, 2001), pp.123-124.

하면 암에 걸린다는 사건의 계기성을 통계로써 뒷받침하여 폐암의 원인은 흡연이라고 추리한다. 그러나 실재론에서는 흡연과 암이라는 외부적 관계의 연결만으로는 인과관계의 추정이 힘들다고 보며 암을 발생시키는 원인적 메커니즘을 밝혀내야 한다고 주장한다. 즉 담배연기의 흡입과 낭포 및 악성암의 파괴적인 세포의 발생 간에 개재하는 생화학적인 메커니즘을 찾아내야 한다는 것이다.[3] 이러한 심층적인 인과메커니즘의 존재를 인정하게 되면 사회와 같은 '개방체제'에서는 실증주의에서와 같은 '법칙'은 기대하기 힘들게 된다. 즉 인과메커니즘은 다른 인과메커니즘들과 상호작용하기 때문에 어떤 규칙적인 관찰적 현상을 만들어내기 힘들게 되며 다만 어떤 경향을 나타낼 수밖에 없다는 결론이 도출된다.[4] 법칙이 아니라 '경향'에 만족해야 한다는 이야기가 된다.

셋째 실재론은 연구대상으로서의 현실에 대한 파악에 있어서 경험적, 실제적, 현실적인 세 개의 층화된 수준을 제시하고 있다. '현실적인'(real) 세계는 메커니즘, 힘, 경향들로 이루어지는 과학이 발견하고자 하는 수준이다. '실제적인'(actual) 것은 실험적인 조건이나 실험실 밖의 복잡한 국면에서 만들어지는 사건들의 흐름이나 연속의 수준이 된다. '경험적인'(empirical) 것은 실제적인 것의 일부로서 관찰되는 사건의 수준이 된다. 경험적인 수준은 직접 또는 간접적인 관찰로서 얻어지며, 실제적인 수준은 실제로 일어나는 사건들을 뜻하는데 관찰될 수도 있고 여러 가지 요인으로 관찰될 수 없는 경우도 있다. 현실적인 것은 관찰될 수 없는 이른바 '저변메커니즘'(underlying mechanism)의 세계가 된다. 이와 같은 세 가지 층화된 수준의 분류는 실제론이 사물의 표면 밑으로 파고들어 메커

3 Rom Harré, *The Philosophies of Science : An Introductory Survey* (Oxford : Oxford Univ. Press, 1972), pp.116-122.

4 T. Benton and I. Craib, *op. cit.*, p.124.

니즘이나 구조와 같은 '생성적 원인들'을 발견해내려는 '깊이'를 지향하는 과학적 조사임을 강조하는 것으로 받아들일 수 있다.[5] 예를 들면 취업률, 사회적 빈부격차, 자살률 같은 것은 '실제적인' 수준으로 취급될 수 있으며, 학자들이 데이터로 측정하게 되면 그것은 '경험적인' 수준이 될 수 있다. '현실적인' 수준은 즉각적으로 관찰될 수 없는 심층적 수준이며 체제의 특성으로서의 '항상성'이라든가 언어학에서 논의되는 언어의 구조, 사회학에서의 균형 등이 적절한 예가 될 수 있다.

넷째로 현실에 대한 이러한 층화적인 파악에 있어서는 이 세 수준들의 동시성이 언제나 이루어진다는 보장은 없다. 사람들의 지각이나 관찰이 사건과 일치하지 않을 때에는 실제적인 것은 경험적인 것과 일치되지 않는다. 그리고 어떤 심층구조가 다른 심층구조의 영향을 받을 때에는 현실적인 것과 실제적인 것 사이의 동시성이 이루어지기 힘들게 된다. 이러한 동시성이 힘들기 때문에 설명이 반드시 예측을 가능케 한다고는 볼 수 없다. 만유인력법칙에 따르면 나뭇잎은 법칙에 정해진 파라미터에 따라 직선으로 떨어지게 되어 있으나 다른 메커니즘, 즉 '공기역학력' 같은 것이 인력에 반작용을 가할 수 있어 직선낙하가 힘들게 된다는 것이다.[6] 예측이 힘들다는 이야기가 된다.

끝으로 실재론은 실증주의와는 대조되는 독특한 방법론을 제시한다. 실증주의에서의 귀납법이나 연역법이 아니라 이미 어느 정도 알려져 있는 선행적인 지식에 의존하는 '유추'의 방법을 택한다. 자연현상과 관련해서는 원자와 태양계의 경우 원자핵은 태양으로, 그리고 전자는 행성으로 비유될 수 있으며 우리는 원자의 태양계 모형을 만들 수 있다. 그리

---

5 *Ibid.,* pp.124-125.

6 R. Bhaskar, A Realist Philosophy of Science, *op. cit.,* pp.125-126, pp.136-137; T. Lawson, *Economics and Reality* (London : Routledge, 1997), pp.27-29.

고 물과 유추해서는 빛과 소리에 관한 파동 모형을 만들 수 있고, 가스와 컨테이너 속의 당구공의 유추를 통해서는 가스의 분자모형을 만들 수 있다.[7] 그리고 실재론에서는 인과메커니즘의 존재와 그 원인적 힘을 경험적 연구로 테스트하게 되는데 경험적인 타당성 이외에도 '설명력'(explanatory power)에 각별한 비중을 둔다. 여기서 설명력이란 인과메커니즘을 다루는 이론에 의해서 보다 많은 범위의 경험적 현상이 설명되거나, 조명되거나, 또는 다루어지게 되면 그것으로 만족스럽다는 의미가 된다.[8] 따라서 이러한 입장은 K. Popper의 이른바 '반증'의 기준에는 못 미치는 느슨한 경험적 근거의 성격을 띤다고 볼 수 있다. 실재론에서도 이론의 경험적 검증이 필수불가결한 것으로 되어 있지만 그 기준에 있어서는 반증과 같은 엄격한 수준은 고집하지 않는 것으로 받아들일 수 있다.

2. 인과메커니즘의 구성 : '업덕션'과 '리트로덕션'

'비판적 실재론'에서는 인과메커니즘의 구성이 '업덕션'(abduction)과 '리트로덕션'(retroduction)의 두 가지 형태로 이루어진다. 우선 업덕션은 어떤 사건이나 현상을 일반적 구조의 일부분이나 그 표출로 파악하는 방법이다. 예를 들면 사람들이 서로 인사를 나누면서 조의를 표하는 장례식은 어떤 개인적인 사건으로 취급할 수 있다. 그런데 이러한 사건을 두고 모인 사람들 사이의 내부적 관계나 메커니즘을 통하여 사회적 응집이 만

7 Russel Keat and John Urry, *Social Theory as Science,* Second Edition (London : Routledge and Kegan Paul, 1982), pp.32-33; Rom Harre, *op. cit.*, p.174.

8 R. Bhaskar, The Possibility of Naturalism, *op. cit.*, p.19.

들어지는 의식으로 다루게 되면 그것이 바로 '업덕션'이다. 어떤 사건이나 현상을 개인적 측면이 아니라 하나의 일반적 구조의 표출로서 다루는 방식이며, 장례를 의식의 '이론'으로 다루는 경우가 된다. 따라서 이 설명방식은 종래의 연구방법론에서 통용되어 오던 연역적 방식이나 귀납적 방식과는 차이가 있다는 것이다.[9]

그 다음으로 '리트로덕션'은 위에서 제시된 일반적 구조의 기본적 특징을 밝히는 일이 된다. Z. Bauman의 '홀로코스트'(Holocaust)에 관한 설명이 그 적절한 예로 원용된다.[10] Bauman은 유태인 학살이라는 이 역사적 사건을 설명하는데 있어서, 우선 당시의 독일의 경제적, 정치적 상황에서 원인을 찾는 '독일적인 것'도 배격하고, 또한 당시의 점증하던 '반유태주의'와 같은 '유태인적인 것'도 설득력이 없다고 전제한다. 그는 홀로코스트의 근본적인 조건으로서 근대사회의 합리적 구조에 그 해답을 찾는다. 즉 그러한 합리적 구조를 만들어내는 이른바 '조경문화'라는 것이 있는데, 이 문화는 어떤 원칙에 입각한 완전한 질서를 만들고자 하며 이에 맞지 않는 것은 모두 배제하는 철저한 통제의 전략을 그 내용으로 한다. 인종차별주의나 정교한 관료적 계층구조나 권위형태 등은 모두가 이러한 조경문화의 구체적인 표출로 파악된다. '리트러덕션'이란 사건이나 현상을 만들어내는 기본적인 구조나 메커니즘을 찾아내는 일이 된다.[11]

그러면 설명의 전반적인 과정은 어떻게 이루어질 수 있을까? 우선 '업덕션'을 통하여 사건이나 현상이 '일반적 구조'의 표출이라는 것을 밝

9 Berth Denemark, Mats Ekstrom, Liselotte Jakobsen and Jan Ch. Karlsson, *Explaining Society : Critical Realism in the Social Sciences* (London and New York : Routledge, 2002), pp.88-90.

10 Zygmunt Bauman, *Modernity and the Holocaust* (Cambridge : Polity Press, 1989).

11 B. Danemark et. al., *op, cit.*, pp.96-100.

힌다. 이것은 사건을 다루는 이론적 틀을 제시함으로써 사건 자체를 재기술하고 여러 가지 이론적 해석의 틀들을 제시하는 단계가 된다. 그 다음 단계로서는 '리트러덕션'을 통하여 사건에 관한 구조나 관계들을 묶는 인과메커니즘을 발견하는 과제가 된다. 또 다음 단계는 이미 제기된 구조나 인과메커니즘들을 서로 비교함으로써 상대적인 설명력을 평가하는 일이 된다. 한 이론이 다른 이론보다 설명력이 높다는 결론을 내릴 수 있다. 마지막 단계는 서로 다른 구조와 메커니즘들이 구체적인 상황에서 어떻게 표출되는가를 검토함으로써 보다 구조적인 조건과 우발적인 여건과의 차이도 밝혀낼 수 있다.[12]

인과메커니즘을 내용으로 하는 이론의 특성과 관련해서는 경험적 근거와 평가의 문제가 뒤따르게 된다. 우선 실증주의에서는 검증의 원칙에 따라 경험적 근거를 풍부하게 만들기 위하여 예를 들면 Robert Merton의 '중간규모이론'이나 Barry Glaser와 Anselm Strauss의 '근거이론'(grounded theory)이 바람직한 것으로 논의되고 있으나 비판적 실재론은 이러한 지나친 경험지향론을 경계한다. 즉 추상적인 개념들(예 : 사회통합, 소외, 계급, 이데올로기 등)을 지시물이나 통계적 연결로서의 가설로 재구성하게 되면 자칫 이론의 근원적 의미가 상실될 위험이 있으며 또한 중간규모 수준의 이론을 고집하게 되면 Marx나 Weber, Habermas와 같은 대가들의 일반이론을 제외해버리는 결과가 될 것을 우려한다. 사회과학의 일반이론은 오히려 설명력에 따라 그 타당성이 확정되어야 하고 근본적인 사회메커니즘을 개념화할 수 있고 다른 이론들의 중심개념들을 통합할 수 있는 능력에 따라 평가될 것을 주장한다. 일반이론이 해석의 틀로 적용될 때에는 그것이 사용성이 있느냐, 그리고 해석의 현상에 대한 통

12 *Ibid.*, pp.109-111.

찰을 만들어낼 수 있느냐에 따라 평가되어야 한다는 것이다. 그리고 추상적 일반이론은 학계의 조사연구의 실제에서, 토론과 경험적 연구에서 테스트되고 수정되면서 그 타당성이 평가된다. 예를 들면 Michel Foucault의 권력, 지식, 담론에 관한 이론은 비록 비판도 있지만 학문의 여러 영역에서 풍부한 내용의 조사연구를 활성화시켰다. 심리학자, 지리학자, 미디어 연구, 사회학자, 현학자, 역사학자 등이 그의 이론을 자신들의 연구영역에 적용하였고 그의 이론은 계속적인 연구와 이론적 구성의 촉매로서 각광을 받고 있는 것이 그 적절한 사례로 제시된다.[13]

3. 사회적 실재론(social ontology) : 구조와 행위

실재론의 철학적 기초는 R. Bhaskar의 이른바 '초월적 실재론', 또는 '비판적 자연주의'에서 잘 나타난다. 그것은 객관적으로 존재하는 현실과 그에 관한 지식의 문제에 있어서 실증주의는 물론 T. Kuhn의 상대주의(관행주의)의 입장도 비판적으로 극복해 보려는 시도이다.

실증주의나 해석주의에 공통되는 것은 '이행적 대상물'(移行的 對象物, transitive objects)을 전제한다는 점이다. 실증주의에 따르면 개념이나 이론은 대상물을 단순히 반영한다고 보며 지식이란 극히 표면적 사건이 이행적으로 만들어내는 피상적이고 요약적인 기록의 성격을 지닌다고 비판한다. 그리고 대조적으로 상대주의는 이론이 오히려 현실을 이행적으로 구성하며 지식이 사회적 관행의 산물임을 강조하는 나머지 현실에 대한 일관된 파악이 힘들다는 점을 지적한다. 실재론은 이러한 지식의

13 *Ibid.,* pp.134-148.

이행적 성격을 문제삼고 지식과 현실의 상호관계에 있어서는 '현실'이 극히 독립적으로 존재한다는 의미에서의 '비이행적인' 성격을 들고 나온다. 여기서 '비이행성'이란 현상을 만들어내는 메커니즘이나 구조는 우리가 그것을 기술하는 것과는 무관하게 독립적으로 존재한다는 것을 의미한다. 즉 메커니즘을 구성하는 실체 또는 물체는 원인적(原因的)인 힘을 가지는 개인이나 행위자로 인식되며 그들의 행동은 그들이 지니는 잠재력의 실현으로 파악된다. 이점에서 '초월적 실재론'은 실증주의나 상대주의에 비해 독립적으로 존재하는 현실에 대한 보다 심층적이고 일관성 있는 파악을 가능하게 만들 수 있다는 주장이다.[14]

이러한 사회적 존재론에 근거해서 사회와 개인, 또는 구조와 행위의 상호관계가 새롭게 정립되면서 사회이론 분야에서 매우 논쟁적이고 각광받는 또 하나의 연구 분야를 만들어내게 된다. Bhaskar의 이른바 '사회행동의 변환모형'에 의하면 사회는 인간의 행위에 방해가 되는 것이 아니라 하나의 선행조건이며, 또한 인간의 행위는 사회의 재생산과 변환을 가져온다는 것이다. 즉 사회구조는 사람들의 행위를 가능케 하는 조건이자 동시에 인간 행위의 결과라는 논리이다.[15]

우선 사회는 개인에 선행해서 존재하며, 오히려 개인의 활동을 위한 필요조건을 형성한다고 볼 수 있다. 이런 의미에서 사회는 구조, 실천, 관행 등으로 이루어지는 하나의 조화로 볼 수 있으며, 개인들은 이러한 것들을 재생산하고 변환할 수 있다는 것이다. 마치 조각가가 자기에게 주어진 자료나 도구를 가지고 작품을 만들듯이, 그리고 과학자들이 기존의 연구결과, 이용 가능한 패러다임, 모형, 탐구의 방법과 기법 등을 가

[14] R. Bhaskar, The Possibility of Naturalism (1979), *op. cit.,* pp.10-24; T. Benton and I. Craib, *op. cit.,* pp.129-130.

[15] R. Bhaskar, The Possibility of Naturalism (1979), *op. cit.*, pp.42-43.

지고 어떤 연구결과를 만들어내는 것과 비유된다. 사회의 재생산과 변환에 필요한 기능, 능력, 습관의 축적은 이른바 사회화의 과정을 통하여 개인에게 습득되며, 개인들은 이것들을 가지고 또한 사회를 재생산하고 변환시키는 주체가 된다는 점이 강조된다. 결국 인간의 행동과 생산적 노력을 규제하는 사회구조는 인간의 능동적 참여와 실천으로 또 다시 재생산되고 변화되기 때문에 상대적인 의미에서 지속적이고 또한 자율적인 성격을 띤다는 것이다.[16]

비슷한 시기에 Anthony Giddens도 사회이론 분야에서 구조와 행위의 상호관계를 '구조의 이중성' 또는 구조화의 문제로 들고 나옴으로써 사회학에서는 열띤 논의가 촉발되었다. Giddens의 논지는 양자(구조와 행위)의 동시적 상호관계라는 성격 탓으로 Bhaskar와는 다소의 차이점이 있으나, 이들의 문제제기와 이론적 구성을 둘러싼 쟁점들은 사회과학 분야에서 매우 활발한 논쟁을 지속시켜 나가는데 기여하고 있다. 이 문제는 구조와 행위의 통합이라는 주제로 별도로 다루기로 한다.

4. 설명적 비평(explanatory critique)

비판적 실재론은 1970년대에 마르크스주의가 사회과학에서 상당한 관심을 모으고 있을 때에 등장하여 퍼져나갔다. 마르크스주의의 철학적 신조가 비판적 실재론의 내용과 부합되는 점이 많은 것도 사실이어서 양자의 관계는 계속적인 탐구과제가 될 수 있을 법한 일이다. 그러나 적어도 R. Bhaskar의 경우에는 비판적 실재론과 마르크스주의의 해방정치

16 *Ibid.*, pp.43-49.

가 밀접하게 연결된다는 점이 지적되고 있다. 그의 비판적 실재론은 Habermas의 사회이론과 흡사해지는데 두 사람은 자아와 사회에 관한 지식이 인간해방과 '지배로부터의 자유'에 밀접히 관련된다는 입장을 취한다.[17]

Bhaskar는 이러한 밀접한 연결을 나타내기 위하여 '설명적 비평'이라는 개념을 제시한다. 즉 설명하는 것이 그대로 비평을 내포한다는 뜻이 되는데 마르크스의 임금형태를 그 전형적인 예로 들고 있다. 마르크스의 분석에 따르면 자본가와 노동자로 이루어지는 자본주의 생산에 있어서 노동자는 자기의 생존에 필요한 만큼의 임금을 받는 반면 자본가는 노동자의 노동을 이용하며 임금 이상의 이윤을 남긴다. 따라서 양자의 관계는 하나의 교환으로 보이지만 사실은 자본가가 이윤을 챙기는 착취관계가 되며 이러한 착취와 지배관계는 자본주의의 강제적인 권력으로 지탱된다는 것이다. 그리고 이러한 수탈의 지배관계는 강압적이고 이데올로기적인 정당화를 통하여 거짓 믿음으로 일상화된다. 사회관계의 구조(자본가와 노동자의 관계)가 행위자로 하여금 거짓 믿음을 갖게 하고, 또한 인간이 거짓 믿음보다는 '참된 믿음'을 갖는 것이 좋다면 이러한 사회관계의 구조는 당연히 철폐되든가 변환되는 것이 좋다는 결론이 도출된다. Marx의 설명은 우리들로 하여금 그가 설명하는 현상의 원인들에 대해서 부정적인 가치판단을 내리게 만든다. 즉 설명을 통한 비판적인 가치판단으로 사회변화의 해방 프로젝트를 정당화해주는 것이 '설명적 비평'이다. 진실을 찾아내는 것이 바로 해방적인 것이 되는 셈이다.[18]

---

17 T. Benton and I. Craib, *op. cit.*, pp.135-136.

18 R. Bhaskar, Possibility of Naturalism, *op. cit.*, pp.69-91; T. Benton and I. Craib, *op. cit.,* pp.136-138. 이러한 '설명적 비평'에는 Andrew Collier도 동참하고 있다. Andrew Collier, *Critical Realism* (London : Verso, 1994), Chapter 6.

설명적 비평은 경제현상의 파악에도 원용될 수 있다. 근래에 와서 세계화가 진행되고 신자유주의 사상이 힘을 얻게 되자 자유시장이 총체적인 사회적 부(富)의 팽창을 가져오게 되고 이로 말미암아 가난한 사람들은 오히려 전보다는 살기 좋아진다는 주장을 하는 사람들이 있다. 이른바 개발에 따른 '트리클 다운'(trickle down) 효과이다. 적어도 이러한 사람들은 가난은 나쁜 것이라고 믿는다. 그러나 만약 정부의 재분배 정책이 없는 한 자유시장은 가난한 사람들을 더욱 가난하게 만든다는 사회과학적인 조사결과가 나온다면 자유 시장 옹호자들은 그들의 믿음을 위한 다른 근거를 찾든가 그렇지 않으면 믿음 자체를 버려야 한다. 설명이 비평과 관련되는 사례이다.[19]

이러한 설명적 비평과 관련해서는 이의가 제기되기도 한다. Andrew Sayer에 의하면 이러한 논의는 근본적으로 부정적인 성격을 띠고 있기 때문에 어떠한 사회구조가 바뀌든가 폐지되어야 한다는 이유를 제시하는 것은 분명하다. 그러나 이러한 가정 속에는 인간의 요구가 좌절되지 않고 거짓 믿음이 사회적 재생산에 꼭 필요하지 않은 어떤 참되고 바람직한 사회가 만들어질 수 있다는 가능성이 깔려 있다고 볼 수 있다. 이러한 가정은 명료하게 제시되어야 하고 정당화될 필요가 있다는 것이다. 만약 해방적인 사회적 전환을 위한 만족할 만한 논의를 전개하려면 이러한 대안적이고 보다 나은 사회가 이루어질 수 있다는 것을 구체적으로 밝힐 필요가 있음을 강조하고 있다.[20] 비판적 실재론에게는 이러한 대안적이고 전향적인 문제에 관한 새로운 도전에 어떻게 대응해야할 것인가의 과제가 주어진다.[21]

19 T. Benton and I. Craib, *op. cit.,* pp.138-139.

20 *Ibid.*, p.139; Andrew Sayer, *Realism and Social Science* (London : Sage, 2000), chs 7, 8.

21 설명적 비평과 관련되는 대안적인 최근의 논의와 관련해서는 Kate Soper, 'An

5. 비판적 실재론과 Freud의 정신분석

Bhaskar는 Marx의 철학적 언명들이 비판적 실재론의 주요 주제들과 부합되는 점이 많은 것을 지적하고 있지만 A. Collier는 최근 Freud의 정신 분석학이 비판적 실재론과 부합되는 점을 밝히고 있어 주목을 끈다. 그는 양자의 수렴을 다음과 같이 정리한다.

첫째로 비판적 실재론이나 정신분석은 모두 심층적 설명을 한다. 의학에서는 열, 기침, 위통 등의 증상을 기술하는 '질병 기술학'이 있고 또한 뇌막염, 결핵, 십이지궤양 등으로 병의 증상에 관련되는 심층 원인을 설명하는 '질병 분류학 개념'이 존재한다. 전자는 거미에 대한 공포와 같은 증상을 기술하는데 비하여 후자는 개인의 경우 해소되지 않고 있는 '오이디푸스 콤플렉스'와 같이 증상에 관한 깊이 있는 설명을 한다. 즉 기술학보다는 분류학이 질병의 깊은 원인규명에 관련되어 보다 앞선 의학 분야를 대표한다고 볼 수 있으며, 비판적 실재론에서의 심층적 메커니즘에 해당될 수 있다고 본다. 둘째로 비판적 실재론은 현상으로 나타나는 표면이 아니라 그러한 표면적 현상을 만들어내는 저변 경향에 접근한다는 점에서 '반현상성'(counterphenmenality)을 특징으로 한다. 정신분석도 환자의 의식에서 출발하되 그러한 의식적 표면에 나타나지 않는 저변의 욕망, 이미지, 믿음 등의 무의식의 수준을 파고들면서 오히려 표면과는 상충되는 것을 찾아낸다는 점에서 '반현상성'을 실재론과 공유한다고 볼 수 있다. 셋째로 실재론은 해석학에서 논의되는 '의미'를 '원인'으

Alternative Hedonism,' *Radical Philosophy* 92(1998), pp.28-38; Mary Mellor, *Breaking the Boundaries* (London : Virago, 1992); Peter Dickens, *Restructuring Nature : Alienation, Emancipation, and the Division of Labour* (London : Routledge, 1996); John O'Neil, *Ecology, Policy and Politics : Human Well-Being and the Natural World* (London : Routledge, 1993); Ted Benton, *Natural Relations : Ecology, Animal Rights and Social Justice* (London : Verso, 1993) 등이 열거된다.

로 취급한다. 정신분석에서도 인간행동의 의미를 원인으로 취급하고 있으며 다만 진정한 '원인'과 '합리화'를 구별하는 방법을 택한다. 어떤 행동과 관련되는 여러 의미들 중 진정한 원인을 밝혀내고 나머지는 행동의 합리화로 취급하는 경우가 된다.[22]

넷째로 비판적 실재론은 Marx의 지론에서처럼 구체적인 상황의 분석에 초점을 둔다. 실증주의는 많은 특수한 사물들을 취합하는 통칙을 강조하는 추상적인 과학이며, 해석학은 특수한 사물들에 초점을 두고 서로 상이한 경향에 대한 분석적인 시각을 결여한다. 그러나 비판적 실재론은 Marx에서처럼 인간이나 인간사회의 구체적인 것의 분석을 시도한다. Freud도 마찬가지로 구체적인 인간에 초점을 둔다. 꿈을 다룰 때에도 그 의미를 이해하기 위해서 꿈을 꾼 사람의 개인적인 연상에 초점을 둔다. 그리고 그러한 연상을 그대로 받아들이는 것이 아니라 숨은 내용, 전위(displacement), 압축, 이차적 수정 등을 검토한다. 즉 분석의 과정이 이중적으로 진행되는 셈이다. 끝으로 비판적 실재론에서 '설명적 비평'이 해방적인 성격을 띠듯이 정신분석에서도 '자기인식'(self-awareness)을 통하여 이러한 목적 달성이 가능해진다고 본다. 사람들이 갖게 되는 거짓 믿음은 정신분석학의 경우 '방위기제'의 결과로 풀이된다. 결국 이러한 방위기제의 극복 과정을 거쳐 인간은 진리를 발견하게 되는 데 정신분석은 이 과정을 분석하여 인간의 '자기인식'을 증대시켜 줄 수 있다. 즉 비판적 실재론의 설명적 비평과 수렴되는 측면이다.[23]

---

22 Andrew Collier, 'Critical Realism,' in George Steinmetz (ed.), *The Politics of Method in the Human Sciences : Positivism and its Epistemological Others* (Durham/London : Duke Univ. Press, 2005), pp.339-342.

23 *Ibid.*, pp.342-344.

제2장 후기구조주의와 포스트모더니즘

20세기의 후반에 들어서 등장한 후기구조주의와 포스트모더니즘은 문학, 건축, 예술, 철학, 사회이론 등의 광범위한 분야에 걸쳐 새로운 사고와 비평의 전기를 마련하고 있다. 이 새로운 지식운동은 기존의 과학적 전통과 방법론을 둘러싼 다양한 논의를 촉발하고 있으며 특히 사회과학의 연구를 위해서는 여러 가지 방법론상의 성찰과 쇄신의 길잡이가 되고 있음이 분명해진다. 우선 후기구조주의의 논의에 앞서는 구조주의의 내용을 검토하는 것이 적절한 순서가 될 것이다.

1. 구조주의(structuralism)

구조주의는 1960년대와 1970년대에 걸쳐 주로 프랑스에서 일어난 지식운동으로 기호학, 또는 언어학의 기초 위에서 혈연 및 사회체제에, 그리고 문학이나 철학, 또한 인간행위를 좌우하는 무의식적인 심리적 유형 등에서 표출되는 심층적인 보편적 정신구조를 발견해 보려는 체계적인 노력으로 파악될 수 있다.[24]

---

[24] Edith Kurzwell, *The Age of Structuralism : Levi-Strauss to Foucault* (New York : Columbia Univ. Press, 1980), p.1.

우선 구조주의의 원형이 되고 있는 소쉬르(Ferdinand de Saussure)의 언어의 구조를 살펴볼 수 있다. 그에 의하면 우리가 일상적으로 하는 말의 의미를 결정하는 것은 그러한 말의 저변에 깔려 있는 언어라고 본다. 그리고 언어는 기호의 체제로 이루어지는데, 기호는 ① 소리나 표식으로 이루어지는 '기표'(signifier)와 ② 사물에 대한 개념으로 이루어지는 '기의'(signified)로 구성된다. 예를 들면 교통신호체계의 경우, 적색(기표)은 멈춤(기의)과 맺어지면서 '멈추시오'라는 의미를 만들어내고, 녹색(기표)은 진행(기의)과 함께 '나가시오'라는 의미를 갖는다. 여기서 기호로서의 언어는 두 가지 중요한 특성을 나타난다. 첫째로 기호의 의미는 다른 기호와의 차이에서 결정되는데, '적색'은 '녹색이 아님'으로 '멈추시오'라는 의미를 부여 받는다. 즉 적색은 그것이 가지는 내재적인 성질에서가 아니라 다른 기호와의 '차이'(difference)에 따라 의미가 결정된다. 이때 차이라는 개념은 최소한 두 개의 구성요소들의 관계를 전제한다는 의미에서 '관계'라는 용어로 표현되기도 하며, 관계의 개념은 또한 '구조'로 정의되기도 한다. 둘째로 기호의 의미는 그렇다고 해서 기호들의 상호관계만으로 무질서하게 의미를 만들어내는 것은 아니다. 기호의 의미는 차이에 기초하되 특정한 언어 공동체 내의 규칙에 따라 결정된다. 즉 '적색'의 경우 '멈추시오'라는 의미는 그러한 신호체계를 받아들이는 문화 안에서만 가능하다는 이야기가 된다. 즉 신호체계의 의미를 전체적으로 확정짓는 코드에 따라 좌우되는 문제가 된다. 소쉬르는 우리가 표현하려는 대상에 대해서 자유롭게 기표를 선택할 수 있을 것처럼 보이지만 실제로는 그러한 기표를 사용하는 언어 공동체의 규칙에 따라야 한다는 점을 분명히 한다. 즉 기표의 선택은 자유로운 것이 아니라 정해져 있다는 점이 강조된다.[25]

소쉬르의 언어학은 인류학의 Claude Levi-Strauss에 와서 사회와 문화의 영역에 대한 구조적 설명으로 자리 잡는다. 그는 구조주의 언어학의 방법과 관련하여, ① 의식적인 언어현상으로부터 무의식적 하부구조로의 연구, ② 구성요소들 간의 '관계'(relations)의 분석, ③ 체제 개념의 도입, ④ 일반적 법칙의 발견 등의 방법론적 기준을 제시한다. 그리고 이러한 기준이 문화현상의 연구에 적용될 수 있다고 보고 친족관계의 분석을 시도한다. 예를 들면 결혼관계의 저변구조를 그는 '금지된 유형'과 '가능한 유형'의 두 가지로 나누고 이 기본적인 '이원적 반대'가 근친상간 금지와 족외혼 규칙의 산물임을 밝힌다. 근친상간 금지와 족외혼의 규칙에 따른 결혼이 '교환'이라는 근본적인 형태를 띠면서 '인간적 사회성'을 만들어내는 기반이 된다. 그것은 사람들을 서로 맺어주고 집단을 집단으로 존재하게 만드는 근본적이고 불변의 규칙을 제공하며 인류의 최상의 '선물의 규칙'이 된다고 보고 있다. 그리고 이 선물의 형태를 띠는 교환을 통해서 인류는 생물학적인 자연관계에서 벗어나 문화라는 사회관계에 들어설 수 있다는 것이다.[26]

언어학과 인류학에서 다듬어진 구조주의의 방법론은 사회과학의 다른 분야에서는 어떻게 영향을 미치게 되는가? Merriam Glucksman은 구조주의를 특징짓는 심층구조의 논리가 Freud나 Marx의 분석에 매우 가깝다고 본다. Freud는 외양으로 나타나는 것들이 무의식의 결과이며, 이러한 무의식의 저변구조를 진정한 연구대상으로 보았다. Marx는 관찰 가능한 사회적 단위로서 주민이라는 개념은 무의미한 현실세계의 추상

25 Ferdinand de Saussure, *Course in General Linguistics,* (London : Peter Owen, 1916), p.71; Samantha Ashenden, 'Structuralism and Post-structuralism,' in Austin Harrington, *Social Theory : An Introduction* (Oxford : Oxford Univ. Press, 2005), pp.197-198.

26 Clause Levi-Strauss, *The Elementary Structures of Kinship* (Boston : Beacon Press, 1949), p.481; S. Ashenden, *op. cit.*, p.291.

화이며, 그 저변에는 계급이라는 개념이, 그리고 계급은 또한 임금노동이나 자본 등과 같은 구성요소들과의 상호관계를 다룸으로써 점차로 분석이 심층화되어야 한다고 주장했다. 즉, Marx에게 있어서 구조란 가시적인 사회관계가 아니라 비가시적인 현실의 수준이며, 사회적 실천의 법칙들은 이러한 '숨겨진 구조'의 기능에 좌우된다고 보았다.[27]

정치학에서는 이러한 구조주의의 기본 주제가 Louis Althusser에 의해서 Marx의 이론체계를 재해석하는데 적용되어 널리 소개된다. 그는 구조의 개념을 통하여 Marx의 토대와 상부구조의 관계, 상부구조로서의 국가가 가지는 상대적 자율성, 경제적 토대가 가지는 '지배의 구조', 혁명 발생의 중층적 결정론 등의 다양한 주제들에 관한 설명적 틀을 제시하고 있다.[28] 특히 그는 자본주의의 이데올로기적 국가장치가 인간의 존재조건을 둘러싼 상상적 관계를 만들어냄으로써 인간의 탈주체적인 결과를 가져오는 측면을 부각시킨다. Althusser의 주체는 언어보다는 이데올로기에 의해 형성된다고 본다. 개인은 이미 세상에 태어나기 전부터 가족이데올로기에 의해 자기 이름과 정체성이 결정되며, 이데올로기적 장치가 정의하는 실천과 의식에 참여하면서 자아를 형성해나간다. 사람들은 이데올로기의 힘에 의해 스스로가 자율적인 주체인 것처럼 상상하고 그릇 인식하고 행동한다는 것이다.[29] 이러한 논지는 구조주의에서 제기되는 '주체의 해체'와 이론적인 '반인본주의'와 연관된다.

---

27 Miriam Glucksman, *Structuralist Analysis in Contemporary Social Thought : A Comparison of the Theories of Claude Levi-Strauss and Louis Althusser* (London : Routledge & Kegan Paul, 194), pp.144-145.

28 Louis Althusser, *Lenin and Philosophy and Other Essays* (New York : Monthly Review Press, 1971), pp.134-135; Louis Althusser, *For Marx,* translated by B. R. Brewster (London : Allen Lane, 1969), pp.94-97, pp.254-255; 오명호,『현대정치학이론』(서울: 박영사, 1990), pp.289-291.

29 L. Althusser(1971), *op. cit.,* pp.162-166, pp.168-176.

2. 후기구조주의(Post-structuralism)

후기구조주의는 ① 기의보다는 기표에 무게를 두는 언어의 불안정성 ② 인간 주체의 언어적 구성과 의미화의 실천적 측면의 강조, ③ 인과관계, 정체성, 주체, 및 진리 등을 둘러싼 전통적 형이상학에 대한 비판 등을 주요내용으로 한다.[30] 여기서는 Jacques Derrida와 Michel Foucault 두 사람의 견해를 종합해보기로 한다.

(1) Jacques Derrida : 해체의 논리

해체의 주제로 널리 알려진 Derrida는 1967년 세 권의 저술로 프랑스와 미국의 가장 중요한 전위파 지식운동의 길잡이로 인정받고 있다.[31] 그의 저서들은 현상학(Husserl), 언어학(소쉬르), 라캉(Lacan)의 정신분석, 구조주의(Levi-Strauss) 등에 대한 강한 비판을 담고 있다.

첫째로 그는 구조주의가 전제하는 의미의 안정성을 비판하고 '기표'(signifier)에 무게를 두는 '언어의 불안정성'을 주창한다. 구조주의에서는 기호의 의미가 어떤 규칙이나 관행에 의해 어느 정도 정해지는 안정성을 보였지만, Derrida는 이를 전적으로 부정한다. 그에 의하면 기표와 기의의 연결은 부단히 깨어지면서 새로운 결합으로 합쳐지는 과정으로 파악된다. 마치 사전에 들어가면 어떤 기표에 관한 기의가 있지만 그것은 곧바로 다른 기표와 기의의 결합으로 이어지는 끝없는 순환이 되는 것

---

30 Madan Sarup, *An Introductory Guide to Post-structuralism and Postmodernism* (New York : Harvester Wheatsheaf, 1988), p.4.

31 Jacque Derrida, *Of Grammatology* (Baltimore & London: Johns Hopkins Univ. Press, 1976); *Speech and Phenomena, and Other Essays on Husserl's Theory of Signs* (Evanston: Northwestern Univ. Press, 1973); *Writing and Differences* (London : Routledge & Kegan Paul, 1978).

을 그 좋은 예로 본다. 기표는 기의로 변환되고 그 반대로 기의는 다른 기표로 연결되면서 어떤 최종적인 기의로 도달하기는 힘들게 되어 있다. 따라서 의미는 흩어지기 마련이며 기표들로 이루어지는 전체적인 연쇄로 분산되면서 부단한 '명멸'(flickering)의 현상에 비유된다. 이점 언어는 어느 정도 안정되어 있다기보다는 절대적으로 정의하기 힘든 요소들로 이루어지는 불안정성을 그 특징으로 하고 있으며, 언어로 구성되는 인간의 주체성에서도 안정성을 기대하기가 힘들다는 주장으로 이어진다.[32] 이제 기호로 이루어지는 '의미의 세계'는 개념들 사이에 만들어지는 '차이의 체계적인 유희'로 파악되며, 이것은 '디페랑스'(differance)로 표현되기도 한다. 여기서 '디페랑스'란 서로 대립되는 요소들 사이의 '차이'(공간성)와 함께 '연기'(deferment)라는 시간적 차이를 아울러 포함함으로써 의미가 부단한 기표의 유희로 이어진다는 의미가 된다.[33]

둘째로 '음성중심주의'(phonocentrism) 및 '로고스중심주의'(logocentrism)를 비판한다. 음성중심주의는 글보다는 말을 중시하는 입장이다. 즉 전통적인 철학은 '현재의 형이상학'으로서 가장 가까운 것을 우선시하게 되는데 글씨로 써지면서 중개되는 글보다는 순간적으로 나타나는 말에 우선권을 부여하는 입장이다. 그러나 Derrida는 말보다 글이 우선한다고 주장한다. 즉 소리의 연속으로 이루어지는 말은 하나의 기표의 기능을 수행하려면 그것이 반복될 수 있고 상이한 상황 하에서도 그 의미가 똑같다고 인정될 수 있는 반복성을 가져야 한다. 그러한 반복성은 대화자의 의도와는 무관하게 인용되고 적용되어야 하는데, 이러한 반복성은 글에 의해서만 확보될 수 있다는 것이다. 또한 그는 서구의 전통적인 형이상

32 M. Sarup, *op. cit.,* pp.35-37.

33 Jacques Derrida(1973), p.140; T. K. Seung, *Structuralism and Hermeneutics* (New York : Columbia Univ. Press, 1982), p.151.

학이 어떤 궁극적인 것에 우선권을 주는 '로고스중심주의'를 비판한다. 로고스(logos), 신의 말, 신의 마음, 신에 대한 무한한 이해, 무한히 창조적인 주체, 완전한 자아의식의 존재 등은 이 세상의 최초의 그리고 궁극적인 것이라는 믿음을 지칭한다. 이러한 로고스중심주의는 우리들의 사고와 언어 그리고 경험의 토대가 된다고 믿어왔다는 것이다. Derrida는 이러한 로고스적인 것에 초월적 의미를 부여하는 것은 하나의 허구임을 지적한다. 그리고 이러한 허구적 주장은 무언가 하나를 중시하고 그 이외의 것은 부정적으로 보는 이른바 '이원적 반대'(binary oppositions)의 틀에 사로 잡혀 있음을 지적한다. 즉 기표/기의, 감각적/지능적, 말/글, 말/언어, 통시적/공시적, 공간/시간, 수동적/적극적 등의 이원적 구성이 전통적인 형이상학을 특징지어 왔으며, 특히 사물의 진단에 동원되는 이데올로기의 경우, 물질/정신, 주체/객체, 거짓/진리, 신체/정신, 텍스트/의미, 내부/외부, 표상/현존, 외양/본질 등의 이원적 반대가 우리들의 사고를 좌우하고 있다. Derrida는 이러한 사고의 유형은 인간이 무언가 중심적인 것이나 현존에 가치를 두는 욕망에서 비롯된 것이며, 이로부터 과감히 벗어나야 한다는 점을 역설한다.[34]

셋째로 이러한 '이원적 반대'는 둘 중 어느 하나를 우선시하는 이른바 '계층적 반대'(階層的 反對, hierarchical oppositions)의 성격을 띠게 마련인데, Derrida는 이것을 극복하기 위하여 '해체'의 방법을 제시한다. 우선 글/말의 이원적 반대의 경우, 글은 반복성의 성질을 가지고 있기 때문에 명각(inscription)과 '기호의 내구적 제도'(durable instituting of signs)로서 오히려 말보다 우위를 차지한다는 점을 밝힌다.[35] 또 한 가지 해체의 예로서는

---

34 M. Sarup, *op. cit.*, pp.37-41; G. C, Spivak, 'Translator's Preface,' in Jacques Derrida(1976), p.ixviii.

35 Jonathan Culler, *On Deconstruction : Theory and Criticism after Structuralism* (Ithaca, N. Y. :

Freud 심리학에서의 남/녀의 관계를 들 수 있다. 여기서는 남성의 성기를 정상적인 것으로 보고, 여자는 거세로 말미암은 남근 선망과 열등감으로 특징지어지며, 여자는 항상 남자의 보완적 기능을 수행하게 되는 남성적 질서가 정당화되어 왔다. 그러나 여자의 경우, 두 개의 성적 기관(하나는 남성, 또 하나는 여성)을 가졌기 때문에 근원적으로 양성적(bisexual)이라는 사실로서 남녀의 관계에서는 오히려 '전도'의 논리가 가능해진다. 여자야말로 성별의 일반적 모형이며, 남성은 여성의 독특한 변형으로 볼 수 있게 된다. 즉 '남근중심주의'(phallogocentrism)가 해체되는 셈이다.[36]

(2) Michel Foucault : **계보학**

Michel Foucault(1926~1984)는 계몽사조(啓蒙思潮)의 인본주의와 인문과학의 인식론적 기반에 예리한 비판을 가하고 진리의 근원과 인간의 주체성 문제, 지식과 권력의 관계, 현대사회의 통제와 규율에 관련되는 생물적 권력 등의 다양한 주제에 관하여 고고학(考古學)과 계보학(系譜學)이라는 독특한 연구방법을 통하여 매우 혁신적인 연구결과와 학문적 업적을 이루어 놓은 것으로 높은 평가를 받는다.

① 에피스테메(episteme) : 인간의 주체성

그는 지식의 형성과 역사적 변천을 다루는 고고학을 주창하면서 어떤 주어진 시기에 있어서의 담론을 형성하는 규칙을 연구하기 위하여 '에피스테메'라는 개념을 제시한다. 이 개념은 어떤 시기에 있어서의 인식론적 형태, 과학, 그리고 가능한 형식화된 체제 등을 이루어내는 담론

Cornell Univ. Press, 1982), pp.100-102.

36 *Ibid.*, pp.165-173.

적 실천을 통일하는 관계들의 총체적 집합으로 정의된다.[37] 이 정의에서 핵심적인 것은 '담론'(discourse)이라는 개념이다. 담론이란 글이나 말로써 표현되는 모든 것을 뜻하며, 담론의 기본단위를 이루는 진술은 전달될 수 있고, 보존될 수 있으며, 가치를 이루는 진지한 언어행위이다. 그리고 이러한 언어행위는 다른 언어행위와 관계를 맺으면서 규칙에 지배되는 자율적 법칙성을 갖는 이른바 담론구성체를 이룬다. 예를 들면 의학 분야에서의 임상적 담론의 경우, 삶과 죽음에 관한 가설의 총체, 윤리적 결단, 치료적 선택, 제도화된 규칙, 교육모델 등의 총체를 지칭한다고 볼 수 있다.[38]

지식의 발달과 관련되는 에피스테메는 ① 르네상스, ② 고전적 시기, ③ 근대적 시기의 세 단계를 거치는 변환을 겪게 된다. 르네상스 시기는 사물들의 관계가 유사성으로 특징지어지고 고전적 시기는 언어가 사물의 본질에 직접 연결되는 표상의 시기가 된다. 그리고 '근대'는 인간의 주체성이 확립되는 결정적인 전환이 된다. 이제 인간은 모든 사고와 지식의 주체이면서 동시에 생존하는 존재, 생산의 도구, 언어사용의 수단으로서의 유한성이라는 두 가지 측면에서 파악된다.[39] 그는 18세기 말까지도 '인간은 존재하지 않았다'고 선언함으로써 인식론적 범주로서의 '인간'이라는 생각은 계몽사조의 발명이라는 점을 상기시킨다.[40] 즉 이때에 와서야 인간은 사물을 파악하는 '아는 주체'이면서 동시에 지식의 대상으로서의 '알려지는 대상'이라는 이중적 성격을 띠게 된다.

---

37 Michel Foucault, *The Archeology of Knowledge*, translated by A. M. Sheridan Smith (New York : Harper Colophon, 1972), p.191.

38 Hubert L. Dreyfus & Paul Rabinow, *Michel Foucault : Beyond Structuralism and Hermeneutics,* 2nd ed. (Chicago : The Univ. of Chicago Press, 1983), pp.44-68.

39 Michel Foucault, *The Order of Things : An Archeology of the Human Sciences* (New York : Vintage Books, 1973), p.313.

40 *Ibid.*, p.308.

Foucault는 현상학(現象學)과 해석학(解釋學)이 과학적 담론을 다루는데 있어서 '관찰하는 주체'(observing subjects)로서의 인간에 우선권을 두면서 행동의 구성적 역할, 모든 역사성의 근원 등과 연관되는 '초월적 의식'에만 초점을 두는 접근임을 비판하고, 인간을 담론적 실천으로 파악할 것을 주장한다.[41] 즉 인간을 무언가를 만들어내는 창시자로서 파악할 것이 아니라 담론의 한 변수로서 그리고 그 복잡한 기능으로서 분석할 것을 제의한다.[42] 인간의 형성과 그 변환은 담론에 의해 결정된다는 주장으로 귀결된다.

② 계보학(genealogy) : 권력과 지식

Foucault는 그의 초기 연구(The Order of Things; The Archeology of Knowledge)에서 에피스테메가 담론적인 것으로 한정되어 비담론적인 것이 배제된 점을 인정하여 좀 더 물질적 실천과 사회제도 등을 포함하는 '디스포지티프'(dispositif)라는 새로운 개념을 만들어 계보학이라는 방법론상의 변화를 도입한다. 이로써 담론은 말할 수 있는 것만이 아니라 가시적이고 물질적인 요소들을 포함하게 된다.[43] 즉 담론은 사상과 같은 언어적인 것뿐만 아니라 '물질성'을 아울러 포함한다는 점이 강조되며, 지식의 형성과 관련되는 담론적 실천에 있어서도 사고, 견해, 아이디어와 같은 것만을 지칭하는 것이 아니라 문학적 훈련, 학습과정, 인쇄, 특수 분야를 다루는 전문적 조직(과학, 공학, 의학 등) 등과 같은 실제적인 운영을 위한 공적, 물질적 조건들도 아울러 포함한다.[44]

---

41 *Ibid.*, p.xiv.

42 M. Foucault, 'What is an Author ?' in P. Rabinow (ed.), *The Foucault Reader* (London : Pantheon Books, 1984), p.118.

43 Samantha Ashenden, 'Structuralism and Post-structuralism,' *op. cit.,* p.209.

44 Gavin Kendall and Gary Wickham, *Using Foucault's Methods* (London : Sage Publications,

계보학은 '현재의 역사'를 다룬다.[45] 즉 현재의 사건과 문제로부터 출발하되 종래의 역사적 방법과는 판이한 특징을 지닌다. 우선 현재를 다루기 위하여 과거로 거슬러 올라가 어떤 고정된 본질로부터 출발하여 현재에 이르렀다는 식의 전통적인 기술방법을 거부한다. Augustine의 시작(창조), 중간(神子成肉: incarnation), 궁극적 종말(최후의 심판)을 내용으로 하는 선형적 역사관에서처럼 어떤 본질이나 근원을 찾으려는 시도를 배격한다.[46] 특히 그는 전통적인 역사적 사고와 관련하여 '세계적 이론구성'이나 '전체화 형태의 분석'을 배격한다. 이러한 '전체화 역사'(全體化 歷史, totalizing history)는 위대한 순간들과 몇몇 개인들을 부추기고 찬양하면서 그 근원을 기록하지만, 계보학은 사건의 '특이성'을 찾아 보존함으로써 역사적 장관으로부터 거리를 두고 오히려 불신되고 잊혀지고 역사를 부정당한 모든 현상들에 관심을 돌리고 또한 가치를 부여한다. 그에 의하면 역사적으로 굴복된 지식, 즉 부적절하다고 자격을 상실당한 지식들이 있고 이러한 지식들의 반란이 있을 수 있다. 바로 계보학이 이러한 저항적 역할을 담당해야 한다는 것이다.[47] 역사적 근원에 관한한 그것은 극히 비천한 시작일 수 있으며, 보잘것없고 아이러니하고 심취할 것이 못될 수 있다. 어떤 웅대한 디자인을 찾으려 하지 말고 오히려 우발적인 것, 사소한 일탈, 역전, 오류, 그릇된 평가, 거짓 계산 등을 찾아낼 것을 제의한다. 따라서 계보학은 도덕이나 이상, 형이상학적 개념들의 변환과 생성을 분석하는데 있어서는 그것들이 어떤 발견된 진리도 아니고 사전

1999), p.45.

45 Michel Foucault, *The History of Sexuality, 1: An Introduction,* repr. (London : Allen Lane, 1976), p.31.

46 C. G. Prado, *Starting with Foucault : An Introduction to Genealogy* (Boulder : Westview Press, 1995), p.33.

47 M. Sarup, *op. cit.*, pp.63-64.

에 예정된 발달도 아니라는 것을 전제하여야할 것이며, 오히려 역사의 맹목적인 세력들의 밀집의 산물이라는 점을 밝혀낼 것을 주문한다.[48]

권력과 지식의 관계는 계보학의 가장 적절한 분석 사례가 된다. 감옥의 탄생을 다룬 그의 분석에 따르면, 18세기 말까지만 해도 프랑스의 형벌제도는 체형의 형태를 띤 육체적 고통(고문, 공개 처형 등)이었으나 18세기의 사회적 변화에 따라 형벌은 종래와 같은 고통의 과시적 형태가 아니라 일정한 공간과 시간의 배치 속에 죄수들로 하여금 육체적·도덕적 훈련을 받게 함으로써 도덕적 개조를 꾀하는 감금 제도로 바뀌었다.[49] 죄수들은 공간적으로 격리 수용되며 시간적 일과표에 따라 부단한 감시와 행동의 규제를 받음으로써 그들의 육체를 순응적으로 만들도록 강요된다. 즉 권력이 육체적·정신적 훈련이라는 새로운 규율적 기술을 통하여 인간을 개체화하고 권력의 목적에 인간의 관계를 순응화시키는 효율적인 메커니즘을 만들어냈다. 권력은 J. Bentham의 이른바 '파놉티콘'(panoptique)에서처럼 부단한 응시와 감시를 통하여 인간의 육체를 순응적으로 만드는, 즉 '생명권력'(biopower)을 만들어내었다고 본다.[50] 이러한 육체적 고통의 형벌로부터 감금제도로의 이행을 놓고는 통상적인 견해는 현재와 같은 감옥중심의 형벌제도는 그 이전의 보복적 처벌이라는 잔인한 방법으로부터 매우 전향적인 인간성 부여의 결과로 받아들인다. 그러나 계보학은 이것을 인간성 부여의 측면이 아니라 인간의 신체를 규율하기 위한 보편적이고 효율적인 종속과 통제를 기하려는 권력의 의도가 깔려 있음을 밝혀낸다. 그 후로 형벌제도뿐만 아니라 이러한 권력의 규율적 기술이 수도원, 학교, 군대, 병원, 공장 등 많은 사람을 다루는 모든

48 C. G. Prado, *op. cit.,* pp.35-38.
49 H. Dreyfus & P.Rabinow, *op. cit.*, pp.144-152.
50 *Ibid.*, pp.184-189.

제도에 번져 나간 사실만 보아도 권력의 진정한 의도가 입증된다는 것이다.[51]

권력이 '생명권력'으로 바뀌면서 개인의 신상과 일상적 활동에 관한 자료들이 서류화되고 기록으로 분류되면서 규율적 기술은 더욱 섬세화되어 다양한 학문적 분야의 형성을 자극했다. 규율적 기술이 감옥뿐만 아니라 병원이나 행정기구의 영역에도 보급되기에 이르자 그러한 특정한 제도적 영역마다 전문화된 사회과학(심리학, 인구학, 통계학, 범죄학, 사회적 위생학 등)들이 탄생된다.[52] 이제 권력의 기술은 그 참모습은 드러내지 않으면서 사회과학이라는 지식의 형태를 통하여 권력의 행사에 기여한다. 그리고 권력은 또한 지식형성의 주체, 대상, 양식 등에 결정적으로 간여한다는 측면에서 지식을 생산한다.[53]

한편 Foucault는 그의 후기 세 편의 저술(『The History of Sexuality』, 1976~1984)에서는 18세기 후반부터 서구문명에서 '성의 과학'이 어떻게 발달하였는가를 다룬다. 그는 권력이 자연적 본능인 성을 억압으로 다스린다는 정신분석학의 이른바 '억압 가설'에 문제를 제기한다. 즉 Victoria 시대의 성적 억압이 점진적으로 새로운 시대의 성의 해방으로 대치되었다는 풀이에 제동을 건다. 성의 해방이라는 분위기를 타고 쏟아져나온 '담론적 폭발'이 오히려 해방보다는 새로운 규제의 수단을 만들어내어 성의 주제에 대한 논의를 증폭시키면서 동시에 성에 대한 통제를 강화하게 된다. 종교적 또는 의학적 고해성사를 통해서 담론은 증가되었고 성은 더욱 객관화되고, 계량화되고, 코드화되면서 그 과정을 통해서 성에 대한 새

---

51 C. G. Prado, *op. cit.,* pp.51-52.

52 H. Dreyfus & R. Rabinow, *op. cit.,* pp.159-160.

53 M. Foucault, *Discipline & Punishment : The Birth of the Prison,* translated by Alan Sheridan (New York : Vintage Books, 1977), pp.27-28.

로운 규제와 통제의 길을 열었다. 성에 대한 폭로, 분류, 그리고 전의의 과정은 성적 행위자의 욕망 자체를 재구성하고 방향조정을 하는 결과를 가져왔다.[54] 결국 성에 대한 담론은 사람들로 하여금 어떤 성적 '정상상태'를 지향하게 만드는 새로운 권력의 메커니즘을 만들어낸 것이다. 성적 담론의 증대는 복종으로부터의 자유가 아니라 새로운 형태의 복종이 되는 셈이다. 의학, 정신의학, 교육학, 정신분석 등으로 이루어지는 새로운 성의 기술이 근대적인 제도적 권력이 된 것이다.[55] 담론적 실천으로서의 지식이 새로운 권력의 형태로 인간의 주체성을 구성하게 되는 계보학의 또 하나의 분석적 사례가 될 수 있다. 그리고 권력을 통한 통제는 반드시 억압적이거나 금지의 성격을 띠는 것이 아니라 성에 관한 담론의 엄청난 확산을 통한 '생산적인 규제'의 성격을 띨 수 있음을 잘 보여준다.[56]

최근의 국제정치학 분야에서도 계보학적 접근이 시도된다. Michell Dean은 독일의 공법학자인 Carl Schmitt의 전쟁론을 계보학적 접근으로 재해석한다. Schmitt는 중세의 전쟁개념이 '정전'(正戰, just war)에 입각한 종교적, 도덕적 성격을 띤 것이었는데, 이것이 17세기에 들어서면서 '정당한 적'과의 전쟁개념으로 바뀌면서 전쟁이 규칙에 따라 진행되는 국제공법의 질서가 정착되었다고 본다. 그러나 1차대전 후의 '베르사이유 체제'로 적을 범죄화하여 그 주동 국가나 주모자들을 처벌하는 도덕화의 길을 밟음으로써 전쟁은 다시 중세의 법적 규제를 받지 않는 정전개념으로 돌아간다. 즉 Schmitt의 전쟁론은 근세초의 국제법의 파열을 찾아내되 그것으로 인하여 '현재'의 상황이 중세의 정전의 계속이라는 점을

54 C, G, Prado, *op. cit.*, pp.94-95.

55 M. Foucault, History of Sexuality (1976), *op. cit.,* p.116; S. Ashenden, *op. cit.*, p.211.

56 C. G. Prado, *op. cit.,* p.96.

밝혀내고 있다는 점에서 계보학의 성격을 띤다고 보고 있다.[57]

③ 통치성

'통치성'이란 Foucault가 그의 말년에 현대사회의 새로운 권력의 형태를 설명하기 위해 만들어낸 개념이다. 권력은 국가의 계층적인 강권력뿐만 아니라 개인의 내면에 파고드는 규율적인 '생명권력'의 모습을 띠기도 하고 또한 그의 말년에 이르러서는 '자아'와 사회적 '타자'에 대한 통제에 초점을 두는 보다 긍정적인 '통치의 예술'이라는 의미를 지니게 된다. 이러한 권력개념의 변천을 세 가지 양태로 구분해서 정리해볼 수 있다.

첫 번째 권력의 형태는 계층적이고 위로부터 아래로 강압되는 국가의 통제력이다. 이미 위에서 지적되었지만 17세기와 18세기의 권력 형태는 끔직한 공개적 처형과 고문의 형벌제도에서 잘 나타나는 통제의 주권적 형식을 띤 것으로 위로부터 아래로 내려오는 명령과 강권적 실행을 내용으로 하는 계층적 권력이었다.

둘째로 이러한 계층적 국가권력의 형태는 18세기 말엽부터 규율적 권력, 또는 생명권력의 형태로 바뀐다. 즉 근대사회는 '격리의 제도적 네트워크'의 도움으로 순응적이고 규율화된 개인들을 만들어낸다.[58] 판옵틱(panoptic) 모형에 따른 감옥의 통치방식은 학교, 공장, 군영, 병원 등의 제도적 영역으로 파급되었고 이것은 개인을 순응화, 규율화시킬 뿐만 아니라 19세기 자본주의의 발전에도 획기적인 기여를 하게 된다. 어떤 의미에서 근대적인 통제의 형태는 감옥이나 공장처럼 일정한 공간에 국한

---

57 Mitchel Dean, 'Prologue for a Genealogy of War and Peace : Genealogical Approaches,' in G. Delanty and E. Isin (eds.), *Handbook of Historical Sociology* (London : Sage Publications, 2003), pp.180-190.

58 M. Foucault, *Power: Essential Works of Foucault, 1954-1984,* vol. 3, ed. J. D. Faubion (New York : The New Press, 2000), p.79.

되는 '한정화'의 성격을 띠게 마련이다. 그러나 근대는 이러한 규율적 통제를 탈한정화함으로써 비가시적이고 어디에서나 나타나게 만드는 강력한 파급력을 가진다는데 문제가 생긴다. 즉 근대적 통제는 제도의 틀을 깨고 밖으로 나와 사회전체에 자유롭게 순환하기에 이른다. 탈제도화되면서 생명권력은 전 사회공간에 파급되며 그 결과로 전통적인 제도들(감옥, 법정, 병원, 수용소, 학교 등)은 새로운 일상생활의 제도적 영역(건강, 사회적 안전, 처벌, 성인교육 등)을 탄생시키게 된다는 것이다.[59] 그리고 탈제도화는 국가의 권한과 책임의 축소로 이어진다. 국가는 종래와 같은 주권적 통제력은 잃어버리고 정책수립과 실행에 있어서의 효율성도 기대하기 힘들게 된다.

셋째로 탈제도화되는 사회는 '통치성의 레짐'(regime of governmentality)을 탄생시킨다. 사람들은 이제 건강, 사회적 안전 등의 새로운 제도적 틀 속에서 자기의 생명과 자유를 관리할 수 있는 보다 적극적인 역할을 수행할 수 있게 된다. 여기서 '통치성'이란 스스로를 규제하고 스스로를 교정하며 스스로의 향상을 도모해나가는 새로운 사회적 통제를 지칭하는 개념이다. 이제 Foucault는 개인과 개인간 관계에 새로운 관심을 두는 변화된 모습을 보여 준다. 이와 관련해서 그는 사회적 통제를 ① 자아의 비규율적 통제와 ② 타자의 비규율적 통제라는 두 가지로 나누어 다룬다. 전자의 경우 규율이나 복종과 같은 정상화 관계, 즉 판옵틱주의의 규율적 통제가 아니라 자기 자신을 관리하고 남에게 리더십도 만들어주는 새로운 생활양식이 된다. 그리고 이러한 새로운 개인적 통제와 관련하여 그는 '에토포에틱'(ethopoetic)이라는 용어를 만들어내고 있는데 이러한 생

59 Alain Beaulieu, 'The Hybrid Character of "Control" in the Work of Michel Foucault,' in Alain Beulieu and David Cabbard (eds.), *Michel Foucault and Power Today : International Multidisciplinary Studies in the Hitory of the Present* (Lanham : Lexinton Books, 2006), pp.26-27.

활양식에서는 구체적으로 다이어트 레짐(diet regimes), 금욕, 명상, 호흡운동, 수도생활, 구원 휴식(salvatory break : anakhoresis), 정신훈련, 언어화 훈련, 진리에의 용기 등의 색다른 통제기술이 제시되고 있다.[60]

한편 '타자'의 비규율적 통제'에 관해서는 그의 말년의 사정상 상세한 언급이 없기는 하나 몇몇 유고에 나타난 것을 종합하면 견유주의적 생활양식이 하나의 길잡이로 등장한다. 이 생활양식은 '팔헤시아'(parrhesia : 진리를 솔직하게 말할 수 있는 용기)와 금욕주의적인 '에토포에틱'이 결합되는 내용이 된다. 견유주의자는 미래에 대한 예언자도 아니고 말 없는 현재의 현인도 아니지만 스스로에 대한 비규율적 통제의 기술을 터득하고 있으며, 한정된 범위 내에서 사람들의 관심을 가장 시급한 '현재'에 집중시키면서 진실을 밝혀내어 그들로 하여금 적절한 대응을 할 수 있게 만든다. 사람들로 하여금 현재를 무른 형태로 보게 하고 스스로의 심미화를 이루게 만들 수 있는 능력도 소유하고 있다. 미래의 우주 정부와 관련하여 '인류의 공무원', '인류를 책임지는 사람'으로서 견유주의자는 새로운 제도와 새로운 권리의 설계자가 될 수 있다는 것이다.[61]

3. 포스트모더니즘

포스트모더니즘은 1970년대에 들어서 후기구조주의와 마찬가지로 근대의 철학적 토대와 지식의 형성에 대한 회의, 그리고 근대의 합리적

---

60 *Ibid.*, pp.30-31.

61 *Ibid.*, pp.31-34. 견유주의에 관한 부분은 Foucault의 다음과 같은 문헌에서 언급된다. The Hermeneutics of the Subject(1981-1982); Government of the Self and Others(1982-1983); The Government of the Self and Others : The Courage of Truth(1983-1984). 이 부분은 A. Beaulieu and D. Gabbard, *op. cit.*, p.51 참조.

정신과 과학적 지식이 인류에게 끼친 일부 부정적인 결과(예 : Gulag, Auschwitz, Hiroshima 등) 등에 대한 전면적인 비판을 앞세우면서 현대사회의 탈근대적 조건을 분석하여 그 대안적 논의의 전기를 마련하고 있는 새로운 지식운동이다. 당초에는 건축, 문학, 예술 분야에서 일기 시작한 포스트모더니즘은 점차로 철학과 사회이론의 학문적 영역과도 연계가 형성되었고, 특히 '근대'의 다음에 오는 '탈근대'의 변환과 관련해서는 후기구조주의와 함께 철학적 · 인식론적 혁신의 주창은 물론, 근대의 과학적 지식을 탈근대적인 조건하에서 새롭게 재구성하려는 움직임으로 받아들여지고 있다. 여기서는 이러한 포스트모더니즘의 대표적인 두 학자의 견해들을 정리해 보기로 한다.

(1) Jean-Francis Lyotard

Lyotard는 근대를 특징짓는 과학적 지식을 '메타 설화', 또는 '웅대한 설화'로 부르고 정신의 변증법, 의미의 해석학, 합리적 또는 노동하는 주체의 해방, 부의 창출 등을 다루어온 근대의 지식체계를 지칭하고 있다.[62] 그는 이러한 19세기의 근대적 '메타설화'가 이제 회의를 불러일으키고 탈정당화의 길로 접어 든 사태의 진단을 다음과 같이 내린다.

첫째로 과학적 지식은 지시적 또는 인지적 언명을 통하여 어떤 상황을 기술하는 데에는 어느 정도 성공하더라도 그에 따른 처방 언명도 성공적으로 된다는 보장은 없다는 한계가 지적된다. 아무리 그럴듯한 기술이 이루어지더라도 어떤 전향적인 처방, 즉 보다 많은 정의라든가 복지, 자유를 실현하지 못하면 과학에 대한 신인도는 하락할 수밖에 없다는

[62] Jean-Francois Lyotard, *The Postmodern Condition : A Report on Knowledge* (Minneapolis : Univ. of Minnesota Press, 1979), p.xxxiii.

것이다. 이러한 과학적 지식의 한계에 대한 비판은 포스트모더니티의 중요한 기류를 형성한다고 볼 수 있다.[63] 이와 관련해서 Lyotard는 과학이 '능률에 집착하는 실증주의'에 안주할 것이 아니라 의문을 제기하고, 미지에 대한 도전, 미지의 묘사를 제의한다. 어떤 면에서 과학적 실용주의를 위해서는 합의보다는 오히려 의견 차이가 강조되어야 한다고 주장한다.[64]

둘째로 근대적인 과학지식의 한계는 자본주의의 복잡한 발전형태 에서도 비롯된다. 자본주의 조직의 복잡성에 정보통신 기술이 접목되면서 지식의 처방과 관련되는 독특한 논리가 개발되기에 이른다. 즉 어떤 언명이 지식으로 인정되려면 컴퓨터화된 언어로 표현되어야 하고 지식 생산자와 지식 사용자의 관계는 상품관계가 되며, 지식은 그 자체가 목적이 아니라 정보 상품이 되어버린다. 이제 지식은 '그것이 진리이냐'보다는 '그것은 어디에 사용되나?'에 초점이 모아진다. 특히 지식의 중상주의화가 진행되면서 '그것은 팔릴 것이냐', 또는 권력 신장 면에서는 '그것은 능률적인가'의 문제로 귀결된다.[65] 정보화된 자본주의는 그 상업적 필요에 따라 과학적 연구조사의 실제적 적용에만 매달리는 나머지 수행성(performativity)만을 강조하게 된다. 조사연구에 대한 자금지원은 체제운영의 극대화에 간접적으로라도 기여해야 하고 그렇지 못한 연구는 자본의 흐름에서 버림받아 노쇠의 운명에 직면한다.[66] 자본주의는 과학을 활성화시키는 무한한 지식 추구의 욕구를 끝없는 비용/효과 비율의 극대화에 종속시켜버린다. 그리고 자본주의는 언어에 침투해 들어가면서 모든 담화를 정보의 단위로 전환시켜 정보기술의 헤게모니적 체제와 사회의

63 *Ibid.*, p.40, J. Lyotard, *The Postmodern Explained : Correspondence, 1982-1985*, (Minneapolis : Univ. of Minnesota, 1986), p.76.

64 J. Lyotard, The Postmodern Condition, *op. cit.*, p.54, pp.60-61.

65 *Ibid.,* p.4, p.51.

66 *Ibid.*, pp.45-47.

컴퓨터화를 촉진한다.[67]

따라서 포스트모던한 새로운 과학은 능률주의 실증주의를 지양해야 하며, 어떤 가설을 입증한다는 것은 반대 사례나 난해성의 발견을 뜻해야 하고, 어떤 논쟁을 받아들인다는 것은 오히려 역설을 찾아내어 그것을 추리게임의 새로운 규칙으로 정당화해야 한다고 주장한다. 정신의 변증법이나 인류의 해방과 같은 '웅대한 설화'가 아니라 불안정성이나 한정적 결정에 입각한 '소규모 설화'가 되어야 한다. 결정될 수 없는 것, 정확한 제어의 한계성, 불완전한 정보로 인한 갈등, 조각, 파국, 실용주의적 역설 등에 역점을 두어야 하며, 불연속적, 파국적, 비교정적, 역설적인 내용으로 이론화될 것이 요청된다. 그리고 그러한 포스트모던한 과학은 극대화된 수행성이 아니라 '유론'(paralogy)으로 이해되는 차이에 의해 정당화될 수 있다는 것이다.[68]

(2) Zygmunt Bauman

Bauman은 탈근대의 조건이 정보화되어가는 자본주의에서 비롯된다고 본다. 종래의 자본주의가 작업으로 이루어지는 '생산'이 중심이었다면 그러한 근대적인 조직의 형태는 이제 '소비'가 중심이 되는 새로운 단계로 접어든다. 임금노동의 형태를 띠는 생산자 중심단계로부터 소비의 자유와 소비시장에 무게를 두는 소비자가 중심이 되는 사회, 즉 그들이 도덕적으로나 기능적으로 중심이 되는 시대에 접어든다는 것이다.[69] 금욕, 근면, 자제의 프로테스턴트 윤리가 강조되는 이른바 '연기된 만족'이 아니라 '즉각적인 소비'와 '연기된 지불'이라는 소비중심주의로 바뀐다.

67 J. Lyotard, *Political Writings* (Minneapolis : Univ. of Minnesota Press, 1993), pp.25-27.
68 J. Lyotard, Postmodern Condition, *op. cit.,* p.54, p.60.
69 Zygmunt Bauman, *Intimations of Postmodernity* (London : Routledge, 1992), p.49.

따라서 한때는 강제력을 포함하는 복잡한 사회적 통제의 형태가 필요했으나 이제는 문화적 매체나 중개자들을 통한 부단한 광고 등을 통한 '유혹'의 방법이 등장하게 된다. 많은 사람들이 여행과 같은 소비유형에 동원되는 것이 그 적절한 예가 된다.[70]

그러면 이러한 변화된 사회적 조건, 즉 탈근대의 조건하에서는 어떠한 이론적 논의가 나타나게 되는가? 그는 첫째로 T. Parsons의 이론에서처럼 사회를 응집되고, 균형잡힌, 중심적 가치체계로 이루어진 하나의 유기체로 파악하고 모든 구성요소들의 적절한 기능 수행으로 유지되어 나간다는 이론적 구성에서 과감히 탈피할 것을 요청한다. 오히려 사회의 총체는 만화경적(kaleidoscopic)이고, 순간적이며, 우연적인 상호작용의 결과임을 강조한다.[71] 어떤 면에서 질서란 한정적이고, 분절되어 있으며, 생성적이어서 마치 강의 소용돌이처럼 어떤 유형은 유지되나 끊임없이 새롭게 만들어지는 물줄기의 재생으로 비유된다. 모든 것은 과정적이고, 무작위성과 유형의 유희로, 그리고 구조는 생성적인 성취의 결과로 보게 되는 극심한 유동성과 변화를 지칭하기 위해서 그는 사회 대신 '사회성'(sociality)이라는 용어를 선호하기도 한다.

둘째로 Bauman은 2000년 이후로 포스트모더니티를 '유동적 근대'(liquid modernity)로 개념화하고 있다. 이전의 근대란 고정된 사회적 분업, 사회적 경력, 계급적 차별, 권력적 계층, 평생결혼 등으로 이루어지는 견고한 세계였는데, 이제 포스트모던한 유동적인 상황 하에서는 신축성만이 유일한 합리적 선택이 된다. 그리고 사람들은 종래의 경직된 계급관계나 자연적 차별화에서 오는 제도적 제약에서 벗어나면서 새로운 정체

70 Z. Bauman, *Postmodernity and its Discontent*(New York: New York Univ. Press, 1997), ch. 6.

71 Z. Bauman(1992), *op. cit.*, p.189.

성을 얻게 된다. 흑인, 여성, 동성연애자 등의 다양한 정체성이 파급되면서 그것은 새로운 권리와 자유의 폭을 늘릴 수 있다. 그러나 이러한 개인적 정체성 확대로 인한 '개성화'는 그에 따르는 복잡한 문제를 야기시킬 수 있다.[72] 어떤 집단의 정체성은 다른 집단과의 차이로서 정해지기 때문에 자기 집단의 정체성을 인정받으려면 다른 집단의 정체성은 평가절하하게 되는 인정 싸움으로 번질 가능성이 많아진다. 인간 정체성의 확대와 그로 인한 선택과 자유의 폭은 커질 수 있으나 동시에 인정 싸움과 같은 갈등적 요소들로 인한 사회체제로부터의 이탈현상도 병존해나갈 수 있다.[73]

셋째로 유동적 사회에서 제기되는 이러한 인간의 '개성화' 문제에는 어떠한 대응이 가능한가? 근원적으로 현대사회의 위험성과 모순은 사회적 산물이기 때문에 개인의 도덕적 책임의 수준에서 논의되는 자기포용이나 자기 충족만으로 해결의 실마리가 되기는 힘들다고 본다. 탈근대의 조건하에서 개인적 소비자로 전락해버리고 극심한 개성화의 압력에 직면하게 되는 시민들은 근대 이후로 그들의 공동 관심사를 논의해 오던 공공영역을 이미 떠나버렸기 때문에 문제는 더욱 어렵게 꼬이게 된다. 그러나 Bauman은 이러한 사태진전과 관련하여 시민들의 공동관심사를 논의하기 위한 '시민광장'을 새롭게 활성화시키는 방안을 제시한다. 지식인들과 학자들의 적극적 참여로 시민의 민주적 광장을 재건해야 한다는 것이다. 지식인들과 학자들은 유동적 사회의 문제의 근원과 그 치유 및 개혁을 연결해주는 '해석'의 중요한 역할을 담당할 수 있음을 강조한다.[74]

72 Z. Bauman, *The Individualized Society* (Cambridge : Polity, 2000).

73 Z. Bauman, 'Liquid Society,' in Nicholas Gane, *The Future of Social Theory* (London : Continuum, 2004), pp.32-36.

74 *Ibid.*, pp.40-44.

제3장 구성주의

구성주의(構成主義, constructivism)는 해석주의의 흐름에 나타나는 최근의 또 다른 메타 이론적 입장이 된다. 즉 객관적으로 존재하는 세계와 현실을 자연과학의 방법으로 파악할 수 있다는 실증주의를 반대하고 사회과학의 특성상 해석의 방법이 바람직하다는 해석주의의 흐름에 위치하되 한걸음 더 나아가 현실의 파악과 이해에 있어서는 보다 대안적인 인식론과 이론적 구성의 고안들이 필요하다는 것이 구성주의의 입장이다. 이 점 구성주의는 우선 인간이 외부적 현실을 있는 그대로 파악할 수 있다는 객체주의를 비판하며 우리가 알 수 있는 현실이란 인간의 사고에 의해 표상되는 현실뿐이라는 점을 강조한다. 그리고 현실에 관한 인간의 지식이란 언제나 인간에 의해 만들어지는 '구성'의 결과임이 역설된다. 이러한 구성주의의 인식론에 입각한 이론적 구성의 지침들은 근래에 와서 정치학의 경우 국제정치 분야에서 활발한 논의를 불러일으키고 있으며 비교정치 분야에도 점진적으로 반영되어 가고 있다.

1. 구성주의 인식론(epistemology)

구성주의의 철학적 계보는 흄(Hume), 버클리(Berkeley), 칸트(Kant) 등으로 대표되는 관념론으로 거슬러 올라갈 수 있고 극히 근대적인 측면에서는 M. Weber의 인간행위의 수단적 합리성과 관련된 이해의 문제, K. Mannheim의 지식의 존재구성성과 같은 인식론적 문제제기에서 그 구체적인 모습이 드러난다. 그리고 현대적인 맥락에서는 이미 비트겐슈타인(Wittgenstein)의 언어철학에서 다양한 언어게임의 일환으로서, 그리고 해석학에서는 가다머의 선입견과 해석적 전통의 차원에서의 의미구성의 문제로 가닥이 잡히면서 구성주의의 인식론은 나름대로의 뚜렷한 윤곽이 잡혔다고도 볼 수 있다. 그러나 구성주의가 보다 체계적인 인식론으로 자리 잡게 된 것은 1967년 Jean Piaget의 이른바 '구성주의 인식론'의 제안, 사회학 분야에서의 P. Berger와 T. Luckmann에 의한 『현실의 사회적 구성』(The Social Construction of Reality)의 출간 등에 크게 힘입은 것으로 되어 있다. 그리고 구성주의는 대체로 'constructivism'으로 불리고 있으나 사회학에서는 경우에 따라 'constructionism'으로 표현되면서 양자 간에는 다소의 차별화가 이루어지는 경우도 있으나 대체로 같은 의미로 통용되고 있다.[75]

구성주의의 인식론은 우리가 대상으로 하는 세계나 현실은 인간의 사고와는 독립적으로 존재할지는 몰라도 인간이 현실을 알아내고 파악하는 지식만은 어디까지나 인간의 구성물이라는 점을 강조한다. 객관적으로 존재하는 현실을 과학적 방법으로 알아낼 수 있다는 실증주의의 '객체주의'를 반대할 뿐만 아니라, 현실의 파악과 이해에 있어서의 인간의 보다 적극적인 역할을 내세운다. 즉 실증주의에서 보이는 수동적인

75 구성주의의 논의에 있어서는 'social constructionism'과 'social constructivism'을 구별하여 전자는 주로 의미의 구성이 사회적 맥락에 의해 좌우된다는 사회학적 관점이고, 후자는 의미구성이 개인을 초점으로 이루어지는 주로 심리학적 관점이라는 견해도 있다. 그러나 양자 공히 '구성'에 초점을 둔다는 점에서는 공통되어 있다고 볼 수 있다.

자세가 아니라 보다 적극적인 행위자의 역할이 역설된다. 모든 것은 표상의 결과로 주어지는 것이 아니라 오히려 모든 것은 구성된다는 것이고 안다는 것은 바로 만들어내는 구성의 결과라는 것이다. 즉 현실은 우리들의 인지구조에 의해서만 알아낼 수 있다는 것이 그 기본이 된다.[76]

그러나 구성주의에서는 '안다는 것'이나 지식의 형성에 있어서의 '구성'의 의미를 둘러싸고 다소의 의견 차이가 있다는 점을 간과할 수 없게 된다. 즉 현실이란 존재론면에서 볼 때 객관적으로 존재할 수 있고 다만 그것을 안다는 것은 인간의 '구성'의 문제이고 또한 지식도 구성된 것이라는 입장이 있는가 하면, 객관적인 현실이란 존재할 수 없으며 현실이란 어디까지나 인간의 구성물에 불과하다는 매우 과격한 인식론적 입장이 있을 수 있다.

우선 '구성'의 의미가 현실세계의 존재를 어느 정도 인정하는 경우가 있을 수 있다. 즉 객관적으로 존재하는 현실은 있을 수 있으나 그것을 알고 이해하는 것은 어디까지나 인간의 인지적 구성이라는 입장이다. John Searle에 의하면 '산'과 같은 것은 객관적으로 존재하는 '무감각한 사실'(brute facts)로서 우리가 사용하는 언어로부터 독립적으로 존재한다. 그러나 돈, 시민권, 대통령, 세력균형 등은 '사회적 사실'로서 언어가 개재되어 만들어지는 사회적 구성물이 된다. 돈은 사회적으로 교환을 하기 위하여 만들어진 것으로서 객관적인 인간의 의지에 의하여 어떤 특정한 목적을 위하여 구성적인 규칙을 전제로 구성되었다는 차이가 지적된다. '사회적 사실'은 집단적인 합의, 적어도 어느 정도의 수용성이 그 특징으로 나타난다. Searle은 '사회적 사실'과 '무감각한 사실'은 양립할 수 있으며 전자는 시간적으로, 존재론적으로, 그리고 논리적으로 후자에 의존하

[76] Gerard Delanty, *Social Science*, Second Ed.,(New York : Open Univ. Press, 2005), p.137.

게 된다는 것을 인정하고 있다.[77]

한편 객관적인 현실을 전혀 인정하지 않고 모든 것은 사회적 구성이라는 '과격한 구성주의'도 있을 수 있다. 심리학에서는 Piaget의 전통을 잇는 하나의 구성주의적 흐름이 있는데 최근에는 주로 Ernst von Glasersfeld에 의해 대표된다. 그는 우리가 말하는 지식이란 어떤 독립적인 현실을 표상하는데 목적이 있는 것이 아니라, 즉 실세계의 그림을 그리기 위한 것이 아니라 하나의 적응적인 기능을 가지고 있음을 전제한다. 우선 우리들의 감각적인 세계(보고, 듣고, 느끼는)는 우리들의 인지적 활동의 결과이기 때문에 근본적으로 그것은 주관적인 사안이며 개인의 행동이자 그 자성이라는 점이 강조된다. 따라서 지식도 인간의 마음을 떠나서는 생각할 수가 없게 된다. 그러나 이러한 주관적이고 개인적인 성격을 띠기 마련인 지식이 어떻게 사회적인 것으로 자리를 잡게 되는가? 그것은 사회적 상호작용과 적응의 논리로서 설명이 가능해진다. 즉 지식을 이루는 용어나 언어는 부단한 사용과 실패를 통하여 다른 사람들의 언어적, 행태적 반응들과 만나게 되는데 그 과정에서 상호 조정과 조화로서 지식의 존속 여부가 좌우된다고 보고 있다.[78]

과격한 구성주의의 입장에서는 객관적으로 존재하는 현실이란 받아들이기 힘들게 된다. 인간은 객관적인 현실에 접근하지 못한다. 우리들은 단지 그러한 객관적 현실에 관한 우리들의 풀이를 구성해내고 동시에 그 풀이와 우리 자신들을 변환시켜 나가기 때문이다. 이 과정에서 인간이 갖는 인지적 구조와 인간이 처한 사회·문화적 맥락은 서로 보완

77 John Searle, *The Construction of Social Reality* (New York : Free Press, 1995), pp.29-56.

78 Ernst von Glasersfeld, 'Aspects of Constructivism,' in Catherine Twomey Fosnot (ed.), *Constructivism : Theory, Perspectives, and Practice,* Second Ed. (New York and London : Teachers College, Columbia Univ., 2005), pp.3-6.

적인 관계를 맺으면서 하나의 개방체제로서 '자체조직'(self-organization)의 논리에 따라 우리들의 지식을 창출해나간다고 볼 수 있다. 인간의 마음의 구조와 세계에 관한 우리들의 지식은 서로가 작용을 미치기 때문에 분리될 수가 없다. 양자는 I. Prigogine의 소산구조처럼 자연스럽게 개방체제에 있어서의 자체조직의 진화의 결과로 발전되어 나간다는 것이다.[79] 그리고 인식론의 논의와 관련해서는 이제 세계란 엄연히 부동의 모습으로 존재한다는 생각을 버려야 하며, 우리가 세계라고 파악하고 있는 것은 하나의 상징적 체제로 포장된 약정에 지나지 않는다는 생각으로 교체되어야 한다고 주장한다.[80]

2. 과학적 지식 : 세 가지 형태

지식이 인간의 인지적 구성물이라고 전제되면 전문화된 과학적 지식에서도 구성의 성격이 그대로 반영되기 마련이다. 구성주의에서 논의되는 과학의 성격과 관련하여 세 가지 형태의 분류가 가능해진다.

(1) 에딘버러 학파의 지식사회학

첫째로 에딘버러대학(University of Edinburgh)의 David Bloor와 Barry Barness가 주도하는 지식사회학 연구팀의 과학관을 살펴볼 수 있다. 이들은 과학적인 믿음이나 지식이 사회적으로 만들어지며 사회적 이해나 집단적 필요, 사회세력의 권력 등의 작용을 받는다고 전제한다.[81] 따라서

---

79 Catherine Twomey Fosnot & Randall Stewart Perry, 'Constructivism : A Psychological Theory of Learning,' in C. T. Fosnot (ed.), *op. cit.*, pp.27-29.

80 *Ibid.*, p.33.

과학은 특정 사회마다 갖기 마련인 특정한 맥락에 구속될 수밖에 없으며, 그러한 맥락 하에 받아들여지는 지식은 그 사회에 국한되는 '한정적 신빙성'(local credibility)을 갖게 된다는 논리로 이어진다. 특정 사회에만 적용되는 한정적 신빙성은 그 사회의 문화적 전승양태, 사회화 과정, 사회적 통제, 권력과 권위의 강요, 기득권의 작용 등과 같은 다양한 요인들에 좌우된다. 바로 지식사회학은 이러한 다양한 요인들이 서로 얽히고 연결되어 과학적 지식이 사회마다 신빙성 있게 수용되어 나가는 실상을 밝혀낼 수 있다고 주장한다.[82] 특히 이들은 언어의 의미가 문화적 맥락에 따라 다르고, 그것은 또한 사회마다의 관행과 사회적 통제의 문제로 파악된다고 보기 때문에 L. Wittgenstein의 언어게임의 논리와 만나게 된다. 즉 과학은 다른 문화적 양식처럼 어떤 인지적 목적과 사회적 이해에 따라 좌우되는 특수한 언어게임을 형성하는 자연적이며 사회적인 활동이 된다. 그리고 어떤 의미에서 과학자는 이제 자율적인 탐구자라기보다는 과학적 문화와 그 이해관계를 맥락적으로 표현하는 언어적 사용으로 이루어지는 특별한 생활양식 속에 살고 있다고 보게 된다. 지금까지 과학에서 논의되어 오던 객관성이라든가 합리성은 우리들에 의해 만들어진 것이며, 우리가 보편적인 것으로 여겨오던 모든 것은 가변적이며 상대적인 것으로 재인식될 수 있다. 그리고 이러한 상대주의적 입장은 과학을 포함하는 모든 지식이 사회 내의 권력관계의 반영이며 그러한 관계변화에 따라 지식도 바뀐다고 보는 포스트모더니즘의 사상과 합치되는 것으

---

81 J. E. McGuire, 'Scientific Change : Perspectives and Proposals,' in Merrilee H. Salmon et. al., *Introduction to the Philosophy of Science* (Englewood Cliffs, N. J. : Prentice Hall, 1992), pp.160-162.

82 Barry Barness and David Bloor, 'Relativism, Rationalism and the Sociology of Knowledge,' in Martin Hollis and Steven Lukes (eds.), *Rationality and Relativism* (Cambridge, Mass. : The MIT Press, 1982), pp.22-23.

로도 평가된다.[83]

(2) **사회적 구성주의** : Bruno Latour & Steve Woolgar

1980년대 인류학적 맥락에서 등장한 '사회적 구성주의'는 순수한 과학적 지식이란 존재하지 않으며 그것은 사회적으로 구성된 지식체계임을 강조한다. B. Latour와 S. Woogar에 의하면 과학에서 다루는 사실들을 사회적 구성과는 무관한 과학 공동체가 만들어내는 독립적인 존재로 취급하기 쉬우나, 실제로 모든 사실들은 실험실의 명각장치에 의해 만들어지는 사회적 구성물이라는 것이다. 여기서 명각장치란 쓰기와 같은 언어학적 행위뿐만 아니라 과학에서 필수적인 다양한 물질적 조각들을 문자화된 서류로 전환시키는 장치들을 지칭한다. 과학자들이 작업하는 실험실은 이러한 명각장치라는 물질적 배치를 통하여 과학적 사실을 만들어내기 때문에 과학이 다루는 현상이란 이러한 물질적 편성에 의해 구성된다고 주장한다. 결국 실험의 참여자들이 어떤 객관적인 실체를 묘사하게 되는 인공적 현실이란 따지고 보면 명각장치의 사용으로 구성된 산물임을 알 수 있게 된다는 것이다.[84]

그러나 이러한 사회적으로 구성된 과학적 사실은 어느 정도 시간이 경과하여 광범한 공공적 합의를 얻게 되면 그 자체의 생명력을 얻어 존속해나갈 수 있다. 즉 사실이 구성되는 초기 단계에는 과학자들 사이의 합의 또는 반대를 둘러싼 논의와 설득의 과정을 거치게 되나, 그 단계를 지나 '사실'이 광범한 합의로 수용되기에 이르면 그러한 사실이 구성될 때의 여러 조건들은 그 이상 보이지 않게 되고 사실은 객관적인 것으로

[83] J. McGuire, *op. cit.*, pp.163-164.

[84] Bruno Latour and Steve Woolgar, *Laboratory Life : The Construction of Scientific facts* (Princeton : Princeton Univ. Press, 1986), p.51, p.64.

변용되어버린다. 이 과정은 '전위'(inversion)라고 불리어지는데, 현상과 관련된 모든 사실들은 실험실이라는 사회적 · 언어적 과정을 통하여 구성되나, 일단 시간이 경과하여 광범위한 합의로 수용되면 전위의 과정으로 통하여 객관화의 형태를 띤다고 보고 있다.[85]

(3) 과학과 오토포이에스 체제(Autopoietic Systems)

복잡성이론(複雜性 理論, complexity theory)에 의하면 개방체제의 경우 환경으로부터 에너지와 물질을 받아들여 새로운 구조와 새로운 행위양식을 만들어내는 이른바 생성(emergence)의 특성을 보이게 되는데, 이 과정은 자체조직, 또는 오토포이에스의 개념으로 파악된다. '오토포이에시스'의 개념으로 널리 알려진 칠레의 H. Maturana와 F. Varela의 의하면 생명체(세포, 기관, 유기체)의 경우, 구성요소들의 상호작용을 통하여 스스로를 만들어내는 생산의 망상을 회귀적으로 재생하여 조직화하는 능력을 가지고 있기 때문에 발전이나 학습, 진화와 같은 생성적인 현상이 설명될 수 있다고 본다.[86] 이미 위에서 어느 정도 살펴보았지만 심리학에서는 Jean Piaget, Ernest von Glasersfeld 등으로 대표되는 구성주의적 인지심리학이 이러한 자체조직의 인식론적 논리와 그 맥을 함께하고 있으며, 특히 I. Prigogine의 소산구조나 H. Maturana와 F. Varela의 오토포이에시스 개념은 구성주의 심리학의 이론적 구성의 주요 부분을 차지하고 있음을 알 수 있다.[87]

---

85 *Ibid.*, p.176.

86 H. Maturana와 F. Varela의 이론은 '산디아고 이론'(Santiago Theory)으로도 불린다. 오토포이에시스(autopoiesis)의 '오토'(auto)는 '자기'라는 의미로서 자체조직의 자율성을 지칭하며, '포이에시스'(poiesis)는 희랍의 어원으로서 시(poetry)에서 비롯되어 무언가 '만든다'는 뜻이 된다. 따라서 오토포이에시스는 '스스로 만들기'의 의미가 된다. Fritjof Capra, *The Web of Life : A New Scientific Understanding of Living Systems* (New York : Anchor Books, 1996), p.97.

사회학에서 가장 체계적으로 오토포이에스 이론을 도입한 Niklas Luhman은 사회체제가 오토포이에스적인 재생산의 특수한 양식으로서 의사소통(commnication)을 그 생명으로 하고 있다는 점을 강조한다. 여기서 의사소통은 ① 정보, ② 발언, ③ 이해의 세 가지 요소들의 종합이며, 사회체제의 구성요소들을 생산하고 또한 재생산해나가는데 결정적인 몫을 한다. 의사소통은 어떤 사안과 관련하여 수용 또는 거부라는 양분화로서 어느 하나를 택하는 선별을 강요함으로써 체제가 당면하는 복잡성을 축소시켜 나가며, 또한 의문제기, 부정, 교정 등의 회귀적 공들임을 통하여 새로운 가능성에 사전 적응을 할 수 있게 만든다.[88] 그리고 이러한 의사소통의 능력을 통하여 사회체제는 구성요소들 간의 기본 조직을 재생산하게 되는데 그 과정은 계속적인 체제 일부의 분해를 수반한다. 체제는 그 구성요소들이 증대해나감에 따라 과거와 현재의 모든 의사소통을 축적해나가기는 힘들기 때문에 그 일부를 부단히 버리는 과정을 통하여 새로운 구성요소들을 만들어나가는 수밖에 없다. 즉 분해와 같은 구성요소들의 불안정성을 통하여 오히려 체제가 안정되게 존속되어 나가는 이른바 '구성요소들의 자체-조회 생산(self-referential production of elements)'이 불가피해진다.[89] 바로 사회체제의 오토포이에시스적인 특성이 생성되는 것이다.

한편 사회는 기능적 분화를 거쳐 경제, 정치, 법, 종교, 가정, 과학 등의 여러 하위체제들을 이루어낸다. 그리고 하위체제마다 의사소통이 마

87 C. T. Fosnot & R. S. Perry, Constructivism : A Psychological Theory of Learning, *op. cit.,* p.11, pp.14-15, pp.28-30.

88 Niklas Luhmann, 'The autopoiesis of social systems,' in Felix Geyer and Hohnnes van der Zouwen (eds.), *Sociocybernetics Paradoxes : Observation, Control and Evolution of Self-steering Systems* (London : Sage, 1986), pp.174-178.

89 *Ibid.,* pp.180-181.

련해 주는 '재귀성'(reflexivity)과 '자체조회'(self-reference)로서 체제의 자체조직을 실행해나간다. 예를 들면 경제의 경우 돈이라는 의사소통의 매체를 통하여 시장에서 사고파는 상호작용이 가능해지고 근로자의 조직관계와 관련되는 고용과 해고를 둘러싼 규칙들도 돈에 의해 좌우된다. 권력은 정치적 영역의 의사소통의 매체로서, 사랑은 가정의, 진리는 과학의 의사소통의 매체로서 통용될 수 있다. 이 과정에서 의사소통은 체제의 환경에 대한 적응을 높이고 새로운 대안을 제시해줄 수 있는 능력으로서 체제의 자체조직을 돕는다고 볼 수 있다.[90] Luhman은 하위체제로서의 과학의 영역이 자체조직의 전형적인 특성을 지니는 것으로 보고 있다. 그는 과학이 하나의 자체적으로 조직되고 지속되어 나가는 폐쇄된 체제로서 과학이 만들어내는 지식은 그 자체의 인지적 체제에서 오는 것이지 결코 과학이 처한 제도적 맥락과는 관련이 없음을 분명히 한다. 따라서 과학자들은 오직 과학에 전념할 것이며 과학이 갖는 사회적 함의는 다른 사람들에 의해 논의되어야할 것을 주문한다. 과학에 전념하는 '전문가'와 단순한 '지식인'은 엄연히 구별되어야 한다. 지식은 어디까지나 개인적 사건, 과정, 체제의 모든 수준에서 '자체조회'의 논리에 지배된다는 점이 강조된다.[91] 과학은 과학자들의 개인적 차원의 문제나 과학이 딛고 있는 다양한 제도적 맥락에 좌우되는 것이 아니라 과학이라는 하위체제가 의사소통의 능력에 따라 만들어내는 '자체조회'와 오토포이에시스적 특성의 산물이라는 결론이다.

---

[90] Niklas Luhmann, *The Differentiation of Society* (New York : Columbia Univ. Press, 1982), pp.69-190; Jonathan H. Turner, *The Structure of Sociological Theory,* Seventh Ed., (Belmont, CA : Wadsworth/Thomson, 2003), pp.60-61.

[91] N. Luhmann, 'The differentiation of advances in knowledge,' in N. Stehr and V. Meja (eds), *Society and Knowledge : Contemporary Perspective in the Sociology of Knowledge* (London : Transaction Books, 1984), p.123.

Luhmann의 과학관은 그의 독특한 인식론에 근거한다. 고전적인 인식론에서는 과학이란 관찰자가 어떤 대상물을 인식하는 이른바 '외부적 관찰'에 전적으로 의존하는 것이었다. 외부적 관찰자의 경우 대상물의 파악은 여러 관찰자들이 다양하게 구성해내는 다원성의 문제로 귀결될 수밖에 없고, 외부적 관찰이 동일한 결과를 가져오게 되는 제반조건들을 찾게 되는데 Freud 심리학이나 마르크스주의 등도 그 예외가 될 수 없다. 그러나 진정한 관찰은 스스로를 관찰할 수 있는 '자아관찰'(self-observation)이어야 한다는 것이 Luhmann의 지론이다. 스스로를 관찰할 수 있는 오토포이에시스 체제야말로 스스로에 대한 정보도 얻어낼 수 있고 스스로를 얽매는 제약으로부터 해방시켜줌으로써 진리에 보다 접근할 수 있다는 것이 그 핵심 논리가 된다. 과학적 지식에 요청되는 새로운 인식론은 '외부적인 것'과 '내부적인 것'을 오가는 통합적인 차원의 관찰이 될 것을 제의한다.[92]

3. 국제정치학 : Alexander Wendt

국제정치학에서의 구성주의의 논의는 단연 A. Wendt에 의해 주도 된다. 그는 1999년 'Social Theory of International Politics'에서 구성주의 국제정치학을 포괄적으로 소개한 바 있다. 그러나 2006년 그동안 그의 이론적 구성에 관한 정치학계의 다양한 비판적 논의에 대응하여 과학철학에서 관심을 모으는 양자물리학의 기본개념들을 도입하여 그의 구성주의적 입장을 새롭게 단장하고 있다. 이러한 그의 이론적 구성의 쇄신노

92 N. Luhmann, The autopoiesis of social systems, *op. cit.*, pp.185-188.

력과 관련된 부분들을 다음과 같이 정리해 볼 수 있다.

(1) **구성주의 국제정치학**(1999)

첫째로 그는 국제정치학의 주류이론을 이루어 온 현실주의가 권력이나 안전, 그리고 부와 같은 물질적 측면에 치우쳐온 점을 비판하고, 인간의 생각이나 지식과 같은 관념적인 측면이 중요함을 전제하고 나선다. 이러한 인간의 사회적 의식구조는 규범, 규칙, 제도 등의 형태로 서로 간주간적으로 공유되면서 국가의 정체성과 이해를 구성하게 되어 국제정치를 이해하는데 결정적인 몫을 담당한다. 물론 실세계의 존재나 물질적 세력의 인과적인 작용력도 무시할 수는 없으나 이러한 물질적인 것에 대해 인간이 구성하는 의미의 맥락이 보다 중요하며 이는 개인의 단순한 지각작용이나 자유로운 선택에 의해 결정되기보다는 어디까지나 생각과 지식의 분포, 즉 담론적 형성에 의해 조건 지어진다고 주장함으로써 구성주의적 입장에 서 있음을 분명히 한다.[93]

둘째로 국제정치를 좌우하는 관념적 구조가 있다면 그에 상응하는 행위자와의 상호작용을 생각하지 않을 수 없게 된다. 즉 최근의 사회학에서 관심을 모으는 '구조'와 '행위'의 상호관계가 된다. Wendt는 이 문제에 관한 A. Giddens, R. Bhaskar, W. Sewell 등으로 대표되는 '구조화이론'과 M. Mead, P. Berger & T. Luckman 등으로 대표되는 '상징적 상호작용론'의 입장에 서 있음을 밝히고 있다.[94] 우선 구조는 행위(행위자)에 대하여 구성적 효과를 가진다. 예를 들면 주인과 노예 관계의 구조에서는 노예들은 주인의 재산이라고 정의됨으로써 노예들의 항의는 반란으

93 Alexander Wendt, *Social Theory of International Politics* (Cambridge : Cambridge Univ. Press, 1999), p.24, pp.136-138.

94 *Ibid.*, p.143.

로 구성된다. 구성효과는 행위자들의 '관계'로 말미암아 만들어지는 것으로 행위자들은 서로가 맺는 관계의 내용(구조)에 의해서 구성된다고 볼 수 있다. 이 점 국가의 정체성이나 이익은 각각의 특질에 의해서가 아니라 상호관계로 이루어지는 공공성을 띠게 마련이며 '상징적 작용론'의 이른바 여러 다른 관련국들이 공동으로 인정하는 문화적 구성이라는 성격을 띤다. 즉 행위자의 주체성은 구조(문화)에 의해 구성된다는 논리이다.[95] 그러나 Wendt는 행위(행위자)가 구조에 미치는 구성적 효과를 동시에 인정한다. 행위자는 물질적·인지적인 성질로 이루어지는 개체주의적 특징을 가지는데, M. Mead의 이른바 '나', 즉 생각, 선택, 활동의 특별한 거점으로서의 자신에 대한 주체의 감각이 강조된다. 사회와는 독립적으로 존재하는 개인적인 측면이다. 결과적으로 구조와 행위(행위자)에는 똑 같은 비중이 주어지며 양자는 '상호구성적이며' '공동 결정된다'는 점이 강조된다. 구조는 존재하면서 효과를 가져오지만 구조가 발전되는 것은 행위자들의 실천에 의해서만 가능하다는 점도 강조된다.[96] Waltz에 의하면 무정부 구조는 행위자들의 노력이나 실천에 의해서 좀처럼 바뀌지 않는 것으로 되어 있지만, Wendt는 구조가 부단히 행위자에 의해 만들어지고 변환될 수 있다고 본다. 즉 무정부 구조는 국가가 정의하기 나름이라는 것이다.[97]

셋째로 신현실주의자들은 무정부 구조가 본질적으로 군사적 경쟁이나 세력 균형, 그리고 전쟁을 만들어내는 자조체제임을 전제하고 있으나 Wendt는 비록 무정부 구조라 할지라도 적어도 거시적 수준에서는 ① 홉

---

95 *Ibid.,* pp.171-177.

96 *Ibid.*, pp.178-185.

97 A. Wendt, 'Anarchy is What States Make of it : Social Construction of Power Politics,' in *International Organization,* Vol. 46, Issue 2 (Spring, 1992), pp.394-396.

스적(Hobbesian), ② 록크적(Lockean), ③ 칸트적(Kantian) 무정부상태라는 세 가지 문화적 형태를 띨 수 있다고 보고 있다. '홉스적 문화'는 17세기까지 세계정세를 지배하였으며 국가들은 서로를 적으로 취급하며 상대방은 폭력의 사용에 제한을 두지 않는 위협적인 적대자가 된다. 1648년 Westphalia 조약 이후로 근대의 국가체제를 특징지어온 '록크적 문화'에서는 국가들이 서로를 경쟁자로 보고 자기의 이익을 위하여 폭력을 사용할 수도 있으나 그 경우에도 상대방을 완전히 제거하는 일만은 삼가도록 되어 있다. 그리고 제2차 세계대전 후의 북대서양제국(North Atlantic states)의 민주주의 국가간에 형성된 '칸트적 문화'에 이르러서는 국가들이 서로 친구의 역할을 수행하며 분쟁을 해결하기 위하여 무력을 사용하지는 않으며 안보상 위협에 대하여서는 집단안전보장에서 보는 바와 같이 하나의 팀으로 대응하게 된다.[98] Wendt는 세 가지 문화의 변환과정이 국가의 집단적 정체성과 그에 근거한 집단이익에 변화가 올 때 가능하다고 본다. 현실정치의 논리를 대표하던 '적' 또는 '경쟁자' 관계가 어느 날 서로의 개별적 안전을 존중해 주고 남을 배려해주며 자기의 협소한 이해타산에 맞지 않더라도 남을 도와주려는 '친사회적인' 의식구조로 바뀌게 될 때, 그것은 예를 들면 '칸트적 문화'로의 구조적 이행을 의미할 수 있다는 것이다.[99]

(2) 양자이론(Quantum theory)의 원용

Wendt는 2006년 「Social Theory as Cartesian science」라는 논문에서 양자이론의 기본주제와 관련시켜 그의 구성주의 국제정치학을 새롭게

98 A. Wendt, Social Theory, *op. cit.,* p.258, pp.260-262, pp.279-280, pp.298-302.
99 *Ibid.*, pp.336-341.

조명해 보고 있다.[100] 그는 우선 양자이론의 주요내용을 ① 파동-입자의 이원론, ② 파동함수의 붕괴, ③ 측정문제, ④ 비국지성 등의 네 가지 측면에서 다룬다. 대체로 양자의 세계는 너무나 미세하고 혼돈스럽다는 전제하에 입자의 경우 파동성을 갖기 때문에 그 위치와 운동량을 정확히 알 수가 없게 되는 불확정 원리로 이어진다는 것이다. 입자와 파동의 관계를 나타내는 것이 파동함수인데 이를 붕괴시키는 것은 파동과 입자를 측정하는 순간이 된다. 입자는 마치 파동처럼 움직이다가도 측정하려고 하면 입자가 되기 때문에 파동도 되고 입자도 된다는 이원론으로 귀결된다. 그리고 파동함수가 서로 얽히게 되면 각기 독특한 물체로서의 특성을 갖지 못하는 전체론적인 성격을 띠게 된다는 점이 강조된다.[101] 그리고 이러한 네 가지 기본주제로부터 인간의 의식을 비롯한 사회적 삶에 대한 몇 가지 주요 가정들이 도출된다.

첫째로 양자이론(量子理論)에 의하면 모든 물질의 구성요소들은 본질적으로 주관적인 측면을 가지고 있으며 활동적이고 정신적인 현상으로 파악된다는 가정을 세운다. 모든 물질적 현상에 의식을 인정하는 이른바 '범심론'에 의하면 개나 생쥐도 의식을 갖는다. 암석과 같은 무생물체의 경우는 어떤 보호 경계나 피부와 같이 환경으로부터의 작용을 격리시킬 수 있는 구조를 갖지 못하기 때문에 이러한 의식적 구성요소들을 '탈응집화'시켜버림으로써 의식이 지속될 수 없게 된다. 인간을 포함한 모든 유기체들은 이러한 응집성을 가능케 하는 구조를 갖고 있다는 것이

---

100 A. Wendt, 'Social Theory as Cartesian science: An Auto-critique from a quantum perspective,' in Stefano Guzzini and Anna Leander (eds.), *Constructivism and International Relations : Alexander Wendt and his critics* (London and New York : Routledge, 2006), pp.181-219; 이 논문과 관련된 내용은 남궁곤, '웬트가 양자로 간 까닭은 ?,' 『한국정치학회보』42(2), 2008(여름), pp.363-388를 참조할 수 있음.

101 A. Wendt, Social Theory as Cartesian science, *op. cit.,* pp.191-193.

다.[102]

보다 구체적으로 그의 '인간의 양자 모형'에 의하면 인간의 의식은 파동함수의 붕괴에서 비롯된다. 파동함수는 우리들의 무의식과 같은 것으로서 이것이 붕괴될 때에만 인간의 욕망이나 믿음과 같은 자아에 대한 감각으로서의 정체성이 나타나게 되어 있다. 그리고 파동함수의 붕괴는 자연발생적이고 순간적이기 때문에 행동을 결과하지 않는다. 붕괴는 두 가지 비인과적 구성효과를 갖게 되는데 그 하나는 결정적인 욕망이나 믿음(이유나 동기)과 같은 현상적 효과이고 다른 하나는 신체적 상태(행동)에 가하는 물리적 효과이다. 이 두 효과는 서로 환언될 수 없으나 하나의 저변적 실재와 상관적인 관계를 갖는다. 또한 욕망이나 믿음과 같은 이유들은 목적론적인 성격을 지닌다. 이 목적론적 과정에서는 체제의 최종상태가 어떻게 거기에 도달할 것인가를 설명해 주는데 도움을 줄 수 있다. 그리고 양자적 인간은 자유의지를 가진다. 양자는 비결정성(indeterminacy)을 가지는 것으로 전제되며 이는 비록 충분조건은 되지 못하지만 자유의지를 설명하는데 필요한 것이다. 비결정론은 객관적 관찰자를 만나는 상황을 기술하게 되나 우리는 파동함수 밖에서는 그 붕괴를 예측할 수 없다. 그러나 파동함수 안에서는 가능하다. 만일 양자이론이 진실이라면 인간행동은 밖에서 보면 비결정론적이고 안에서 보면 자유의지적일 수 있다는 것이다.[103]

둘째로 Wendt의 '사회의 양자 모형'(quantum model of society)의 특성을 부각시켜 볼 수 있다. 우선 사회체제는 하나의 집단적 무의식을 구성하는 파동함수를 갖는 것으로 추리된다. 이것은 모든 개인들이 공동으로 가지

---

102 *Ibid.,* pp.195-196.

103 *Ibid.,* pp.197-199; 남궁곤, 앞의 글, pp.375-376.

는 정보 상태의 포갬으로서의 집단적 파동함수이며 행동을 구조화하고 집단적 기억을 제공하며 계산을 가능하게 할 수 있다. 그런데 이 집단적 무의식은 개인과 사회의 관계를 둘러싼 '홀로그래픽 모형'의 특성을 가진다. 즉 홀로그램(hologram)의 경우 모든 부분은 전체를 거울처럼 표상할 수 있기 때문에 우리들은 어느 부분을 가지고도 전체를 재구성할 수 있다. 이 모형에 따르면 인간의 마음은 환원이나 생성, 또는 상호구성을 통해서 사회로 맺어지는 것이 아니라 마음 자체가 아래로 내려가면서 사회를 구성하게 된다는 이야기가 된다. 마음들은 각기 독자적인 실체로서가 아니라 서로 다른 마음들의 실재에 참여함으로써 서로의 정체성관계를 이룬다고 볼 수 있다.[104]

한편 Wendt는 사회가 갖는 집단적 파동함수는 구성요소들의 상호작용이 아니라 내부 작용에 의해 붕괴된다고 보고 있다. 그리고 이 붕괴과정에서 개인과 집단의 파동함수는 서로 다른 측면을 나타낸다. 집단 파동함수의 경우 서로 공유된 파동함수가 붕괴됨으로 집단은 내부적인 측정이나 아래로의 인과관계를 통하여 결과의 선택을 도와주어야 한다. 즉 집단은 그 구성원들의 의지와는 별개의 집단적 의도를 갖는다는 전통적 사회이론(J. Searle, 1995)의 가정을 뒷받침해주는 대목이다. 그러나 집단적 파동함수는 한편으로 개인을 중개하여 이루어지기 때문에 개인들의 제어 여부가 나름대로의 몫을 차지하게 되면서 차이의 의식을 만들어낸다고 볼 수 있다.[105]

끝으로 사회는 개인을 초월하는 '집단의식'을 갖는 초유기체(super-organisms)로 파악될 수 있다고 본다. 초유기체란 생물학적 개체들이 기본

---

104 Wendt, 'Social Theory,' *op. cit.*, pp.200-201.
105 *Ibid.*, pp.202-203

요소가 되고 유기체들의 기능적 통합과 목적성을 가지는 체제이다. 곤충 군체가 대표적인 예이고 인간 사회도 여기에 해당하는 경우가 있다. 비록 집단은 물질적 신체와 같은 물리적 하부구조는 갖추지 않았지만 곤충 군체처럼 하나의 단일 물질적 체제를 갖추었고 집단적 인지와 정책 결정 등 여러 가지 생명의 형태를 지닌 것이 밝혀지고 있다. 인간의 경우 서로 동일시하고 서로의 의미를 이해하고 서로의 고통을 느낄 수 있는 '우리 의식'이 있다고 보고 이러한 초유기체의 존재를 인정하는 방향을 제의하고 있다.[106]

(3) 구성주의 비판에 대한 대응

Wendt의 구성주의 국제정치학은 여러 갈래의 비판을 받아 왔다. 그리고 그는 이러한 비판을 상기 논문(2006)에서 몇 가지 형태로 분류하고 이에 대한 그의 반박성 반응을 밝히고 있는데 그중 몇 가지를 정리해 보기로 한다.

① 구조(structure)와 행위(agency)

주로 A. Behnke, L. Cederman & C. Daase, F. Kratochwil 등에 의해 제기된 것으로서 Wendt는 행위의 주체로서의 국가가 무정부 구조와 같은 국가체제(state system)로부터 어느 정도 우선하는 지위에 있다고 하는데 이는 구조의 전체론적 성격을 간과하고 있다는 비판이 된다. 따라서 이들은 국가가 존재론적으로 국가체제에 선행하지 않는다는 입장에 선다.[107] 이에 대해서 Wendt는 비록 국가가 국가체제(무정부구조) 내에서 다

106 *Ibid.,* pp.203-205.

107 Andrea Behnke, 'Grand Theory in the age of its impossibility : contemplations on Alexander Wendt,' in Steffano Guzzini and Anna Leander (eds.), *op. cit.,* pp.48-56;

른 국가들과의 관계로 인한 작용력을 받는 것이 사실이지만 국가가 '자체 조직 체제'로서 환경과의 경계를 유지하면서 충분히 견디어내는 '본질적 국가'의 특성을 가지고 있음을 강조한다. 남이 인정하지 않아도 내부적으로 구조화된 과정으로서 충분이 존속해나갈 수 있다는 것이다(대만의 예). 그리고 양자이론의 입장에서도 이 문제는 해명이 가능하다. 즉 파동함수의 경우 지속적으로 다른 파동함수와 겹치게 됨으로써 부분과 전체의 관계는 서로 분리될 수 없게 되어 양자의 관계에 있어서는 존재론적인 우선문제가 나타나지 않을 수 있다. 전체(구조)의 행위(부분)에 대한 영향력이 매우 크게 생각될 수 있다. 그러나 그렇다고 해서 파동함수에서 부분의 개인성의 문제가 완전히 상실되는 것은 아니다. 파동함수는 측정 순간, 분리된 입자로 나타날 것이기 때문이다. 즉 부분으로서의 행위자(국가)는 파동함수에 가리어 있지만 분명히 독자적인 위치를 차지한다는 것이다.[108]

한편 '구조'와 '행위'의 문제에 있어서는 Wendt의 '상호구성'의 논리가 하나의 동일한 상황에 대한 두 개의 서로 다른 기술이라는 비판이 제기된다. 이 비판에 의하면 'A가 B의 부인이 된다'는 것과 'B가 A의 남편이 된다'는 것은 같다는 것이다.[109] Wendt는 이러한 비판은 결혼을 결혼식과 동일시하는 데서 오는 문제로 취급한다. 결혼식은 미시적 현상이고 결혼은 결혼식으로 구성되는 거시적 현상이 되는데 이 양자의 관계는

Lars-Erik Cederman and Christopher Daase, 'Endogenizing corporate identities : the next step in constructivist IR theory' in S. Guzzini and A. Leander (eds.), *op. cit.*, pp.118-139; Friedrich Kratochwil, 'Constructing a new orthodoxy ? Wendt's Social Theory of International Politics and the constructivist challenge,' in S. Guzzini and A. Leander (eds.), *op. cit.*, pp.21-47.

108 Wendt(2006), *op. cit.,* pp.207-208.

109 Hidemi Suganami, 'Wendt, IR, and philosophy,' in S. Guzzini and A. Leander (eds.), *op. cit.*, p.68.

비인과적이고 비환언적인 '병발관계'(supervenient relationship)가 된다. 따라서 결혼식과 결혼은 상호구성적이지만 등가적인 것은 아니다.[110] 그러나 Wendt는 양자이론적 관점에서 볼 때 이 병발현상이 얽힘 현상으로 다루어질 수 있다고 주장한다. 즉 부분들이 서로 얽혔을 때에는 분리된 존재의 모습을 띠지 않으며 측정을 할 때에만 분리된 입자로 나타나게 되어 있다. 그러한 얽힘이 보존되는 한 부분들은 단일 체제를 이루며 상호구성의 문제는 나타나지 않는다는 것이다.[111]

② 관념(ideas)과 물질구조(material structure)

관념과 물질구조의 관계도 비판의 대상이 된다. A. Behnke에 의하면 관념과 물질적 조건의 구별은 속임수라는 것이다. 즉 양자를 구별하는 자체가 그 차이를 인식하는 관념이 된다는 비판이다. 이에 대해서 Wendt는 양자이론과 관련하여 관념과 물질조건은 한 가지 저변적 실재의 두 측면이라는 논리를 편다. 그리고 관념과 물질은 서로 보완적 관계에 있음을 강조한다.

한편 현실주의 입장에 서는 D. Copeland에 의하면 국제정치를 결정하는 것은 관념이 아니라 물질적 요인(권력, 이해)이라는 주장을 편다.[112] 이에 대해서도 Wendt는 물질과 관념의 동등한 비중을 견지한다. 우선 물질적 권력은 그것이 의미를 가질 때에만 '권력'이 된다는 점을 강조한다. 예를 들면 북한이 가지는 다섯 개의 핵무기가 영국이 가지는 500개의 핵무기보다 미국에게 보다 큰 위협이 되듯이 물질적 권력은 그것이

110 *Ibid.,* p.209; 병발관계에 관해서는 Wendt, Social Theory (1999), pp.145-152.

111 Wendt, 'Social Theory'(2006), pp.209-210.

112 Dale Copeland, 'The constructivist challenge to structural realism : a review essay,' in S. Guzzini and A. Leander (eds.), *op. cit.,* p.19.

갖는 의미에 따라 좌우되기 마련이다. 미국이 바하마(Bahama) 정복에 실패하듯이 국가의 '이익'은 관념으로 그 내용이 주어질 때에만 '이익'이 된다. 현실주의가 강조하는 물질적 요인이란 따지고 보면 모두가 '관념'으로 구성된다는 것을 알 수 있다. 양자이론의 관점에서는 물질과 관념은 상호작용하는 별개의 실체라기보다는 저변적 실재의 서로 보완적 측면이라고 볼 수 있다. 세계정치를 관념의 입장에서 생각하게 되면 우리는 파동면의 기술에 서 있고 물질적 입장에서 생각하게 되면 입자의 기술 영역에 있게 된다. 이 두 영역은 각각 국제관계의 연구에 필수적인 것으로 볼 수 있는데 이것은 인간은 관념과 물질이라는 두개의 세계 속에 동시에 살고 있기 때문이다. 따라서 양자관계는 상호작용(이원론, 二元論)도 아니고 환원(물질주의)도 아니며 상관관계가 된다. 즉 양자의 상대적 중요성은 파동과 입자의 관계로 보는 것이 매우 적절한 해법이 된다.[113]

③ 인식론(epistemology)의 문제

Wendt는 그의 방법론이 '과학적 실재론'(scientific realism)임을 일찍이 밝힌바 있다.[114] 최근에는 실재론의 계보에서도 Roy Bhaskar의 '비판적 실재론'과 합치한다는 점을 분명히 하고 있다.[115] 그러나 그는 동시에 자기의 입장은(Social Theory, 1999) 실증주의에도 바탕을 두고 있다는 주장을 폄으로써 문제의 소지를 만들고 있다. 즉 '비판적 실재론'만 하더라도 바로

---

113 *Ibid.,* pp.212-214.

114 Wendt는 ① 세계는 개인적 관찰자의 마음이나 언어와는 독립적으로 존재하며, ② 성숙된 과학적 이론은 이 세계를 대상으로 하며, ③ 비록 그 세계는 직접적으로 관찰될 수 없더라도 라는 세 가지 전제를 제시한다. 대체로 Anthony Giddens나 Roy Bhaskar 등에 의해 대표되는 이론적 입장으로서 경험적 현실을 만들어내는 인과메커니즘, 구조와 행위의 상호작용 등에 초점을 두는 과학적, 또는 비판적 실재론의 입장임을 알 수 있다. Wendt, Social Theory(1999), *op. cit.*, p.51.

115 Wendt, 'Social Theory'(2006), *op. cit.,* p.182.

경험적이고 피상적인 관찰의 세계에 중심을 두는 실증주의를 비판하고 나섰기 때문이다. 이러한 지적에 대해서 Wendt는 다음과 같은 반응을 보인다. Social Theory(1999)에 나타나는 실증주의적 주장은 과학 자체에 대한 신봉 차원의 언급일 뿐이고 실증주의의 또 하나의 의미, 즉 Hume의 인과론, 법칙성 통칙, 연역이론 등의 과학철학을 지칭하는 것은 아니라고 대응한다. 과학적 실재론은 인과메커니즘, 최선의 설명을 위한 추리, 방법론적 다원주의에 우선을 두는 반실증주의, 실재론적 과학철학임을 재확인한다.[116]

한편 구성주의의 주류를 대표하는 F. Kratochwil은 Wendt가 과학적 진리를 결정짓는데 있어서 지식사회학의 결정적인 역할에 대한 인식이 부족하다고 비판한다. 그리고 과학은 자연에 관한 객관적 진리를 밝히는 중립적인 절차에 매달리기보다는 마치 법정에서처럼 사회적으로 결정된 증거에 의존하는 것이 바람직하며 진리는 하나의 합의의 기능임을 주장한다. 이에 대하여 Wendt는 과학적 실재론이 이미 모든 관찰이 이론화 되었다고 전제하며 담론의 중요한 역할을 인정하고 있음을 상기시킨다. 그리고 그의 입장은 John Searle(1995)의 온건한 사회적 구성주의와 합치하고 있음을 밝힌다. 더 나아가서 Wendt는 구성주의 국제정치학이 '실재'(reality)가 진리를 제약하고 규제하는 측면을 간과해서는 안 된다고 역공을 편다. 법정에서도 그것이 인민재판이 아닌 이상 궁극적으로는 사실이 최종적인 결정력을 가질 수 있지 않겠느냐고 반문한다. 비록 이론은 이러한 결정적 사실이 없더라도 과학 공동체의 합의에 따라 통용될 수 있으나 실재가 가지는 이론에 대한 저항력만큼은 인정해야 한다는 것이다. 과학자들 사이에 이루어지는 합의 못지않게 사실의 측면에서의 자연

116 *Ibid.*, p.214

의 발언권도 중요하다는 것이다.[117]

자연은 진리 면에서 하나의 대답을 주게 되어 있다. 그러나 양자의 세계는 입자와 파동이라는 서로 환원될 수 없고 서로 배타적이며 개별적으로 불완전한 두 개의 방식으로 이루어진다. 즉 이 세계는 두 가지 이야기로 이루어진다. 사회과학과 관련시키면 실증주의적 관심은 사회생활의 입자적 측면에 있고 해석주의적 관심은 파동적 측면에 있게 되는데, 지금까지는 전자가 후자에 군림하는 추세가 불가피했다. 그러나 이 두 개의 이야기는 입자와 파동의 대결이라기보다는 서로 보완관계에 있어야할 것을 요청한다. Wendt는 사회생활의 이해라는 공동의 목표를 위해서는 서로의 공헌이 인정되어야 하며 이런 의미에 '인식론적 웨스트파리아'(epistemological Westphalia)가 절실하다고 보고 있다. 그러나 그는 양자이론의 인식론이 비록 두 개의 이야기로 구성되지만 궁극적으로는 현실적인 세계에 대한 지식의 습득을 위한 방법으로서의 과학이라는 명제에서는 벗어날 수가 없다는 점을 아울러 강조한다. 즉 자연과 실재를 다루는 과학의 세계는 분명한 하나의 기반을 이룬다는 사실이다. 따라서 양자체제는 두 개의 이야기로 이루어진다는 점에서 '비기반적'(non-foundational)지만 궁극적인 과학을 지향한다는 점에서는 '기반적'이라고 볼 수 있다. Wendt는 이러한 인식론적 입장을 '비기반적 기반주의'로 부르고 있다.[118]

117 Wendt (2006), *op. cit.,* p.182, pp.214-215.
118 *Ibid.,* pp.215-217.

4. 비교정치학

구성주의는 1980년대에 들어서 국제정치학에서 그 기본 윤곽이 잡히면서 급속히 보급되어 나갔으나, 점차로 비교정치 분야에도 새로운 연구영역을 형성하고 있다. 우선 국제정치학에서와 마찬가지로 물질적 측면에 대한 관념적 요소들의 중요성이 부각되는 이른바 '해석주의'의 관점이 크게 부각된다. 인간의 해석, 지각, 인지적 요인들이 인간행위의 설명에 필수적인 것으로 전제한다. 행위자들이 가지고 있는 정체성이나 세계관, 그리고 인지적 요인 등은 문화에 의해 만들어지고, 이러한 문화적 산물들은 행위자의 지각과 이익을 형성하게 된다는 것이 그 기본입장이다. 그리고 이러한 해석주의의 등장은 '구성주의'로 이어지게 되는데 사회적 · 정치적 현실이 구성되어 나가는 과정은 구체적으로 구조와 행위의 역동적인 상호작용으로 파악될 수 있다는 입장으로 가닥을 잡게 된다. 구조와 행위는 존재론 면에서 '공구성'(共構成, co-constituted), 또는 '공결정'(共決定, co-determined)된다는 새로운 은유가 비교정치 분야에서도 또 다른 참신한 방법론으로 관심을 모으게 된다.[119] 1990년대에 들어서 S. Steinmo, K. Thelen, F. Lonstreth 등에 의해 주창된 '역사적 제도주의'(historical innstitutionalism)와 I. Katznelson의 '형상주의'(形狀主義, configurationism) 등은 '공구성'의 논리를 '주체 · 구조'(agent-structure)의 틀 속에서 다루어나가는 적절한 연구들로 평가될 수 있다.[120] 최근 비교정치

---

[119] Daniel M. Green, 'Constructivist Comparative Politics : Foundations and Framework,' in Daniel M. Green (ed.), Constructivism and Comparative Politics (Armonk, New York : M. E. Sharpe, 2002), pp.5-6.

[120] *Ibid.,* pp.18-21 ; Sven Steinmo, Kathleen Thelen, and Frank Lonstreth (eds.), ***Structuring Politics : Historical Institutionalism in Comparative Analysis*** (Cambridge : Cambridge Univ. Press, 1992); Ira Katznelson, 'Structure and Configuration in Comparative Politics,' in Mark Irving Lichbach and Alan S. Zuckerman (eds.), ***Comparative Politics : Rationality, Culture and Structure*** (Cambridge : Cambridge Univ. Press, 1997).

분야에서 나타나는 구성주의 연구의 동향을 몇 가지 주제들로 정리해 볼 수 있다.

(1) **비교과정분석**(comparative process analysis)

사건이나 현상의 설명을 시간의 경과에 따른 하나의 과정으로 파악하는 경우가 된다. 행위자 간에 형성되는 사회적 유대로 이루어지는 복잡한 네트워크가 시간의 경과에 따라 서로 다른 궤도를 밟는 과정에서 나타나는 인과관계에 분석의 초점이 모아진다. 이때의 인과관계의 규명은 종래와 같은 불변하고도 선형적인 인과관계가 아니라 복잡한 관계들과 그 망상이 만들어내는 이른바 과학적 실재론(A. Giddens, R. Bhaskar 등)에서 말하는 '인과메커니즘'(causal mechanism)이 된다.[121]

P. Jackson과 D. Nexon은 19세기 폴란드의 민족주의 운동을 사회적 구성의 인과메커니즘으로 다루고 있다. 폴란드는 18세기에 들어서 오스트리아, 프러시아, 러시아 등의 주변 열강에 의해 분할된 이후로 국권회복의 민족적 저항을 꾸준히 전개하여 왔으나 번번이 실패(1830년 11월 봉기, 1863년 이월의 봉기)로 돌아갔다. 그 주된 원인으로서는 민족주의자들이 당초 '시민적 자유'의 회복을 운동의 명분으로 내세움으로써 수적으로 다수를 차지하는 농민들의 적극적인 참여를 유도하지 못한데 있었다. 대다수 농민들의 경제적 이해나 계급적 관심사와는 무관한 시민적 자유의 개념이 농민들을 의식화하는 데는 한계가 있었다. 그러나 1863년의 실패 이후 폴란드는 근대화 과정에 접어들면서 농민계몽을 위한 유기적 작업이 전개되고 식자율의 증가, 농민신문의 보급 등을 통한 민족적 · 언어

---

121 Patrick Thaddeus Jackson and Daniel Nexon, 'Globalization, the Comparativce Method, and Comparing Constructions,' in D. Green (ed.), *op. cit.,* pp.103-105.

적 의식이 확산되어 지금까지의 '시민적 자유'보다는 보다 포괄적인 '민족적 정체성'이 형성되기에 이른다. 지금까지 토지귀족과 농민들의 갈등이라는 계급적 긴장보다는 같은 민족, 국토, 언어, 종교 등을 함께하는 폴란드인이라는 강한 의식과 유대감이 농민들을 외부 침략세력에 대한 불만과 저항감으로 이끌 수 있었다는 것이다.[122] 농촌의 근대화와 계몽운동, 농민들의 의식화에 맞추어 민족적 유대에 기초한 새로운 '정체성 주장'이 확산되면서 만들어진 '사회적 구성'(social construction)이 민족주의 운동을 새로운 차원으로 끌어올린 것이다.

(2) 정체성(identities)

정체성에 관한 연구와 저술도 구성주의 비교정치의 새로운 개척 영역이 될 수 있다. 특히 1970년대 이후의 새로운 사회운동, 민족주의와 민족적 정체성 문제, 민족자결 운동의 증대로 정체성 연구는 학계의 각별한 관심을 모은다. 정체성은 개인뿐만 아니라 공동체, 민족, 계급, 사회운동, 지역 등의 다양한 집단적 수준에서의 행위자들이나 실체들이 갖는 심리적 애착이나 일체감으로 표출된다.[123] 그것은 집단적 수준에서의 선호와 이익을 형성하고 다양한 갈등의 성격과 가능성 등을 좌우하며, 집단적 권리주장을 자극하거나 자결권을 주장하도록 만드는 결정적인 동인이 된다.

우선 비교정치 분야에서는 정체성 연구가 민족주의로 대표되어 왔다.

---

122 *Ibid.*, pp.106-108.

123 A. Wendt에 의하면 정체성이란 행위자들이 집단적 의미에 참여함으로써 얻게 되는 자아에 대한 비교적 안정되고 역할적인 이해나 기대를 지칭한다. 그러나 행위자의 특질은 다른 사람들이 인정해 주어야 한다는 상호성이 절실해지기 때문에 간주간적이며 체제적인 측면이 중요한 의미를 가진다. 즉 자신이 갖는 자아에 대한 이해와 함께 남들이 인정해주는 타자라는 두 가지 측면이 결합된다는 점이 강조된다. A. Wendt, 'Anarchy is What States Make of it,' *International Organization,* Volume 46, Issue 2(Spring, 1992), p.397; A. Wendt, Social Theory (1999), *op. cit.,* p.224.

주로 민족주의는 서구의 근대화와 산업화의 결과로서 전통사회의 편협한 유대가 파괴되면서 만들어지는 새로운 민족적 의식의 형성으로 설명되었으며, 근대화의 진행과 세계적인 통합과정에 따라 소멸될 것이라는 이른바 '구조적 설명'이 지배적이었다. 그러나 민족주의적인 감정이나 운동은 근대화가 이루어진 다음에도 지속적으로 나타날 수 있는 강렬한 의식작용임이 명백해지자 민족주의는 구조적·역사적 산물이라기보다는 국내외적인 복잡한 요인들이 만들어내는 '사회적 구성'의 결과라는 구성주의적인 설명이 보다 설득력을 얻게 된다. 민족적 정체성은 민족국가가 당면하는 경쟁적 과제, 즉 자원획득의 필요성과 같은 수단적 이유에서 의도적으로 만들어졌다는 구성적 설명이 나오게 된다. 또한 이 경우 인종이나 장소, 음식, 언어, 혈연과 같은 보다 자연적이고 물질적인 것을 강조하는 '원시적 관점'(primordial perspectives)도 있을 수 있는데, 이러한 것들은 그 자체가 의식이나 관행 및 집단행동에 기초한 사회적 구성의 결과라고 주장한다. 그리고 구성주의적 접근은 '원시적 관점'과 '수단적 관점'의 그 어느 부분이 보다 많이 영향을 미치는가에 대한 상대적 평가를 가능하게 만들 수도 있다.[124]

한편 국가별로 특수하게 나타나는 정체성도 검토해 볼 수 있다. 서구적 세력균형체제하에서 영국은 전통적으로 '균형자'로서 인정받아왔고, 2차대전 후 미국은 '자유세계의 리더'로, 경우에 따라서는 '패권자'로서의 이중적 인식의 대상이 되어 왔다. 동아시아의 네 나라(한국, 대만, 싱가폴, 홍콩)는 한때 그 놀라운 고속성장으로 '네 마리의 작은 용'으로 부러움을 사기도 했고, 남미의 아르헨티나는 걸핏하면 '민중주의'로 제3세계에서의 쇠잔의 표징이 되기도 한다. 이러한 나라마다의 정체성은 '내부적으

[124] Green, *op. cit.,* pp.31-32.

로' 어떻게 형성되는가에 관심을 모으게 된다. Benedict Anderson은 민족적 언어와 담론적 공동체의 형성이 매우 중요한 몫을 한다고 보고 있으며, 정치적 지도자나 지식인 및 문화적 명사들과 같은 엘리트의 결정적인 역할을 강조한다. 특히 공식 언어와 정체성을 내용으로 하는 국가적 공교육과 공식적 이데올로기의 확립, 공공영역의 확대, 군사적 징집제도의 도입 등에 앞장 선 민족적 영도자나 주요 인물들의 공헌을 지적한다.[125]

그러나 나라마다의 정체성은 '외부적으로' 국가간의 관계로 이루어지는 '체제적' 특성이라는 주장도 나름대로의 설득력을 가진다. 즉 국제사회라는 '체제'가 국가의 정체성 형성을 좌우할 수 있다. A. Wendt는 국제관계의 무정부구조가 ① 홉스적(적대감), ② 록크적(경쟁), ③ 칸트적(우호)인 세 가지 하위문화로 이루어진다고 보고, 홉스적인 문화가 지배하던 근세 초의 상황에서는 '수정주의', 그 후의 록크적인 문화에서는 '현상유지', 20세기의 칸트적인 문화에서는 '집단주의적인' 정체성이 각각 형성된다고 주장한다.[126] 국제사회의 문화적 구조가 민족국가들의 정체성의 윤곽을 구성한다는 설명이다. Thomas Berger는 2차대전 직후 연합국 측이 독일과 일본에 대해서 새로운 정체성을 강요하였던 사실과 관련하여 전승국들이 이 두 나라에 대하여 요구하였던 '반군국주의적' 정체성이 그대로 정착되어간 점을 상기시킨다. 이 새로운 평화 지향적 정체성은 자아에 대한 의식을 비롯해서 국내적인 규범이나 제도에까지 철저하게 구체화됨으로써 기존의 정체성을 새로이 구성하는데 성공한 사례로 꼽힌다.[127]

---

125 Benedict Anderson, *Imagined Communities* (London : Verso, 1991).

126 A. Wendt, Social Theory (1999), *op. cit.,* pp.247-308.

127 Thomas U. Berger, 'Norms, Identity and National Security in Germany and Japan,' in

구성주의 비교정치는 '신사회운동'의 연구와 결부되면서 또 다른 탐구영역을 형성한다. 즉 후기 산업사회의 탈물질적 정치의 단계로 접어드는 선진사회의 변환에 따라 이제는 종래와 같은 '계급'과 자본을 중심으로 하는 정체성이 아니라 민족, 성, 성적 선호, 환경, 인권 등의 다양한 집단적 정체성에 관한 논의가 활발히 전개되면서 사회운동의 새로운 설명적 틀을 만들어가고 있다. 계급이나 노동자 중심의 사회운동보다는 여권신장론자, 환경운동가, 반전평화주의자, 청년 등이 주동이 되면서, 이들이 국가권력의 장악보다는 공공영역의 확대와 다원화에 보다 초점을 두는 운동의 양상을 띠게 된다. 그리고 학계의 분석적 시각도 운동의 구조적이며 경직된 성격보다는 유동적이고 구성적인 면에 초점을 두는 방향전환이 이루어진다. 이제 이러한 사회운동에 참가하는 개인들이나 집단들도 단순한 물질적 이해보다는 그들의 특수성과 함께 남과의 차이를 인정받기 위해서 그리고 상징적이고 문화적인 관심에서 참여하게 된다는 점이 강조된다.[128] 참가자들의 집단행동에 대한 지지를 좌우하게 되는 충성심, 의무감, 정체성 등이 결정적인 설명적 요인이 되고 있으며, 참가자들의 자기 이해에 근거한 운동정체성에 대한 해석적 접근이 역설된다.[129] 또한 사회운동 연구 분야에서는 이른바 '모듈 정치'(modular politics)의 개념이 관심을 끈다. 즉 운동에서의 정체성이 복합적이고 전략적으로 전개되는 경우다. 예를 들면 스웨덴의 임금노동 여권신장운동은 임금노동이라는 정체성과 여권신장이라는 정체성이 전략적으로 배합된

Peter Katzenstein (ed.), *The Culture of National Security* (New York : Columbia Univ. Press, 1996), pp.317-356.

128 Green, *op. cit.*, pp.38-39.

129 Carol M. Mueller, 'Building Social Movement Theory,' in Aldon D. Morris and Carol M. Mueller (eds.), *Frontiers in Social Movement* (New Haven : Yale Univ. Press, 1992); Jean Cohen, 'Strategy or Identity : New Theoretical Paradigms and Contemporary Social Movements,' *Social Research* 52 (1985), pp.633-716.

것이다. 이 경우 정체성은 혼성적이고 유동적이며 맥락의존적인 성격을 띠지만 동시에 매우 전략적인 측면을 나타내게 된다.[130]

(3) 근대주권국가의 형성 : 개념적 역사 분석

근대주권국가의 형성을 개념적 역사(conceptual history)를 통하여 분석할 수 있다. 개념적 역사 분석이란 역사적 사건이나 변환을 당시의 행위자들이 구성하는 개념적 틀을 통하여 파악하는 방법이다. 즉 행위자들이 가지고 있는 의미와 이해로 이루어지는 세계관이 그들의 행동을 좌우하게 되면서 역사적 사건이나 변환이 이뤄진다는 것이다. 한 시대의 개념적 장치에 변화가 오면 그에 상응한 물질적·구조적 변화가 온다는 논리이다.[131]

K. Burch는 근대국가의 주권 형성과정을 재산을 둘러싼 역사적 의미의 구성으로 다루고 있다. 17세기의 유럽은 혁명과 대역죄가 점철된 혼돈과 불안의 시대였다. 이러한 무질서와 혼돈을 극복하기 위해서는 정치적 권위의 재건이 절실했고 바로 재산과 재산권이 이러한 해결의 실마리를 마련하게 된다. 통치자들은 부르주아지와 불안한 상인들에게 재산권을 부여하여 왕실재원을 위한 제도적 연합을 구성할 수 있었고, 시민들은 그러한 권리의 대가로 군주들에게 자원을 제공하게 된다. 즉 정치적 권위로서의 주권이 확립되고, 시민들은 그들의 재산을 보호하고 그러한 재산권을 바탕으로 자유로운 영역을 유지함으로써 시장경제와 자본

---

130 Sidney Tarrow, *Power in Movement : Social Movements, Collective Actions and Politics* (Cambridge : Cambridge Univ. Press, 1994); Joel Krieger, 'Egalitarian Social Movements in Western Europe : Can They Survive Globalization and EMU ?' *International Studies Review* 3 (1999), pp.69-84.

131 Kurt Burch, 'Toward a Constructivist Comparative Politics,' in D. Green, Constructivism and Comparative Politics, *op. cit.*, pp.81-83; K. Burch, *'Property' and the Making of the International System* (Boulder : Lynne Rienner, 1988), pp.10-15.

주의 발달의 길이 열리게 된다. 따라서 주권의 기원은 자원에 대한 왕실의 필요와 시민들의 재산권에 대한 왕실의 보장이라는 두 가지 요건의 충족에 찾을 수 있다. 어디까지나 17세기의 역사적 상황에서 이루어진 행위자들 사이의 타협의 산물이자 이해와 의미의 사회적 구성이라는 점이 강조될 수 있다. 행위자들의 생각과 세계관의 변화에 따른 역사적 산물이 바로 주권개념이다.[132]

그런데 17세기의 영국에서의 주권형태는 재산의 두 가지 형태와 결부된다. 즉 '부동산'은 영토적 권리 소유자로서의 국가통치자의 몫이 되고, '동산'은 상인들의 권리소유를 인정하고 그들의 개인적 주권, 자유, 재화의 교환을 가능케 하는 수단으로 등장하게 된다.[133] 그리고 재산의 형태가 이렇게 두 가지로 나누어지게 되는 것은 근대국가의 형성이 '국가체제'와 자본주의, 정체와 경제라는 두 가지 영역의 분할로 이루어지는 기점을 마련하게 된다. 약 1700년을 고비로 상업의 팽창과 더불어 여러 권리소유와 사회적 관행이 다양해지고 부동산과 동산의 재산형태가 두드러지면서 동시에 국가체제(부동, 유형 재산)와 자본주의(유동, 무형 재산)라는 개념적 구분이 생긴 것이다. 사람들의 생각과 관행이 상호작용하면서 동산과 부동산의 구별이 생기고 그 구분에 병행해서 자본주의와 국가의 구분이 자리 잡은 것이다. 군주들은 부동산의 권리부여 행위를 통하여 왕권과 통치의 효과적인 수단을 만들었고, 국가간의 경쟁에서의 우위확보와 자국의 번성을 달성하는데 주력한다. 양도, 독점, 면허, 사용권, 면제 등의 다양한 재산권의 수단을 통하여 군주들은 경제의 운용을 원활히 하면서도 사회질서의 확립과 국가의 자원동원에도 기여할 수 있는

[132] K. Burch, 'Toward a Constructivist Comparative Politics,' pp.74-75.
[133] *Ibid.,* p.74.

이중적 효과를 올릴 수 있었다. 동시에 부르주아지나 상인들도 이러한 상황에 적응하면서 시장경제와 자본주의의 정립에 기여했다. 이때를 즈음하여 영국, 프랑스, 네덜란드 등에서는 중앙은행, 주식회사 및 기타 법률적 하부구조 등으로 이루어지는 제도적 망상들이 자리 잡기 시작했고, 국가경영과 경제적 행위의 구분이 '정경분리'(政經分離)의 이데올로기로 이어지는 기점을 마련했다고 볼 수 있다. 17세기의 행위자들은 이처럼 재산에 관한 담론과 규칙을 통하여 정치와 경제의 분리를 구성하였다. 각 영역은 서로 다른 재산권으로 특징지어졌고 그러한 특징적인 재산권과 그에서 비롯되는 경제적 권리들은 '개념적 역사'의 틀 속에서 근대적 주권과 자유주의적 시장이라는 뚜렷한 '정경'(政經)의 두 영역을 정착시켜 나갔다.[134]

134 *Ibid.,* pp.76-78.

제4장 페미니즘: 입장이론

페미니즘(feminism)은 남성들의 여성들에 대한 체계적인 지배를 종식시키고자 하는 여성들의 사회운동이다. 여성들의 지위향상을 위하여 남성위주의 가부장적 문화와 사회질서를 이론적으로 설명하고 이를 고발하고 혁파하려는 이데올로기적인 특성을 띤다. 페미니즘의 이론적 구성과 관련하여 최근에 사회과학의 연구 방법론상으로 상당한 관심을 모으는 이른바 '입장이론'(立場理論, standpoint theory)의 내용을 살펴볼 수 있다.

페미니즘운동의 첫 번째 물결은 20세기 초의 선진제국(영국, 미국, 뉴질랜드 등)에서 이루어진 여성 참정권 쟁취로 그 결실을 맺는다. 그리고 두 번째 물결은 전후 1960년대와 1970년대에 나타나게 되는데, 이 단계에서는 초기에 쟁취한 단순한 정치적, 법률적 권리획득의 차원으로 만족하는 것이 아니라 여성차별과 탄압에 대한 보다 심층적인 진단과 이에 대한 단호한 개혁을 앞세우는 매우 적극적이고 과격한 양상을 띠게 된다. 남녀의 구별이 단순한 생물학적인 차이에서 오는 것이 아니라 문화적으로 만들어진다는 '젠더' 개념을 창출해내고 이러한 새로운 개념정립을 통하여 여성들의 정체성을 전향적으로 재구성하는 길을 열게 된다. 이제 젠더 차이와 그에 입각한 이론적 관점은 여성들이 겪는 법적 또는 사회적 불이익의 차원에 머무는 것이 아니라 가부장적 가치와 믿음이 문화와 철학, 도덕과 종교의 모든 영역에 침전된 사실을 파헤치는 과격한 양상으로 이어지기도 했다. 공공생활 전반에 걸친 젠더적 쟁점을 둘러싼 여성들의 의식을 고양하고 권리신장의 강도를 높이는데 나름대로의 기폭제가 되었다고 볼 수 있다.

페미니즘은 1980년대와 1990년대에 접어들면서 세 번째의 물결을 맞이하게 되는데 이 시기는 비교적 안정적인 '탈과격화'(de-radicalization)의 양상을 띤다. 이른바 '포스트페미니즘'(Post-feminism)으로 불리기도 하는 이 단계에서는 그 이전의 운동에서 나타난 전투적이고 혁명적인 주장들이 어느 정도 주변화되면서 페미니즘 문헌들은 수정주의의 모습으로 바뀐다. 여성과 남성이 다를 것이 없다는 '평등'의 논리에 집착하기보다는 오히려 여성만이 가질 수 있는 긍정적인 '차이'에 관심이 모아지고 모성과 출산, 그리고 돌봄의 윤리가 새로운 연구주제로 각광을 받는다. 이제 여성들은 '희생자'의 이미지가 아니라 보다 책임 있는 사회적 일원으로서의 위상으로 부각될 수도 있게 된다.

그러나 페미니즘 연구에서 가장 관심을 모으는 것은 연구방법론상의 논의가 된다. 즉 남성지배의 질서는 남성의 '입장'에서 만들어진 지식에서 비롯된다는 새로운 인식론이 문제가 된다. 남성의 입장에서 문제를 인식하고 사회적 실천의 처방을 내리다보니 남성지배의 문화와 구조가 지속되고 정당화되어 왔다는 논리가 된다. 이제 여성들은 여성들의 입장에서 문제를 다루고 이론적 구성과 실천적 과제를 다루어야할 새로운 인식론과 방법론상의 절차가 절실하다는 주장으로 이어질 수 있게 되며 입장이론은 바로 이러한 문제의식을 새롭게 표상한다고 볼 수 있다. 그리고 페미니즘의 입장이론은 비단 여성문제의 연구뿐만 아니라 사회과학 전반의 연구방법론과 관련해서도 여러 가지 시사하는 바가 많아 활발한 논의를 불러일으키고 있다. 이러한 문제의식을 배경으로 입장이론의 내용을 몇 가지 주제로 나누어서 다루어보기로 한다.

1. 입장이론의 기본 논리

입장이론은 현존하는 현실이란 젠더 면에서 사회적으로 남성지배의 방향으로 구성되어 있기 때문에 여성들의 경험과 입장을 표출할 수 있도록 재구성되어야 한다는 것이 그 기본 논리가 된다. 즉 현존하는 남성중심의 사회적 구성을 해체하여 여성들에게 새로운 가능성을 열어 주어야 한다는 것이다. 따라서 이러한 남성 위주의 지식이 만들어지는 '인식론'에 초점을 두게 되고 그에 따른 연구방법론상의 문제점들을 밝혀낸 다음 적절한 대안적 처방을 제시하는 것이 그 주된 내용이 된다. 주로 70년대에 들어서 이러한 이론적 기초를 마련하는데 기여한 대표적인 학자들의 주장들을 살펴보기로 한다.

(1) Dorothy Smith

1972년의 논문에서 D. Smith는 사회학에서 통용되고 있는 개념적 틀을 살펴볼 때 그것이 한편으로는 남성들이 사회생활을 이해하는 방식과도 합치되고, 또 한편으로는 각종 사회제도에 종사하는 행정가나 경영자들의 성공적인 업무수행에 필요한 사회관계의 범주와 설명에도 매우 합치되고 있다는 점을 지적해낸다. 즉 사회학의 주요 개념적 틀들이 실제로는 남성중심의 사고와 이해에 일치되고 또한 통치제도의 운영 당사자들(남성)의 업무수행에도 합치되는 방향으로 자리 잡혀 있다는 점을 부각시킨다.[135]

통치나 지배에 관한 방법과 실천(정신병, 범죄, 폭동, 근무만족도, 이웃, 동기등)을 둘러싼 개념적 영역은 주로 경영인, 행정가, 관료 등으로 이루어지는 남성들의 몫이고 자연적인 양태로 조직되는 가정이라는 세계는 여자에게 맡겨지는 것이 전통적인 사회적 관행으로 굳어져온 것이다. 그리고 사회학이라는 직업은 남성들에 의해 점유되고 그들의 영토라고 주장되어 온 세계에 의존할 수밖에 없었고, 또한 남성들에 의해 점유된 구조를 지탱하기 마련인 사회제도들은 동시에 여성들을 억압하는 제도가 되어 버렸다는 것이다.[136]

그러면 여성들의 입장에서는 어떠한 대안이 있는가? 우선 사회학이 사회학자가 처한 상황과는 독립적인 어떤 객관적인 지식을 구성한다는 주장을 포기할 것을 강력히 요구한다. 사회학의 개념적 절차, 방법, 적절성 등은 사회의 어떤 결정된 지위에서 조직되어 구성된다는 사실을 그대로 인정해야할 것이다. 그리고 이러한 비판적인 폭로야말로 사회학의 대안적 사고의 기초를 마련할 수 있다. 만약 사회학의 지식형성이 그 자리매김을 피할 수 없다는 점이 분명해진다면 그것을 출발점으로 하여 사회학의 방법론적, 이론적 전략을 보다 구체화시켜 나가야 한다는 주장으로 이어진다.

사회적으로 구성되는 세계를 아는 유일한 길은 그 안에서 파악하는 것이다. 그 밖에서는 알 수가 없다. Smith는 Jean Briggs(1970)에 의한 에스키모 사회의 인종학적 연구를 인용하여 이 점을 크게 부각시킨다. 즉 에스키모인들은 그들의 감정을 구성하고 표현하는데 있어서 외부인과 자

135 Dorothy Smith, 'Women's Perspective as a Radical Critique of Sociology,' in Sandra Harding (ed.), *The Feminist Standpoint Theory Reader : Intellectual and Political Controversies* (New York : Routledge, 2003 〔1972〕), pp.21-33.

136 *Ibid.,* pp.22-26.

기 가족들이 이루어내는 실제적인 관계의 맥락에 의존하고 있으며, 연구자의 관찰과 가설들도 이러한 상호관계의 맥락에 크게 좌우된다는 점이 강조된다. 에스키모인들의 애정, 긴장, 다툼 등은 생생한 상황적 맥락이 되어 연구자의 관찰과 이해를 결정적으로 좌우한다는 것이다. 이점 사회학에서도 재귀적인(reflexive)측면이 새삼 강조되어야 하며, 구체적인 연구에서는 언제나 연구자(사회학자)의 참여, 관심 그리고 경험들이 '파악하는 사람'으로서, 그리고 '발견자'로서 반영되고 보존될 것이 종용된다.

우리가 겪는 직접적인 경험이야말로 체계적인 지식의 적절성 여부를 제약하고 테스트한다는 단호한 입장은 우리가 신체적으로 어디에 위치하고 있느냐의 문제로 귀결된다. 우리들의 일상적 세계의 현실은 사회적으로 조직된다. 배경, 장비, 환경, 스케줄, 기회 등은 사업이나 일상적 일과와 함께 언제나 사회적으로 만들어지고 구체적으로 그리고 상징적으로 우리들의 실천에 앞서 조직화되기 마련이다. 이제 여성들도 세계에 대한 그들의 근원적이고 즉각적인 지식으로부터 출발하게 되면 그들의 사회학은 사회적으로 조직화된 특성들을 첫째로는 관찰가능하게 만들고 그 다음으로는 문제화시킬 수 있는 길이 열리게 된다.[137]

결국 세계에 관한 우리들의 지식은 그 대상과의 관계에서 주어진다. 그리고 이때의 대상이란 지식의 주체의 문제로 귀결된다. 지금까지 객관적인 사회학으로서의 권위를 누려온 지식들은 따지고 보면 우리들 사회의 '지위'나 지배의 일상적 실천에 크게 좌우되어온 것을 깨닫게 된다. 그리고 그러한 권위적인 주장들은 계급이나 성별에 크게 의존했으며 사회적 지위에 따라 지식은 다르게 구성된다는 사실을 외면해왔다. 또한 여성들은 이 권위적 노름에서 제외되어 왔다. 그러나 이 권위적 하부구

---

137 *Ibid.*, pp.28-29.

조는 이제 사회를 다르게 파악할 수 있는 여성들의 목소리로 말미암아 불신되고 그 발언권조차도 희석되어버렸다는 사실이 중요한 의미를 지닌다.[138]

(2) Nancy C. M. Hartsock : **페미니스트 유물론**(Feminist Materialism)

입장이론은 마르크스주의의 인식론과도 만난다. Hartsock는 계급지배에 대한 마르크스주의의 비판은 페미니스트들에게 사적유물론적 접근이 남성 중심적 지배를 파악하고 그 모순된 병폐를 파헤치는데 매우 유리한 고지를 마련할 수 있다고 제의한다.

Marx는 자본주의 사회의 분석에 있어서 현상의 '표면' 밑에 깔려 있는 심층적인 '본질'을 찾아낼 것을 요구하고 그 본질은 인간의 물질적 생활임을 전제한다. 이 물질적 생활로부터 인간의 인식론이 움터나온다고 본다. 그러면 자본주의 사회에 있어서의 여성들의 물질적 생활의 본질은 어떻게 되어 있는가? 첫째로 여성들의 행동은 제도적으로 이중적인 측면을 지닌다. 즉 한편으로는 생존에 기여하고 또 한편으로는 자녀양육에 공헌한다. 자본주의에서는 임금을 위한 생산과 함께 가정에 있어서의 재화의 생산을 담당하면서 남성처럼 그들의 노동력을 팔아 상품과 잉여가치도 만들면서 동시에 가정에서는 사용가치를 만들어낸다. 그러나 남성들과는 달리 여성들의 생활은 제도적으로 가정에서의 사용가치의 생산만으로 정의된다는데 문제가 있다. 사회주의 이론에서조차도 가정에 있어서의 여성들의 사용가치의 생산은 전혀 고려되지 않은 협소함이 지적될 수 있다. 자본주의가 만들어내는 이른바 '성적 분업' 자체에 문제가 있음이 분명해진다. 자본주의 사회의 수탈구조와 가부장적 질서의 저변

138 *Ibid.*, pp.29-30.

에는 성적 분업 면에서의 여성들의 이중적 공헌이 자리 잡고 있음에도 불구하고 이러한 사실은 전혀 고려되지 않고 있다는데 문제가 있다. 이러한 성적 분업의 비뚤어진 현실의 파악이야말로 입장이론의 중요한 선결과제가 된다.[139]

둘째로 계급사회에 있어서의 남성과 여성의 생활 활동은 남녀가 갖는 신체의 특성과 맞물리면서 서로 다른 성향적 특질을 만들어낸다. 남아의 경우 성장하면서 어머니와의 차이 및 그의 정체성면에서의 위협 등으로 말미암아 매우 갈등적이고 반항적인 성향 등이 만들어지면서 경직된 자아경계(ego boundaries)의 형성으로 이어진다. 특히 남성은 일상생활의 반대를 이겨내는 '남성다움'이 추상적인 이상으로 미화되면서 근본적으로 적대적인 남과의 대응이 강조되는 방향으로 그 경험이 쌓여지기 마련이다. 그리고 이렇게 형성되는 남성적 세계관은 계급사회를 특징짓는 계층적이고 이중적인 제도들을 재생산하는 데도 기여하게 된다.

그러나 여성의 자아구성은 전혀 반대방향으로 이루어진다. 그리고 그것은 여성의 물질적 생활이 여성만이 갖는 신체의 특성과 맞물린다는 점이 중요한 의미를 지닌다. 여자만이 아이를 가질 수 있다는 결정적인 신체적 조건도 있고 아이를 키우는 어머니의 일, 가정 일, 또한 살림의 일부 담당 등은 여성만이 갖는 독특한 경험의 세계를 만들어낸다. 그것은 남성에서 두드러지는 추상성보다는 구체성의 가치, 다른 사람들을 비롯해서 자연과도 맺어지는 다양한 연계성과 계속성의 감각 등이 된다. 남성에서 두드러지는 폭력이나 성적 행동(성폭행이나 포르노 등)이라기보다는 남이 발전하도록 도와주고 일상적 활동에 있어서의 통제의 정도를

139 Nancy C. M. Hartsock, 'The Feminist Standpoint : Developing the Ground for a Specifically Feminist Historical Materialism (1983),' in Sandra Harding (ed.), The Feminist Standpoint Theory, *op cit.,* pp.35-37, pp.41-42.

점진적으로 줄여주는가 하면 제도적으로 변화와 성장에 기여할 수 있는 행동의 원천을 마련해줄 수 있다는 것이다. 따라서 이러한 여성의 물질적 생활(신체적 조건 포함)에서 오는 긍정적 측면은 지금까지 남성들이 만들어 놓은 가부장적 질서의 극히 편파적이고 비뚤어진 측면을 보완해주는 다소 전체론적인 측면을 지닐 수 있음이 강조된다.[140]

Hartsock이 제시하는 '페미니즘 유물론'(feminism materialism)은 여성의 물질적 생활에 바탕을 두는 이론적 구성을 통하여 자본주의의 비뚤어진 성적분업의 실태를 비판적으로 분석해냄으로써 그러한 일그러진 성적분업 위에 자리 잡은 남근 숭배적 이데올로기와 제도들을 해체할 것을 주창한다. 비단 비판적 분석을 통하여 남성지배의 질서가 만들어내는 비뚤어짐과 비인간성을 폭로할 뿐만 아니라 남성과 여성의 사회활동을 재정의하고 재구성하는 대안적인 정치경제적 질서를 만들기 위한 정치적 투쟁을 아울러 호소하는 실천적 측면도 강조된다.[141]

(3) Patricia Hill Collins : **흑인 페미니스트 사상**(Black Feminist Thought)

여성이라는 일반적인 범주보다는 흑인 여성이라는 특별한 신분에 국한되는 여권주의 사상이 관심을 모은다. P. H. Collins는 미국과 같은 나라의 경우 아프리카계 미국 여성들은 미국이라는 문화와 생활 조건 속에서 살고 있으면서도 그들만이 겪는 차별화와 소외에서 오는 주변화된 입장이 형성되는 것을 부각시키고 있으며 이를 근거로 페미니스트 사상의 재검토를 종용하고 나선다.

140 *Ibid.*, pp.43-47.
141 *Ibid.*, pp.48-50.

미국 내의 흑인 여성들은 그 지배적인 문화에 동화되고 사회-경제적인 여건에 어느 정도 적응되어 생활함으로써 하나의 '내부인'의 신분을 유지하지만 동시에 백인 가족에 속하지 않는다는 점에서는 인종적 차별을 경험하게 되는 '외부인'의 지위에 머무르게 된다. 즉 '내부적 외부인'(outsider within)이라는 특수한 신분이 되고 있는데, Collins는 이러한 미국 흑인 여성들의 특수한 신분이 갖는 신분상 갈등의 문제를 특히 흑인 여성 지식인들(주로 사회학자)이 겪는 경험에서 다루고 있어 관심을 모은다.[142]

우선 사회학이라는 학문에 발을 들여 놓는 흑인여성들의 경우 오랜 사회화 과정을 거쳐 주로 백인남성들이 장악하는 사회학에 자리 잡고 있는 지배적인 세계관이나 패러다임의 습득에 적응하는 훈련을 거쳐 '백인남성 내부주의'(白人男性 內部主義, white male insiderism)에 동화되어 간다. 그러나 일반 대학원생들이나 초급 전문인들에 비하여 흑인 여성 지식인들은 사회학의 연구 분야와 관련하여 여러 가지 불합리하고 모순된 점들을 경험하게 된다는 것이다. 즉 인간의 행동에 관한 사회학의 관찰과 해석의 문제에 있어서 여러 가지 변칙적인 측면이 있음이 지적된다. 흑인 여성학자들이 겪는 첫 번째의 변칙으로서는 사회학의 패러다임에서 아프리카계 미국여성들에 관한 사실이나 관찰이 전혀 나타나지 않는다는 것이다. 흑인 여성들이 미국사회에서 담당하는 역할은 전혀 언급되지 않고 있으며 흔히 하나의 완전한 인간적 주체로서 사회학적인 사실과 관찰에서도 다루어지지 않고 있다. 두 번째의 변칙으로서는 흑인 여성에 대한 사실과 관찰이 매우 왜곡되어 있다는 점이다. 흑인 여성들이 인종

142 Patricia Hill Collins, 'Learning from the Outsider Within : The Sociological Significance of Black Feminist Thought,' in Sandra Harding (ed.), The Feminist Standpoint Theory, *op. cit.*, pp.103-104.

적 성적 차별에 직면하고 또한 그들의 어머니나 할머니들도 그것을 경험한 것이 사실임에도 불구하고 그러한 차별화가 가난에서 오는 낮은 성취동기에서 비롯되고 또한 흑인 여성들의 '인간자본'의 부족에서 온다는 설명 등은 전혀 호응을 얻지 못하고 있는 것이 그 좋은 예가 된다. 이러한 변칙들과 관련해서 흑인 페미니즘 연구가들은 흑인 여성들도 이제는 사회학 연구의 당당한 연구 주체로서의 지위가 보장될 것을 주장하게 된다. 연구과정에서의 생략과 왜곡에서 벗어나 인간으로서의 주체성과 의도성이 새로운 목소리로 반영되어야 한다는 것이다. 특히 사회학자의 경우 현재의 주요 사회학적 개념들을 둘러싼 해석에 있어서의 적절성 문제가 재검토되어야할 것이 역설된다. 즉 일이나 가족과 같은 개념들에 대한 새로운 해석의 문제가 절실해진다. 예를 들면 아프리카계 미국 여성들의 노동 경험을 지엽적인 것으로 단정하는 노동이론은 흑인 여성들이 하나의 여성근로자(흑인 여성들의 무보수 가사 노동)로서, 인종적으로 억압된 여성근로자(흑인 여성들의 무보수 노예노동 및 착취임금노동)로서 겪는 상호연결된 억압적 실태를 외면해버리는 과오를 범할 수 있다. 흑인 여성들이 겪는 보수 및 무보수의 노동경험을 고려한다면 노동시장의 정상적 기능을 비롯해서 조직구조, 직업적 유동성, 소득 격차 등과 관련되는 경제체제 전반에 대한 문제가 될 수 있으며 이에 대한 전면적인 재검토와 조정이 필요할 수도 있다는 주장이다.[143]

흑인 여성들의 경험은 어떤 공동체내에서 그 지배적인 내부적 패러다임적 사상에 억눌려 있는 보다 약체의 집단이 겪는 긴장과 고민을 잘 표상해줄 수 있다. 흑인 남성, 노동자, 백인 여성, 다른 유색인종, 종교적 및 성적 소수파 등의 다양한 개인들이 비록 백인남성 내부주의의 혜택

[143] *Ibid.*, pp.117-121.

들을 받기는 하지만 그래도 소외와 갈등을 겪는 많은 이른바 '내부적 외부인'들은 지금까지 논의된 흑인 여성들의 경험에서 배우는 것이 많을 수 있다. 이들 '내부적 외부인'들, 특히 그들을 대표하는 지식인들은 기성 사회학이 착안하지 못하는 변칙들을 지적해주고 사회학이 보다 인본주의적인 비전에 가까워질 수 있도록 만드는 창조적인 잠재력을 발휘해 나갈 수 있다고 전망한다.[144]

2. 입장이론과 포스트모더니즘(Postmodernism)

입장이론은 모든 지식 주장이 사회적으로 자리매김된다고 보기 때문에 여성뿐만 아니라 흑인여성의 입장, 더 나아가서는 계급이나 인종과 같은 다양한 사회적 단위의 특수성에 입각한 지식형성의 문제를 외면할 수 없게 된다. 그런데 1980년대에 들어서 후기구조주의, 또는 포스트모더니즘이 인문과학의 방법론과 관련해서 학계의 관심을 모으게 되자 입장이론도 이러한 새로운 문화운동이 제기하는 상대주의적 특성과 공통되는 점이 많은 것으로 인식되기에 이른다. J. Derrida나 M. Foucault에 의해 대표되는 후기구조주의에 의하면 인종, 계급, 젠더 등의 사회적 범주들은 사회적인 구성물에 불과하고 모두가 담론에 의해 만들어지는 차이의 특성으로 파악된다. 따라서 입장이론은 포스트모더니즘과 서로 공통되는 점이 많다고 보는 견해도 있고 입장이론에 나름대로의 차별성을 부여하는 관점도 있다. 여기서는 입장이론을 포스트모더니즘(후기구조주의)의 시각에서 다루고 있는 사례들을 중심으로 양자간의 종합 가능성

144 *Ibid.*, pp.121-122.

등을 둘러싼 논의들을 정리해보기로 한다.

(1) Linda Alcoff : **여성 정체성의 문제**

Alcoff는 후기구조주의의 입장에서 페미니즘에서 다루어지고 있는 여성의 정체성 문제를 다룬다. 우선 그는 후기구조주의 학자들에 공통되는 주제와 관련시켜 볼 때, 어떤 문화적, 이데올로기적 덮개 밑에 자리 잡고 있는 자족적이고 진정한 '주체'(self-contained, authentic subject)란 따지고 보면 하나의 인본주의적 담론의 구성물에 불과하다는 점을 지적한다. 주체란 어떤 저작적 의도, 또는 자연적 속성, 심지어 특권적인 별개의 의식도 아니라는 것이다. Derrida, Foucault 등은 모두가 담론의 역사를 통하여 우리들의 주체에 관한 종래의 개념을 공격하고 해체해야할 근거를 제시한다. 주체란 어떤 본질적 정체성을 가진 것도 아니고 사회에 의해 억눌린 어떤 진정한 핵심으로 이루어지는 것도 아니라는 것이다. 거기에는 우리들에게 극히 자연스럽게 다가서는 어떤 본질적인 핵심도 없기 때문에 인본주의적인 의미에서 억압도 없다고 주장된다.[145]

인간의 주체성과 자아에 관한 한 그것이 생물학적으로 구성되어 인간의 역사가 예측가능하고 설명가능하다는 생물학적 결정론도 부정된다. 오히려 생물학적인 측면보다는 사회적 담론이나 문화적 실천에 좌우되는 면이 엄청나게 크다는 의미가 된다. 인간의 경우 우리가 누구냐의 문제에 관한 한 우리들의 선택의 폭은 매우 적다고 전제되며, 우리들의 주체성에 관한 경험은 개인의 통제 밖에 있는 사회적 담론에 바탕을 둔 구성물에 불과하다고 주장한다. M. Foucault의 말대로 우리들은 '역사에

[145] Linda Alcoff, 'Cultural Feminism Versus Post-Structuralism : The Identity Crisis in Feminist Theory,' in Wendy Kolmar & Frances Bartkowski (eds.), *Feminist Theory : A Reader* 〔Mountain View, California : Mayfield Publishing Co., 2000(1988)〕, p.407.

의해 전적으로 각인된 신체'에 지나지 않는다는 것이다.[146]

그러나 Alcoff는 이러한 후기구조주의의 주체관이 여성의 문제를 매우 부정적으로 다루게 되는 이른바 '부정적 페미니즘'(negative feminism)에 치우치는데 대해서는 유보적인 태도를 보인다. 즉 모든 것을 해체하고 또한 아무것도 구성하지 않는 것에 대해서는 반대의 뜻을 분명히 한다. 여성의 정체성은 부단히 변천하는 역사적 맥락에 좌우되는 '지위'(position)로 파악되어야 한다는 것이다. 즉 객관적인 경제적 조건, 문화적 및 정치적 제도와 이데올로기 등으로 이루어지는 하나의 네트워크로서의 맥락이 바로 여성의 지위로 정의된다. 그것은 어떤 특질로 이루어지는 본질적 정의가 아니라 변전하는 맥락으로 구성되는 '지위성'의 의미를 지닌다. 따라서 여성은 항상 움직이는 맥락 속에서 파악될 수 있으며 또한 그들은 그들의 지위에서 부단히 자신과 세계에 대한 의미를 만들어낼 수 있다. 변전하는 역사적 맥락 속에서 스스로의 지위를 택할 수 있고 이 지위를 어떻게 활용하고 또한 변경해나갈 수 있는가의 선택을 할 수 있다는 것이다.[147]

(2) Nancy J. Hirschmann : **포스트모던 전략**(postmodern strategy)

입장이론을 포스트모더니즘과 접목시킬 수 있는 길이 있을 수 있을까? N. Hirschmann은 이 양자를 조화시킬 수 있는 전략적 방향을 제시하고 있다. 우선 포스트모더니즘은 근대의 정치이론이 전제하는 바 '인간본성' 같은 것은 존재하지 않는다는 입장임을 분명히 한다. 인간은 어떤 자연적인 것을 가졌다기보다는 사회적으로 구성된다고 전제한다. 우

---

[146] *Ibid.,* pp.407-408.
[147] *Ibid.,* pp.411-413.

리는 '자연'에 의하기보다는 우리들의 사회관계, 제도, 실천 등에 의해 구성되며, 우리들의 자아, 주체성, 정체성 그리고 시각 등은 모두가 우리들이 살고 있는 맥락에 의해 구성된다고 본다.

사회적 실천, 사회적 배열, 제도 등의 '자연스러움'에 도전하는 면에서 포스트모더니즘과 입장이론은 서로 공통되는 점이 많다. 첫째로 양자는 인간의 정체성이 특정한 역사적, 문화적 맥락에 의해 사회적으로 구성되었다고 보는 점에서는 일치한다. Hartsock에 의해 제시된 물질주의에 의하면 여성의 사회활동은 서로 상이한 문화와 역사적 시기의 가부장주의의 소산이며 이것은 어디까지나 남성들에 의해 부하되었다는 설명이 그 적절한 예가 될 수 있다. 둘째로 양자는 '사회적 구성'의 풀이에 있어서 지금까지 사회학에서 시도된 역할 학습이나 사회화와 같은 매우 '피상적인 생각'에서도 탈피하고자 하는 면에서도 공통된다. 예를 들면 Hartsock의 경우 여성들의 가정에서의 활동이 가치를 만들어내는 '일'과 '노동'이라는 두 가지 성격을 가진다는 심층적인 설명이 시도된다. 여성들의 활동이 단순한 '자연'의 부산물이라든가 여성들이 극히 수동적으로 받아들이는 생물학적 기능도 아님을 분명히 하고 있다.[148]

그러나 이러한 공통점에도 불구하고 양자 간에는 매우 중요한 차이점이 존재한다. 즉 입장이론이 딛고 있는 이른바 '물질적 현실'의 의미와 포스트모더니즘이 바탕으로 깔고 있는 '담론'의 의미 사이에는 넘지 못할 경계선이 엄존한다. 페미니스트 포스트모더니스트들은 담론을 떠나서 존재하는 '물질적 현실'이란 생각은 과감히 버릴 것을 주창한다. 즉 물질성이란 담론의 기능으로 보아야 한다는 것이다. 그렇지 않으면 페미

[148] Nancy J. Hirschmann, 'Feminist Standpoint as Postmodern Strategy,' in Sandra Harding, The Feminist Standpoint Theory : Reader, *op. cit.,* p.323.

니즘이 당초 폭로하고자 하던 본질주의적이고 환언적인 가정에 빠져 들어간다고 믿기 때문이다. 그러나 입장이론은 여성들이 겪는 탄압은 진정한 것이고 언어로 표현되기 이전에 존재하는 즉각적이고 구체적인 특질이라는 점을 강하게 주장한다. 입장이론의 강점은 종전에는 여성들의 피해를 보이지 않게 하던 남성적 용어들로 정의되던 경험들을 새롭게 밝혀내는 능력에 있다고도 볼 수 있다. 여성의 경험에 관한한 가끔 담론과는 모순될 수도 있으며 어느 정도 독립적인 현실로 존재할 수 있다고 본다. 이처럼 양자 간에는 연구방법론 상의 분명한 간격이 존재함을 알 수 있다.[149]

그러면 이러한 서로의 간격을 좁힐 수 있는 길은 없을까? Hirshmann은 담론이 어떻게 여성의 경험을 물질화시키는가를 알아야할 뿐만 아니라 물질적 조건이 어떻게 담론을 구성하게 되는가도 알아야 한다고 주장한다. 이를 위해서 그는 포스트모더니즘의 담론적 논의에 '물질적 순간'(materialist moment)이라는 것을 도입할 것을 제의한다. 그것은 한편으로 입장이론이 딛고 있는 선담론적인 '구체적 현실'과 또 한편으로는 이러한 현실을 다루는 부단히 변천하는 담론적 성격을 연결해줄 수 있는 하나의 '접속 영역'(interface)으로 정의된다. 예를 들면 여성들의 성적 쾌감이 가부장적 맥락 밖에서 표출되는 유토피아적 순간이 이에 해당될 수 있다. 비록 담론에 전적으로 포함되어 있지는 않고 순간적으로 증발되어버리기는 하지만 여성들이 그들의 신체적인 성을 잠시나마 경험하는 하나의 물질적 순간이 될 수 있다. 이에 덧붙여야할 것은 여성들의 경험은 담론에서만 오는 것이 아니고 또한 담론은 모든 경험의 현실을 망라할 수는 없다는 한계가 있다. 어느 의미에서 새로운 담론은 보다 즉각적이

---

149 *Ibid.*, p.324.

고 구체적인 것으로부터 나올 수 있으며, 또한 감각적인 인간의 행동이나 실천의 결과일 수도 있다. 이런 점에서 여성의 물질적 순간을 폭넓게 다룬 Hartsock의 입장이론은 페미니즘의 이론적 논의를 둘러싼 강력하고도 응용성 있는 전략을 마련해줄 수 있다는 평가를 내린다.[150]

3. 객관성(objectivity)의 문제 : 후기실증주의(postpositivism)

주로 1980년대에 불어닥친 포스트모더니즘의 여파로 인식론적 상대주의와의 대면을 피할 수 없었고 또한 2차대전 후 줄기차게 제기 되어온 논리실증주의에 대한 비판 등이 겹치는 와중에서도 입장이론은 나름대로의 독자적인 특성을 견지하는데 어느 정도의 성공을 거두었다고 볼 수 있다. 때마침 20세기의 종반에 접어들면서 과학철학 분야에서도 실증주의적 유산을 이어받으면서도 이론적 구성의 문제를 좀 더 규범적이고 실용주의적으로 재설정하는 '후기실증주의'의 기류가 형성되기에 이르자 입장이론에도 이러한 최근의 움직임과 맞물리는 새로운 방향조정이 진행되고 있어 관심을 모으게 된다.

(1) Alison Wylie : 입장이론과 후기실증주의

입장이론이 20세기 말엽에 등장하는 후기실증주의의 내용을 보완하는 측면이 많다는 주장이 나오고 있다. A. Wylie에 의하면 후기실증주의는 실증주의적 유산을 상당 부분 유지하면서도 과학이 사회적 및 정치적 현실참여의 구조에 영향을 미치는 실천의 측면에 각별한 무게를 둔

150 *Ibid.,* pp.325-330.

다. 또한 학문적 객관성의 이상을 재설정함으로써 과학적 성공이 규범적, 실용주의적인 측면으로 파악되어야 한다는 점을 강조한다. 이러한 후기실증주의의 정의에 포함되는 학자들로서는 Joseph Rouse, Helen Longino, Philip Kitcher, Miriam Solomon 등을 꼽고 있다. Wylie는 입장이론이 이러한 후기실증주의의 내용과 공통되는 점이 많고 보완적인 측면이 있음을 지적한다.[151]

우선 입장이론은 인식론에서 후기실증주의와 공통되는 점이 있다. 초기실증주의에서는 이론의 객관성 문제가 연구주제를 둘러싼 인식 주체의 중립적이고 냉정한 접근으로 정의됨으로써 이것이 문제의 정확한 인식과 인과적 동태의 파악에 크게 도움을 줄 수 있다고 믿었다. 입장이론은 이러한 관찰자 중립성의 효과에 대해서는 극히 회의적이다. 냉정한 중립성보다는 오히려 적극적인 방향으로 정치적 현실참여적인 접근이 가져오는 인식론적 장점을 지적한다. 지금까지 고려되지 않았던 선행조건에 관한 경험적 적절성의 수준을 높일 수 있을 뿐만 아니라 가설들의 범위와 관련된 설명력을 증대시켜 줄 수 있다. 특히 비판적인 의식을 앞세우는 경우 연구주제와 관련하여 권력관계가 미치는 작용력 등을 예리하게 밝혀낼 수 있고, 지식의 형성에 미치는 사회적 조건 등을 규명해 주면서 그와 관련되는 연구자의 한계, 편파성 등을 경험적으로 평가하는 데도 도움을 줄 수 있다. 지식형성에 있어서의 현실참여의 적절성과 비판적 안목이 가져올 수 있는 인식론적 장점이 된다.[152]

---

151 Alison Wylie, 'Why Standpoint Matters,' in Sandra Harding, The Feminist Standpoint Theory, *op. cit.,* p.349; Joseph Rouse, *Engaging Science : How to Understand Its Practices Philosophically* (Ithaca, NY : Cornell Univ. Press, 1996); Helen Longino, *The Fate of Knowledge* (Princeton : Princeton Univ. Press, 2002); Philip Kitcher, *Science, Truth and Democracy* (Oxford : Oxford Univ. Press, 2001); Miriam Solomon, *Social Empiricism* (Cambridge, MA : MIT Press, 2001).

152 A. Wylie, *op. cit.,* pp.345-346.

한편 입장이론은 '분석적 틀'로서의 여러 가지 장점들이 추가된다. 첫째로 Collins의 연구에 나타나는 미국의 흑인 여성들은 '내부적 외부인'으로서 문제의 파악과 분석에 있어서의 '증거의 접근'면에서 퍽 유리하다. 이들은 억압과 냉대의 주변적 지위에서 그들의 사회적, 법적, 경제적 제도들을 둘러싼 문제와 관련하여 비교적 특권적인 위치에 있는 사람들에 의해 무시되거나 또는 고질적인 특권적 계층구조를 정당화하는 지배적인 세계관으로 말미암아 체계적으로 감추어져 있는 사회의 또 다른 일그러진 측면을 정확히 알아낼 수가 있기 때문이다. Collins는 아프리카계 미국여성들이 백인 사회의 가장 은밀한 비밀들을 알고 있는 사실에 관심을 돌려준다. 둘째로 억압된 사람들은 특권층이 갖지 못하는 억압의 역동적인 측면에 대한 파악능력에서 뛰어나며, 모든 억압의 세부적인 사항, 특권층이 관심을 두지 않는 권력의 실태가 빚어내는 예민한 작용들을 밝혀낼 수 있는 '추리적 예민성'을 가지고 있다. 셋째로 억압과 주변화는 특정한 정보나 분석적 기능면에서, 이론적 및 설명적 도구면에서 보다 나은 결과를 가져올 수 있을 뿐만 아니라, 특히 특정한 권력 관계에 관한 정통한 지식을 마련해줄 수 있다. 끝으로 주변적인 '내부적 외부인'의 입장은 그 사회의 지배적인 세계관을 구성하는 권위적인 지식으로부터 거리를 둘 수 있는 '비판적 분리'를 가능하게 만들 수 있다. Collins는 학문적인 맥락에서 흑인 여성으로서 그가 알고 있는 것과 사회학자로서 그가 배운 것과의 '불협'(dissonance)으로부터 사회학적 지식의 편파성에 눈을 뜨게 되었다는 것을 밝히고 있다. 입장이론은 학문의 연구영역과 관련하여 대부분의 조사연구자들이 인지 못하는 분석적 틀의 기본전제들에 관한 문제점에 눈을 뜨게 만들 수 있고, 현존하는 해석이나 설명적 가설에 작용하는 '검토되지 않은 요인들'에 주의를 돌려줌으로써 새로운 연구 과제를 마련해줄 수 있다는 것이다. 지식의 '객관성'은 연구에 실제로 종사하는 사람들의 '자리매김된 비중립성'(situated non-neutrality)을 통하여 실질적으로 향상될 수 있다는 결론이 된다.[153]

(2) Sandra Harding : **실증주의 유산의 재구성**

S. Harding은 19세기 중엽에서 20세기 초반에 걸쳐 자리 잡은 실증주의가 ① 과학적 지식에 대한 높은 가치부여, ② 과학적 지식 확보를 위한 좋은 방법, ③ 사회발전에 필수적인 공헌 등으로 쌓은 각별한 '실증주의적 유산'을 높이 평가하고 입장이론도 이 소중한 유산을 바탕으로 새로운 방향을 모색할 것을 제의한다.

우선 그는 입장이론의 초기 이론가들(Smith, Hartsock, Rose, Collins 등)이 한결같이 여성들의 일상적 경험(가사, 직장, 공공 생활, 지역공동체 활동 등)과 물질적 및 신체적 조건에서 출발하여 남성지배의 사회·정치적 질서에서 오는 억압과 주변화를 밝혀냄으로써 그 이론적 맥락이 실증주의의 탄탄한 기초 위에 다져진 점을 지적한다. 또한 이러한 억압적이고 불합리한 질서에 대한 저항과 정치적 투쟁을 지향하는 실천적 측면이 이론적 구성에 아울러 함축됨을 덧붙인다. 그리고 실제적인 분석과 설명적 틀의 설정 등에 있어서는 가급적 조사연구의 중립성을 비롯하여 자율적이고 합리적인 개인으로 이루어지는 이상적 인식주체, 자연과 사회관계에 대한 완전하고도 통합적인 설명의 가능성 등 실증주의의 기본 전제가 일관되게 반영되어온 점을 강조하고 있다. 이들은 입장이론이 실증주의적 유산의 중심 주제를 현대사회의 변환적인 맥락에서 보존하고 심지어 강화시켰다고 본다.[154]

---

[153] *Ibid.,* pp.347-348.

한편 입장이론이 초기실증주의적 교의(敎義)와는 다소 차별화되어 온 점도 지적된다. 입장이론은 여성의 억압적이고 주변화된 경험적 측면에 초점을 맞추면서 억눌린 집단들의 정치적 투쟁을 긍정적으로 받아들였는가 하면 비중립적 인식론이 오히려 착취당하는 집단에 힘을 실어주는 실천적 효과가 있음을 중요시한다. 어떤 면에서 이러한 점들은 초기실증주의가 내건 과학적 지식의 습득에서는 냉정한 중립성이 요구된다는 기본 가정에서는 다소 벗어나는 것이었지만 입장이론은 과학이 사회발전에 기여해야 한다는 실증주의의 당초의 명분에 충실하여 온 점을 재확인한다. 뿐만 아니라 입장이론의 실천적 측면은 20세기의 '사회정의운동'(social justice movements)에 힘을 실어 주는 역할을 한 것이 분명하며, 네오 나치(Neo-Nazis)나 미국 애국동맹(American Patriots), 종교적, 인종적, 토지 근본주의 등의 반민주세력의 투쟁 명분보다는 진정한 민주주의를 창달시키는 방향으로 발전될 가능성을 내다보고 있다.[155]

그러면 입장이론의 실증주의적 재구성은 어떠한 방향이 되어야 할까? 첫째로 페미니스트나 기타 사회정의 운동에 있어서는 자연과 사회관계에 관한 보다 정확한 과학의 필요성이 역설된다. 사회정의 운동은 경제적, 정치적, 사회적, 종교적, 문화적 특성을 복합적으로 반영하고 있는 만큼 이에 대한 과학적 지식은 그러한 혼합적 대상과 실천을 다룰 수 있는 적절한 방법과 개념이 절실해진다. 그야말로 과학적 실천을 비판적으로 성찰하는 '과학의 과학들'의 성격을 띠어야 하며 여러 영역을 묶는 포괄적인 모습을 띠어야할 뿐만 아니라, 자기비판적인 인식론적 과

154 Sandra Harding, 'Negotiating with the Positivist Legacy : New Social Justice Movements and a Standpoint Politics of Method,' in George Steinmetz (ed.), *The Politics of Methods in the Human Sciences* (Durham/London : Duke Univ. Press, 2005), pp.346-357.

155 *Ibid.,* pp.357-359.

제와 더불어 사회과학과 자연과학(환경 의료 등)을 한데 묶는 종합적 이론적 구성이 필요하다. 근대 서구과학뿐만 아니라 다른 문화권의 경험적 지식체계도 존중하는 여유도 종용된다. 둘째로 초기실증주의에서는 과학이 '발견의 맥락'보다는 '정당화의 맥락'에 치중되어야 한다고 주장되었으나 이제는 전자(前者)에도 관심을 돌려 조사연구의 초기단계에도 역점을 두고 특히 비판적 사회이론에 관심을 둘 것을 주문한다. 셋째로 억압된 사람들은 입장이론이 제공해줄 수 있는 정확한 과학적 지식에 근거한 전략에 의해서만 그들의 생활을 개선시킬 수 있기 때문에 정보사회가 제공할 수 있는 풍부한 과학적 지식이 그 밑거름이 될 수 있다. 억압된 집단에게 이러한 비판적 개념적 자원을 마련해줄 수 있는 길이 열려 있어야 한다. 끝으로 Harding은 사회적 정의를 추구하는 세계의 모든 집단들이 '친민주주의 방향'으로 그들의 목적을 달성할 수 있도록 개념적 틀과 정당성의 자원을 부여할 수 있는 그야말로 '튼튼한 후기구조주의'가 될 것을 제의한다.[156]

[156] *Ibid.*, pp.36-361.

제5장 신실용주의

실용주의는 19세기 말에서 20세기 초에 미국에서 태동한 철학으로서 개념들의 의미는 그 실제적인 결실에서 찾아야 하고 사고의 기능은 행동을 지도하는데 있으며 진리는 믿음의 실제적인 결과에 의해 시험되어야 한다는 입장으로서 주로 C. S. Peirce, William James, John Dewey 등에 의해 정립되었다(Webster 사전의 정의). 과학을 포함하는 모든 지식의 의미와 그 진리성은 궁극적으로 그 실제적인 결과에 의해 좌우된다는 것이 그 기본 교의가 된다.

비록 실용주의는 미국 대학의 철학과에서는 1930년대까지는 비교적 지배적인 위치를 점하고 있었으나 그 후 나치(Nazis)의 등장과 2차 세계대전으로 유럽으로부터 미국으로 피난해 온 '논리실증주의' 신봉 학자들의 막강한 영향력으로 말미암아 실용주의는 거의 명맥을 찾기 힘들 정도로 세가 약화되었다. 그러나 약 반세기가 지난 1970년대에 들어서자 많은 철학자들이 실용주의 철학의 재발견에 참여하게 되면서 과학철학과 사회과학의 방법론에서도 새로운 바람을 일으키게 된다. 이른바 실용주의의 두 번째 물결을 대표하는 학자들(Donald Davidson, Hillary Putnam, Clarence I. Lewis, Richard Rorty 등)은 당시까지 과학적 지식의 근간을 이루던 논리실증주의를 비판하고 과학적 탐구가 실제적인 결과에 치중하는 실용성에 새로운 가치를 부여하는 방향전환을 모색하게 되면서 사회과학의 방법론에도 새로운 논리와 혁신적인 사고의 확산을 가능하게 만들었다고 볼 수 있다. 그리고 주로 '신실용주의자'로도 불리는 이들 철학자들 중에서도 유독 R. Rorty는 가장 두드러진 역할을 인정받고 있으며 그의 탁월한 분석적 논법과 수사능력을 통하여 실용주의의 현대적 재구성에 괄목할 만한 족적을 남긴 것으로 되어 있다.

실용주의의 발전에 있어서도 그 내용면에서 다양한 분파가 있기 마련이고 또한 현대사회의 부단한 변환에 따른 실제적 대응과 관련된 지식의 특성상 그 논리와 주장에 있어서 다양한 갈래가 불가피할 수 있다. 그러나 이러한 분파성과 다양성에도 불구하고 사회과학의 연구방법론과 관련해서는 어느 정도 공통되는 점이 부각될 수가 있다. 특히 Rorty는 이러한 공통점을 사회과학의 철학적 기초와 관련시켜 주는데 결정적인 역할을 하였다고 볼 수 있다. 그의 반표상주의, 반기초주의, 인식론적 행동주의 등의 창의적이고 생동감 있는 주제들은 실용주의를 사회과학의 방법론에 접목시킬 수 있는 매우 값진 교량적 역할을 담당하고도 남음이 있다는 평가가 가능해진다. 여기서는 우선 Peirce, James, Dewey 등으로 대표되는 '고전적 실용주의'(classical pragmatism)의 내용을 간단히 요약해 본 다음 '신실용주의'를 대표하는 Rorty의 철학사상을 살펴보고 그 기초 위에서 '사회과학의 실용주의 철학'을 정리해보고자 한다. 그리고 이와 관련되는 최근의 연구사례들을 몇 가지 제시해보기로 한다.

1. 실용주의: 현대적 구성

실용주의의 현대적 구성을 '고전적 실용주의'와 '신실용주의'로 나누어 그 내용을 간략하게 검토해볼 수 있다. 신실용주의에서는 사회과학의 연구방법과 관련하여 각별한 관심을 모으고 있는 R. Rorty의 견해를 간단히 정리해보기로 한다.

(1) **고전적 실용주의**(C. S. Peirce, William James, John Dewey)

첫째로 우리들의 사고와 행동의 '결과'를 중시하는 실용주의의 준칙이 있다. Peirce에 의하면 '우리들의 개념의 대상이 어떤 가능한 실질적인 방향을 가진 결과를 갖게 되리라고 우리가 생각하고 있는지 고려해보라'는 준칙을 제시한다.[157] 이 준칙은 개념이나 가설의 내용을 정관하게 밝혀내는 하나의 독특한 규칙이자 방법이 된다. 즉 우리들이 만들어내는 가설은 그 실제적인 결과를 파악함으로써 내용이 명료해진다는 주장이다.

둘째로 지식의 진리가 무엇이냐 하는 문제가 있다. 우리가 만들어내고 갖게 되는 지식들이 참인가 아닌가 하는 문제는 연구방법론에 있어서 가장 비중 있게 다루어지는 문제이기도 하다. W. James는 무엇보다도 추상적인 사변보다는 행동에 무게를 두고 '진리는 좋은 것의 한 종류이다'라고 정의한다. 그리고 좋다는 의미는 또한 몇 가지로 나누어지는데, 예를 들면 우리가 사고하는데 편리한 경우, 우리들 경험의 다른 부분과 만족스러운 관계를 맺게 해주는 경우, 우리들을 번성하게 만들어주고, 만족스럽고 안전하게 일들을 맺어주고, 노동을 절약시켜주는 등 우리들을 수단적으로 참되게 하는 것으로 정의된다.[158] 진리의 개념이 다양한

[157] C. S. Peirce, *The Essential Peirce,* Vol. 1 (Bloomington : Indiana Univ. Press, 1992-1999), p.132.

[158] William James, *Pragmatism : A New Name for Some Old Ways of Thinking* (Cambridge, MA : Harvard Univ. Press, 1907), p.34, p.42, p.106.

상황 하에서 어떤 특수한 목적을 위해서 이루어지는 편의함과 만족스러움이라는 실제적인 결과를 함축하고 있다. 이 점 자연이나 사회에 독립적으로 존재하는 현실이라든가 또는 그러한 현실을 만들어내는 저변구조를 찾아내는 것이 진리가 된다는 실재론의 시각과는 극히 대조적인 진리관이 된다.

셋째로 탐구의 본질에 관한 것이 있다. Peirce나 Dewey는 사고의 유일한 기능은 문제해결을 위한 행동과 직접 연결된다는 믿음을 만들어내는데 있다는 기본입장을 견지한다. Dewey에 의하면 탐구란 의심스럽고 불안정하고 문제가 되는 '불확정적'인 상황이 문제해결을 통해서 확정적인 상황으로 바뀌는 과정으로 정의된다.[159] 우리들은 우선 어떤 문제에 직면하게 되며, 첫 번째 과제는 문제의 여러 요소들과 그 관계들을 기술하게 되는데, 이때 어떤 해법이 요구되는 문제를 발견하는 것 자체가 이미 발전을 의미한다. 그리고 그 과정에서 사용되는 논리적 형식은 이상적인 수단, 또는 도구로써 상황을 변환시키고 당초에 제기된 문제를 해결해 준다는 것이다. 해결을 위한 도구의 의미가 강조된다고 해서 Dewey의 견해를 '도구주의'로도 부른다. 비단 사회적 탐구뿐만 아니라 때로는 도덕적인 성격을 가지는 문제라 할지라도 이러한 탐구의 과정은 똑같이 적용된다. 미심쩍은 불확정적인 상황을 해결하는데 필요한 것은 '행동의 옳은 행로, 올바르게 좋은 것을 찾는 것'이 된다. 어떤 면에서 '최후 목표로서의' 완성이 아니라, 완성되고 성숙되고 세련되는 꾸준한 과정이 삶의 목표이고 성장 자체만이 유일한 도덕적 목표가 된다.[160]

넷째로 고전적 실용주의에서는 과학이론이 세계를 정확히 표상할 수

---

[159] John Dewey, *Logic : The Theory of Inquiry* (New York : Henry Holt & Company, 1938), pp.104-105.

[160] John Dewey, *Reconstruction in Philosophy* (New York : Henry Holt & Company, 1920), p.177.

있다는 전제를 받아들이지 않는다. Dewey는 지식이 우리가 당면하는 바깥 세계의 내부적인 본질을 매우 정확히 표상할 수 있다고 생각하는 전통적인 이른바 '지식의 방관자적 이론'(spectator theory of knowledge)에 대해서 극히 부정적이다.[161] 오히려 지식 습득은 생활의 요구들을 다루어 나가기 위한 적극적인 과정임이 강조된다. 구경꾼과 같은 수동적인 방관자의 입장이 아니라 문제해결을 위한 하나의 도구로써 지식 습득이 정당화되며 매우 적극적인 과정이며 행동의 차원이 된다. James 도 과학 이론이 명료성이나, 아름다움, 단순화와 같은 기준에서 수용되거나 또한 현실의 단순한 복사로서 그 타당성이 인정되기보다는 이론이 어떤 특정한 관점에서의 유용성(usefulness) 면에서 받아들여질 것을 주문한다. 과학적 이론은 하나의 수단으로 이해되어야 하며, 그것은 하나의 목적을 달성하기 위하여, 또한 우리들의 행동을 용이하게 만들고 이해를 증진시키기 위하여 고안되었다는 것이다.[162] 결국 James나 Dewey에 따르면 과학과 관련되는 개념들이나 이론들은 수단이자 가공물로서 그것이 의도하는 목적을 얼마나 잘 달성했는가에 따라 판단되어야 한다. 그리고 이론이나 개념의 내용은 우리들이 그것을 가지고 무엇을 하느냐에 의해 결정되어야 한다는 것이다.

(2) 신실용주의(新實用主義, neo-pragmatism): Richard Rorty

신실용주의가 모습을 드러내던 1970년대는 논리실증주의의 지배적 추세에 도전하는 비판적 실재론이 과학철학 분야에서 상당한 관심을 끌기 시작하였고 또 한편으로는 후기구조주의나 포스트모더니즘과 같은

---

[161] John Dewey, *The Quest for Certainty : A Study of the Relationship between Knowledge and Action* (London : Allen & Unwin, 1930), p.233ff.

[162] W. James, *op. cit.,* p.33.

상대주의적 인식론도 가세하게 되는 매우 격동적인 시기였다. 이러한 사회-문화적 환경 속에서 실용주의를 새롭게 단장하게 되는 신실용주의의 내용을 그 지배적인 논리를 대표하는 Richard Rorty의 견해로 간략히 정리해보고자 한다.

① 반표상주의(anti-representationalism)와 반본질주의(anti-essentialism)

Rorty는 우선 근대를 상징하는 전통철학을 '표상주의'로 못박는다. 표상주의는 인간의 마음이나 언어가 현실의 표상을 담고 있는 것으로 생각하는 것이다. 즉 철학의 기본 과제는 현실을 정확하게 표상하거나 사물로서 파악하는 것이라는 입장이다.[163] 일찍이 그는 Locke, Decartes, Kant, neo-Kantians로 대표되는 전통철학이 인간의 '마음'을 하나의 거대한 거울로 보고 이것이 현실의 정확한 표상을 가능하게 만들 수 있다고 믿었으며 지식은 또한 그러한 표상의 결과로 받아들였음을 지적한다. 그리고 이러한 표상주의와는 대조적으로 유심론(唯心論)과는 전혀 관련이 없는 새로운 표상이론을 제시한 Wittgenstein, 그리고 과학, 인식론, 데카르트적 확실성 추구 등과는 전혀 관련이 없는 새로운 철학적 범주를 구성한 Heidegger, 또한 Hegel의 역사관을 자연화된 풀이로 재구성한 Dewey 등의 학자들이 '반표상주의'를 대표할 수 있다고 본다.[164] 마음이나 언어에 선행하여 절대적으로 존재하는 엄연한 현실이 있으며 언어의 구실은 이러한 현실을 마치 거울처럼 충실하게 반영할 수 있다는 표상주의는 '특권화된 표상'을 가져오게 될 것을 비판한다. 즉 어떤 종류의 표상, 특정

---

163 Richard Rorty, *Philosophical Papers, Vol. 1 : Objectivity, Relativism, and Truth* (Cambridge : Cambridge Univ. Press, 1991), p.2.

164 R. Rorty, *Philosophy and the Mirror of Nature* (Princeton, New Jersey : Princeton Univ. Press, 1979), pp.3-12; Rorty, Philosophical Papers, Vol. 1, *op. cit.,* pp.2-4.

한 표현, 특정한 과정들이 보다 기본적이고, 특권화되고, 기초적인 것이라는 생각으로 이어진다는 점을 지적한다.[165] 즉 어떤 부분에 가치를 부여하고 우선시하는 획일적인 독단론에 빠질 위험이 있다는 것이다.

한편 Rorty는 전통 철학을 '본질주의'로도 단정하면서 실용주의는 '반본질주의'임을 주장한다. 그는 James가 진리란 깊은 의미를 가진 것도 아니고 어떤 본질을 가진 것도 아니라는 견해를 인용한다. '이것은 물이다', '그것은 빨갛다', '그것은 추하다', '그것은 비도덕적이다' 등의 문장들은 왜 진리가 믿기에 좋은 것이냐 하는 점에서 우리들에게 전혀 도움을 주지 않는다. 현실과의 상응에 입각하여 어떤 본질을 주장하는 사람들은 다만 그러한 본질을 근거로 그들이 허위라고 생각하는 견해들을 비판하면서 보다 많은 진리를 발견할 수 있다고 주장할 수는 있다. 그러나 James는 이러한 희망들이 무모한 일이 될 것을 단정한다. 본질이란 것은 존재하지 않으며 탐구의 과정을 지시하고 비판하고 보증해줄 대대적인 인식론적 방편이란 존재하지 않는다. 실용주의자들에게는 진리에 관하여 무언가 유용한 이야기를 하려면 오히려 이론보다는 실천, 심사보다는 행동을 앞세우는 용어가 되어야 한다. 진리의 기준은 동형구조(isomorphism), 상징주의, 짝짓기 등의 은유가 아니라 유용성, 편의성, 우리가 원하는 것을 얻을 가능성 등으로 바뀌어야 한다는 것이다.[166]

② 사실과 가치, 도덕과 과학의 차이

Rorty는 당위성에 관한 진리와 사실에 관한 진리 사이에 인식론적 차이는 없고, 사실과 가치 사이에도 형이상학적 차이가 없으며, 도덕과 과

165 R. Rorty, Philosophy and the Mirror, *op. cit.,* p.170, pp.318-319.

166 R. Rorty, *Consequences of Pragmatism : Essays - 1972-1980* (Brighton, Sussex : The Harvester Press, 1982), pp.162-163.

학 사이에도 방법론적 차이가 없다고 주장한다.[167]

실용주의자들의 경우 모든 탐구는, 그것이 과학적이든 도덕적이든, 다양한 구체적인 대안에 대한 상대적인 매력을 둘러싼 심의의 과정이 된다. 따라서 과학이나 철학에 있어서 여러 사색과 관련되는 대안들의 심의 대신 '방법'을 도입하고자 하는 것은 희망적 해석에 그쳐버린다고 본다. 예를 들면 도덕적인 현인이 그의 딜레마를 해결하기 위하여 '선의 아이디어'(Idea of the Good)에 관한 기억을 더듬는다든가 도덕적 율법의 적절한 조항을 뒤적거리는 것과 다를 바 없다. 인식론 중심의 철학의 맹점으로서는 심의나 대화의 필요성보다는 중요한 사안에 대하여 '시각적 지각'에 매달리는 경향이 문제가 된다. 즉 어떤 대상을 대할 때 이미 프로그램된 방식으로 대응하는 경우가 된다. '공양이가 멍석 위에 있다'는 언명은 대상의 시각적 파악에 전혀 문제가 없지만 '사랑은 증오보다 낫다'고 하면 이러한 언명에 부합하는 대상물을 발견하기 힘들 때의 좌절감은 인식론 위주의 철학의 한계를 나타내기 알맞은 경우가 된다. 전통철학의 가장 큰 오류는 시각, 상응, 짝짓기, 그리고 표상 등이 조그마한 일상적인 주장을 떠나 크고 논쟁을 불러일으킬 수 있는 사안에까지 적용될 수 있다고 믿는 데 있다. Rorty에 의하면 실용주의자가 진리는 정확한 표상이라는 생각을 공격할 때, 그는 이성과 욕망, 이성과 욕구, 이성과 의지 사이의 전통적인 구분들을 공격하는 것으로 된다.[168]

③ 인식론적 행동주의와 대화

실용주의에서는 인식론보다는 해석학에 무게를 두는 방향전환이 이

---

167 *Ibid.,* p.163.

168 *Ibid.,* p.164.

루어진다. 그리고 지식의 습득과 그 역할, 그리고 진리성의 논의에 있어서는 '대화'를 강조한다. Rorty에 의하면 지식이란 표상의 정확성보다는 우리들의 믿음에 관한 사회적 정당화의 문제로 이해되어야 한다. 또한 지식은 자연을 보는 거울이라고 보기보다는 대화와 사회적 실천의 문제로 보아야 한다.[169] 그리고 합리성과 인식적 권위를 설명하는데 있어서 사회가 우리들로 하여금 말할 수 있게 하는 것으로 파악하는 입장을 그는 '인식론적 행동주의'로 부르고 있다. 즉 어떤 의미 있는 주장이 객체가 표현하는 내면적 표상에 근거하기보다는 사회에 의해 정당화되는 경우가 되며 마치 우리들이 언어게임의 규칙을 이해하는 경우에 비유될 수 있다고 보는 것이다.[170]

Rorty는 우리들의 탐구에 있어서 유일한 구속은 대화뿐이라고 주장한다. 객체, 마음, 언어 등의 속성에서 유래되는 도매금식의 구속이란 있을 수 없고 다만 공동으로 함께 연구하는 사람들의 의견이나 비판에서 오는 소매금식의 구속만이 있을 수 있다는 것이다. 실용주의자들은 우리가 선명한 정신적 눈이나 철저한 방법, 또는 명료한 언어를 가지게 되면 언제든지 객체들이 우리들을 구속할 수 있다는 생각 자체가 헛된 희망이라는 것을 일깨워줄 수 있다. 하나님이나 진화, 우리의 현재 세계관의 보증인이, 우리들을 정확한 언어적 묘사의 기계로 프로그램했다는 생각을 버리기를 실용주의자들은 원하고 있다는 것이다.[171]

대화는 연구자들의 대화를 말하며 이들의 대화를 통한 합의가 지식의 객관성을 좌우한다는 논리가 된다. 객관적이라든가 인지적이라든가 하는 경칭(honorifics)을 적용하는 것은 따지고 보면 연구자들 사이의 합의

[169] Rorty, Philosophy and the Mirror, *op. cit.*, pp.170-171.
[170] *Ibid.,* p.174.
[171] Rorty, Consequences of Pragmatism, *op. cit.,* p.165.

가 이루어지거나 또는 그에 대한 희망의 표현에 불과하다는 것이다.[172] Rorty는 지식의 형성과 관련되는 탐구의 문제에 있어서는 특히 공동체적인 성격을 강조하고 있는데, 우리들의 사회, 정치적 전통, 지적 유산 등의 공동체와의 일체감을 통하여 어둠에 대항하여 인류끼리 서로 뭉치는 충성심 같은 것을 중시한다. 그리고 이러한 공동체적 일체감은 자연의 것이라기보다는 우리들의 것이며 발견되는 것이 아니라 만들어지는 것으로 본다.[173] 또한 이러한 공동체적인 성격은 연구자들의 대화를 촉진할 뿐만 아니라 민주적 가치를 창달하는데도 기여할 것을 기대하며 실용주의자들에게 있어서는 민주주의가 철학에 우선한다는 견해로 이어진다.[174]

④ 마르크스주의와 좌파 사상

Rorty는 마르크스주의를 비롯하여 20세기 좌파사상에 대하여 매우 비판적이다. 우선 Marx의 사회이론과 관련해서는 그가 자본주의에 대한 비판적 분석을 통하여 근세의 혁명적인 사회-정치적인 운동에 끼친 영향력을 인정하면서도 Rorty는 몇 가지 근거로 계속적인 의문점을 제기한다. 첫째로 Marx가 19세기의 세계정신의 개념에 지나치게 몰입되어 사회적 진화의 철칙과 함께 역사적 유형에 관한 지식이 인류로 하여금 미래를 개척할 수 있게 만들 수 있다는 유사종교적인 믿음을 파급시킨데 대하여 극히 비판적이다. 과거가 보다 나은 미래의 열쇠가 된다든가

172 Rorty, Philosophy and the Mirror, *op. cit.,* p.335.

173 Rorty, Consequences of Pragmatism, *op. cit.*, p.166.

174 Rorty는 John Rawls의 정의론에 대한 공동체주의자들의 비판에 대응하여 Rawls의 반사적 균형개념을 옹호한다. 우리들에게 선행되고 이미 주어진 질서로 파악되는 플라톤의 진리관은 민주주의 정치에 전혀 적절치 않으며, 그러한 진리관과 민주정치가 갈등관계에 접어들게 되면 민주주의가 철학에 우선한다고 주장한다. R. Rorty, Objectivity, Relativism, and Truth, *op. cit,* pp.191-192.

역사의 법칙이 과거에서처럼 미래에도 그대로 적용될 것이라는 믿음에 회의감을 가진다. 이른바 종말론적인 역사관에 대한 반론이기도 하다. 둘째로 Marx의 이론과 관련되는 검증의 문제가 된다. 즉 이론이 경험적인 측면에서 전혀 다른 실제적인 결과를 가져왔으며 여러 가지 형태의 '불쾌한 체제'(不快한 體制, unpleasant regimes)를 만들어낸 점을 지적한다. 이러한 전체주의 국가들의 출현은 단순한 역사적 탈선으로 다룰 것이 아니라 이론 자체에 문제가 있고 포기해야할 충분한 이유가 된다는 것이다.[175]

그러면 20세기의 '좌파 사상'은 어떠한가? 그는 미국의 좌파를 '개혁주의 좌파'(Reformist Left)와 '신좌파'로 나누고, 전자에는 J. Dewey와 같은 계몽된 자유주의자들이 속하고 후자에는 C. Wright Mills, Christopher Lasch 등이 속하는 것으로 분류한다.[176] Dewey 등의 자유주의자들은 관용을 중시하고 자유주의와 민주적 가치를 창달시키는데 기여했으나, 신좌파는 마르크스주의와 교조주의에 치우쳤으며 미국의 선대들이 이룩해 놓은 풍부한 정치적 및 지적 유산을 외면했음을 지적한다.[177] 신좌파는 비록 월남전 반대와 같은 어느 정도의 공헌은 인정되지만 그 후로 '문화적 좌파'(Cultural Left)로 그 모습이 바뀌면서 여러 가지 문제들을 만들어낸다고 보고 있다. 문화적 좌파는 문학과 대학의 문화연구 분야 등에 스며든 마르크스 이론과 후기구조주의(poststructuralism) 및 포스트모더니즘(postmodernism) 등이 뒤섞인 이상한 형태로서 특히 J. Derrida와 M. Foudault, J. Lyotard와 같은 프랑스 이론가들의 저술에 심취되어 있는 부

---

175 R. Rorty, *Philosophical Papers, Vol. 3: Truth and Progress* (Cambridge : Cambridge Univ. Press, 1998), pp.228-246; R, Rorty, *Philosophy and Social Hope* (Harmondsworth : Penguine, 1999), pp.201-209.

176 R. Rorty, *Achieving Our Country* (Cambridge, Mass. : Harvard Univ. Press, 1998), pp.1-72.

177 R. Rorty, Philosophical Papers, Vol. 1, *op. cit.,* pp.76-77.

류들이 된다. 이들은 비록 현대사회의 여러 병폐에 관한 통찰력 있는 주장을 펴고 있지만 그 대안의 제시에는 극히 미흡하며 실제로는 정치적인 진동의 차원에 머문다. 사회적 · 정치적 의의가 전혀 없는 '자아 지시적 담론'(self-referential discourse)을 구사하며 그들의 연구는 매우 추상적이며 정치적 비전도 희망도 없는 내용으로 받아들인다.[178]

Rorty는 이념적인 성향에서 개혁주의를 지향하는 자유주의자로 부각되기를 원한다. 어떤 심층적이고 체계화된 불의와 착취의 원인들을 찾아내어 일거에 그것을 고치려고 드는 과격주의(過激主義)에 극히 회의적이며, 오히려 경제적 정의와 시민들의 자유를 증진시킬 수 있는 점진적인 개혁을 신봉한다. 그리고 지식인들의 과제는 사회정의에 관한 한 이론의 정교성을 꾀하기보다는 남들의 고통에 민감하고 남들과의 일체감을 두텁게 하며 도덕적으로도 그들을 똑같이 생각할 수 있는 능력을 확대하는 일이 될 것을 기대한다.[179]

2. 사회과학과 신실용주의

실용주의는 미국적 토양에서 J. Dewey에서처럼 교육 분야의 철학적 과제로서 또는 M. Mead처럼 사회학의 인간의 상호작용 차원의 이론적 구성으로 정착되었기 때문에 사회과학과의 인연은 그리 깊지 않다. 신실용주의를 대표하는 R. Rorty나 R. Bernstein 등도 지식에 관한 철학적 논

178 R. Rorty, Achieving Our Country, *op. cit.,* pp.75-107.

179 R. Rorty, *Philosophical Papers, Vol. 2 : Essays on Heidegger and Others* (Cambridge : Cambridge Univ. Press, 1995), Part III; R. Rorty, *Contingency, Irony, and Solidarity* (Cambridge : Cambridge Univ. Press, 1989), Part III.

의에 초점이 모아져서 사회과학의 연구와 관련되는 구체적인 언급들은 미미한 상태이다. 뿐만 아니라 사회과학의 경우 아직도 실증주의와 그 연결선상에 있는 비판적 실재론 등이 관심을 모으는 상황이어서 실용주의의 방법론적 대안은 불모의 형세를 면치 못하고 있다. 그러나 신실용주의 등에서 제시된 몇 가지 주제들을 중심으로 새로운 방법론적 대안들에 관한 논의들을 살펴보기로 한다.

(1) **사회과학 방법론: 기본방향**

전통 철학을 본질주의로 단정하고 '반본질주의'(anti-essentialism)를 들고 나온 신실용주의(R. Rorty)의 입장에 서게 되면 탐구의 과정에 있어서 진리의 기준은 유용성이나 편의성이 된다. 이미 위에서 살펴보았듯이 참된 탐구는 깊은 의미를 가지는 것도 아니고 어떤 본질을 찾아내는 것도 아니며 우리가 원하는 것을 얻을 가능성으로 압축될 수 있다.

Rorty는 좀 더 구체적으로 '반본질주의자'(anti-essentialist)가 취할 방법론상의 기본방향을 제시하고 있어 관심을 모으게 된다. 즉 탐구의 과정은 생명체의 경우 새로운 자극에 대한 매우 복잡한 적응에서 오는 실제적인 결과에 비유된다. 마치 아메바가 물 속 바닥의 온도변화에 적응하고 벌들이 춤추고 장기 두는 사람이 중간에서 상대방을 격파하듯이, 또한 사람들이 과학적, 예술적 또는 정치적 혁명을 정상의 수준에서 부추기듯이 여러 가지 계층에서 다양한 목적을 달성하기 위한 적응의 과정으로 풀이된다.[180] J. Dewey의 실용주의와 C. Darwin의 자연주의가 결합된 적응과 실용의 논리로 받아들여질 수 있으며, 탐구란 어떤 목적을 달성하기 위한 수단과 관련되는 단어들의 특성으로 파악된다. 즉 이러한 적응

[180] R. Rorty, Philosophical Papers, Vol. 1, *op. cit.*, p.109.

의 과정을 다루는 단어들이란 우리가 원하는 것을 얻도록 해 주는 능력면에서 도구로써 평가될 수 있다는 것이다. 망치, 톱, 가위 중 어느 것이 좋으냐의 문제는 일반적인 수준에서의 평가보다는 각기 주어진 목적과 관련되는 유용성면에서 해답이 가능해지는 것과 마찬가지이다. 우리의 목적에 실질적인 내용을 결부시켜 주는 것이 중요한 일이 된다.

결국 이러한 적응을 위한 유용성의 기준이 설정되면 과학의 방법론과 관련되는 논쟁도 새롭게 조명될 수 있다. 흔히 자연과학과 사회과학의 방법론 중 어느 것이 좋으냐가 계속적인 논쟁이 되고 있지만 Rorty는 자연과학은 예측과 제어의 목적을 위해 적절하고 사회과학은 이보다는 인간을 도덕적인 존재로 다루는 목적을 위해 적절할 수 있다는 점을 지적한다.[181]

지식이란 특정한 목적을 이루어내기 위한 도구로서 파악된다면 '특정한 목적'의 의미를 둘러싼 논의가 뒤따르지 않을 수 없게 된다. 예를 들면 어떤 탐구가 어떠한 목적에 기여해야 하는가 하는 문제가 된다. 이렇게 되면 철학적 논쟁을 방법론적-존재론적 열쇠로부터 윤리적-정치적 열쇠로 바꾸어 놓게 된다. 이제는 인간성이나 현실이 우리들로 하여금 어떤 목적을 가지게 하는가의 문제보다는 어떤 목적들이 달성되어야 가치가 있는가, 어떤 목적들이 다른 목적들보다 값진 것이냐의 토론이 중요하게 된다. 반본질주의(反本質主義)의 입장에서는 그 어떤 것이 다른 것보다 본질적으로 인간적이라고 할 수 없기 때문에 모든 가능한 목적들이 똑 같은 자격으로 서로 경합할 수 있다는 입장이 된다. 그러나 '윤리적-정치적' 각도에서는 다음과 같은 이야기는 할 수 있다는 단서가 붙는다. 즉 자유로운 사회의 조예 깊고 관용적이며 담화적인 주민들에게 특

181 R. Rorty, Consequences of Pragmatism, *op. cit.*, pp.190-197.

징적인 것은 가능한 한 이와 관련되는 많은 새로운 맥락을 꿈꾸는 욕망이 충만할 수 있다는 것이다. 여기서 새로운 맥락이란 새로운 설명이론, 새로운 비교, 새로운 기술적 단어, 새로운 개인적 또는 정치적 목적 등이 지칭되고 있다. 그리고 이러한 새로운 맥락들은 우리들의 추리와 상상의 능력을 풍부하게 해줄 수 있다. 즉 환경에서 오는 새로운 자극에 대응하여 우리들의 적응을 매우 다형적(多形的, polymorphous)인 것으로 만들 수 있다는 것이다.[182] Rorty를 포함하는 신실용주의의 입장에서는 이러한 목적론적 평가에 관한 한 자유사회라든가 민주주의와 같은 윤리적-정치적 선호의 선별이 지속적으로 반영되고 있음을 눈여겨볼 수 있다.

(2) 과학적 탐구의 행동적 측면

실용주의는 외부적 현실에 대한 정확한 표상보다는 그러한 현실을 파악하고 대처하는 좀 더 적극적인 '행동'을 제의한다. 표상에만 관심을 두는 방관자적인 입장이 아니라 특정한 목적을 달성하고자 하는 보다 적극적인 행동의 측면을 강조한다. 이러한 행동성이 사회과학과 관련되는 논의들을 정리해볼 수 있다.

우선 정확한 표상을 추구하는 전통철학의 표상주의는 사회과학의 경우 실재론에 적절히 반영되어 이어진다. 주로 Roy Bhaskar, Andrew Collier 등으로 대표되는 비판적 실재론이나 Anthony Giddens의 구조화이론 등은 사회조사의 목적이 사회적 현실을 가급적 정확히 그리고 완벽하게 기술하고 설명하는데 있다고 전제한다. 이미 위에서 비판적 실재론의 논의에서 살펴보았듯이 그러한 현실을 만들어내는 심층구조를 찾아낼 수 있다고 믿는다는 점에서 Rorty가 비판하고 있는 표상주의의 연

---

182 R. Rorty, Philosophical Papers, Vol.1, *op. cit.*, p.94, p.110.

결선상에 자리매김될 수 있다. 인식주체로부터 독립된 객관적 현실이 존재하고 또한 이러한 현실과 맺어지는 독립적인 개인과의 상호작용이 지속적으로 이루어진다는 존재론적인 전제를 분명히 하고 있다는 점에서 전형적인 표상주의가 된다. 그런데 이러한 비판적 실재론은 표상의 측면뿐만 아니라 지식의 특성과 관련하여 J. Dewey의 이른바 '방관자적 이론'의 성격을 띤다는 점이 더욱 문제될 수 있다. 마치 구경꾼처럼 사회적 현실의 묘사나 설명에만 관심을 둘 뿐 왜 사람들이 그들의 주위를 조사하고자 하는가 하는 다른 이유들에 대해서는 관심을 두지 않는다. 즉 개념이나 이론에 관련되는 설명력이나 현실의 충실한 묘사에만 관심을 두고 조사연구의 '목적'에 관한 부분에는 방관자적 입장을 취한다는 점이 지적될 수 있다.

실용주의는 표상에 그치는 방관자적 입장이 아니라 행동에 무게를 둔다. 외부세계를 '복사하는 것'(copying)이 아니라 '대처하는 것'(coping with)이고 또한 '그림'보다는 '행동'을 중시하는 적극적인 측면이 강조된다. 과학적 이론이란 어떤 목적을 달성하기 위한 수단으로서 행동을 촉발하고 이해를 증대시키기 위한 것으로 파악된다.[183] 이론이나 개념의 내용은 그것을 가지고 우리가 무엇을 할 것인가에 의해 결정되어야 한다는 기본입장이다. 따라서 외부적 세계에 관한 우리들의 견해를 비판하고 수정하기 위하여 분류나 기술을 위한 새로운 단어들을 우리들은 얼마든지 자유롭게 제안할 수 있다. 그러나 그러한 단어들이 진리를 발견해 낸다든가 현실의 본질을 정확히 읽어 내게 만드느냐 하는 것을 검증하기보다는 그 단어들이 어떻게 우리들의 목표를 달성할 수 있게 하고 보다

---

183 W. James, *Pragmatism : A New Name for some Old Ways of Thinking* 〔「Camgridge, MA : Harvard Univ. Press, 1975(1907)〕, p.33.

나은 만족스러운 목표들을 만들어낼 수 있는가를 평가해야 한다는 것이다. 사회과학 분야와 관련하여 Rorty는 재기술(再記述, redescription)의 단어로서의 이론적 구성이 성공한 사례로서 페미니즘 연구를 꼽는다. 즉 여성억압의 실태를 표상하기보다는 여권신장이라는 목적달성에 무게를 둔 점을 높이 평가하는 대목으로 받아들일 수 있다.[184]

(3) **대화주의(對話主義**, conversationalism)

실용주의는 전통철학이 바깥세계의 표상이나 본질, 또는 어떤 기초의 발견이나 규명에 집착하는 점을 비판하고 '반표상주의', '반본질주의', '반기초주의' 등으로 집약되는 인식론적 대안을 내놓고 있는데 그 개략적인 내용은 위에서 어느 정도 살펴보았다.

우선 표상의 과정은 어떤 부분이나 절차가 우위를 점한다는 Rorty의 이른바 '특권화된 표상'을 가져오기 마련이어서 어떤 본질이나 기초의 존재를 받아들이게 되고 동시에 이외의 것은 저평가하거나 배척해 버리는 독선과 왜곡의 위험을 수반할 수 있다. 이론가들은 과학의 전 영역에 걸친 불변의 기초를 찾아내었다고 믿고 그 전제 하에서 이론적 틀과 다양한 명제의 체계를 정립하고자 한다. 사회과학만 하더라도 비판적 실재론을 비롯해서 T. Parsons의 구조기능주의, A. Giddens의 구조화이론, N. Luhman의 체제이론, J. Habermas의 의사소통이론 등이 열거될 수 있고, 최근의 정치학만 하더라도 구성주의 국제정치학, 신제도주의, 합리적 선택이론 등이 그 적절한 예가 될 수 있다. 모두가 한 결 같이 이론이 사회적 현실의 본질이나 기초를 파악할 수 있는 탄탄한 분석적 틀을 제공할

---

184 R. Rorty, 'Feminism and Pragmatism,' in R. S. Goodman (ed.), *Pragmatism* (New York : Routledge, 1995), pp.125-148.

수 있으며 모든 여건, 문화, 시대에 보편적으로 적용될 수 있다는 믿음에 사로잡혀 있다고 볼 수 있다.

본질주의와 기초주의가 만연되는 과학적 풍토에서는 도를 넘는 이론적 경합과 이에서 비롯되는 대결의식이 팽배하기 쉽다. 여러 학파들로 갈라지고 각기의 학술지를 발간하고 논쟁의 도가 지나치면 적대적이거나 대항적인 스타일로 바뀔 가능성이 농후해진다. 자기들의 지적 요새를 방어하고 경쟁적인 진영의 파괴를 시도하는 악순환이 계속될 수 있다. 이러한 기초주의적 폐해를 줄이기 위해서 R. Bernstein은 학술적 상호작용을 하나의 '대화적 만남'(dialogical encounter)으로 전환시킬 것을 제의하고 있는 점은 매우 적절한 조언으로 받아들일 수 있다.[185]

이러한 문제와 관련해서 Rorty는 '대화주의'를 들고 나온다. 즉 지식의 형성과 그 진리성의 문제는 '대화'로 풀 수 있다는 것이다. 이 대화의 제의는 바로 그의 '인식론적 행동주의'와 연결된다. 이미 위에서 살펴보았듯이 인식론적 행동주의는 지식의 형성이 외부적 세계의 구속에 좌우되기보다는 우리가 속해 있는 사회가 결정적인 작용력을 가진다는 입장이다. 즉 외부세계가 결정적이라는 존재론적 입장이 아니라 우리들, 즉 연구자의 대화가 우선시될 수 있다는 입장이 된다. 여기에는 연구자들의 끊임없는 대화와 그에서 비롯되는 합의가 지식의 객관성 문제를 풀어나갈 수 있다는 의미가 된다. 특히 과학적인 실천의 문제에 있어서는 대화를 통하여 다양한 견해들이 민주적인 교환으로 제도화되는 방향이 바람직한 것으로 정리된다.

---

185 R. J. Bernstein, *The New Constellation : The Ethical-Political Horizons of Modernity/Postmodernity* (Cambridge : Polity), pp.336-339.

(4) **해석학적 재구성 : 교화**(edification)

실용주의는 지식의 교화적 기능을 매우 중요시 여긴다. Rorty는 가다머의 해석학이 외부세계나 역사 속에 일어나는 일을 다루기보다는 자연이나 역사로부터 우리에게 도움이 되는 무언가를 얻어낼 수 있는 학문으로 인정한다. 우리들 자신을 표현하는 새롭고 보다 흥미 있는 길을 찾아내고 그렇게 함으로써 세계에 대처해나가는 일에 비하여 사실에 치중하는 연구(원자, 진공, 유럽 역사 등)는 극히 초보적인 성격을 띤다는 그의 견해를 매우 긍정적으로 받아들인다. 이 점 해석학이 인문과학의 방법론이 아니라 인문과학이 진정 무엇인가를 이해하는 학문임을 강조하는 대목이 된다. 그리고 Rorty는 가다머의 '육성'[Bildung(교육, 자기형성)]보다는 좀 더 포괄적인 의미의 '교화'라는 용어를 제의하면서 우리들이 새롭고 보다 나은 그리고 보다 흥미롭고 내실 있는 이야기 방법을 찾아낼 것을 주창하고 있어 관심을 모은다. 우리들이나 다른 사람들을 교화하는 일은 ① 우리들 자신의 문화와 다른 외래문화 및 역사적 시기와의 사이, ② 서로 비통약적인(incommensurate) 단어로서 비통약적인 목적을 추구하는 우리들의 학문 분야와 다른 학문 분야 사이를 서로 연결해주는 해석학적 행동을 지칭한다. 그러나 교화는 새로운 목적, 새로운 용어, 새로운 학문을 생각해낼 수 있는 시적인 행동일 수 있으며, 우리들의 잘 알려진 주위를 잘 알려져 있지 않는 새로운 용어로서 재해석을 가능하게 만들 수 있다는 점도 강조된다.[186]

지식에 관한 실용주의적 접근은 ① 정상적 담론과 ② 비정상적 담론으로 나누어질 수 있다. Rorty는 이 구분이 T. Kuhn의 정상과학과 혁명과학의 차이와 유사한 내용임을 전제로, 전자는 우리들의 서로 합의된

---

[186] R. Rorty, Philosophy and the Mirror, *op. cit.,* pp.357-358.

관행에 따라 이루어지고 후자는 이러한 관행을 모르거나 배척하는 사람들이 담론에 참가하는 경우가 된다. 이때의 '관행'이란 무엇이 의문에 대한 해답이 되고, 무엇이 그러한 해답에 대한 좋은 논거가 되고, 무엇이 좋은 비판이 되느냐의 기여도를 지칭한다. 비정상 담론에서 만들어지는 지식은 무의미한 것에서부터 지적인 혁명에 해당되는 것도 있으며, 전혀 예측불가능하거나 창조적인 내용인가도 알아내기 힘든 학문적 성격이 된다. 바로 교화적 담론은 이러한 비정상적인 성격을 띠며 그 이상한 힘으로 우리들을 낡은 자아로부터 끄집어내어 새로운 존재가 되는데 도움을 줄 수 있다.[187] 그리고 교화적인 철학은 비정상적일 뿐만 아니라 어떤 '특권화된 기술(記述)'의 실체화를 통한 보편적 통약의 제안을 가지고 우리들의 대화를 중단시키려는 시도에 대한 단호한 항의라는 점에서 '반응적'(reactive)인 측면도 가지고 있다는 점이 강조된다. 즉 문화의 동결이 가져올 수 있는 인간의 비인간화의 위험을 피하고자 한다. 그리고 이 교화적인 담론은 꾸준한 대화로 이루어지는데 대화의 지속은 인간이 정확한 기술에 급급하기보다는 '새로운 기술의 형성자'임을 확인시켜 줄 수 있다고 주장한다.[188]

사회과학의 연구와 관련되는 부분에서 Rorty는 J. Dewey와 M. Foucault의 연구들이 전통철학에 대한 비판과 그 대안적 논의에 있어서 비정상적이고 어떤 면에서 반응적인 담론의 특성을 갖는 것으로 파악한다. 비록 Foucault는 지식이 권력관계의 네트워크와 연결되는 억압적 측면이 있는 것으로 파악하는 점은 문제시될 수 있으나, 두 사람 모두가 전통철학의 합리성, 객관성, 방법과 진리의 문제에서 탈피하여 지식의

---

[187] *Ibid.,* pp.320-321, p.360.
[188] *Ibid.,* pp.377-378.

영역에서는 그 어떤 방대한 탈역사적 구조가 발견될 수 없다는 인식에서는 공통된다고 보고 있다. 특히 Dewey는 지식의 진리성이 지배의 충동에서가 아니라 창조하고 다양한 욕구들의 융화를 얻으려는 충동임을 분명히 한 점을 높이 산다. 그리고 Foucault의 경우 그의 담론, 텍스트성, 언어행위와 같은 개념들이 현대의 철학적 풍토를 크게 바꾸어 놓았다고 평가한다.[189]

3. 사회과학의 최근 연구동향

사회과학 분야에서도 최근에 들어 실용주의적 접근이 활기를 띠어 가고 있다. Patrick Baert는 인류학, 고고학 및 역사 분야에서 최근 시도되고 있는 실용주의의 적용 사례들을 소개하고 있는데 그 개략적인 내용들을 검토해 볼 수 있다. 그는 우선 실용주의의 적용이 R. Rorty의 이른바 교화적 철학의 내용에 근거하고 있는 점을 지적하고 이것이 지식의 '자아 지시적 형태'의 성격을 띤다는 점에 각별한 비중을 둔다. 즉 개인들(연구자)은 자기와 다른 상이한 관점이나 입장과 마주칠 때보다 자기 자신과 자기 문화 및 선입견을 재해석하게 되고 스스로의 지식을 풍부한 내용으로 재구성할 수 있다. 자기의 것과 다른 것과의 만남은 자기 것의 정체성을 재인식시켜 주고, 자기의 고질적인 믿음으로부터의 해방을 가져올 수 있으며, 상상적인 측면을 고취하여 대안적인 미래를 구상할 수 있게 만든다는 것이다.[190] 사회과학의 몇몇 영역에 나타나는 이러한 '자아 지시

[189] Rorty는 Foucault를 비정상적 담론의 범주에 넣고 있으며, 그의 지식관이 우연, 비연속성, 물질성 등에 크게 영향을 받는 점을 지적한다. R. Rorty, Philosophy and the Mirror, *op. cit.,* p.322, p.391; R. Rorty, Consequences of Pragmatism, *op. cit.*, pp.203-208.

적 지식'의 습득 가능성에 대한 논의들을 정리해볼 수 있다.

(1) **문화인류학**(cultural anthropology)

문화인류학에 나타나는 '자아 지시적' 움직임은 이른바 '비판적 전환'(critical turn)으로 불리는 대표적인 연구들에 집약된다.[191] G. Marcus, M. Fischer, J. Clifford, N. Rapport 등은 인류학이 지금까지 통용되어 온 일반적 상식에서 벗어나 자아 지시적 형태의 지식으로 발전할 것을 주장하고 특히 식민지화나 세계화와 같은 전사회적인 과정을 다루는데 있어서도 각별한 역할을 담당할 것을 기대하고 나선다.

첫째로 이들이 선도하는 '비판적인 전환'은 인류학을 총괄하는 지배적인 이론적 틀의 부재를 지적하고 새로운 인류학 조사연구의 형식을 개발할 것을 제안한다. 지금까지의 연구 규준에서 벗어나 연구대상자와의 대화관계를 중시하고 '기술적 인종학'(記述的 人種學, ethnography)을 권장하는 방향이 되며, 특히 가다머의 해석학에서 요청되는 상이한 문화 사이의 의사소통과 상호교환에 역점을 둔다. 서로 상이한 문화에 속하는 다른 목소리를 듣고 서로 다른 지위, 업종 등에 종사하는 그야말로 어떤 선천적인 계층이 없는 다양한 목소리를 존중한다는 입장이다.[192]

---

190 Patrick Baert, *Philosophy of the Social Sciences* (Cambridge : Polity Press, 2005), p.156. P. Baert의 '자아 지시적 지식'(self-referential knowledge)이란 H. Gadamer의 'Bildung'(교육, 자아형성), R. Rorty의 '교화적 철학'(edifying philosophy)의 내용에 근거한 개념으로서 사람들은 다른 문화와 만난다던가, 또는 연구자의 경우 다른 연구자와 만나 서로 대화(conversation)를 나누게 되면 스스로의 이미지를 새롭게 할 수 있으며 스스로의 자성을 통하여 보다 인간적인 가능성(human possibilities)의 범위를 넓힐 수 있는 지식이 만들어질 수 있다는 입장이다. P. Baert, *op. cit.,* p.4, pp.8-9, pp.155-157.

191 G. E. Marcus & M. J. Fischer, *Anthropology as Cultural Critique*, Second Ed. (Chicago : Univ. of Chicago Press, 1999; J. Clifford & G. E. Marcus (eds), *Writing Culture : The Poetics and Politics of Ethnography* (Berkeley : Univ. of California Press, 1986); N. Rapport, 'Edifying Anthropology : Culture as Conversation : Representation as Conversation,' in Al James, J. Hockey and A. Dawson (eds), *After Writing Culture* (London : Routledge, 1997).

192 P. Baert, *op. cit.,* p.158.

둘째로 '비판적인 전환'은 자신의 정체성과 자아성에 대한 재인식을 가능하게 만들 수 있다는 점을 강조한다. 즉 자기의 정체성에 대한 파악은 자기에 대하여 가지고 있던 '당연시되어온 개념들'을 다시 생각하게 만들고 그러한 개념들이 보편적인 것이 아님을 밝혀줄 수 있다. 그리고 이러한 자아의 재인식을 통하여 인류학은 근대에 들어서 보편화되었던 식민지화의 역사를 재검토할 수 있는 기회도 마련해줄 수 있다고 믿는다. 즉 재인식의 과정은 인류학에 점철되어 온 암묵적인 인식론적 가정을 밝혀내는 몫을 담당할 수가 있다. 뿐만 아니라 비판적 안목은 서구문화에 대한 비판뿐만 아니라 인류학이라는 학문 자체에 대한 비판적 재구성을 촉진시킬 수 있는 계기도 마련해줄 수 있다.

셋째로 인류학은 최근에 진행되는 세계화의 문제에도 관심을 돌린다. 거대한 인구통계학적 변화와 함께 초국가적 조직과 기업의 등장으로 인한 동질적 민족국가의 점진적인 쇠퇴현상, 그리고 새로운 형태의 테크놀로지와 통신형태가 몰고오는 거대한 사회적 변화가 우리들의 사회를 둘러싼 대화적인 지식의 성격을 크게 바꾸어 놓고 있음을 중시한다. 특히 이러한 세계적 변화는 인류학 이외의 학문적 영역과 관련되는 '학제간 조사연구'의 필요성을 증대시키면서, 세계화와 같은 세계적인 세력이 미치는 국지적 결과에 초점을 모으게 되고, 이를 위한 지리학, 사회학, 역사 등의 다른 연구영역과의 제휴를 절실하게 만들고 있음을 인정한다. 그리고 인식론적 수준의 혁신을 위해서는 다양한 연구자들(언론인, 역사가, 종전의 인류학자 등)의 참여가 권장된다. 어떠한 사회적 현실이라 할지라도 복합적으로 구성되고 또한 많은 표상이 서로 공존한다는 폭넓은 '자각'이 싹트고 있으며, 이러한 자각이 지식의 '반사성'을 증대시킬 수 있는 길을 여는 것으로 이해한다.[193]

(2) 고고학(archaeology)

고고학에서는 1960년대와 1970년대에 걸쳐 이른바 '과정적 고고학'(processual archaeology), 또는 '신고고학'(new archaeology)이 등장하여 자연과학의 방법론을 그대로 적용하여야 한다는 이론적 주장이 지배한 바 있다. 자연과학에서와 같은 법칙성 통칙을 얻기 위하여 정교한 통계기법과 정보 및 체제이론 등을 적용하는 것이 고고학을 보다 과학적인 것으로 만들 수 있다는 것이었다. 그리고 이러한 실증적 이론적 구성을 통하여 상이한 사회가 만들어내는 각각의 문화와 물질적 가공물에 관한 체계적인 분석이 가능하다고 믿었다.

그러나 1980년대 후반 이후로 '후기 과정적 고고학'이 등장하면서 고고학은 이제 사람들이 그들의 주위에 대하여 의미를 부여하는 측면을 중시하게 된다. I. Hodder, C. Tilley, M. Shanks, L. Meskell, C. Gosden 등으로 대표되는 이 새로운 움직임은 사람들과 사물 사이에 개재하는 생각, 믿음 그리고 의미가 중요하다고 주장하게 된다.[194] 모든 관찰은 이론화되어 있어 극히 잠정적인 성격을 띠게 마련이며 사회적 현실이란 극히 '다의적'이기 때문에 어떠한 사회적 행위나 물질적 산물도 상이한 해석이 가능하다고 주장하게 된다. 특히 고고학과 역사의 연결이 강조되면서 확산, 재생산, 문화의 변환과 같은 복잡한 메커니즘에 대한 새로운 관심이 그 특징을 이룬다.[195]

---

193 *Ibid.,* p.159.

194 후기 과정적 고고학을 대표하는 학자들로서는 다음을 꼽는다. I. Hodder, *Reading the Past,* Second Ed. (Cambridge : Cambridge Univ. Press, 1991), I. Hodder, *Archaeological Theory Today* (Cambridge: Polity, 2001); C. Tilley, 'Archaeology as Socio-Political Action in the Present,' in D. S. Whitley (ed.), *Reader in Archaeological Theory* (London : Routledge, 1998); L. Meskell, 'Archaeology of Identity,' in I. Hodder (ed.), Archaeological Theory Today, *op. cit.,* pp.187-213; C. Gosden, 'Postcolonial Archaeology : Issues of Culture, Identity, and Knowledge,' in I. Hodder, Archaeological Theory Today, *op. cit.*, pp.241-261.

195 P. Baert, *op. cit.,* p.160.

첫째로 후기 과정적 고고학은 과거와 현재의 관계에 관하여 새로운 해석을 시도한다. 과거에 관한 의미는 다양할 수밖에 없는데 그것은 과거에 관한 관찰이란 '이론 의존적인'인 성격을 면할 수 없기 때문이다. 고고학적 지식이란 구성된 것이고 또한 그것은 오늘의 권력과 이해에 물들지 않을 수 없다고 전제되기 때문에 복잡한 권력과 이데올로기의 메커니즘에 대한 관심이 깊어진다. 역사적 유산에 관한 문제에 있어서도 그것이 어떤 특정 집단의 이해에 부합되고 또한 현재의 권력투쟁과도 결부되는가 하는 문제에 매우 민감하게 된다. 예를 들면 박물관만 하더라고 역사적 사실에 관한 논쟁의 여지가 없는 근거로 방문자들을 수동적인 관람자로 만든다는 견해에도 제동을 건다. 심지어 고고학자 자신들의 '가정'에 대해서도 그 편파성을 둘러싼 비판적 반사성의 문제가 제기된다. 예를 들면 서구의 고고학적 설화들은 기타지역의 토착적 고고학에 의해 도전을 받고 있으며, 페미니즘 관련 고고학자들은 서구적인 노동의 성적 분업에 관한 관점이 부지불식간에 다른 사회에도 강요된 점을 비판한다. 고고학은 스스로의 지적 산물에 대하여 그것을 반사성면에서 재검토해야 한다는 주장으로 이어진다.[196]

둘째로 고고학은 '현재'에 도전하고 비판하기 위하여, 그리고 우리들의 뿌리 깊은 가정들에 도전하기 위하여 의도적으로 활용될 수 있다. 고고학자들은 그들 스스로의 문화적 가정들을 좀 더 거리를 두고 다시 검토해야 한다. 예를 들면 페미니스트 고고학은 지금까지 우리들을 사로잡아온 불합리한 이분법에 도전하는 새로운 정체성 연구에 진일보의 계기를 만들 수 있고, 탈식민지 인류학의 경우 식민지 사회의 외래적이고 혼합적인 성격이 현재의 법률적 논쟁을 둘러싼 명백한 여러 선입 가정들과

196 *Ibid.*, p.161.

연관되어 있음을 밝혀낼 수 있다. 이제 과거는 의도적으로 현재를 들추어내기 위하여 활용되어야 한다. 지금까지 고고학자들은 과거를 해석해 왔으나 이제는 현재를 위한 봉사를 위해서 그러한 관행을 바꾸어야 한다. 종전처럼 과거에 관한 데이터를 단순히 기록하거나 사실 발견의 작업을 그들의 본업으로 생각할 것이 아니라 현재에 직면하기 위하여 그러한 사실과 데이터를 창조적으로 활용해야 한다. 현재에 봉사하기 위해서 현재를 비판적으로 대하는 고고학의 과제는 두 가지로 압축된다. 그 하나는 내부적인 것으로서 고고학자들에 의해 사용되는 이론적 틀을 재검토하는 일이 되고 또 하나는 외부적인 것으로서 오늘날의 사회를 지탱하는 조직의 기본 범주와 원칙들에 대한 의문제기가 된다. 학문적 수준에 머물기보다는 사회적 실천의 차원이 강조되는 대목이기도 하다.[197]

새로운 고고학에서는 실용주의적인 방법론적 혁신이 두드러진다. 과거와 현재를 일관하는 사회적 현실에 대한 거울과 같은 정확한 표상보다는 오히려 의미부여와 그것을 통한 보다 창조적인 과정에 무게를 둔다. 지식은 어떤 수동적인 것이 아니라 현재를 좋게 만들기 위해서 현재에 의문을 제기하고 그에 도전하는 행동의 성격을 띤다. 실용주의의 방법에서처럼 고고학자들은 오늘날의 지배적인 견해들에 대응하여 그것을 고치기 위해 그들의 학문을 어떻게 활용할 수 있을 것인가를 진지하게 탐색해야 한다는 것이다.[198]

(3) 역사 : 계보학적 접근

계보학은 F. Nietzsche에서 창시된 역사연구의 방법론이지만 M.

---

197 *Ibid.,* p.162.
198 *Ibid.,* p.163.

Foucault에 의해 재발견되어 현대의 역사와 사회학 분야에서 폭넓게 수용되었다. 담론, 통치성, 자아의 근대적 개념, 핍박받는 타자 등에 관한 연구를 통하여 Foucault가 사회과학에 남긴 업적은 다채롭다. 인류학의 '비판적 전환'이나 고고학의 '후기 과정적 접근' 등과 마찬가지로 계보학적 접근은 '자아 지시적'(self-referential) 지식습득에 주안점을 둔다. 잘 알려져 있는 현재에서 출발하되 과거는 현재에 접근하기 위한 수단이고 전통적인 기초를 근절시키고 역사에 있어서의 계속성의 가정을 뒤흔든다. 역사적 조사연구는 그것이 인간의 생활과 행동에 파고들지 않는 한 가치가 없는 것이며, 또한 우리들의 구성과 그로 인한 구속에서 벗어나도록 도와주는 것이 되어야 한다. Nietzsche의 말대로 지식은 이해를 위하여 만들어진 것이 아니라 '절단'을 위한 것이라는 점이 강조된다. 역사는 현재를 통하여 무언가를 뒤집고 절단함으로써 현재를 위해서 무언가를 할 수 있을 때 비로소 의미 있는 것이 된다고 본다.

방법론상으로 계보학은 우리들의 다양한 가정들이 역사적으로 만들어지고 또한 극히 개연적인 성격을 띠며 경우에 따라서는 권력투쟁과의 연계가 불가피할 수 있음을 전제한다. 역사란 어떤 '근원'(origin)에서 출발하여 점진적인 진보의 행로를 거치게 되는 계속성을 가진다는 전통적인 시각을 단호히 거부한다. 역사는 어떤 본질이나 보편성이 전제되는 질서 있고 안정적인 연결들이 자리 잡힌 가계도 같은 것이 아니라 많은 발전의 갈래들이 서로 얽히는 파열과 불연속성이 그 특징을 이룰 수 있다는 것이다.[199]

[199] *Ibid.*, p.163. 계보학과 관련해서는 Nietzsche의 경우 F. Nietzsche, *Beyond Good and Evil : Prelude to a Philosophy of the Future* (London : Allen & Unwin, 1967), *The Will to Power* (London : Weidenfeld & Nicolson, 1968), *On the Geneology of Morals* (New York : Vintage Books, 1969) 등을 참고할 수 있으며, M. Foucault의 경우는 M. Foucault, 'Nietzsche, Geneology, History' in *Language, Counter-Memory, Practice* (Ithaca, NY : Cornell Univ. Press, 1977)를 참고할 수 있음.

Foucault는 형벌제도의 역사적 변천을 계보학적 접근으로 다룬다.[200] 18세기 말까지의 형벌제도는 육체적 고통(고문, 공개처형)을 통한 체형의 형태였으나 이것이 19세기 말에는 감금, 계층적 관찰, 정상화, 검토 등을 주요 내용으로 하는 이른바 '규율적 권력'의 형태로 바뀐다. 즉 종래와 같은 고통의 과시적 형태가 아니라 일정한 공간(감옥)에 배치된 죄수들이 부단한 응시와 감시 속에 육체적·정신적 훈련을 받음으로써 도덕적 개조를 꾀하게 된다. 즉 사회적 통제의 표적이 신체가 아니라 개인의 마음과 정신으로 바뀌었으며 개인을 개조하여 정상적인 시민으로 만드는 것이 되었다. 공개적 처형의 형태로부터 감옥의 탄생으로 바뀐 이러한 불연속적 변화를 다루는 계보학적 접근은 다음과 같은 몇 가지 특징을 지닌다.

첫째로 과거와 현재를 나란히 놓음으로써 계보학은 현재의 배열을 뒤흔들어 놓는다. 18세기의 끔직한 공개처형 장면과 19세기의 엄격한 감옥의 일과를 대조시킴으로써 두 형벌제도가 딛고 있는 기본 가정들을 검토하게 만들 수 있다. 둘째로 계보학적 분석은 현재의 제도가 과거의 불가피한 결과로 정당화되는 것에 제동을 건다. 현재에 이르는 역사적 궤도는 어떤 정해진 불가피한 도정이 아니라 돌발 사태나 예기치 않던 결과와 같은 개연성의 네트워크에 좌우될 수 있다는 것이다. 예를 들면 18세기 말에 나타나는 새로운 형벌체제의 요구는 예상치 못했던 사회적 혼란(처형예정자들의 불만과 공개적 저항 등)이나 구체제의 사회적 혼란의 소산이라는 것을 알게 되면 현재는 과거로부터의 자연스럽고 불가피한 결과라는 생각은 흔들리게 된다. 셋째로 과거는 나름대로의 내부적인 논리와

200 M. Foucault, *Discipline and Punish : The Birth of the Prison* (London : Allen Lane, 1977), pp.135-183.

정당화의 수단을 갖고 있기 때문에 서로 상이한 체제나 권력의 조직을 비교할 수 있는 독립적인 척도는 존재하지 않는다고 본다. 따라서 현재의 형벌제도는 단순한 인권적인 진보로 보기보다는 그전과는 다른(보다 정교한) 사회적 통제의 형태로 파악하는 것이 낫다는 주장이 나온다. 넷째로 계보학은 현재의 배열상태에 도전한다. 즉 현재의 믿음체제, 관행, 제도들은 비록 무해하고 명예롭게 보일지라도 그것들은 권력투쟁에 오염되어 있다고 본다. 그리고 사회과학은 인류의 해방이라는 수사에도 불구하고 규율적 사회의 탄생과 연계되어 있으며, 현재의 감금체제는 현대의 규율적 조직과 무관할 수 없음을 지적한다.[201]

Foucault의 계보학은 '현재의 역사'로서 현재로부터 출발하되 그것이 어떤 계속적인 역사적 궤적에 놓인 것이 아니라 불연속적인 과정의 결과이며, 형벌제도만 하더라도 비록 다양한 수사적 표현으로 정당화될지는 몰라도 언제나 권력이 개재되는 사회적 통제의 일환이라는 비판적인 재해석의 길을 연다. 현재를 과거를 통하여 재해석함으로써 보다 대안적인 미래를 생각하게 만들 수 있는 자아 지시적 형태의 분석논리이며 신실용주의의 교화나 대화의 개념과 만나는 대목으로 볼 수 있다.

201 P. Baert, *op. cit.*, pp.164-165.

제6장 자연주의: 진화이론

자연주의(naturalism)는 모든 현상이 자연적 원인과 법칙에 따라 설명될 수 있다는 철학적 입장으로서 과학적 방법(가설, 예측, 검증, 반복 등)이야말로 현실을 조사할 수 있는 가장 효과적인 길임을 주창한다. 현상의 모든 원인들이 자연적 원인이라는 입장은 초자연적인(supernatural) 원인에 의한 설명을 받아들이지 않는다는 이야기가 된다. 예를 들면 병의 원인이 세균이라고 할 때 그것은 자연적인 원인이 되지만 병이 마귀와 같은 초자연적인 것에서 비롯된다는 설명은 단호히 거부된다. 초자연적인 것은 검증될 수 없고 그로부터 얻을 것은 전혀 없기 때문이다. 자연주의의 현대적 구성은 1950년대 이후 주로 Willard V. O. Quine에 의해 주도되었으며, 실용주의로 알려진 John Dewey(후기 저술)를 비롯하여 George Santayana, Ernest Nagel, Sidney Hook, Roy W. Sellars 등이 자연주의의 입장에 선다고 볼 수 있다.[202] 그리고 물리학을 비롯한 다양한 학문분야

202 과학적 연구방법론과 관련하여 '자연적 인식론'(naturalized epistemology)으로 널리 알려져 있는 W. V. Quine은 1950년대 이후 이른바 'The Duhem-Quine Thesis'로서 경험주의(논리실증주의)의 문제점을 지적하고 나선다. 즉 논리실증주의의 분석적인 것(analytic)과 종합적인 것(synthetic)의 구분을 비판하고 이론은 그 개별적인 부분이 아니라 전체로서 검증되어야 한다(confirmation holism)는 입장을 피력함으로써 유명해졌다. 그는 이론의 성격과 관련해서도 그 경험적 근거의 재검토를 요구했다. 첫째로 어떤 경험적 사실을 설명할 수 있는 이론은 여러 가지가 있을 수 있으며, 이론적 문장에 대한 변경만으로 관찰되는 문장에는 전혀 영향이 안갈 수도 있다는 주장을 내세웠다(The Underdetermination of Theory Thesis). 둘째로 그는 모든 관찰이 이론화(theory-laden)될 수밖에 없다는 주장을 폈다. 세계와 언어의 관계는 극히 엉성하게 마련이어서 이론중립적인(theory-neutral) 언어는 없으며 따라서 이론의 근거는 언제나 불투명해 질 수 있다는 것이다(The Inscrutability of Reference). 그러나 이러한 실증주의의 문제점 지적에도 불구

에서 과학적 방법을 앞세우는 과학주의(scientism)야말로 인식론과 형이상학의 길잡이가 될 수 있음을 강조하고 있으며 특히 이 면에서는 물리학이나 생물학의 방법론과 업적에 각별한 비중을 둔다.

21세기에 들어서는 길목에서 자연주의는 계속적인 학문적 지표의 위치를 견지하고 있지만 최근에 이르러서는 물리학보다는 생물학의 진화이론이 자연주의를 대표하는 새로운 연구방법론상의 혁신으로 격상되는 움직임이 나타나고 있다. 과학철학 분야만 하더라도 생물 철학이 차지하는 비중이 전례 없이 늘고 있으며 생물학이 여타의 자연과학 분야에서 기초적인 이론적 구성의 논의에 미치는 영향력도 증가일로의 추세임이 지적된다. 현대적 '다윈주의'(Darwinism)의 근본적인 핵심으로 자리 잡힌 'DNA에 기초한 재생산과 진화의 이론'은 이제 과학계에서는 이론의 여지가 없는 폭넓은 수용의 단계에 접어들고 있는 것으로 평가되기도 한다. 지구적 차원의 사실 면에서의 지질학이나 기상학, 중간적 사실 차원에서의 생태학이나 경종학(耕種學, agronomy), 최근의 미시적 사실 차원의 유전공학에 이르기까지 다윈주의는 이제 강력한 설명적 틀로서 그 위력을 유감없이 과시하고 있는 것으로 받아들여진다.[203]

비단 자연과학뿐만 아니라 사회과학 분야에서도 다윈주의는 과학적 이론구성의 모형으로서 그리고 철학이론의 길잡이로서의 각별한 위상을 인정받는다. 진화 생물학은 인간의 조건, 인간 행태, 그 인지적 원인 등의 인간사의 설명에 결정적인 몫을 할 수 있으며, 그 어떤 이론들보다도

하고 Quine은 이론의 경험적 근거가 검증의 궁극적인 기준이 된다는 입장만은 견지했다. 즉 이론은 전체로서(whole), 또는 이론적 문장은 전체적 표출로서(holophrastically) 다루어짐으로써 그 경험적 근거가 검증의 최종적인 기준이 될 수 있다고 보았다. 이 부분은 John Zammito, A Nice Derangement of Epistemes, *op. cit.*, pp.15-45; P. Godfrey-Smith, An Introduction to the Philosophy of Science, *op. cit.*, pp.149-162 참조.

203 Daniel C. Dennett, *Darwin's Dangerous Idea : Evolution and the Meanings of Life* (New York : Simon & Schuster Paperbacks, 1995), p.20.

인간의 문제를 둘러싼 심층적인 이해와 검증에서 앞선다는 주장도 나오고 있다.[204] 최근의 사회학, 심리학, 경제학 분야에서 진화이론은 새로운 이론적 구성의 모형으로 그 파급효과는 매우 두드러지며, 기능주의적 접근이나 인간의 합리적 선택에 관한 인과메커니즘의 제시로서 진화론적 자연선택의 논리는 보다 심층적인 설명의 길을 열고 있는 것만은 분명하다. 적응과 종 형성을 비롯하여 인간의 경쟁과 상호협력, 이타심, 공진화 등의 다양한 개념들이 현상의 이해와 인과메커니즘의 발견에 새로운 활력을 불어넣고 있다고 볼 수 있다.

정치학 분야에서는 1990년대에 들어서면서 국가를 비롯한 정치적 제도와 조직의 변화를 둘러싼 진화이론의 적용이 활발해졌으며, 특히 제도적 장치들이 환경과의 상호작용으로 이루어지는 '선택메커니즘'이 새로운 연구영역으로 등장하게 된다. 비단 국가뿐만 아니라 정치 엘리트의 전략이나 각종 정책, 그리고 정치와 관련되는 다양한 아이디어의 존속이나 선별이 진화의 논리로서 새롭게 이론화되는 추세로 이어지기도 한다. 공공재와 세계화에 관한 진화론적 설명은 최근의 또 다른 혁신적인 시도로도 평가될 수 있다.

이러한 정치학에서 나타나는 새로운 진화이론의 부상을 참고하여 다원주의의 현대적 의미를 기본적 논리 면에서 간단히 정리해본 다음 정치학에서의 적용 사례들을 중심으로 방법론상의 시사점들을 다루어보기로 한다.

---

204 Alexander Rosenberg, 'A Field Guide to Recent Species of Naturalism,' in Alexander Rosenberg, *Darwinism in Philosophy, Social Science and Policy* (Cambridge : Cambridge Univ. Press, 2000), pp.8-9.

1. 진화이론의 기본 구조

진화란 모든 형태의 생명이 여러 세대에 걸쳐 변화하는 과정으로서 진화이론은 그러한 진화가 어떻게 일어나는가를 연구하는 것으로 정의해볼 수 있다. 그리고 이 진화이론은 1859년 Charles Darwin의 『종의 기원(On the Origin of Species)』으로 그 기본적인 틀이 마련되었으며 그의 자연선택의 이론적 구성은 그 후 Gregor Mendel에 의해 마련된 근대적 유전학과 결합되어 이른바 '근대 진화론적 종합'(modern evolutionary synthesis)을 이루게 된다. 진화이론의 기본구조에 관한 한 Darwin의 자연선택은 현상의 설명에 있어서 독보적인 위치를 차지한다는 점에서 그의 이론체계를 '다윈주의'로 부르게 된다.

Darwin의 진화의 메커니즘은 다음과 같은 세 가지 조건이 전제된다. 만약

1. 하나의 종(種, species)에 속하는 유기체들은 서로가 다른 변이(variation)를 나타내며
2. 이러한 일부 변이들이 유전성을 가지고 있으면서 유기체에게 유리하게 되고
3. 생존할 수 있는 유기체들이 많아져서 '생존을 위한 투쟁'으로 이어지게 되면

유리한 변이를 갖춘 유기체들이 보다 생존가능성이 많아지고 재생산하게 되어 여러 세대에 걸쳐 유리한 변이의 유기체들의 증가로 이어진다. 그리고 유해한 변이의 유기체들은 감소된다.[205] 즉 진화의 기본논리는

유기체들의 무수한 변이가 전제되면서 환경과의 관계에서 유리한 변이를 갖춘 유기체들이 선택되어 유전을 통하여 생존과 재생의 가능성이 높아진다는 것이다. 이러한 진화의 메커니즘을 둘러싼 이론적 논의들을 다음과 같은 몇 가지 갈래로서 정리해볼 수 있다.

(1) 진화의 기본방향

진화는 자연의 오랜 변화를 다루는 이론적 구성이다. 따라서 변화의 방향과 성격을 놓고 철학적, 이데올로기적 논의를 피할 수 없게 된다. 변화에 대한 전통적인 철학적 논의와 관련해서는 '본질주의'가 차지하는 비중을 인정하지 않을 수 없다. 다윈주의는 이 본질주의를 단호히 거부하고 나선다.

본질주의 또는 변환주의로도 불리는 이 입장은 피타고라스학파나 플라톤에서처럼 자연의 무쌍한 변화의 현상들은 부류로서 추려질 수 있으며 각 부류는 그 본질로서 파악한다. 모든 삼각형은 언제나 삼각형이고 나무는 동체와 잎새로 된 왕관으로 정의된다. 따라서 변화는 새로운 부류나 유형의 등장으로 설명된다. 그리고 유형(본질)은 항상 일정하기 때문에 새로운 유형의 출현은 현존하는 유형의 순간적인 돌연변이나 도약진화로만 나타날 수 있다고 주장하게 된다. 이런 점에서 세상은 불연속성으로 가득찬 것으로 파악되기도 한다. 그러나 다윈주의는 이러한 본질에 입각한 유형적 사고를 반대하고 생명 유기체들은 불변의 부류가 아니라 변이의 개체군임을 주장한다. 부류보다는 모든 개체가 다른 개체들과 구별되는 '특이성'을 가지고 있음을 강조한다. 종은 새로운 유형으로

---

205 Robert L. Millstein, 'Evolution,' in Peter Machmer and Michael Silberstein (Eds.), *Philosophy of Science* (Malden, Mass.: Blackwell Publishers, 2002), p.228.

돌연변이되는 것이 아니라 많은 개체군을 포함하여 개체군 속의 개체들이 똑같은 돌연변이를 동시에 할 수 없기 때문에 새로운 종은 순간적으로 나타날 수가 없다는 것을 지적한다. 유형적 사고는 변화를 새로운 유형의 출현으로 파악하는 비연속성만을 고집하는 한편, Darwin의 변이적 사고는 개체의 특이성이 오랜 시간을 두고 변하는 점진주의를 전제한다는 점을 분명히 한다.[206]

한편 변환주의를 다소 완화한 이른바 '변형주의'에 대해서도 다윈주의는 반대의 입장을 분명히 한다. 우선 환경의 영향을 지나치게 중시하는 변형주의로서 '라마르크 이론'(Lamarckian theory)이 있다. 예를 들면 흑인의 검은 피부는 몇 세대에 걸쳐 열대지방의 태양에 노출된 결과로 얻어진 특성이 연성 유전의 과정을 통해 만들어진 것으로 설명한다. 그러나 이 이론은 유전인자의 항상성을 밝혀낸 멘델 유전학 및 분자 생물학에 의해 환경의 작용으로 습득된 특성의 유전은 발생하지 않는 것으로 밝혀짐으로써 근거가 없는 것으로 확정되었다. 또한 변형주의의 또 다른 형태인 19세기와 20세기 초반에 번성하던 '궁극원인론'(窮極原因論, finalism), 또는 '정향진화론'(定向進化論, orthogenesis)에 대해서도 다윈주의는 이를 받아들이지 않는다. 정향진화의 논리는 생명의 세계가 완벽에 더욱 가까워진다는 세계관이다. Aristotle의 궁극원인처럼 낮은 데로부터 높은 데로, 원시로부터 발전으로, 단순에서 복잡성으로, 불완전에서 완전한 것으로 나간다는 이데올로기다. 그러나 고생물학의 지적에서처럼 진화의 과정은 조만간 그 방향이 바뀔 수도 있고 경우에 따라서는 역행할 수도 있다고 반박된다.[207]

---

206 Ernst Mayr, *What Evolution is* (New York : Basic Books, 2001), pp.74-79.

207 *Ibid.,* pp.80-82.

(2) **변이 진화**(variational evolution)

진화이론의 기초는 '변이'의 개념이다. 종의 모든 세대에 있어서 엄청난 유전적 변이가 생기기 때문에 그 많은 자손들 중 극히 소수의 개체들만이 살아남아서 다음 세대를 생산해낸다는 것이다. 생존과 재생산의 확률이 가장 높은 개체들만이 각기의 뛰어난 특질 때문에 환경에 적응할 수 있기 때문이다. 이러한 특질은 주로 유전자에 의해 결정되며 이렇게 결정되는 개체들의 유전자형(genotype)은 선택의 과정에서 유리해진다. 그리고 이처럼 환경의 변화에 적절히 대처할 수 있는 유전자형을 가진 살아남은 개체들[표현형: phenotypes]의 계속적인 생존의 결과로 말미암아 모든 개체군의 유전적 구성에는 계속적인 변화가 있게 된다. 사실 변이는 진화의 불가결한 전제조건이기도 하다. 종의 개체의 수준에서 보면 예를 들어 달팽이나, 나비, 물고기 등은 똑같이 보일지라도 자세히 관찰하면 크기, 비율, 색깔유형, 비늘, 털 등의 모든 면에서 차이가 있으며, 생리적 특질, 행동의 유형, 생태적 특성, 분자적 유형 등에서도 엄청난 차이가 있게 마련이다. 따라서 개체들은 각기의 고유성을 갖기 마련이고 이로 인한 변이성으로 자연선택이 가능해진다고 볼 수 있다.[208]

그러면 진화의 과정에서 변이에 작용하는 주요 근원은 무엇인가? 이에 대한 해답은 1900년 이후 유전학과 분자생물학에 의해 마련된다. 우선 개체군의 유전자 내용은 세대가 바뀌더라도 '유전의 원칙'(principles of inheritance)에 따라 변화가 없다는 가정이 전제된다.[209] 그러나 그러한 유전의 원칙에 작용하는 또 다른 변이의 근원을 생각해보지 않을 수 없다.

208 *Ibid.,* pp.84-88.

209 E. Mayr는 유전적 물질은 변화가 없는 일정성을 유지한다는 유전의 원칙을 DNA의 구조와 그 특성(유전자, 핵산, 나선구조, 단백질, 아미노산, 염색체구조, 이배체 상태, 입자유전, 유전자형, 대립유전자, 동형접합, 이형접합, 우성과 열성, 표현형, 엑손, 인트론, 주변서열 등)을 중심으로 17개의 항목으로 나누어 다루고 있다. E. Mayr, *op. cit.*, pp.91-93.

즉 기존의 유전자의 손실 또는 새로운 유전자의 획득으로 인한 개체군 내의 유전적 교체로 변이가 이루어질 수 있다. 대체로 ① 선택, ② 돌연변이, ③ 유전자 확산, ④ 유전자 부동, ⑤ 편향 변이, ⑥ 전이 인자, ⑦ 비임의적 교배 등 일곱 가지 과정이 중요한 역할을 하는 것으로 파악된다.[210] 그리고 이중 가장 중요한 '자연선택'은 다음과 같이 별도로 다루어질 수 있다.

(3) **자연선택**(natural selection)

Darwin과 Wallace에 의해 제시된 자연선택의 메커니즘은 다섯 가지의 관찰(사실)과 세 개의 추리로 설명될 수 있다.[211]

사실 1 모든 개체군은 높은 번식력을 가지고 있으므로 그 규모는 억제되지 않는 한 지수적으로 증가할 것이다.(출처 : Paley와 Malthus)

사실 2 개체군의 규모는 일시적, 계절적 변동을 제외하면 상당 기간 안정되어 있다(관찰된 정상적 안정). (출처 : 보편적 관찰)

사실 3 모든 종의 경우 이용할 수 있는 자원은 제한되어 있다. (출처 : 관찰, Malthus에 의해 확증)

추리 1 치열한 경쟁(생존 투쟁)이 종의 구성원들 간에 벌어진다. (출처 : Malthus)

사실 4 한 개체군 내에는 똑같은 두 개체들이 존재하지 않는다(개체군적 사고). (출처 : 동물 육종자(animal breeders)와 및 분류학자(taxonomists))

추리 2 개체군내의 개체들은 생존의 확률에서 서로 다르다[즉 자연선

[210] *Ibid.*, pp.96-100.
[211] *Ibid.*, p.116.

택]. (자료 : Darwin)

사실 5 개체군 내의 개체들 사이의 차이는 적어도 부분적으로 유전 가능하다. (출처 : 동물 육종자)

추리 3 자연선택은 많은 세대를 거치게 되면 진화로 이어진다. (출처 : Darwin)

D. Dennett은 Darwin의 자연선택이 하나의 연산체제(algorithms)로 파악될 수 있다고 주장한다. 즉 계속적인 경쟁과 선택으로 이루어지는 진화의 과정은 어떤 최종적인 승자를 골라내는 연산체제로 비유될 수 있으며, 그 적절한 예로서 동전 던지기나 테니스와 같은 제거 토너먼트를 들고 있다. 테니스의 경우 그 토너먼트는 준준결승, 준결승, 최종결승 등으로 올라가면서 부단한 제거로 최종 승자를 뽑게 되는데 이 과정은 기본구조면에서 연산체제에 불과하다는 것을 알게 된다. 운이나 기능이 작용하는 것은 틀림없으나 그 과정 자체는 엄격한 절차에 지나지 않는다는 점이 중요한 의미를 가진다. 앞서 진화의 기본방향의 논의(본질주의, 목표원인론 등)에서 명백해진 것처럼 어떤 목적지나 목표가 개입될 필요는 없다. 보다 구체적으로 '철을 달구는 작업'도 적절한 예시가 될 수 있다. 쇠에 열을 가하고 냉각시키고 하는 계속적인 철의 기본구조에 대한 재구성을 통하여 최적의 또는 가장 강한 전체구조로 이르는 과정 자체가 중요한 의미를 가진다. 보다 나은 것으로의 부단한 선별의 과정, 즉 연산적인 절차가 중요하다는 이야기가 된다. 연산적 수준은 영양의 속도, 독수리의 날개, 난초의 모양새, 종의 다양성 등에 관한 최선의 설명 수준이 될 수 있다는 것이다.[212]

---

[212] D. Dennett, Darwin's Dangerous Idea, *op. cit.*, pp.52-59.

(4) 적응(適應, adaptation)

진화이론에서의 '적응'이라는 개념은 다양한 의미를 지닌다. 그러나 일반적으로 적응이란 어떤 유기체의 특질이 그 유기체의 적합성을 증대시킬 때에 사용된다. 즉 어떤 특성이 개체나 사회적 집단의 생존이나 성공적인 재생산에 공헌하는 경우 적응적이란 표현을 쓴다. 따라서 적응이란 유기체가 가지는 성질이라는 점이 강조된다. 보다 구체적으로 구조, 생리학상 특성, 행동, 또는 기타의 특질 등을 가리키며, 이러한 성질이 자연선택에 의해 다른 성질보다 선호되었다는 의미가 강조된다. 즉 어떤 특질이 다른 특질을 제거하고 선택되었다는 점이 강조되면서 적응이란 제거과정을 거친 하나의 부산물이라고 받아들여진다. 따라서 적응이란 어떤 선호되는 특질이 적극적으로 획득되는 '과정'이라는 의미로 사용되어서는 절대로 안 된다는 단서가 붙는다. 즉 어떤 완벽성을 향하여 나아가는 목적론적인 의미가 되어서는 안 된다는 것이다. 자연선택, 즉 제거의 과정으로 나타나는 유기체의 성질이라는 점이 강조된다.[213]

(5) 소진화(microevolution)와 대진화(macroevolution)

진화현상은 종을 중심으로 그 위의 수준이냐 또는 그 아래의 수준이냐에 따른 두 가지 연구의 방향으로 갈라질 수 있다. 종의 수준 이하의 경우 개체군의 변이성, 개체군의 적응적 변화, 지리적 변이, 그리고 종분화 등의 연구가 되며 주로 개체군의 현상이 초점이 되면서 '소진화'로 불린다. 또 다른 형태는 종의 수준 이상의 연구가 되는데 특히 새로운 상위 분류군의 기원, 새로운 적응 구역으로의 침투, 새의 날개나 네발 동물의 지상생활 적응, 조류와 포유류의 온혈성과 같은 진화적인 신형질 등

---

[213] E. Mayr, *op. cit.,* pp.149-150.

을 다룰 수 있는데, 이것은 '대진화'로 불릴 수 있다. 사회과학의 연구와 관련해서는 대진화의 연구 분야가 보다 적절하다고 받아들여질 수 있기 때문에 이에 관한 이론적 구성을 간단히 정리해보기로 한다.

① 종 분화적 진화(speciational evolution)

진화의 과정은 매우 점진적인 특성을 지닌다. 그러나 그 과정에서 잠시나마 급격한 변화나 불연속성이 발생하게 되는데 그것을 놓고 진화이론에서는 해석상의 문제가 제기된다. 즉 기존의 종에서 새로운 종이 분화하는 과정이 매우 급격하게 이루어지는 경우도 있기 때문에 진화의 점진성을 재해석해야 한다는 입장이 나올 수 있다. 이른바 N. Eldredge와 S. J. Gould에 의해 제기된 '단속평형'(punctuated equilibrium)에 의한 진화론이 나오게 된다.[214] 정치학에서도 안정된 구조가 환경에서 오는 충격을 저항하거나 흡수하는 능력이 한계점에 도달했을 때 구제도가 파괴되면서 성격이 전혀 다른 새로운 구조를 탄생시키는 급격한 변화를 설명하는데 원용될 수 있다는 주장이 나올 수 있다.[215]

그러나 다윈주의의 정통에서는 이러한 단절된 균형이란 점진적 변화의 일환이라는 설명으로 대응된다. 즉 종의 분포 범위 바깥에 격리되어 있는 창시자 개체군(founder populations)의 경우 특히 그 규모가 작을 때에는 다중으로 작용하는 상위성의 상호작용 효과를 덜 받기 때문에 조상의 표준으로부터 더 크게 벗어날 수 있게 된다. 그리고 이때 창시자 개체군은 새로운 환경을 마주하게 되어 새롭고 더 커진 선택 압력에 노출

214 N. Eldredge and S. J. Gould, 'Punctuated Equilibria : An alternative to phyletic graudualism,' in T. J. M. Schopf and J. M. Thomas (eds.), *Models in Paleobiology* (San Francisco : Freeman, Cooper, 1972).

215 Stephen D. Krasner, 'Sovereignty : An Institutional Perspective,' *Comparative Political Studies,* Vol. 21, No. 2 (July 1988), pp.78-80.

된 결과로 급격하게 새로운 종으로 변모해나갈 수 있다. 이와 같은 국지적이고 격리된 개체군과 그와 같은 주변 종 분화에 의해 형성된 새로운 종이 화석 기록에서 발견될 가능성은 적다. 비록 이 종분화적 과정에서 개체군의 연속성이 완전하다 하더라도 화석 기록으로는 배우 빈약하게 남게 되고 그 결과 마치 '도약진화'(saltation)가 일어난 것처럼 보이게 된다는 것이다. 즉 종 분화적 진화는 모든 단계에서 점진적인 개체군적 과정임이 강조된다.[216]

② 대절멸(mass extinction)

지질학적 시간 척도상 매우 짧은 시간에 걸쳐 생물상(biota)의 큰 부분이 소멸하는 이른바 '대절멸'이라는 현상이 벌어질 수 있다. 가장 유명한 사례로서는 백악기 말기에 일어난 공룡의 절멸이 있다. 소행성의 지구충돌의 충격에 의한 먼지구름의 확산과 그로 인한 먹이사슬의 전면적인 파괴가 그 원인으로 추정되고 있다.[217] 그러나 페르미안 말기(End-Permian)의 재앙은 당시의 생존하는 종의 95%를 절멸시킨 것으로서 그것은 소행성 충돌의 충격이 아니라 기후의 변화 또는 지구 대기권의 화학적 구성의 변화에 기인하는 것으로 되어 있다. 이런 점에서 우리는 지금 인간에 의해 저질러지고 있는 서식지의 파괴와 환경의 오염을 통한 또 다른 대량 절멸의 시대에 살고 있다는 전망도 가능해진다.[218]

③ 진화적 신형질(evolutionary novelties)의 기원

진화의 과정에서는 이미 존재하고 있는 구조는 행동의 변화로 말미

[216] E. Mayr, *op. cit.*, pp.192-193.
[217] Walter Alvarez, *T. Rex and the Crater of Doom* (New York : Vintage Books, 1997).
[218] E. Mayr, *op. cit.*, p.202.

암아 추가적인 기능을 획득할 수 있고, 또한 이 새로운 기능이 궁극적으로 원래의 구조를 진화적 신형질로 변경시킬 수 있게 되는데 이 과정은 두 가지 방법으로 이루어질 수 있다.

첫째로 '기능의 강화'가 있다. 점진적인 진화적 변화에 있어서는 그것이 비록 정량적인 차이의 누적으로 지속되지만 어떤 막바지에 이르면 기능의 강화로 최초의 조상과 너무나 큰 차이를 보일 수 있게 된다. 예를 들어 포유류의 앞다리를 생각해 보자. 일반적으로 앞다리는 걷는데 맞추어 적응해왔다. 그러나 두더지나 그밖에 땅속에 사는 동물들의 앞다리는 삽처럼 흙을 파도록 적응해왔고, 원숭이나 유인원처럼 나무에 사는 포유류의 앞다리는 뭔가를 꽉 쥘 수 있도록, 그리고 수중 포유류는 헤엄치는 물갈퀴로 적응해왔다. 기존의 잠재되어 있던 기능이 확대된 것으로 볼 수 있으며 이른바 '기능의 강화'의 사례가 된다.

둘째로 '기능의 변화'(change of function)가 있다. 기존 구조의 기능이 변화함으로써 새로운 기관이 획득될 수 있는 경우이다. 그리고 이러한 변화가 일어나기 위해서는 새롭게 획득되는 기관이 예전의 기능과 새로운 기능을 동시에 수행할 수 있어야 한다는 점이 강조된다. 원시 조류의 날개는 처음에는 활강하는데 쓰이다가 결국에는 퍼덕거리며 나는 기능을 갖게 되었다. 물벼룩이 헤엄치는데 쓰는 물갈퀴는 원래는 촉수(감각기관)였으며 지금도 여전히 촉수의 기능을 수행한다. 그러나 이제는 운동기관으로서의 기능도 수행한다.[219]

④ 공진화(coevolution)와 공생(symbiosis)

두 종류의 유기체, 예컨대 포식자와 먹잇감, 숙주와 기생생물, 꽃식물

---

[219] *Ibid.*, p.207.

과 꽃가루 매개자가 상호작용할 때마다 각각은 상대방에게 선택의 압력을 주게 된다. 예를 들면 먹잇감은 포식자를 피하는 보다 훌륭한 도피메커니즘을 개발할 수 있고 이로 인하여 포식자의 공격메커니즘을 더욱 향상시켜줄 수 있다. 결과적으로 두 유기체는 함께 진화하는 '공진화'를 겪게 된다. 꽃가루 매개자 동물은 나비든, 곤충이든, 새든, 박쥐든 간에 숙주식물의 꽃에 적응해서 진화하게 되고 한편 이 꽃들 역시 수분이 더욱 성공적으로 일어날 수 있도록 진화한다. 자연에서 일어나는 모든 종류의 공생과 상호주의는 모두 자연선택에 의해 공진화를 겪는다고 볼 수 있다.

식물 종들은 초식동물로부터 자신을 방어하기 위하여 알카로이드(alkaloids)와 같은 온갖 종류의 독성 화학 물질을 생산해낸다. 또한 초식동물들은 그런 독소를 해독하는 효소를 만들어냄으로써 문제를 극복한다. 식물은 그에 대한 반작용으로 또 다른 화학물질을 만들어내게 되면 초식동물은 다시 이 새로운 독소와 싸울 수 있는 새로운 해독 효소를 개발해낸다. 이처럼 주거니받거니 하는 일련의 상호작용을 '진화적 군비 경쟁'(evolutionary arms race)으로 부르기도 한다.[220]

한편 두 종류의 유기체간에 서로 협력이 이루어져서 도움을 주고받는 '공생'(symbiosis)도 있다. 균류와 조류의 체제로 이루어지는 지의류는 자주 인용되는 공생의 사례가 된다. 세균 사이에는 공생이 널리 퍼져있는 것을 볼 수 있으며 그 결과 완전한 세균공동체가 진화되기도 한다. 예를 들어 토양 세균의 공동체에서는 제각기 다른 세균들이 서로에게 유용한 대사 산물을 생산해낸다. 지구의 생명 역사에서 가장 중요한 사건인 최초의 진핵생물(eukaryotes)의 출현은 진정세균과 고세균의 공생에

220 *Ibid.,* p.210.

서 비롯된다. 두 세균의 공생은 결국 키메라를 형성했고, 그후 공생하는 홍색세균을 통합해서 미토콘드리아를 형성하고, 식물의 경우 남세균을 편입해 엽록체를 생성하는 등의 추가적인 사건이 일어난 것으로 되어 있다. 그외 다른 세포소기관 역시 공생자에서 비롯되었다고 본다.[221]

⑤ 이타주의(利他主義, altruism)

동물의 세계에도 자기를 희생하여 남을 돕는 '이타주의'가 발견된다. 포식자의 공격으로부터 자기 집단을 보호하기 위한 의타적 반응을 비롯하여 남의 재생산을 위하여 스스로의 재생산을 희생하는 협력적 번식, 식량나누기에서의 자기희생, 심지어 같은 종 사이에서 지나친 희생을 지양하고자 하는 극히 의식화된 전투, 투항, 특사 등 동물들의 다양한 행동에서 나타나는 의타주의는 새로운 연구 분야로 부상된다.[222] 이러한 이타주의를 몇 가지로 나누어 정리해볼 수 있다.

첫째로 자손에 대한 이타적 행동이 있을 수 있다. 이러한 행동이 자연선택되었으리라는 것은 의심의 여지가 없다. 자식의 행복과 생존을 위해 행하는 부모의 모든 행동은 부모 자신의 유전자형에게 이로운 행동이 된다.

둘째로 가까운 친척에 대한 이로운 행동이 있다. 이른바 '친족선택'(kin selection)으로 불리는 이 이타적 행동은 혈연으로 맺어지는 친족들이 서로 협력하고 이타적인 혜택을 줌으로써 그들의 친족 네트워크 전체의 평균 유전적 적합성을 증대시킨다. 그리고 이때 개인적인 적합성은 오히려 감소될 수도 있다. 가장 중요한 조건으로서는 그들 친족들이 집단 전체에

221 *Ibid.,* p.212.

222 Edward O. Wilson, *Sociobiology : The New Synthesis* (Cambridge, Mass. : The Belknap Press of Harvard Univ. Press, 2000), pp.121-129.

이득이 되도록 공동으로 움직이며 서로가 가깝게 접촉을 유지한다는 점이다. J. B. S. Haldane(1932)은 가까운 친족에게 주는 도움은 시혜자 스스로의 적합성을 강화시키는데 기여한다는 사실을 지적했다. 가까운 친족들은 그의 유전자형의 일부를 공유하고 있기 때문이다. William D. Hamilton(1964)은 Haldane의 원리를 군집생활을 하는 하이페놉테라(hypenopera)에서 계급이 존재한다는 사실에 적용함으로써 그 결론의 정당성을 입증했다.[223]

셋째로 같은 사회집단의 구성원들 간의 이타주의도 생각해볼 수 있다. 사회집단은 확장된 가족의 구성원뿐만 아니라 외부로부터의 이주자들과도 함께 구성된다. 원래의 구성원들은 이러한 이주자들이 추가적인 노동력 제공, 잠재적으로 새로운 유전자의 제공 가능성 등으로 이들이 집단을 더욱 강화시켜줄 것을 알기 때문에 이들에게 관용을 베풀 수 있다. 실제로 동일한 사회집단의 모든 구성원들 사이에서 우호적이고 협동적인 느낌이 형성되는 것은 자연선택에 의해 선호된다고도 볼 수 있다.[224]

다섯째로 '호혜적 이타주의'가 있다. Robert I. Trivers(1971)에 의해 제시된 이 패러다임은 곤경에 처한 자를 구출해주는 '좋은 사마리아인'(good Samaritan)의 행동이다. 물에 빠진 사람을 건져주는 이타적 행위는 언젠가 혜택을 받은 자가 응분의 보상을 하리라는 기대가 깔려 있다는 점에서 이기적인 측면도 있으나 많은 경우 그러한 보상 기대가 실현됨으로써 호혜적인 성격을 띤다. 발달된 인간의 세계에서는 만약 구제받은 자가 배은망덕한 경우 그것은 사회적인 비난의 대상이 되기 때문에 자연선택은 '호혜성'의 방향으로 가닥을 잡게 될 수 있다. 인간의 행위에서

---

223 *Ibid.*, pp.117-118; E. Mayr, *op. cit.*, pp.257-258.

224 Mayr, *op. cit.*, p.258.

는 이러한 호혜적 이타주의가 무수히 발견될 수 있으나 동물의 세계에서는 상호관계가 지속적이지 못하고 또한 도움에 대한 기억력의 문제도 있고 해서 이러한 호혜적 이타주의를 기대하기는 힘들다. 다만 매우 지능적인 원숭이나 침팬지, 긴팔원숭이, 아프리카 들개, 이리 등에서 어느 정도의 음식을 둘러싼 호혜적 행위가 발견된다.[225]

2. 사회과학과 진화이론

진화이론은 Darwin에 의해 자연현상의 설명에서 출발하였기 때문에 이것이 사회현상의 설명에 적절히 수용될 수 있을 것인가는 꾸준한 논의의 대상이 될 수 있음은 당연하다. 여기서는 사회과학의 방법론과 관련하여 진화이론이 사회과학의 영역에서도 이론적 구성의 적절한 방편이 될 수 있다는 입장을 정리해보고자 한다.

(1) **기능주의와 합리적 선택의 재구성** : Alexander Rosenberg

A. Rosenberg는 자연과학의 방법론이 사회현상의 연구에도 그대로 적용될 수 있다는 자연주의를 대표한다. 그리고 자연주의의 연구방향은 물리학보다는 생물학에 무게를 두어야할 것을 제안하고 나선다. 사회과학 분야에서 인간의 목적이나 의도에 초점을 두는 연구로서 기능주의나 인간 스스로의 이익을 극대화하고자 하는 합리적 선택이론 등은 생물학적 접근, 특히 다윈주의로 보완될수록 이론적 구성의 질이 높아질 수 있다고 제안하고 나선다.

---

225 E. Wilson, *op. cit.,* pp.120-121.

우선 기능주의의 진화론적 재구성을 살펴보기로 한다. 예를 들면 추위가 오면 남쪽으로 날아가는 철새의 경우 그것은 어떤 목적을 달성하기 위한 의도적인 행동으로 보이지만 남쪽으로 날아가는 철새들만 살아남고 재생산되도록 자연선택되어 유전적으로 프로그램되었고, 그렇지 못한 철새들은 살아남지 못하게 자연선택되었다는 설명이 보다 설득력이 있다는 것이다. 즉 목적론적 설명은 자연선택에 의한 진화론적 설명으로 재구성될수록 그 내용이 충실해질 수 있다고 주장한다. William Harvey는 심장 고동의 기능, 즉 목적은 혈액순환에 있다는 발견으로 유명하다. 즉 혈액순환은 영양을 공급하고 체내의 찌꺼기를 제거하는 결과를 가져옴으로써 척추동물의 생존과 재생산에 공헌한다는 것이다. 그런데 이러한 기능적 설명은 '결과'를 가지고 원인을 설명하는 형식이 되어버린다. 결과는 선행조건을 만들어낼 수 없을 뿐만 아니라 그것을 설명할 수가 없다. 결국 생물학의 해법으로서 진화의 메커니즘(mechanism of evolution)에 호소하는 방법이 등장하게 된다. 즉 진화의 과정에서 혈액순환을 촉진하게 되는 심장의 형태에 있어서의 무작위 변이가 선택되게 되는데 이는 선택된 심장형태가 척추동물의 생존과 재생산에 적합성을 나타냈기 때문인 것으로 설명된다. 계속적인 변이의 선택을 거쳐 현재와 같은 적응된 디자인을 만들어내었다는 진화론적 설명이 된다. 사회현상을 설명하는 데도 이러한 '자연선택'의 논리는 그대로 적용될 수 있다. 사회제도도 무수한 변이를 보이면서 다양한 결과를 만들어낸다. 그중 어떤 것은 적응적이고, 어떤 것은 비적응적이거나 또한 어떤 것은 중립적인 것도 있을 수 있다. 그리고 적응적인 제도를 가진 사회는 번성하고 비적응적인 경우는 소멸되고 중립적인 경우는 다른 적응적인 제도와의 경쟁에서 밀리기도 한다. 계속적인 '변이'와 '선택'을 통해서 오늘날의 제도들을 가진 사회가 출현했다고 볼 수 있으며 이와 같은 '인과적 설명'이야말로 기능적 분석을 보다 완전한 것으로 만들 수 있다고 주장한다.[226]

한편 '합리적 선택 이론'(rational choice theory)도 진화론적 설명으로 보다 설명력을 높일 수 있다. 죄수의 딜레마의 경우 두 죄수들은 서로 침묵을 지켜 협력하는 것보다는 범죄를 고백하여 변절하는 것이 우월전략이 되는 것이다. 그러나 이 죄수의 게임을 반복적인 게임으로 바꾸어 실행해보면 행위자들은 변절 전략보다는 보다 나은 전략이 있는 것으로 나타나게 된다. Robert Axelrod는 죄수의 딜레마 게임의 반복적인 컴퓨터 모델의 작동에서의 최선의 전략은 '맞받아 쏘아붙이기'(tit for tat : TFT)임을 발견했다.[227] 즉 처음에는 협력해라, 그리고 그 다음에는 전번 게임에서 상대방이 취한 것을 택하라. 만약 게임 1, 또는 게임 n에서 상대방이 변절했으면, 즉 당신의 협력에 무임승차하려고 했다면 게임 2, 또는 n+1에서 당신은 협력을 거부하고 변절을 택하라는 것이다. 만약 n+1에서 상대방이 협력으로 바뀌면 당신도 협력으로 돌아가라는 것이다. 결국 이러한 반복적 게임에서 TFT는 언제나 승리하는 전략으로 나타난다는 것이다. 즉 TFT에 의한 조건적인 협력 전략이 반복적 게임에서는 이기는 전략으로 선택된다는 것이다. 이 전략은 첫째로 협력을 앞세움으로써 보기에도 좋고, 둘째로 상대방의 변절에 보복적으로 나간다는 명분이 있고, 셋째로 상대방에게도 분명한 입장을 밝혀준다는 장점이 지적 된다. Rosenberg는 이러한 '조건적 협력'이 반복적인 죄수의 딜레마와 같은 상황에서는 가장 적합한 전략이라는 점을 부각시키고 있으며 이러한 전략이 강화되고 선택되어 협력적인 성향을 만들어나갈 수 있다고 보고 있

226 Alexander Rosenberg, *Philosophy of Social Science*, Third Ed. (Boulder, Co : Westview Press, 2008), pp.69-70, pp.165-166.

227 Robert Axelrod, *The Evolution of Cooperation* (New York : Basic Books, 1984).

다. 비단 인간의 상호 협력뿐만 아니라 공평성, 평등과 같은 바람직한 성향들은 개인들이 택하는 다양한 전략들에 자연선택이 이루어지면서 형성되어 나가는 것을 알게 되며 이러한 과정은 진화이론으로 보다 설명력을 높일 수 있다고 주장한다.[228]

(2) 유전적 결정론과 환경중시론

사회적으로 의미 있는 어떤 특질들이 유전적 통제 하에 있기 때문에 발전이나 표현 면에서의 환경적 조건에도 불구하고 불변한 것으로 파악하는 입장을 가리켜 '유전적 결정론'이라고 부른다. 이러한 유전적 결정론은 인간의 뇌 속에는 구체적인 영역에서 당면하는 문제들을 능률적으로 해결할 수 있는 정신적 모듈이 자리하고 있어 환경으로부터의 정보와는 관련이 없는 유전적 성격을 띠는 것으로 전제한다. 인간의 인지적 모형과 관련해서도 언어학습의 모듈(language-learning module)이 환경의 영향을 안 받는 본유적인 특성으로 파악되면서 언어학이나 심리학에서 폭넓은 지지를 받고 있다. 인간의 마음속에 자리 잡고 있는 이러한 본유성(本有性)이나 선천성이 주창되면서 사회생물학자, 진화심리학자, 행태생물학자들과 이에 맞서 환경의 중요성을 강조하는 행태주의자, 학습이론가, 환경결정론자들 간에는 열띤 논쟁이 계속된다. 대체로 '선천론'(先天論)은 사회적 관습이나 규범에 관한 특질들이 유전적으로 고정되어 있으며, 유전적 암호화와 국지적 환경에의 오랜 선택을 통한 적응의 산물로 파악된다. 따라서 이러한 특질을 제거하고자 하는 시도는 사회적으로 유해하거나 또는 불가능한 것으로 받아들이게 되며, 사회는 이러한 특질이 지속되는데 대하여 싫든 좋든 방임하는 방향으로 가야 한다는 주장으로

228 A. Rosenberg, *op. cit.*, pp.173-181.

이어질 수 있다.[229]

그러나 이러한 유전적 결정론은 환경에서 오는 작용력을 외면한다는 비판을 면할 수 없다. 예를 들면 어린아이들의 페닐케톤 요증(phenylketonuria)은 신진대사의 선천적인 오류로서 비록 유전적 결함으로 보이지만 환경의 간단한 조작, 즉 페닐알라닌(phenylalanine)으로부터의 격리로서 쉽게 치유될 수 있는 증상임이 밝혀진다. 이 요증은 오히려 독립적인 환경적 요인에서 오는 것이며 유전적으로 결정되는 것이 전혀 아닌 것으로 밝혀진다. IQ 연구만 하더라도 지능의 유전적 결정론을 완전히 뒤집는 연구결과들로 매듭되고 있음은 잘 알려진 사실이다.

사회현상의 설명에 다윈 이론(Darwinian theory)을 적용하는데 있어서 고려되어야할 점은 유기체의 표현적 특질은 유전과 환경의 공동 산물이라는 사실이다. 환경적 변이는 비록 똑같은 유전적 계승의 표현적 결과의 변이를 결정하는데 있어서도 상당한 역할을 한다는 점이 폭넓은 인정을 받고 있다. 분명히 어떤 유전적 특질은 여러 다른 환경에서도 생존할 수 있는 특성을 보여준다. 즉 똑같은 표현형이라도 서로 다른 환경적 조건하에서는 상이하게 관찰되는 특질을 나타내는 경우가 많기 때문이다. 예를 들면 같은 나비의 종에서도 겨울에 번데기가 되면 검은 색깔이 되고 봄에는 엷은 색깔이 된다. 유전자의 암호화로 나타나는 특질은 환경에 상응하여 구체화되는 것으로 이해되어야 한다는 것이다. A. Rosenberg는 모든 표현형이 유전자와 환경의 공동산물이라는 점을 강조하고 있으며, 어떤 특질과 관련되는 '본유적 특성'의 정의에 있어서는 언제나 환경의 역할을 수용해야할 것을 강력히 주장한다.[230] 환경이 표현성 창출에

---

229 *Ibid.,* pp.181-186.
230 *Ibid.*, pp.190-192.

있어서 차지하는 역할과 비중을 인정하게 되면 사회적 특질의 성격과 그 지속에 관련되는 문제에 있어서는 사회정책면에서의 수동성이나 방관주의보다는 환경을 통한 개선과 개혁의 타개책이 보다 권장되는 방향이 될 수 있다.

(3) **문화적 진화**(cultural evolution): **'멤'**(meme)

인간의 문화적 변화를 다루는 진화의 메커니즘을 생각해볼 수 있다. 생물학적 진화에서의 유전자와 같은 기본단위의 존재를 인간의 문화적 진화에서도 생각해볼 수 있다. 여기서 Richard Dawkins의 '멤'(meme)이 문화적 진화의 기본단위로 등장하게 된다. '멤'은 문화적 전달의 기본 단위로서 '모방'을 가능하게 만드는 단위이기도 하다. 곡조, 아이디어, 표어, 의류패션, 도자기 만들기나 아치건설 등이 그 예가 될 수 있다. 마치 유전자가 정액이나 알을 통하여 신체와 신체 사이를 뛰어다니면서 유전자 풀(gene pool) 속에서 전파되어 나가듯이 '멤'도 인간의 뇌와 뇌 사이를 뛰어다니는 모방의 과정을 통하여 '멤 풀' 속에서 전파되는 것으로 전제된다.[231] 이러한 멤에 의한 문화적 진화는 그 전달의 역사면에서 비유전적 매체이며, 유전자의 경우는 유기체가 그 전달의 수단이지만 '멤'에 있어서는 그림이나 책, 특정한 언어로 표현되는 속담 등이 전달의 수단이 된다. 또한 인간의 정신은 한정된 보급에 의존하게 되고 멤의 수용능력에도 한계가 있기 때문에 멤이 인간의 정신 속으로 들어가기 위해서는 상당한 경쟁이 불가피하게 된다. 따라서 이러한 경쟁은 정보영역의 주요 선별력이 될 수밖에 없다. 그리고 이러한 멤 간의 경쟁은 일종의 군비경쟁을 방불케 할 수 있는데 그 과정을 걸러내는 '필터의 구조'(structure of

---

231 Richard Dawkins, *The Selfish Gene* (Oxford : Oxford Univ. Press, 197), p.206.

filters)로서는 예를 들면 학계의 경우 특수 저널, 평론잡지, 고전연구 선집 등이 있을 수 있다.[232]

'멤'이 복제가 가능하여 어떤 주어진 '멤 형태'(meme-type)를 정확히 복사할 수 있다면 문화적 진화에 관한 다윈 이론의 기초를 마련할 수가 있다. 즉 서로 다른 인간들의 머릿속에 있는 멤이 다른 사람들의 머릿속의 멤의 정확한 복사가 된다면 자연선택의 메커니즘이 작동될 수 있게 된다. 멤의 복제력이 우리들의 적합성에의 공헌 여부를 가늠하게 만들 수 있기 때문이다. 적합성 여부의 판단은 매우 어려운 문제이긴 하지만 대체로 우리들이 멤에 대한 존경이 하나의 기준이 될 수는 있다. 협력이라든가 음악, 글쓰기, 달력, 교육, 환경적 인식, 군비축소 등을 비롯하여 죄수의 딜레마의 특정 멤, 피가로의 결혼(The Marriage of Figaro), 모비딕(Moby Dick), 재생가능 병, SALT 군축협의 등은 우리들의 관점에서 좋은 멤이 될 수 있다. 고전 필름의 색채화, 텔레비전 광고, 정치적 정확성의 이상 등은 다소 논쟁의 여지가 있지만 참아야하는 것들이고, 반유태주의(anti-Semitism), 비행기 납치, 컴퓨터 바이러스 등은 매우 해로운 것이고 좀처럼 없애기 힘든 것들이다.[233]

3. 정치학의 연구동향

진화이론의 정치학에서의 연구동향은 극히 최근의 일이고 또한 그 적용 사례도 비교적 한정된 연구소재에 머무르고 있어 체계적인 파악이

---

232 Daniel Dennett, *op. cit.*, pp.345-351.
233 *Ibid.*, pp.362-363.

쉽지 않다. 여기서는 최근에 시도되는 대표적인 몇 가지 사례들을 요약 정리해보기로 한다.

(1) 국가 : 정책과 관행

네오 마르크스주의의 전통에서는 상부구조로서의 국가란 이데올로기적 장치나 각종 시책을 통하여 자본주의적 생산양식을 재생산하는 주요 기능을 수행하는 것으로 이론화된다. 특히 국가가 자본주의의 주기적인 위기의 고비들을 규제하면서 자본의 장기적인 이익을 증진하게 되어 있다는 것이다.[234] 그런데 최근에 이르러 이러한 자본주의국가의 기능주의적인 설명이 진화이론으로 재구성되면 보다 설명력이 높아진다는 주장에 무게가 실린다.

Hugh Ward는 자본주의 국가의 기능적 측면을 다루되 자본주의의 위기적 대응과 관련되는 국가의 정책이나 관행에 초점을 두는 진화론적 설명을 시도한다.[235] 그는 우선 자본주의의 주기적 위기는 정치적, 경제적 변환의 주요 동력을 제공한다는 전제에서 출발한다. 자본주의적 축적과 관련되는 위기는 경제적, 정치적 엘리트들의 안정을 위협하게 됨으로써 이들이 경제성장을 증대시킬 수 있는 적절한 정책들을 추진하게끔 만든다는 것이다. 위기에 대한 해법은 시행착오의 과정이 될 수밖에 없고 정책 담당자들은 암중모색의 과정을 거치면서 다양한 대응책을 내놓게 된다. 결국 수많은 해법들이 정치적 시장에 쏟아져 나오게 되자 선택

---

[234] Louis Althusser, *Lenin and Philosophy and Other Essays* (New York : Monthly Review Press, 1971), pp.137-155; Nicos Poulantzas, *Political Power and Social Classes* (London : New Left Books, 1974), pp.287-288.

[235] Hugh Ward, 'The possibility of an evolutionary explanation of the state's role in modes of regulation,' in J. Stanyer and G. Stoker (eds), *Contemporary Political Studies,* 1997, Vol. 1 (Exter: PSA); Hugh Ward, 'Evolution and regulation : economism rediscovered,' *Essex Papers in Politics and Government,* No. 64(1989).

메커니즘이 작동하여 가장 적합한, 또는 가장 성공적인 것이 살아남고 그렇지 못한 것은 탈락하게 된다. Ward에 의하면 구조적 제약과 선거과정이 '선택적 압력'으로 작용하면서 참신한 기술적 패러다임에 적합한 정책이나 관행에 보상을 가져오게 된다고 보고 있다. 일단 어떤 정책이나 관행이 보상을 받게 되면 그것은 강화의 단계로 이어진다. 그리고 정치인들은 가장 많이 보상을 받는 정책이나 기술적 혁신을 선택하게 된다. 뿐만 아니라 정치인들이나 정책담당자들은 시행착오의 학습과정을 거치면서 그들이 당면하는 환경의 특성을 알게 되고, 또한 보상을 받게 될 정책적 적응의 형태들을 심도 있게 파악할 수 있게 되면서 정책들이나 관행들이 진화론적인 궤도에 계속적으로 정착되어 나가도록 만들 수 있다는 것이다.

(2) '단속 평형'과 정치적 변환

Colin Hay는 종분화적 진화에서 등장한 '단속평형'의 개념을 정치적 변환의 현상에 적용하고 있다. 즉 정치적 변화가 점진적인 특성보다는 급격한 변화나 불연속성을 띠는 경우를 다루는데 있어서는 N. Eldredge와 S. Gould의 '단속평형론'이 적절한 모형이 될 수 있다고 보고 1970년대의 영국 정치의 급격한 제도적 개혁의 과정에 이 모형을 적용해보고 있다.[236]

1970년대의 서부 유럽은 포드주의(Fordism)와 케인즈적 복지국가(Keynesian welfare state)의 위기가 다가옴으로써 지속적인 경제성장과 정치

---

[236] Colin Hay, 'The "crisis" of Keynesianism and the rise of neo-liberalism in Britain : an ideational institutionalist approach,' in J. L. Campbell and O. K. Pedersen (eds), *The Second Movement in Institutionalist Analysis* (Princeton NJ : Princeton Univ. Press, 2001); Colin Hay, *Political Analysis : A Critical Introduction* (New York : Palgrave, 2002).

적 안정 및 정책적 계속성이 크게 흔들리는 국면을 맞이하게 된다. 그러나 이 위기는 영국의 경우 Thatcher 수상이 이끄는 국가 행위자들의 통화주의와 신자유주의의 새로운 정책패러다임의 관철로서 해결의 실마리가 풀리게 된다. 전후의 상당 기간에 걸쳐 정착된 케인즈적인 복지국가의 패러다임이 무너지고 통화주의를 근간으로 하는 균형예산과 민영화, 그리고 강성노조의 유연화 등을 내용으로 하는 과감한 제도적 개혁으로의 대대적인 변환이 이루어진다. 그리고 이 정책적 변환은 오랜 시일이 걸리는 점진적인 것이 아니라 비교적 단시일 내에 급격하게 이룩한 단속평형의 성격을 띤다는 것이 Hay의 주장이다.

단속평형의 변환과정은 비교적 지엽적인 제도적 변화만을 내용으로 하는 상당한 기간이 지속되다가 체제의 위기감이 몰고오는 급격하고도 격렬한 변환이 이루어지는 불연속적인 정치적 시간개념이다. 상대적인 평온이 지배하는 오랜 기간에는 변화란 극히 느린 것이지만 위기가 다가서는 순간에 있어서는 지금까지의 '통치 패러다임'은 극도의 좌절감을 야기시키면서 강력한 대안의 등장을 요구하게 된다. 이때 지금까지의 콘센서스(consensus)가 무너지고 새로운 것으로 바뀌는 과정은 그 변화의 속도가 빠르게 마련이어서, 케인즈적 복지국가의 이상이 통화주의나 신자유주의적인 정책적 대안으로 급격히 변환된다는 것이다. 그리고 Hay는 이 과정이 '단속평형'보다는 오히려 '단속 진화'로 불리는 것이 바람직하다고 제안한다.[237]

(3) 정책적 멤(policy memes)의 진화 : 아이디어와 이해

문화적 진화의 기본단위로서의 '멤'(meme)이 정치 세계의 아이디어와

[237] C. Hay, Political Analysis, *op. cit.,* pp.162-163.

이해의 상호작용을 설명하는데 한몫을 하게 된다. P. John은 정책과 관련되는 다양한 아이디어들이 서로 경합하면서 정책적 현안의 해결에 선택되는 진화론적 설명을 시도하게 되는데 이때의 '아이디어'는 R. Dawkins의 '멤'에서 그 이론적 근거를 찾고 있어 관심을 모으게 된다.[238]

우선 그는 '아이디어'를 두 가지 형태로 나누고 있는데 일차적 아이디어란 문제와 관련되는 구체적인 제안이나 해법을 뜻하고 이차적 아이디어란 보다 광범위한 이데올로기적 선호를 지칭한다. 또한 '이해'의 경우는 첫째로 행위자가 특정한 행동추구에서 얻게 되는 지각된 이득이 있고 둘째로는 개인이 가지는 넓은 선호나 욕구가 있는 것으로 분류된다.[239]

진화론의 시각에서 보면 어떤 시점에서의 정책적 문제의 경우 언제나 아이디어와 해법이 서로 경쟁하는 상황을 전제하게 된다. 경쟁적인 정책적 아이디어는 시행착오의 학습과 우발적인 사건으로 나타나기 마련이다. 그러나 모든 아이디어는 선택적 압력이 작용함으로써 어떤 아이디어를 선호하게 되는 특정한 환경 속에서 치열한 생존 경쟁을 벌리게 된다는 사실이 중요한 의미를 가진다. 그리고 이러한 아이디어의 생존경쟁을 좌우하는 것은 '이해'(interests)의 상호작용이 되는데 이해는 어떤 아이디어를 선별하여 그 계속적인 생존을 지속시켜 줄 수가 있다. 이해는 행위자들의 아이디어 경쟁을 통하여 또는 다른 이해와의 협력을 통하여 그 생존을 달성할 수 있도록 행위자들의 행동을 수정할 수도 있다.

John에 의하면 정책의 결정과 관련하여 어떤 아이디어는 복제되고

---

238 P. John, *Analyzing Public Policy* (London : Cassell, 1998); P. John, 'Ideas and interests; agendas and implementation; an evolutionary explanation of policy change in British local government finance,' *British Journal of Politics and International Relations* 1: 1(1999), pp.39-62.

239 P. John (1999), *op. cit.*, p.42.

또한 어떤 아이디어는 복제되지 못하게 되는 정책적 변화의 진화를 결정하는 '선택메커니즘'이 있다는 것이다. 모방을 통하여 복제되고 경쟁을 통하여 살아남는 어떤 아이디어 또는 정책적 제안을 지칭하기 위하여 그는 R. Dawkins의 '멤'이라는 개념의 적용을 제안한다.[240] 시간이 경과함에 따라 새로운 '정책적 멤'(policy memes)이 현존하는 아이디어의 독점에 도전한다. 그리고 여러 '이해'들이 이러한 정책적 멤을 확산시키고 증식시키게 되면 편승효과가 발생하면서 기존의 정책적 멤을 뒤집어버린다. 그러나 여기서 고려되어야 할 점은 아이디어란 보다 광범위한 정치적 환경, 특히 현존하는 권력관계에 많이 좌우된다는 사실이다. 결국 어떤 아이디어의 선택은 맥락 의존적이며, 여론이라든가 미디어의 반응, 현존하는 권력 엘리트의 믿음과 같은 외부적 요인들의 제약을 받게 된다. 그리고 이러한 선택메커니즘 자체가 시간이 경과함에 따라 진화된다는 것을 알아야 한다. 어떤 경우에는 여론이 정책형성에 중요한 영향을 미치고, 어떤 경우에는 이데올로기적 심의, 또는 제도적 편견이 정책적 멤의 발전에 상당한 작용을 미칠 수 있다.

(4) 공공재(public goods)의 형성

공공재(公共財)란 집단의 구성원 모두에게 도움을 주는 재화를 뜻한다. 무료 야외음악회라든가 등대와 같이 어느 한사람의 이득이 다른 사람의 손해가 되는 일이 없고 또한 어느 누구도 그 이용에서 제외되지 않는 공공의 시혜물을 지칭한다. 정치학에서는 외세로부터 스스로를 방어해주는 국방이라든가 모든 사람에게 혜택이 돌아가는 공교육과 같은 것이 그 대표적인 사례가 될 수 있다. 이러한 공공재의 형성은 인간의 이타심

---

240 *Ibid.,* pp.43.

이나 상호이해가 전제되는 사회적 협력의 결과로 가능해진다. 그리고 이 과정은 집단 구성원의 다양한 전략적 상호작용이 선택 메커니즘에 의한 진화과정의 결과로 파악될 수가 있다. 공공재 형성의 과정을 정치현상과 관련시키는 David Goetze의 연구를 소개해보기로 한다.[241]

① 공공재 형성: 일방적 공헌과 공동생산

공공재의 형성과 관련하여 두 행위자들(A와 B)의 전략적 상호작용을 전제할 때 어느 일방(A)에게 엄청난 이득을 주는 경우에는 그 행위자의 일방적 공헌으로 형성이 가능해질 수 있으며, 그렇지 못한 행위자(B)의 공헌은 미미한 수준에서 머무를 수 있다. 즉 A가 많은 공헌을 하고 B는 무임승차의 길이 열린다. Goetze에 의하면 미국과 캐나다의 핵 방어망이 이러한 게임의 적절한 사례로 풀이된다. 미국은 북아메리카 전체를 위하여 매우 값비싼 핵우산 방어망을 구축하지만 캐나다의 공헌은 매우 미미한 수준에 머문다. 미국의 경우 일방적인 핵우산의 제공은 매우 큰 이득이 되기 때문에 캐나다의 미미한 공헌에도 불구하고 이를 감수한다는 것이다. 캐나다는 결과적으로 무임승차가 가능하게 된다. 미국은 캐나다에 영향을 미치지 않는 핵 방어망을 구축한다는 것도 쉬운 일이 아니며 또한 그러한 작업은 엄청난 비용과 대가를 지불하게 될 수도 있기 때문에 미국 나름대로의 일방적 공헌에 의한 전 북미대륙을 위한 핵 방어체계를 만들 수밖에 없다는 이야기가 된다.[242]

한편 공공재의 형성은 두 행위자(A와 B)의 공동기여를 통한 생산으로도 가능하다. 〈표 2-6-1〉의 아래-왼쪽의 경우처럼 A가 공헌하고 B는 공

241 David Goetze, 'Public goods, sharing genes, and the formation of large groups,' *Politics and the Life Sciences,* Vol. 26, No. 2 (July, 2008).

242 *Ibid.*, pp.14-15.

헌 안하게 되면 A는 -1을 받지만 B는 0을 받는다. A와 B는 서로 공헌하지 않음으로써 함께 0을 받을 수도 있으나 그보다는 서로 공헌하게 되면 모두가 각각 2를 받는 혜택이 돌아오게 되어 있다. 따라서 양자가 서로 공헌하여 공공재를 생산하여 응분의 이득을 챙기는 것이 균형점(선택 메커니즘)이 될 가능성이 높아진다. 즉 공공재의 공동생산에 대한 유인동기가

〈표 2-6-1〉 공공재의 공동생산 : 한계재화

		A의 전략			
		공헌		공헌 않음	
B의 전략	공헌	A	2	A	0
		B	2	B	-1
	공헌 않음	A	-1	A	0
		B	0	B	0

출처 : David Goetze, *op. cit.*, p.15

높아질 수 있기 때문이다. 주로 관개사업이나 홍수통제처럼 많은 사람들이 참여하여야 하는 '한계 재화'(threshold goods)의 생산이 이에 해당한다.[243]

② 포용적 적합성(inclusive fitness)과 이타심(altruism)

인간은 남을 돕거나 서로 무언가를 나누는 이타심을 가지고 있으며 이를 근거로 자기가 속해 있는 집단에 대한 애착을 갖게 된다. 이러한 인간의 기본성향을 '포용적 적합성'으로 부르기도 한다. 공공재는 이러한 이타심이나 포용적 적합성의 산물이기도 하다. W. Hamilton에 의하면 이타적 유전자는 긴밀한 공동체의 경우 그러한 유전자로 인한 적합성의 증대나 재생산적 성공에서 오는 이득이 그러한 이타적 행동에 필

243 *Ibid.,* p.15.

요한 비용이나 희생을 초과하는 경우 자연선택에 의해 이타적 행동을 확산시키고 강화시킬 수 있다는 것이다.[244]

공교육은 포용적 적합성에 의한 공공재의 성격을 띤다. 사람들은 교육세라는 자기의 경제적 부담에도 불구하고 다른 사람들의 재생산 혜택을 마련해주며, 서로 나눔의 이타심을 실행에 옮긴다. 학교에 다니는 어린이를 갖지 않는 사람들의 경우라도 이러한 포용적 적합성이 없으면 교육세를 낼 유인은 생기지 않는다. 그러나 사람들은 공동체의 구성원으로서 서로가 관계를 맺는 것을 인식하게 된다면 남에게 돌아가는 혜택도 적절한 고려의 대상이 될 수 있다. 공공재의 혜택은 모두에게 돌아가고 사람들은 공동체 구성원 모두의 유전적 공통성을 깨닫게 되기 때문에 공공재의 형성에 공헌(기부)하게 된다는 것이다. 특히 공교육을 통하여 미래 세대, 즉 그들의 후손들이 가지게 될 혜택을 고려하게 되면 포용적 적합성의 혜택은 더욱 축적되어 나간다고 볼 수 있다.

1980년대 동구의 몰락에서 나타난 정치제도의 변환도 포용적 적합성으로 설명이 가능하다. 이들 나라에서 공산주의가 시작될 때만 하더라도 그 이데올로기는 미래가 가져올 풍요한 혜택을 열광적으로 호소하였지만 시간이 경과함에 따라 그러한 기대는 현실이 되지 못했다. 국민들은 이제 미래보다는 현재의 가치를 중시하게 되고 그들의 집단적 충성심을 축소시킴으로써 서구적 정치제도로의 변환을 선택하게 된다. 이 예에서 나타나듯이 인간의 집단적 충성은 증대되기도 하고 축소되기도 하는데 그것은 제도가 마련하는 혜택 여부에 크게 좌우된다는 것을 알 수 있다. 미래의 혜택에 대한 인식에 있어서도 그것이 공허한 것인가, 또는 실현

---

244 W. D. Hamilton, 'The general evolution of social behavior Ⅰ and Ⅱ,' *Journal of Theoretical Biology,* 7(1964), pp.1-52.

가능한 것인가의 판단에 따라 집단에 대한 소속감과 제도적 선택이 좌우될 수 있다는 것이다. 포용적 적합성은 이러한 정치제도의 역사적 변환도 적절히 다룰 수 있는 설명도식임이 분명해진다.[245]

(5) **세계화**

세계화에도 진화론적 설명이 시도될 수 있다. G. Modelski는 최근에 들어서 각별한 관심을 모으는 세계화의 추세는 인류가 걸어온 오랜 역사적 산물(약 1000년)로서 진화론의 자연선택의 메커니즘에 따라 이론화될 수 있다고 주장한다. 그는 우선 세계화란 제도적인 변환임을 전제하고 세계적인 자유무역, 다국적 기업, 세계적 리더십의 지위, 세계적 가버넌스의 역할, 세계적 사회운동과 이데올로기, 현대적 형태의 세계여론 등의 이른바 '지구적 제도'(planetary institutions)의 출현으로 특징화한다. 즉 세계화를 국가나 집체간의 단순한 '연결성'이나 '개방성'과 같은 특성으로만 파악할 것이 아니라 무역, 금융, 사회, 정치적인 다양한 망상으로 전지구적인 규모로 진행되는 제도적인 혁신에 의한 진화의 과정으로 파악될 것을 주문한다.[246]

우선 〈표 2-6-2〉에서 보는 바와 같이 세계화는 AD 930경부터 네 개의 제도적 과정을 거치는 오랜 진화의 역정이 된다. 세계적인 경제, 정치, 공동체, 종합의 네 개의 영역에 걸쳐 탐색, 탐구, 선택, 강화의 단계를 거쳐 결실을 맺는 주요 제도적 혁신으로 이루어진다. 세계경제는 특

[245] D. Goetze, *op. cit.,* pp.17-18; 이 부분에 관한 논의는 R. D. Masters, 'On the evolution of political communities : The paradox of Eastern and Western Europe in the 1990s,' in M. T. McGuire, (ed.), *Human Nature and the New Europe* (Boulder, CO : Westview Presss, 1993) 참고.

[246] George Modelski, 'Globalization as evolutionalry process,' in George Modelski, Tessaleno Devezas and William R. Thompson (eds.), *Globalization as Evolutionary Process : Modeling Global Change* (London : Routledge, 2008), p.11.

화와 분업의 증대로 개선되면서 상업과 산업생산의 구조로 이어졌고 지금은 컴퓨터와 인터넷이 기초가 되는 정보화 시대를 열었다. 세계적인 정치체제 면에서는 당초 제국주의적 실험으로부터 세계적 리더십, 그리고 핵 형성을 거쳐 세계적 가버넌스로 변환되는데 그 과정은 세계적인 문제를 다루는 증대된 능력으로 나타난다. 세계적인 공동체의 측면은 민주적인 기초가 다져지는 과정으로서 세계화는 민주화 없이는 불가능하다는 구호로 받아들여진다. 그리고 이 모든 과정을 한데 묶고 일관성을 부여하는 것은 세계화라는 하나의 종합으로서의 거대한 세계적 사회조직이 된다.[247]

제도적 변환을 가져오는 것은 진화의 메커니즘으로서의 진화적 학습

〈표 2-6-2〉 세계적 제도적 과정(세계화 : 930 - 2300AD)

세계화 기간 : 2000년 단계(phases)	세계적 공동체 기간 : 1000년	세계적 정치적 진화 기간 : 500년 선택(selection)	세계경제의 진화 기간 : 250년
930 세계체제의 출현(회복)	**선행조건**	**제국주의적 실험**	**송(중국)** **획기적인 약진**
		(세계제국의 실패)	**통상 - 항해 혁명**
1430(세계체제의 도표화)		**세계적 리더십**	**세계무역의 틀**
		(세계적 핵형성)	**산업도약** **(take-off)**
1850(세계적 사회조직)	**민주적 세계**	**세계적 조직**	**정보화 시대**
		(2080: 세계적 가버넌스)	
2300		강화	

'열'은 과정을, '행'은 4세대 기간(four generation periods)을 지칭.
기간은 굵은 글씨, 단계는 괄호로 표시됨.
자료출처 : George Modelski, *op. cit.*, p.21.

[247] *Ibid.*, pp.20-21.

의 과정이 된다. 변의, 협력, 선택, 강화의 네 단계를 거치는 학습과 제도적 혁신이 된다. 예를 들면 정치적 진화의 경우 혁신의 묘상으로서 개방되고 세계적인 문제의 파악에 뛰어난 공동체가 구성되어야 하고 경제적인 혁신에 앞서 있으며 세계적인 정치적 영향력의 전개능력이 갖추어지는 것이 그 성공적 조건이 된다. 그리고 선택의 과정으로서는 예를 들면 민주화의 경우 비민주적 형태를 대치하는 과정이 된다. 세계적인 문제에 직면하여 그 해법을 찾아 제도를 고안해내는 탐색과 선택의 과정이 바로 학습 연산방식이 된다고 보고 있다.[248]

세계화는 19세기 중엽(1850)을 고비로 본격적으로 진행되는데 이후의 과정은 행위자 수준에서 보다 구체적으로 검토될 수 있다. 세계적인 민주화, 세계경제, 세계여론의 세 가지 제도적 수준에서 세계화는 공진화(共進化, coevolution)의 역동성을 보인다. 〈표 2-6-3〉에서 보는 바와 같이 민주화에 있어서는 초기의 선도국가들의 경우 1차대전 당시만 하더라도 약 10%의 수준에 머무나 1975년에는 40여개 국가로 증가한다. 1850년 이후로 무정부-허무주의 집단을 비롯해서 1, 2차대전을 거치는 과정에서는 파시즘이나 공산주의와 같은 반민주세력들의 끈질긴 도전, 그리고 1970년대 이후에는 아랍, 이슬람권의 부정적 반응 등도 있으나 장기적으로 볼 때 민주화는 일단 안정기에 접어들었다고 본다. 경제적으로는 K19 파동이 1970년대 미국의 실리콘벨리에서 시작하였으며 그 후의 선택과정을 거쳐 고도성장이 2, 30년 지속될 것으로 예상하고 있다. 그리고 이 파동은 군사적 혁명을 수반함으로써 미국이 고성능 유도 무기로서 전 세계적인 군사적 제어능력을 갖도록 만들었다. 그러나 2000년 이후 K19는 후발경쟁국(중국, 인도, 브라질 등)의 등장과 유럽 및 일본의 재정

---

248 *Ibid,* pp.17-19, p.22.

비 등으로 경쟁이 격화되면서 미국의 상대적 우세는 동요된다. 끝으로 1850년 이후로 형성되어 온 '세계적 여론'(world opinion)의 행위자 수준이 있다. 의견 지도층, 디디어, 세계적 학습의 산물이기도 한 이 수준은 르네상스나 계몽사조에 거슬러 올라갈 수 있으나 21세기에 들어서는 세계적 결속(global solidarity : 1975~2080)의 발견, 정의, 제도화를 증대시키는 세계적 연결로서 구체화되어 나간다고 볼 수 있다. 인류 공유의 지식, 세계적 안전과 인류의 생존에 관한 인류의 공동이해의 인식을 바탕으로 이 여론의 광장은 확대되어 나간다. 이 세계적 여론이야말로 세계화의 지적기초를 마련해주고 세계적 문제들을 밝혀내면서 세계적 의제를 마련해

〈표 2-6-3〉 행위자 수준의 세계화 과정(1850-2080)

	세계체제과정 (기간 : 500년)	세계적 사회운동 (250년)	세계정치의 장기주기 (120년)	K-파동 (60년)
1850	**세계여론** 세계적 문제	**민주화** LC9 - USA 초기 선도자	 의제구성	K17 - **전기-강철** 도약
1878			연합형성	고도성장
1914		민주적 핵심	거시적 결정 : 1차, 2차대전	K18 - **전자-자동차** **-항공** 도약
1945			실행	고도성장
1975	세계적 연결	민주적 이행	LC10 의제형성	K19 -**컴퓨터** **인터넷** 도약 고도성장
2000			연합 형성	
2026		강화	거시적 결정	K20 - 집단적 지능
2050			실행	
2080	세계적 조직	**민주적 공동체**	LC11 의제 구성	

기간은 굵은 글씨; 단계는 작은 글씨. 각 열은 한 과정; 각 행은 한 세대를 지칭.
자료출처 : G. Modelski, *op. cit.*, p.21.

주며, 또한 세계화의 과정을 보다 예측 가능한 것으로 만들 수 있다는 것이다.[249]

(6) 앞으로의 새로운 연구주제

진화이론은 자연과학(생물학)에 바탕을 두는 이론적 구성이기 때문에 사회현상의 설명에 적용되는 경우 그 적절성 여부와 관련되는 불가피한 논의를 거치지 않을 수 없다. 사회과학에서는 자연계의 생물체와는 확연히 차별화되는 인간의 의식이나 믿음이 개재된다는 점이 중요한 의미를 지닌다. 그리고 그러한 차이점을 두고 진화의 과정을 둘러싼 특성과 속도의 문제 등에서도 해석상의 여러 논쟁이 있을 수 있다. 이와 관련된 최근의 논의를 중심으로 앞으로의 연구방향과 관련되는 몇 가지 시사점을 제시해볼 수 있다.

첫째로 진화이론에서는 그 과정의 점진성이 강조되면서 오랜 기간에 걸친 '변이적 진화'가 전제된다. 최근 G. Modelski에 의해 시도되는 세계화의 연구만 하더라도 천년을 넘는 장구한 진화의 과정이 이론화되는 것이 그 적절한 사례가 될 수 있다. 그러나 이러한 연구는 그 설명력 못지않게 진화이론이 경계하는 '본질주의'나 '목적 원인론'과는 거리를 둘 필요가 있다는 점이 강조되어야할 것이다. 또한 진화이론에서는 불연속성이나 '도약진화'는 극히 예외적인 현상으로 취급되고 있지만 사회과학의 적용면에서는 이러한 급격한 변화의 과정은 각별한 비중을 지닌다는 점이 무게를 싣게 된다. 따라서 N. Eldredge와 S. Gould에 의해 제기된 '단속평형'의 모형(1972)은 정치현상의 급격한 변화를 다루는데 매우 적절한 도구적인 의미를 지니게 된다. 위에서 검토된 C. Hay의 영국

---

249 *Ibid.*, pp.25-26.

Thatcher 수상의 통화주의적 정책전환에 관한 연구는 적절한 적용 사례가 될 수 있다.

둘째로 사회과학에서는 항시 인간의 아이디어와 믿음이 개입되는 선택메커니즘이 중요한 비중을 차지하게 되기 때문에 생물학에서의 유전자와 같은 어떤 기본단위를 설정할 필요가 있다는 주장이 나올 수 있다. 즉 R. Dawkins(1976)의 경우 생물학의 유전자와 같이 인간의 생각의 기본단위를 '멤'(meme)으로 설정하고 그 복제의 과정을 다루고자 하는 시도가 된다. 정치학에서도 어떤 아이디어나 정책적 제안을 '멤'으로 정의하고 그것이 모방이나 경쟁을 통하여 복제되어 나가는 과정의 연구가 가능할 수 있다. 위에서 살펴본 P. John의 연구는 어떤 정책적 멤이 기존의 아이디어에 도전하여 그 독점적 지위를 무력화시키는 과정을 다루고 있어 이러한 분야의 연구와 관련되는 새로운 시도로 받아들여질 만하다.

셋째로 진화론의 핵심은 선택메커니즘이다. 정치현상이란 주어진 환경에서 제기되는 문제의 해법을 둘러싼 아이디어와 전략의 문제로 파악될 수 있다면 어떠한 선택의 메커니즘이 작동될 것인가가 가장 중요한 이론적 구성의 과제로 등장하게 된다. 즉 문제해결을 위한 서로 경쟁하는 아이디어와 전략들이 어떻게 선택될 것인가의 문제가 된다. P. Kerr는 이와 관련하여 정치적 행위자와 그가 당면하는 맥락적 환경의 상호작용을 강조하고 있어 관심을 모은다. 행위자는 선거과정이나 여론, 언론매체 등과 같은 맥락적 요인들에 의한 제약에 영향을 받지만 동시에 자신의 전략적 행위를 자성하면서 환경적 제약과의 협상을 실현하기 위하여 스스로의 전략목표를 재구성하는 측면이 강조된다. 따라서 선택의 과정은 제도적, 담론적 환경의 측면에서 어떤 구체적인 정치적 전략에 대한 선택적 압력이 작용한다고 볼 수 있으며, 동시에 이에 대한 전략적 행위자 스스로의 자성과 대응이라는 측면이 함께 작용하는 것으로 파악된다. 즉 선택메커니즘은 언제나 맥락(환경)과 행위자의 상호작용으로 파악되어야 한다는 것이다. 결국 이러한 과정을 통하여 가장 적합한 아이디어나 전략이 선택되고 강화되어 나갈 수 있게 된다. 이런 점에서 진화의 과정은 부단한 선택과 강화를 거치는 행위자의 '적응적 학습'(adaptive learning)으로도 파악될 수 있다.[250]

---

[250] Peter Kerr, 'Saved from extinction : evolutionary theorising, politics and the state,' *British Jouranal of Politics and International Relations,* Vol. 4, No. 2 (June 2002), pp.351-355.

제3편

현대정치학의 주요 이론적 접근

제1장 구조와 행위: 종합적 접근

사회와 개인의 관계는 사회과학의 오랜 이론적 구성의 초점을 이루어왔다. 사회는 개인을 초월하는 독립적인 존재로서 개인의 의식과 행동을 규제하는 결정적인 요인이 된다는 관점은 사회과학의 주류를 이루어왔다. 사회는 지배적인 가치나 규범, 제도 등의 다양한 구조를 통하여 개인의 선택과 행동을 좌우하게 된다. 어떤 의미에서 개인은 사회의 일방적인 영향력을 받는 일종의 문화적 꼭두각시의 지위로 자리매김될 수도 있다. 주로 사회학에서는 뒤르켕에서 출발하여 T. Parsons로 이어지는 구조-기능주의를 비롯해서 언어학의 소쉬르 등에 의해 발전되어온 구조주의 등은 사회의 개인에 대한 독자적이며 지배적인 영향력을 강조해온 사회과학의 전통을 대표한다.

그러나 이와는 대조적으로 사회에 대한 개인의 영향력을 보다 강조하는 입장이 있을 수 있다. 사회의 궁극적인 구성요소는 어디까지나 개인이며 개인의 주관적인 동기나 가치, 그리고 의도가 결정적으로 작용하는 측면에 오히려 이론적 관심이 모아진다. 인간은 자기의 주관에 따라 상황을 인식하고 해석하며 당면하는 여러 문제들을 해결해나가는 능력을 갖고 있다. 사회란 다름 아닌 주체적인 개인들이 만들어내고 이들의 합으로 이루어진다는 기본입장이다. 사회의 구조나 질서는 어디까지나 개인들의 일상적 대화나 실천을 통하여 만들어지고 유지되며 부단히 재생산되어 나간다고 보는 것이다. 개인을 앞세우는 이러한 행위이론은 인간의 이해, 해석, 감정이입을 강조하는 해석학이나 현상학, 인종학 등이 그 이론적 기저를 형성한다.

사회를 구성하는 '구조'의 영향력이 결정적이냐 그렇지 않으면 개인의 '행위'가 보다 우위에 서느냐 하는 서로 상반되는 이론적 시각에 대하여 Anthony Giddens는 이것이 사회과학을 '이원론'으로 빠져 들어가게 만들어 그 발전을 정체시킨다고 비판하고 나선다. 구조냐 행위냐의 이원적인 논리를 극복하기 위해서는 양자의 연계로서 서로를 묶는 종합적 접근을 시도함으로써 학계의 각별한 관심을 모으게 된다. 구조는 개인의 행위에 영향을 미치되 구조는 또한 개인의 행위와 실천을 통하여 재생산된다는 새로운 논리를 전개하게 되며 그의 이른바 '구조화이론'(構造化理論, structuration theory)은 이러한 종합적 노력을 대표한다고 볼 수 있다. 또한 이러한 문제제기를 기점으로 사회학에서는 몇 갈래의 유사한 이론적 구성의 시도가 활발해지고 있는데 정치학에서도 적용 가능성이 모색되는 것을 눈여겨볼 수 있다. 여기서는 이러한 이론적 논의들을 ① Anthony Giddens의 구조화이론, ② 비판적 현실주의 입장(Roy Bhaskar, M. S. Archer), ③ Pierre Bourdieu의 하비투스 이론 등으로 분류하여 검토해보고자 한다.

1. 구조화이론 : Anthony Giddens

Anthony Giddens는 '구조의 이중성'(duality of structure)이라는 명제로서 구조와 행위의 통합을 시도한다. 구조란 인간의 행위를 규제하지만 동시

에 그 행위로 말미암아 구조가 영향을 받는 양면성을 갖는 것으로 파악

> 구조화란 개념은 사회생활의 근본적인 회귀적 성격과 관련되어 있고, 구조와 행위의 상호의존을 표현하는 구조의 이중성을 말한다. 구조의 이중성이란 사회체제의 구조적 특성이 이러한 체제를 구성하는 실천의 매체이면서 동시에 결과라는 뜻이다.[1]

된다. 그러면 구조는 인간의 사회적 실천의 '매체'이자 동시에 그 '결과'라는 명제는 구체적으로 무엇을 의미하는가? 구조는 인간에 의해 사용되지만 인간은 구조적 특성의 활용을 통하여 구조 자체를 부단히 변환하거나 재생산해나간다는 것이다. 이런 점에서 구조는 인간의 실천을 제약하면서 동시에 가능하게도 만드는 이중성을 지니고 있다는 뜻도 된다.[2] 예를 들면 우리가 말을 할 때 언어의 구조(언어의 규칙)를 사용해서 의사표시를 하지만 동시에 말하는 것을 통하여 우리말이 그대로 존속되어 나가도록 말의 구조자체를 재생산하게 된다. 즉 말의 언어적 구조는 우리가 말을 할 때 규칙을 통해 제약을 가하면서 동시에 말하는 것을 가능하게도 만드는 이중성을 가진다는 뜻이다.

분명히 기능주의나 구조주의에서 주창되는 구조의 영향력을 받아들이면서도 동시에 인간의 행동, 의미부여, 실천 능력 등을 앞세우는 해석학적 입장도 아울러 고려하는 종합적 노력을 엿볼 수 있다. 인간은 목적을 추구하되 자기행동을 부단히 반사적으로 감시조정하게 되는 '재귀성'

---

1 Anthony Giddens, *Central Problems in Social Theory* (London: The MacMillan Press, Ltd., 1979), p.69.

2 A. Giddens, *The Constitution of Society: Outline of the Theory of Society* (Cambridge : Polity Press, 1984), p.25 ; A. Giddens, Central Problems in Social Theory, op. cit., p.69.

을 강조하고 있다.[3] 그의 구조화이론을 행위와 구조의 두 가지 측면으로 접근해볼 수 있다.

(1) 행위의 측면

행위는 행위자에 의해 이루어지는 사회적 실천이다. 사회적 실천의 주체로서의 행위자는 자기의 일상적 활동과 관련되는 사회적 재생산의 조건들에 관한 다양한 지식을 갖고 행동하는 것을 전제한다. 인간의 인지능력이 무엇보다도 강조된다.[4]

행위자의 지식 활용은 세 가지 수준에서 이루어진다. 첫째로 '실제적 의식'(practical consciousness)의 수준이 있을 수 있는데 이것은 우리들이 의존하는 극히 일상화된 지식이다. 우리들은 언어학적 이론이나 구문상의 형식적 규칙에 관한 지식 없이도 아무런 불편 없이 말을 한다. 자전거로 출퇴근할 때 신체적, 해부학적 과정의 이해 없이도 일상화된 방식으로 행동해나간다. 이러한 행동들은 극히 일상화되고 자동적인 성격을 띠는 암묵적 지식에 의존한다. 즉 '실제적 의식'의 수준에서 이루어지며 우리가 하는 대부분의 행동을 결정짓는 지식이기도 하다. 두 번째는 '담론적 의식'의 수준인데 행동을 설명하거나 이유를 밝히는 지식이 이에 해당한다. 왜 자전거로 출퇴근하는가 하는 설명이나 이유를 밝히는 일이 된다. 내 건강을 위해서 좋다든가, 교통의 혼잡을 줄이기 위해서 또는 도시의 매연을 줄이기 위해서라든가 하는 설명을 가능케 하는 지식이다. 담론적 의식은 우리들의 행동을 다시 생각하게 만듦으로써 행동의 유형을 바꿀 수도 있다. 셋째로 '무의식의 수준'인데 심리적으로 억압되었거나 왜곡

3 Anthony Giddens, The Constitution of Society, *op. cit.,* pp.2-3.

4 A. Giddens, The Constitution, *op. cit.*, pp.21-22, pp.26-27.

된 형태로 나타나는 지식이다. 무의식적인 동기는 그것이 억압되었기 때문에 담론적 지식의 형성을 저해하는 측면이 있다. 무의식의 수준은 실제적, 담론적 의식과는 성격이 다른 경계를 이루고 있다는 점이 강조된다. Giddens는 이 세 가지 의식의 수준에서 인간의 행동을 가장 많이 좌우하는 것은 '실제적 의식'이며 여기서 오는 일상화된 암묵적 지식이 사회생활의 유지와 재생산에 중요한 의미를 가진다고 보고 있다.[5]

'행위'는 '행위자'에 의해 이루어지는데 그것은 과정적 개념이라는 특징을 갖는다. 행위는 부단한 인지적, 해석적 과정이 겹쳐지는 사건들의 흐름이자 인간의 계속적인 실천 과정으로 파악된다. 출발점도 종착점도 없는 인간의 실천적 활동의 연속적인 흐름이라고 정의된다. 행위의 흐름은 〈그림 3-1-1〉에 나타나는 바와 같이 층화로 이루어지는 몇 개의 중요한 요소들로 구성된다.

첫째로 행동의 반사적 감시 조정이 있을 수 있는데 행위자는 항시 자기와 다른 사람들의 행동의 흐름을 감시 조정함으로써 행동과 관련되는 상황을 평가해나간다. 길을 걷는 경우 횡단보도 신호도 지켜야 하고 사람과 마주치면 피하고 어린이나 장애인을 보게 되면 길도 양보하면서 부단히 자기의 행동을 조정해나간다. 자기가 당면하는 상황에 따라 자기의 행동을 규제하며 타인으로부터 오는 신호를 참고하면서 상황에 교란이나 파국이 오는 것을 피해나간다. 이것은 실제적 의식에 근거한 극히 일상화된 활동으로서 사회생활의 근간을 이루는 행위가 된다. 둘째로 '행동의 합리화'는 행위자가 자기가 하는 행동을 설명하고 자기의 의도나 이유를 분명히 하는 경우이다. 일상적인 상호작용에 어떤 착오나 결

5 A. Giddens, The Constitution of Society, *op. cit.*, pp.3-6; A. Giddens, Central Problems in Social Theory, *op. cit.*, pp.55-59.

〈그림 3-1-1〉 행위의 구성요소

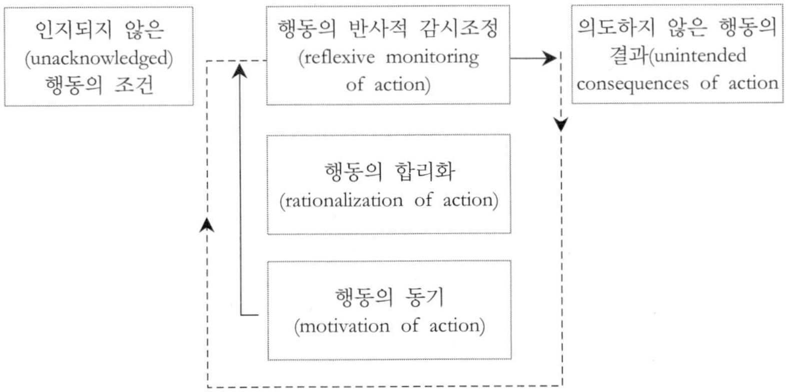

참조: Anthony Giddens, *The Constitution of Society* (Cambridge: Polity Press, 1984), p.5.

렬이 생기면 사람들은 의도나 이유를 묻게 되는데 유능한 행위자는 설명과 이유를 제시할 수 있다. 셋째로 '행동의 동기'는 사회생활에 있어서의 관행이 깨질 때 등장하는 개념이다. 앞에 나온 합리화(설명, 이유)가 행동의 근거를 지칭하는 것이라면 '동기'는 행동을 촉발하는 욕구에서 나온다. 그것은 행동의 잠재성을 지칭하는 것인데 계획이나 프로그램을 만드는데 기여한다. 그리고 Freud에 의해 제기되는 무의식적인 동기도 있을 수 있는데 불안을 피하고 자존심을 보존하기 위한 안전 체제의 보전과 관련된다.[6]

행위의 흐름에서 가장 중요한 부분은 행동의 반사적 감시조정이 의

6 A. Giddens, The Constitution of Society, *op. cit.*, pp.3-6; A. Giddens, Central Problems, *op. cit.*, pp.55-59.

도하지 않았던 결과를 가져올 수 있다는 점이다. 사람은 무언가를 의도하고 목표를 추구하지만 그 결과는 다르게 나타날 수 있다. 우리가 자국어를 정확히 말하고 글로 쓰려고 노력하는 것이 결과적으로 자국어를 재생산하는데 기여하게 된다. 그러나 이때 정확히 말하고 글 쓰는 것은 의도적인 행위지만 언어 자체를 재생산하는 것은 의도하지 않은 결과일 수도 있다. 한 농부가 새로운 영농법으로 수확을 올렸는데 다른 농부가 그 방법을 채택하여 역시 수확을 올렸다고 하자. 그 결과로 나타나는 전체적 수확 향상은 각 농부가 의도하지 않았던 결과로 볼 수 있다. 따라서 행위는 의도된 결과를 보장하는 합리적이고 불연속적 행동이라기보다는 의도하지 않았던 결과를 가져옴으로써 언제나 새로운 행동의 선행조건을 만들어낼 수 있게 된다. 인류의 역사는 의도적인 행동으로 창조되기는 하지만 반드시 의도적인 설계에 의해서 만들어지는 것은 아니다. 역사는 의식적인 방향으로 진행시키려는 인간의 노력들에 지속적인 차질을 가져올 수 있다는 것이다.[7]

(2) 구조의 측면

구조는 행위자가 타인과의 상호작용의 맥락에서 사용하는 '규칙'(rules)과 '자원'(resources)으로 정의된다. 여기서 규칙이란 행위자가 다양한 상황하에서 이해하고 사용하는 '일반화될 수 있는 절차'이며, 사회적 실천을 수행하고 재생산해나가는 데 있어서 적용되는 방식이나 기법을 뜻한다. '자원'이란 행위자가 일을 처리하기 위해서 필요한 방편이다. 아무리 그럴듯한 처방이나 기법 - 즉 규칙 - 이 있더라도 구체적으로 일을 처리할 수 있는 능력이 있어야 한다. 그리고 이러한 능력은 자원으로 가능해지

---

[7] A. Giddens, The Constitution of Society, *op. cit.*, p.8, pp.26-27.

는데 물질적 장비나 조직상의 능력 등이 이에 해당된다. 이런 점에서 자원은 권력을 만들어낸다고 볼 수 있다.[8]

규칙은 사물을 바르게 그리고 적절하게 보도록 만드는 '정당화'의 수단이 될 수 있고, 사건을 보고 해석하게 만드는 '의미화'의 방편이 될 수도 있다. 또한 자원은 일을 처리할 수 있는 물질적, 조직적 방편(facilities)으로서 '지배'를 가능케 한다. 〈그림 3-1-2〉는 규칙과 자원이 몇 갈래의 매개 양식을 통하여 사회체제와 연결되는 것을 나타내는 유형인데 Jonanthan Turner가 Giddens의 생각을 정리해 만든 것이다.

우선 좌열의 구조를 보면 규칙은 ① 권리와 의무를 창출해내는 규범적 규칙과 ② 해석도식 및 축적된 지식을 만들어내는 해석적 규칙이라는 두 가지 형태의 매개과정으로 변환된다. 자원은 ① 주어진 맥락 하에서의 상호작용의 유형을 통제하고 지도할 수 있는 능력을 조직하게 되는 권위적 자원과 ② 돈, 재산, 재화 등 상호작용을 통제하는 물질적 측면과 관련되는 배분적 자원의 두 가지로 나누어진다. 규범적 규칙은 매개양식을 거치면서 사람들이 규범을 지키느냐 또는 지키지 않느냐에 따른 제재를 가능케 한다. 해석적 규칙은 행위자로 하여금 타인과 서로 의사소통을 할 수 있는 해석적 도식의 형성을 가능케 한다. 두 가지 형태의 자원들은 행위자들이 타인을 통제할 수 있는 권력을 만들어낸다. 그리고 규칙과 자원에 관한 이러한 분류에 있어서는 서로가 밀접히 상호연결되어 있는 것이 강조된다. 즉 이러한 분류는 분석적인 것으로서 규칙과 자원들은 동시에 상호연결된다. 따라서 매개양식을 거치는 권력, 제재, 통신 등도 밀접하게 상호연결된다. 예를 들면 상호작용에 있어서의 의미의 의사소통은 언어의 사용이라는 점에서 공적인 성격을 띠면서

---

8 *Ibid.,* pp.20-22, pp.14-16

〈그림 3-1-2〉 사회구조, 매개양식, 사회체제

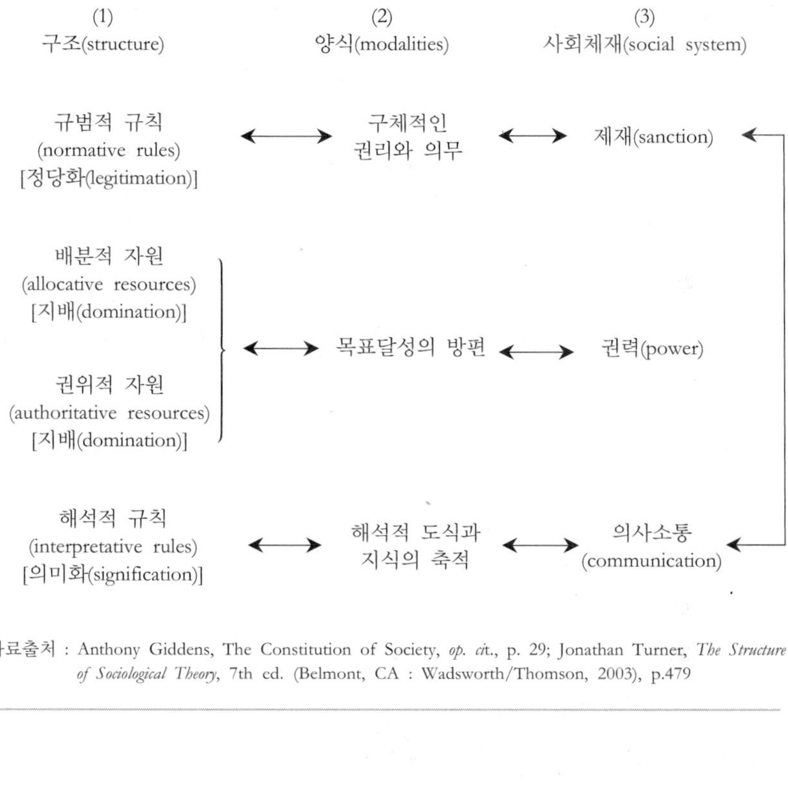

자료출처 : Anthony Giddens, The Constitution of Society, *op. cit.*, p. 29; Jonathan Turner, *The Structure of Sociological Theory*, 7th ed. (Belmont, CA : Wadsworth/Thomson, 2003), p.479

사람들이 지켜야할 규범적인 제재를 아울러 포함하게 된다. 그리고 사람들의 상호작용은 그 자체로서 기술면에서의 의미화(의사소통), 규범적인 요소들, 그리고 무언가를 통제하는 권력의 측면 등을 함께 포함한다고 볼 수 있다.[9]

이상의 논의에서 가장 역설되어야할 점은 Giddens가 말하는 '구조'란

[9] *Ibid.*, pp.28-30; Jonathtan Turner, *The Structure of Sociological Theory, 7th ed.* (Belmont, CA : Wadsworth/Thomson, 2003), pp.478-480.

'체제'와는 구별된다는 사실이다. 사회체제는 시간과 공간을 통하여 재생산되는 행위자들 사이의 관계들로 구성되기 때문에 개인의 단독적인 행위 위에 존재하는 사회적 실천을 의미하게 된다. 반면 구조는 행위자에 의해 사용되는 것으로서 그것은 독립적으로 존재하면서 행위자를 이

> 구조는 변환적 관계의 '가상적 질서'라는 의미는 사회체제가 재생산된 사회적 실천으로서, 구조들을 가지고 있지 않다는 뜻이다. 오히려 구조는 '구조적 특성'을 나타낼 뿐이며 단지 시간-공간상의 존재로서 그러한 사회적 실천 속의 순간화 속에, 그리고 인지능력이 있는 인간 행위자의 행위로 향하게 하는 '기억 흔적'으로만 존재한다.[10]

리저리 밀어붙이는 외부적인 현실로서의 체제와는 엄연히 구별된다. 구조는 사회적 실천 속의 한순간으로 또는 인간의 기억 속에 존재하면서 행위자가 행동할 때 사용되는 것으로만 정의된다. 앞에서 언급한 대로 구조는 매 순간마다 인간의 실천을 제약하기도 하고 가능하게도 만든다는 것을 부연하는 대목이다. 결국 구조는 Claude Levi Strauss나 기타 구조주의자들이 생각하는 것처럼 어떤 신비한 코드의 체계도 아니고, P. Blau나 거시구조주의자들이 주장하는 것처럼 행위자에 대한 결정적인 파라미타(parameter)나 외부적인 제약들의 집합도 아니라는 점이 강조된다.[11]

구조에 대한 Giddens의 이와 같은 특이한 정의는 그의 구조화이론의 핵심을 이루는 대목이긴 하지만 구조가 지나치게 유동화되어 설명적 모

---

10 A. Giddens, The Constitution of Society, *op. cit.*, p.17.

11 Jonathan H. Turner, The Structure of Sociological Theory, *op. cit.*, p.480.

호함이 따른다는 반론도 야기시키고 있음을 주목하게 된다.

(3) **제도**(institutions)

규칙과 자원이 오랜 동안 재생산되면 그것은 제도로써 사회 내에 존재하게 된다. 〈표 3-1-1〉은 '의미화'와 '지배' 및 '정당화'가 서로 통합되어 이루어지는 제도화의 네 가지 형태를 나타낸다. 그림에 나타나는 선들은 인과관계가 아니라 단순한 상호의존성을 의미하며, 다만 처음에 오는 문자는 분석적 초점의 방향을 나타낼 뿐이다. 따라서 의미화(해석적 규칙)가 초점(일차적 비중)을 이루게 되면서 지배(배분적 및 권위적 자원)와 정당화(규범적 규칙)가 상호연결되면 그것은 상징적 질서와 담화양태를 만들어낸다. 교회라든가 미디어, 학교와 같은 제도가 이에 속한다. 만약 권위적 지배, 의미화, 정당화가 상호연결되면 그것은 정치제도의 형성으로 이어진다. 배분적 지배, 의미화, 정당화가 계속 연결되면 경제적 제도를 만들어낸다. 정당화, 지배, 의미화의 상호연결은 법제도의 형성으로 이어지는데 사법권, 법, 제재의 양태가 이에 속할 수 있다.[12]

제도는 비록 네 가지 형태로 분류되지만 어느 제도도 형성과정에는 '의미화', '지배', '정당화'가 함께 결합되어 있는 것을 눈여겨볼 수 있다. 따라서 제도는 분석적으로만 구별 된다는 것이 강조된다.[13] 그리고 Giddens가 S, D, L의 3자가 이렇게 복잡하게 연결되는 것을 강조하는 이유는 사회과학에 만연되어 온 결정론이나 환원주의를 극복하려는 시도로 풀이될 수 있다. 예를 들면 동유럽의 변환을 이러한 제도적 수준의 변화로 설명한다고 할 때 우리는 정치제도(D - S - L)의 분석으로 시작할

---

12 A. Giddens, Central Problems in Social Theory, *op. cit.*, pp.106-108 ; A. Giddens, The Constitution of Society, *op. cit.*, pp.33-34.

13 A. Giddens, The Constitution of Society, *op. cit.*, p.33.

〈표 3-1-1〉 제도(institutions)의 유형

S — D — L	상징적 질서 / 담화의 양태 (symbolic orders) / (modes of discourse)
D(권위적 자원) — S — L	정치제도
D(배분적 자원) — S — L	경제제도
L — D — S	법률제도

* S = signification(의미화), D = domination(지배), L = legitimation(정당화)

자료출처 : Anthony Giddens, The Constitution of Society, *op. cit.*, p.33.

수 있다. 그러나 D는 S - L로 연결되어 있기 때문에 정치는 다른 제도와의 연결을 고려하지 않고는 설명하기 힘들다는 것을 알게 된다. 이때 정부의 결정이라는 하나의 요인만이 전체적 사회변환의 원인이 된다는 환원주의를 극복하기 위해서는 상징적 질서(이데올로기), 법적, 경제적 변화 등을 아울러 검토하지 않을 수 없게 된다. Giddens의 관점에서는 고르바초프의 정치적 개혁이 구소련과 동구의 혁명적 변화를 가져왔다는 것을 수용하기 힘들게 된다. 정치개혁은 하나의 요인일 뿐, 구소련의 침체된 경제를 비롯해서 체제에 대한 점증하는 불신, 만연된 패배주의와 같은 이데올로기적 변화 등이 아울러 고려되어야 한다는 주장으로 이어질 수 있다.[14]

(4) 구조적 원칙, 집합, 특성

구조의 개념을 보다 정교하게 만들기 위해서 Giddens는 구조적 원칙, 구조적 집합, 구조적 특성이라는 세 가지 개념적 특성을 밝히고 있다.

14 Lars Bo Kaspersen, *Anthony Giddens : An Introduction to a Social Theorist* (Oxford : Blackwell Publishers, 2000), p.62.

구조적 원칙이란 어떤 특정 사회의 전체적인 조직을 지도하는 가장 일반적이고 추상적인 원칙이다. 예를 들면 '부족사회'는 친족관계와 전통이 사회관계의 기본을 이루며, '계급 분할 사회'의 조직은 도시와 농촌의 분화가 기본 원칙이 된다. 그리고 '계급사회'는 앞에서 분류된 네 개의 제도적 영역이 서로 분리되면서도 또한 서로 연결되는 기본 원칙에 의존하되 특히 정치와 경제의 관계가 그 주종을 이룬다. 즉 계급사회로서의 자본주의 국가에서는 국가(정치)와 경제제도(시장)가 서로 분리되면서도 상호연결되는 점이 기본원칙이 된다.[15]

구조적 원칙을 좀 더 구체화하기 위해서는 구조적 집합이라는 개념이 등장한다. 이것은 규칙과 자원들이 서로 결합되어 이루어진 덩어리들로서 어떤 특정한 사회관계의 형태들을 만들어내고 또한 재생산하는데 사용된다. 예를 들면 근대 자본주의의 구조적 원칙은 구체적으로 다음과 같은 구조적 집합의 사용을 지시하게 된다. 그 구조적 집합은 다섯 개의

사유재산 : 돈 : 자본 : 노동계약 : 이윤

구성요소들로 이루어진다. 사람들은 돈을 얻기 위해 자기의 사유재산의 권리를 이용할 수 있다. 돈을 자본으로 노동력을 사서(노동계약 : labour contract) 생산에 들어가게 되면 이윤을 얻게 된다. 즉 자본주의 사회에 있어서의 추상적인 구조적 원칙은 보다 구체적인 규칙과 자원의 집합, 즉 '구조적 집합'으로 변환되며 행위자들은 사회관계를 매개하는데 이를 이

15 A. Giddens, *A Contemporary Critique of Historical Materialism* (London : Macmillan, 1981), pp.157-162 ; A. Giddens, The Constitution of Society, *op. cit.*, pp.180-185.

용하게 된다.

이러한 구조적 집합이 행위자들에 의해 사용되고 그로 말미암아 집합들이 재생산되면 사회는 '구조적 특성'(structural properties)을 발전시키게 된다. 그리고 이러한 구조적 특성은 다름 아닌 사회체제의 제도화된 특성이 되어버린다. 예를 들면 '사유재산 : 돈 : 자본 : 노동계약 : 이윤'의 집합은 어떤 특정한 관계의 형태에만 매개되기 때문에 사람들은 그와 관련된 규칙과 자원만을 사용하기 마련이며, 이렇게 되면 이러한 형태만이 경제 분야에서 만들어지고 재생산되어 나가게 된다. 제도는 결국 구조적 특성을 나타내도록 되어 있다. 또 하나의 예로서 자본주의 사회의 구조적 특성으로 자주 거론되는 것으로서는 '분업'이 있다. 다양한 지리적 공간에 위치한 다양한 사회적 실천을 통하여 서로 상이한 시점에 걸쳐 물건을 생산되게 되면, 분업이 제도적 특징을 띠게 된다. 고도의 테크놀로지는 서방세계에서 나오고 원료는 제3세계에서 추출되는 구조적 특성이 자리 잡게 된다.[16]

(5) **경험적 연구의 방향**

구조화이론은 매우 추상적인 수준의 이론적 구성이기 때문에 그 타당성 여부를 검증하기 위한 경험적 연구의 방향이 논의될 수 있다. Giddens는 경험적 연구를 편의상 ① 제도적 분석과 ② 전략적 행위의 분석이라는 두 가지로 나누고 있다. 제도적 분석에 있어서는 구조적 특성이 만성적으로 재생산되는 측면에 연구의 초점이 모아진다. 그러나 전략적 행위의 연구에서는 제도적 측면(구조적 특성)은 주어진 상태로 묶어

16 A. Giddens, The Constitution of Society, *op. cit.*, pp.185-192 ; L. B. Kaspersen, *op. cit.*, pp.44-45.

두는 방법론상 괄호의 방법을 권장하고 있다. 즉 어떤 행위주체의 전략적 행위와 관련하여 담론적, 실제적 의식, 그리고 주어진 맥락 하에서의 전략적 제어의 측면에 우선권을 주어야 하기 때문에 제도적 측면은 어떤 주어진 상태로 묶어두는 것이 좋다고 본다.[17] 그가 제시한 경험적 연구의 사례를 비롯해서 몇 가지 바람직한 구조화 과정의 조사연구의 방향을 검토해볼 수 있다.

① 영국 노동자계급 소년들의 의식조사

Paul Willis는 영국 노동자계급의 소년들이 학교생활에서 보여주는 '전략적 행위'가 사회에 진출해서는 의도하지 않았던 결과를 가져오는 조사연구를 내놓고 있는데 Giddens는 이것이 경험적 연구의 매우 적절한 사례가 된다고 소개하고 있다.[18]

영국 Birmingham의 가난한 지역의 학교에 다니는 노동자 계급의 소년들은 학교 당국의 권위주의적 체제에 저항하는 하나의 '반항문화'를 만들어낸다. 그들의 가정과 생활환경에 대한 불만, 학교 졸업 후에 닥칠 미천한 직업적 장래에서 오는 중압감 등은 그들의 반항적 태도를 부추긴다. 졸업 후의 사회진출과 관련된 취업이나 경력 면에서의 학교당국의 지도에 관해서는 극히 무관심하거나 심지어 이를 우습게 여기는 태도가 만연되다보니 이들이 중산층 아이들이 가질 수 있는 진취적인 자질을 갖추기도 힘들게 된다.

그러나 그들은 학교생활에 있어서는 언제나 말 잘 듣는 순종파들 못지않게 학교환경에 관한 한 다양한 담론적, 실제적인 지식을 가추고 있

17 A. Giddens, The Constitution of Society, *op. cit.*, p.288.

18 P. Willis, *Learning to Labour* (Farnborough: Saxon House, 1977).

는 것이 무엇보다도 강조된다. 학교나 선생의 권위적 요구에 대해서는 유머나 조롱, 공격적인 풍자, 어떤 때는 보다 직설적인 방법 등으로 저항의 의사표현을 하는가 하면, 학교 권위에 대한 불복의 아슬아슬한 국면까지 가면서도 이를 적절히 설명해낼 수 있는 담론적 능력을 갖추고 있다. 학교 권위나 규범에 대한 수동적인 반응이라기보다는 매우 기능적이고 인지적인 행위자임이 밝혀진다. 자기의 반항적 동기와 부단한 실제적, 담론적 의식을 통해서 자기의 행동을 감시조정할 수 있는 '전략적 행위'의 특성을 계속 보여주는 것으로 분석되고 있다.

학교환경에서 만들어진 그들의 공격적이고 농담적인 문화는 졸업 후에 들어가게 되는 열악한 직장환경에서도 별다른 문제없이 지속될 수 있게 된다. 즉 노동자 특유의 작업현장 문화에 적응하는 것은 쉬운 일이기 때문이다. 그러나 이제 그들은 마음에 맞지도 않은 극히 지루하고도 반복적인 노동을 감내해야 하며, 아무런 자격증도 없이 매우 수준 낮은 막노동에다가 장래성도 없는 극히 불만족스러운 노동현장에 꼼작 없이 얽매이게 된다. 이제 그들의 행동은 역설적으로 노동자계급문화를 재생시키는데 기여하게 되는 결과를 가져오게 된다. 그들의 행동을 제약하거나 가능하게 만드는 자본주의적 조건들(사유재산, 돈, 자본, 교육의 가치, 취업기회, 노동계약, 산업권위구조 등)을 그들 스스로가 만들어나가게 되는 것이다. 즉 자본주의-산업노동의 재생산을 가능하게 만드는 것이다. 그리고 이러한 재생산은 어디까지나 노동자계급과 그 아이들의 전략적 행동의 결과라는 점이 강조되며, 자본주의의 재생산은 노동자계급 아이들의 저항문화의 의도하지 않은 결과로 설명된다.[19]

[19] A. Giddens, The Constitution of Society, *op. cit.*, pp.289-301.

② 미국 유태인촌 형성과정의 연구 : E. Morawska

19세기 말엽부터 20세기 초에 걸쳐 미국 Pennsylvania의 Johnstown에 이민 온 동구 유태인들이 새로운 환경에 적응하는 과정을 구조화이론으로서 설명하는 연구가 있다. 일반적으로 이민과정의 연구는 이민한 나라로의 일반적인 '동화모형'(assimilation model)이나 또는 이민자들이 자기의 독자적인 인종적 특성을 만든다는 '주의적 접근'(voluntaristic approach)이 지배적인 추세를 이루어왔으나, 이 연구는 이러한 접근들과는 달리 유태인들이 가지고 있던 옛 문화적 내용들이 미국사회의 낯선 전통 및 생활스타일과 만나게 되는 상호작용에 초점을 두는 구조화 과정임이 강조된다.[20] 여기서는 Giddens의 전략적 행위의 개념을 네 가지 부문으로 구분하여 다루고 있는 Rob Stones의 재구성을 소개하기로 한다.[21]

우선 Stones는 전략적 행위의 과정을 ① 외부적 구조, ② 내부적 구조, ③ 활동적 행위/행위자 실천, ④ 결과의 네 가지 부문으로 구분한다. 외부적 구조란 행위자가 직면하는 여러 가지 구조적 제약과 가능성을 의미한다. Johnstown에 이민 온 유태인들에게는 각박한 경제적 환경이 이에 해당된다. 그들의 생업은 주로 행상이나 소규모의 자영업이었으며 유태인이라는 혈연을 통한 자금조성의 망상이 이들에게 주어진 자원과 권력의 기초를 이룬다고 볼 수 있다.

그 다음으로 행위자가 당면하는 '내부적 구조'는 두 가지로 나누어진다. 일반적 성향은 행위자의 전환 가능한 기능이나 성향을 뜻하게 되는데, 일반화된 세계관이라든가 문화적 도해(cultural schemas), 분류, 사물이나 사람 및 망상의 특징화, 행동의 원칙, 행동의 지침, 언어적 표현의 습관

---

20 Ewa Morawski, *Insecure Prosperity : Small-Town Jews in Industrial America 1890-1940 - An Ethnicisation qua Structuration Approach* (Princeton : Princeton Univ. Press, 1996).

21 Rob Stones, *Structuration Theory* (New York : Palgrave Macmillan, 2005).

〈표 3-1-2〉 구조화의 네 가지 부문

	행위자			
(1) 외부적 구조	(2) 내부적 구조		(3) 활동적 행위 / 행위자 실천	(4) 결과
	(a) 외부구조에 관한 상황적-특정지식	(b) 일반적 성향		

자료출처 : Rob Stones, *Structuration Theory* (New York: Palgrave/Macmillan, 2005), p.85

등이 이에 포함된다. Johnstown 유태인들은 동구에서 이민 오기 전에 오랫동안 전승되어 온 종교적, 문화적 전통에서 오는 일반적 성향을 갖추고 있다. 유태인 집단의 일원이 되는 것은 '비자발성'을 띤 강요의 성격을 띠며, 인종과 종교적 정체성의 '비분화', 사회적 문화적 생활에 대한 집단적 종교적 상징이나 제도들이 가지는 강한 영향력, 매우 포괄적인 공동체 자치주의 등이 열거된다. 주로 유태인촌(shtetl)은 자치적 성격을 띠고 집권화되어 있으며, 두세 개의 유태교회당, 의식도살장, 의식목욕탕 등을 갖추고 있고 여자는 공사에 간여하지 않는다. 사회적 자선행위는 자발적인 것이 아니고 집단 구성원으로서의 사회적 의무로 되어 있으며, 여자는 가사일에 전념하고 모든 구성원들은 안식일과 기타 종교적 행사를 철저히 지킨다. 자기들의 종교적 우월성에서 농사꾼들은 문명과 거리가 멀다고 경멸하고 주로 상업이나 무역을 선호한다. 우주에서의 신의 창조적 현존, 신의 선행과 근본적 자애에 대한 확신 등이 종교적 믿음으로 생활화된다. 신은 사람들에게 성공적인 삶을 베풀겠지만, 그래도 사람들은 열심히 일해야 한다는 식의 개인의 철저한 책임감을 강조한다.[22] 이러한 일반적 성향들은 미국이라는 새로운 토양 속에서는 이민적 환경이 부하하는 각박한 현실에 대한 매우 조심스러운 반응형태로 바뀐다. 그것은 비록 경제면에서의 여유가 확보되더라고 계속 불안이 가시지 않는 '불안한 번영'(insecure prosperity)이 지속되기 때문이다. 따라서 외교나 적극적 상호작용으로 이러한 불안을 해소하기보다는 남의 주의를 끌지 않는 목적론적인 합리성이 체질화된다. 즉 무조건 어떤 성과를 강조하기보다는 수단적이고 적응적인 측면에 보다 무게가 실리게 된다. 현실에의 대응과 일의 처리에 있어서는 성과보다는 '과정' 그리고 계속적인 노력이 보다 중요시되는 '목적 지향적 통제'(purposeful control)가 새로운 성향으로 자리 잡는다.[23]

'상황적-특정 지식'(conjunctionally-specific knowledge)이란 외부구조와 접촉하면서 생기는 극히 실용적인 지식을 뜻한다. 이것은 새로운 국면이나 상황에 부딪히면서 행위자가 갖게 되는 매우 구체적인 지식이다. 예를 들면 안식일의 유태인 가정에는 가장의 빈 의자가 눈에 띄게 되는데 이것은 미국사회에서는 안식일에도 일을 해야 하는 새로운 상황의 결과이자 지식의 성격을 반영한다. 유태교의 정결한 식사의 준수, 이방인과의 교제 또는 결혼 금지, 크리스마스 장식의 제한 등의 전통적 생활습관 등도 새로운 이민 환경 하에서는 완화된 모습으로 바뀌게 되는데 새로운 상황에서 빚어지는 특수한 지식의 내용을 이룬다고 볼 수 있다.[24]

---

22 *Ibid.*, pp.87-88, pp.151-154.

23 *Ibid.*, pp.162-166.

24 *Ibid.*, pp.166-173.

행위자의 내부적 구조가 활동적 행위와 실천으로 이어지면서 나타나는 두드러진 결과 중에서도 각별한 관심을 모으는 것은 유태인들의 정치적 태도에 관한 것이다. 원래 Johnstown은 수구적인 언론과 극히 배타적인 문화로 특징지어지는 공화당 지지 지역이며 약간의 반유태주의의 성향도 있기 때문에 유태인들은 이러한 불안한 환경에서 나름대로의 실용주의적 대응의 결과로 이미 1930년대에 유태인 인구의 4/5가 공화당으로 등록되어 있을 정도로 공화당 지지로 일관되어 왔다고 한다. 자기들의 번영을 지키기 위해서는 남의 주의를 끌지 않으면서 매사에 조용하게 살아가는 그들의 수단적이고 실용주의적인 '일반적 성향'의 결과로 설명될 수가 있다. 다른 미국의 대도시에서 나타나는 활동적인 유태인들의 민주당 지지와는 극히 대조적인 면이 지적된다.[25]

유태인들의 현지적응은 새로운 '일반적 성향'과 '상황적 특정 지식'이 상호작용하면서 활동적 행위와 실천에 이어지고 또한 어떤 결과를 만들어내게 된다. 그들의 문화적 전통과 생활방식에 충실하면서도 수단적 합리성과 과정을 중시하는 일반적 성향이 자리 잡고 상황적인 특정 지식과 관련해서도 안식일, 식사, 결혼 등의 문화적 적응 면에서의 행위에도 다양한 결과를 보이게 된다. 그리고 이러한 구조화 과정은 유태인 공동체의 단단한 응집력과 경제적인 번영을 꾸준히 재생산하는 결과를 가져온다고 볼 수 있다.

25 *Ibid.*, pp.173-177.

2. 비판적 실재론(Critical Realism)

비판적 실재론은 사회과학의 연구 방법론과 관련하여 종래의 실증주의나 해석학적 입장을 비판하고 나름대로의 새로운 대안을 제시하고 있어 우리의 관심을 모은다. 그 기본입장은 우리가 당면하는 '현실'에 대한 개념정립에서 찾아볼 수 있다. 흔히 경험주의적 전통에서는 현실 자체보다는 현실에 관한 지식에 치중하면서 그것을 감각적 인상의 측면에서 분석하게 되지만, 현실주의는 그러한 현실을 만들어내는 구조나 메커니즘을 찾아내고자 한다. 그리고 이러한 심층적인 현실은 인간의 감각이나 해석과는 무관하게 그 자체로서 존재한다는 입장을 견지한다. 이러한 비판적 현실주의의 입장에서 보는 '구조'와 '행위'의 상호관계의 정립을 몇 갈래로 정리해볼 수 있다.

(1) Roy Bhaskar

비판적 실재론도 사회와 개인을 둘러싼 사회과학의 이원론을 비판하고 그 통합을 주장하는 면에서는 Giddens의 구조화이론과 맥을 함께 한다. R. Bhaskar에 의하면 사회란 인간의 활동과는 무관하게 독립적으로 존재할 수는 없기 때문에 뒤르켐류의 물신화의 논리는 성립할 수 없다고 본다. 또한 그렇다고 해서 사회를 인간 활동의 단순한 산물로 취급할 수도 없기 때문에 Weber류의 '주의주의'도 적절한 설명이 될 수 없다. 우선 사람이 사회를 창조해낸다고 볼 수는 없으며, 사회가 개인에 선행해서 존재하며, 오히려 개인의 활동을 위한 필요조건을 형성한다고 볼 수 있다. 이런 의미에서 사회는 구조, 실천, 관행 등으로 이루어지는 하나의 조화로 볼 수 있으며, 인간은 이러한 것들을 재생산하고 변환할 수 있을 뿐이다. 즉 인간은 사회를 창조하는 것이 아니라 사회를 재생산하고 변환시켜 나간다고 본다. 이러한 사회와 인간의 연결은 〈그림 3-1-3〉에 잘 나타난다.

〈그림 3-1-3〉 사회와 개인의 연결에 관한 변환모형

자료출처 : Roy Bhaskar, *The Possibility of Naturalism : A Philosophical Critique of Contemporary Human Sciences* (New Jersey : Humanities Press, 1979), p.45.

우선 사회의 재생산과 변환에 필요한 기능, 능력, 습관의 축적은 이른바 사회화의 과정을 통하여 개인에게 습득된다. 그리고 개인은 이러한 사회화로 습득된 기능과 능력을 가지고 사회를 재생산하고 변환시키는 주체가 된다. 이때 사회의 재생산과 변환은 어디까지나 능동적인 주체가 이루어내는 성취요, 능숙한 업적이라는 것이 강조된다. 이렇게 보면 인간의 활동과 생산적 노력을 규제하는 사회구조는 인간의 능동적 참여와 실천으로서 또 다시 재생산되고 변환되기 때문에 상대적인 의미에서 지속적이고 또한 자율적인 성격을 띤다.[26]

[26] Roy Bhaskar, *The Possibility of Naturalism : A Philosophical Critique of the Contemporary Human Sciences* (New Jersey : Humanities Press, 1979), pp.45-49.

(2) Margaret Archer

사회는 개인들로 환원될 수 없는 현실적인 사회구조들로 구성되어 있으며, 개인들의 주체적인 실천으로 사회는 또한 재생산, 변화될 수 있다고 보는 점에서, M. Archer도 R. Bhaskar의 입장과 합치된다. 그러나 Archer는 A. Giddens의 구조의 개념 설정에 대해서는 매우 비판적인 입장을 취하고 있다.

우선 Giddens가 말하는 '구조'는 행위자와 그의 실천을 만들어내는데 동시적으로 들어서면서 그 구성의 순간에 빠져나가는 것으로 되어 있음을 지적한다. 이렇게 되면 사회의 이미지는 '행위들의 일련'(a series of acts)이 아니라 임의로 뜯어 고칠 수 있을 정도로 나긋나긋한 사회의 이모저모를 유지하거나 변화시키는 계속적인 행위의 흐름이 되어버린다. 즉 구조나 행동에 대한 비연속적인 개념화를 배척하게 되고 이른바 구조화라는 것이 어떤 고정성이나 지속성, 그리고 발전상의 어떤 거점과도 무관한 것이 되어버린다고 비판한다. Archer는 구조와 행위의 동태적인 상호작용은 Giddens처럼 가시적인 순간이나 흐름으로 파악될 것이 아니라 하나의 최종 산물이나 구조적 정교화(structural elaboration)의 문제로 다루어야 한다고 주장한다. 그리고 구조와 행동이 계기적으로 보다 정교한 구조로 바뀌어 나가는 과정을 '모포제네시스'(morphogenesis)라고 부르고 있다.[27] 여기서 '모포제네시스'는 현상유지나 정태적인 것을 지칭하는 '모포스태시스'(morphostasis)와 대조되는 정교하고도 발생적인 것을 뜻한다.

문화는 개인의 행동으로 만들어지는 것이 사실이지만 일단 만들어지면, 특히 그것이 물리적 가공물로 구체화될 때에는 개인을 초월하는 객

---

27 Margaret Archer, "Human Agency and Social Structure : A Critique of Giddens," in Jon Clark, C. Modgil & S. Modgil (eds.), *Anthoy Giddens : Consensus and Contro-versy* (London : The Falmer Press, 1990), pp.75-76.

관성을 지닌다고 보고 있다. 건축물, 예술작품, 책, 수학 공식 등은 우리들의 일상적 상호작용으로부터는 자율적인 존재가 되는 것을 부인하기 어렵다. Archer에 의하면, 문화의 자율성은 사회적 재생산과 변환의 설명에 결정적인 역할을 하게 되며, 사회속의 개인들은 그들로부터 독립적인 문화체제의 위력에 그대로 직면하지 않을 수 없게 된다는 것이다. 그러나 문화의 힘이 크다고 해서 그것이 불가항력적인 존재라는 뜻은 아니다. 문화는 사람들에 의해 다양한 방법으로 인용되고 활용될 수 있기 때문에 사람들은 새로운 실천의 형태를 개발하면서 사회내의 문화적 통합의 유형 자체를 바꾸어나가는 측면도 있다는 것이다. 결국 문화의 자율성과 그 변환가능성이 아울러 강조되는 대목으로 볼 수 있다.[28]

Archer는 구조와 행위의 상호작용에 관한 한 서로의 독립성과 자율성을 강조하는 측면에서 Giddens와는 분명한 선을 긋고 있다. Giddens는 구조와 행위가 분석적으로만 분리된다고 주장함으로써 결과적으로 이문융합(conflating)하는 생략주의자가 되어버렸다고 비판한다. 그리고 자기는 구조와 행위가 시차를 두고 상호작용하면서 존재론적으로 분리된다고 보는 입장임을 분명히 하고 있다.[29]

(3) **전략적-관계적 접근**(strategic-relational approach) : Bob Jessop

구조와 행위의 통합적 노력에 있어 Giddens처럼 행위자의 전략적 측면에 초점을 맞추는 또 다른 접근이 가능하다. Bob Jessop에 의해 제기된 이 접근은 행위자의 전략을 좌우하는 구조의 보다 구체적인 맥락을

---

28 M. Archer, *Culture and Agency: The Place of Culture in Social Theory* (Cambridge : Cambridge Univ. Press, 1988), p.72.

29 M. Archer, *Realist Social Theory : The Morphogenetic Approach* (Cambridge : Cambridge Univ. Press, 1995), p.6, p.65.

밝힘으로써 그것이 행위자의 전략의 선택에 미치는 영향력을 크게 부각시킨다. 즉 행위자가 당면하는 구조적 맥락 하에서는 어떤 전략이 다른 전략에 비해서 유리한가의 선별이 가능하기 때문에 구조는 항상 선별적인 성격을 띠면서 행위자에게 다가선다는 것이다. 따라서 이 접근은 Giddens의 '전략적 행위'의 모형과는 달리 구조가 행위자의 전략에 미치는 영향력의 측면에 보다 무게를 두고 있다는 차이가 지적될 수 있다.

이 접근의 이해를 위해서는 용어상의 정리도 필요하다. 구조의 측면에서 볼 때에는 행위자의 전략적 선택에 영향을 미칠 수 있기 때문에 '구조적 선별성'(structural selectivity)을 가진다고 말할 수 있다. 그러나 동시에 전략을 택하는 사회세력(계급적)의 입장에서 볼 때에는 전략적 선별이 사회세력에게 다르게 영향을 미칠 수 있기 때문에 '전략적 선별성'(strategic selectivity)으로 표현될 수도 있다. 그리고 예를 들면 국가를 하나의 행위자로 보는 경우, 국가권력을 둘러싼 다양한 사회세력들 간의 상호작용과 투쟁에 초점을 둘 수 있는데 이때는 세력간의 '관계'가 중요한 의미를 가질 수 있기 때문에 '전략적-관계적 접근'(strategic-relational approach)으로 불리어진다.[30]

전략적 선별과 관련된 구조와 행위의 상호연결은 〈그림 3-1-4〉에 잘 나타난다. 우선 전략의 형성을 좌우하는 전략적 계산은 ① 전략적 행위자와 ② 구조적으로 선별되는 맥락에 의해 결정된다. 일단 전략이 확정되면 그것은 전략적 행동으로 나타난다. 그리고 전략적 행동의 결과로서는 한편으로 향상된 전략적 지식과 학습을 통하여 전략적 행위자에게 영향을 미치며, 또 한편으로는 미래의 전략을 위한 맥락의 부분적 변환

30 Bob Jessop, *State Theory : Putting the Capitalist State in its Place* (Univ. Park, PA.: The Pennsylvania State Univ. Press, 1990), pp.9-10, pp.147-149. p.260.

〈그림 3-1-4〉 전략적-관계적 접근 : 구조, 전략, 행위

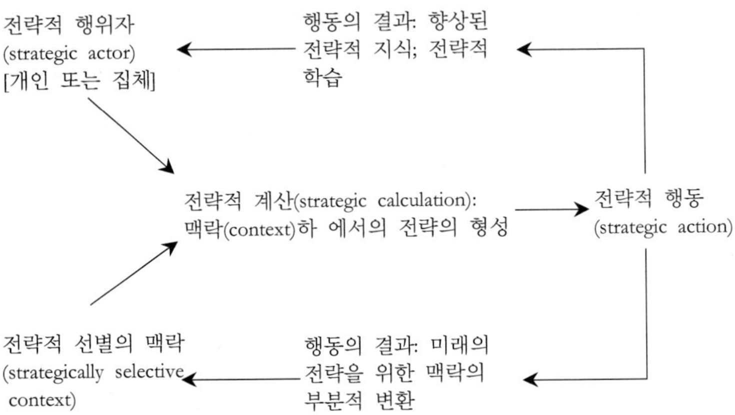

자료출처 : *Colin Hay, Political Analysis : A Critical Introduction* (New York : Palgrave, 2002), p.131.

을 통하여 구조적 선별의 맥락에 환류(還流)된다고 볼 수 있다.

구조가 가질 수 있는 선별성은 어떤 것일까? 예를 들면 자본주의 국가에 있어서의 법 앞에서의 형식적 평등과 자유는 임금노동자의 실질적인 불평등과 경제적 종속을 강화시킨다. 관료체제는 일반 국민들로 하여금 행정의 혜택으로부터 멀어지게 하는가 하면, 기득권적 이해(利害)를 대표하는 다른 행정기관에의 접근은 오히려 용이하게 만든다. 국가의 경제에 대한 간섭은 법적, 금전적으로 간접적인 형식을 띠게 되는데, 그것은 반자본주의 세력들로부터의 압력이나 영향력에서 벗어나기 위한 것이다. 즉 국가의 형태나 구조는 모든 사회세력에게 공평하게 접근이 허

용되는 중립적인 도구라고 볼 수는 없으며 여러 가지 전략적 대안 중 어떤 선별된 전략을 취하도록 만든다는 것이다.[31]

영국의 정치와 관련되는 최근의 전략적 선별의 예도 있다. 우선 노동시장의 개혁과 관련하여 육아시설에 대한 국가의 포괄적인 지원책을 놓고 이와 관련되는 전략적 선별성이 검토될 수 있다. 즉 여성들의 노동시장의 참여를 높이고자 하는 시책의 일환으로서 노동시장에의 남녀 평등한 참여를 유도하는 스칸디나비아(Scandinavia) 모형의 도입을 시도하는 것이 된다. 그러나 영국의 현행제도, 전통, 문화, 국가 관료의 선출 및 인사 현황 등으로 미루어 이러한 육아시설 증설이라는 입법 전략은 성공할 가능성이 희박해진다는 것이다.

또 다른 예로서 세계화에 따른 자본이동을 둘러싼 전략을 생각해볼 수 있다. 점차로 증가되는 자본유동 추세에 대한 정책수립 엘리트들의 보편적인 인식으로서는 자유민주주의 국가들의 경우 기업의 세금부담을 증가시키지 말아야 한다고 되어 있다. 즉 세계적으로 자본의 유동이 증대되었기 때문에 그 이전에는 힘들었던 자본의 유출이 가능해졌다. 따라서 국가로서는 세입 기저를 유지하기 위해서 자본에 대해서는 과세율을 낮추고 노동시장에 대한 규제도 완화하는 정책을 펼 수밖에 없다. 그리고 지금까지의 복지수준을 축소하기도 힘들기 때문에 기업에 대한 과세율은 낮추되 그 대신 지금까지의 여러 보조금이나 기업에 베풀었던 세제상 편의나 유인책 등은 거두어들이는 방향전환이 불가피해진다. 자본유출 방지와 보다 많은 해외 자본유치를 위해서는 기업에 대한 과세증가의 전략은 선별될 수 없게 된다.[32] 이하 전략적 선별에 관한 보다 체계

---

31 *Ibid.*, pp.147-148.

32 Colin Hay, *Political Analysis : A Critical Analysis* (New York : Palgrave, 2002), p.130.

적인 논의의 몇 가지 예들을 정리해본다.

① 영국의 Maastricht 조약(EU 결성) 비준

1993년 7월 22일 영국의 John Major 정부는 EU 결성을 매듭짓는 Maastricht 조약의 하원(下院) 비준에 실패했다(324 : 316). 이에 앞서 동 조약에 포함된 최저임금을 규정한 '사회조항'(Social Chapter)을 찬성하는 내용의 노동당 수정안은 부결된 바 있다. Major 총리는 이 Maastricht 조약의 비준을 자기의 신임과 결부시킨 긴급동의로서 재결의하는 방향으로 결국 비준안의 통과를 성사시켰는데 Colin Hay는 이 일련의 과정을 전략적-관계의 접근으로 풀이하고 있다.[33]

우선 구조적으로 이 조약비준이 선별될 수 있는 '맥락'이 선명히 나타나게 된다. 자본주의 국가로서의 영국의 당시 상황으로서는 '자본의 축적'이 필수적인 것이었다. 즉 자본 축적 전략은 경제성장을 가능하게 만들 뿐만 아니라 경제적 성공 자체는 정부의 정당성을 부여하는 데도 결정적이기 때문이었다. 갈수록 변덕스럽고 신축적인 전략으로 바뀌어가는 다국적 기업의 변모에 직면하게 된 영국으로서는 유럽 무역체제에의 참여가 경제적 안전을 확보해주고 자국의 자본축적 정책에도 결정적인 기여를 하도록 되어 있었다. 이렇게 보면 Major 정부로서는 이 조약비준이 경제적 필수조건이기도 했다.

동 조약의 재투표에 임한 Major 정부는 최저임금 등을 규정한 사회조항은 삭제하는 전략을 관철시켰는데 이 결정도 적중한 것으로 되어 있다. 즉 영국이 낮은 기능수준에다가 저임금이고 비교적 노동조합의 조직

33 Colin Hay, "Structure and Agency," in David Marsh and Gerry Stoker (eds.), *Theory and Methods in Political Science* (New York : St. Martin's Press, 1995), pp.202-204.

이 덜 되어 있다는 이미지를 국제적으로 심어줌으로써 비유럽 자본(non-European capital)이 들어올 수 있도록 하는 경제적 효과를 올릴 수 있었기 때문이다. 그리고 이러한 사회조항의 삭제는 보수 세력의 적극적인 비준 지지를 유도하는 데도 기여한 것은 당연한 일이었다. 이외에도 정부는 ① 동의안의 문안작성의 배려, ② 보수적인 의원들에 대한 설득, 회유, 물리적 방법 등의 동원, ③ 신체적으로 불편한 보수계 의원들의 투표참가 유도, ④ 총리의 노조 지도자들과의 접촉 등으로 행위자 수준의 적극적인 활동도 한몫을 한 것으로 되어 있다.

결국 동 조약 비준안은 정부의 새로운 전략적 전환으로 통과되었으며, 이 과정은 영국 자본주의라는 구조적 선별성이 구체적인 정치적, 경제적 맥락을 마련하였고 이것이 행위자(영국 정부)의 전략적 계산의 형성에 결정적으로 기여하게 된 것을 상세히 밝혀주고 있다.[34]

② 자본주의 국가의 미래

Bob Jessop은 21세기에 들어서는 자본주의가 포드주의(Fordism)로부터 후기포드주의(post-Fordism)로 바뀌게 되면서 국가도 '케인즈형 복지 민족국가'(Keynesian Welfare National State)로부터 '슘페터형 노동 장려 복지 탈국가적 레짐'(Schumpetrian Workfare Postnational Regimes)으로 변환될 것을 내다보고 있다. 즉 자본주의의 구조적 변환에서 오는 새로운 맥락이 국가의 성격을 바꾸어 놓는다고 본다. 자본주의는 그 핵심적 과제인 자본의 축적을 위해서 선별적으로 국가의 전략에 영향을 미친다는 명제를 재확인하고 있다.[35]

---

34 *Ibid.*, p.205.

35 Bob Jessop, *The Future of the Capitalist State* (Cambridge, UK : Polity Press, 2002).

포드주의란 일관작업(assembly-line)에 의한 대량생산이 그 핵심을 이루며 주로 '반숙련'(semi-skilled) 노동자들이 참여하는 생산과정을 지칭한다. 규모의 경제를 통한 생산성 향상, 소득증가와 임금상승에 따른 대중수요의 증가, 계속적인 투자에 따른 이윤의 증대 등으로 특징지어진다. 경제적 규제의 양식으로서는 ① 소유와 통제의 분리, ② 중앙집권적 관료적 경영방식, ③ 책임 있는 노동조합과의 집단적 협상(collective bargaining), ④ 통화 및 신용창출을 통한 유효수요의 확보 등이 지적된다. 사회적 조직의 유형으로서는 ① 노동자들의 개인적 또는 사회적 임금에의 의존, ② 핵가족 내에서의 표준화된 대량 상품의 소비, ③ 관료적 국가에 의한 표준화된 집단적 재화와 서비스의 제공, ④ 노사갈등이나 사회적 긴장의 해결에 있어서의 관료적 국가의 핵심적 역할, ⑤ 포드주의적 소비유형과 생활스타일에 있어서의 도시와 교외의 중요한 역할 등이 열거된다.

이러한 포드주의하의 자본주의는 그에 상응한 '케인즈형 복지 민족국가'가 자리 잡는다. 이 국가는 우선 경제정책면에서 완전고용, 수요의 관리, 대량생산과 소비를 지탱하기 위한 하부구조의 구축 등을 책임지도록 되어 있다. 사회정책면에서는 집단적 협상과 국가지원을 통하여 대량소비 및 복지 권리의 확장에 관한 규범이 일반화되도록 조치한다. 규모의 성격과 관련해서는 경제 및 사회 정책의 수립에 있어서는 국제적인 것보다는 '국가적 규모'가 우선하게 된다. 만약 시장기능이 실패하였을 때에는 이를 보완하기 위하여 시장과 국가가 혼합경제를 형성하는 방향을 모색한다. 이때 국가는 시장의 실패를 보상하도록 기대한다.[36]

그러나 포드주의는 케인즈형 복지국가 형태와 더불어 20세기의 후반에 들어서면서 여러 가지 위기를 맞이한다. 우선 '스태그플레이션'으로

---

36 *Ibid.,* pp.56-61.

인한 성장둔화와 이윤의 하락, 노동조합의 영향력 확대, 다국적 기업과 초국적 은행에 대한 통제력 약화 등을 비롯해서 이제 임금은 국내수요의 근원으로서가 아니라 생산의 국제적 비용으로 바뀌고 돈도 점차로 국제 통화나 해외 화폐자본으로 순환됨에 따라 국가 수준의 케인즈주의적 수요관리가 힘들게 된다. 재정면에서도 국가는 과대한 경비지출(복지경비)과 세입감소에 직면하게 되고 정치적으로는 과세부담과 스태그플레이션에서 오는 국민적 불만과 사회적 저항운동의 격화에 노출된다. 특히 1990년대에 들어서는 세계화, 실업, 관료적 경직성, 불평등, 사회적 배제, 가족적 불안 등이 포드주의 하의 복지국가가 당면하는 두드러진 위기적 징후로 지적된다.[37]

그러면 자본주의가 새롭게 적응해나가는 후기포드주의(Post-Fordism)는 어떤 모습인가? 그것은 '지식기반 경제'(knowledge-based economy)로서 노동과정, 축적 레짐(accumulation regime), 규제양식 등에 있어서 지식이 하나의 생산 요소로써 매우 중요한 몫을 하게 되는 경제를 지칭한다. 신축성 있는 기계의 가동과 신축적인 운영체제에 바탕을 두는 '신축적인 생산'이 핵심이 되며 '범위'(scope)와 '네트워크'의 경제를 지향한다. '범위의 경제'란 대량생산 중심의 '규모(scale)의 경제'와 대조되는 것으로서 주어진 기술적-사회적 조직으로부터 다양한 제품들이 생산되는 것을 말한다. 그리고 '네트워크의 경제'(economies of network)란 수송, 설비, 통신망과 같은 하부구조와 관련되는 생산 및 소비의 긍정적 외부효과에서 비롯되며, 서로 상이한 조직들에 의하여 통제되지만 상호보완적이거나 상응적인 자산들이 공동으로 운영되는 것을 지칭한다. 특히 새로운 정보통신기술(ICT)은 생산과 소비 전반에 걸친 자본의 순환과정에서 이러한 네트워크를 형성

37 *Ibid.*, pp.80-94.

하는데 결정적으로 기여하게 된다. 새로운 정보통신기술로 가능해지는 합작 기업, 수직적 와해, 전략적 제휴, 아웃소싱 등으로 이루어지는 네트워크 형태는 긍정적 외부효과를 조성하는데 큰 몫을 한다. 노동과정에 있어서는 포드주의의 대량생산에 있어서의 비신축적인 반숙련 노동자들의 지배적인 역할과는 대조적으로 다숙련과 비숙련이 신축적인 방법으로 결합되는 그야말로 '유연한 작업인력'이 등장한다. 후기포드주의의 하드웨어는 극소전자공학기반(microelectronics-based)의 ICT이며 특히 인터넷은 회사 내, 기업 간, 정부-기업 간 거래를 원활히 하는데 중요한 역할을 담당한다. 그리고 노동과정도 작업코드와 코드화된 지식에 의존하는 지적인 소프트웨어에 의존하게 된다. 한편 경제적 규제에 있어서는 종래의 관료적 기업구조보다는 핵심적 기업능력과 관련되는 상호의존성을 관리할 수 있는 보다 평평하고, 가늘고, 분권화되고, 신축적인 조직형태로 대체된다. 노임관계에서는 신축적 노임, 채용-해고, 책임임금, 정기적 재기능화 등 변화하는 시장조건을 반영하게 되며 사회적 임금과 집단적 소비가 신축성을 제고하는데 동원된다.[38]

이러한 후기포드주의의 등장은 또한 세계화와 맞물린다. 그것은 ① 국민적 경제의 국제화, ② 지역적 경제 블럭의 형성, ③ 각 나라마다의 지역, 도시 간에 맺어지는 지방적 국제화, ④ 다국적 기업화, ⑤ 국제 레짐의 정착과 강화, ⑥ 세계적 규범과 기준의 수용 등으로 특징지어진다. 이러한 세계화과정은 서로 상이한 행위자들이 다양한 규모와 다양한 시간적 공간적 배열 속에서 치열한 경쟁관계에 들어가는 복잡한 상황을 만들어낸다. 따라서 변화된 맥락 하에서 자본축적의 전략과 그 규제의 일환으로서 사회적 공간을 생산하고, 수용하고, 조직하고, 재구성 및 통

[38] *Ibid.*, pp.96-102.

제하는 일들은 매우 어렵고도 중요한 과제가 될 수밖에 없다. 새로운 환경적 변화에 직면하게 되는 국가의 역할과 능력이 문제가 된다.[39]

그러면 후기포드주의와 세계화가 결합되어 구조적으로 선별될 수 있는 새로운 국가는 어떤 것일까? 그것은 새로운 구조적 맥락 속에서 살아남을 수 있는 '경쟁국가'(competition state)이면서 동시에 계속적인 혁신을 보장할 수 있는 '슘페터형 노동 장려 복지 탈국가적 레짐'(Schumpeterian Workfare Postnational Regime)이 될 것으로 내다보고 있다. 즉 새로운 구조적 맥락에 직면하게 되는 국가경영자들이나 공직자들, 사회경제세력들은 케인즈형 완전고용지향 국가로부터 슘페터형 경쟁 국가를 지향하게 된다. 여기서 Schumpeter가 제시하는 '혁신'(innovation)이란 ① 소비자가 원하는 새로운 제품의 생산, ② 새로운 생산의 방법, ③ 새로운 시장의 개척, ④ 원료나 반제품의 새로운 공급원, ⑤ 독점과 같은 새로운 산업조직의 구성 등이 열거된다. 즉 소싱(sourcing), 기술, 제품, 조직, 마케팅 등에 있어서 계속적인 혁신을 보장하는 능력이 강조된다.[40] 보다 구체적으로는 〈표 3-1-3〉에 잘 나타는 바와 같이 첫째로 경제정책면에서는 공급측에 적극 개입하고 경제적 공간의 구조적, 체제적 경쟁력을 강화함으로써 개방경제 하에서의 항구적인 혁신과 신축성을 증진하고자 한다. 축적전략, 국가 프로젝트, 헤게모니적 비전 등을 위한 일차적인 조직 개념은 '지식기반 경제'임이 강조된다. 둘째로 노동력의 재생산과 관련해서는 사회정책을 경제정책의 필요에 종속시키는 '노동 장려 복지'의 개념이 등장한다. 즉 종래의 케인즈주의에서처럼 일자리 창출을 위한 국가적 수요의 효과적인 관리가 아니라 노동시장의 유연성과 고용가능성이 우선

[39] *Ibid.*, pp.113-118.
[40] *Ibid.*, pp.121-122.

〈표 3-1-3〉 슘패터형 노동장려 복지 탈국가적 레짐 (Schumpeterian Workfare Postnational Regime)

경제정책의 특징적 집합	사회정책의 특징적 집합	일차적 규모 (primary scale)	시장실패를 보상하기 위한 일차적 수단
개방경제하의 혁신과 경쟁력에 초점. 지식기반 경제를 달성하기 위한 공급(supply)측에 역점을 둠.	확대된 경제정책에 사회정책을 부응시킴; 사회적 임금(social policy)에 대한 하향적 압력 및 복지권리(welfare rights)에 대한 공격.	국가적 규모(national scale)를 희생하는 규모의 상대화. 새로운 일차적 규모를 확립하기 위한 경쟁. 그러나 계속적인 국가적 규모의 역할.	시장과 국가 실패(market and state failures)를 교정하기 위한 자체 조직적 가버넌스(governance). 그러나 국가는 메타가버넌스(metagovernance) 의 행사에 보다 많은 역할 담당.
슘페터 (Schumpeterian)	노동 장려 복지 (Workfare)	탈국가적 (Postnational)	레짐 (Regime)

자료출처 : Bob Jessop, *The Future of the Capitalist State* (Cambridge, UK : Polity Press, 2002), p.252.

시된다. 노동자들에 대한 복지 혜택은 기업에 이득이 되어야 하고 개인적 욕구는 부차적인 과제가 된다. 지나친 연금이나 복지비용에 드는 공공 지출의 과감한 삭감이 하향적 압력으로 작용하며, 경제적 성과보다는 포퓰리즘적 요구나 사회적 엔지니어링에 치우치는 사회적 경비는 삭감된다. 셋째로 지금까지의 경제적 운영의 기준은 '국가적 규모'가 지배적이었으나 앞으로는 IMF나 세계은행, OECD, ILO와 같은 국제기구의 중요성 증대, 나라마다의 도시, 지역적 단위들의 국제적 상호연결의 증가 등 다양한 규모의 경제적 운영과 사회 정책적 조치들이 새로운 스케일로 자리 잡으려는 경쟁이 있을 수 있다. 다만 국가적 규모의 계속적인 역할은 그대로 존속될 것으로 전망된다. 넷째로 경제적, 사회적 정책을 운영해나가는 '가버넌스'의 문제에 있어서도 계층제 위주의 국가주의보다는 이형제(heterarchy)에 기초한 '레짐형'(regime-like)이 각광을 받게 된다.

즉 서로 상호의존적인 행위자들에 의해 만들어지는 '수평적 자체조직'(horizontal self-organization)이 문제해결의 새로운 방편으로 등장하게 된다. 시장의 실패와 국가적 지원사업의 부실을 보완하기 위해 등장하게 되는 비국가적 기제의 중요성이 이를 입증한다. 그리고 '가버넌스'의 개인적 양태를 위한 제도적 틀을 조직하고 또한 서로 다른 '가버넌스'의 양태를 다시 균형 잡는 '메타가버넌스'(metagovernance)도 중요한 역할을 담당하게 된다. 최근의 EU는 초국가적 조직으로서의 제도적 운영이라기보다는 각 나라마다의 상이한 이해를 둘러싼 상이한 규모의 행동을 정책적으로 처리해나가는 '메타가버넌스'의 본보기가 될 수 있다.[41]

Jessop은 케인즈형과 슘페터형이 경험적으로 관찰 가능한 특징들을 일방적으로 강조해서 만들어낸 Max Weber의 이른바 '이상형'임을 강조하고 있다. 그리고 이것은 특히 유럽의 역사적 경험에 기초하고 있음을 밝히고 있으며, 케인즈형을 경험하지 않은 동아시아 형의 특수성도 인정하고 있다. 따라서 이러한 이상형으로부터의 이탈을 전제로 한 다양한 전략적 가능성도 배제하지 않고 있음을 눈여겨볼 수 있다.[42]

3. 하비투스(Habitus) 이론 : Pierre Bourdieu

Pierre Bourdieu도 A. Giddens처럼 사회과학에 있어서의 객관주의와 주관주의의 이원적인 경향을 융화시키고자 노력한다. 구조에 치중하는 객관주의적 경향은 프랑스 구조주의, 특히 Levi-Strauss에 의해 대표되고,

---

41 *Ibid.,* pp.250-254, pp.228-229, pp.240-243.

42 그는 슘페터 형의 전략적 변형으로 ① 신자유주의, ② 신조합주의, ③ 신국가주의, ④ 신공동체주의의 네 가지를 간단히 제시해 보고 있다. *Ibid.*, pp.254-259, pp.259-264.

행위에 무게를 두는 주관주의적 경향은 현상학과 해석학적 철학, 특히 Jean-Paul Sartre의 실존주의로 대표된다. 그는 Sartre의 실존주의가 지나친 주의주의(主意主義)에 빠지고 있으며 인간의 사회생활은 개인의 특유한 선택의 측면에서만 파악될 수는 없음을 지적한다. 동시에 Levi-Strauss의 구조주의는 인간의 문화를 단순히 개인의 머리 위에서 작동하는 어떤 보편적인 인지적 형판(型板)의 산물로 보고 있음을 비판한다. 인간은 문화적 산물의 의미를 인지할 수 있는 능력이 있을 뿐만 아니라 스스로의 행동으로 문화 자체를 창출할 수 있다고 믿는다. 그는 자기의 연구가 사회이론에 편재해 온 이러한 객관주의와 주관주의의 대립을 극복하는데 역점을 두고 있음을 강조하고 있다. 또한 그는 사회이론이 지나치게 추상적인 수준에 머무는 것에 매우 비판적이며 이론은 구체적인 경험적 수준에서 논의되어야할 것을 주장하고 있어 각별한 관심을 모은다.

(1) 객관적 구조와 주관적 현상의 통합

Bourdieu는 객관적인 구조와 주관적인 현상의 변증법적인 관계를 강조한다. 객관적인 구조는 표상의 기초를 마련해주고 사람들의 상호작용에 영향을 미치는 구조적 제약을 구성하는 것이 사실이다. 그러나 만약 개인들이나 집체가 이러한 구조들을 변환하거나 그대로 보존하려는 일상적인 투쟁을 설명하고자 시도하게 되면 구조가 마련해주는 표현들은 변혁의 수단으로서의 의미를 갖게 된다.[43] 즉 구조는 행위자와는 독립적으로 존재하면서 그들의 행위를 인도하지만 또 한편으로는 창조적인 행동을 위한 선택이나 가능성을 마련해주고 새로운 문화적, 사회적 현상을

43 Pierre Bourdieu, "Social Space and Symbolic Power, Sociological Theory 7 (1989), p.15, cited in George Ritzer, *Sociological Theory*, Fifth Ed., (New York : The McGraw-Hill Cos, 2000), p.530.

구성해줄 수 있다고 본다. 이런 점에서 A. Giddens가 구조란 행위자들을 제약하지만 동시에 무언가를 할 수 있게끔 만든다는 이중성의 논리와 맥을 함께 한다고 볼 수 있다.

객관적인 구조와 주관적 행위 사이에 이루어지는 변증법적 관계를 언급하면서 Bourdieu는 자기의 이론적 관점이 '구성주의적 구조주의'(constructivist structuralism), '구조주의적 구성주의'(structuralist constructivism), 또는 '발생적 구조주의'(genetic structuralism)로 불려도 무방하다고 주장한다. 객관적 구조는 행위자의 구성적 노력이 반영된다는 점에서, 그리고 행위자에 의한 사회적 현실의 구성 또한 구조적 제약을 받는다는 점에서 구조주의와 구성주의는 서로 밀접하게 연결된다는 점이 강조된다. 또한 '발생적 구조주의'란 명칭은 구조가 변환되고 보존되는 발생의 과정에 역점을 두는 것으로 볼 수 있다. 즉 객관적 구조의 분석에 있어서는 생물학적인 개인들이 가지는 정신적 구조란 다름 아닌 사회구조들의 편입으로 이루어지는 산물이기 때문에 그 발생의 분석이 매우 절실해지게 된다. 또한 이러한 사회구조는 사회내의 여러 지위를 차지하는 집단 간의 투쟁의 산물이라는 점에서도 그 발생의 분석이 불가분의 성격을 띠지 않을 수 없다는 것이다.[44]

(2) **하비투스**(Habitus)

'하비투스'는 구조와 행위를 연결하는 중개적인 개념이다. Bourdieu에게는 구조란 사회적 공간에 존재하는 '지위'(positions)로, 그리고 행동은 행위자에 의한 '지위취득'(position-taking), 또는 '실천'으로 표현된다. 하비투스

44 P. Bourdieu, *In Other Words: Essays Toward a Reflexive Sociology* (Cambridge : Polity Press, 1990), p.14.

구조의 측면		행위의 측면
지위(positions) [계급(classes)]	하비투스(Habitus) [성향(dispositions)]	지위취득(positon-taking) 실천(practices)

는 '구조'로서의 지위를 '행위'의 측면인 지위취득 또는 실천과 연결시켜주는 상호작용의 터로 파악될 수 있다. 우선 행위자들은 서로가 사회적 공간 속에서의 지위를 갖게 되는데, 그것은 직업, 교육, 권력의 정도에 따라 주로 사회 계급적 측면에서 정의될 수 있다. 이러한 지위들은 '지위취득' 또는 '실천'의 과정을 통하여 유지되고 또한 다른 사람들에게 신호로 보내진다. 예를 들면 사회적 지위들은 옷 입는 스타일, 여가 보내기, 소비선택 등으로 신호가 전달된다.[45]

'하비투스'는 지위와 실천이 상호작용하는 터로서 사람들이 사회적 현실에 대처하는 정신적 또는 인지적 구조를 가리킨다. 사회구조 속에서의 특정한 지위를 차지하는데서 오는 행위자의 오랜 경험에 의해서 형성되는 비교적 안정된 성향의 체제를 지칭하며, 실천과 표상을 만들어주고 조직해주는 구실을 담당한다.[46] 사람들은 사회적 현실을 지각하고 이해하고 평가하는 지각적 설계를 갖게 마련인데 하비투스가 이를 가능케 한다. 그리고 하비투스는 사회구조의 내면화의 산물이라는 점이 강조된다.[47] 즉 연령 집단, 성, 사회계급 등 계급구조의 객관적인 분화(分化)를 반영하기 마련이며, 사회 속에서의 지위를 오랫동안 차지하는 데서 습득

[45] Craig Calhoun et. al., *Contemporary Sociological Theory* (Malden MA: Blackwell Publishing, 2002), pp.260-261.

[46] P. Bourdieu, *The Logic of Practice* (Stanford, CA: Stanford Univ. Press, 1990), p.53.

[47] P. Bourdieu, "Social Space and Symbolic Power," *op. cit.*, p.18.

되는 것으로 볼 수 있다.

사회구조가 내면화된 하비투스의 작용을 좀 더 구체적으로 살펴볼 수 있다. 우선 사람들은 그들의 구조적 상황을 반영하는 문화적 기호(文化的 嗜好, cultural tastes)를 나타내기 마련인데 하비투스는 이러한 기호(취미)를 개인의 몸속에 배이도록 만든다. 옷 입는 스타일이라든가 여가 보내기, 음식의 선호, 예술의 감상, 소비성향 등 사회적 계급에 따라 강요되는 이러한 기호는 어떤 지적인 판단에 따른다기보다는 본능적인 신체적 반작용으로 나타난다. 사람들은 자기들의 하비투스에 맞지 않는 사회적 실천에 부닥치게 되면 심한 당혹감을 겪거나 역겨움을 느끼게 되어 있다. 하비투스는 또한 개인들이 당면하는 상황에 따라 거기에 알맞는 적절한 역할을 수행하게 만든다. 그러나 이때 무엇은 되고 무엇은 안 된다든가, 무엇은 좋아하고 무엇은 좋아하지 말아야 한다든가 하는 엄격한 규칙으로 작동하는 것은 아니라는 점이 강조된다. 그것은 하나의 느슨한 가이드라인으로 작동한다는 것이다. 예를 들면 운동경기에 임하는 선수는 비록 공식적인 규칙에 따라 움직이지만 몸에 깊이 배인 게임 운영상의 감각에 따라 순간마다의 대응적인 전략에 의존하게 된다. 무엇은 용납되고 무엇은 안 된다든가, 무엇은 들어 먹고 무엇은 들어 먹지 않는다든가의 경험과 학습에 따라 새로운 움직임을 만들어나가는 특징적인 방식을 개발하게 된다는 것이다. Bourdieu에 의하면 사람들은 마치 '예술의 거장'처럼 각본 자체를 잘 알기 때문에 상황이 요구하는 대목마다 그것을 정교화하고 즉흥적으로 대응할 수 있다고 본다. 게임의 상황에 대처하는 주체들은 의도하지 않은 어떤 규제된 즉흥적 대응을 발명해내는 것으로 묘사되고 있다.[48] 이렇게 보면 하비투스는 사람들이 무엇을 생각

[48] P. Bourdieu, *Outline of A Theory of Practice* (Cambridge, UK : Cambridge Univ. Press,

해야 하고 무엇을 하기 위하여 어떤 선택을 해야 할지를 단지 암시할 뿐, 사람들은 언제나 선택의 의식적인 검토과정을 거치는 것으로 전제된다. 즉 인간의 임기응변적인 대응능력을 인정하는 대목이라고 볼 수 있다.

결국 하비투스는 사회구조의 내면화의 산물이자 '체내화된 성향'(embodied dispositions)의 특성을 지니면서도 항상 그 작동에 있어서는 인간의 의도적인 판단이나 즉흥적인 대응과 같은 주관적 요소들이 아울러 개재된다는 점이 강조된다. 그리고 그러한 주관적인 요소들은 새로운 실천을 통하여 하비투스 자체를 보존 또는 변환시켜 나간다고 볼 수 있다. 그가 하비투스를 '외부성의 내면화와 내부성의 외면화의 변증법'(dialectic of the internalization of externality and the externalization of internality)으로 묘사하는 것도 이러한 측면을 부각시키기 위한 것으로 볼 수 있다.[49]

(3) 경역(境域, field)과 자본(capital)

하비투스는 '경역'이라고 불리는 제도적 환경 속에서 작동한다. 개인들이 자리매김되는 사회적 관계의 구조를 지칭한다. 경역은 개인적 의식이나 의지와는 독립적으로 존재하는 객관적인 관계들의 네트워크, 또는 형상으로 정의된다.[50] 게임에 비유한다면 축구라든가 럭비와 같이 자체의 조직상 규칙을 가지고 있으며 일정한 지위를 정하고 거기에 따른 게임의 동작이 허용되는 것을 그 특징으로 한다. 사회생활에서는 법률, 예술, 종교 등의 다양한 분야가 이에 해당될 수 있다. 하비투스는 개인들을

1977), p.79 ; P. Bourdieu, *The Logic of Practice* (Cambridge, UK : Polity Press, 1980), pp.66-67, p.81.

49 P. Bourdieu, Outline of A Theory of Practice, *op. cit.*, p.72.

50 P. Bourdieu and L. J. D. Wacquant (eds.) *An Invitation to Reflexive Sociology* (Chicago : Univ. of Chicago Press, 1992), p.97.

경역 내의 일정한 지위에 자리매김해 주고 또한 그 지위에 알맞은 적절한 행동을 하게 함으로써 그 지위 자체를 재생산하도록 만들어준다는 점에서 매우 중요한 역할을 하게 된다.

경역 내에서 사람들은 집단을 형성하여 그들의 우월성과 사회적 특성을 확보하기 위한 투쟁을 전개하게 된다. 즉 경역은 사회집단간의 힘겨루기와 전투의 영역이라는 특성을 지닌다.[51] 경역 내의 지위를 차지하는 사람들이 개인적으로 또는 집단적으로 자기들의 지위를 보호하고 개선하고자 시도하고 또한 자기들에게 유리한 계층화의 원칙을 강요하기 위한 다양한 전략들을 추구하게 되는데 경역은 이러한 전략들을 단단히 묶어주고 지도해주는 역할을 담당한다. 경제적으로 지위가 낮은 계층들은 중산층에 비해서 옷 입는 것이나 음식에 대한 가치부여에 있어서 일상적 생활이나 일터 위주의 기준에 따르기 마련이다. 따라서 부르주아의 고상한 습관들은 경멸의 대상이 될 수 있으며, 지나친 기호의 탐닉은 노동자계급에게는 거부감을 불러일으킬 수 있다. 반대로 상류계급은 아래 계급들에 대해서 저속하고 교양이 없다고 생각한다. 결국 우월집단들은 일정한 문화적 실천들을 독점하려고 하고 하위집단들도 우월집단의 신분을 뒤집기 위하여 이러한 실천들을 오히려 수용하려고 시도한다. 즉 우월집단의 실천을 채택함으로써 그들의 특이성을 잠식시키는 효과가 기대되기 때문이다. 예를 들면 중산층은 부유층을 모방하기 위하여 매우 값비싼 유행 액세서리를 선호하게 되는데 그렇게 함으로써 그러한 액세서리의 특이성이 사라지게 만들 수 있다.

그런데 경역 내에서 벌어지는 투쟁의 향배를 좌우하는 것은 '자본'(capital)이다. 즉 경역 내의 다양한 행위자들의 지위는 그들이 갖고 있는

---

51 *Ibid.*, p.101.

자본의 양과 상대적 비중에 따라 결정된다고 볼 수 있다. Bourdieu는 자본을 ① 경제적 자본: 재화와 서비스를 생산하는데 사용될 수 있는 돈과 물건, ② 사회적 자본: 집단이나 네트워크에 있어서의 연결이나 유대, ③ 문화적 자본: 비공식적 대인관계의 기술, 습관, 예의, 언어적 스타일, 교육경력, 기호, 생활스타일, ④ 상징적 자본: 다른 세 가지 형태의 자본들의 여러 수준과 배합의 소유를 정당화하기 위한 상징들의 사용 등, 네 가지 형태로 분류하고 있다. 그런데 이러한 네 가지 형태의 자본들은 서로 다른 형태로 바뀔 수 있는 '전환성'(convertibility)이 인정된다. 다양한 시장에서 벌어질 수 있는 이러한 자본의 전환성으로 사회적인 경합과 투쟁이 불가피해진다. 예를 들면 학문적 자격이 너무 많으면 그것을 경제적 자본으로의 전환가능성을 감소시키게 되는데 이른바 '자격 인플레이션'(credential inflation)이 온다. 자격소지자들은 결국 그들의 문화적 자본을 경제적 소득으로 전환하기 위하여 높은 수입의 자리를 두고 서로 치열한 경합을 벌려야 한다. 마찬가지로 경제적 자본을 가진 자가 문화적 자본을 살려고 들면 때로는 기호의 결여로 뜻대로 되지 않을 수가 있다.

대체로 자본의 네 가지 형태에 따라 사회체제의 객관적인 계급구조가 결정된다. 전반적인 계급구조는 사회내의 다양한 집단들이 소유한 자본의 전체량을 반영한다. 지배계급은 경제, 사회, 문화, 상징적 자본의 대부분을 소유하며, 중간계급은 보다 덜 소유하고, 하층계급은 이러한 자본적 자원의 극소 부분을 소유한다. 그러나 각 계급 내에는 자본의 구성과 사회적 출신 성분 등의 차이에서 오는 '분파'(factions)가 형성된다. 예를 들면, 지배계급의 경우 ① 지배적 분파: 경제적 자본이 풍부하여 다른 자본을 사는데 사용할 수 있는 생산수단의 소유자들로서 고전적인 부르주아가 이에 해당, ② 중위 분파: 상당한 경제적 자본과 다소의 다른 자본들의 소유자로서 상급자격 소지의 직업인들, ③ 피지배 분파: 경제적 자본은 적으나 높은 수준의 문화적, 상징적 자본의 소유자들로서 지식인, 예술가, 작가 등으로 이루어진다.[52]

(4) 문화적 자본과 상징적 자본

Bourdieu는 사회적 지위를 결정하는 가장 중요한 요소가 경제적 자본임을 인정한다. 프랑스 구조주의론자들(L. Althusser, N. Poulantzas, R. Miliband)처럼 사회구조의 성격은 궁극적으로 경제적 토대에 의해 결정된다는 입장과 맞물리는 점을 인정하지 않을 수 없게 된다. 사회의 지배적인 집단은 경제적 자원을 독점하고 있으며 피지배 계급에 대한 그들의 헤게모니적인 지위는 바로 경제력의 산물이라는 입장이다.

그러나 그는 '문화적 자본'이나 '상징적 자본'의 중요성도 아울러 고려하고 있다. 우선 문화적 자본은 하비투스를 통하여 개인이나 집단들이 취득하는 문화적 실천인데 이것이 비록 그들의 경제적 지위를 반영하기는 하지만 그것을 수동적으로만 전도하는 것은 아니다. 사람들은 특정한 문화적 실천을 통하여 문화적 자본을 취득한다. 그리고 사람들이 존경하고 탐내는 문화적 활동들을 관리하고 독점함으로써 경제적 지위로서는 취득하기 힘든 높은 사회적 신분에 올라설 수 있게 된다. 문화적 지식을 개발할 수 있고 이로 말미암아 경제적 강자들보다 훨씬 높은 지위로 격상될 수가 있다는 것이다. 지식인들이나 예술가들은 비록 가난하더라도 어렵고 시간이 걸리는 문화적인 형식들에 대한 집착이 강하며 세련되고 존경받는 문화적 활동에 종사할 수 있는 능력과 시간이 주어진다. 따라

52 P. Bourdieu, "The Forms of Capital," in J. G. Richardson (ed.), *Handbook of Theory and Research in the Sociology in Education* (New York : Greenwood, 1986) ; 이 부분은 Jonathan Turner, *op. cit.*, pp.495-499의 설명을 참조.

서 사회적 신분(사회적 계층질서 내에서의 개인의 지위)은 개인이 가지고 있는 '경제적 자본'과 '문화적 자본'이 결합되어 나타나는 산물이라고 볼 수 있다. 재력가, 주식중개인, 은행가 등은 상당한 경제적 자본을 소유하더라도 자동적으로 사회적 경역에서 지배적인 위치에 올라서는 것은 아니다. 그들은 문화적 자본 면에서 낮은 위치에 있기 때문이다. 대조적으로 의사라든가 선생, 공무원 그리고 비교적 가난한 지식인들이나 예술인들은 문화적 자본의 독점을 통하여 이들 경제적 강자들의 지배에 맞설 수가 있다는 것이다.

상징적 자본의 역할도 매우 중요하다. 사회계급간의 갈등은 다양한 상징들을 동원하여 그것들을 이데올로기로 만드는 과정과 결부된다. 즉 이데올로기는 자원의 특정한 구성을 정당화할 수 있기 때문에 계급투쟁에 결정적인 수단이 될 수 있다. 이때 상징들은 특정한 사회적, 문화적, 생산적 자원들의 배정 유형(配定 類型)이 매우 적절한 것처럼 보이도록 조작될 수가 있기 때문이다. 예를 들면 지식인들이나 예술가들이 대기업의 '천박한 상업주의', '물욕', '탐욕' 등을 비난하게 되면, 이러한 행동은 상징들을 동원하여 생산수단의 소유자들의 지배를 누그러뜨리는 이데올로기를 만들어낼 수가 있다.[53]

질서와 억제가 직접적이고 강제적인 사회적 통제보다는 오히려 간접적인 문화적 메커니즘에 의해 이루어지는 과정에 초점을 두는 이론적 고찰을 Bourdieu는 '상징적 폭력에 관한 이론'(theory of symbolic violence)으로 부르고 있다. 여기서 '상징적 폭력'이란 사회 내의 집단이나 계급들에게 상징주의나 의미(문화)를 받아들이게 함으로써 이러한 문화적 지배가 정당하다고 믿게 만드는 것을 뜻한다. 이때의 정당성이란 문화적 지배가

53 J. H. Turner, *op. cit.*, pp.497-498.

실제의 권력관계를 모호하게 만든다는 의미가 된다. 그러한 권력관계가 정당하다고 받아들여지는 한 문화는 그러한 권력관계에 더욱 힘을 실어주고 또한 자체의 재생산에 기여한다고 볼 수 있다. 그리고 이러한 은폐과정은 '그릇인식'(misrecognition)의 과정으로 정의되고 있는데, 그것은 권력관계가 객관적인 것으로 인지되지 않고 보는 사람으로 하여금 정당하다고 믿도록 만드는 것을 지칭한다. 이렇게 보면 문화란 어떤 객관성보다는 임의적인 성격을 띠었다는 것이다. 상징적 폭력은 주로 '교육학적 행동'(pedagogic action)으로 이루어지며 ① 확산적 교육(예 : 또래 집단), ② 가정교육, ③ 제도적 교육(예 : 학교) 등으로 이루어지는데, 이중 제도적인 학교교육이 가장 중요한 수단이 된다. 제도적 학교교육을 통한 상징적 폭력은 제도적 교육 자체의 존립조건들을 재생산하게 되며 전반적인 권력관계를 잘못 인식하게 만드는데 기여하는 결과를 가져온다는 것이다. 이런 점에서 교육제도는 현존하는 권력관계와 계급관계의 재생산과 밀접한 연관을 맺는다고 주장된다.[54]

(5) 경험적 연구의 사례

Bourdieu는 추상적인 이론적 체제의 수립에만 관심을 둔 것이 아니라 이론적 구성을 실제의 경험적 관심사에 연결시키는 연구들을 병행시킴으로써 순수한 주지주의(主知主義)의 함정에 빠지지 않는 노력을 보여준다. 대표적인 경험적 연구의 사례들을 살펴볼 수 있다.

① 특이성(distinction)

1979년에 발표된 그의 〈La Distinction〉은 문화에 대한 과학적 연구를

54 Richard Jenkins, *Pierre Bourdieu,* revised ed. (New York: Routledge, 2002), pp.104-109.

대표하며 사람들이 지니는 문화적 특성들이 계급적 관계와 밀접히 관련되어 있다는 명제를 경험적으로 뒷받침해주는 연구이다. 그는 사람들이 문화적 대상물들에 대하여 갖는 심미적 기호가 서로 다른 성향으로 차별화되어 나타나는데 각별한 관심을 둔다.[55]

사람들이 갖는 기호(taste)는 자연스럽게 발생하는 현상으로서 지배계급과 피지배계급을 가르는 것처럼 사회적 경계를 표식하고 유지한다. 그것은 사회적 정체성을 나타내는 주요 기표들로 이루어지며 계급을 기준으로 안에 있는 사람들은 통합하고 밖에 있는 사람들과는 분리시키는 작용을 한다. 그러면 기호는 어떠한 과정을 거쳐 형성되는가? 우선 사회구조 내의 객관적 생존조건(계급)이 하비투스를 만들어내고 그로부터 기호와 생활스타일이 도출된다. 따라서 기호의 특성은 계급적으로 이미 앞에서 언급되었듯이 ① 지배계급(부르주아), ② 중간계급(쁘띠 부르주아), ③ 피지배계급(노동자계급) 등의 세 가지 계급에 따라 다르게 나타난다. 지배계급에 상응하는 '정통적 기호'(legitimate taste), 쁘띠 부르주아의 '평범한 지성적 기호'(middle-brow taste), 노동자계급의 '대중적 기호'(popular taste)의 세 가지 형태로 나타나게 된다.[56] 그런데 이 중 쁘띠 부르주아의 기호는 주로 상류층의 기호에 대한 호의적 태도와 존경에 근거한 평범한 내용으로 파악된다. 따라서 기호의 내용면에서 볼 때 부르주아와 노동자계급의 서로 대조적인 기호가 주된 이론적 관심사가 된다.[57]

이상의 논의에 따라 Bourdieu는 기호를 두 가지 형태로 나누고 있다. 첫 번째로 상류층인 지배계급의 정통적 기호는 '자유와 사치'로 특징지

---

55 P. Bourdieu, *Distinction : A Social Critique of the Judgement of Taste* (London : Routledge and Kegan Paul, 1984).

56 Richard Jenkins, *op. cit.*, pp.137-142.

57 *Ibid.*, p.144.

어진다. 그것은 우선 직접적인 경제적 필요와 물질적 욕구로부터는 거리를 둔다. 자유의 기호는 예술 자체를 위한 예술의 철학이다. 즉 예술의 형태만 중시하고 이것을 기능이나 내용의 상위에 자리매김하는 '순수 응시'의 모습을 띤다. 상류층의 생활이 가혹한 물질적 필요와는 거리가 멀듯이 그들의 예술도 생활로부터 떨어져 있고 예술이 외부적 현실을 표현하든 안 하든 관심이 없는 그야말로 '사치'로서의 성격을 지니게 된다. 따라서 사치로서의 기호는 세속적이거나 일상적인 것을 심미적이고 아름다운 것으로 순수화하고 승화시킨다. 결국 물질적인 절실성이 덜 할수록 '순수응시'나 사치적 기호는 평상적인 것을 심미적인 것으로, 물질적인 것은 상징적인 것으로, 기능적인 것은 형식적인 것으로 변환시킨다. 두 번째의 기호로서는 피지배계급으로서의 노동자계급의 '대중적 기호'를 생각해볼 수 있다. 노동자계급의 생활은 가혹한 경제적 절박성에 의해 제약을 받기 때문에 '필요의 기호'의 성격을 띠게 마련이다. 예술이 현실을 표현할 것을 원하게 되고 상류층이 추구하는 형식적이고 자족적인 예술은 퇴폐적이고 타락한 것으로 경멸한다. 그리고 복잡하고 정교한 것보다는 단순하고 정직한 것을 선호한다. 그러나 상류층의 사치적인 기호의 입장에서 볼 때에는 이러한 대중적 기호는 순진하고 자기만족에 빠져있다고 비하된다.

한편 이러한 예술과 관련된 심미적인 기호는 다른 문화적 기호들(일상적 대화, 옷 입는 것, 음식 등)과도 상관관계를 갖는 것으로 나타난다. 예를 들면 일상적 대화에 있어서 상류층은 정중하고 거리감 있고 잘 통제되어 있는 스타일을 보인다. 그리고 상류층의 경우 모든 자연적이고 물리적인 욕망들은 승화되고 탈물질화되어야 하기 때문에 식사는 극히 규제되고 규율적인 양상을 띠며 음식은 기름진 것보다는 가벼운 것이 선호된다.

옷 입는 스타일에 있어서는 기능적인 측면보다는 유행이나 심미적인 융화가 강조된다. 이와는 대조적으로 노동자계급은 물리적 현실이나 경제적 필요에 얽매이기 때문에 서로가 보다 물리적인 방향으로 상호작용하게 된다. 서로 상대방의 몸을 만지고, 크게 웃거나 상류층이 보이는 거리감이나 거짓 정중함보다는 솔직한 말투가 특징적이다. 음식은 포만감 있고 물리적으로 만족감을 주는 것을 선호하고, 옷과 가구는 기능적인 것을 고른다. 이러한 기호에는 경제적인 요인도 작용하지만 형식적이고 장식적인 것을 혐오하는 심성이 아울러 개제되어 있기 때문인 것으로 풀이된다.[58]

② 세계화와 신자유주의 경제

Bourdieu는 세계화의 진행과 더불어 등장한 신자유주의 경제의 이념적 추세에 대하여 신랄한 비판을 가하고 있어 주목을 받는다. 세계화는 국가간의 경쟁을 부추기고 경제적 효율과 급속한 성장을 무엇보다도 우선시하는 신자유주의(Neo-liberalism)의 이데올로기적 확산을 가져오게 된다. 그러나 그는 이러한 신자유주의적 경제의 처방들이 여러 가지 폐해와 부작용을 가져오게 된다는 점을 강조하고 세계화나 신자유주의적 이념은 오히려 현실을 은폐하는 하나의 신화에 불과하다는 것을 지적하고 나선다.

신자유주의적 경제의 핵심은 복지국가의 과도한 공공지출의 축소와 사회적 보호정책을 지양함으로써 오로지 투자자들의 의욕과 확신을 보장해주는 정책들로 나타나게 된다. 그리고 이러한 일련의 정책들은 세계적 경쟁에서 살아남기 위해서는 성장만이 해결책이라는 주장으로 정당

58 J. H. Turner, *op. cit.*, pp.499-500.

화된다. 그런데 이러한 성장 우선 정책의 가장 두드러진 부작용 가운데 하나는 노동시장의 유연성 문제이다. 유연성이라는 용어의 이면에는 '유연착취'가 자행되고 있으며, 구체적으로는 비정규직화, 야간 근무, 비규칙적 교대, 최저임금의 삭감 등으로 나타남으로써 노동자들에게는 보다 많은 압력과 스트레스의 증대로 나타난다. 경쟁에서 살아남기 위한 계속적인 성장을 위해서는 이것이 경제적 불가피성으로 정당화되지만 그것은 현실을 호도하는 '그릇된 인지'의 현상이다. 즉 정치문화 속에서 조작된 기대의 수평이 언론매체에 표출되면서 노동자의 기대감과 그들에게 요구되는 것과의 일치가 만들어내는 그릇된 인지의 결과라고 보는 것이다.[59]

사회 세력 간에 존재하는 권력적 불균형을 자연스럽게 만들고 또한 재생산하는 담론이나 생각, 가치들의 결합을 그는 '도사'(doxa)라고 부른다. 사람들은 '도사'를 사용함으로써 많은 것들을 잘 알지도 못하면서 그대로 받아들이게 되는데 바로 이데올로기가 이에 해당한다고 보고 있다. 경제는 세계화되어가기 때문에 우리도 세계화되어야 한다. 모든 것은 빨리 변하기 때문에 우리도 빨리 변해야 한다. 부를 창출함으로써 우리들은 고용을 만들어낼 수 있다. 복지국가와 사회보장 체제의 퇴조는 불가피하다. 이러한 주장들은 당연시되어 받아들여지며 도사는 결국 '생각할 수 있는 것'과 '생각할 수 없는 것'을 갈라놓고 어떤 수사는 가능하게 만들고 어떤 것들은 제외시켜버린다. 신자유주의 경제에서 수용될 수 있는 것들로서는 탈규제, 자유 환률, 자본의 자유 순환, 경쟁, 창의, 기술혁명, 경제성장, 인플레이션 억제, 국가채무의 축소, 노동비용의 감소 등이 열

59 Michael Grenfell, *Pierre Bourdieu : Agent Provocateur* (London : Continuum, 2004), pp.130-131.

거된다. 따라서 '도사'로서의 신자유주의는 어떤 일방적인 주장들을 합리화하고 또한 다른 대안들은 배제해버리는 이데올로기와 그 성격이 다를 바 없으며 현실을 호도하고 인권의 탄압과 사회적 병폐를 엄폐한다는 것이다.[60]

Bourdieu는 사회과학, 특히 경제학의 연구 방법론적 추세가 '현학적 접근'(scholastic approach)에 빠져 있다고 일침을 가한다. 즉 현상의 실제적 차원의 이해나 문제해결에 치중하기보다는 연구 자체에 의미를 부여하고 격식에 얽매이게 되는 결점을 지적한다. 예를 들면 경제학은 자유로운 시장과 합리적 행위자라는 전제로부터 분명한 대안과 예측된 결론들을 도출하고 있지만 이것은 주관주의적 철학의 전통에 바탕을 둔 주지주의적 투사(主知主義的 投射, intellectualist projection)에 불과하다고 비판한다. 즉 사물의 논리를 논리의 사물과 혼동하고 있으며 일종의 구상화(具象化, reification)를 만들어낸다는 것이다. 세계화와 관련해서도 사회적, 경제적 실천의 분석으로부터 출발하여 그러한 변화들의 동인을 찾아내는 것이 아니라 세계화는 이미 존재하고 특정한 결과를 가져온다는 전제를 먼저 세우고 이를 뒷받침하는 증거를 수집하는 방식이 되어버린다. 따라서 세계화의 연구는 신자유주의적 경제정책을 정당화하고 세계 금융시장에 대한 소수 국가들의 장악을 연장시키는 하나의 허구이자 신화라는 것이다. 그리고 공개적인 경쟁과 기회의 자유라는 세계화의 신화는 개인들이 당면하는 어려운 사회-경제적 조건들은 등한시해버리게 된다고 본다.[61]

---

60 *Ibid.*, p.129.

61 *Ibid.*, pp.132-134.

제2장 역사적 접근

역사적 접근은 사회의 변화에 관한 장기적인 과정을 다루면서 변화에 작용하는 다양한 요인들을 추출하고 정리하며 또한 여러 사회들을 상호 비교함으로써 서로의 차이점과 공통점 등을 체계적으로 연구하는 것으로 정의해볼 수 있다. 구체적인 학문 분야 면에서 볼 때에는 전통적인 역사학 분야와 사회과학이 결합되는 형태가 될 수 있으며, 특히 사회학의 이론적 구성과 연구 방법론상의 새로운 고안들이 역사연구에 투입되는 최근의 독특한 연구 분야로 볼 수 있다.

우선 역사적 접근이라고 할 때에는 전통적으로 문학과 대조되는 '역사'의 영역을 생각해볼 수 있다. 문학이 사회적 대상을 상상과 허구의 방법으로 다룬다면 역사는 실제로 일어나는 진실을 기록하는 객관적인 학문 분야로 인식되어 왔다. 역사학자들은 소설이나 신화와는 대조되는 사실을 다루고 고문서의 기록들을 땀 흘려 파고드는 노고로서 그들의 객관성을 입증하는 전통을 이어왔다.

그러나 이러한 '역사'에 대한 인식은 20세기에 들어서 꾸준히 진행된 사회과학의 발달과 이를 둘러싼 다양한 논쟁으로 말미암아 여러 가지 변모를 겪게 된다. 무엇보다도 사회과학에서는 경험적 연구를 강조하는 실증주의적 추세가 역사적 탐구에도 반영되어 여러 사회를 서로 비교하여 실증적으로 그 차이점과 공통점을 찾아내려는 '비교-역사적 분석'(比較-歷

史的 分析, comparative historical analysis)이라는 새로운 연구가 각광을 받게 된다. 동시에 사회과학에서는 경험적 연구의 틀을 잡아주는 '이론'의 중요성이 강조되는데 이렇게 되자 사회학의 다양한 이론적 접근과 접목되는 또 다른 연구 영역으로서 이른바 '역사사회학'(歷史 社會學, historical sociology), '역사적 사회이론'(歷史的 社會理論, historical social theory), '역사이론'(歷史理論, historical theory) 등으로 불리는 독특한 분야를 만들어내기에 이른다.

한편 20세기 후반에 접어들면서부터는 사회과학이 '언어적 전환'(言語的 轉換, linguistic turn)이라는 또 다른 도전을 겪게 되는데 이때부터는 종래의 설명에 치중하던 이론적 구성보다는 이해와 해석을 중시하고 역사적 연구가 어떤 궁극적인 진리에 도달하기보다는 복합성과 다원성을 지니기 마련이라는 상대주의가 역사학의 전통을 뒤흔들어 놓게 된다. 특히 문화적 영역에서 강조되기에 이른 '포스트모더니즘'(postmodernism)의 영향력이 좋은 예가 될 수 있다. 여기서는 역사적 연구와 그로부터 비롯되는 지식은 상대주의적 담론에 불과하며 진리는 발견될 수 없을 뿐만 아니라 연구자가 갖는 믿음에 불과하다는 입장으로까지 번질 수 있게 된다.

전통적인 문헌 중심의 역사학이 사회과학과 같은 다른 학문 분야와 연계되면서 제기되는 문제점들을 다음의 두 가지로 정리해볼 수 있을 것 같다. 첫째로 사회과학의 연구, 특히 과학철학(科學哲學)의 영역에서 제기되는 '이론'의 중요성을 외면할 수는 없게 되어 있다는 점이다. 지식은 그것이 과학적인 것이든 역사적인 것이든 이론의 틀 속에서 파악되고 체계화된다는 주장이 설득력을 얻게 된다. 이렇게 되면 모든 사실은 이론화되었다는 주장이 나올 수밖에 없으며 역사적 지식도 이론으로 얻어지는 지식이라는 점이 강조되지 않을 수 없게 된다. 따라서 이론은 역사적 연구와 조사에 있어서 근본적인 전제가 된다는 주장이 힘을 얻게 된다. Marx, 뒤르켐, Weber로 이어지는 사회과학의 고전적 이론들이 역사적 접근에 있어서 이론적 관점의 기초를 제공하게 되고 이들 고전의 계보(系譜)로 이어지는 기능주의, 정신분석적 접근, 구조주의, 현상학, 해석학, 포스트모더니즘 등의 다양한 이론적 시각들이 역사적 접근의 주요 내용에 영향을 미칠 수 있게 된다. 둘째로 후기구조주의나 포스트모더니즘으로 대표되는 상대주의적 담론의 도전에 역사학이 어떻게 대응해야 할 것인가의 문제가 대두된다. 역사적인 사건이나 현상의 기술 및 설명에 있어서 상대주의적 입장을 택하게 되면 무엇이 진실이냐의 기준은 모호해지기 마련이다. 이렇게 풀이할 수도 있고 저렇게 풀이할 수도 있다는 식으로 모든 시각이나 관점이 나름대로 정당화될 수 있는 길이 열릴 수 있기 때문이다. 그러나 어떠한 사상적 동향도 시류(時流)를 타듯이 역사적 지식에 대한 상대주의적 입장도 시간이 흐름에 따라 비판과 반론이 생기게 된다. 즉 역사적 지식을 둘러싼 다양한 시각과 입장의 가능성만은 받아들이더라도 서로 경합하는 관점이나 풀이 중 어느 것이 좋다든가 진실에 가깝다든가 하는 판단의 기준은 설정되어야 한다는 주장이 나올 수 있다. 최근의 과학철학에서 관심을 모으는 비판적 실재론의 입장이 이러한 주장에 힘을 실어준다고 볼 수 있으며 역사적 접근도 이러한 최근의 논의들을 나름대로 수용할 필요가 있지 않을까 생각된다.

본장에서는 이상의 논의를 기초로 우선 역사적 접근의 연구영역의 설정문제를 살펴보고 연구의 객관성 여부를 좌우하는 제반요인들을 검토해본다. 역사적 연구가 이론적 관점들과 무관할 수 없다는 기본전제하에 역사적 지식의 축적에 관련되는 다양한 이론적 관점들을 고전적인 것과 현대적인 것으로 나누어 정리해보고자 한다. 그런 다음 최근의 주요 연구 동향을 대표하는 특징적인 사례들을 소개하기로 한다.

1. 연구의 영역과 객관성 문제

역사적 접근도 다른 연구 분야와 마찬가지로 특징적인 연구 분야들을 형성하기 마련이어서 편의상 두 가지 영역으로 나누어 각각의 특색을 부각시켜볼 수 있다. 또한 최근의 지식 축적과 관련된 철학적 논의에서 연구의 객관성과 관련되는 문제는 꾸준히 제기되고 있는 만큼 역사적 접근에서도 이러한 논의들이 어떻게 문제될 수 있는가도 살펴보는 것이 적절할 것이다.

(1) 연구 영역

역사적 접근의 연구 분야는 편의상 크게 ① 역사사회학(歷史社會學, historical sociology)과 ② 비교 역사적 분석(比較 歷史的 分析, comparative historical analysis)의 두 가지 영역으로 구분하여 검토해볼 수 있다.

우선 가장 대표적인 연구 분야로서 '역사사회학'을 꼽을 수 있는데 최근의 한 연구에 의하면 '근대의 형성과 변환'의 연구로 정의되고 있다. 즉 이 분야는 '근대'의 형성을 핵심적 의문으로 삼고 장기적인 역사적 과정을 다루고 있는 웨버(Weberian), 마르크스(Marxian), 연대기 역사(Annals)의 전통에 서 있는 여러 영향력 있는 대표자들의 연구들로 이루어지고 있으며, 이들의 연구는 봉건주의로부터 자본주의로의 이행, 근대국가의 형성, 근대의 도래를 뜻하는 종교개혁, 프랑스혁명, 노동운동 등의 세기적 이행에 초점을 두는 것으로 파악된다. Marx나 Weber, 그리고 '연대기 역사'(M. Bloch, L. Febvre)의 고전적 계보는 1960년대에 들어서는 근대화 이론의 형성으로 이어지면서 T. Parsons, S. Lipset, R. Bendix, N. Smelser, R. Merton 등의 사회학자들이 이 분야의 선도적 역할을 맡는다. 또한 근대의 토대 자체를 다시 생각하게 만드는 H. Arendt의 '전체주의의 기원'(1951), 사회학을 역사와 접목시킨 R. Nisbet의 연구(Social Change and History, 1969), 1970년대에 들어서는 마르크스주의의 영향을 받고 있는 B. Moore, P. Anderson, I. Wallerstein 등이 역사사회학의 주류를 형성하기에 이른다.[62]

1970년대 초반까지의 역사사회학의 계보는 사회학자들이 주동이 되고 있다는 점에서 역사의 비중은 극소한 것을 실감하게 된다. 역사사회학을 보다 체계화하겠다고 나선 P. Abrams는 사회학은 역사학과 구별되기 힘들며 사회학의 연구는 Marx나 Weber, 뒤르켕의 연구에서 나타나듯이 역사와 분리될 수 없다는 점을 강조하고 있다.[63] 그러나 역사사회학 영역에 속하면서도 역사적 성격이 두드러지는 연구동향도 있음을 눈여겨볼 수 있다. 바로 영국의 『역사워크샵(Hitory Workshop)』이라는 잡지를 중심으로 E. P. Thompson, R. Williams, S. Raphael 등으로 이루어지는 '사회역사'(social history) 학파가 이에 해당된다. E. Hobsbawm, Z. Bauman, F. Furet, R. Chartier 등도 이러한 연구추세를 대표하고 있는데 이들은 사회학의 기능주의나 구조주의 굴레에서 벗어나 사회학보다는 역사에 비중을 두는 방향 전환을 보여주는 것으로 되어 있다. '사회역사'의 연구동향은 그 후로 고대 및 중세 역사의 재해석을 시도하는 많은 학자들(Ste Croix, Finley, Lévêque and Vidal-Naquet, Vernant, Cartledge, Hartog, Manville, Murray, Osborne 등)의 활기찬 연구의 길로 이어진다.

뿐만 아니라 1970년대에 들어서면서부터는 해석적 접근을 주요 무기

62 Gerard Delanty and Engin F. Isin, "Introduction : Reorienting Historical Sociology," in Gerard Delanty and Engin F. Isin (ed.), *Handbook of Historical Sociology* (London : Sage Publications, 2003), pp.1-2.

63 Philip Abrams, *Historical Sociology* (Ithaca, New York : Cornell Univ. Press, 1982), pp.2-4.

로 하는 '문화 역사'(cultural history)로 불리는 새로운 연구들이 나타나기 시작한다. 계보학을 들고 나온 Michel Foucault의 연구는 이러한 새로운 추세를 대표한다고 볼 수 있다. 또한 최근에 와서는 '사회역사'의 연구 분야가 점차로 철학, 문학, 인류학, 사회학 등을 망라하는 간학제적인 역사연구를 탄생시키는 것으로 파악된다. 기억, 축제, 습관, 정체성, 의식, 음악, 드라마와 독서 등의 다양한 소재들이 분석의 대상이 되고 있으며 역사사회학적인 해석에 심대한 영향을 미치고 있으며, Q. Skinner, R. Collins, R. Koselleck, R. Chartier, C. Charle 등은 이러한 새로운 '지적 역사'(intellectural history)의 연구동향을 대표한다.[64]

이상의 '역사사회학'과는 차별화되는 또 하나의 두드러지는 연구 분야로서는 '비교 역사적 분석'(comparative historical analysis)을 검토해볼 수 있다. 이 분야는 사회과학에 있어서의 인과분석을 중요시하며 시간의 경과에 따른 과정에 역점을 두고 체계적이며 맥락화된 비교의 방법을 택하는 것으로 정의된다. '역사사회학'도 비교 역사적 분석의 방법을 사용하지만 해석적 및 포스트모던한 연구들을 포함하고 있다는 점에서 이 '비교 역사적 분석'과는 차별화된다는 것이다. 즉 해석적 방법이나 포스트모더니즘의 입장과는 분명한 선을 긋겠다는 것이다. J. Mahoney와 D. Rueschemeyer는 세 가지 점을 강조한다. 첫째로 비교-역사적 분석은 중요한 결과들을 만들어내는 인과적 구성의 파악과 설명에 근본적인 관심을 둔다. 인과관계의 설정이 분석의 핵심을 이루며 인과적 명제들은 정밀하게 선별되고 검증되어야 하며, 전반적인 논의에서 임시적이거나 부수적인 부분으로 취급되어서는 안 된다는 것이다. 따라서 인과분석을 부정하고 해석적 접근을 선호하는 경향 등은 단호히 배격된다. 그리고 여

64 G. Delanty and E. Isin, *op. cit.*, pp.3-5.

기서의 인과분석은 다양한 인과적 추리의 전략을 뜻하며 계량 조사에서 사용되는 '다변수 회기분석 기법'(multivariate regression techniques)도 가능하고 '질적 연구'(qualitative research)의 여러 가지 기법도 가능하다는 극히 포괄적인 인과분석의 길을 열어 놓고 있다(G. Munck, 1998; J. Mahoney, 1999; C. Ragin, 1987). 둘째로 비교-역사 분석은 역사적인 계기현상(historical sequences)에 초점을 두고 시간의 경과에 따른 과정들의 전개에 각별한 관심을 갖는다. 사회혁명, 농업의 상업화, 국가의 형성 등은 어떤 주어진 시점에서의 정태적인 발생이라기보다는 장기적인 시간을 두고 일어나는 일련의 과정상의 산물이라는 점이 강조된다(A. Abbott 1990, 1992, R. Aminzade 1992, P. Pierson 2000, D. Rueschemeyer and H. Stephens 1997, C. Tilly 1984). 시간과 관련되는 부분에 있어서는 사건의 지속기간이나 시기 등의 다양한 시간적 구조가 문제시된다. 셋째로 비교-역사 분석은 서로 비슷하거나 대조적인 사례들에 대한 '체계적이며 맥락화된 비교'를 시도하는 점에서 매우 특징적이다. 특히 소수의 사례들을 활용하여 이론과 증거의 연결을 효과적으로 수행하며 이론과 역사의 두 영역을 오가면서 새로운 개념을 만들어내고 기발한 설명을 발견해 낼 수도 있고 새로운 증거를 바탕으로 기존의 이론적 구성을 참신하게 만들 수 있다고 주장한다.[65]

(2) 객관성의 문제

역사적 연구의 객관성 여부에 작용하는 다양한 요인들을 생각해볼 수 있다. 연구자 개인의 특성에서부터 시대적인 사상적 조류, 지배적인 이론적 추세, 정치적 및 경제적 외압 등 작용하는 요인들은 복잡하게 얽

[65] James Mahoney and Dietrich Rueschemeyer, "Comparative Historical Analysis," in James Mahoney and Dietrich Rueschemeyer (eds.), *Comparative Historical Analysis in the Social Sciences* (Cambridge : Cambridge Univ. Press, 2003), pp.10-13.

힐 수 있다. 여기서는 이러한 다양한 요인들을 몇 가지로 추려서 검토해 보기로 한다.

첫째로 연구자의 감정적 주입이나 정직성 여부가 문제시될 수 있다. 연구자가 특정 사회세력이나 정파의 입장에 서거나 연구과정에서 자기의 논거를 밝히는데 성실하지 못하는 경우 연구의 객관성이 의심될 것은 당연한 이야기가 된다. 독일 Weimar 민주주의의 붕괴를 마르크스주의적 해석으로 다룬 한 연구(David Abraham, The Collapse of the Weimar Republic, 1981)에서는 그 연구자의 과오가 학자적인 불성실, 졸속, 기록문서의 접근에서의 경험부족, 자료 인용상의 불투명성 등에서 오는 것인지, 그렇지 않으면 그가 좌경적인 정치적 신념에 입각한 자기의 이론에 맞추기 위하여 자료들을 선별하고 왜곡하였는지가 열띤 학계의 논쟁을 불러일으킨 사례가 있다.[66]

둘째로 연구의 내용에 작용하는 이론적 관점의 영향은 결정적인 몫을 한다고 볼 수 있다. 역사적 연구가 이론을 떠나서는 생각할 수 없을 만큼 이론적 틀의 설정은 연구의 주제, 연구방법, 연구결과 등을 좌우하는 중요한 요인임에는 틀림이 없다. 그런데 이론적 시각의 영향력은 연구자가 처한 시대적인 배경에 따라 당시의 지배적인 '패러다임'(paradigm)에 크게 영향을 받을 수밖에 없다는 주장이 나올 수 있다. 과학철학에서 T. Kuhn이 내놓은 패러다임의 중요성이 역사적 연구에도 그대로 적용될 수 있다는 입장이다. Mary Fulbrook는 역사적 연구에 영향을 미칠 수 있는 패러다임으로서 ① 마르크스주의(마르크스-레닌주의, 그람시 주의, 프랑크푸르트 학파, 구조주의 마르크스주의 등), ② 정신분석적 접근(Foucault, Derrida, Lacan, M. Klein 등), ③ 구조주의(N. Poulantzas, B. Moore, T. Skocpol 등)의 세 가지

66 Mary Fulbrook, *Historical Theory* (London : Routledge, 2002), pp.169-171.

를 제시하고 있다. 역사연구에 작용하는 이러한 패러다임은 서로가 독특한 메타이론적 가정에 기초하고 있기 때문에 비통약적이며, 서로가 독특한 학파와 언어공동체, 그리고 상호 역동적인 경쟁 관계를 만들어내는 것으로 파악된다.[67]

셋째로 '포스트모더니즘'의 영향력을 생각해볼 수 있다. 인간의 진실에 관한 모든 주장들이 어떤 불변한 본질을 표현하는 것이 아니라 인간이 갖는 다른 믿음이나 견해와 마찬가지로 언제든지 오류임이 밝혀 질 수 있다고 전제하고, 인간의 표현에 관한 무한한 해석가능성을 받아들이는 포스트모더니즘의 관점에서는 '과거'에 대한 해석도 무한히 다원적이고 잠정적인 성격을 띨 수 있다고 보게 된다.[68] J. Derrida의 주장에 따르자면 과거에 관한 지식들은 모두가 텍스트에 불과하며 진정한 과거를 중개할 수가 없는 구성된 의미들의 끝없는 순환에 불과한 것이 된다. 역사가들에게 주어진 것은 텍스트뿐이며 텍스트를 텍스트로 비교할 수 있을 뿐, 선별된 텍스트를 진정한 과거와 비교함으로써 어떤 결론을 테스트할 수는 없다는 주장이 도출될 수 있다. 역사적인 설명을 판단할 기준은 그것이 어떤 '진정한 과거'에 충실한가의 문제라기보다는 정치적 혹은 심미적인 이유에서 그것을 좋아하느냐 않느냐의 문제로 귀결될 수 있게 된다. 이렇게 되면 경험주의적인 역사가들이 선호하는 정확성이라든가 설명력의 기준은 논의의 대상이 될 수가 없게 된다.[69]

그러나 이러한 상대주의적인 입장에 대해서는 신중론(愼重論)이 대두된다. 좀 더 경험주의적이고 실용주의적인 입장에 서는 역사학자들은 진

---

67 *Ibid.*, pp.41-50.

68 Gianni Vattimo, *The End of Modernity : Nihilism and Hermeneutics in Postmodern Culture,* translated by Jon R. Snyder (Baltimore : The Johns Hopkins Univ. Press, 1988), pp.xi-xii.

69 M. Fulbrook, *op. cit.*, pp.18-20.

정한 과거를 아는 것은 힘든 일이지만 그래도 그들이 찾아내는 지식은 과거의 흔적이나 증거들의 재구성으로서 오랫동안 살아남은 값진 것들이라는 점을 강조한다. 과거에 관한 모든 흔적들은 정밀하게 서로 짜여지되 모든 '사료'(史料, sources)는 고문서 기록을 철저히 뒤지고 파고들어서 얻어지며 부단한 비판적 안목으로 검토되면서 다른 '사료'와 비교되고 연구과정의 독자들을 포함한 다양한 맥락 하에 평가를 받는다. 이러한 사료는 진정한 흔적으로서 진정한 과거의 진정한 증거로 취급될 수 있으며 새롭게 만들어지는 증거는 새로운 면을 밝힐 것이고 보다 나은 수정된 설명이 나올 수 있게 만든다. 따라서 역사는 축적되어 가는 것으로서 우리들은 과거에 대해서 더욱더 많이 알게 된다는 것이다.[70]

넷째로 역사연구의 객관성에 영향을 미치는 정치적인 요인을 고려하지 않을 수 없다. 독재라든가 권위주의 정치체제 하에서의 역사학이 관의 개입과 관제의 인상을 벗어날 수 없음은 과거의 Nazi 독일이라든가 구소련의 사례들이 생생하게 입증해준다. 일상적인 역사학자의 조사연구와 수업에 관한 제목이나 주제에 작용하는 국가권력의 직간접의 개입은 고사하고라도 좀 더 장기적이고 포괄적인 영향력의 발휘는 국가가 특정한 패러다임을 확정지어 제도화하는 경우가 된다. 이렇게 되면 역사적 연구는 ① 문제의 제기, ② 해답을 찾는 권력집단의 특성, ③ 연구의 틀, ④ 경험적 근거를 거르는 개념의 선정, ⑤ 설명과 해석이 이루어지는 방법론 또는 규칙, ⑥ 스타일, 발표, 원하는 독자, 독자들의 수용 정도 등 전반적인 연구과정에 대한 규제를 면할 길이 없게 된다.[71]

이상의 논의에서 밝혀지듯이 역사적 연구의 객관성을 제약하는 다양

---

70 *Ibid.*, pp.24-27.
71 *Ibid.*, pp.175-182.

한 요인들이 불가피해진다. 이런 점에서 역사의 연구는 언제나 완벽을 기하기는 힘든 '부분적 역사'(部分的 歷史, partial history)가 될 수밖에 없다는 다소 완화된 입장도 나오게 된다. 그러나 역사학 분야에서는 근래에 와서 관심을 모아온 상대주의적 입장(포스트모더니즘)에 대해서는 이를 전적으로 수용하지는 않고 있으며 역사에 대한 진실의 규명만은 가능하다는 낙관론이 건재하다. Fulbrook는 역사가의 노력을 탐정의 풍부한 상상력과 추리력에 비유한다. 역사가는 마치 훌륭한 탐정처럼 가장 적절한 의문을 수수께끼로 제시하고 기발한 단서를 찾아내며 어떤 용의자를 심문해야 하며 또한 많은 의문점과 관련해서는 취사선택의 묘를 터득하고 있다고 보고 있다. 훌륭한 역사가는 복합적이고 다원적인 역사적 설명을 정밀한 검증으로 '반증'할 수 있고, 역사가 상호의 노력을 결집하여 조직화된 지식을 창출해낼 수 있으며, 연구의 평가를 위한 공동의 기준을 설정하며, 경합하는 접근의 상호 조정과 역사적 이해의 계속적인 증진의 가능성을 높일 수 있다는 것이다.[72]

2. 역사적 접근 : 고전적 토대

역사적 접근의 이론적 토대로서는 사회학의 고전에 속하는 Marx, Weber, 뒤르켕 등의 이론적 구성이 일차적으로 다루어지기 마련이다. 그리고 좀 더 역사학 쪽으로 접근되는 '연보학파'(年報學派, The Annals)나 문명권 연구 분야 등이 아울러 검토될 수 있다.

---

72 Ibid., pp.192-195.

(1) K. Marx와 역사사회학

장기적인 역사적 변화를 체계적으로 다룬 Marx의 대표적인 이론적 구성은 '사적유물론'이다. 모든 사회는 생산력과 생산관계로 이루어지는 생산양식이 있기 마련인데 이것이 일정한 발전단계에 접어들면 양자간에 모순이 생기면서 혁명적 변화가 일어나 한 체제로부터 다른 체제로 전환된다는 것이 그 기본명제이다. 그런데 생산양식은 경제적 토대로 정의된다는 점에서 역사적 변화의 동인은 경제에서 비롯된다는 '경제결정론'의 특성을 띠게 된다. 즉 경제적인 요인들이 모든 것을 결정하게 되는 단순하고도 경직된 명제가 될 가능성을 내포하고 있기 때문에 이 문제는 학계의 꾸준한 논쟁의 대상이 되어왔다고도 볼 수 있다.

역사사회학은 Marx의 유물사관에 담긴 이러한 경직된 경제결정론을 재해석하여 경제 이외의 다른 사회적, 문화적 요인들을 아울러 고려해 넣는 이론적 구성의 방향을 모색하게 된다.[73] 즉 역사 변화의 큰 폭은 경제가 지배하되 변환의 방향과 속도 및 과정 등에 작용하는 역사적 요인들을 설명적 틀에 적절히 포함시켜야 한다는 입장이다. 여기서는 P. Abrams의 연구사례를 검토하기로 한다.[74]

① 자본주의로의 이행 : 영국 중산층과 칼빈주의(Calvinism)

Marx나 Engels는 역사적인 모든 것을 경제적인 결정론으로 설명하고 계급의 문제로 환원시키는 것에 대해서는 이의를 제기하는 것으로 재해석된다. 경제적인 상황만이 유일한 활동적 원인이고 다른 것들은 수동적 결과라는 주장을 경계하고 있으며, 역사적인 이행은 경제적인 영역으로

73 Duncan Kelly, "Karl Marx and Historical Sociology," in Gerard Delanty and Engin F. Isin (eds.), *Handbook of Historical Sociology* (London : Sage Publications, 2003), pp.11-24.

74 Philip Abrams, *Historical Sociology* (Ithaca, New York : Cornell Univ. Press, 1982).

부터 정치와 문화의 영역으로 움직이게 되면서 정치와 문화가 오히려 직접적인 결정 요인으로 역사의 기록에 남을 수 있다고 본다. 이러한 명제를 뒷받침하기 위하여 Engels는 19세기 중반의 영국 중산계급의 종교적 편협성을 예로 들고 있다. 중세적인 질서의 핵심은 봉건화된 서부 유럽을 하나의 거대한 정치체제로 묶고 봉건제도들을 신성한 성별(神聖한 聖別, divine consecration)의 후광으로 감싸주고 있었던 가톨릭 교회였으나 거대한 교회의 권위에 도전한 중산층으로서의 부르주아지는 당시 여러 지지 세력이 필요했던 것으로 되어 있다. 우선 중산층들로서는 경제활동에 도움이 되는 과학이나 기계학과의 관계가 긴밀해졌고 교회의 지배에서 벗어나려는 과학자들과의 연계가 결정적인 힘이 된다. 중산층으로서는 과학자들을 반가톨릭교회 세력의 결집에 끌어들인 셈이 된다. 그러나 중산층의 힘을 크게 만든 것은 칼빈교의 결정적인 영향력이었다. 당시 독일에 정착된 루터교(Lutherianism)와는 달리 영국의 중산층에 파고든 칼빈주의는 강력한 개인주의와 함께 철저한 정신적 엘리트주의로 특징지어지는데 엘리트 내에서는 민주적인 조직원칙이 철저히 신봉되는 것으로 나타난다. 따라서 강력한 지도력으로 무장된 중산층이 그들의 적에 대해서 완강한 공세를 취한 것은 당연한 추세였다. 또 한편 당시로서는 봉건영주들로 이루어지는 영국의 귀족층들의 향배도 중산층의 힘을 증대시키는데 한몫을 담당하게 된다. 영국의 봉건영주들은 오랜 내전으로 피폐된 나머지 그들의 후대에 와서는 돈이나 무역 그리고 상품생산에 관심을 두게 되는데 Engels의 표현을 빌리면 '신 부르주아 지주 도매업'(new bourgeois landlords wholesale)을 만들 정도에 이른다. 영국에서는 이렇게 '귀족'과 '부르주아지'가 공존, 칼빈주의, 하층계급의 탄압 등에서 공감대를 이루면서 양자간의 타협을 이루게 되었고 이로서 자본주의로의 이행은 더욱 박차를 가한 것으로 풀이된다.

결국 역사적 설명에 있어서는 경제적 상황이 기초가 되기는 하지만 상부구조의 다양한 요인들(정치형태, 헌법, 법률형태, 종교 등)이 역사적 계급투쟁의 과정에 결정적인 영향력을 미친다고 주장된다. 이런 점에서 Marx와 Engels의 '사적유물론'은 경직성보다는 유연성있게 재인식되어야 한다고 주장된다. 특히 부르주아지는 그들의 힘과 그 결집이 칼빈주의의 기치 아래 얻어진 것을 믿게 됨으로써 그것을 유지하는데 더욱 진력하게 되고 계급적 이해는 종교적 신봉의 장막 속에 가려지는 결과도 아울러 초래하게 된다. 종교의 영향력이 경제적 상황과 결합되어 나타나는 역사적 변화에 대한 Engels의 특유한 분석이라고 볼 수 있다.[75]

② 이행과정의 이변 : 보나파르트 체제(Bonapartism)의 등장

1848년 2월 프랑스에서는 대규모 민중봉기로 군주제가 쓰러지고 민주적 공화제가 선포된다. 그로부터 4년 후인 1851년 12월에는 Louis Bonaparte에 의한 쿠데타로 공화정이 종식되는가 하면 1년 후 그는 자신을 황제로 선언하기에 이른다. 왜 공화제를 만들려던 노력이 제국을 만들어버렸으며 나폴레옹의 조카와 같은 하찮고 무능한 인물이 권좌에 오르게 되었는가? Marx는 「프랑스에 있어서의 계급투쟁」과 「루이 보나파르트의 18차 부르메르(The 18th Brumaire of Louis Bonaparte)」라는 두 논문에서 이러한 상황전개를 역사적 방법으로 다루고 있어 널리 소개하고 있다.

Marx는 이러한 상황전개가 당시의 사회세력 간에 형성된 균형의 산물이라는 분석을 시도한다. 우선 사회세력 간의 이해와 행동의 변화양상을 검토해볼 수 있다. 루이 필립(Louis Philippe)의 프랑스 군주제를 쓰러뜨

[75] *Ibid.*, pp.43-50.

린 사회세력들은 노동계급을 비롯해서 대지주, 금융가, 부르주아지 (산업 부르주아지, 쁘띠 부르주아지), 농민 등으로 구성되어 있었다. 여러 분파로 갈라지면서 약세에 머물던 부르주아지나 이에 맞서는 노동계급도 서로가 지배적인 위치에서 혁명 후의 사태를 수습하는 주도적인 역할을 수행할 수는 없었다. 특히 혁명 이후 수립된 임시정부는 재정 상태를 개선하기 위해서 세수 증대를 다양한 계층에게 기대하게 되는데 이러한 정책들은 혁명에 앞장섰던 사회 세력들의 연합에서 쁘띠 부르주아지, 소매상, 무역상, 수세공인 등의 심각한 이탈을 자초한다. 특히 노동계급과 농민들에게도 과세부담이 불가피하게 되는데 1840년대 후반에 닥친 농업의 흉작을 겪은 농민들에게 과세부담은 불만을 고조시키는 결정적인 요인이 되었다. 공화정 하의 참정권 확대에 따라 농민들도 종래의 순종적인 역할에서 벗어나 강력한 저항세력으로 변모하게 된다.[76]

1848년 12월 10일의 대통령선거에서 Louis Napoleon는 그의 경쟁자에게 500만 표의 압도적인 차이로 압승을 거두게 된다. 그가 모든 사회계층의 불만과 요구를 적절히 충족시켜줄 수 있다는 기대감이 그와 같은 결과를 가져왔다고 볼 수 있다. "노동계급에게 Napoleon은 부르주아 공화주의의 해체를 뜻했고, 쁘띠 부르주아지에게는 그가 채권자가 아니라 채무자 편에 서주는 사람으로, 부르주아지에게는 헌법주의 세력과의 공개적인 결별을 뜻하는 것으로 그리고 …… 끝으로 군은 그가 이동근위대나 평화 전원시(peace idyll)에 반대하고 전쟁을 택하는 것으로 믿고 투표했다"고 Marx는 당시의 상황을 묘사하고 있다.[77] 특히 이 과정에서는 여러 사회 계급 중 부르주아지와 농민의 역할이 상당한 비중을 차지하

---

76 *Ibid.*, pp.50-57.

77 K. Marx, "The Class Struggles in France," in Selected Works, Vol. I, (Moscow: Foreign Language Publishing House, 1962), p.175, Quoted in P. Abrams, *op. cit.*, p.57.

게 되는데 Marx는 이 당시의 프랑스 사회의 사회관계의 특징으로서 부르주아지와 농민의 '기이한 계급권력의 균형'을 지적하고 있는데 이것이 Louis Napoleon의 권력 장악을 용이하게 만들었다고 분석하고 있다. 부르주아지와 농민들은 서로 협력은 할 수 없었지만 공존은 절실하였는데 그는 이러한 공존의 상징으로서 그리고 수단으로서 적격이었다. 이제 그는 군을 매수하고 몇몇 골치 아픈 정치인들을 체포함으로써 그의 쿠데타의 수순을 밟아가기만 하면 되었다.[78]

황제로 탈바꿈한 Louis Napoleon의 집권은 18년 동안 계속 되었다. Marx는 이 제2 제국에 등장한 근대적 국가는 사회 내에 존재하는 진정한 계급적 이해의 갈등을 은폐하거나 또는 초월하는 '환각적인 공동이익'(幻覺的인 共同利益, illusory common interest)을 마련해주는 결정적인 수단으로 등장하게 된다고 풀이한다. 이제 국가는 정치의 대안으로서 완전한 독립성을 확보하게 되고 방대한 행정적 장치와 공동이익이라는 이데올로기로서 프랑스 사회에 군림하기 시작한다. 그러나 실제로 공동이익은 존재하지 않았다. 1851년 이후의 Louis Napoleon의 운명은 서로 상충되는 이익에 영합과 견제를 되풀이하면서 스스로가 그 모순의 결과를 뒤집어쓰는 종말로 이어진다. 결국 제국의 등장은 프랑스의 계급투쟁을 일시적으로 정지시켰을 뿐 그것을 해결하지는 못한 것으로 결론지어진다. Marx의 궁극적인 이론적 관심은 자본주의 발전과 그 역사적인 운명으로 귀결될 수 있다. 그러나 자본주의의 형성에서 나타나는 특이하고도 중요한 역사적 순간에 대한 설명에 있어서는 경제 이외의 다양한 요인들(사회적, 정치적, 이데올로기 등)의 역동적인 작용이 결정적인 역할을 하게 되는데, 그의 역사적 방법은 이러한 상황 전개의 분석을 위한 매우 적절한 연구

---

[78] P. Abrams, *op. cit.*, pp.60-62.

사례로 취급될 수 있다.[79]

(2) M. Weber와 해석적 전통

M. Weber는 역사적 연구와 관련하여 ① 그에 선행한 학자들에 의한 추측적이고 철학적인 접근과는 대조적으로 사회적 변화를 보다 분석적이고 경험적인 틀로서 다루는 길을 열었으며, ② 당시의 지배적인 진화론적 접근이나 역사철학보다는 사회조직이나 사회변화에 관한 보다 개방적이고 비교분석적인 설명을 강조하였고, ③ 역사에 대한 종래의 물질주의와 관념론의 논쟁을 극복하고자 복수원인적(multicausal) 분석을 권장하는 등의 업적을 평가받고 있다.

그러나 그의 노력 가운데 가장 두드러지는 부분은 사회적 변화에 대한 물질주의적 접근의 일방성을 교정하기 위하여 관념주의적 요소들을 되돌려오는 작업을 꼽을 수 있다. 이른바 해석적 접근으로 불리는 그의 입장은 개인들이 그들의 행위에 부여하는 의미에 이론적 구성의 초점이 모아지고 있으며 그의 최대의 관심은 사람들이 일상생활에서 어떻게 그들의 믿음에 따라 행동하고 또한 믿음과 행동 사이에 일어나는 긴장은 어떻게 처리되느냐의 문제에 모아진다. 그러나 이러한 그의 해석적 시각은 어디까지나 물질주의적 입장의 일방성을 교정하기 위한 것이지 물질주의 자체를 관념주의로 대체하기 위한 것은 아니라는 점이 강조된다. 즉 토지, 자본, 노동, 테크놀로지, 인구통계학, 지리, 현실정치의 군사적 측면과 같은 물질주의적 요인들은 그의 비교 분석적 도식에 있어서 응분의 비중을 차지하게 된다.[80]

---

79 *Ibid.*, p.63.

80 Robert Holton, "Max Weber and Interpretative Tradition," in G. Delanty & E. Isin (eds.), Handbook of Historical Sociology, *op. cit.*, pp.27-28.

① Weber의 연구방법론

해석적 이해 : 방법론적 개체주의

Weber는 사회현상의 기본적 분석 단위는 개인이어야 한다는 '방법론적 개체주의'(methodological individualism)에 선다. 단 이때의 개인은 그를 둘러싼 사회구조의 영향력에 일방적으로 노출된 개인이 아니라 생각하고 믿음에 따라 행동하는 개인, 즉 '의미 있는 행동'을 할 수 있는 주체가 된다. 그는 그의 관점을 '해석적' 또는 '이해'(理解, understanding)의 사회학으로 부르고 있는데, 이때의 '이해'란 동물이나 무생물이 아니라 인간을 다루는 도덕적, 문화적 과학이 갖는 특유의 접근임을 강조한다. 인간은 스스로의 내성을 통하여 자기의 의도를 이해할 수 있고 다른 사람의 행동의 동기에 대해서는 고백하거나 적어놓은 의도에 근거하여 해석을 내릴 수 있다고 전제한다.[81]

'의미 있는 행동'으로서의 개인들의 사회적 행동은 ① '방법-목적 합리적'(means-end rational)인 것 - 목적에 대한 여러 대안들에 대한 합리적 고려, ② '가치-합리적'(value-rational)인 것 - 윤리적, 미학적, 종교적 믿음, ③ '정의적 행동'(affective action) - 지도자에 대한 강한 일체감 등, ④ '전통적'(traditional)인 것 - 습관화된 행동 등의 네 가지 형태로 나타난다. 그런데 이러한 '의미 있는 행동'의 유형은 어디까지나 개인 수준의 개념이기 때문에 사회적인 집체의 형성과 그 거시적 변화와는 어떻게 연결 될 수 있는가의 문제가 제기된다. 즉 '행위'와 '구조'의 연결이 어떻게 가능한가의 문제가 된다. Weber는 이러한 개인적 수준의 행동이 사회생활의 특정한 '맥락'에 의해 유형화된 행동으로 자리 잡게 된다고 본다. 즉 사람

81 H. H. Gerth & C. W. Mills, *From Max Weber : Essays in Sociology* (New York: Oxford Univ. Press, 1958), p.56.

들은 일상적 행동이나 경험을 상당 기간 서로 공유하든가 또한 기회와 제약에 함께 노출되면 이러한 의미 있는 행동의 유형도 공유하게 된다. 그 좋은 예로서 사람들은 생활스타일이나 소비유형, 관습, 명예의식, 경제적 및 신분적 독점 등을 서로 공유하게 되면 신분집단을 형성하게 된다는 것이다. 충성, 용맹, 개인적 명예를 앞세우는 중세의 '전사'(戰士, warriors) 집단이나 경제적 거래에 있어서의 계산성, 정직, 근면, 의무의 이행 등에 특징적인 '시민적 계층'(civic strata : Burgerliche)이 예시된다.[82]

인과분석(causal analysis)

Weber는 개인들이 가지는 주관적 의미에 대한 연구는 경험적으로 관찰될 수 있는 요인들을 파악해낼 수 있는 인과분석으로 내실화되어야 한다고 주장한다. 우리를 둘러싼 구체적인 현실을 그 특징적인 유일성과 역사적인 발전의 측면에서 파악하고자 하면 인과분석이 절실하다고 보고 이를 위한 구체적인 전략으로서 그는 '이상형'(ideal type)의 구성을 들고 나온다. 무엇보다도 이상형은 연구자 개인에게 관심 있는 경험적 사례의 한 측면을 강조하여 만들어진다. 예를 들면 세계적인 종교의 연구에서 그는 종교가 신자의 실제적인 생활양식에 영향을 미치는 양식에 집중적인 의문을 두고 이에 근거해서 이상형의 선별기준을 결정하는 전략이 된다. 그리고 이상형은 하나의 척도로서 구체적인 경험적 사례들을 정의하고 또한 행동의 유형들을 서로 비교하고 측정할 수 있는 기준으로서의 몫을 담당한다는 점에서 일반적인 개념이나 유추와는 구별된다. 그것은 어디까지나 연구의 특정 목적에 따른 논리적 구성으로서 경험적 현

82 Stephen Kalberg, *Max Weber's Comparative Historical Sociology* (Cambridge: Polity Press, 1994). pp.25-26, pp.39-42.

상을 서로 비교하고 측정하는 분석도구로서의 의미를 갖는다. 세습주의(patrimonialism)라는 이상형을 만들었으면 여기에다가 중국, 일본, 인도, 서구 등에 존재하였던 역사적인 세습주의를 비교하여 그 특성을 밝혀낼 수 있다. 즉 역사적 사례들이 이상형에서 얼마나 떨어져 있는가를 비교하고 측정해낼 수 있다는 이야기가 된다. 연구자의 초점에 따라 중국의 지식계급(literati), 브라만 지식인(Brahman intellectuals), 자본주의 정신, 중세의 도시, 카스트(Caste) 체제, 칼빈교파(Calvin sect), 고대 폴리스(ancient polis) 등의 이상형은 매우 구체적일 수 있고, 성직자(priest), 관료적-봉건적 지배, 이웃, 가족 등 매우 보편화되고 일반적인 이상형도 만들어질 수 있다.[83]

그러면 '이상형'을 통한 인과분석은 어떻게 이루어질 수 있을까? 이상형으로부터 구체적인 가설을 도출해낼 수 있고 이 가설들을 인과관계로 검증해낼 수 있다. Weber의 관료제는 사회적, 경제적 차이를 평준화하여 수동적인 민주화를 촉성할 수 있다. 권위의 행사는 추상적인 규칙과 규정에 따라 보편적으로 이루어지며, 정책 결정에 있어서는 봉건적인 지배나 독단, 또는 개인적 관계보다는 법 앞의 평등이나 관료적 규제 및 법률 집행 면에서의 평등한 대우 등이 가능해지기 때문이다. 그러나 Weber의 관료모형(官僚模型)에 있어서는 관료적 관리들에게 권력이 집중되는 경향이 가설로서 등장할 수 있다. 이들 계층에게 응집력이나 집단적인 폐쇄성이 생기게 되면 이들은 민주화에 역행하는 강력한 신분과 권리의 방어를 앞세우는 행동유형을 만들어낸다. 즉 관료제는 '평등의 원칙'과 그 경력계층(經歷階層)들이 집착하게 되는 '특권의 주장' 사이에 다이내믹한 긴장을 조성해낼 수 있다. 뿐만 아니라 Weber의 모형에는 또 다른 가설이 있을 수 있다. 즉 관료제로 말미암아 관리들에게 권한이

83 *Ibid.*, pp.84-89.

집중되면 사회적으로 이를 교정해야 한다는 실질적 정의에 대한 사회적 요구가 발생할 수 있다. 관료제의 관리들과 관료제의 고객들 간에 벌어지는 또 다른 긴장이 바로 그것이다. 결론적으로 관료제라는 이상형으로부터 민주화, 민주화 역행 가능성, 관료제 고객들의 개혁욕구 등의 다양한 인과적 가설이 도출될 수 있고 이에 대한 경험적인 검증이 가능하게 된다.[84]

② 역사적 연구사례

프로테스탄트 윤리와 자본주의 정신

Weber의 대표적인 역사적 연구로서는 단연 '프로테스탄트 윤리와 자본주의 정신'을 꼽을 수 있다. 그는 17세기 말엽부터 시작된 자본주의의 발달이 물질적, 제도적 조건들에 의해서만 이루어진 것이 아니라 이데올로기적인 요인, 즉 종교적 신앙에 바탕을 둔 자본주의의 정신에 의해 많은 작용을 받은 것을 강조한다. 자본주의 정신은 사람들로 하여금 상업이나 생산 활동을 통한 이득의 추구를 가능케 하는 특수한 심리적 집착을 뜻하게 되는데 이 기저에는 '칼빈주의'(Calvinism) 또는 '퓨리턴이즘'(Puritanism)으로 불리는 종교적인 힘이 깔려 있다고 본다.

칼빈교의 특징적인 교리에 의하면 인간은 내세에 영원한 저주 아니면 영원한 구원이라는 운명예정설(predestination)의 심리적 압박에 직면하게 되는데 여기서 오는 심리적 불안에서 벗어나는 길은 좋은 행실이나 교회에 대한 헌금과 같은 '성예전 행위'(聖禮典 行爲, sacramental acts)가 아니라 새로운 형태의 '금욕주의'(禁慾主義, asceticism)로만 가능하다는 것이다. 즉 신자들은 신의 보다 위대한 영광을 위한 헌신의 표현으로서 그들의

84 *Ibid.*, pp.95-96.

모든 정력을 세속적인 천직을 합리적으로 규율 바르게 수행하는데 바쳐야만 구원을 받게 된다는 믿음이다. 즉 현세의 물질적 보상이 아니라 오히려 금욕을 통한 직업에의 충실이 자본주의의 정신이 된다. 결국 운명예정설이라는 종교적 교리가 기업가 정신에게 도덕적 위엄을 안겨다 줌으로써 기업가정신은 사람들의 도덕적 가치를 시험하는 기준이 되어버린다.

칼빈교와 자본주의 기업가 정신 사이에 형성되는 친화력은 시간이 경과하면서 역설적인 결과를 가져오게 된다. 몇 세대에 걸쳐 자본주의는 세계를 불가항력적으로 변화시키면서 기업행위에 대한 전통적인 제약들을 타파하고 희석시켰고 서구문화 자체를 세속화시켰다. 그 결과로 기업가 정신을 통한 이득의 추구는 종래의 종교적 보장과는 무관하게 이루어지게 된다. 이득의 추구는 종교와는 무관하게 자족적이고 스스로 정당화되면서 초기의 종교적 의미나 내용으로부터는 단절되기에 이른다. 자본주의는 체제로서 자리 잡으면서 그것을 지탱하는 정신과는 이별을 고한다. 오늘날 그 체제는 기업가뿐만 아니라 노동자들에게도 똑 같은 참여를 요구하고 있으며 모든 사람들이 자기 일에 대한 의무에 충실하고 전문적 직업을 성실히 수행하도록 요구받는 '철의 장막'(iron cage) 속에 갇히게 되면서도 전혀 윤리적, 형이상학적 의미는 부여되지 않는 예기치 않았던 사태의 도래를 Weber는 실감있게 지적한다.[85]

서구의 융성과 합리화 과정

Weber는 서구의 부상과 발달의 가장 특징적인 요소로서 합리화 과정

[85] Gianfranco Poggi, "Classical Social Theory, III: Max Weber and Georg Simmel," in Austin Harrington (ed.), *Modern Social Theory : An Introduction* (Oxford : Oxford Univ. Press, 2005), pp.67-69.

을 꼽는다. '합리화'란 사회적 행위자들이 그들의 목표를 달성하기 위하여 가장 효율적인 방법(efficient means)을 추구하게 되고 그들의 성취를 극대화하며 목표달성에 있어서의 비용과 결과들을 최대한 예측가능하게 만드는 과정을 지칭한다. 이 과정에서 기술적 효율성과 자본주의, 행정체제 등은 놀라운 발달을 이루지만 이로 말미암아 종교라든가, 신화, 형이상학 등의 분야는 오히려 침체되는 다소 상반되는 경향도 있다는 것을 그는 인정하게 된다. 따라서 근대의 형성을 합리화 과정으로 파악하는 그의 입장은 그 과정에서 제기되는 여러 가지 문제점들의 검토를 불가피하게 만든다고 볼 수 있다.

우선 그는 인간의 합리성이 여러 형태를 띨 수 있다고 전제하고 그 중에서도 '형식적 합리성'(formal rationality)을 가장 중요시한다.[86] 형식적 합리성이란 '방법-목적 합리성'(means-end rationality)으로도 불리고 있는데 어떤 목적에 대한 방법의 철저한 계산에 근거한 행위가 된다. 대체로 형식적 합리성은 계산성, 효율성, 예측성, 인적 테크놀로지의 비인간적 테크놀로지로의 대치, 불확실성에 대한 통제, 사회와 체제에 대한 비합리적인 결과의 조성 등의 특성을 지니는 것으로 파악된다.[87] 그리고 현대사회에서는 보편적으로 적용되는 규칙, 법률, 그리고 규정과 관련하여 사람들의 계산이 이루어지는 점이 특히 강조된다. Weber는 이러한 형식적 합리성이 장기적으로는 사회의 본질을 크게 변환시키게 되는데 예를 들면 현대사회의 관료적 합리화는 일차적으로 기술적 수단으로 혁명적인

86 Weber는 합리성을 ① 인간의 실용적 이해에 따르는 '실용적 합리성', ② 사회적 현실을 추상적인 개념으로 파악하려는 인지적 노력으로서의 '이론적 합리성', ③ 일정한 가치체계의 맥락에서의 목적 달성을 위한 방법의 선택으로서의 '실질적 합리성', ④ 방법-목적의 계산으로서의 '형식적 합리성'의 네 가지로 분류하고 있다. George Ritzer, *Sociological Theory*, fifth ed. (New York : McGraw-Hill, 200), pp.131-132.

87 *Ibid.*, p.134

변화를 가져옴으로써 물질적 사회적 변화를 가져오게 되고, 그 다음으로는 목적과 방법의 합리적 결정을 통하여 인간의 적응조건과 기회를 바꾸어 놓음으로써 궁극적으로는 '사람'을 바꾸어 놓는다고 주장한다.[88]

형식적 합리성이 경제에 도입되면 재화의 유통과 정책결정은 상업적 회계와 효율적 관리의 규칙에 따라 진행된다. 시장에서 정착되는 형식적 합리성은 마술이라든가 종교, 전통적 또는 카리스마적 지배 형태와 같은 '시장-비합리적'(market-irrational) 세력들을 약화시키고 '비윤리적'(non-ethical) 교환관계를 정착시킨다. 국가는 나름대로의 형식적 합리성의 제도화 과정을 밟는다. 근대국가는 전문화된 관리들에 의해 운영되고 추상적인 규칙과 규제, 그리고 법률 등으로 특징지어지는 정교한 행정체제에 대한 통제를 통하여 주어진 영토 내에서의 물리적 강제력의 독점을 성공적으로 이루어낸다. 국가의 경우 형식적 합리성은 임시적인 것이 아니고 계속적인 것으로서 전통이나 사람 위주가 아니라 일반적이고 보편적인 법규와 규제를 뜻하게 된다. 국가가 독점하는 폭력의 행사는 이제 어떤 특정한 지배자의 특권적 영역이 아니며 추상적인 법률이 문서화되고 보편적으로 적용되는 강제력 전담제도에 의해서만 가능하게 된다. 그리고 국가의 공무원들은 특정 개인들이나 전통의 기준이 아니라 추상적인 법률과 규제의 집행에만 전념하게 됨으로써 형식적 합리성은 더욱 제도화되어 나간다. 형식적 합리성으로 다듬어진 관료국가는 탈개인화를 앞세워 보다 형식화되고 타산화(打算化, calculating)되어 가면서 개인의 사정이나 형제애와 같은 윤리적 요구로부터는 멀어져 간다. 오직 일반적인 규칙과 법령에의 끈질긴 집착, 증오나 감정도 없는 냉혹한 법과 규칙의 적용, 그리고 법집행을 위한 가장 적절한 방법의 추구만이 지배하게 된다. 이제

88 *Ibid.*, p.132.

형식적인 법률과 관료적 지배로 무장된 국가는 모든 정치적 기능에 대한 타당성은 물론 정당한 법률의 근원이자 궁극적으로는 '국가 이성'(reasons of state)과 자체의 자율성을 내세울 수 있게 된다.[89]

비록 서구적 합리화의 과정은 민주주의, 자본주의, 산업화 등으로 서구의 융성과 세계적인 파급으로 이어졌으나 동시에 종교나 사회-문화적 영역의 침체를 가져오는 부작용을 Weber는 걱정한다. 그는 합리화로 인한 '세속화'(secularization), 또는 '인간정신의 포장'(parcellization of the human soul)은 개인의 자율성과 책임성의 발달 공간을 제거해버리며 사회생활을 마치 거대한 관료적 기계로 만들어버릴 위험을 경고한다. G. Poggi는 Weber를 근대의 역동성과 함께 그 모순성을 지적하는 Nietzsche나 Freud와 같은 비판적 안목의 대열에 자리매김한다. '신(神)은 죽었다'고 언명한 Nietzsche는 구라파 허무주의로, 그리고 Freud는 억눌린 인간의 무의식적 희원과 욕망으로 근대의 모순을 파헤치고 있으며, 두 사람은 공히 과학, 합리화, 산업화로 표출되는 근대의 역동성이 인간에게 자연에 대한 미증유의 힘을 안겨다 주지만 동시에 의미의 상실감과 도덕적 공허감을 가져옴으로써 사회적 병리와 외로움, 노이로제 현상을 수반한다고 본다. Weber는 바로 이들과 함께 근대가 안고 있는 '비극적 에토스'(tragic ethos)를 함께 한다는 것이다. Weber의 말을 빌리면 근대는 '세계의 각성'(disenchantment of the world), 또는 '세계로부터 마법(魔法)의 제거'(elimination of the magic)를 가져온다는 것이다. 그러나 합리화의 종착역은 목적을 달성하기 위한 가장 효율적인 방법에의 집착이지 목적 자체의 가치나 궁극적인 의미가 아니라는 점은 일관되게 강조된다.[90]

---

89 S. Kalberg, Max Weber's Comparative Historical Sociology, *op. cit.*, pp.128-135.
90 G. Poggi, Classical Social Theory, *op. cit.*, pp.75-76, pp.82-83.

(3) 기능주의-진화론적 역사사회학

사회과학에서의 기능주의의 위치는 전후(戰後) 상당기간 가장 주도적인 이론적 구성을 기록하고 있으며, 이 기능주의와 연결된 진화론적 관점도 근대와 서구화 과정을 이해하는데 중요한 몫을 하였다고 볼 수 있다. 그러나 1960년대를 기점으로 기능주의는 사회적 합의와 질서에만 초점을 둔다(갈등이론), 개인적 동기와 타산적 행위를 외면하고 전체의 논리에 치중한다(합리적 선택이론), 이론적 구성에 있어서의 남성주의적 편향(페미니즘), 지나치게 거대한 이론적 구성에 치중하는 '거대설화'(巨大說話)에의 집착(포스트모더니즘) 등 여러 갈래의 비판에 직면하게 된다. 그러나 기능주의와 그 진화론적 관점은 나름대로의 수정과 보완으로 사회과학의 이론화에 계속적인 명맥을 유지해왔다고 볼 수 있다. 여기서는 역사적 연구에 긍정적으로 관련되는 고전적 논의를 간단히 다루어보기로 한다.

① Herbert Spencer : 기능주의와 진화론적 시각

Spencer는 진화를 "물질과 그 부수적인 운동의 소산(消散)이 통합되는 것으로서 그 과정에서 물질이 불확정적이고 일관성 없는 동질성으로부터 비교적 확정적이고 일관된 이질성으로 옮겨가는 것"으로 정의한다.[91] 동질성으로부터 이질성으로의 이행은 구체적으로 다음과 같이 설명된다. 우선 유기체나 사회는 공히 ① 가동[생산과 재생산], ② 규제[구성원의 조정과 통제], ③ 분배[구성원의 이동, 정보, 자원의 배분]의 세 가지 보편적인 기능적 필수물이 필요한 것으로 전제된다. 그런데 수렵인들로 이루어지는 단순한 사회에서는 이 세 가지 기능이 덜 분화되어 있으나 그것이 규모가

---

[91] H. Spencer, First Principles, 6th ed. (London : Watts & Co.,1937), quoted in "Evolutionary and Functionalist Historical Sociology," in Gerard Delanty and Engin F. Isin, *op. cit.*, p.42.

커지면서 원예체제(horticultural systems)로 바뀌게 되면 규제(정치)와 가동(생산과 재생산)이 선명히 분화되기에 이른다. 또 농업사회로 들어서게 되면 시장, 항만, 도로와 같은 분배체제가 분화된다. 산업사회에 들어서면 이 세 가지 기능이 서로 상호교차 되면서 더욱 분화되는 복잡한 형태가 된다. 일반적으로 사회는 규모가 커지면서 그 구조가 분화되고 그에 상응하는 기능도 분화되어감으로써 당초에는 동질적인 모습을 띠다가 점차로 이질적인 분화의 형태로 진화가 계속된다고 보는 것이다. Spencer는 이 분화의 원동력이 경쟁에 있다고 보고 있으며, 경쟁에서 이기는 자는 언제나 보다 복잡하고 분화된 체제를 가지고 있다는 점을 강조한다. 그리고 이 치열한 경쟁을 통해서 사회는 더욱 복잡한 분화의 형태로 진화된다고 본다.[92] Spencer의 경우 기능주의와 진화론이 적절한 결합을 이루는 이론적 구성의 고전적 본보기가 된다고 볼 수 있다.

② T. Parsons의 진화론(進化論)

Parsons의 진화론은 '분화'(differentiation)를 기본개념으로 하고 있다는 점에서 Spencer의 영향력이 결정적이다. 우선 전통사회에서 근대로의 이행은 하나의 기능적 질서 하에 융화되어 있던 기능들이 서로 분리되어 분화된 형태로 새로이 통합되어 가는 과정으로 파악된다. 즉 진화의 첫 번째 단계는 '분화'로서 그것은 '사회체제 내의 한 단위 또는 구조가 특성과 기능적 의의가 달라지는 둘 또는 그 이상의 단위 또는 구조들로 분할되는 것'으로 정의된다.[93] 예를 들면 전통사회의 농경가족으로부터 근대적인 고용조직(예 : 공장)과 근대적인 가족제도(예 : 핵가족)로 분리되는

92 Jonathan H. Turner, *op. cit.*, pp.77-78.

93 Talcott Parsons, *The System of Modern Societies* (Englewood Cliffs, N. J.: Prentice-Hall Inc., 1971), p.26.

과정이 된다. 그런데 이러한 분화의 과정이 보다 진화된 사회체제의 형태를 띠게 되려면, 서로 분화된 새로운 요소들이 그 이전의 것에 비하여 기능의 수행면에서 보다 많은 적응능력을 갖추어야 한다.

따라서 진화의 두 번째 단계는 '적응향상'(適應向上, adaptive upgrading)이 된다.[94] 체제는 환경을 통제하고 다양성과 변화에 적응할 수 있는 능력을 보다 많이 갖게 된다. 예를 들면 근대적인 공장은 그 이전의 농경사회의 가족단위보다는 다양한 물자들을 보다 경제적으로 생산해낼 수 있다. 산업화된 대규모사회는 자급자족 경제와 혈연에 기초한 종족사회보다는 훨씬 적응능력이 높다. 그 다음 진화의 세 번째 단계는 분화로 형성된 새로운 단위, 구조 및 메커니즘들을 사회적 공동체의 규범적 틀 속으로 '포용'(inclusion)하는 과정이 된다. 예를 들면 공장조직과 농경가족이 분화되면 두 단위의 각각의 권위체제를 사회의 규범 속에 인정해줄 필요가 있다.[95] 이러한 포용을 통하여 새로이 형성된 단위, 또는 종전에는 배척되었던 집단(예 : 미국 내의 이민 집단)들이 시민으로서의 권리를 획득하고 체제에의 통합에 필요한 새로운 능력과 책임을 습득하게 된다.[96]

끝으로 '가치일반화'(價値一般化, value generalization)는 포용의 과정을 보완하는 역할을 담당한다. 사회의 다양한 단위들은 새로운 행동유형에 알맞은 정향(定向, orientations)과 적절한 정당성을 획득하여야 하는데, 이를 위해서는 가치유형 자체를 보다 높은 일반성의 수준으로 변용시켜야 한다.[97] 예를 들면 공장과 가정이라는 두 개의 분화된 구조를 통합하기 위해서는 자식들이 배우자를 선택할 권리, 가정에서부터 분리하여 주거를

---

94 *Ibid.*, p.27.

95 *Ibid.*, p.27.

96 Leon H. Mayhew (ed.), *Talcott Parsons : On Institutions and Social Evolution* (Chicago : The Univ. of Chicago Press, 1982), pp.45-49.

97 T. Parsons, *op. cit.*, p.27.

선택할 권리, 직업을 선택할 권리 등이 규범으로서 일반화되어야 한다. 근대사회의 개인주의철학은 이러한 가치일반화의 좋은 예라고 볼 수 있다.

(4) **연보학파(年報 學派**, The Annals group) : Fernand Braudel

1929년 프랑스에서 『경제-사회 역사 연보(Annals d'histoire economique et sociale)』라는 학술지를 개간하는데 참여한 주요 학자들(Marc Bloch, Lucien Febvre, Fernand Braudel)은 역사적 연구에 있어서 정치와 관련된 좁은 시야보다는 경제, 사회, 문화적 역사에 관한 폭넓은 관심을 특징으로 하고 있으며 사건보다는 구조와 장기적 추세에 초점을 두는 역사연구의 길을 연 것으로 평가받고 있다. 그 중 F. Braudel은 역사사회학 분야에 각별한 기여를 한 것으로 평가되고 있어 그의 연구 방법론 중 참고가 될 만한 몇 가지를 간추려 볼 수 있다.[98]

첫째로 Braudel은 사회학의 '전체적'(holistic), '전체화'(totalizing) 접근에 각별한 매력을 가진 나머지 모든 인간 활동과 상호연관을 다루는 '세계적 과학'을 주창하고 나선다. 역사를 하나의 전체로 보는 입장을 강조하였고 역사와 사회학은 서로 분리될 수 없다는 전제하에 두 분야는 '단일 지적 모험'이 될 것을 역설한다. 프랑스의 전통에 따라 콩트와 뒤르켕을 자주 인용하고 M. Mauss, M. Halbwachs, R. Bastide, P. Bourdieu 등의 학자들이 그의 이론적 구성에 많은 영향을 끼친 것으로 되어 있다.[99] 둘째로 그의 시간에 대한 독특한 관점이 관심을 모으게 되는데 시간은 서로

98 Peter Burke, 'The Annals, Braudel and Historical Sociology,' in Gerard Delanty and Engin F. Isin (eds.), *op. cit.*, pp.58-64. F. Braudel의 대표적 연구로서는 F. Braudel, *The Mediterranean and the Mediterranean World in the Age of Philip II,* (2 Vols.), (London : Fontana, 1973)가 꼽힌다.

99 *Ibid.*, p.60.

다른 속도로 움직인다는 명제를 내세운다. 그는 역사적 시간을 ① 미시적 역사(微視的 歷史, micro-history), ② 역사적 국면(歷史的 局面, history of conjunctures), ③ 구조적 역사(構造的 歷史, structural history), 또는 '긴 연속'의 세 가지 수준으로 나누어 수준마다의 특성을 밝힌다. 미시적 역사는 짧은 시간에 나타나는 사건을 둘러싼 역사이고, 역사적 국면은 그 다음 느린 리듬으로 물질적 평면에 나타나는 경제적 순환 같은 것이며, 구조적 역사(긴 연속)는 몇 세기에 걸쳐 진행되는 역사로서 오랜 가치 면에서의 안정 상태로 말미암아 빠른 속도로 변하는 다른 역사들에 비해 변하지 않는 것처럼 보일 수 있는 긴 역사임을 역설한다.[100] 특히 사회과학이 짧은 시간의 연구에 얽매이고 장기간에 걸친 변화, 즉 긴 연속에 관심을 두지 않는 것을 비판한다. J. Goudsblom이나 A. Frank 등이 천여년의 긴 연구기간을 설정하고 있는 점 등은 그의 영향력을 짐작케 한다. 사회학에서도 G Gurvitch의 생태학적 시간, 제도적 시간 등, 이른바 사회적 시간의 복합성의 논의와 밀접한 연관을 맺는 것이다.[101]

셋째로 역사연구에 있어서 공간의 중요성을 주장한 대목을 들 수 있다. 그는 섬이라든가 산과 같은 미시적 공간이나 미시적 환경을 비롯해서 지중해, 대서양, 태평양과 같은 거시적 공간의 분류가 연구의 내용에 미치는 중요성을 지적하고 있어 관심을 모은다. 역사 지리학, 특히 Friedrich Ratzel, Paul Vidal 등의 영향력이 컸고, 극동연구(極東硏究)의 지도적인 지리학자였던 Pierre Gourou, 중심지역 이론의 창시자인 독일의 Walter Christaller 등의 상당한 영향력도 지적된다. 그의 지중해 연구나 프랑스의 정체성 연구 등에는 이러한 공간 개념이 폭넓게 투영된 것으

[100] F. Braudel, On History (London : Weidenfeld & Nicolson, 1980), p.74, cited in P. Abrams, Historical Sociology, *op. cit.*, p.334.

[101] P. Burke, *op. cit.*, pp.61-62.

로 풀이되고 있다.[102]

Braudel은 생전에 Georges Gurvitch나 Immanuel Wallerstein 등과 각별한 교분을 가졌으며 서로의 의견교환과 학문적 대화가 각자의 연구에 여러모로 반영된 것이다. Gurvitch의 생태학적 시간, 제도적 시간 등의 개념은 Braudel의 역사적 시간 개념과 상통되는 것이 많다고 볼 수 있다. I. Wallerstein의 '세계체제'(世界體制, world system)는 16세기에 태동한 긴 역사로 개념화되고 있으며 핵심(core), 주변(periphery), 반주변(半周邊, semi-periphery)의 종속적 공간개념도 두 사람 간에 공통되는 지리적 공간의 중요성이 적절히 반영된 것으로 짐작해볼 수 있다.

(5) **문명화 과정의 연구** : Norbert Elias

인류가 문명을 만들어나가는 오랜 역사적 과정을 밝히는 것도 역사사회학의 중요한 연구 분야가 될 수 있다. N. Elias는 인류의 문명, 특히 서양문명이 어떻게 형성되었는가에 대한 문제를 놓고 이것이 인간들이 서로 뒤섞이면서 이루어내는 상호의존적인 형상의 산물임을 주장하고 나선다. 즉 인간들이 이러한 상호의존적인 형상을 통하여 자기의 욕망을 조절하고 타인과의 관계를 조화롭게 처리해나가는 자기억제(self-restrain)와 자기제어(self-control)의 과정이 바로 문명화 과정(civilizing process)이라고 보고 있다.

'형상'(形狀, configuration)이라는 개념은 개인과 사회를 서로 다르거나 적대적인 관계로 볼 것이 아니라 서로 통합적인 관계, 즉 상호의존적인 관계로 보는 의미가 된다.[103] G. Ritzer는 Elias가 이 형상이라는 개념

[102] *Ibid.*, p.60, p.62.

[103] Norbert Elias, *The Civilizing Process*, Part I, *The History of Manners* (New York : Pantheon, 1978), pp.129-130.

을 통하여 개인이라는 미시적 수준과 사회라는 거시적 수준의 통합을 시도한 것으로 평가하고 있다.[104] 형상을 통하여 개인들은 자기제어의 습성을 익혀나가는데 이 과정을 Elias는 사람들의 일상생활 속에서 익혀나가는 예절의 예를 들면서 상세히 분석해낸다. 중세의 암흑시대만 하더라도 사람들은 손으로 음식을 먹든가, 식사 때 코를 풀거나 후비기도 하고, 또는 침을 뱉기도 하고 남녀관계에 있어서도 남녀가 여럿이 한 방에서 함께 자거나 또는 잠옷 없이 나체로 자는 등의 습관이 생활화되었던 것으로 나타난다. 즉 이러한 생활 습관들은 15세기까지의 여러 기록에 나타나고 있으며 18세기의 기록에서는 이러한 문제들은 더 이상 나타나지 않는 것으로 보아 오랜 시기를 통하여 사람들은 서서히 오늘날의 생활 예절을 정착시켜 나간 것으로 분석 된다. 그런데 이러한 예절상의 변화는 합리적인 고려에서 의식적으로 이루어진 것은 아니라고 주장된다. 즉 식탁에서의 예절이 의학적 고려에 따른 의식적인 변화가 아니며, 사람들이 생활하는 상호의존적인 형상을 통하여 나타나는 당혹감이라든가 부끄러움 등을 통하여 무의식적으로 생겨나는 자제력의 소산으로 파악된다. 사람들은 자기들의 충동을 규제하고 보다 많은 자제력을 실천해나갈 필요가 생겨나게 된 결과로 풀이된다. 여기서 강조되는 것은 이러한 자제력이 어떤 직접적인 물리적 강제력에 의해 형성된 것이 아니고 사회생활의 구조에서 나타나는 '습관화된 자기억제'로서 습득되었다는 점이다. 그리고 이 과정에서 사회적 제도의 압력도 강화작용을 하였고 가정의 역할 등도 작용하는 것으로 풀이되고 있다. 사회적인 명령이나 금기는 점차로 자아의 일부가 되었다고 보는 것이다.[105]

[104] G. Ritzer, Sociological Theory, *op. cit.*, pp.508-509.

[105] Elias, *op cit.*, pp.104-106, p.117, p.146, p.154; 이 부분은 G. Ritzer, *op. cit.*, pp.512-516에서 재인용.

그러나 자기억제나 자기제어와 같은 문명화 과정은 근세에 들어서 중앙집권적인 왕권이 형성되고 그에 수반된 궁전이 출현함으로써 더욱 현저히 확산되는 것으로 분석된다. 폭력수단을 독점하고 과세권(課稅權)을 장악한 절대왕조 하의 왕이 군림하게 되는 궁전에서는 종래에 폭력에 의존하던 무사들과는 대조적으로 대인관계를 중요시하고 자기의 감정을 통제할 수 있는 궁전귀족으로의 변모가 불가피하게 된다. 왕과 그의 정신(廷臣, courtier)들은 생활면에서의 그들의 예절을 사회전반으로 확산시켰을 뿐만 아니라 자기억제와 자기제어의 분위기를 정착시키는데 결정적인 역할을 하게 된다. Elias는 이 과정을 형상이 만들어내는 상호의존적 사슬을 더욱 늘리는 결과로 묘사하고 있으며, 이 과정을 문명화를 가속화시키는 분출 효과로 분석하고 있다.[106]

3. 역사적 접근 : 현대적 구성

(1) 네오마르크스주의 : P. Anderson의 '절대주의 국가' 연구

Marx의 '사적유물론'은 봉건주의에서 자본주의로의 이행도 계급관계의 변환으로 설명하는데 있어서는 일관되어 있다. 그러나 그 이행과정의 설명은 극히 일반론적인 명제에 머물고 있으며, 당시에 등장한 유럽의 절대왕조국가의 성격과 관련해서도 그것을 봉건적인 정치형태로 보는 해석, 봉건주의와 자본주의의 두 계급세력의 균형에서 만들어진 비교적 독립적인 국가로 보는 시각, 또는 자본주의적 정치형태로 보는 입장 등의 여러 갈래의 풀이를 가능하게 하는 것으로 되어 있다.[107] 그러나 이

106 Ritzer, *op. cit.*, pp.516-517.

이행과정의 문제를 Marx의 생산양식의 틀에서 다루면서도 절대왕조의 역할에 매우 심도 있는 분석을 시도한 대표적인 네오마르크스주의 학자인 Perry Anderson의 연구를 검토해보기로 한다.[108]

Anderson은 우선 '자본주의 이전의 생산양식'(pre-capitalist mode of production)이 자본주의의 순수한 '경제적인' 잉여취득과는 매우 대조적인 '경제 외적인'(extra-economic) 잉여취득에 근거하고 있다는 점을 크게 부각시킨다. 즉 자본주의 하에서는 잉여의 발생과 취득이 자본가와 노동자의 자유로운 임금계약에 따른 순수한 경제적인 성격을 띠는 반면 자본주의 전 단계의 생산양식에서는 노예제도에서처럼 경제 외적인 강제와 유인에 의한 잉여착취가 자행되는 점을 강조한다. 이 전 단계에서는 경제 외적인 상부구조(친척, 관습, 종교, 법률적, 정치적)가 직접 생산양식에 개입하여 잉여착취의 형태를 띠게 된다는 것이다.[109] 중세의 봉건주의도 이러한 경제 외적인 잉여착취를 특징으로 하는 '전자본주의'(pre-capitalist) 생산양식에 속하며, 특히 봉건주의는 ① 쇠퇴해가는 로마 제국의 노예생산양식과 ② 로마의 적이었던 게르만 종족의 원시공동체적 생산양식의 두 가지 형태가 결합된 것으로 파악된다.

그러면 이러한 전자본주의 생산양식이 어떠한 과정을 통하여 자본주의의 생산양식으로 변환되었는가? Anderson은 수백 년의 오랜 세월에 걸쳐 이루어진 이 이행과정에 있어서 '절대주의 국가'(absolutist state)의 결정적인 기능과 역할을 중시한다는 점에서 그의 독창성을 인정받는다. 오랜

---

107 P. Abrams, *op. cit.*, p.150.

108 이주제와 관련된 Perry Anderson의 연구로서는 P. Anderson, *Lineages of the Absolutist State* (London: New Left Books, 1974)와 P. Anderson, *Passages from Antiquity to Feudalism* (London : New Left Books, 1974)의 두 권이 있다. 여기서는 P. Abrams의 Historical Sociology, *op. cit.*, pp.150-162의 부분을 많이 참조하였음.

109 P. Anderson, Lineages of the Absolutist State, *op. cit.*, p.403.

전쟁으로 피폐해진 봉건영주들을 휘하에 거느리고 중앙집권적인 과세와 국가권력을 장악한 절대주의 왕조는 한편으로는 봉건적 지배를 존속시키면서 또 한편으로는 부르주아지의 세력 확장을 도와주는 이중적 역할을 하게 된다. 우선 절대주의국가는 봉건적 지배의 장치들을 재편하고 재충전한다. 귀족계급의 재산과 특권을 보호하는 장치를 도입함으로써 봉건적인 착취관계와 그 본질적인 구조를 유지시켜 나가는 기능을 수행한다. 그러나 또 한편으로는 당시 중세도시를 중심으로 등장하게 되는 중상주의 및 제조업 계급의 기본적인 이익도 증진시켜 주는 기능을 함께 수행하는 것으로 파악된다. 즉 정치적으로는 봉건귀족들을 보호한다는 점에서 '봉건적'인 것으로, 사회적으로는 새로이 등장하는 부르주아지도 배려해준다는 점에서 '비봉건적인' 두 가지의 기능을 아울러 수행하는 '기능의 이중성'이 지적된다. 그리고 이 두 가지 기능의 수행은 광범위하고도 적절한 집행에 바탕을 둔 재산법체계(財産法體系, systems of property law)의 정비로서 가능한 것이었다.[110]

그런데 절대주의 국가의 기능수행은 유럽의 서부와 동부에 서로 다르게 나타나게 되는데 Anderson은 이 차이를 비교분석의 방법으로 검증하고 있어 눈길을 모으고 있는데 이른바 '비교 역사적 분석'(comparative historical analysis)의 좋은 사례로 평가받는다. 서부유럽에서는 절대주의 왕조의 출현이 국가의 절대적인 공적 권위가 귀족계급의 절대적인 개인재산권과 결합되어 나타나게 됨으로써 부르주아지의 융성과 세력 확장에 크게 기여한 것으로 나타난다. 특히 부과금의 대체제도는 노예제도의 소멸에 대한 보상의 구실을 하게 되어 시장형성과 부르주아지의 경제적 기반확대로 이어진다. 14세기에 이르면 번성하는 도시의 힘과 농업노동

[110] P. Abrams, *op. cit.*, pp.151-153.

력의 부족 등으로 농민들은 노예의 봉건적 구속에서 벗어날 수 있는 길이 열리면서 자본주의로의 이행은 더욱 가속화된다. 그러나 동부유럽에서는 사정이 달라진다. 절대주의 국가는 봉건계급의 억압적 기계(repressive machine)로 지속되면서 노예제도를 오히려 강화하는 방향으로 나간다. 노동력 부족에 직면하여 국가와 대규모 토지소유계급은 오히려 농민들을 노예제도로 얽매어버리는 사태를 만들어버린다. 그리고 당시의 도시들도 농민들의 항의를 지원할 만한 힘도 없었던 것으로 분석된다. 자본주의로의 이행은 동부보다는 서부에 보다 빠르게 다가섰다는 결론이다.[111]

질서가 붕괴되면서 과도기적으로 등장한 절대주의국가는 봉건귀족의 이익을 옹호하고자 등장한 최후의 정치적 방패의 역할을 담당하였으나 역설적으로 부르주아지의 번성의 길도 아울러 열어주게 됨으로써 자본주의로의 이행을 더욱 가속시킨 것으로 Anderson은 결론짓는다. 그리고 이 명제는 유럽의 서부에서 역사적인 사실로 검증된다. 흔히 Marx의 유물사관은 '경제결정론'의 위험성을 지적받고 있으나 Anderson은 생산양식의 작동에 개입되는 상부구조의 기능, 특히 국가(절대주의 국가)의 역할이 경우에 따라서는 역사진행의 방향과 속도에 엄청난 작용을 미칠 수 있다는 것을 재인식시켜주고 있다.

(2) 근대화 이론

근대화 이론은 2차대전 후 미국이 냉전을 수행하기 위하여 후진국들에게 경제적 및 기술적 원조를 제공함으로써 소련과의 대결을 유리하게 전개하고자 추진한 제반 정책과 관련된 이론적 구성의 성격을 지닌다.

[111] *Ibid.*, pp.156-158.

즉 미국의 지원을 받는 제 3세계의 국가들이 서구적 이데올로기와 정치적 제도를 정착시켜 나가는 과정에 초점을 두는 이론화라는 특징을 지니고 있다.

근대화의 이론적 구성에 참여한 학자들은 우선 '근대화'를 '산업화'와 동일시하고 상업사회의 경우 합리적이고, 보편주의적이며, 기능적으로 특정적인 가치성향을 지니는 것으로 파악하고, 반면 산업화되지 않은 사회는 비합리적이고, 특수주의적이며 기능적으로 확산적인 가치와 역할들로 특징지어진다고 전제한다. 그리고 경제성장은 조만간 '비산업화 사회'(non-industrial societies)를 완전히 변화시켜 산업화된 서방사회와 같은 문화적, 사회적 유형을 만들어낸다고 주장하게 된다.[112] 산업화되지 않은 전통사회와 산업화된 근대사회의 특징을 서로 대조적으로 파악하는 이러한 '이분법'은 근대화 연구의 중요한 부분을 이루게 되며 많은 학자들이 이에 기준하여 근대사회의 특성을 나름대로 밝히는데 진력해 왔다. 예를 들면 D. Lerner는 전통사회가 좁은 개인적, 가족적 관점에 얽매이는데 반하여 근대사회는 이런 편협성을 지향하면서 추상적인 기준이 우선시되는 '감정이입'이라는 심리적 특성을 보인다는 점을 강조한다.[113] D. McClelland는 근대의 심리적 특성이 '성취동기'(achievement motive)에 있으며 이것이 경제 활동과 성장의 선행조건이 된다고 주장했다.[114] 19세기의 진화론적인 전통을 이어받는 기능주의적 시각에서는 근대화를 '구

112 M. Levy는 T. Parsons의 유형변수(pattern variables)의 이분법을 이용하여 산업사회와 비산업사회를 이렇게 특징짓는다. Marion J. Levy, 'Some Sources of the Vulnerability of the Structures of Relatively Non-Industrialized Societies to Those of Highly Industrialized Societies, in B. Hoselitz (ed.), *The Progress of Underdeveloped Areas* (Chicago : University of Chicago Press, 1963), p.163.

113 Daniel Lerner, *The Passing of Traditional Society : Modernizing the Middle East* (New York : Free Press, 1958).

114 David McClelland, *The Achieving Society* (New York : Free Press, 1961).

조적 분화'(structural differentiation)의 과정으로 파악하기도 한다.[115]

그러나 이러한 근대화의 이분법적인 개념화는 여러 가지 비판에 직면하게 된다.

첫째로 전통사회의 특징적인 가치는 Parsons의 유형변수의 것과는 다르게 나타나는 연구결과가 나오게 된다. 예를 들면 일본의 전통사회의 경우 '특수주의적인 가치'(particularistic values)는 특징적인 것이 못된다고 밝혀짐으로써 당초 M. Levy에 의해 전제된 근대화의 '선형적인 발전'의 가정은 허무하게 무너지게 된다. 근대화는 반드시 합리적이고 세속적인 가치가 지배하는 방향으로 가는 것을 장담할 수 없다는 주장도 나오게 된다.[116] 그리고 이러한 지적은 그 후로 전통적인 가치는 반드시 근대적인 것과는 반대의 것이 아닐 수도 있다는 주장으로까지 이어지게 된다. 둘째로 이분법적인 개념화는 전통과 근대의 두 가지 형태의 특성을 밝히는 하나의 분류에 불과하며 전통사회에서 근대사회로 넘어가는 동태적 과정을 설명하는 '인과메커니즘'(causal mechanism)을 제시하지 못한다는 약점을 지적받는다. 예를 들면 근대화를 '분화'로 본다면 분화라는 사태는 사회과정의 결과를 '사후적'(post-hoc)으로 기술하는데 불과한 것이지 인과관계는 밝히지 못한다는 것이 된다. 따라서 이러한 이분법적인 접근은 전통사회에서 근대사회로 넘어가는 극히 추상적인 논리적 연결을 제시하였을 뿐 구체적인 역사적인 현실과 사회적 과정을 인과관계에 입각하여 역동적으로 다루고 있지 못한다는 비판을 받는다.[117] 그리고

---

115 T. Parsons 나 Neil Smelser의 입장이 이를 대표한다. Neil J. Smelser, 'Toward a Theory of Modernization,' in A. Etzioni and E. Etzioni-Halevi (eds.), Social Change : Sources, Patterns, and Consequences (New York : Basic Books, 1964), pp.268-284.

116 Robert Bellah, 'Religious Aspects of Modernization in Turkey and Japan, *American Journal of Sociology,* 64 (1952), pp.1-5.

117 Wolfgang Knobl, 'Theories That Won't Pass Away : The Never-ending Story of Modernization Theory' in G. Delanty and E. Isin (eds.), *op. cit.*, pp.103-104.

1970년대에 들어서면서 제 3세계의 문제를 좀 더 마르크스주의적 시각에서 다루는 종속이론(從屬理論, dependency theories)이 등장하면서 근대화 이론은 상대적으로 퇴색하게 된다.

그러나 1980년대에 들어서면서 근대화 이론은 재생의 전기를 맞게 된다. 그것은 1970년대와 후반과 1980년대의 초반에 걸쳐 등장한 아시아의 호랑이 국가들(한국, 대만, 홍콩, 싱가포르)의 놀라운 경제적 상승과 그동안 꾸준히 진행되어온 소련 제국의 와해가 결정적인 이유가 된다. 네 마리의 호랑이들은 종속이론이나 세계체제 이론의 추정과는 달리 단시일 내에 경제성장을 이룰 수 있다는 것을 입증함으로써 근대화 이론의 기본적 가정을 입증할 수 있게 된다. 어떤 의미에서 서구적 근대화와 그에 수반되는 제도적 체제들은 역사의 종착점일 수도 있다는 낙관론도 만들었다. 또한 소련의 붕괴는 근대화이론이 전제한 서구적 제도로의 선형적 발전의 가설을 뒷받침해 주는 근거로 받아들여질 수 있으며, 소련 모형의 실패는 불완전한 구조적 분화에 기인한다는 주장으로 이어질 수 있었다.[118]

이러한 분위기의 반전으로 근대화 이론에 대한 재구성의 노력이 나타난다. J. Alexander와 P. Colomy는 분화의 개념에 집단적 행동이나 사회운동의 작용력을 도입함으로써 그것이 개연적인 결과들을 초래할 수도 있다는 이론적 재구성을 제시하고 있다.[119] 또한 U. Beck와 A. Giddens는 근대화과정을 '반사적 근대화'(reflexive modernization)로 표현하면서 근대화는 진보에 관한 하나의 단순한 이야기가 아니라 그 과정에는 많은 위험이 개재되는 과정임을 전제함으로써 근대화 자체를 새롭게 기

118 *Ibid.*, p.104.

119 Jeffrey C. Alexander and Paul Colomy (eds.), *Differentiation Theory and Social Change : Comparative and Historical Perspective* (New York : Columbia Univ. Press, 1990).

술하는 방향으로 나가고 있다.[120] 특히 Beck는 근대화를 두 단계로 나누어서 특징화하고 있어 관심을 모으게 된다. 근대화는 첫째 단계로 19세기에 봉건사회의 구조를 해체하고 산업사회를 만들었으나 오늘날의 근대화는 산업사회를 해체하면서 다음 단계의 새로운 근대화의 길을 여는 것으로 파악한다.[121] 그러면 새로운 근대화란 무엇인가? 그것은 위험에 가득한 '반사적 근대화'로 정의된다. 위험은 바로 산업사회를 만들어낸 과학과 테크놀로지로부터 발생하며 근대화 자체가 만들어내는 것이다.[122] 방사능, 온실가스, 미생물 실체, 다양한 공해 등 눈에 보이지 않으면서도 누구의 책임도 아닌 비인간적인 형태로 나타나고 어떤 특정 국가에 국한되지 않는 세계적인 파급효과를 보여준다. 위험이 가득한 근대화 단계에서는 정치의 성격도 달라진다. 종래와 같은 정부 중심의 정치가 아니라 항상 위험을 만들어내는 회사, 과학 실험실과 같은 새로운 사회적 단위가 중요성을 띠게 되는 '부차적 정치'(sub politics)가 이목을 끌게 된다. 정치는 중앙정부의 손에서 점차로 사회의 다양한 부분집단이나 개인들의 손으로 넘어간다는 것이다.[123] 이들은 중앙정부보다 훨씬 반사적이며 자기 비판적이며 새로운 근대화가 만들어내는 많은 위험들을 처리할 수 있는 능력이 있다고 본다. 결국 발달된 근대화 단계는 전례 없는 위험을 만들어내지만 동시에 그것을 다룰 수 있는 전례 없는 노력도 만들어내는 변증법적인 과정이 된다.

근대화 개념은 그 이분법적 한계에도 불구하고 계속적인 개념적 수정이나 이론적 재구성을 겪으면서 그 명맥을 유지해나가고 있다. 그러한

---

[120] Ulrich Beck, Anthony Giddens, and Scott Lash, *Reflexive Modernization : Politics, Tradition and Aesthetics in the Modern Social Order* (Stanford, CA : Stanford Univ. Press, 1994).

[121] Ulrick Beck, Risk Society : Towards a New Modernity (London : Sage, 1992), p.10.

[122] *Ibid.*, p.21.

[123] *Ibid.*, p.223.

지속성의 근저에는 이 개념이 정치인들이나 지식인들에게 미묘한 도덕적 매력을 지닌 점이 지적된다. 즉 근대화는 이들에게 국가가 추구하는 궁극적인 목표이자 그 정당화의 구실을 하고 있기 때문인 것으로 풀이되며 나라마다 자기들의 위치와 업적을 측정하는데 있어서 이 근대화 개념은 선형성이나 수렴의 형태를 띠면서 꾸준한 논의를 지속시켜주기 때문이라는 것이다.[124]

(3) **문화역사**(cultural history)

역사에 대한 문화적 해석도 독특한 학문적 전통을 이룬다. 역사적 연구에서 문화의 비중이 높아진 경향을 가리켜 '문화적 전환'(cultural turn)으로 부를 수 있다면 이것을 촉발시킨 학문적 계기를 생각해볼 수 있다. 무엇보다도 1930년대에 등장한 연보학파(Annals School)와 1960년대 영국 마르크스주의자들에 의해 제기된 역사연구에서의 문화적 요인의 중요성이 그 시발점이 될 수 있다. 그 후로 구조주의의 해체과정을 거치면서 Foucault, Derrida, Barthes, Kuhn 등으로 대표되는 후기구조주의 및 신과학철학 등의 영향력이 역사연구에 있어서의 문화적 전환을 가속화시켰다고 볼 수 있다.

① 연보학파와 영국 마르크스주의의 문화역사적 연구

1930년대에 등장한 연보학파(M. Bloch, L. Febvre, F. Braudel 등)와 영국 마르크스주의자들은 중세와 근세초기의 역사연구에 있어서 평범한 사람들의 생활에 초점을 두었다. 설명과 연구의 조직에 있어서 계급이 주제를 이루는 것을 반대하고 평범한 사람들이 갖는 생각과 행동에 초점을 두

---

[124] W. Knobl, *op. cit.*, p.105.

고 일상생활과 믿음을 둘러싼 의식, 의례, 문화적 특성 등에 관심을 돌리게 된다. 영국의 마르크스주의자들은 특히 노동자 계급의 문화적 특성에 역점을 두는 분석으로 주목을 받게 된다.[125]

연보학파의 중심개념은 평민들의 심적 경향(心的 傾向, mindset)에 초점을 두는 '심성'(心性, mentalité)이라고 정의해볼 수 있다. 중세와 근세초의 군주들의 치유능력을 둘러싼 평민들의 믿음에 관한 Bloch의 연구라든가 루터교의 믿음에 관한 Febvre의 연구 등이 이러한 평민들의 심성을 초점으로 하는 연보학파의 연구추세를 잘 나타낸다. 그리고 Braudel의 연구에서는 일상생활의 음식, 주거에서부터 인쇄술의 기술적 혁신이나 금속제품의 생산 등에 이르는 물질적 문화가 주제를 이루고 있으며, 이러한 문화적 요인들이 역사의 기층을 이루고 그 위에 자본주의가 자리 잡게 된다고 본다. 그리고 이러한 문화들은 지속적이고 서서히 바뀌어 가는 자체의 구조적 특성을 지니는 것으로 파악된다.[126]

영국의 마르크스주의 학자인 E. P. Thompson은 문화적 전통과 도덕적 관점이 노동계급의 형성에 미치는 영향력에 대한 연구로 유명하다.[127] 그는 마르크스주의에 있어서의 토대-상부구조(base-superstructure)의 경직된 결정론을 비판하고 오히려 언어, 의사소통, 상징 등과 같은 문화적 요인들이 차지하는 중요성을 재인식할 것을 주장한다. 왜 어떤 집단들이 계급의식을 갖게 되느냐의 문제에 대해서 그는 문화적 상부구조의 역할이 매우 결정적이라는 연구 결과를 내놓고 있다. 즉 문화가 개인이나 집단이 받아들이는 사회적 지위에 대한 인식도를 늦추기도 하고 또

125 Donald M. Macraild and Avram Taylor, *Social Theory and Social History* (New York : Palgrave Macmillan, 2004), p.119.

126 John R. Hall, 'Cultural History is Dead (Long Live the Hydra),' in G. Delanty and E. F. Isin (eds.), *op. cit.*, pp.155-156.

127 E. P. Thompson, *The Making of the English Working Class* (New York : Pantheon, 1963).

는 빠르게도 만들 수 있다는 점을 지적한다. 토대와 상부구조의 모형 자체를 비판적으로 보면서 그는 이데올로기와 경제의 관계는 훨씬 이완된 것임을 강조한다.[128]

② 문화적 전환(cultural turn)

역사적 연구에서 본격적인 '문화적 전환'은 언어학, 해체론, 구조주의에 대한 현상학적 및 후기구조주의적 비판과 같은 다양한 근원에서 비롯된다. 이 중에서도 M. Foucault나 M. de Certeau 등의 영향력이 두드러진다.[129]

후기구조주의적 시각은 역사적 과거의 현상에 대하여 '의미의 고정'을 받아들이지 않는다는 점에서 '역사적 상대주의'가 된다. 현실은 사회적으로 구성되는 것이며 종전에는 변하지 않는 것처럼 받아들여지던 것도 이제는 문화적 구성물로 보이고, 시간과 공간 면에서 언제나 변화가 가능하다고 본다. Foucault는 특히 사회적, 지적 변화를 이해하고 사고와 행동의 배후에 깔려 있는 저변구조를 파악하려는 학자들에게 적절한 의제를 마련해 준 것으로 평가된다. 그는 광기, 감옥, 성 등의 계보학적인 연구와 함께 학문의 구성과 관련된 권력과 지식의 관계 등을 둘러싼 이론적 이해에 있어서도 독보적인 위치를 차지한다. 그는 또한 고문서에서 발견된 텍스트의 연구에서 한걸음 나아가 텍스트 자체가 '구성적 담론'으로서 세계를 구성하게 된다는 점을 밝힌다. Foucault나 de Certeau에게 있어서는 전체성의 전개과정으로서의 역사는 사라져버린다. 그 대신 역사란 담론의 고문서적 고고학으로 대체되며 역사가들의 활동에 따라 그

128 D. Macraild and A. Taylor, *op. cit.*, pp.124-125.

129 Michel Foucault 〔1966〕, *The Order of Things* (New York : Random House, 1970); Michel de Certeau 〔1975〕, *The Writing of History* (New York : Columbia Univ. Press, 1988).

유형들이 자리 잡히게 된다고 본다. 문화적 전환으로 역사에 대한 연구는 다양한 분석과 이론적 구성의 영역으로 탈바꿈된다는 것이다.[130]

③ 근래의 연구 주제

J. Hall은 문화를 물질적인 것과 상징적인 것을 모두 포함하는 방향으로 파악하고 있는데, ① 생각과 지식[옳고 그르고 검증될 수 없는 믿음]과 처방, ② 인간에 의해 만들어진 도구[삽, 자봉침, 컴퓨터], ③ 사회적 행동에 의한 산물[사과파이, TV 세트, 주간고속도로]의 세 가지로 구성된다고 정의한다. 그리고 이러한 문화를 중심으로 이루어지는 근래의 역사적 연구 주제들을 다음과 같이 정리해보고 있다.

첫째로 인지적 문화(認知的 文化, cognitive culture)의 연구를 꼽을 수 있는데 과학, 이성, 지식, 도덕, 종교 및 예술 등에 관한 문화적 연구가 된다. 예를 들면 R. Collins는 비교분석의 방법을 통하여 지식이 어떻게 사회적으로 구성되는가 하는 문제를 다룬다. 고대 중국에서부터 인도에 이르기까지 사회적 상호작용의 유형이 어떻게 철학의 망상을 형성하게 되는가의 문제를 밝힌다.[131] 이외에도 미국생활에 있어서의 도덕적 문제라든가 17세기 유럽에 있어서의 회의주의의 기원과 같은 연구들이 이러한 인지적 문화의 연구에 속한다고 볼 수 있다.[132] 둘째로 불평등의 연구가 관심을 모은다. 예를 들면 사회관계에 있어서의 '계약'(contract)의 개념을 통하여 '계약제 하인', 노예, 노동자 등의 일자리가 '가장제'(patriarchy)와 관련되어 있는 것을 밝혀냄으로써 사회질서의 저변에 깔린 문화적 측면을 크

---

[130] D. Macraild and A. Taylor, *op. cit.*, pp.139-141; John R. Hall, *op. cit.*, p.158.

[131] Randall Collins, *The Sociology of Philosophies : A Global Theory of Intellectual Change* (Cambridge, MA : Harvard Univ. Press, 1998).

[132] John Hall, *op. cit.,* p.160.

게 부각시키는 연구가 있을 수 있다.[133] '피압박 계급 연구'(subaltern studies) 분야에서는 식민지 시대의 지배와 근대화를 둘러싼 문화적 측면에 연구의 초점이 모아지고 있으며, 이제는 권력이나 지배가 단순한 물질적 관계가 아니라 문화적 표출의 명각(銘刻, inscription)으로 다루어지는 추세를 보여준다.[134] 셋째로 등장하는 것은 '공공문화'(公共文化, public culture)의 연구다. 에로티시즘, 공공영역과 시민에게 제공되는 문화적 행사와 전시에 관한 다양한 연구이다. 관병식(parades)이라든가 전시회와 같은 문화적 행사의 연구도 있을 수 있고 다양한 국경일과 관련하여 민족적 정체성의 문화적 고취 방식 등에 관한 연구도 있을 수 있다. 파시즘(Fascism) 치하의 '정치의 심미화'(aestheticization of politics)의 분석과 관련하여 이태리의 무솔리니(Moussolini)가 그의 권력을 문화적으로 정당화하는 과정을 다룬 연구도 있다.[135] 이러한 연구들은 공공문화란 강요되는 것이고 따라서 논쟁을 불러일으키고 어느 정도의 타협이 이루어지는 특성을 나타내는 경향을 보이게 되는데, 이런 점에서 J. Habermas의 비판이론이 역사적인 조사연구에 풍부한 감화력을 제공하고 있는 점이 지적된다.[136]

(4) **역사적 연구와 '언어적 전환'**(linguistic turn)

20세기의 말엽에 다가서면서 인문과학을 둘러싼 지적 발전에서 가장 두드러지는 또 다른 변화는 '언어적 전환'이다. 언어를 통한 의미의 분석이 인간의 의식과 행동의 이해에 결정적인 역할을 하게 된다는 기본입

---

133 Carol Pateman, *The Sexual Contract* (Cambridge : Polity, 1988).

134 Dipesh Chakrabarty, *Provincializing Europe : Postcolonial Thought and Historical Difference* (Princeton, N J : Princeton Univ. Press, 2000) ; Gyan Prakash, 'Rethinking the Social and Postcoloniality,' in Patrick Joyce (ed.), *The Social in Question : New Bearings in History and the Social Sciences* (London : Routledge, 2001).

135 Simoneta Falasca-Zamponi, *Fascist Spectacle* (Berkeley : Univ. of California Press, 1997).

136 John Hall, *op. cit.*, pp.160-161.

장이 바로 그것이다. 인간의 경험은 세계에 대한 이해에 연결되며 사물에 대한 이해는 개념을 통해서만 가능하다는 해석학적 입장이 그 기본이 된다. P. Wagner는 이러한 언어적 전환이 역사적 연구에 시도되는 몇 가지 사례들을 검토하고 있는데 그 개략적인 내용을 정리해볼 수 있다.[137]

① 케인즈 주의(Keynesianism)와 경제적 담론(economic discourse)

P. Wagner는 역사적 연구의 언어적 전환의 사례로서 1930년대로부터 1960년대에 이르기까지 서방사회의 거시 경제적 정책에 지대한 영향을 미친 케인즈주의(Keynesianism)를 검토한다. 케인즈주의는 자본주의 경제의 주기적 위기를 극복하고 생산과 교환의 안정성을 확보하기 위해서는 유효수효의 창출이라는 공공 정책적 수단이 최선의 해법이라는 경제적 담론이다. 이 혁신적인 경제적 아이디어가 수용되는 조건과 관련해서는 나라마다의 정치적-제도적 구조(politico-institutional structures)의 차이가 결정적이라는 주장이 나온다. 예를 들면 영국과 같이 폐쇄적이고 계층적인 중앙집권적 정부구조가 지배하는 나라에서는 새로운 아이디어에 대해서 비교적 오랜 저항기간이 지속되다가 낡은 정설이 극복되어 일단 그 아이디어가 수용되면 그 후로는 신속하고도 일관된 적용이 가능해진다. 그러나 미국의 경우는 대조적으로 비교적 개방적이고 다층화된 경제 정책 수립 장치로 말미암아 이러한 새로운 아이디어는 쉽게 받아들여지지만 그 대신 정착에 있어서는 매우 느리고 정책적 효과도 희석되는 경향이 지적된다. 즉 나라마다의 정치적-제도적 구조가 정치적 아이디어의 운명

137 Peter Wagner, 'As Intellectual History Meets Historical Sociology : Historical Sociology after the Linguistic Turn, in G. Delanty and Engin F, Isin (eds.), *op. cit.*, pp.168-179.

을 결정한다는 명제가 나온다.[138]

그러나 이러한 구조의 아이디어 결정론은 뒤집어질 수 있다. 예를 들면 프랑스에서는 케인즈주의가 2차대전 이후까지도 전혀 수용되지 않았는데 그것은 이 나라에는 이미 1848년에 거슬러 올라가 실업문제 해결을 위한 정책적 전통이 확립되어 있었기 때문이라고 한다. 따라서 1930년대에는 케인즈주의의 아이디어가 필요 없었고 이미 오래 전에 해법이 정해진 것으로 밝혀진다.[139] 결국 케인즈주의의 수용은 특정한 정치-제도적 구조와 연결되지 않는다는 결과가 나온다. 또한 정치적 아이디어는 구조에 의해 결정되는 것이 아니며 오히려 구조를 뛰어 넘는 보다 광범위한 언어적-담론적 형성(linguistic-discursive formation)의 성격을 띤다는 결론이 도출된다.[140]

② 복지국가의 사회학적 담론(sociological discourse)

서구 자본주의는 19세기에 들어서면서 새로운 형태의 빈곤과 함께 각종 사회악(범죄, 의료상태의 악화, 매춘 등)을 촉발하게 되자 각국은 이를 해결하기 위한 사회정책을 펴지 않을 수 없게 되어 이른바 '복지국가'(welfare state)의 단계에 접어들게 된다. 그런데 사회정책의 채택을 둘러싸고는 기능주의적인 풀이가 지배적이었다. 즉 사회정책의 출현은 시장 경제의 운영이 만들어내는 문제에 대한 기능적인 대응으로 취급하는 설명이었다. 그리고 모든 자본주의-산업사회에는 시간의 차이는 있어도 이러

138 Margaret Weir, 'Ideas and Politics : The Acceptance of Keynesianism in Britain and the United States,' in Peter Hall (ed.), *The Political Power of Economic Ideas : Keynesianism across Nations* (Princeton : Princeton Univ. Press, 1989), pp.53-86.

139 Pierre Rosanvallon, 'The Development of Keynesianism in France,' in Peter Hall (ed.), *The Political Power of Economic Ideas*, *op. cit.*, pp.171-193.

140 P. Wagner, *op. cit.*, pp.173-174.

한 사회정책들은 불가피하게 도입되게 마련이라는 기능주의적 처방이 전제되어 있었다. 또 한편으로는 이러한 기능주의와는 대조적으로 문화주의적 접근도 가능하였는데 이 경우에는 사회정책의 채택이 국가와 사회의 문화적 배경의 성격에 따라 다른 양상으로 나타날 수 있다는 설명이었다.

그러나 언어적 전환에 입각한 사회학적인 담론에서는 어떠한 설명이 가능할까? 여기서는 복지국가와 사회정책의 연원을 서구의 도덕적, 정치적 철학의 틀 속에서 해명하고자 한다. 사회문제의 책임이 어디에 있느냐와 관련된 문제를 정치철학상의 논의와 직결시키는 방법이 된다.

우선 19세기의 자유주의 정치철학은 개인을 정치생활의 중심무대에 놓고 개인은 그들의 행동에 대해서 책임을 진다는 전제에 서 있었다. 따라서 개인은 작업 중의 사고에 있어서도 그것이 개인에 의해 이루어 졌기 때문에 스스로가 그 결과에 대하여 책임을 져야 한다는 논리가 지배했다. 그러나 산업화의 진행은 이러한 작업 상황의 기준을 개인으로부터 구성적인 집단의 수준으로 변화시키게 만든다. 즉 개인이 당면하는 위험은 다름 아닌 산업화가 만들어내는 위험이기 때문에 '개인'의 문제가 아니라 오히려 '집합체'(collectivity)의 문제가 된다는 담론상의 변화로 이어지게 된다. 이때를 즈음하여 의무적인 작업사고 보험제도 같은 것이 도입된 것도 이러한 의식상의 변화를 반영하는 것으로 볼 수 있다. 결국 집합체 수준의 책임은 궁극적으로 국가가 짊어져야 한다는 지적 변환 과정을 밟게 되면서 본격적인 복지국가가 등장하고 그에 따른 다양한 사회정책의 채택이 가능해졌다고 보는 것이다.

근대국가의 사회정책은 인간의 '책임'을 둘러싼 '재정의'(redefinition) 문제로 파악될 수 있으며 이 '재개념화'는 도덕적, 정치적 철학의 틀 속에서 이루어진다. 이 재개념화의 결과로 정책적 변화가 가능해지고 그로부터 복지국가가 등장하게 되었다는 설명이 된다.[141]

③ 프랑스 혁명

P. Wagner는 프랑스 혁명의 발생에 관해서도 언어적 풀이가 가능하다고 본다.[142] 흔히 프랑스 혁명에 관한 사회경제적 관점에서는 자본주의적 조건이 성숙되어가는 상황 하에서 부르주아지가 권력을 장악하는 과정으로 설명한다. 또한 정치적-제도적(politico-institutional) 관점에서는 구체제의 중앙정부가 지나치게 집권화되고 경직되었기 때문에 사회적 변화를 이해하고 이에 적응해나가는 데 실패한데 기인한다고 설명한다.

그러나 최근의 역사사회학이나 문화역사의 분야에서는 이러한 사회-경제적 또는 정치-제도적 설명보다는 정치적 아이디어에 초점을 두는 설명이 관심을 모으는 것으로 나타난다.[143] 프랑스에서는 18세기 말엽에 들어서자 정치적 언어 면에서 일대 개념적 혁명이 일어났으며 이러한 개념적 변환에 관한 이해 없이는 수많은 사건들에 대한 해석이 힘들다고 주장된다. 그리고 이러한 변화는 사회적, 정치적 생활면에서의 형이상학적 전제(metaphysical presuppostitions)의 변환이자 일대 개념적 변환(conceptual transformation)임이 강조된다.[144]

이상의 언어적 해석에 나타나는 특징을 다음과 같이 요약해볼 수 있다. 첫째로 언어적 전환의 방식은 개념의 강한 작용력에 대한 재인식으

141 P. Wagner, *op. cit.*, p.175.

142 *Ibid.,* p.176.

143 William Sewell, 'Ideologies and Social Revolutions : Reflections on the French Case,' in Theda Skocpol (ed.), *Social Revolutions in the Modern World* (Cambridge : Cambridge Univ. Press, 1994), pp.169-198; Keith Michael Baker, *Inventing the French Revolution* (Cambridge : Cambridge Univ. Press, 1990).

144 W. Sewell, *op. cit.*, p.181.

로 볼 수 있다. 즉 개념은 무엇보다도 상황을 동질화시킴으로써 사회적 현상을 시간과 공간 면에서 안정화시키는 역할을 담당한다. 따라서 사회적 변환은 개념적 변화를 통한 상황의 재해석이 된다. 그리고 이러한 재해석은 역사적 상황의 변화에 따른 행위자들의 '개념적 작업'(conceptual work)에 의해 이루어진다고 보게 된다. 둘째로 언어적 접근에서 강조되는 담론의 형성은 언제나 정치적 배열을 변환시키는데 있어서 그것을 새롭게 정당화시키는 구실을 담당한다는 점이다. 또한 개념적-언어적 변환(conceptual-linguistic transformation)은 언제나 새롭고 문제되는 상황에 대처하기 위해서 만들어지고 제안된다는 특징도 아울러 지닌다. 결국 이러한 언어적 전환의 설명방식은 역사사회학을 정치철학 분야와 보다 밀접하게 연결시켜주는 방향이 될 것으로 내다보고 있다.[145]

(5) **계보학적 접근**(genealogy)

인문과학에서 주로 Michel Foucault에 의해 소개되고 있는 계보학도 역사연구에 새로운 바람을 일으킬 만한 기대를 모은다. 그는 우선 전통적인 인문과학에서의 몇 가지 방법론적 관행들에 강한 제동을 건다. 역사 진행에 어떤 고정된 본질이나 저변법칙, 형이상학적 최종성이 있을 수 있다는 전제를 받아들이지 않는다. 그 대신 깊이보다는 표면, 사건, 작은 세목, 작은 변화, 정교한 윤곽 등에 관심을 둔다. 또한 현재의 기준에서 과거를 파악하는 '현재주의'(presentism)를 반대한다. 즉 현재의 고해가 13세기나 17세기, 19세기의 고해의 의미와 같을 수 없다는 입장이다. 그리고 현재의 어떤 핵심을 먼 과거로 거슬러 올라가 그때부터 발전되어 오늘에 이르렀다는 식의 설명, 즉 '최종주의'(finalism)도 반대한다.[146] 따

145 P. Wagner, *op. cit.*, p.177.

라서 Foucault는 현재에서 출발하되 그 '특이성'에 초점을 둔다. 그리고 현재의 '사건'에 보다 분석의 초점을 두게 되는데 그의 '사건화' 방법은 감옥, 병원, 극빈자 등에 관한 연구에서 잘 드러난다. 결국 계보학은 현재의 사회적 배열들의 구성요소들을 역사적으로 거슬러 올라가서 그 다양한 '궤적'(軌跡, trajectories)들을 찾아내고, 그 궤적들이 갖는 우연성, 특이성, 상호연결성, 잠재성 등을 밝히고자 한다. 풍부한 역사적 자료들을 정리하고 체계화하여 '궤적'으로 만들되 그것이 어떤 기원의 단순한 전개도 아니고 또한 어떤 종말로의 필연적인 실현도 아니라는 점을 강조하게 된다. 사회적 담론, 실천, 사건들에 관한 복합적이고 개방적이며 이질적인 궤적들을 찾아내고 그 유형화된 관계들을 정립하고자 하는 분석방법으로 일단 정의해볼 수 있다.[147]

Mitchell Dean은 Carl Schmitt의 '국제질서론'을 계보학적으로 풀이하고 있어 주목을 끈다. Schmitt는 1930년대에 독일 국가사회주의와 연계되고 있으며 반유태주의 발언 등으로 학계의 좋지 못한 평판을 얻고 있지만 그의 세계질서와 통치에 관한 주장들은 계보학적 접근 면에서도 재평가될 수 있다는 것이 Dean의 소견이다.[148]

Schmitt에 의하면 전쟁에 관한 규칙, 유럽 국제법의 발달, 주권국가의 등장, 신세계의 발견과 식민지화 등으로 이루어지는 국제적 '질서'(nomos 라고 불림)는 17세기 초 유럽에서 시작되어 19세기에 절정을 이루는 역사적 궤적으로 우선 파악된다. 그리고 이 국제적 질서라는 그림의 중심에

146 Herbert L. Dreyfus & Paul Rabinow, *Michel Foucault : Beyond Structuralsim and Hermeneutics,* 2nd Ed. (Chicago : The Univ. of Chicago Press, 1982), pp.104-119.

147 Mitchell Dean, *Critical and Effective Histories : Foucault's Methods and Historical Sociology* (London : Routledge, 1994), p.21, pp.35-36.

148 Mitchel Dean, 'Prologue for a Genealogy of War and Peace: Genealogical Approaches,' in G. Delanty and E. Isin (eds.), *op. cit.,* pp.180-190.

는 '국제 공법'(international public law)이 자리 잡고 있다고 본다. 또한 이 국제적 공법 체계는 중세의 '정전'(正戰, just war) 개념의 변환에서 비롯되었다고 주장한다. 즉 St Augustine과 Thomas Aquinas에 의해 정립된 중세의 정전개념은 기독교의 국제법으로서 기독교 군주와 인민들은 교황의 선교적 지령에 복종해야 하며 자유로운 선교를 보장하는 전쟁은 정당하다고 전제되었다. 선교와 항해, 상업의 자유는 신대륙의 정복 등을 위한 기초가 되었으며 전쟁은 기독교 공화정(基督教 共和政)을 위해 정당화될 수 있다는 것이 유럽 국제 공법의 기본내용을 이루고 있었다.[149]

그러나 이러한 중세적 국제 공법의 개념은 몇 세기를 걸쳐 17세기에 들어서자 바뀌게 된다. 이미 Grotius는 정당한 전쟁이란 공식적으로 선언한 전쟁을 뜻하는 것으로 재해석했고 Vattel은 모든 국가는 궁극적으로 전쟁의 정당성을 주장할 수 있으며 다만 전쟁수행에 있어서의 공식성이 판단의 기준이 된다고 보게 된다. 즉 '정당한 전쟁'(just war)은 '정당한 적'(just enemy)의 개념으로 모습을 바꾼다. 탈중세적 국제법은 교회법(教會法)에 기초한 '정당한 전쟁'으로부터 '국가간 법'(inter-state law)에 따라 정의되는 '정당한 적'의 관념으로 대체되기에 이른다. 이제는 전쟁개념에서 도덕적인 고려나 신성제국, 교황의 주권과 같은 것은 사라지고 국제공법은 신학적인 것과 법률적인 것을 분명히 구분하는 '탈신학화된'(de-theologized) 법으로의 성격이 부여된다. 이제 '적'은 중세의 유태인이나 사라센 족들처럼 영원한 원수로서가 아니라 공식적으로 동등하게 취급되면서 전쟁의 규칙에 따라 대우되는 비차별적 적대개념이 자리 잡게 된다. 그리고 이러한 정치적, 법률적 변환의 작용으로 유럽 국가체계가 형성되고 세속화의 경향이 가속화된다. 국가는 점차로 중앙집권화되며

---

149 *Ibid.*, p.186.

유럽의 내전상황이 종식되고 고정된 영토를 가진 국가들이 다른 국가들과 대외관계를 맺는 능력을 갖추게 된다.[150]

그러나 1차대전을 종식시킨 '베르사이유 조약'(Versailles Treaty)과 국제연맹의 출현으로 유럽의 국제공법은 일대 변환을 맞게 된다. '베르사이유 체제'의 등장이라는 역사적 사건은 종전의 '정당한 적'의 개념을 변환시켜 '적을 범죄화'하는 새로운 단계에 접어들게 만든다. 그리고 평화와 인도에 대한 범죄에 개입된 국가나 그 대행자들은 범죄인으로 취급되어 처벌되어야 한다는 새로운 논리가 지배하게 되며, 인도적인 개입이라는 명분으로 이제 전쟁은 새로운 도덕화의 길로 접어들게 된다. Schmitt는 '반평화적 범죄'(crimes against peace)와 '반인도적 범죄'(crime against humanity)를 구분하고 있는데, 전자는 국가간의 침략전쟁을 뜻하고 후자는 체제나 그 대행자들에 의해 저질러진 잔혹한 비인도적 행위를 지칭한다. 전쟁행위를 이렇게 범죄화하게 되면 이제 전쟁은 상호 인정된 정치적 실체들이 구체적인 수행규칙상 법적 규제를 받는 공적인 경합이 아니라 아무런 법적 규제와 제약도 없는 '국제적 내전'(國際的 內戰, international civil war)의 성격을 띠게 된다는 점이 강조된다.

Dean은 Schmitt의 이러한 국제적 내전상황이 세계화를 맞으면서 다양한 형태의 '작은 전쟁'(small wars)을 촉발하게 되며 동시에 미국의 9. 11 사태(2001년)와 같은 사건을 계기로 '테러 네트워크'(terror networks)에 대한 국제적 전쟁의 양상도 수반하게 된다는 점을 지적한다. 반세계화 운동에 대한 서방측의 대항체제(미국, NATO, WTO, OSCE 등)에 의한 다양한 경찰행위를 비롯하여 인도주의 명분의 무력사용과 같은 새로운 형태의 유사전쟁도 '국제적 내전'의 범주에 속한다고 보고 있다. 서방의 이러한 대응은

---

150 *Ibid.,* pp.186-187.

일종의 '세계적 자유주의 경찰'의 성격을 띠고 있음도 지적한다.[151]

Schmitt의 전쟁과 평화에 관한 연구가 계보학적 접근으로 인정될 만한 점을 Dean은 다음과 같이 정리한다. 첫째로 16세기로부터 20세기 초까지의 국제적 공법의 형성을 사건 중심의 분석으로서 그 변환의 궤적을 밝히고 있다. 참혹한 전쟁의 과정을 통하여 전쟁을 '정당한 적'의 개념으로 문명화하고 공식적인 규칙의 지배하에 놓는 과정을 하나의 설득력 있는 역사적 궤적으로 파악한다. 그리고 둘째로 그러한 정당한 국제법상의 전쟁이 1차대전에서의 독일의 패망이라는 사건으로 궤적상의 단절이 초래되면서 전쟁은 다시 '재도덕화'(re-moralization)되고 '탈문명화'(de-civilizing)되는 점을 부각시킨다. 전쟁은 이제 국가간에 이루어지는 공식적인 무력사용이 아니라 '탈레반'(Taliban)이라든가 '알카에다 조직'(al-Qaeda network)과 같은 불분명한 '범죄적인 적'(criminal enemy)과의 대항으로 특징지어진다. Schmitt의 계보학은 근대 국제법의 파열을 찾아내되 그것으로 인하여 현재의 상황이 중세의 정당한 전쟁의 계속이라는 점을 밝혀내고 있다. 셋째로 Schmitt의 주장은 우리들로 하여금 '현재'에 관심을 모으게 한다는 점에서 계보학적인 성격을 띤다. 그가 말하는 국제적인 '노모스'(nomos)는 9. 11사태와 그 후유증이 보여 주듯이 국제적인 가버넌스를 정착시키기보다는 폭력이 질서의 기초를 이루고 법 자체를 파괴하는 '신성한 폭력'(divine violence)의 양상을 띠는 경향이 있음을 파헤치고 있다. 즉 '현재'의 상황을 이해시켜주는 계보학의 특성이 잘 나타나고 있다는 것이다.[152]

---

151 *Ibid.*, p.187.
152 *Ibid.*, pp.188-189.

4. 비교 역사적 분석의 연구동향

앞에서 역사적 접근의 연구영역이 ① 역사사회학과 ② 비교 역사적 분석이라는 두 개의 영역으로 나누어질 수 있다고 보았다. 그리고 이론적 구성의 문제는 지금까지 주로 '역사사회학' 분야의 논의를 중심으로 살펴보았다. '비교역사적 분석'의 특징은 이론적 구성 못지않게 연구 방법론 면에서 실증적 전통에 바탕을 두는 계량화, 특히 인과관계의 분석에 초점을 두는 특징임이 지적된다. 여기서는 이러한 비교 역사적 분석에서의 인과분석을 둘러싼 방법론상의 논의를 간략히 정리해보기로 한다.

(1) **비교 역사적 분석의 '시간적 범위'**(time horizons)

역사적 연구는 시간의 경과와 그 속도에 따라 여러 가지 다양한 원인과 결과의 연결이 가능해진다. 따라서 시간과 관련되는 '시간적 범위'의 형태를 분류하여 검토하는 것은 이론적 구성과 그 검증을 위해서 여러 가지 유익한 방법론적 고안을 제시해줄 수 있다. 그러한 분류를 Paul Pierson의 연구에서 간략히 정리해볼 수 있다.[153]

① 느린 인과 과정(slow-moving causal processes)

역사적 연구의 시야로서 우선 천천히 움직이는 원인 과정을 생각해 볼 수 있는데 그 대표적인 것으로서 '축적되는 원인들'(cumulative causes)이

153 Paul Pierson, 'Big, Slow-Moving, and … Invisible : Macrosocial Processes in the Study of Comparative Poltics,' in James Mahoney and Dietrich Rueschemeyer (eds.), *Comparative Historical Analysis in the Social Sciences* (Cambridge : Cambridge Univ. Press, 2003), pp.177-207.

있다. D. Bell(1974)의 후기산업사회의 분석에서는 서서히 진행되어 축적되는 기술적 변화가 정치적 변화의 원인이 된다고 주장한다. 사회적 자본의 쇠퇴와 관련하여 TV의 영향력이 그 원인이 된다는 연구도 있는데, 이 경우는 TV의 보급과 함께 TV시청 세대가 그 이전의 세대를 대체한다는 두 가지 원인들이 축적되어 나타나는 것으로 파악될 수 있다(Robert Putnam, 2000).

둘째로 느리게 진행되는 '한계(문지방) 효과'(threshold effects)가 있을 수 있다. 이 과정은 상당기간 별다른 영향이 없다가 어떤 결정적인 수준에 달하면 커다란 변화를 가져오는 경우이다. 인구 통계학상의 오랜 변화는 일정한 단계에 접어들면 급속하고도 커다란 변화, 즉 혁명이라는 결과를 초래할 수 있다(Goldstone, 1991). 미국의 흑인 저항 운동을 보면 1925년 이후의 오랜 기간 동안 면화경제(cotton industry)가 쇠퇴하면서 흑인 반란을 견제할 수 있는 세력을 약화시켰고 동시에 흑인들의 조직 능력을 증대시키는 이민 형태의 증대(흑인 교회와 대학의 증가, NAACP 의 확대 등)가 격렬한 흑인운동의 문지방 효과를 가져왔다는 연구도 있다 (Doug McAdam, 1982).

셋째로 '인과사슬'(causal chains)을 생각해볼 수 있다. 만약 x가 a, b, c 의 연쇄 작용을 가져오고 그로 말미암아 y가 오게 되는 경우가 된다. 복지국가의 경우 여러 가지 사회정책을 펴다보면 제도적 분절 현상이 빚어지게 마련인데 그렇게 되면 그만큼 사회적 이질화가 이루어지면서 포괄적인 이익집단의 성장이 저해되어 복지국가에 대한 문화적 보편주의를 약화시킨다. 결국 장기적으로 이러한 일련의 작용들로 인하여 복지국가의 반대자들에게 힘을 실어주고 지지자들은 약화시켜 복지국가는 퇴조가 불가피해진다는 설명이 인과사슬의 적절한 예가 될 수 있다(Duane Swank, 2001).[154]

② 느린 결과(slow-moving outcomes)

종속 변수의 의미 있는 변화가 오랜 시간이 경과한 후에 나타나는 경우이다.

인구변화의 경우 만약 출생률에 어떤 변화가 투입되게 되면 그것이 인구 수준에 미치는 결과는 오랜 시간이 경과한 후에야 나타나게 된다. 미국과 같은 나라에서는 각 가정마다의 정당지지도는 관성에 지배되기 때문에 좀처럼 변하지 않는다. 따라서 변화가 있으려면 새로운 환경적 변화를 경험하는 새로운 유권자의 등장에 의한 세대 간 교체로만 가능하며 이것은 오랜 시일이 지나야 결과로 나타나게 된다. 한편 미국 의회의 경우 현역의원들은 여러 가지 유리한 조건들로 말미암아 계속적인 유임이 가능하게 되는데 그 교체는 사망이나 은퇴로만 가능하다. 따라서 정치적 엘리트의 변환은 교체(사망, 은퇴 등)로 이루어지는 수십 년간의 결과가 된다.[155]

③ '구조적 결정론'과 '경로의존성'

사회현상 가운데는 원인과 결과 사이에 상당한 시간적 분리가 이루어지는 경우가 많다. 축적이라든가 사슬과 같은 계속적인 시간의 연속이 아니라 원인들의 발생이 일정기간 동안 잠잠하다가 순식간에 결과로 나타나는 경우가 있을 수 있다.

첫째로 '구조적 결정론'(構造的 決定論, structural determination)의 경우가 있다. 새로운 제도의 창설이라든가 새로운 동맹의 결성 등은 구조적 원인으로 볼 수가 있는데 이 원인들은 일정한 시간이 지난 다음 결정적인

154 *Ibid.*, pp.181-187.

155 *Ibid.*, pp.189-190.

결과를 가져오는 경우가 많다. 앞에서 제시된 '한계(문지방) 효과'와 비슷하지만 이것은 점진적으로 축적되어 나타나기보다는 일정 시점에 가면 느닷없이 결과가 나타나는 경우가 된다. 독재와 민주주의의 근원을 다룬 B. Moore의 연구가 이러한 구조적 원인의 대표적인 사례가 된다(Moore, 1966). 또한 민주화(democratization) 연구에 있어서 경제발전이 일정한 수준에 달하면 권위주의 정부는 민주주의로 바뀔 확률이 매우 높아져서 그 반대 방향으로 변환되기는 힘들다는 연구결과도 구조적 결정론의 좋은 사례가 될 수 있다(Przeworski and Limongi, 1997).

둘째로 '경로의존성'(經路依存性, path dependency) 또는 '정의 환류과정'(正의 還流 過程, positive feedback)도 생각해볼 수 있다. 당초에 어떤 변화가 '환류 루프'(feedback loop)를 만들어 놓으면 그것으로 인하여 그 다음의 변화 방향이 계속 강화되는 경우가 된다. 집단행동이 일단 시작되면 그에 따라 기대와 자원이 따라오면서 보다 강한 집단행동으로 이어지는 경우도 있을 수 있고, 일단 제도화가 이루어지면 그로 인하여 여러 가지 조정문제가 해결됨으로써 제도화가 더욱 강화되는 사례 등이 그 적절한 본보기가 된다. 근대국가의 형성과 관련하여 군주들이 군사비조달을 위한 '재정 방법'(financial methods)의 차이가 국가의 성격을 좌우하게 된다는 경로 의존적 연구도 있다. 예를 들면 어떤 군주들은 군사비조달을 위해 자산가에게 공직을 맡기든가 세금징수 청구 방법을 택하는가 하면, 어떤 군주들은 전형적인 근대관료제를 도입하여 공직과 공직자를 분리하는 제도를 택하는 경우도 있다. 일단 그 어느 방법을 택하든 그것은 환류과정을 통하여 지속됨으로써 강화작용을 만들어내기 마련이다. 관료제의 길을 선택한 군주들은 보다 효과적인 전쟁수행이 가능했고 그 후 의회제도를 발전시키는 데도 도움이 되었다는 결론이 도출된다(Thomas Ertman,

1996).[156]

(2) 구조와 행위의 연결

구조와 행위의 종합적 접근은 근래의 사회이론에서 가장 관심을 모으는 연구 분야이다.[157] Ira Katznelson은 역사적 연구에서도 이러한 종합적 접근의 필요성을 인정하면서 구조와 행위의 연결에 있어서는 '제도'(institutions)가 매우 적절한 구실을 담당할 수 있다는 주장을 펴고 있다.[158]

Katznelson은 우선 역사적 연구에 나타나는 구조적 분석의 대표적인 예로서 Perry Anderson의 절대주의 왕조국가의 등장을 꼽고 있는데 여기에서는 구조적 관계를 형성하는 당사자들의 실제적 의도나 선호에 관한 부분이 극히 소홀한 취급을 받는 점을 지적한다. 또한 Anderson이나 B. Moore 등의 구조적 접근을 보완하기 위하여 최근에 각광을 받고 있는 '경로의존성'(path dependency) 분석도 행위자가 당면하는 가능한 옵션이나 선택 등을 충분히 고려하지 않고 있다는 한계점을 지적한다.[159]

그러면 구조와 행위는 어떻게 적절한 연결이 가능할까? Katznelson은 역사적 제도주의의 입장에서 '제도'가 지니는 장점을 여러 가지로 제시한다. 우선 제도는 인간이 서로의 상호작용에 부과하는 제약으로서, 공

---

[156] *Ibid.*, pp.195-197.

[157] 이 분야의 대표적인 학자들로는 다음을 꼽을 수 있다. Anthony Giddens, *The Constitution of Society : Outline of the Theory of Society* (Cambridge : Polity Press, 1984) ; Roy Bhaskar, *The Possibility of Naturalism : A Philosophical Critique of the Contemporary Human Sciences* (New Jersey : Humanities Press, 1979); Pierre Bourdieu, *The Logic of Practice* (Stanford, CA : Stanford Univ. Press, 1990).

[158] Ira Katznelson, 'Periodization and Preferences : Reflections on Purposive Action in Comparative Historical Social Science,' in James Mahoney and Dietrich Rueschemeyer (eds.), *op. cit.*, pp.270-301.

[159] *Ibid.*, pp.274-276, pp.290-293.

식적인 규칙[헌법, 성문법, 관습법, 규제]과 비공식적 제약[관행, 규범, 스스로 강요하는 행동의 코드], 그리고 시행특성(enforcement characteristics) 등으로 구성된다.[160] 제도는 사람들의 의미 있는 상호작용이나 집단을 정의하는 '경계'를 확정해 줌으로써 사람들이 갖는 '선호'의 성격과 내용을 만들어낸다. 이 경계는 하나의 제도화된 상호연결로서 그 속에 들어가는 행위자에게 주어지는 전략과 조직상의 선택을 가능케 한다. 즉 행위자의 시야를 정의해주고 실천적이고 도덕적인 공간 속에 머무르게 한다. 그것은 또한 기대를 암호화하고 불확실성을 통제하며 사회적 분류를 자연화하고 행위자의 정체성과 역할을 정해준다. 결국 이러한 다양한 작용력을 통하여 제도는 구조와 행위자의 연결을 가능케 한다고 보는 것이다. 이러한 역사적 제도주의의 입장은 행위자의 자기이해라는 좁은 시각에 얽매이는 '합리적 선택이론'(rational choice theory)이나 또한 행위자의 옵션이나 선택의 여지를 두지 않는 '경로 의존적 접근'의 한계점 등을 극복할 수 있는 적절한 이론적 대안이 될 수 있다고 주장한다.[161]

---

160 이 정의는 Douglas C. North의 것임. D. North, 'Five Propositions about Institutional Change,' in Jack Knight and Itai Sened(eds.), *Explaining Social Institutions* (Ann Arbor : Univ. of Michigan Press, 1995), p.15.

161 *Ibid.,* pp.294-297.

제3장 정치사상: 현대적 접근

정치사상(政治思想, political thought)은 정치에 관한 생각들을 체계화한 것으로서 인간이 추구하는 궁극적인 가치들을 실현하기 위한 다양한 정치적 배정(political arrangements)이나 제도적 구성을 다루는 정치학의 한 연구 분야이다. 인간은 공동체 생활을 영위해나가기 위해서 자유라든가 평등, 정의, 민주주의와 같은 궁극적인 가치나 이상을 추구한다. 그리고 이러한 이상을 추구하기 위해서는 어떠한 정치적 배정이나 제도가 바람직하다는 당위성을 논하게 되는데 이러한 논의에는 근원적으로 가치판단이 개재되기 때문에 정치사상은 언제나 '하여야만 한다'(ought)는 규범적인 성격을 띤다. 이런 점에서 정치적 현실을 있는 그대로 다루는 기술적(記述的, descriptive) 성격을 띠는 경험과학과는 대조적으로 정치적 가치나 초점을 두는 처방적(處方的, prescriptive)인 성격을 띠게 된다는 점이 강조될 수 있다.

역사적으로 볼 때 정치사상의 연구는 주로 철학자들이 주도하여 왔다. Plato, Hobbes, Locke, Rousseau, 밀, Marx 등으로 이어지는 고전적 연구의 전통은 '정치철학'(political philosophy)으로 불리면서 정치학의 주류 연구 분야를 이루어온 것이 사실이다. 근세에 들어서면서 이 철학적 연구의 전통은 자유와 평등을 궁극적 가치로 지향하는 다양한 정치적 배정과 제도적 고안들을 제시하게 되는데 주로 자유를 지향하는 '우'(右,

right)와 평등을 지향하는 '좌'(左, left)로 그 흐름이 정리되기에 이른다. 따라서 이러한 우와 좌의 양분법은 전자가 자유시장 자본주의를 그 제도적 기반으로 하는 한편 후자는 평등을 앞세우는 사회주의적 경제 형태를 택하게 된다는 양극화 논리로 발전하게 된다. 또한 이 우와 좌를 극(極)으로 하는 연속선 상에서 양자의 적절한 배합으로서 사회민주주의(social democracy)가 일부 서구제국(西歐諸國)의 정치에 도입되어 각별한 관심을 모은 적도 있고, 자유와 평등의 새로운 혼합으로서의 복지국가 자본주의를 이론화하는 연구동향으로 이어지기도 했다.

그러나 20세기의 후반에 들어서면서 정치사상의 연구는 새로운 전환점을 맞게 된다. 즉 종래의 우와 좌의 사상적 논의가 급격히 변천하는 사회-경제적 변환에 적절히 대응하기 힘들게 되는 새로운 국면이 전개된다. 그 하나는 자유주의나 공리주의가 지향해온 개인주의적 사상에 대한 반항으로 등장한 공동체주의가 있고, 또 하나는 정치사상을 좌우의 양분법으로 다룰 수 없는 새로운 대항논리로서 등장한 '페미니즘'(feminism) 등을 꼽을 수 있다. 종래의 정치철학의 연구가 그 협소성이 지적되면서 정치사상의 연구는 보다 광범위한 현실정치의 쟁점과 이상을 그 주제로 하지 않을 수 없게 된 것이다. 물론 자유(자유주의)나 평등(사회주의)에 관한 전통적인 가치들이 지니는 호소력이 희석되지는 않았지만 그래도 새로운 사회경제적 변환과 그에 따른 현실정치의 맥락이 정치사상의 연구 과제를 새로운 방향으로 변모시키고 있다고 볼 수 있다. 이제 정치철학이 다루는 궁극적 가치로서는 '계약적 합의'(Rawls), 공동선(공동체주의), 효용(공리주의), '권리'(Dworkin), '정체성'(다문화주의), 또는 '페미니즘' 등의 다양한 가치들이 새로운 연구 주제로 등장하고 있다.[162]

---

[162] Will Kymlicka, *Contemporary Political Philosophy : An Introduction, Second edition* (New York

여기서는 이러한 최근의 정치철학에 나타나는 새로운 연구 주제에 그 초점을 맞추어 그 전반적인 추세를 요약하고자 한다. 궁극적 가치에 대한 개념들의 내용에 정확성을 기하고 그러한 가치들을 위한 정치적 배열이나 제도적 제안에 대한 논의들을 다음과 같은 분류로 적절히 요약해 보고자 한다 : ① 평등 자유주의(egalitarian-liberalism), ② 자유지상주의(libertarianism), ③ 마르크스주의(marxism), ④ 공동체주의(communitarianism), ⑤ 협의민주주의(deliberative democracy)와 시민이론(citizenship theory), ⑥ 다문화주의(multiculturalism), ⑦ 페미니즘(feminism).

1. 평등 자유주의(Egalitarian-Liberalism) : John Rawls

'평등 자유주의'는 자유주의의 기본을 견지하면서도 평등을 지향하는 현대의 정치사상이다. 1970년대 이후로 등장한 이 정치사상은 자유와 평등은 서로 조화를 이룰 수 있는 정치적 가치들이라는 기본전제에서 출발하며 개인들의 사회적 협력에서 빚어지는 이득과 부담이 어떻게 분배되어야할 것인가를 둘러싼 '배분적 정의'(distributive justice)에 최대한 관심을 둔다.[163] 주로 John Rawls의 '정의론'이 이 사상의 이론적 전개와 찬반 논의에 있어서 대표적인 위치를 차지한다고 볼 수 있다.

자유주의 사회에 있어서 재산권에 대한 논의는 두 가지로 요약될 수 있다. 그 하나는 Locke에 의해서 대표되는 자유주의 철학으로서 재산권

: Oxford Univ. Press, pp.2-3.

163 Colin Farrelly, 'Introduction,' in Colin Farrelly (ed.), *Contemporary Political Theory : A Reader* (London : Sage Publications, 2004), p.3 ; W. Kymlicka는 이러한 사상적 입장을 '자유주의적 평등'(liberal equality)으로 부르고 있다. Kymlicka, *op. cit.*, p.53.

은 자연권으로서 철저히 보호되어야 하며 정부의 간섭이 배제되어야 한다는 입장이다. 또 하나는 재산권의 철저한 보호는 결과적으로 자유시장의 메커니즘으로 인하여 재산상의 막대한 불평등을 초래하여 가난한 사람들의 적응 기회를 박탈할 위험이 있기 때문에 적절한 규제가 필요하다는 입장이다. 후자는 이른바 '복지국가 자본주의'(welfare state capitalism)의 이론적 근거를 제공하고 있는데, 이 입장에서는 재산은 부유한 사람으로부터 그렇지 못한 사람들에게 재분배되어 가급적 평등의 폭을 늘리도록 하여야 하며, 정부는 국민의 자유와 평등을 보호하기 위하여 필요하다면 감독과 개입의 의무가 있다고 주장한다. Rawls는 이러한 '복지국가 자본주의'의 등장을 정당화하는 이론적 근거를 제시하고 있는데 그 내용을 다음과 같이 정리해볼 수 있다.

국민의 자유와 평등을 조화시킬 수 있는 '배분적 정의'는 어떻게 실현될 수 있는가? 그의 '정의론'은 우선 계약사상의 기본전제가 되는 어떤 원초적 입장에서부터 출발한다. 순수한 하나의 가상적 상태이기도 한 이 원초적 상황 하에서는 모두가 사회 안에서의 그의 위치나 계급적 입장, 또는 사회적 지위에 대해서 전혀 아는 바 없으며, 사회내의 다른 사람들과 비교해서 그의 자연적 자산이나 능력, 지능, 힘이 어느 정도인가에 대해서도 아는 것이 전무하다고 가정된다. 심지어 '선'(善, good)의 개념, 생활의 합리적 계획과 관련된 세부적 사항도 결여되고 있으며, 모험을 기피한다든가, 낙관주의나 비관주의의 성향이 있다든가 하는 그의 심리적 특성에 대해서도 아는 것이 없다. 뿐만 아니라 그가 속한 사회의 특수한 상황, 경제적 및 정치적 상태, 문화나 문명의 수준 등에 관한 지식도 없으며, 그가 어느 세대에 속해 있는가도 알지 못한다. 그야말로 원초적 입장에 처해 있는 개인은 '무지의 베일'(veil of ignorance)에 싸여 있다고 보는 것이다.[164] Rawls가 이처럼 무지의 베일에 감싸인 원초적인 입장을 가정하는 이유는 그것이 인간의 합리적이며 공정한 선택에 도움이 된다고 생각하기 때문이다. 만약 개인들이 사회 내에서의 자기의 위치와 관련된 '특정한 지식'(예 : 소득과 생활수준, 계급적 위치 등)을 갖게 되면, 그로 말미암은 이해의 갈등과 마찰로 인하여 합리적인 선택에 장애가 된다고 보는 것이다. 예를 들면 어떤 개인이 자기가 부유하다는 것을 알게 되면 그는 복지정책과 관련된 다양한 과세가 정당하지 못하다는 원칙을 추구하는 것이 가장 합리적이라고 생각하기 쉽다. 반대로 어떤 개인이 자기가 가난하다고 생각할 때에는 가난한 사람에게 도움이 되는 정반대의 원칙을 제안하게 될 것은 뻔하다. 즉 사회적 지위나 이해와 결부된 특정한 지식은 개인의 선택에 편견과 아집을 도입할 가능성이 많다고 본다. 따라서 정의의 원칙을 결정하게 될 개인에게 있어서는 이러한 특정한 지식이 배제된 원초적 상황이 전제되어야 한다는 것이 Rawls의 기본입장인 것이다.[165]

그러면 원초적 입장에 놓여 있는 개인들은 사회의 정의와 관련해서 어떠한 결정에 도달할 수 있을까? 무엇보다도 무지의 베일에 싸여 지식과 정보가 결여된 불확실성의 조건하에서 개인이 택할 수 있는 합리적 선택은 '최악의 결과'(worst outcome)를 피할 수 있는 조심스럽고도 보수적인 전략이 될 수밖에 없다. 즉 게임이론에서 논의되고 있는 '맥시민 해결'(maxmin solution)이 바로 이것으로서, 어떤 대안의 최악의 결과가 다른 대안들이 갖는 최악의 결과보다 우월한 경우에 그 대안을 택한다는 것이다.[166] 〈표 3-3-1〉의 예에서는 불확실한 상황에 놓여 있는 개인이 만약

---

[164] John Rawls, *A Theory of Justice* (Cambridge, Mass. : The Belknap Press of Harvard Univ. Press, 1971), p.12, pp.23-24.

[165] *Ibid.*, pp.18-19, pp.140-141.

합리적인 선택을 한다면 d3를 택하게 된다고 볼 수 있다. 그것은 d3을 택할 때의 최악의 결과 (5)가 d1과 d2를 택할 때의 최악의 결과들(-7, -8)보다 낫기 때문이다. 따라서 사회적 정의에 관한한, 이 맥시민 해결은 사회적 권리나 의무의 규정과 배분에 있어서는 가장 불리한 사람들에게 이득이 될 수 있는 조치가 바람직하다는 이야기가 된다. 즉 다음과 같은 정의의 원칙들이 맥시민 해결과 관련해서 도출된다.

〈표 3-3-1〉 Rawls의 맥시민 해결(maximin solution)

결정(decisions)	상황(circumstances) C1	C2	C3
d1	-7	8	12
d2	-8	7	14
d3	5	6	8

자료출처 : John Rawls, *A Theory of Justice* (Cambridge, Mass. : The Belknap Press of Harvard Univ. Press, 1971), p.153.

제 1 원칙

각 개인은 다른 모든 사람들의 유사한 자유의 체계와 조화될 수 있는 가장 광범한 평등한 기본적 자유를 누릴 수 있는 평등한 권리를 가진다.

제 2 원칙

사회적·경제적 불평등은 다음 두 조건을 충족시키도록 조정되어야 한다.

(a) 그 불평등이 '최소 수혜자에게 최대의 혜택'(the greatest benefit of the least advantaged)이 가도록 되어야 하고[차등원칙(ifference principle)],

166 *Ibid.*, pp.172-173.

(b) 그 불평등이 공정한 기회평등의 조건하에서 모든 사람에게 개방된 직책과 직위에 결부되어야 한다.[167]

제1원칙은 재산의 배분을 둘러싼 정의로운 사회란 무엇보다도 개인의 기본적 자유가 우선되어야 한다는 점을 강조한다. 정치적 자유(투표와 공직에 임명될 수 있는 권리), 언론·집회의 자유, 법치주의의 개념에 규정되고 있는 부당한 구금과 체포로부터의 자유 등이 포함된다. 그 다음으로 중요한 것은 제2원칙 (b)의 규정으로서 모든 사람에게 사회적 직위와 직책이 개방되어 있다는 기회평등의 원칙이 된다. 그리고 그 다음으로는 제2원칙 (a)의 '차등원칙'(差等 原則, difference principle)이 되는데, 이것은 소득과 부의 배분이 다소 불평등하게 되는 것은 불가피하더라도 그것이 '최소 수혜자'(least advantaged)에게 '최대의 혜택'(greatest benefit)이 가도록 조치가 되어야 한다는 점이 강조된다. 즉 〈표 3-3-1〉의 맥시민 해결 중에서 d3가 이에 해당된다. 예를 들면 사유재산이 허용되는 민주주의 하에서 기업가계급에 속해 있는 사람은 비숙련노동자보다 훨씬 나은 전망하에서 출발하게 되고, 또한 양자 간에는 불평등이 있을 수 있으나, 이러한 불평등은 보다 나쁜 처지에 있는 비숙련노동자에게 이득을 가져올 수 있는 한 정당화될 수 있다는 것이다.[168]

Rawls의 '배분적 정의론'은 복지국가 자본주의를 철학적으로 정당화하는 이론으로 널리 평가되고 있으나 여러 가지 문제점도 지적된다. 우선 '최소 수혜자'에 대한 국가적 지원은 주로 과세나 여러 가지 이전 프로그램을 전제하기 때문에 이러한 재원조달을 위한 경제의 지속적인 성

---

167 *Ibid.*, pp.60-61, p.302.

168 *Ibid.*, pp.75-78, p.157.

장이 요구된다. 그러나 1970년대 이후의 세계경제는 유가 위기로 인한 경제적 불황, 정부 적자예산의 증가 등으로 복지정책은 순탄치 않았고, 1980년대 이후의 세계화 추세는 기업의 경쟁력 강화를 위하여 감세와 정부지출의 축소를 가져오는 복지 후퇴의 경향을 부추겼다고 볼 수 있다. 어쨌든 복지국가의 등장으로 인하여 가난한 노년층의 연금제도는 어느 정도 성공을 거두었지만 기타의 복지 프로그램들은 빈자들의 의존심과 낙인화를 영속화시킨다는 비판들을 쏟아내기 시작한다. 특히 1980년대 미국 Reagan 대통령이나 영국 Thatcher 수상으로 대표되는 이른바 '뉴 라이트'(New Right)의 등장은 복지 국가의 이론적 기초를 흔들어 놓는데 결정적인 계기를 만든다. 이제 복지국가는 개인의 책임을 부정하고 창의성을 말살하는가 하면 효율성을 감퇴시킨다고 호된 비판을 받게 된다.[169]

복지국가의 실제를 둘러싼 이러한 비판을 의식하여 Rawls나 그에 동조적인 Ronald Dworkin 등은 여러 가지 보완적인 이론화를 시도하게 된다.[170] Rawls의 경우 '복지국가 자본주의'보다는 '재산소유 자본주의'(property-owning capitalism)가 바람직하다는 입장을 밝히고 있다. 전자는 우선 과세와 이전 프로그램에 의존한다. 그리고 개인들은 당초부터 재산분배나 천부적 기능면에서 불평등하다고 보고 이것을 사후적으로 소득 재분배로 해결을 시도한다. 그러나 후자(재산소유 자본주의)는 재산과 부의 근원적인 배분의 불평등을 과감하게 축소시키려고 하며 인적 자본에 대한 투자에 최대의 기회평등을 보장함으로써 시장이 불평등을 극소화하는데

---

169 Will Kymlicka, *op. cit.*, pp.88-92.

170 Rawls는 '재산 소유 자본주의'를 주장한다. 그리고 Ronald Dworkin은 복지국가가 보다 '선택 민감한' 방향으로 나갈 것을 권장한다. 즉 보다 경제적으로 여유 있는 계층들은 보완적인 개인적 건강 보험을 택하게 하고 게으르고 무분별한 계층의 경우 남에게 복지비용을 전가하지 않도록 하는 노동 장려 복지제도 등을 건의하고 있다. Ronald Dworkin, *Sovereign Virtue : The Theory and Practice of Equality* (Cambridge, Mass. : Harvard Univ. Press, 2000).

역점을 둔다. 또한 재산과 기능의 배분에 있어서 '사후'(事後)가 아니라 '사전'(事前, ex ante)의 조치들을 강조하는 것으로 정의된다.[171] 그러나 사전 조치를 강조하는 '재산 소유 자본주의'의 구상이 실현되기 위해서는 정책면에서의 과감한 행동을 비롯해서 기초소득의 문제, 피고용자 자기 소유, 이해관계자 참여, 주택건설업자 지원, 보완 교육 투자 등의 매우 과격한 정책들이 뒤따라야 한다는 문제가 제기된다. 그러나 복지국가가 이러한 과격한 개혁조치에 얽매이게 되면 자유주의의 기본을 흔드는 결과로 이어질 위험성이 지적되지 않을 수 없다. 따라서 '평등 자유주의'의 입장에서는 이러한 어려운 문제를 어떻게 이론적으로 풀어나갈 수 있을까에 대한 해답을 제시해야할 것이다.[172]

2. 자유지상주의(Libertarianism) : Robert Nozick

'최소 수혜자'에게 최대의 혜택이 가도록 재산이 재분배되어야 한다(차등원칙)는 Rawls의 '정의론'은 '자유지상주의'에 의하여 철저히 반박된다. 자유지상주의자인 Robert Nozick에 의하면 개인의 재산권은 절대적인 가치를 가지는 것으로서 그 누구도 본인의 동의 없이는 침해될 수 없다는 단호한 입장이며, 국가는 무력이나 절도, 사기, 계약의 준수 등을 다스리기 위한 극히 좁은 기능만을 수행하는 '최소 국가'(minimal state)가 되어야 한다고 주장한다.[173] 이러한 좁은 기능적 범위를 벗어나는 국가

---

171 Rawls, *op. cit.*, p.274; Richard Krouse and Michael McPherson, 'Capitalism, "Property-Owning Democracy," and the Welfare State,' in Amy Gutmann (ed.), *Democracy and Welfare State* (Princeton: Princeton Univ. Press, 1988), p.84; W. Kymlicka, *op, cit.,* p.89.

172 W. Kymlicka, *op. cit.*, p.86, p.96.

173 Robert Nozik, *Anarchy, State, and Utopia* (New York : Basic Books, Inc., 1974), p.ix.

는 정의롭지 않으며 개인의 권리를 침해하는 것이기 때문에 예를 들면 Rawls가 제안하는 복지국가와 차등원칙 등은 단호히 배척되어야 한다는 것이다.

(1) 개인적 자유의 절대적 가치 : Kant의 원칙

자유와 평등은 서로 조화될 수 없다는 기본입장이다. 그리고 자유의 가치는 일차적인 것으로서 국가의 강제장치를 통하여 어떤 특정한 배분적 조치를 강행하려는 것은 개인의 자유를 침해하게 되며 정의에 어긋난다고 본다. 그의 철학적 기저는 개인은 그 스스로가 목적이지 수단이 아니라는 Kant의 원칙에 바탕을 두고 있다. 개인들은 권리를 갖고 있는데, 이 권리는 자아에 관한 권리로서 개인의 자아에 대한 소유는 다른 어떤 개인들이나 집단들도 어떻게 할 수 없는 권리임이 주장된다. 즉 자아에 대한 권리를 가진다는 점에서 '자아-소유'(self-ownership)로 정의된다. 개인은 자신의 동의 없이는 어떤 희생을 강요당하거나 다른 목적을 달성하기 위해서 이용될 수 없다는 기본원칙이 강조된다.[174] 따라서 최대다수의 최대 행복을 위하여 개인의 자유가 제한될 수 있다는 공리주의나 최소 수혜자의 보다 큰 혜택을 위해서 국가가 개인의 재산을 재분배할 수 있다는 Rawls의 '배분적 정의론'도 받아들일 수 없다는 점을 분명히 한다.

개인은 경우에 따라 보다 큰 혜택을 얻기 위하여 또는 보다 큰 위해를 피하기 위하여 어떤 고통이나 희생을 선택할 수 있다. 보다 큰 치통을 피하기 위하여 치과를 찾을 수 있고, 어떤 결과를 기대하여 즐겁지 않은 일도 서슴지 않을 수 있고, 자기의 건강을 위해 다이어트를 할 수

[174] *Ibid.,* p.ix, pp.30-31.

도 있듯이 개인들은 보다 큰 선(good)을 위하여 어떤 비용을 치를 수는 있다. 그러나 이런 논리로서 다른 사람들에게 이득이 될 수 있는 일을 위해서, 또는 전체의 사회적 선(社會的 善, social good)을 위하여 어떤 비용이나 희생을 감수해야 한다는 비유는 성립될 수 없다는 점이 강조된다. 즉 자기의 선을 위해서 어떤 희생을 감수하는 사회적 실체란 존재하지 않기 때문이다. 존재하는 것은 개인뿐이며 또한 서로 다른 개인들뿐이기 때문이다. 엄연한 사실은 어떤 개인이 다른 사람을 위해서 희생과 비용을 치루는 일일 뿐, 전체를 내세우는 '사회적 선'은 그러한 엄연한 사실을 엄폐한다. 궁극적으로 모든 개인은 서로 '다른 개인'이며 '남을 위한 자원'이 될 수가 없다. 남을 위한 '정당화되는 희생'이란 존재하지 않는다는 것이다.[175]

(2) **소유자격 이론**(entitlement theory)

개인이 소유하는 재산권이 국가의 임의적인 간섭으로 규제되어서는 안 된다는 입장을 밝히는 것이 '소유자격 이론'(所有資格 理論)이다. 만약 모든 개인들이 그들이 소유하는 재산에 권리가 있다고 전제한다면 그들의 자유로운 교환에 따라 그 분배가 이루어지는 경우 그것은 '정당한 분배'(just distribution)가 된다. 정당한 상황에서 자유로운 교환에 따라 이루어지는 분배는 그 자체로 정당하다고 주장되며, 이러한 교환에 정부가 본인의 동의 없이 세금을 매기는 것은 부당하다고 본다.

이러한 분배의 정당성을 이론화한 다음과 같은 예가 있다. 만약 어떤 분배의 '유형'이 있다고 가정하고 이 유형(D1)이 정당한 것으로 받아들여지고 있다고 가정한다. Wilt Chamberlain이라는 미국의 유명한 프로농구

[175] *Ibid.,* pp.32-33.

선수가 있는데 이 선수는 그의 경기마다 입장료 외에 25전을 더 받을 수 있도록 자기 팀과 계약을 맺었다고 하자. 한 시즌에 약 10만 명의 관객이 25전씩을 그의 몫으로 별도로 지불하였다면 그 결과로 그는 $250,000의 수익금을 얻게 된다. 그리고 이 새로운 분배의 유형을 D2로 부르기로 한다. Nozick은 이 예에서 다음과 같은 몇 가지 결론을 도출해 낸다.

첫째로 어떠한 분배의 유형이라 할지라도 그것은 개인들의 자유로운 행동으로 교란이 가능하다. 이 예의 경우 그 유형은 '각자에게 그들의 필요에 따라'(each according to their needs) 이루어진 것이었는데 그 유형은 사람들의 소비결정에 따라 교란되어 바뀔 수 있다. 10만 명의 관객들이 Chamberlain의 경기를 보고자 결정하였기 때문이며 D1은 D2로 교란되어 바뀐 것이다. 둘째로 만약 D1이 정당하면 D2도 정당하다고 받아들여질 수 있다. 사람들이 D1으로부터 자발적으로 D2로 옮겼기 때문이다. 셋째로 가장 중요한 것은 어떠한 유형이든 그것은 그대로 유지되려면 자유에 대한 제한, 즉 어느 정도의 비용이 불가피하다는 점이다. 사람들은 Chamberlain의 예에서 나타나는 자유로운 교환에 흥미와 집착을 느끼겠지만 그러한 유형이 유지되려면 교환이 이루어지는 시장에 부단히 개입하여 재산을 재분배해야 하기 때문이다. 사람들의 일상생활에 부단히 개입하게 되고 그들이 하고 싶어 하는 것을 못하게 하고 사람들의 부와 소득을 조사해야 하고 필요에 따라서는 재산을 수용하기도 해야 하기 때문이다. 차등원칙(Rawls)에 입각한 재산의 재분배의 예에서도 그 어려움은 드러나기 마련이다. 최소 수혜자로 도움을 받는 자의 경우 어떤 사람들은 그러한 소득을 전부 소비해버릴 수 있고 또 어떤 사람들은 보다 많이 얻어내어 결국 시간이 가면 차등원칙이 충족되기 힘든 상황이 전개될 수도 있다. Nozick은 이러한 재분배의 과정이 개인의 자유에 대한 막대한 간섭을 초래하게 된다고 보는 것이다. 그에 의하면 어떤 분배의 유형을 유지한다는 것은 '복수가 개재되는 개인주의'(individualism with vengeance)나 다름없는 자유의 제한 상황이 될 수 있다는 우려를 표명한다. 특히 배분적 정의를 앞세우는 유형을 유지하기 위하여 개인의 소득에 과세하는 것은 '강제노동'이나 다름없다고 비판한다. 일정한 시간(n 시간)으로 벌어들이는 소득을 앗아가는 것은 빼앗긴 사람으로 하여금 다른 사람을 위하여 n 시간을 더 일하도록 강요하는 것이나 다름없기 때문이라고 지적한다. 다만 배분적 정의는 '불의를 교정하기 위한 조치'(rectification of injustices)의 경우에만 허용될 수 있음을 첨언한다.[176]

이상의 논의에서 나타나는 바와 같이 자유지상주의에서는 자유의 일차적인 가치가 일관되게 강조됨으로써 정치권력은 '최소국가'로 표출될 수밖에 없게 된다. 자유의 우선적 취급이 Kant 철학으로 합리화되고 평등적 욕구를 감안하는 어떠한 재산의 재분배나 과세의 기도도 부정된다. 자유의 일차성에 대한 강조와 그 정당화는 정교한 논리로서 설득력 있게 제시되고 있음은 분명하다. 그러나 자유지상의 논리는 몇 가지 해명되어야할 이론적 과제를 아울러 제시하고 있다. 우선 복지국가의 한계에서 분명해지듯이 자본주의의 구조적 복잡성이나 세계화 추세에 따르는 21세기의 개연적이고 불확실한 정치-경제적 변환에 비추어 볼 때 국가가 '최소국가'의 권능과 위상으로서 그 소임을 다할 수 있을 것인가의 현실적이고 실천적인 문제가 제기되지 않을 수 없게 된다. Nozick의 이론에서 가장 문제시되는 대목은 '불의의 교정'(rectification of injustices)과 관련되는 부분이다. 그의 '권리부여 이론'에 의하면 개인의 소유는 ① 획득과정

---

176 *Ibid.*, pp.160-169.

(initial acquisition), ② 이전과정(transfer)에서 각종 '불의'(예: 노예제도, 정복, 절도, 사기 등)를 당할 수 있게 되는데, 이러한 불의를 시정해야 한다는 당위성은 주장되고 있으나 구체적으로 어떻게 이것이 다루어져야할 것인지의 언급은 극히 미흡하다는 점이 지적된다. 불의의 획득이 어떤 시점에서부터 문제되어야 하고 특히 장기간에 걸쳐 이루어지는 세대간의 교정 등의 까다로운 사안들에 대한 검토가 부족하다는 비판이 제기되고 있다.[177]

3. 마르크스주의(Marxism)

1883년 마르크스의 사후로부터 그의 이론적 구성을 둘러싼 정통과 수정의 계속적인 논란에서도 밝혀지듯이 마르크스주의의 현대적 이해는 복잡다단한 모습을 띠게 된다. 경제의 결정적 역할과 계급투쟁을 핵심으로 하는 '사적유물론'(史的 唯物論)이 그 원형을 이루면서도 1, 2차 세계대전을 겪는 서구적 토양에서는 비판이론, 구조주의적 재해석, 분석 철학적 재구성 등 다양한 이론적 변환으로 특징지어진다. 특히 1980년대 이후의 소련의 와해와 동구 공산권의 몰락으로 마르스주의는 죽었고 역사의 쓰레기통에 버려졌다는 인식이 팽배하게 된 것도 사실이다. 그러나 이러한 전반적인 인식에도 불구하고 마르크스주의는 '분석적 마르크스주의'(analytical Marxism)로 알려지는 하나의 독특한 이론적 구성의 형태로서 그 계속적인 명맥을 이어가고 있는 것으로 파악된다. 이러한 일련의 마르크스주의의 변환과정을 간단히 살펴볼 수 있다.

---

[177] Robert E. Litan, 'On Rectification in Nozick's Minimal State,' in *Political Theory*, 5(2), 1977, pp.233-246.

(1) 전후 서구 마르크스주의의 변모

2차대전으로부터 1980년대에 이르기까지 마르크스주의에 나타난 두드러진 변화를 Barry Hindess는 ① 비판이론, ② L. Althusser의 구조주의, ③ 분석적 마르크스주의의 세 가지 형태로 파악하고 있다.[178]

첫째로 전후 서구 마르크스주의에 새로운 바람을 불어넣은 것은 '비판이론'이라고 볼 수 있다. 주로 1923년 결성된 Frankfurt 학파로 알려지는 학자들(M. Horkheimer, T. Adorno, H. Marcuse, J. Habermas 등)이 주동이 되는 독특한 이론적 관점을 지칭한다. 비판이론은 우선 사회과학의 방법론과 관련하여 실증주의가 지식의 비판적이며 회귀적인 측면에 대한 인지적 내용을 외면하고 있다고 비판하며 그것이 그릇된 인식론적 교리에 바탕을 두었음을 지적한다. 즉 지식의 비판적인 기능을 강조하는 대목으로 볼 수 있다. 또한 마르크스의 이론이 지나치게 경제결정론에 치우치는 것을 경계하고 인간의 사회적 발전에 있어서 차지하는 비경제적 요인을 중요시한다. 이와 관련하여 비판이론은 현대사회에 있어서의 대중문화의 상업화를 개탄한다(Adorno & Horkheimer, 1972). 문화산업(대중매체, 정치선전 등)이 만들어내는 상업화된 대중문화는 허위욕구와 욕망을 만들어내어 인간의 자율적 판단을 무디게 하고 무기력한 대중을 양산하여 정치권력에 대한 독립적이며 도덕적인 비판기능을 말살한다고 공격한다.[179] 이외에도 비판이론은 현대사회에 만연되는 '수단적 이성'(instrumental reason)이 관료화와 합리성의 위기에 직결되는 비관적인 측면에 그 분석의 초점을 두고 있다는 점에서 일찍이 M. Weber가 제기한 서구적 합리화에 대한

[178] Barry Hindess, 'Marxism,' in Robert E. Goodin and Philip Pettit (eds.), *A Companion to Contemporary Political Philosophy* (Malden, MA : Blackwell Publishing, 2004), pp.318-330.

[179] T. Adorno and M. Horkheimer, *Dialectic of Enlightenment* (New York : Herder & Herder, 1972).

유보적 태도, 그리고 근래에 와서 관심을 모으는 포스트모더니즘의 견해와 그 맥을 잇는다고 볼 수 있다.[180]

그러나 최근의 비판이론을 대표하는 J. Habermas는 이러한 비관적인 진단에서 다소 벗어나는 새로운 이론적 재구성을 시도하고 있어 관심을 모은다. 그는 17세기와 18세기에 형성되었던 '공공영역'이 왜곡되고 붕괴된 것을 받아들이지만 이에 대한 하나의 대안으로서 이상적인 의사소통에 바탕을 두는 새로운 생활세계의 설계가 가능하다는 주장을 편다. 즉 지금까지의 개인을 주체로 하는 이론적 구성이 아니라 개인들 상호간의 '합리성의 간주관적 조건'(intersubjective condition of rationality)이 이상적인 대화상황(對話狀況, ideal speech situation)으로 만들어질 수 있다는 가정을 제시한다. 이렇게 제시되는 이상화된 생활세계는 현대사회의 조직을 판단하고 그 결함을 밝히는 하나의 새로운 기준이 될 수 있다고 보며, 이런 점에서 그는 근대의 계몽사조(enlightenment)와 그 합리성을 받아들이는 기본 입장에 서 있음이 인정된다.[181]

둘째로 전후의 마르크스주의에 나타나는 새로운 변형으로서는 L. Althusser류의 구조주의가 있다. Althusser가 해석하는 Marx의 구조는 ① 하부구조(infrastructure: 경제적 토대)와 ② 상부구조(superstructure : 정치적-법적 상부구조와 이데올로기 상부구조)로 이루어지는데, 상부구조는 궁극적으로는 하부구조에 의해 결정되지만 '상대적 자율성'(相對的 自律性, relative autonomy)을 갖는다. 즉 상부구조가 하부구조에 상당한 영향력을 갖는다는 의미로서 이데올로기와 같은 비경제적 요인의 작용력을 강조하고 있다. 그리고 자본주의 생산관계의 재생산은 상부구조(정치-법률 및 이데올로기)에 의해 확

180 B. Hindess, *op. cit.,* pp.318-321.
181 *Ibid.*, pp.321-323.

보될 수 있다고 주장한다.[182] 즉 정치-법률과 같은 억압 장치나 이데올로기적 장치가 자본주의 생산양식을 재생산하는데 결정적인 역할을 한다고 보는 것이다. 구조가 구조의 구성요소들(하부구조와 상부구조)의 관계에 의해 유지되고 재생산된다고 전제되면 인간의 존재는 어떤 의미를 지니게 되는가? 인간으로서의 개인들은 구조 속에 자리가 정해지면서 그 자율적인 성격은 상실되어버린다. 이제 인간은 구조적 자리매김에서 생기는 기능들의 단순한 짐꾼으로 전락된다. 이데올로기 장치에서는 교육체제가 핵심적 역할을 하게 되는데 교육을 통해 만들어지는 지배적인 이데올로기는 개인의 의식을 구성하며 개인들로 하여금 자본주의 사회에 적합하도록 일정한 특질, 욕망, 사고의 습관 등을 갖추도록 하는 기능을 수행한다. Althusser가 상정하는 주체(主體, subject)는 구조(構造) 속의 자리에 운명적으로 매김되는 주체의 형식을 내면화(內面化)하도록 만드는 경험능력을 갖는 것으로 파악됨으로써 오히려 이데올로기가 주체를 구성해낸다는 논리로 직결된다.[183] 그의 구조와 이데올로기에 관한 생각들이 '반휴머니즘'(anti-humanism)으로 채색되는 것도 이러한 그의 인간관이 개재되어 있기 때문으로 볼 수 있다.

셋째로 학계의 관심을 모으는 것은 '분석적 마르크스주의'의 등장이다. Althusser의 구조주의가 주체의 상실을 초래하였다면 분석적 마르크스주의는 개인을 역사의 주체로서 되돌려놓는 역할을 하게 된다. 사회과학의 방법론상으로 철저한 '방법론적 개체주의'(方法論的 個體主義, methodological individualism)를 내세우는 이 입장은 역사발전에 있어서 Marx가 제기하는 중요 문제들을 분석 철학이 제공하는 현대적 논리, 수학, 모

---

182 Louis Althusser, *Lenin and Philosophy and Other Essays* (New York : Monthly Review Press, 1971), pp.134-135, p.148.

183 B. Hindess, *op. cit.*, pp.326-327.

형수립 등으로 다루어보고자 하는 새로운 접근으로 특징지어진다. 주로 J. Roemer, G. Cohen, J. Elster, A. Przeworski 등이 이 접근을 대표한다. 이들은 사회의 집약적 현상(aggregate phenomena)에 관한 인과적 설명에 있어서 그것을 개인의 행동의 결과로서 다루는 것은 마르크스주의의 공헌에서 비롯된다는 강한 입장을 표명하고 나섬으로써 마르크스주의 근본이 방법론적 개체주의임을 들고 나온다.[184] 이제 인간은 합리적 행위자로서 등장하며 개인의 입장에서 볼 때 매우 합리적인 결정이라 할지라도 집약적으로는 불합리한 결과를 가져오게 되는 이른바 '인간행동의 의도되지 않은 결과'의 중요성 등을 지적한다. 즉 경제에 있어서의 '구조적 경향'(structural tendencies)은 이러한 인간의 의도하지 않은 행동의 결과로 설명이 가능하게 된다. 그리고 이들은 이러한 방법론적 개체주의에 입각하여 자본주의가 만들어내는 착취와 소외의 현상을 설명하게 되고 그에 대한 도덕적 비판의 근거를 제시하게 된다.[185]

(2) 분석적 마르크스주의 : 자본주의적 소외론

방법론적 개체주의를 앞세우는 분석적 마르크스주의는 자본주의의 분석에 있어서 노동자 개인의 수준에 초점을 맞추면서 노동자들의 임금관계가 착취와 소외를 가져온다는 결론을 도출한다. 그리고 이러한 착취와 소외를 가져오게 만드는 사유재산 제도를 폐지하여야 한다는 규범적인 논쟁을 전개하게 된다.[186]

---

184 J. Elster, *Making Sense of Marx* (Cambridge : Cambridge Univ. Press, 1985), p.4.

185 B. Hindess, *op. cit.*, pp.328-329.

186 W. Kymlicka, *op. cit.*, p.168, 분석적 마르크스주의의 입장에서 착취와 소외를 다루는 대표적인 학자들로는 G. A. Cohen, *History, Labour, and Freedom* (Oxford : Oxford Univ. Press, 1988); John Roemer, *Free to Lose : An Introduction to Marxist Economic Philosophy* (Cambridge, Mass. : Harvard Univ. Press, 1988) ; Steven Lukes, *Marxism and Morality* (Oxford : Oxford Univ. Press, 1985) 등을 꼽을 수 있다.

첫째로 자본주의 하의 임금-노동관계(wage-labour relationship)는 노동자계급에 대한 착취를 불가피하게 만든다. 그 전형적인 논리적 도출은 다음과 같다.[187]

1. 노동자야말로 가치있는 상품을 만들어내는 유일한 사람이다.
2. 자본가는 그 상품의 일부 가치를 받아낸다.

그러므로

3. 노동자는 자기가 만들어낸 가치보다는 적게 받는다.
4. 자본가는 노동자가 만든 가치의 일부를 받게 된다.

그러므로

5. 노동자는 자본가에 의해 착취된다.

따라서 임금관계는 근본적으로 착취적인 성격을 띤다는 점이 강조된다. 즉 노동자들은 일반적으로 자기의 생산적 자산을 소유하고 있지 않기 때문에 재산을 가진 자본가를 위해 일을 하여야만 생계를 유지할 수 있다는 점에서 어디까지나 임금관계는 강제성을 띤다고 보는 것이다.

둘째로 자본주의의 생산관계는 노동자의 소외를 가져온다고 비판한다. 노동자는 자기의 '노동의 힘'(labour-power)과 자기의 노동이 만들어낸 상품에 대한 통제를 포기할 수밖에 없기 때문이다. 임금관계는 '노동의 힘'을 단순한 상품으로 바꾸어버리며 그 상품에 대한 처분은 다른 사람의 몫으로 만들어버리기 때문이다.[188] 이러한 소외과정을 통하여 노동자들은 자기의 능력을 개발할 소중한 기회를 박탈당한다. 인간은 인간적인

[187] G. A. Cohen, History, Labour, and Freedom, *op, cit.*, p.228, cited in W. Kymlicka, *op. cit.*, p.179.

[188] Kymlicka, *op. cit.*, pp.190-191.

잠재력과 탁월성을 실현하도록 모든 자원이 적절히 배분되어야 하는데도 불구하고 노동의 소외는 이러한 가능성을 봉쇄해버린다고 주장한다. 즉 자기의 잠재력을 개발시켜야 한다는 '완벽주의적 주장'(perfectionist arguments)을 자본주의적 임금관계는 막아버린다는 것이다.[189] 따라서 사유재산제도를 폐지하고 생산적 자원을 사회주의화하여야만 이러한 소외 현상은 극복될 수 있다는 것이다.

4. 공동체 주의(Communitarianism)

자유주의 사상의 기본은 개인의 권리에 최상의 가치를 둔다. '평등 자유주의'(Rawls)나 '자유지상주의'(Nozick)에서 보는 바와 같이 개인의 절대적인 권리는 정의론의 핵심을 이룬다. 그러나 이러한 자유주의적 도덕관은 1980년대와 1990년대에 들어서면서 여러 가지 비판에 직면한다. 개인보다는 공동체에 보다 무게를 두어야 한다는 '공동체주의'를 등장시키게 된다. 개인의 권리에 최우선을 두다보니 공동의 목표를 지향하는 공동체 의식이 결여되고 산업사회의 복잡성과 산적된 공동체적 과제를 해결해야할 현대국가는 점증하는 개입의 불가피성에도 불구하고 시간이 갈수록 오히려 무기력성을 보이게 되는 역설적인 현상이 지적된다.[190] 공동체주의는 지금까지의 자유주의 사상이 사회마다 전승되어 오는 민족성이라든가 언어, 문화, 종교, 역사, 생활양식과 같은 공동체의 독립적인 원칙들에 무관심하여 왔다고 비판하고, 사회의 서로 공유하는 실행과 이

189 Steven Lukes, *Marxism and Morality* (Oxford : Oxford Univ. Press, 1985), p.85.

190 Michael J. Sandel, 'The Procedural Republic and the Unencumbered Self,' in Colin Farrelly (ed.), Contemporary Political Theory: A Reader, *op. cit.*, pp.123-124.

해에 보다 많은 관심을 돌릴 것을 강력히 주장하고 나선다.[191]

그런데 개인의 이기적인 권리의 보호에만 급급하다고 자유주의를 통렬하게 비판하는 마르크스주의도 개인보다는 공동체를 앞세우는 공동체주의와 그 맥을 함께 한다고 볼 수 있다. 그러나 마르크스주의에서는 공동체란 자본주의를 전복하고 사회주의 사회를 건설한다는 혁명적 변화에 의해서 새롭게 만들어지는 것으로 파악되지만, 새로운 공동체주의에 의하면 공동체란 공동의 사회적 실행, 문화적 전통, 서로 공유하는 사회적 이해의 형태로 이미 존재하는 것으로 전제된다. 그것은 마르크스주의에서처럼 새롭게 만들어지는 것이 아니라 이미 존재하는 것을 존중하고 보호한다는 취지가 앞선다.[192]

새로운 공동체주의는 주로 Michael Sandel, Michael Walzer, Alasdair MacIntyre, Charles Taylor 등에 의해 대표되는데 이들이 제기하는 새로운 정의관을 비롯해서 공동체와 개인의 관계 설정, 인간의 자율성을 위한 사회적 조건 등을 둘러싼 최근의 논의들을 살펴볼 수 있다.

(1) 공동체주의의 정의관(正義觀)

첫째로 공동체주의에서는 정의가 하나의 '교정적인 미덕'(remedial virtue)의 성격을 가진다는 관점이 있다. Sandel에 의하면 가족은 정의가 필요없는 사회제도이듯이 정의가 거론되는 곳은 이미 어떤 결함이 있어서 그것을 교정하기 위하여 정의가 등장하게 된다는 것이다. 따라서 정의가 문제되는 경우는 이미 사랑이라든가 하는 감정이 줄어들고 갈등이 늘어나는 상황이어서 정의가 그것을 교정하기 위한 역할을 담당한다고 본다.[193]

---

191 W. Kymlicka, *op, cit.*, pp.208-209.

192 *Ibid.*, p.209.

193 Michael J. Sandel, *Liberalism and the Limits of Justice* (Cambridge : Cambridge Univ. Press,

둘째로 공동체주의는 정의가 '보편성'(universal)보다는 '특수성'(particular)의 성격을 띤다는 점을 강조한다. 자유주의자들은 정의가 사회마다의 생활양식을 비판하기 위한 '탈역사적이며' '외부적인' 기준이 된다고 생각하고 있으며, 그들의 정의관이 모든 사회가 준수해야할 하나의 표준이 된다고 믿는다. M. Walzer는 이러한 정의에 관한 보편적인 이론의 추구가 그릇된 것임을 지적한다. 그는 우선 사회마다 우선시되고 존중되는 '사회적 재화'[물질적 재화(식량, 주거, 의류, 수송, 의료시설 등); 일반적 재화(권력, 명예, 사랑, 지식, 부, 물리적 안전, 일자리, 여가, 보상과 처벌, 친척, 의식, 신의 은총 등)]는 다르게 나타난다는 점을 강조한다. 예를 들면 빵만 하더라도 생활의 수단으로, 예수의 신체로, 안식일의 상징으로, 접대의 수단으로 등의 다양한 의미를 가지듯이 사회적 재화에 대한 사회마다의 의미 부여는 다양하기 마련이다. 따라서 사회적 재화에 대한 가치와 우월성에 관한 수용은 문화적 평가의 문제로서 사회마다 서로 '공유하는 의미'(shared meanings)의 성격을 띠게 된다. 한편, 사회적 재화는 사회마다 또는 역사적으로 분배의 형태가 다르게 나타날 수 있다. 예를 들면 중세의 기독교인들은 성직매매(simony)를 규탄하였는데 성직 부여는 지식과 신앙심(piety)면에서의 자격에 의해 결정되어야지 부(富)에 의해 좌우되어서는 안 된다는 정당한 분배의 원칙을 지켰다. 현대사회에서 돈은 성직과 무관하여야 하며 돈은 시장에서 그리고 신앙심은 교회에서 통용되게 만듦으로써 사회적 재화의 분배는 영역마다 자율적으로 결정되는 '배분적 영역'(distributive sphere)을 구성한다.[194] 그런데 이러한 배분적 영역의 자율성은 그대로 유지되기 힘든 면이 있다. 어떤 사회계급이 우월적인 사회적 재화(예: 돈, 권력)를

1982), pp.28-35.

[194] Michael Walzer, 'Complex Equality,' in C. Farrelly, *op. cit.*, pp.136-139.

독점하게 되거나 또는 사회적 재화의 전환성(convertibility: 돈으로 성직이나 관직을 좌우하는 경우)이 손쉽게 이루어지는 경우가 있다. 이러할 때 배분적 정의는 매우 실현되기 힘든 경우가 된다. 따라서 사회적 전환이 손쉽게 이루어질 수 없어 분배적 영역이 자율적으로 유지되는 '복잡한 불평등'(complex inequality)이 오히려 바람직한 배분적 정의가 될 수 있다는 결론이 도출될 수 있다. 예를 들면 어떤 사람이 정치적 직책에서 우월한 위치에 올라서면 그 사람은 다른 사람에 비하여 의료서비스나 자녀교육과 같은 다른 영역에서는 오히려 다소 처지는 상황이 이러한 '복잡한 불평등'에 해당될 수 있다. '복잡한 불평등론'은 비록 영역별로 조그마한 불평등의 존속은 전제하지만 전환성이 어느 정도 제약되어 영역별로 자율성이 확보될 수 있게 만들 수 있음으로써 사회의 지배현상을 완화시킬 수 있다고 본다.[195] 민주주의를 위해서는 제약 없는 '전환성'으로 이루어지는 '단순한 불평등'보다는 오히려 '복잡한 불평등'이 바람직하다는 이야기가 된다.

셋째로 공동체주의는 공동체의 좋은 생활을 위해서 '공동선'(common good)의 개념을 제시하며 '정의'란 공동선을 실현하는 것이 된다. 자유주의 정치철학에서의 개인은 그 어떤 제약이나 구속도 받지 않는 '방해받지 않는 자아'(unencumbered self)의 개념으로 파악된다. 이러한 자유로운 자아들이 스스로의 가치와 목표를 선택할 수 있도록 제반 권리들의 틀을 만들어주어야 한다. 즉 어떤 목표보다는 그것을 달성하는 공정한 절차에 우선권이 주어져야 한다고 주장되는데, Sandel은 이것을 '절차 공화국'(procedural republic)으로 부른다. 그리고 절차가 우선되어야 한다는 점에서 정부는 중립적이어야 한다는 점이 강조된다.[196] 그러나 공동체주의자들

---

[195] *Ibid.*, pp.140-142.

은 이러한 '절차 공화국'이나 '중립적 국가'가 현대인의 생활을 지배하는 다양한 세력들에 대한 통제능력을 상실케 할 수 있고 공동체의 도덕적 구조를 잠식해 들어갈 것을 우려한다. 그 좋은 예로서 낙태의 문제나 포르노 금지법 등에서 볼 수 있듯이 국가가 어떤 중립적인 입장을 견지한다는 것은 매우 어려운 문제임을 지적한다.

공동체주의자들은 오히려 '공동선'의 개념으로 국가의 적극적인 개입의 가능성을 열어 놓는다. 공동체의 생활양식을 정의하는 서로 공유하는 목표들을 추진하는데 있어서는 '중립성'이라는 요청으로 제한을 받을 것이 아니라 오히려 적극적인 배려와 지원이 요청된다는 것이다. 공동체 국가는 사람들로 하여금 공동선의 개념을 받아들이고 공동체의 생활양식에 부합하도록 권장하고 그와는 상극되는 '선'(good)의 개념은 받아들이지 않도록 해야 한다고 주장한다.

(2) **건전한 공동체의 특성 : 사회적 주제**(social thesis)

공동체주의는 개인들이 현존하는 사회적 실행 속에 깊이 자리 잡고 있는 것으로 파악한다. 우리들의 사회적 역할이나 관계들은 우리가 어떤 생활을 영위할 것인지에 관해 이미 고정되어 있는 것으로 이해되어야 하며, 자아는 어떤 목적보다 앞서 있는 것이 아니라 목적에 의해 구성된다고 본다. 우리들의 정체성은 우리가 선택하지 않는 목적에 의해 정의되며 어떤 공유하는 사회적 맥락 속에 자리 잡고 있기 때문에 오히려 그것으로부터 발견되는 것으로 이해된다. 자기가 어떤 생활을 영위해나갈 것인가는 어떤 사회적 역할을 선택하는 문제가 아니라 이미 우리가

---

196 Michael Sandel, *Democracy's Discontent: America in Search of a Public Philosophy* (Cambridge, Mass. : Cambridge Univ. Press, 1996), p.4.

들어 있는 역할을 이해하는 문제로 귀결된다고 보는 것이다. 공동선을 위한 정치란 이러한 '구성적 목적'(constitutive ends)을 표현해주며 우리들로 하여금 혼자서는 알 수 없는 공동의 선(good)을 알 수 있도록 만드는 것이다.[197]

그러면 사회적 실행 속에 깊이 자리 잡은 개인들이 자율적으로 '공동선'을 알 수 있는 능력을 만들어내는 사회적 환경이나 조건들은 무엇인가? Charles Taylor는 이러한 사회적 환경이나 조건이 구비되는 건전한 공동체의 특성을 '사회적 주제'(social thesis)로 부르고 있는데 다음과 같이 정리해볼 수 있다.[198]

첫째로 건전한 공동체는 문화적 다양성을 지녀야 한다. 자기의 생활양식을 선택할 수 있는 자유는 여러 가지 선택권에 달려 있는데 이는 문화의 다양성으로 가능하다고 보는 것이다. 자유주의 이론에 의하면 국가가 문화적 시장(cultural market-place)에 개입하게 되면 어떤 특정한 생활양식을 권장 또는 저지하게 되어 개인의 자율성을 제한한다고 주장함으로써 '국가의 중립성'이 바람직하다고 생각한다. 그러나 공동체주의는 이러한 문화시장을 그대로 방임하면 오히려 문화적 다원성을 잠식하여 단조롭고 획일적인 대중문화를 만들어내기 때문에 '중립성' 논의는 자멸적인 결과가 된다고 비판한다. '선'에 대한 개념화의 평가는 정치적인 성격을 띠는 것으로서 국가는 단순히 선택의 범위를 보장해줄 뿐만 아니라 어떤 특정한 선택을 적극 장려해야 한다는 것이다. 어떤 생활양식이 바람직하냐의 문제는 정치적 고취의 문제로서 국가적 행동의 문제가 된다.

---

197 Michael Sandel, Liberalism and the Limits of Justice, *op. cit.*, pp.52-55, p.183; A. MacIntyre, *After Virtue: A Study of Moral Theory* (London : Duckworth, 1981), pp.204-205.

198 Charles Taylor, *Philosophy and the Human Sciences* (Cambridge : Cambridge Univ. Press, 1985); W. Kymlicka, 'Community,' in Robert E. Goodin & Philip Pettit (eds.), A Companion to Contemporary Political Philosophy, *op, cit.*, pp.371-376.

다소 가치가 떨어지는 선택을 보다 가치 있는 선택으로 바꾸도록 장려함으로써 사람들의 선택의 질을 향상시켜야 한다는 것이 공동체주의의 입장이다. 창조적이고 다양화된 자유의 조건들은 자연적으로 마련되는 것이 아니라 국가가 나서야 하는 정치적인 문제로 보는 것이다.[199]

둘째로 개인의 자율적인 선택을 원활하게 할 수 있는 건전한 공동체는 공동의 심의를 가능하게 만들어야 한다. 일부 공동체주의자들은 자유주의 이론의 경우, 생활양식에 대한 올바른 평가가 사회적 압력으로부터 보호되는 '고립된 개인들'(isolated individuals)에 의해 문화시장에서 만들어질 수 있다는 '원자론적 믿음'(atomistic belief)에 근거하고 있음을 지적한다. 그러나 현실적으로 볼 때 개인들은 그들의 생활양식의 선택에 있어서 서로 경험을 나누고 서로 주고받는 집단적 심의의 과정을 밟는다는 것을 강조한다. 사람들은 집단적 심의에서 벗어날 때 주관적이고 임의적인 순간적 기분에 좌우되기 쉬우며 특히 자유주의적 개인주의는 이러한 경향을 부추긴다고 본다. 개인들은 서로 경험과 언어를 공유하는 공동체 내에서 생활하면서 자신들의 가치를 발견해내고 그것을 토론과 비판, 예시, 교화 등을 통하여 시험해나가는 집단적 심의의 과정이 보장될 때 공동선의 신장은 효과적으로 실현될 수 있다고 보는 것이다. 그리고 국가야말로 선에 대한 우리들의 비전을 구성할 수 있는 적절한 영역이 될 수 있는데 그것은 국가를 통해서 이러한 비전에 대한 공동의 탐구가 가능하기 때문이다. 공동체주의에서는 사회적 심의는 조직된 공적 영역이기 때문에 국가의 관여가 필요하다는 점이 일관된 주제를 이룬다.[200]

셋째로 건전한 공동체에서는 정치적 정당성이 확보되어야 개인의 자

---

199 C. Taylor, *op. cit.*, p.205; Kymlicka, 'Community,' *op. cit.*, pp.371-372.
200 Kymlicka, 'Community,' *op. cit.*, pp.372-373.

율적 선택이 보장될 수 있다. 정치에 대한 국민의 신뢰와 높은 지지도가 확보되어야 한다. 개인의 자율적인 선택은 안정된 문화적 맥락에서 이루어질 수 있는데 이는 또한 안정된 정치적 맥락을 요구하기 때문이다. 국가가 문화 시장을 보호하려면 공공제도가 안정되어야 하며 이는 또한 시민들의 지지를 받는 정당성에 의해 가능해진다. Taylor에 의하면 복지국가는 시민들의 어느 정도의 경제적 희생을 요구하기 마련인데 자유주의적 '중립국가'는 이러한 희생을 감수할 만한 공동선에 대한 의식을 만들어낼 수가 없다. 시민들은 개인들의 단순한 이해의 '합'을 초월하는 매우 중요한 '선'에 입각한 공동의 생활양식이 있다고 믿게 되고 이것이 지속되고 번성되어야 자기에게 도움이 된다고 생각할 때 비로소 국가와 일체감을 갖게 되고 국가의 요구를 정당하다고 받아들인다는 것이다.[201] 사람들은 어떤 '선'에 대한 개념을 공유할 때에만, 그리고 '공동선'의 정치와 일체감을 가질 때에만 다른 사람의 주장을 존중한다. 또한 이러한 공동체의 공유된 생활양식으로부터 멀어질 때, 우리들은 자유로운 정의의 부담을 받아들이기를 두려워하며 결과적으로 자유민주주의는 '정당성 위기'(legitimation crisis)에 직면하게 된다.[202]

(3) **공동체주의와 민족주의**(nationalism)

근대국가는 일정한 영토 내의 주민들을 '국민', '민족', 또는 주권의 짐꾼으로 정의하고 이들의 이해와 의지가 정치적 정당성의 기준을 형성하는 정치적 공동체를 형성해 왔다고 볼 수 있다. 주로 공통의 언어, 문화, 역사 등으로 이루어지는 '민족적 정체성'(national identity)이 강조되면서, 민

---

[201] C. Taylor, *op. cit.*, p.213.

[202] Kymlicka, 'Contemporary Political Theory,' *op. cit.*, p.253.

족국가는 그 구성원들의 충성과 집단적 결속의 대상으로서의 위상을 정립해온 것이 사실이다. 자유민주주의를 선택한 민족국가들도 이러한 민족적 정체성을 강화하기 위해서 의무교육, 민족적 매체, 공식 언어, 귀화정책, 공휴일과 민족적 상징, 군복무의무화 등의 다양한 민족국가형성의 수단들을 동원한다. 따라서 이러한 근대민족국가의 노력은 얼핏 보기에는 공동체주의에서 강조되는 '공동선'(common good)을 위한 정치와 다를 바 없다는 지적도 가능하다.

그러나 공동체주의자들은 이러한 유사성에도 불구하고 '자유주의 민족주의'(liberal nationalism)는 장기적으로 근대사회가 요구하는 통일이나 결속을 마련하는 데는 부족하다고 본다. 특히 서구 민주주의 국가에서의 정치적 무관심과 사회적 불만, 복지국가 정책의 부작용 등으로 미루어 이러한 민족적 유대만으로는 문제해결이 힘들 것으로 전망한다. 그리고 '공동선'에 입각한 새로운 정치의 가능성에 보다 무게를 두며, 특히 Sandel이나 MacIntyre 등은 이러한 공동체주의의 장래성과 관련하여 민족적 수준이 아니라 보다 '국지적 수준'(local level)에서의 논의를 주문하고 있어 관심을 모은다.[203]

공동체주의는 자유주의 사상에 대한 하나의 반발과 대응의 의미를 지닌다. 자유주의 철학은 근대사회의 시민들로 하여금 '좋은 생활'(good life)에 대한 서로 다르고 경쟁적인 개념화를 가능하게 만들었다고 볼 수 있다. 이러한 생활의 목표에 대한 '다양성'(diversity)으로 인하여 문화의 내용은 풍부해졌고 개인의 자율성도 증대되었다고 믿는다. 그리고 이러한 다양성은 '자유로운 정의'(liberal justice)에 대한 시민들의 믿음이 공유되는 한 사회적 통일을 저해하지는 않는다고 믿는다.

---

[203] *Ibid.*, pp.261-267.

공동체주의는 대조적으로 근대사회의 점증하는 '다양성'이 '통일'에 미치는 영향, 그리고 여러 집단들이 공동의 목표를 달성할 수 있는 능력에 대해서 의문과 두려움을 갖는다. 특히 가족이라든가 이웃, 결사, 매체, 학교, 교회와 같은 여러 사회제도들의 쇠퇴와 실패를 개탄하면서 다양성과 통일이 균형을 이룰 것을 바란다. 자유주의자들이 개인의 시민적 권리의 보호와 경제적 자원에의 접근에만 급급하다면, 공동체주의자들은 사회제도의 운명에 관심을 모으고 윤리적 공동체 의식을 만들어내는 사회적 능력에 보다 열의를 갖는다. 특히 공동체주의는 근래의 새로운 사상으로 관심을 모으는 페미니즘(feminism)이나 동성애주의, 다문화주의(multiculturalism) 등은 종래의 공동체의식을 잠식하는 지나친 운동이고 방임적 사회(permissive society)를 만들려는 시도로 보는 비판적 입장에 선다. 그러나 이러한 공동체주의의 입장은 이미 지나간 과거의 윤리적인 공동체를 그리워하는 향수적인 개탄에 가깝다는 지적도 있다. Kymlicka는 공동체주의의 이러한 향수적 개탄은 '과거 지향'의 성격을 띤다고 보고 이러한 전통적인 사회적 통일의 수단들은 현대사회의 복잡한 다양성에서 오는 중압을 이겨내기 힘들다고 본다. 오히려 '미래 지향적' 공동체주의가 바람직하며, 우리들의 다양한 선택과 생활스타일을 수용하고 통합할 수 있는 새로운 공동체 유대를 발견하고 키워나가는 방향이 되어야 한다고 주장한다.[204]

---

[204] *Ibid.*, pp.271-272.

5. 협의민주주의(Deliberative Democracy)와 시민 이론(Citizenship Theory)

민주주의에 관한 이론적 논의에서도 새로운 움직임이 있다. 흔히 민주주의라고 하게 되면 서로 토의하고 의견을 수렴하게 되지만 결국 투표를 통한 다수결의 원칙으로 문제를 해결하는 것으로 이해되어온 것이 사실이다. 따라서 투표로서 결말을 내는 절차적인 측면이 강조되는 경향이 두드러지게 된다. 사회적인 집단이나 결사, 또는 정치적 제도의 모든 수준에서 민주주의라 하게 되면 손을 들거나 투표를 통하여 찬반을 묻고 다수결로 어떤 결정을 내리는 것이 민주주의 이상이요 핵심적인 원칙인 것으로 받아들여지기도 한다.

그러나 최근에 관심을 모으는 '협의민주주의'(deliberative democracy)는 이러한 투표와 다수결에 치중하는 정책결정 형태를 '투표 중심'(vote-centric), 또는 '집약적 모형'(集約的 模型, aggregate model)으로 부르면서 그 협소성과 문제점을 극복하기 위한 대안을 내놓는다.[205] 개인들이 정책결정에 참여한다는 것은 단순히 자기의 이해나 '선호'(選好)를 나타내는데 끝날 것이 아니라 폭넓은 대화와 토론 및 심의 등의 담론적 성격을 띠는 진정한 협의의 과정을 뜻하는 것이어야 한다는 점을 강조하고 나선다. 한편 또 하나의 새로운 움직임으로서는 민주주의의 내실화를 위한 '시민이론'(市民理論)이 있다. 민주주의는 권력배분이나 정책결정을 둘러싼 제도적 측면의 보완과 강화만으로 성공을 거두기는 힘들다는 전제하에 이제는 제도가 아니라 제도를 운영하는 개인들, 즉 '시민'들에 초점을 돌려야 한다는 새로운 주장이다. 민주적 시민이 갖추어야할 자질을 비롯해서 그러한

---

[205] Iris Marion Young, 'The Deliberative Model,' in Colin Farrelly, *op. cit.*, pp.227-233.

자질과 덕목이 만들어지는 사회적, 문화적 조건들에 대한 연구가 그 주종을 이룬다. 이러한 최근의 논의들을 ① 협의민주주의와 ② 시민 이론의 두 가지 형태로 나누어 검토해보기로 한다.

(1) **협의민주주의**(deliberative democracy)

협의민주주의는 첫째로 지금까지 표출되지 않았던 시민들의 지식이나 통찰(insights)을 유도해냄으로써 보다 좋은 결정을 가져올 수 있는 집단적 이득을 만들어낼 수 있다. 시민들은 공적 토론을 통하여 그릇되거나 근시안적, 또는 방어하기 힘든 가정이나 믿음을 검증하고 포기할 수 있기 때문이다. 둘째로 사회의 통일과 결속을 증대시킬 수 있다. 사람들은 서로 그들의 견해를 들어주고 상의에 응해주었다고 생각하기 때문에 정책결정은 그만큼 정치적 정당성을 가질 수 있고 또한 공동 협의의 경험을 함께한다는 것은 시민들 간의 유대를 마련해주고 상호이해와 감정이입을 촉진시켜 줄 수 있기 때문이다. 협의민주주의 하에서는 사람들의 행동을 조종이나 주입, 선전, 기만, 협박보다는 서로의 주장에 대한 비강제적 토론을 통하여 바꾸고자 시도한다.[206]

J. Habermas에 의하면 협의민주주의는 공공영역, 결사, 입법기관, 사법기관, 공청회, 시민집회 등의 다양한 담론적 장소에서 만들어지는 '커

[206] Kymlicka, Contemporary Political Theory, *op. cit.*, p.291. 협의민주주의를 대표하는 학자들로는 J. Habermas, *Between Facts and Norms : Contributions to a Discursive Theory of Law and Democracy* (Cambridge, MA : MIT Press, 1996); A. Gutmann and D. Thompson, *Democracy and Disagreement* (Cambridge, MA : Harvard Univ. Press, 1996); S. Benhabib, 'Toward a deliberative model of democratic legitimacy,' in S. Benhabib (ed), *Democracy and Difference : Contesting the Boundaries of the Political* (Princeton : Princeton Univ. Press, 1996); J. Elster, 'Introduction,' in Elster (ed.), *Deliberative Democracy* (Cambridge : Cambridge Univ. Press, 1998); J. Cohen, 'Democracy and Liberty,' in Elster (ed.), Deliberative Democracy, *op. cit.*, pp.185-231; John Dryzek, *Discursive Democracy : Politics, Policy and Political Science* (Cambridge : Cambridge Univ. Press, 1990) ; I. M. Young, *Inclusion and Democracy* (Oxford : Oxford Univ. Press, 2000) 등을 꼽을 수 있다.

뮤니케이션의 힘'(communicative power)을 그 바탕으로 한다. 커뮤니케이션의 힘이란 돈(시장)이나 권력(정치)이 아니라 사회적 규범, 전통, 언어적 의사소통 등을 기초로 사회적 결속을 만들어내는 영향력을 지칭하며, 그 타당성은 경험적으로 진실하고 규범적으로 올바르고 표현적으로 진지할 때에 확정된다고 본다. 이러한 커뮤니케이션의 힘이 국가권력으로 전환되어 시장의 영향력 범위를 제한, 또는 지도해나갈 수 있을 때에 '협의'의 과정은 제도화될 수 있다는 것이다.[207]

John Dryzek는 협의민주주의의 핵심을 이루는 '협의'의 내용을 매우 구체적으로 제시하고 있다. 그는 이것을 '공공영역에서의 담론의 논쟁'(contestation of discourses in the public sphere)으로 정의한다. 여기서 담론이란 언어 속에 자리 잡은 세계를 파악하는 서로 공유된 방식으로 정의되며, 어떤 특정한 가정, 판단, 주장, 성향, 또는 능력 등에 관한 특징을 나타내는 것으로 풀이된다. 따라서 담론은 사실이나 가치와 관련되는 이야기나 설명의 형식을 띠면서 사람들이 서로 공유하고 이해하는 언어적 수단이라고 볼 수 있다. 예를 들면 범죄적 정의에 관한 담론을 살펴보자. 첫째로 범죄를 잠재적 범법자의 합리적 계산의 문제로 다룰 수 있다. 범법자는 잡히거나 형벌의 가능성에 비하여 범죄가 가져다 줄 예상되는 이득을 따질 수 있는 유능한 개인이라는 나름대로의 이야기 줄거리로 이루어진다. 두 번째로는 절망에 빠진 개인으로 하여금 범죄 행위를 하도록 만드는 가난과 박탈의 사회적 환경을 강조하는 이야기 줄거리로서의 담론이 있을 수 있다. 셋째로 범죄자에 대한 정신 병리학의 담론도 가능하다. 이 예에서 보듯이 각 담론은 범죄자, 자율적인 행위자로서의 능력,

---

[207] J. Habermas, *The Theory of Communicative Action, Vol. 2* (Boston : Beacon Press, 1987); 이 부분은 Mark Warren, 'Deliberative Democracy,' in April Carter & Geoffrey Stokes (eds.),*Democratic Theory Today* (Cambridge : Polity Press, 2002), pp.176-185 참조.

가능한 동기 등에 관한 서로 상이한 모형을 그 바탕에 깔고 있다. 각 모형은 정상적, 범죄적, 이탈적 행위에 관한 정의 및 그 처벌과 대응에 관한 가치들과 밀접히 관련된다. 각 모형은 경험적인 연구의 검증으로 각 담론의 지지자들의 향배를 좌우할 수 있다. 또한 각 담론은 정치인들이 택하는 이데올로기적 입장과 밀접한 관련을 맺는다. 따라서 어떤 시점과 장소에 있어서의 공공정책의 내용은 이러한 담론들의 상대적 무게에 크게 영향을 받는다고 볼 수 있으며, 현대사회의 주요 담론으로서는 '시장자유주의'(market liberalism), 1980년대 중반 이후의 '세계적 환경 문제와 관련되는 지속적인 발전,' 다양한 페미니즘(feminisms) 등이 꼽힌다.[208]

Dryzek는 이러한 담론의 '논쟁'(contestation)의 결과로서 어떤 실행 가능한 합의에 도달할 수 있게 된다고 본다. 그러한 합의가 담론적 정당성을 확보하기 위해서는 여러 가지 요인들이 개재된다. 무엇보다도 협의과정에서 국가의 정책적 필요성(예 : 금융시장의 신뢰성을 유지하기 위한)에 따라 공공정책의 내용과 관련되는 담론의 배열이 흔들린다든가, 경우에 따라 담론이 이데올로기적인 성격(예 : 금융시장을 즐겁게 만들기 위해서)을 띤다든가, 전략적 또는 권력의 입장에서 담론적 논쟁이 조작된다든가 하는 사태들은 어떻게 해서라도 막아야 하는 과제들이 있다. 이것은 협의민주주의자들의 몫이기도 하다. 또한 담론의 논쟁이 성공적으로 실행되기 위해서는 '네트워크'의 형성과 파급이 권장될 수 있다. 네트워크의 형성은 다양한 논쟁참가자들을 가동할 수 있으며, 평등, 공개, 존경, 상호성과 같은 표준적인 협의적 미덕을 만들어줄 수 있기 때문이다. 예를 들면 환경적 정의를 형성시킨 '네트워크'는 1978년 미국의 Love Canal 지역의 독성 화

---

[208] John S. Dryzek, 'Legitimacy and Economy in Deliberative Democracy,' in Colin Farrelly, *op. cit.*, pp.247-249 〔excerpts from J. Dryzek, 'Legitimacy and Economy in Deliberative Democracy,' *Political Theory*, 25(5), 2001, pp.651-669〕.

학물질에 대한 주민들의 고발과 투쟁에서 비롯되었으며 그 후 인종, 계급과 같은 다른 분야의 네트워크와 결부되면서 확산되어 나갔다. 끝으로 협의의 '터'로서의 '공공영역'(public sphere)의 담론적 활력은 국가의 역할과 밀접히 관련된다. 이익표출의 형태에 있어서 비교적 '수동적으로 배타적'인 국가는 담론적 활력에 도움이 된다. 1950년대로부터 1980년대까지의 독일 연방 공화국은 3자 조합주의(정부, 기업, 노동)와 행정 및 법률 분야에서의 공공이익의 통일적 개념 등에서 이러한 모범을 보였다. 이 기간 동안 사회운동은 번성하였는데, 그것은 국가로부터는 배제되었으나 국가에 의해 침식되지는 않았기 때문인 것으로 풀이되고 있다. 일반적으로 협의의 성공 여부는 네트워크의 역할에서처럼 우선 '분산'되는 것이 좋고 협의 참여자들의 자질이나 국가의 역할과 같은 여러 요인들이 합쳐져서 '유능한 통제'(competent control)를 발휘할 수 있느냐에 달려 있다고 볼 수 있다.[209]

(2) **시민이론**(citizenship theory)

민주주의 이론이 지금까지의 '집약적 모형'으로부터 '협의적 모형'(deliberative model)으로의 발전이 바람직하다고 여겨지자 여러 가지 이를 위한 협의과정을 둘러싼 제도적 보완장치[예 : 협의 투표(deliberative polls), 시민배심원제(citizen juries), 주민집회(town hall meetings), 국민의회(constituent assembly)] 등이 논의되고 있으나, 그에 못지않게 관심을 모으는 주제로서는 협의민주주의의 운영을 담당하게 될 주체로서의 시민의 자질과 덕성의 문제를 생각해볼 수 있다. 민주적 시민은 적극적이고 참여적이며 권위에 비판적이고 비독선적일 뿐만 아니라 흥정이나 협박에 의한 개인적 이득의 추

[209] *Ibid.*, pp.253-255.

구가 아니라 협의를 통한 상호이해를 이루어내는 시민상이 요청되기에 이른다. 이러한 시민적 덕성(civic virtues)이 없이는 자유민주주의는 정의의 약속을 지킬 수 없고 비민주적이거나 비자유주의적인 세력에 굴복될 수밖에 없다는 주장도 나올 수 있다.[210]

Geoffrey Stokes에 의하면 협의민주주의에 부합되는 이상적인 시민은 다양한 능력을 갖춘 활동적인 인간이어야 한다. 가장 중요한 것은 대화와 커뮤니케이션에 종사할 수 있는 능력이다. 시민들은 기존의 신분이나 역할, 또는 정체성만으로 그들의 선호를 형성하는 것이 아니며, 경우에 따라서는 자기이익의 즉각적인 추구를 피할 수 있는 자제력의 행사가 필요할 때가 있게 된다. 이를 위해서는 비판과 자기반성의 능력이 수반되어야 한다. 따라서 훌륭한 협의적 시민은 자기의 이해관계를 정립하는 일뿐만 아니라 어떤 쟁점과 관련되는 공공선의 이해와 그 형성과정에 기여해야할 것이 요구된다. 남의 이야기를 주의 깊게 들을 수 있는 능력과 함께 자기의 기존 입장과 이해를 수정할 수 있는 열린 마음도 가져야 하며 일단 내려진 결정을 기꺼이 받아들일 수 있는 도덕적인 힘을 가질 필요도 있다.[211]

한편 '정중함'(civility)도 시민적 덕성의 주요한 부분으로 강조된다. 이것은 우리가 잘 알지 못하는 사람을 직접 대면하는 경우에 대하는 방식을 지칭한다. 사회생활의 모든 영역에서 인종이나 성별에 구애 받지 않는 '비차별'(non-discrimination)의 원칙과 관련되는 문제이기도 하다. 진정한 '정중함'이란 상대방이 아무리 나쁘게 나오더라도 그것을 미소로 대하라

---

210 Kymlicka, Contemporary Political Philosophy, *op. cit.*, pp.292-293.

211 Geoffrey Stokes, 'Democracy and Citizenship,' in April Carter & Geoffrey Stokes (eds.), *Democratic Theory Today : Challenges for the 21st Century* (Cambridge : Polity Press, 2002), pp.41-42.

는 뜻은 아니며, 남이 자기에게 대하는 만큼의 동등한 대응을 의미하며, 공적 생활에 있어서의 '평등의 규범'(norms of equality)을 주요내용으로 하는 것임이 강조된다.[212]

그러면 이러한 민주적 시민의 덕성이 만들어지는 사회적 여건은 어떤가? 즉 시민적 덕성과 밀접히 관련되는 사회적 제도나 관습으로서의 묘상(苗床, seedbeds) 문제가 되는데 다음과 같이 정리해볼 수 있다.[213]

첫째로 시민적 덕성에 미치는 시장의 영향력을 생각해볼 수 있다. 이른바 '뉴 라이트'(New Right)의 이론가들은 시장이야말로 시민적 덕성을 위한 좋은 학교가 된다고 본다. 즉 1980년대의 Thatcher/Reagan 식 개혁에 있어서는 시민생활에서의 시장 범위의 확대(자유무역, 탈규제, 감세, 노동조합의 약화, 복지 혜택의 감소)를 통하여 개인의 창의와 자립심을 증대시키고자 했다. 최근의 복지국가에 대한 우파의 공격은 복지국가가 빈민층의 수동성만을 키우고 '의존의 문화'(culture of dependency)를 만들어 시민들을 관료적 보호하의 수동적 식객으로 전락시켰다고 비판한다. 그러나 시장은 사람들로 하여금 자기 관리의 능력을 만들어주며 이것이야말로 시민들을 사회의 완전한 일원으로 만드는 전제조건이 된다고 주장한다. 그러나 시장의 활성화는 전례 없는 탐욕과 무책임성을 유발할 가능성도 있다. 비록 시장은 솔선이나 창의성은 가르칠 수 있을지 몰라도 정의 감각이라든가 사회적 책임은 가르치지 못한다는 한계점이 지적된다.

둘째로 시민사회의 다양한 자발적 조직들을 생각해볼 수 있다. 교회, 가족, 노동조합, 종족결사, 조합, 환경단체, 이웃결사, 지원 단체, 자선단체 등으로 이루어지는 시민사회의 결사적 네트워크는 민주정치를 가능

212 Kymlicka, Contemporary Political Philosophy, *op. cit.,* pp.301-302.
213 이 부분은 Kymlicka의 정리를 참고하였음. *Ibid.*, pp.302-311.

케 만드는 '정중함'을 만들 수 있는 훌륭한 학습장소로 파악된다. 그러나 여기에서도 문제가 생길 수 있다. 예를 들면 이웃결사의 경우 좋은 이웃이 되기를 권장할 수 있지만 어떤 공공행사나 시설의 유치, 이웃의 권익과 관련될 때에는 사정이 달라진다. 가정은 경우에 따라 남성우월주의를 가르치는 '전제의 학교'(school of despotism)로 될 수 있고, 교회는 권위에 대한 존경심, 다른 믿음에 대한 비관용을 가르칠 수 있으며, 종족단체는 다른 종족에 대한 편견을 주입시킬 수 있다.

셋째로 '모성적 시민권'(maternal citizenship) 이론은 가족에 초점을 두고 특히 어머니로서의 '돌보기'(mothering)가 책임과 덕성의 학습효과에 이어질 수 있다고 주장한다. 돌보기는 여자들에게 생명을 보존하고 약자를 보호하는 책임을 가르쳐 주며, 이러한 학습은 정치생활의 지도원칙이 되어야 한다는 것이다. 돌보기는 무언가를 보존하는 것이 되는데, 이는 새로운 이득을 획득하는 것보다는 이미 존재하는 관계의 보호에 우선권을 둔다는 점에서 전쟁이나 환경문제와 같은 결정에 함축적인 의미를 가진다. 모성적인 시민 이론은 '배려의 윤리'(the ethics of care)와 밀접한 관계를 갖지만 이것이 여러 가지 민주적 가치들(적극적 시민, 자치, 평등주의, 자유의 행사 등)을 증대시키느냐의 여부에 대해서는 유보적인 입장들이 있는 것으로 되어 있다.

끝으로 교육체제에서 답을 찾으려는 시도가 있을 수 있다. 학교야말로 아이들에게 공적 합리성과 관련되는 비판적 추리와 도덕적 관점들을 가르쳐 주어야 한다는 입장이다. 또한 근대국가가 추구하는 의무교육의 기본적인 정당성도 여기서 비롯되는 것이기도 하다. 비록 역사적으로 볼 때 학교교육은 맹목적 애국심이나 권위주의의 주입에도 책임이 있지만, 오늘날의 이론은 학교가 다른 곳에서는 배울 수 없는 시민적 덕성의 학습장소가 될 수 있다는데 의견의 일치를 이루고 있다. 그리고 교육에 대한 국가의 규제에 대해서도 이견이 제시되지 않는다. 그러나 한편 학교교육은 그 사회의 역사적 전통이나 종교적 특성에서 오는 다양한 영향력의 작용에서 초연할 수 없는 나름대로의 특수성이 있을 수 있다. 이러한 제약성에도 불구하고 국가교육이 시민적 특성을 함양시킬 수 있는 '초연한 학교'(detached school)의 구실을 보장해줄 수 있을지도 어려운 문제가 된다. 학교는 사회의 일부이기 때문에 사회제도의 뒷받침 없이는 교육의 목표는 달성되기 힘들다는 사정이 있다.

이상의 논의에서 밝혀지듯이 그 어떤 사회제도가 시민적 덕성의 묘상으로서 가장 적절한가의 문제에 대한 해답은 쉽지가 않다. 결국 시민들은 서로 중복되는 다양한 제도들로부터 오는 중복된 덕성들을 배우게 된다고 볼 수밖에 없다. 서로 얽혀 있는 영향력의 실체를 밝혀내는 일은 민주주의 정착을 위해서 바람직한 일이기는 하다.

6. 다문화주의(Multiculturalism)

다문화주의는 '차이의 정치'(差異의 政治, politics of difference), '정체성의 정치'(politics of identity), '인정의 정치'(politics of recognition)로도 불리는 근래의 정치철학과 실제 세계정치면의 새로운 운동을 지칭한다. 근대사회는 심층적인 다양성과 문화적 다원주의로 특징지어지며, 이를 표출해내는 다양한 사회적 단위들(세력, 종족, 등)의 문화적 정체성이나 이해는 최대한 존중되고 보호되어야 한다는 것이 그 기본 입장이다.

(1) 다문화주의의 기본 전제

근대사회는 '정상적인 시민의 모형'(model of 'normal' citizen)에 기초한 문화적 특성을 띠어왔다. 서구민주주의 사회에서도 신체적으로 무난하고 이성애 지향의 백인남성의 특질이 그 기준이 되었고, 만약 이 정상의 모형에서 벗어나는 경우에는 배제와 주변화, 침묵강요, 또는 동화의 대상이 되었다. 비록 자유민주주의 국가에서의 각종 사회적 권리의 보장이 민족적 통합의 수단으로 제도화되었지만, 실제로는 이러한 정상적 시민의 모형이 지배해온 것이 사실이다. 즉 이념적 이상과 그 실행적 현실(實行的 現實)의 격차는 불가피하였던 것으로 볼 수 있다. 백인이 아니면 서구민주주의 사회에 들어오는 것은 거부되었고 만약 들어 왔다하더라도 시민이 되기 위해서는 동화의 과정이 요구되었으며, 원주민 집단들은 고립된 보호구역으로 이주되든가 그들의 전통적 생활스타일을 포기하도록 강요되었고, 동성연애자들은 범죄시되든가 만약 합법화되더라도 공공생활에서는 침묵이 권장되었다. 장애인들은 사회제도에서 소원하게 다루어졌다. 이제 이런 비정상적인 집단들(흑인, 여성, 원주민, 소수 종족 및 종교집단, 동성애자)은 그들의 목소리를 높이기 시작했고 국가적으로 사회적으로 동등한 권리와 대우를 요구하기 시작한다. 이들은 그들에 대한 차별과 주변화가 그들의 사회-경제적 신분에서만 비롯되는 것이 아니라 그들의 사회-문화적 정체성에서 온다는 것을 강조하고 나선다. 즉 그들의 '차이'(difference)에서 비롯된다는 것이다. 따라서 이들은 어떤 '정상적 시민'(건강한 이성애적 백인남성)과 같은 공통된 시민적 권리가 존재한다는 가정을 받아들이지 않으며 다만 '차별화된 시민'(differentiated citizenship)만이 존재한다고 주장한다. 그리고 이러한 집단에 속한 사람들은 하나의 개인으로서가 아니라 집단의 일원으로서 정치적 공동체에 편입되며 그들의 권리는 집단의 회원으로서 존중된다는 의미를 지니게 된다.

이러한 차별화된 시민권을 주장하는 집단들은 다양한 권리 주장으로 특징지어진다. 어떤 집단들은 캐나다의 퀘벡(Quebecois) 지방처럼 하나의 공통된 국민적 문화가 존재한다는 것을 받아들이지 않으며 스스로가 하나의 독자적인 민족임을 전제로 자기의 언어, 문화, 공공제도를 갖는 자치적 사회를 지향한다. 일부 국가의 원주민들도 스스로의 민족성을 유지하지 위해 국민적 문화에의 통합에 반대하며, 자기들의 토지소유, 조약체결권, 자치권 등을 포함한 다양한 차별화된 권리들을 주장한다. 동성애자들은 자기들이 국민적 문화로부터 부당하게 소외되었다고 생각하며 스스로가 낙인되었다는 피해의식을 갖는다. 따라서 이성애적 지배문화에 대하여 도전하며 법적 차별과 사회적 신분 면에서의 불평등에 대한 개선을 요구하고 나선다.[214]

(2) **인정의 정치**(politics of recognition)

사람은 자기가 누구이며 또한 인간으로서 갖는 근본적인 특성은 무엇인가 등을 이해하게 되는데 이것을 우리들은 '정체성'(identity)으로 부른다. 그리고 모든 사람들은 자기의 정체성을 남들이 알아주고 인정해줄 것을 부단히 요구하게 된다. 모든 사람이 보편적으로 가지는 정체성에 근거해서 요구되는 권리와 존경도 필요하지만, 남과 차별화되는 자기만의 '유일한 정체성'(unique identity)에 보다 인정과 존경이 뒤따라줄 것을 바란다. 그리고 이 유일한 정체성에 대한 인정은 개인적으로도 요구되지만 집단적으로 요구될 수 있다. 나는 나만의 정체성에 근거해서 어떤 인정

---

214 Kymlicka, Contemporary Political Philosophy, *op. cit.*, pp.327-330.

을 원할 수 있지만, 흑인으로서, 여성으로서, 원주민으로서, 동성애집단으로서의 요구가 더 절실해질 수가 있다. 이러한 정체성의 인정을 둘러싸고 벌어지는 정치를 '차이의 정치'(politics of difference), 또는 '인정의 정치'(politics of recognition)로 부르게 된다.[215]

그러나 다문화주의의 최근의 이론화는 정체성과 차이의 기준으로부터 보다 광범한 문화적 정의로 확대 해석되는 경향이 있다. Parekh에 의하면 다문화주의의 주제는 문화 속에 자리 잡고 유지되는 믿음과 실행의 체계에 관한 것이며, 사회적으로 집단을 이루는 사람들은 이러한 믿음과 실행을 통하여 자신들과 세계를 이해하며 그들의 개인적, 또는 집단적 삶을 조직화하는 것으로 이해된다.[216] 따라서 다문화주의는 공동체주의와 그 맥을 함께 하며, 인간은 어떤 특정한 문화 속에 자리 잡은 사회적 존재로서 서로 상이한 문화적 관습에 가치를 부여하게 되는 점을 크게 부각시킨다. 다문화주의자들은 우리가 집단적으로 어떻게 함께 살아나가야할 것인가에 대한 이론화에서 문화적 다원성이 매우 중요한 부분을 차지할 것을 역설하고, 사회마다의 소수집단들의 자치권 확보, 특정한 문화적 관습의 법률적 보호, 특수한 대표 선출권 등과 같은 다양한 정책적 과제들의 실현에 자기들의 정열을 쏟는다.

'차이의 정치'와 관련해서 자주 인용되는 예는 영국에서의 '오토바이' 운전자에게 요구되는 헬멧 착용에 관한 법률이다. 1972년 영국의회는 모든 오토바이 운전자에게 헬멧 착용을 요구하는 법률을 통과시키자 인도계열의 시크(Sikhs)족들이 이에 대하여 항의하기 시작했다. 즉 그들이 쓰

---

215 Charles Taylor, 'The Politics of Recognition,' in Colin Farrelly, *op. cit.*, pp.269-276 〔excerpts from Charles Taylor, 'The Politics of Recognition,' in A. Gutman (ed.), *Multiculturalism*(Princeton : Princeton Univ. Press, 1994), pp.25-44〕.

216 Bikhu Parekh, *Rethinking Multiculturalism : Cultural Diversity and Political Theory* (Basingstoke : Palgrave, 2000), pp.2-3.

고 다니는 터번(turban)이 헬멧과 똑같은 안전을 보장해줄 수 있고, 이미 두 차례의 세계대전에서 영국을 위해 싸울 때도 터번이 아무런 문제가 없었다고 항변했다. 결국 그 법은 1976년 개정되어 시크족의 터번은 헬멧을 대신하는 방향으로 결말을 보았고 이러한 시크족에 대한 예외적 인정은 그 후 공사현장에서도 가능해졌고 경찰이나 군에 있어서도 터번 착용이 허용되는 방향으로까지 진전된다. 터번뿐만 아니라 유태인들이 쓰는 두건(yalmulke), 시크 여인들이 착용하는 긴 소매(quemiz) 등에 얽힌 문화적 갈등에 관한 이야기들도 어떤 사회 내에서의 소수집단의 문화적 정체성이 우여곡절 끝에 정당한 인정을 받는 적절한 사례가 된다.[217]

두건이나 의상에 관한 이야기보다 문화적 차이의 인정에 관한 판단이 쉽지 않은 경우도 많다. 모든 사회에서 '강박당한 결혼'(marriage under duress)의 경우에는 법적으로 무효가 된다. 영국의 어떤 아시아계 여인은 그의 부모가 정해준 남편과 결혼하였으나 그것은 '가족으로부터의 추방'이라는 위협에서 이루어졌기 때문에 '강박'이라는 이유를 근거로 법원에 결혼 취소를 요청한 예가 있다. 법원은 일단 강박이란 '생명과 자유에 대한 임박한 위협이 있는 경우'에만 발생할 수 있다고 보기 때문에 결혼 취소를 허가하지 않았다. 그러나 '강박'에 대한 이러한 해석은 문화적으로 극히 적절치 못한 것이었다는 비판이 제기되어 법원은 몇 년 후에는 아시아 여인과 관련된 동일한 사건을 완전히 입장을 바꾸어 결혼 무효의 판결을 내렸다. 즉 영국 여인에게는 그러한 사회적 압력은 강박이 아니지만 아시아 여인에게는 강박이었다는 법원의 판단에 근거한 것이다. 이 예에서는 아시아 여인에 대한 특별한 배려가 있는 것으로 나타난다. 그러나 법은 '강박의 부재'(absence of duress)가 정당한 결혼의 기초가 된다

---

217 Bikhu Parekh, 'Equality of Difference,' in Colin Farrelly, *op. cit.*, pp.282-285.

고 규정하고 있으며, 아시아 사회에서는 가족으로부터의 추방은 사회적 퇴출이자 강박이지만 영국 백인 사회에서는 그렇지 않기 때문에 아시아 여인과 백인 여인에 대한 차별화된 대우는 평등의 원칙에 어긋나지 않는다고 본 것이다. 아시아 여인에게 이혼을 위한 추가적인 근거를 주는 것이 아니라 현존하는 법률을 문화적으로 예민하게 해석하는 데서 오는 차별의 의미가 강조될 수 있다. 문화적인 차이가 존재하고 그에 따라 해석이 달라진다는 점이 법의 집행에 적절히 반영되는 적절한 예가 될 수 있다.[218]

(3) 다문화주의의 정치적 측면

구소련의 붕괴 이후로 동구권에 불어 닥친 민주화와 종족민족주의의 분출, 그리고 서구민주주의 국가에서도 재연되고 있는 분리 독립운동(예 : 캐나다의 Quebec, 영국의 Scotland, 벨기에의 Flanders, 스페인의 Catalonia 등), 및 기타 여러 나라에서 전개되고 있는 분리(secession), 민족주의, 이민, 집단 대표권, 원주민 권리 등을 둘러싼 다양한 소수집단들의 저항운동 등을 계기로 다문화주의는 학계의 각별한 이론적 관심사로 각광을 받는다. 그러나 이에 대해서는 그 정치적 효과와 파급에 대한 찬반의 논의가 계속되고 있다.

우선 전통적인 자유주의의 입장에서의 비판이 있다. Chandra Kukathas에 의하면 자유주의는 본래 문화적 다양성을 존중하는 면에서 다문화주의와 다를 바 없다고 주장한다. 문화적 다양성은 포용되어야 하고 그 차이는 관용으로 대해야 하며 문화적 차이를 둘러싼 갈등과 경쟁은 인간사회에 불가피한 현상으로서 정치제도는 개인들이 자기의 목표

---

218 *Ibid.*, pp.286-287.

를 추구하고 생활하는데 최대한의 자유스러운 환경을 마련해야 한다는 전제를 받아들인다. 다만 국민들이 서로 다른 문화적 표준을 선택할 권리는 인정하지만 그것이 국민 서로가 평화로운 공존을 가능케 하는 정치적 법률적 질서를 위협하지 않는다는 조건하에서만 허용된다는 점을 강조한다. 이점 자유주의는 문화적 차이에 관한 자유를 최대한 존중하는 '무관심의 정치'(politics of indifference)를 지향한다. 자유주의의 목표는 정체의 문화를 만들어내거나 개인의 존엄을 지나치게 떠받치거나 소수집단을 주변화 상태에서 구출해낸다든가 하는데 있지 않다. 오히려 자유주의는 이러한 문제에 무관심하다. 유일한 관심사는 이러한 집단이나 개인들이 존재하도록 하는 질서를 보존하는 일이라는 점을 강조한다. 특히 Kukathas는 어떤 강력한 이해와 관련되는 소수집단의 요구에 정치가 개입될 때 그것은 타집단의 대응적인 요구를 유발하고 자칫 폭력적인 단계적 확대로 진전될 위험성을 지적한다. 1993년 호주 이민을 둘러싸고 전개된 유고슬라비아의 마케도니아 출신 집단 간에 벌어진 폭력사태를 그 예로 들고 있다. 따라서 어떤 집단에 대한 국가의 선별적 배려는 그 집단의 구성원이 되려는 새로운 유인을 만들어내고 집단의 규모를 더욱 확대시키는 상승작용을 가져올 수 있다. 결국 '인정의 정치'는 이해집단 간의 갈등으로 전환될 위험을 언제나 안고 있다는 이야기가 된다. 자유주의의 입장에서는 국가가 질서와 평화 이외에는 관심을 두지 말아야 한다. 국가는 어느 문화가 살아남느냐를 결정할 수 없다. 과거에 국가가 종교적 성격을 좌우하려고 하다가 실패를 보았듯이 국가는 사회의 성격을 결정하고자 하면 갈등을 악화시킬 수밖에 없다. 질서를 위해서 국가는 평화를 유지하는 일차적 기능에 충실할 것이 역설된다. 문화적 다양성을 최대한 수용하되 집단적인 스스로의 목표만은 추구하지 않는 정체

(polity)야말로 자유주의 정체로 규정될 수 있다는 것이다.[219]

다문화주의는 이론적으로 양면적인 성격을 띠고 있다. 즉 분석의 초점을 어느 수준에 두느냐에 따라 이론적 특성이 달라진다. 만약 어떤 대상 집단에 대한 분석을 국지적 또는 집단수준에 초점을 두게 되면 그것은 공동체주의와 맥을 함께하는 이론적 구성이 된다. 개인의 유일한 정체성은 집단의 공공선과 불가분의 관계를 갖게 되며 개인은 그 집단의 문화와 관습에 자리 잡는 사회적 존재로 파악된다. 흑인으로서 여성으로서 원주민으로서의 집단적 정체성과 이해가 가장 중요한 실천적 의미를 지니고 있기 때문이다. 이때는 다문화주의는 보수적인 논리에 이용될 수 있으며 자기 집단의 진정한 문화와 전통만을 앞세우는 '과거 지향적' 사상의 성격을 벗어나기 힘들게 된다. 반면 그 소수집단이 보다 큰 상위단위에 소속되어 응분의 인정과 존경을 받지 못하게 되어 '배제'와 '낙인'의 관습에 저항하여 투쟁하는 경우에는 자유주의의 전제를 받아들이게 되며, 이때의 다문화주의는 목적의 다원성과 수정 가능성을 받아들이는 진보적인 이론적 성격을 띨 수 있게 된다. 특히 근세 이후의 민족국가 형성과 관련해서는 다문화주의는 공동체주의에서처럼 배타적이며 보수적인 민족적 정체성을 띨 수도 있고 또한 경우에 따라서는 극히 포용적인 자유주의적인 형태를 띨 수도 있다는 양면성이 바로 그것이다.[220]

---

219 Chandran Kukathas, 'Liberalism and Multiculturalism,' in Colin Farrelly, *op. cit.,* pp.288-294 〔exerpts from Kukathas, Chandran, 'Liberalism and Multiculturalism : The Politics of Indifference,' *Political Theory*, 26(5), 1998, pp.686-699〕.

220 W. Kymlicka, Contemporary Political Theory, *op. cit.*, pp.368-369.

7. 페미니즘(Feminism)

페미니즘은 남성들의 여성들에 대한 체계적인 지배를 종식시키고자 하는 분명한 최상의 목표를 추구한다. 이론적으로는 이 목표를 달성하기 위하여 남성들의 지배를 설명하고 그에 대한 도전에 전력을 다한다. 또한 남성의 지배를 종식시키기 위한 단호한 운동을 전개하고 추진하는 이데올로기적인 특성도 아울러 지닌다. 페미니즘이 이론적으로 제기하는 최근의 중심적 주제들을 살펴보고 현실 타파의 실천적 과제와 관련되는 이데올로기적 차이점들을 검토해본 다음 앞으로의 진전에 대한 전망 등을 다루어보기로 한다.

(1) 페미니즘의 연구 주제

남성지배의 역사적 현상을 분석하기 위하여 최근 페미니즘이 제기하고 있는 연구 주제들을 다음과 같이 정리해볼 수 있다.

① '공사의 이분법'(公私의 二分法, public/private dichotomy)

페미니즘은 전통적인 정치이론에서 논의되어온 공공영역과 사적영역에 관한 구분에 관해서 이를 철저히 해부하여 비판한다. 전통적으로 공공영역(정치, 직장, 예술, 문학 등)은 남성들의 활동영역이고 여성들의 존재는 가정이나 가사의 책임으로 이루어지는 '사적'(private)인 영역으로 한정되는 것으로 인식되어 왔다. 따라서 정치가 공적인 영역에서 발생하는 것이라면 여성의 역할이나 성적 평등의 문제는 정치적인 문제로 취급될 수 없는 것이고, 가정주부와 어머니로서의 사적인 역할에 얽매이게 되는 여성들로서는 정치로부터 배제된다. 그러나 페미니즘은 이 '공사 이분법'

이 근거 없는 신화적인 가정임을 지적한다. 아이를 기르고 가정을 돌보는 사적인 영역도 정치적인 특성을 띤다는 점을 강조한다. 우선 가사나 개인적인 영역에서도 권력의 현상은 나타나며 가족 성원 간에도 '아내 학대'나 '아동 학대'가 발생하여 법적인 처벌과 정의의 문제가 제기된다. 그리고 가정에 대한 국가의 간섭과 규제도 불가피하다. 국가는 결혼에 관한 조건들(재산권, 양육권 등)을 결정하고 강행해왔으며 가정은 이미 사사로운 영역이 아닌 것이 역사적으로 입증된다. 가정은 또한 아이들을 키우는 사회화의 터로서 이미 여아에게는 어릴 때부터 양육의 의무가 체질화되면서 남녀의 차이가 만들어진다는 점도 지적된다. 뿐만 아니라 여성들은 사회의 모든 영역에서의 진출이 제약되어 있기 때문에 그들의 입장과 발언은 권위를 갖지 못한 것으로 나타나게 되어 있다. 특히 여성의 진출은 이러한 발언을 좌우하는 법정의 운영에서 더욱 두드러지는 것으로 나타난다는 것이다. Susan Moller Okin은 이러한 네 가지 근거에서 '사적인 것은 정치적이다'(The personal is political)라는 페미니즘의 기본원칙을 강조한다.[221] 즉 전통적으로 탈정치화되어온 사적인 영역으로서의 가정도 정치적임을 지적하여 '공사 이분법'의 허구성을 밝히고 있다. 가정에서도 불의가 발생하면 이것은 정치적인 문제로 그 해결책이 마련되어야 한다는 정책적 의미를 선명히 하고 있다

② 섹스(sex)와 젠더(gender)의 구별

페미니즘은 '섹스'와 '젠더'를 구별한다. 섹스는 남자와 여자의 생물학적인 차이를 나타내며 극히 자연적이며 고칠 수 없는 것으로 정의된다.

221 Susan Moller Okin, 'The Public/Private Dichotomy,' in Colin Farrelly, *op. cit.*, pp.185-192 〔excerpts from S. M. Okin, *Justice, Gender and the Family*. (New York : Basic Books, 1989), pp.124-133〕.

반면 '젠더'는 문화적인 용어로서 남자와 여자에게 사회가 부여하는 상이한 역할을 지칭한다. 따라서 젠더의 차이는 남자다움이나 여자다움과 같은 상투적인 구별에서처럼 문화적으로 만들어지는 사회적 의미의 성격을 띤다. Simone de Beauvoir라는 저명한 페미니스트는 '사람은 여자로 태어나는 것이 아니라 여자가 된다'(One is not born a woman, one becomes one.)는 유명한 말을 남겼다.[222] 여성의 사회적 지위나, 정체성, 의식 등은 그 신체적인(생물학적인) 특성에서 오는 것이 아니라 남성과의 상호작용의 산물이며, 남녀 간에 구성된 계층적이고 상호적대적인 관계는 사회적으로 만들어졌다고 본다. '젠더'라는 개념을 가지고 페미니스트들은 사회적으로 만들어진 여성들의 정체성을 재구성할 수 있는 사회적 변화의 길을 열 수 있고, 여성들이 '젠더화'되고 억압되어온 과정에 새로운 관심을 집중시킬 수 있게 된다. 예를 들면 이성애와 동성애를 둘러싼 성별의 연구에서는 이 구별이 역사적으로 만들어진 젠더의 성격을 부여하고 있다. 즉 이 구별은 역사적으로 중산계급이 구체제의 귀족계급 및 새로 등장하는 노동계급과의 차별화를 시도하는 투쟁의 산물로 본다. '이성애'의 개념을 통하여 중산계급은 현존하거나 새로 나타나는 사회집단들보다 도덕적으로 우월한 지위를 구축하고자 한 것으로 설명이 시도된다. 그리고 여성간의 동성애의 개념도 이러한 역사적 발생으로 풀이된다.[223]

③ '동일성'(sameness)과 '차이'(difference)

페미니즘은 남녀의 '동일성'을 강조하는 집단과 그 '차이'를 강조하는

222 Simone de Beauvoir, *The Second Sex*, repr. (London : Penguin, 1983), originally in French (1949), p.295.

223 Lisa Adkins, 'Feminist Social Theory,' in Austin Harrington, *Modern Social Theory* (Oxford : Oxford Univ. Press, 2005), p.245.

집단으로 나누어진다. 동일성을 강조하는 페미니스트들은 남성과 여성이 서로 같다는 입장에 선다. 사회마다 문화의 차이에 따라 남녀의 역할은 달라질 수 있지만, 이러한 차이가 강조되는 한 남성의 특권이 부각되고 여성의 지위향상은 답보상태에 빠질 수 있기 때문에 페미니스트들은 남녀 간에 사회적 역할수행의 능력 면에서 동일성이 있다는 점에 역점을 두게 된다. 대부분의 철학자들은 이제 남녀 간에 생물학적인 차이가 없다는 방향으로 의견을 모으고 있으며, 특히 생산과 재생산에 있어서의 기술적 변화로 인하여 남녀 서로가 상대방의 전통적인 일을 할 수 있게 되고 생산상의 능률은 전통적인 남녀 간의 분업과 오히려 상반된다는데 의견을 모으고 있다. 그리고 심리학 연구 분야에서도 남녀 간의 능력 면에서의 차이는 없는 것으로 결론이 나고 있다. 많은 페미니스트들은 여성해방을 위해서는 이러한 남녀동일성을 전제로 한 평등추구 정책이 가장 절실하다고 보며, 이를 위한 다양한 사회정책의 필요성을 강조하게 된다.

그러나 남녀의 '차이'에 착안하여 여성의 특성을 매우 긍정적으로 보는 입장도 있다. 정신분석학의 전통에 속하는 프랑스 페미니스트들은 여성이 보다 유동적이고 신체로부터 덜 분리되어 있으며 보다 상호 관계적인 신체적 특징을 부각시킨다. 어떤 페미니스트는 여성의 성기, 두 개의 입술, 말하기와 생각하기 등이 다원성, 무한성, 수동적인 활동 등의 특성을 만들어낸다는 주장을 편다.[224] 이러한 '차이 페미니스트'(difference feminists)들의 주장은 여성의 독득한 특성을 부각시킴으로써 오히려 여성의 권익이 존중될 수 있다는 입장이다. 남녀동일성을 강조하게 되면 그

---

224 Jane Mansbridge and Susan Okin, 'Feminism,' in Robert E. Goodin and Philip Pettit (eds.) *A Companion to Contemporary Political Philosophy* (Malden, MA : Blackwell Pulbishing, 2004), pp.280-281.

것은 남성을 모형으로 삼는 '남성 정체화'(男性 正體化, male-identified)의 시도로서 경우에 따라서는 남성들이 만들어내는 경쟁적이고 공격적인 사회를 만들 위험성도 지적된다. 여성을 위한 해방은 오히려 남자와의 동일성을 추구할 것이 아니라 여성으로서의 성취, 즉 '여성 정체화'(女性 正體化, woman identified)가 바람직하다고 본다.

④ 돌봄의 윤리(the ethics of care)

최근의 페미니즘 연구에서는 여성만이 갖는 '돌봄의 윤리'(ethics of care)가 새로운 관심을 모은다. 전통적인 정치철학은 여자의 가내적 생활(家內的 生活)을 위해서는 직관적이고 감정적이며 특수적인 성향이 요구되고 남자들의 공적 생활을 위해서는 합리적이고 공평하며 냉정한 사고가 요구된다고 가정해왔다. 페미니스트들은 이러한 구별이 문화적 신화임을 반박하고 남녀의 동일성을 강조해왔다. 그러나 최근에 와서 일부 페미니스트들은 여성에게 주어지는 '특수적인 사고'(particularistic thought)가 남성들의 '공평한 사고'(impartial thought)에 비하여 공적인 영역에서 보다 나은 도덕성을 지닌다는 새로운 주장을 펴고 있어 관심을 모은다. Carol Gillian은 여성의 도덕적 발전에 관한 연구를 통하여 남성들은 도덕적인 문제를 다루는데 있어서 추상적인 규칙이나 원칙을 앞세우는 이른바 '정의의 접근'(justice approach)을 중시하고 있으나, 여성들은 이와는 대조적으로 누가 피해를 입고 누가 득을 보는가 하는 상황의 특수성을 감안하는 케이스 바이 케이스의 결정을 내리는 이른바 '돌봄의 접근'(care approach)에 의존한다는 명제를 내놓고 있다. 남자들은 추상적인 정의나 권리 등을 앞세우고 여자들은 상황의 특수성을 배려하는 '돌봄'과 같은 덕성을 앞세운다는 이야기가 된다. 여성들의 도덕적 판단은 공식적이고 추상적이기보다는 맥락적이며 설화적인 사고에 그 바탕을 두고 있으며 책임성과 그 관계에 무게를 둔다는 점이 강조된다.[225]

돌봄의 윤리는 페미니즘에 활기 있는 논쟁을 촉발하고 있다. 어떤 페미니스트들은 '돌봄'과 '정의'가 두 개의 서로 상반되는 도덕적 특성의 문제이긴 하나 남녀 공히 두 가지 기준을 형평성 있게 적용한다고 보는가 하면, 일부는 두 도덕적 특성이 서로 다른 것 같지만 그 기저에는 공통점이 있다는 주장도 편다. 또한 일부 페미니스트들은 Gilligan의 '돌봄의 윤리'가 하나의 타당한 도덕적 관점이긴 하지만 가정이나 우애의 영역을 벗어나는 공적인 영역에서는 적용될 수 없다는 한계성을 지적한다. 그러나 많은 페미니스트들은 '돌봄의 윤리'가 비록 사적 관계의 맥락에서 발달되지만 공적인 의미를 충분히 가지고 있으며 공적 업무에서도 충분히 적용될 수 있다고 믿는다.[226]

(2) 페미니즘의 이데올로기적 특성

페미니즘은 남성들의 지배로부터 여성들을 해방시킨다는 정치적 입장에 근거하고 있기 때문에 현실 타파와 새로운 정책적 프로그램을 앞세우는 이데올로기적인 성격을 면할 수 없다. 그 이론적 논의가 자유주의나 사회주의와 같은 지배적인 이데올로기와 연관을 맺는 특성을 주목하지 않을 수 없게 된다.

① 자유주의 페미니즘(liberal feminism)

자유주의 페미니즘에서는 철저한 개인주의의 원칙이 강조되며 모든

---

225 Carol Gilligan, *In a Different Voice : Psychological Theory and Women's Development* (Cambridge, Mass. : Harvard Univ. Press, 1982), p.19, pp.26-28.

226 W. Kymlicka, Contemporary Political Philosophy, *op. cit.,* pp.398-400.

개인은 인간으로서의 평등한 도덕적 가치를 가지며, 성, 인종, 흑백, 종교의 차별 없이 동등한 대우를 받을 것이 강조된다. 특히 초기의 페미니스트(Mary Wollstonecraft, Betty Friedan 등)들은 여성들도 인간이라는 점에서 남성과 똑같은 권리와 특권이 주어져야 한다는 점을 역설하고 여성지위 향상을 위한 개혁에 주안점을 두었다. 주로 공공영역에 있어서의 참여(교육을 받을 권리, 투표권, 자기 경력을 쌓을 권리 등)에 비중을 두었다. 그리고 이러한 개혁의지들은 서구의 선진 국가에서는 여성의 선거권 확대, 이혼법과 낙태의 자유화, 동등한 보수 등의 많은 개혁조치로 결실되었다. 한 가지 자유주의 페미니즘에 나타나는 전통적인 성격으로서는 공공영역에서 여성에게 부여되는 광범위한 기회균등으로 개인적 성취와 인격화가 이루어지더라도 그에 병행해서 가정에서의 아이들과 가족에 대한 사랑과 같은 가정적인 측면도 아울러 존중되어야 한다는 절충론적인 입장이라고 볼 수 있다.[227]

② 사회주의 페미니즘(socialist feminism)

사회주의 페미니즘은 가부장주의가 자본주의의 산물이라는 점을 강조하면서 여성의 해방은 자본주의를 극복하는 길밖에 없다는 논리를 전개한다. Engels에 의하면 자본주의는 남성의 사유재산권을 인정하기 때문에 여성의 역사적 패배가 시작되었으며 여성에 대한 억압은 가족이라는 제도를 통하여 작동한다. 남자는 자기재산을 아들에게 물려주려고 하기 때문에 부르주아 가족은 본질적으로 가부장적이고 억압적인 특성을 띠게 마련이다. 대부분의 사회주의 페미니스트들은 여성을 가정에 묶어

227 Andrew Heywood, *Political Ideologies,* Third Ed. (New York : Palgrave Macmillan, 2003), pp.252-254.

놓는 것은 자본주의의 경제적 이익에 부합된다고 본다. 여성은 노동의 예비군 역할을 하며 낮은 임금과 신분 등으로 남성의 직업을 위협하는 일 없이 임금율을 고정시켜 준다. 아이를 낳고 키우면서 다음세대와 생산을 위한 노동력을 만들어낸다. 또한 가정부로서의 역할을 통하여 남성들의 가사 몫을 덜어주고 남성들이 생산 활동에 전념토록 돕는다. 남자는 생산 활동, 여자는 가사에의 전념이라는 사회적 분업을 통하여 경제적 효율의 달성에 기여한다는 것이다. 정통 마르크스주의자들은 여성탄압이 사유재산제도라는 자본주의의 산물이라는 인식을 같이하고 있으며, 여성해방도 자본주의가 붕괴되고 사회주의가 승리하는 사회혁명의 산물로 가능할 수 있다고 본다. 그러나 근래의 사회주의 페미니스트들은 이러한 경제결정론(사유재산)과 계급 투쟁적 시각에서 벗어나 경제뿐만 아니라 사회적, 정치적, 문화적 세력들의 다양한 상호작용을 중시하는 방향으로 나가고 있다. 즉 가부장제에 대한 문화적, 이데올로기적 근원에 무게를 둔다. J. Mitchell은 여성들이 ① 노동력의 일원으로서 생산에 종사하며, ② 아이를 낳음으로써 인류의 재생산에 기여하고, ③ 아이들의 사회화를 책임지며, ④ 성의 대상이 된다는 등의 네 가지 사회적 기능을 수행한다고 전제하고, 이 모든 분야에서의 여성해방이 이루어질 것을 요구하고 있다.[228]

③ '과격 페미니즘'(radical feminism)

과격한 페미니즘은 지금까지의 이데올로기(자유주의, 사회주의)를 뛰어넘는 새로운 주장을 내세운다. 1970년대의 과격이론가들(Simone de Beavoir, Eva Figes, Germaine Greer 등)은 젠더 차이는 그 자체로서의 연구 분야를 형

228 *Ibid.*, pp.255-257.

성해야 하며, 가부장적인 가치와 믿음은 문화, 철학, 도덕, 종교의 모든 분야에 퍼져 있다는 전제에서 출발한다. 특히 Kate Millertt와 Shulamith Firestone은 성적 억압은 사회의 가장 근본적인 특징으로서 계급착취나 인종적 증오와 같은 다른 형태의 불의는 오히려 부차적이라는 주장을 편다. Millertt는 남녀 간의 상이한 역할이 그 근원에 있어서 '조건화'(條件化, conditioning)의 과정을 통하여 이루어지며, 소년과 소녀들은 어릴 때부터 구체적인 젠더 정체성에 부합되도록 양육된다고 보고 있다. 이렇게 형성된 가부장제는 가정뿐만 아니라 문학, 예술, 공공생활, 경제 등의 전 분야에 걸쳐 파급된다. 따라서 여성의 해방은 교육과 토론을 통한 '의식의 상승'(consciousness raising)으로서 가능해지며, 가족제도의 파괴, 여성에 대한 심리적, 성적 억압의 종식과 같은 혁명적인 변화로만 가능하다.[229] 한편 Firestone은 성적 차이는 조건화뿐만 아니라 생물학의 문제임을 강조한다. 여자는 아이를 낳아야 하는 생물학적 이유 때문에 어린이처럼 항상 문리적 생존을 위해 남성에게 종속되어 있어야 한다. 따라서 여성의 해방은 이러한 생물학적인 특성을 초월함으로써 가능하게 되는데, 현대의 과학과 의술로서 임신과 출산의 부담에서 벗어나 진정한 성적 평등을 이루어내는 길을 시사한다. 임신은 피임과 낙태로서 가능하고 새로운 의학 기술로서 시험관 튜브 내에서의 인공적 재생산을 도모하고 양육의 책임은 사회제도로 이관하는 방법을 제시한다.[230]

그러나 과격이론 중에는 다소 이색적인 견해도 나온다. 즉 여성과 남성의 근본적인 차이를 인정하면서 여성의 생식능력과 모성애와 같은 좋은 덕성을 찬양하고 남성을 닮을 것이 아니라 그들의 자매간 정의와 상

---

[229] Kate Millertt, *Sexual Politics* (New York : Doubleday, 1970).
[230] Shulamith Firestone, *The Dialectic of Sex* (New York : Basic Books, 1972).

호유대를 강조하며 오히려 남성에 대한 우월성(창의성, 감수성, 돌봄 등)을 지적한다. 심지어 문화적 페미니즘의 입장에서는 탈정치적이고 여자중심의 문화와 생활스타일을 찬양하는가 하면, 일부(예 : Susan Brownmiller)는 남성을 적으로 돌리는 경우도 있다. 남성은 공격과 지배, 파괴를 일삼고 억압적인 여성은 보편적인 피해자라는 인식에 선다. 그리고 이러한 과격한 입장은 '여성간의 동성애주의'로까지 이어진다. 그러나 대부분의 페미니스트들은 이러한 과격이론을 그대로 받아들이지는 않으며 남녀의 적대관계보다는 성적 차별을 극복하고 그 평등을 추구하는 조화로운 사회의 가능성을 내다보는 것으로 의견을 모은다.[231]

(3) **최근의 새로운 이론들 : 포스트페미니즘**(post-feminism)

페미니즘의 전통은 근래에 와서 다양한 변화를 보인다. 이미 과격이론에서도 그러한 차별화와 분파의 양상이 짙어져 있지만, 근래에 와서는 정신분석학적 페미니즘, 포스트모던 페미니즘, 흑인 페미니즘, 여성 동성애 페미니즘 등에서도 그러한 추세는 반영된다. 특히 페미니즘이 사회철학 분야의 '후기구조주의'와 만나게 되자 이 이론 분야의 대표적인 용어들이 페미니즘의 새로운 분석 도구로 각광을 받게 된다. '포스트페미니즘'(post-feminism)으로 불리는 이 새로운 이론적 구성의 몇 가지 특성들을 추출해볼 수 있다.

첫째로 '포스트페미니즘'은 후기구조주의의 '자아'의 개념이 여성의 주관성과 정체성을 이해하는데 도움이 될 수 있다고 전제한다. 근대적인 자아의 개념은 '데카르트적 에고'(Cartesian ego)로서 중심화된 자아이며 합리적인 개인으로서 그 정체성은 전 생애를 통하여 일관되는 것으로 전

231 *Ibid.*, pp.258-262.

제되고 있으나, 후기구조주의는 이 본질론적인 파악을 비판하고 사람들의 정체성은 항상 가변적이고 '탈중심적'이라는 점을 강조한다. 특히 근대적 자아는 남성을 지칭함으로써 그 지배적인 위치를 굳히고 있으며 여성이라든가 억압된 계급과 주변집단, 식민지적 주체 등은 제외해 버린다는 점을 통렬히 비판하고 나선다. 예를 들면 이러한 여성의 자아상에서는 가정주부, 요부, 무주택자 등의 특성들이 귀속된다.[232]

둘째로 후기구조주의나 포스트모더니즘의 영향을 받는 페미니스트들은 근대의 개념 자체가 남성적 정체성을 우선시한다는 점을 비판하고 나선다. Nancy Frazer는 J. Habermas의 근대화 개념이 이러한 남성위주의 젠더화된 성격임을 지적한다. Habermas는 근대화를 '생활세계'(lifeworld)에 대한 '체제'(system)의 식민지화 과정으로 보고 있는데, 이 양자의 교환이 노동자와 소비자의 역할들을 통로로 이루어진다고 전제한다. 그런데 이때의 노동자의 역할은 남성으로 젠더화되어 자기의 아내와 아이들을 거느리는 남성다움이 주어지고 여자는 남성과 같은 동등한 자격으로서의 취업이 허용되지 않은 점을 지적한다. 여성은 대조적으로 사적 영역에서 가내적 전시(家內的 展示, domestic display)나 취미 만들기 등을 포함하는 가내적 소비의 역할이 주어진다. 즉 Habermas의 근대관은 남성우위의 젠더화된 개념이라는 점을 비판한다. Frazer는 이렇게 근대를 젠더화된 방향으로 재개념화하는 작업의 중요성을 부각시킨다.[233]

셋째로 J. F. Lyotard는 근대적인 사회이론의 구성이 역사진행에 대한 거창한 일반이론(예: 마르크스주의)에 근거하는 '거대 설화'(巨大 說話, grand

---

[232] Michele Barrett, 'Post-feminism,' in Gary Browning, Abigali Halcli, Frank Webster (eds.), *Understanding Contemporary Society : Theories of the Present* (London : Sage Publications, 2000), p.51.

[233] Nancy Frazer, *Unruly Practices : Power, Discours and Gender in Contemporary Thory.cit.*(Cambridge : Polity Press, 1989). 이 부분은 Lisa Adkins, *op. cit.*, p.242 참조.

narratives)에 치우쳐 있음을 비판하고 좀 더 한정적으로 결정되는 '소 설화'(小 說話, little narrative, petit recit)의 필요성을 역설한다. 포스트 페미니즘도 이러한 주장을 받아들여 여성지위 향상을 위한 거창한 해방 프로젝트보다는 좀 더 한정적이고 실현가능한 목표의 설정을 권장하게 되는데, 이와 관련되는 논의는 계속적인 연구 분야가 될 수 있다.

넷째로 역사인식에 있어서도 후기구조주의는 새로운 접근을 제시해준다. M. Foucault는 역사에 관한 선형적, 또는 목적론적 인접근을 비판한다. 특히 사회의 전체적인 형태와 성격을 설명적이고 인과적인 것으로 재구성하려고 드는 '전체적'인 역사관의 무모함을 지적한다. 인과관계보다는 오히려 우연성이 작용하는 새로운 현상의 생성을 밝혀내기 위하여 분산의 맥락 속에 존재하는 규칙성을 찾아낼 것을 요청한다. 따라서 페미니즘의 연구에서는 인과성을 따지는 '왜'보다는 일이 '어떻게' 발생하느냐에 비중이 주어질 수 있다.

끝으로 페미니즘의 연구가 서구 중심의 이론적 구성으로 편향되어 있다는 비판이 일고 있다. 이른바 C. T. Mohanty, G. Spivak, A. MaClintock 등으로 대표되는 '후기식민지적 페미니스트 이론'(postcolonial feminist theory)에 의하면 제3 세계의 여성 연구에서는 서구여성의 이상화된 이미지가 중심이 되고 식민지 여성들은 그와 대조적인 후진적 특성을 지니는 것으로 이론화되는 점을 지적한다. 즉 서구여성들은 근대적이고 교육을 받았으며 해방되어 자기들의 생활을 통제할 수 있는 반면, 제 3세계 식민지하의 여성들은 동질적이고 전통에 얽매이고, 정치적 권리도 없는 것으로 이미지가 구축된다. 그리고 식민지하의 여성들의 해방은 서구 여성의 이상화된 이미지로의 격상으로 이론화된다. 이러한 이론적 구성은 바로 후기구조주의가 집중적으로 공격하는 이른바 근대의 '계몽사조 지식 체제'(Enlightenment knowledge system)의 담론적 분류체계의 전형적인 예임이 지적된다. 서구여성과 식민지여성이라는 두 개의 상반된 것을 놓고 그 중 서구여성이 중심이 되고 비서구(식민지) 여성은 타자가 되는 전형적인 이원적 논리에 근거하고 있다는 것이다. 따라서 이러한 서구 중심의 페미니즘의 이론적 구성은 서구는 중심이고 제 3세계 여성은 하나의 식민지적 대상물로 격하시켜버리는 패권적(覇權的)인 제 1세계적 지적 관습임을 통렬히 비난한다. 결국 이러한 비판적 관점은 페미니즘의 중심개념인 '젠더'는 인종, 계급, 성, 제 1세계, 제 3세계, 서구/비서구, 북/남 등의 다양한 분할로 인한 구조화로 그 의미가 항상 변할 수 있다는 점을 재인식시켜준다고 볼 수 있다. 다름 아닌 '차이'(difference)의 부단한 전개과정으로 볼 수도 있다는 이야기가 된다.[234]

포스트 페미니즘에서는 근대의 계몽사조에 입각한 담론적 분석이 어떤 패권적 배후에 영향을 받는다는 가정과 함께 보편성이나 동일성보다는 특수성과 차이에 지나치게 집착하는 이론적 구성으로 이어지고 있으나 많은 페미니스트들은 이러한 비판적 시각에 대해서는 재고의 여지를 남긴다. 즉 계몽사조가 강조하는 자유라든가 평등과 같은 인류의 보편적 가치를 부정하는 방향으로 역행할 것이 아니라 근대적 이론구성에 대한 자아 비판적 방법으로 페미니즘이 당면하는 여러 이론적 과제들을 풀어나가는 긍정적인 방향이 논의되어야 한다는 의견이다.[235]

---

[234] L. Adkins, *op. cit.*, pp.247-248; M. Barrett, *op. cit.*, pp.53-54.
[235] Adkins, *op. cit.*, p.250.

제4장 문화적 접근

문화적 접근(文化的 接近, cultural approach)은 사회와 정치에 미치는 문화의 역할에 상당한 비중을 두는 최근의 이론적 접근이다. 지금까지의 사회과학의 이론적 구성에 있어서는 문화의 비중이 극히 부수적인 것으로 취급되어 왔으며 물질주의나 비문화적(非文化的) 요인들이 보다 결정적이라는 기본 입장이었다. 그러나 문화적 접근은 문화가 독자적인 영향력을 가지며 오히려 물질적 측면을 크게 좌우한다는 새로운 착상에 그 바탕을 둔다.

20세기의 후반에 다가서면서 사회과학 분야에는 문화의 역할을 강조하는 새로운 이론적 움직임이 두드러지게 되는데 학계(學界)에서는 이를 '문화적 전환'(文化的 轉換, cultural turn)으로 부르고 있다. 종래의 사회과학은 사회의 본질을 구성하는 것은 물질이나 비문화적인 구조들로서 문화적인 것은 이들 기본구조들의 부수적인 현상이거나 인과적으로 별로 중요하지 않은 것으로 전제되는 이른바 객관주의의 틀에서 벗어나지 못한 것이 지적된다. 근대의 계몽사조가 정착되면서 과학의 영역을 지배해온 경험주의와 물질주의의 사상적 주류는 20세기의 후반에 들어서면서 문화의 결정력에 새로운 의미를 부여하게 되는 구조주의언어학(構造主義言語學), 후기구조주의(後期構造主義), 정신분석학(精神分析學), 포스트모더니즘 등의 등장으로 전례 없는 비판과 도전을 피할 수 없게 되었다. 이들

문화의 재인식을 앞세우는 새로운 이론적 접근에 공통되는 것은 인간의 의미부여와 정체성(正體性), 그리고 가치습득에 있어서 문화가 구성적 역할(構成的 役割, constitutive role)을 한다는 점이다. 문화는 의미를 만들어내는 힘을 가지고 있으며, 그러한 '의미 만들기'(meaning-making)를 통하여 사회에 있어서의 인간의 의미, 그 상호관계와 조직, 사회의 변화 등에 미치는 독자적이고 인과적인 작용력을 발휘하게 된다고 보게 된다. 바로 사회과학에 있어서의 '문화적 전환'은 이러한 문화에 대한 새로운 문제의식을 표출하는 것으로 볼 수 있다.

정치학에서는 이미 1960년대에 '정치문화'(政治文化, political culture)라는 하나의 독특한 연구 분야가 형성되면서 일부 서구 민주주의 국가들에 대한 개인 수준의 문화적 가치에 대한 경험적 연구가 시도되었다. 이들 나라들에 나타난 시민문화(市民文化, civic culture)의 특성을 밝혀냄으로써 문화가 정치적 행위로 표출되는 여러 가지 양태들의 논의를 촉발한 바 있다. 다소 개인적인 수준의 가치와 규범에 치중한다는 지적도 있지만 그 후로도 계속해서 정치와 문화의 상호작용을 다루는 이론적 교량의 역할을 담당해 오고 있다. 사회학에서는 '문화 사회학'(cultural sociology)이라는 연구영역을 형성하면서 문화가 사람들의 정체성과 실천에 미치는 측면, 문화적 산물의 제도적 영역, 문화와 사회변화 및 혁신과의 관계 등의 다양한 연구 분야를 형성시키고 있다. 그리고 영국에서는 1960년대에 '문화연구'(cultural studies)라는 새로운 연구 분야가 탄생되었는데 이 분야는 문화의 구성에 작용하는 권력의 차원에 상당한 비중을 두고 있으며, 특히 문화가 사회적 계층화와 변화를 주도하는 역동적인 측면을 크게 다룬다.

정치학에서도 이러한 대표적인 문화적 연구 분야에서 제기되는 이론적 구성의 문제를 정리해보고 이를 바탕으로 전개되는 구체적인 연구 사례들을 검토해 볼 필요는 매우 절실해진다. 우선 문화의 정의에 관련되는 논의를 살펴본 다음 문화적 접근의 몇 갈래의 연구 분야들의 특성을 검토해보기로 한다. 그 다음으로는 후기구조주의와 포스트모더니즘, 또한 최근 관심을 모으고 있는 신실용주의적 관점 등의 다양한 이론적 시각들이 문화의 구성적 역할에 관련되는 측면을 집중적으로 검토해 보고자 한다. 그리고 최근의 연구영역과 관련해서는 정치적 정체성, 민족과 인종, 국가형성, 시민사회의 유형, 사회운동과 정치적 변동 등을 둘러싼 대표적인 연구사례들을 정리해보고자 한다.

1. 문화(culture)

문화란 매우 다양하고도 복잡한 의미를 지니는 개념이다. 1952년 Kroeber와 Kluckhohn의 연구에 따르면 문화의 정의에 따르는 의미는 160여종에 이르는 것으로 되어 있듯이 그 의미는 시대의 변천에 좌우되는 다양성을 특징으로 하는 것 같다.

Chris Jenks는 이러한 문화의 다양한 정의에 공통되는 의미를 다음의 네 가지로 분류해 보고 있다. 첫째로 개인의 인간적인 성취나 해방과 같은 열망이나 목표, 그리고 완벽성을 나타내는 의미를 지닌다. 마치 땅이나 곡식, 동물 등을 재배하고 길들이듯이 인간을 보다 이상적이고 완벽한 상태로 만드는 과정을 지칭한다. 둘째로 어떤 집단적인 범주로 사용되면서 사회의 지적, 도덕적 발전을 의미할 필요가 있을 수 있는데, 이때 문화는 '문명'과 같은 의미를 갖는다. 개인 차원의 의식이 아니라 사회의 집단적 생활의 성격을 지칭하는 경우가 된다. 셋째로는 보다 기술적이고 구체적인 범주로 쓰일 때에는 어떤 사회에 있어서의 예술 및 지적 작품의 총체를 나타내는 말로 사용될 수 있다. 넷째로 사람들의 '전체적 생활양식'이라는 의미로 사용될 수 있는데, 매우 다원적이고 민주적인 의미를 함축하면서 사회학이나 인류학, 특히 문화연구 분야의 관심을 모으는 정의로 인정받는다.[236]

사회학이나 인류학에서 내려지는 문화의 의미는 대체로 인공물이나 공적인 사회적 실천 속에 표출되는 통합된 상징들의 체계로 이루어지는 점이 강조된다. 문화적 연구의 분야를 대표하는 S. Hall에 의하면 문화란 구체적인 사회적 집단이나 계급 속에서 나오는 의미와 가치를 포함하고 있으며, 이러한 의미나 가치는 사람들이 생활하는 전통이나 실천 속에 표현되고 구체화된다고 정의된다.[237] 대체로 인류학적인 접근에 있어서는 문화란 가치, 규범, 그리고 물질적-상징적 재화와 같은 매일매일의 '의미'들에 초점이 모아지면서 그 집단적인 특성이 강조된다.

> '두 사람이 같은 문화에 속한다고 말하는 것은 그들이 세계를 대충비슷하게 해석하며, 서로가 이해할 수 있는 방식으로 세계에 대한 그들의 생각과 믿음을 표현할 수 있다는 이야기가 된다. 따라서 문화는 그 문화에 참여하는 사람들이 그들 주위에서 무엇이 일어나고 세계를 의미 있게 받아들이는 일을 비슷한 방식으로 해석하게 만들 수가 있다.'[238]

236 Chris Jenks, *Culture*, Second Ed. (London & New York : Routledge, 2005), pp.11-12.

237 Stuart Hall, 'Cultural Studies : Two Paradigms,' in N. B. Dirks, G. Eley, S. B. Ortner (eds.), *Culture/Power/History : A Reader in Contemporary Social Theory* (Princeton : Princeton Univ. Press, 1994), p.527.

238 Stuart Hall, 'The Work of Representation' in S. Hall (ed.) *Representation* (London &

즉 문화란 사회구성원들이 서로 나누는 '공유되는 의미'(shared meanings)로 파악되고 있음을 알 수 있다. 결국 문화란 사람들이 그들의 크고 작은 일상적인 세계를 관리하는데 사용하는 '의미의 체계'를 뜻하며, 사람들이 서로 어떻게 정렬하고 광범위한 문제에 대해서 어떻게 행동할 것인가를 좌우하는 사회적, 정치적 정체성의 기초를 마련해주는 것으로 볼 수 있다. 보다 구체적으로 문화는 ① 세계를 조직화 하고, ② 자기와 남들을 그 속에 자리매김하며, ③ 남의 행동을 이해하고 그 동기들을 해석해내며, ④ 이해의 분석근거를 마련해내고, ⑤ 집단적 정체성을 정치적 행동으로 연결해주고, ⑥ 사람들과 집단들로 하여금 일정한 행동은 하고 다른 행동은 단념시키는 동기부여 등을 하게 하는 하나의 체계화된 '틀'(framework)로 정의될 수도 있다.[239]

문화가 의미를 만들어내는 것이라면 '언어'(言語, language)는 그 기본적인 매체가 된다. 언어는 세계에 관한 우리들의 의미를 주고 그것을 체계화하는 지식을 제공해준다. 그런데 이 경우 언어는 현실의 거울이라는 표상적 수단이 아니라 그 언어 자체의 구조에 따라 의미를 확정짓는다는 후기구조주의나 해석학의 입장이 문화적 접근의 새로운 이론적 구성에 동원될 수 있다. 어떤 면에서 언어로 표출되는 문화는 L. Wittgenstein이나 최근에는 R. Rorty로 대표되는 신실용주의 논의에서처럼 현실의 대표성보다는 그 사용이나 도구적인 측면이 강조될 수 있다. 문화는 격변하는 현실에 대한 '새로운 언어'(new languages)와 그 담론적(談論的) 실천을 통해서 변화와 혁신의 길을 열 수 있다는 주장이 힘을 얻을 수 있다. 사

Thousand Oaks, CA : Sage, 1997), p.2.

239 Marc Howard Ross, 'Culture and Identity in Comparative Analysis,' in Mark I. Lichbach and Alan. S. Zuckerman (eds.) *Comparative Politics : Rationality, Culture, and Structure* (Cambridge : Cambridge Univ. Press, 1997), p.42.

회과학도 그 '문화적 전환'을 통해서 구조와 제도의 안정성 못지않게 변혁(變革)과 발전에 대한 연구의 폭을 넓힐 수 있다는 이야기가 된다.

2. 문화적 접근의 연구 분야

문화적 접근도 그 구체적인 연구와 관련해서는 몇 갈래의 독특한 분야를 이룬다. 정치학뿐만 아니라 사회과학의 다른 분야에서도 정착되어 가고 있는 영역들을 간략히 살펴볼 수 있다.

(1) 문화사회학(cultural sociology)

사회학에도 문화의 역할을 새롭게 조명하려는 분야가 정착되어 간다. L. Spillman에 의하면 '문화사회학'이란 '의미 만들기'(meaning-making)에 관한 것으로 정의하고 있다. 어떻게 의미 만들기가 발생하며, 어떻게 의미가 인간의 행동에 영향을 미치며, 의미 만들기가 사회적 응집, 지배, 그리고 저항에 있어서 어떻게 중요한 몫을 하게 되는가를 연구하는 분야가 된다. 문화를 연구하는 사람에게 있어서의 가장 주된 관심은 의미 만들기의 과정을 이해하는 것이고 의미의 차이를 설명하고 그 차이가 사회생활에 미치는 결과를 검토하는 것이 된다.[240]

문화사회학의 구체적인 연구영역으로서는 첫째 사람들의 상호작용이 어떻게 의미를 만들어내고 어떻게 그 의미들을 사용하는가를 조사하는 것이 된다. 가장 기초적인 수준이 되는 이 영역에서는 개인들이나 사회

240 Lyn Spillman, 'Introduction : Culture and Cultural Sociology,' in Lyn Spillman (ed.), *Cultural Sociology* (Malden, MA : Blackwell, 2002), pp.1-4.

집단들이 활용 가능한 의미들의 '상징적 목록'(symbolic repertoires)에서 사용의 맥락에 따라 언제나 유동적으로 의미를 사용할 수 있다고 전제되며, 이러한 이론적 전제는 사회학에서의 '상징적 상호작용 주의자'(symbolic interactionists)들의 지론과 비슷하다고 본다. 그러나 사회적 행위자들이 보다 광범위한 문화적 목록에서 전략적 행동을 구성해나가는데 각별한 의미를 둔다는 점에서 상징적 상호작용론과는 차별화된다고 주장한다. 두 번째의 연구영역으로서는 '의미 만들기'의 과정이 '제도'(institutions)나 문화생산자의 네트워크 안에서 발생하는 측면에 초점을 두는 연구들을 꼽을 수 있다. 문화의 생산을 다루는 연구가 된다. 연구의 초점은 예술이 만들어지고, 새로운 음악적 스타일이 확산되고, 과학이 실용화되는 구체적인 조직적 맥락에 모아진다. 세 번째 연구 영역은 문화의 심층구조를 형성하는 '텍스트'(text)의 분석이 된다. 문화적 목록, 대상물 그리고 '텍스트' 등이 독자적인 연구소재가 되며, 언어처럼 자체의 내부적 구조가 의미를 만들어낸다는 가정에 선다. 상징적 코드, 기표와 기호체계, 범주 도식, 장르, 그리고 설화와 같은 개념들이 동원된다. 그러나 텍스트의 측면에만 집중하는 담론분석과는 달리 사회학자들은 텍스트의 내용이 개인적, 또는 제도적인 의미 만들기의 실천과 서로 관련되는 측면을 중요시한다는 점이 두드러진다.[241]

(2) **문화연구**(Cultural Studies)

'문화연구'는 1950년대 이후 영국에서 발전되어 온 하나의 독특한 연구 분야이다. R. Hoggart, Edward Thompson, Raymond Williams, Stuart Hall 등으로 대표되는 이 연구 분야에서는 당초 영국 산업노동자들의 문

[241] *Ibid.*, pp.7-8.

화 양태의 조사와 소비주의적 자본주의에 대한 비판을 주안점으로 시작되었다. 특히 1960년대의 영국 버밍햄 대학의 '현대 문화연구 센터'(Centre for Contemporary Cultural Studies)의 설립을 계기로 문화연구는 활기를 띠면서 유럽, 미국, 아프리카, 남미 등의 각 지역으로 그 세가 확장되어 나갔다.

이 과정에서 가장 두드러진 역할을 한 것은 Stuart Hall이다. 그는 인종과 젠더에 관한 비판적 분석, 이데올로기와 미디어 연구를 위한 구조주의적 절차, 미디어 청중의 연구를 위한 민족지학적 절차(ethnographic procedures) 등의 이론적, 방법론적 혁신의 길을 열었다. 특히 프랑스 구조주의 학자였던 L. Althusser로부터는 이데올로기에 관한 부분, 이태리의 A. Gramsci로부터는 헤게모니의 개념 등을 원용하여 문화연구의 획기적인 전환점을 마련했고, 그가 제기한 '표명'(articulation)의 아이디어에서 보듯이 문화의 연구가 독특한 이론적, 방법론적 접근에 기반을 두면서 다른 사회과학의 연구 분야와는 엄연히 구별되는 별도의 연구 분야가 될 수 있다고 주장했다.[242] 1970년대에 들어서면서 '텍스트 분석'(예: Hall의 encoding/decoding 텔레비전 담론), 민족지학적 전환에 따른 '인터 텍스트'(intertextuality) 분석 등의 연구추세가 두드러졌고, 후기구조주의의 영향을 받게 되면서부터는 M. Foucault의 '담론' 개념을 통한 미시 정치에 대한 관심이 높아진다. 권력과 지식의 관계가 문화연구에 폭넓게 스며들게 된다. 그리고 최근에는 신실용주의(R. Rorty, T. Bennett)의 영향을 받아 정부를 중심으로 하는 문화의 정책상의 문제도 새로운 관심사로 등장하고 있다.

'문화연구'는 당초 소비주의로 흐르는 현대 자본주의에 대한 비판으로 그 기틀이 잡혔다. 문화란 갈등이나 투쟁, 그리고 지배의 현상을 중심

[242] Richard Maxwell, 'Cultural Studies,' in Gary Browning, Abigali Halcli, Frank Webster (eds.), *Understanding Contemporary Society : Theories of the Present* (London : Sage Publications, 2000), pp.281-285.

으로 만들어지고 변화한다는 정치적 측면에 연구의 초점이 모아져 왔다고 볼 수 있다. 이러한 권력과 정치에 초점을 두는 문화연구는 비록 경우에 따라서는 보수주의(신자유주의)로 흐를 수도 있지만 그 본래의 비판적인 시각은 문화연구에 계속적으로 반영될 수 있는 것으로 전망되기도 한다.[243]

(3) 정치학의 문화적 접근

1960년대와 1970년대에 걸쳐 정치학에서는 '정치문화'의 개념을 가지고 정치현상을 설명하려는 시도가 돋보인 적이 있었다. 정치문화는 정치체제에 대한 인지적, 정의적, 평가적 성향 등으로 이루어지는 태도로 정의된다. 또한 이러한 태도들은 ① 향리적, ② 신하적, ③ 참여적인 세 가지 형태의 정치문화를 만들어낸다. 그리고 이러한 세 가지 정치문화들이 혼합되어 만들어지는 형태를 '시민문화'(civic culture)로 정의하고 있는데, 이 시민문화는 서구 민주주의 국가들(5개국)의 국민들에 대한 의식조사를 통하여 그 분포를 밝혀내었다.[244] 서구민주주의를 지탱하는 것은 시민문화의 힘이라는 명제를 표본조사와 통계분석으로 확인한 셈이다.

그러나 이 연구는 몇 가지 방법론상의 문제점을 지적받는다. 첫째로 표본조사에 있어서의 개인들의 반응들이 집약되어 통계분석으로 이어졌다는 점에서 개인을 분석 단위로 하는 행태적 분석이라는 점이 지적된다. 문화는 개인의 특성 이상의 집단적 수준의 개념이기 때문에 그 통합적인 작용력이 고려되지 않았다는 비판을 면할 수가 없게 된다. 둘째로 정치문화의 개념이 영미 민주주의의 시민문화의 특성에 국한되는 극히

243 *Ibid.,* pp.288-293.

244 Gabriel A. Almond and Sidney Verba, *The Civic Culture : Political Attitudes and Democracy in Five Nations* (Princeton : Princeton Univ. Press, 1963).

협소한 성격을 벗어나지 못한다는 지적도 가능해진다. 또한 정치문화는 정치체제에 대한 성향으로 정의됨으로써 비정치적인 측면은 완전히 제외되어버린다는 한계점이 추가로 지적된다. 정치에는 비정치적인 요인들이 작용한다는 엄연한 사실들이 외면될 수 있다.[245] 그러나 정치문화의 연구는 그 후로도 계속적인 연구 분야가 되고 있다.[246] 예를 들면 R. Inglehart는 Euro-Barometer 표본조사 결과를 바탕으로 '시민문화'(개인적 생활 만족도, 정치적 만족도, 대인적 신뢰, 현존 사회질서에 대한 지지도)가 민주적 안정과 경제발전에 기여한다는 점을 밝혀내고 있다.[247] Robert Putnam도 남부 및 북부 이태리의 시민문화 연구에서 시민적 참여의 강한 전통이 존재하는 경우 민주주의와 민주적 혁신이 가장 효과적일 수 있다는 명제를 제시하고 있다. 즉 시민문화의 정착은 효과적인 정부로 이어질 수 있다는 결론을 도출한다.[248]

한편 1960년대부터 '상징'과 '의식'이 정치에 미치는 영향에 관해서도 상당한 관심이 모아져 왔다. M. Edelman은 정치적 상징들이 정보와 의사소통을 통하여 인지적으로 정치에 작용을 미치고, 정치에 대한 강력한 느낌을 불러일으키는 정의적(情意的, affective)인 측면 등이 있음을 밝혀 준다. 대중들을 안심시켜 줄 수 있는 상징적 수단을 갖는 지도자들은 그 대가로 물질적 혜택을 받을 수 있다는 가정 등을 제시한다.[249] 또한 '의

---

245 이러한 문제점들은 S. Verba에 의해서도 인정되고 있다. S. Verba, 'Introduction : Political Culture and Political Development, in Lucian Pye and S. Verba (eds.), *Political Culture and Political Development* (Princeton : Princeton Univ. Press, 1965), pp.3-26. 기타 방법론상의 문제와 관련해서는 Gabriel Almond & Sidney Verba, 'On Revisiting Civic Culture : A Personal Postscript,' in G. Almond & S. Verba (eds.), *The Civic Culture Revisited* (Boston : Little Brown and Co., 1980), pp.394-410 참조.

246 M. Ross, *op. cit.*, pp.55-56.

247 Ronald Inglehart, 'The Renaissance of Political Culture,' *American Political Science Review*, 82, pp.1203-1230.

248 Robert D. Putnam, *Making Democracy Work : Civic Tradition in Modern Italy* (Princeton : Princeton Univ. Press, 1993).

식'의 정치적 작용력도 계속적인 연구소재를 이룬다. 정치적 사건이나 정치과정에 관한 사람들의 생각에 영향을 미치는 중요한 수단이 된다는 전제하에 의식은 제어의 중요한 수단이며 권력을 획득하고 유지하는 중심적인 메커니즘이라는 주장으로 이어진다.[250]

정치적 갈등이나 폭력의 수준 및 형태를 설명하는데 있어서도 문화는 중심적인 역할을 할 수 있다. 갈등관계에 있어서는 집단내의 결속력이 증가되면 내부집단의 세계관도 강화되며, 그만큼 외부집단에 대한 적대감도 증가한다는 명제가 등장한다. D. Laitin은 스페인의 Basque 지방의 경우 강한 명예규범을 갖는 자율적인 남성 집단으로 인하여 정치적 폭력의 가능성이 다른 지방에 비하여 높다는 사실을 밝혀내고 있다. 지역 간의 폭력사용의 차이는 절대적 또는 상대적 박탈감이 아니라 문화적인 차이와 관련이 있다는 결론을 도출한다. M. Ross도 성장기의 따뜻함이나 애정의 결핍, 가혹한 사회화, 남성 젠더 정체성 갈등과 같은 '심리 문화적'(psychocultural) 변수들이 사회의 전반적인 폭력수준과 관련이 있다고 보고 있다. R. Cohen은 정치지도자들이 갖는 시간 구조, 맥락의 중요성, 언어, 개인적 및 집단적 에토스 등의 차이가 국제문제의 협상을 지연 또는 촉진시키는데 중요한 역할을 한다는 연구를 내놓고 있다.[251]

그러나 정치학의 '문화적 전환'은 최근 G. Steinmetz가 편집한 '국가와 문화'의 연구에 보다 선명히 나타난다.[252] 국가 형성은 정치학의 가장 본

---

[249] Murray Edelman, *The Symbolic Uses of Politics* (Urbana : Univ. of Illinois Press, 1964).

[250] Ross, op. cit., pp.58-59; David I. Kertzer, *Ritual Politics and Power* (New Haven and London : Yale Univ. Press, 1988); M. Edelman, *Constructing the Political Spectacle* (Chicago : Univ. of Chicago Press, 1988).

[251] M. Ross, op. cit., pp.59-60; David Laitin, 'National Revivals and Violence,' *Archives Europeennes de Sociologie,* 36 (1995), pp.3-43; M. Ross, *The Culture of Conflict : Interpretations and Interests in Comparative Perspective* (Hew Haven : Yale Univ. Press, 1993); Raymond Cohen, *Negotiating across Cultures : Communication Obstacles in International Diplomacy* (Washington, D. C.: USIP Press, 1991).

질적인 소재인데다가 문화가 결정적인 작용을 미친다는 전제를 내세우고 있기 때문에 이 연구는 상당한 관심을 모을 수 있다. 그는 우선 나치 체제의 등장에 관한 설명에서 문화가 차지하는 중요성을 설득력 있게 제시한다. 흔히 정통 마르크스주의자들은 나치의 등장을 독점 경제의 결과로 보든가 금융자본의 반동적, 국수주의적, 제국주의적인 요소들에 의한 독재로 설명하며, 이와는 대조적인 '국가 중심의 접근'(state-centered approach)은 정치의 우위성을 내세우고 대기업들로부터의 나치 체제의 자율성을 주장한다. 그러나 나치의 등장은 그 인종적, 계획적 대량학살의 정치를 둘러싼 이데올로기적 과정에 초점을 두어야 하며, 역사적으로 독일에 뿌리를 둔 '반유태주의'(anti-Semitism)의 심층적 문화에서 그 해답을 찾아야 한다고 주장한다. 어느 시대를 막론하고 국가의 특성은 문화의 힘에서 벗어나기 힘들다고 보는 것이다. 이러한 하나의 예시를 근거로 그는 정치학의 국가연구가 '기초주의적 탈맥락화'(foundationalist decontextalization)의 전통에서 과감히 탈피할 것을 종용한다. 즉 인간의 주체성이 사회적, 역사적 맥락 밖에서 결정될 수 있다는 견해를 단호히 거부할 것을 요구한다. 다분히 후기구조주의의 영향력이 돋보이고 있지만 그는 문화와 관련되는 주제의 논의에 있어서는 인간 주체성의 사회-역사적 맥락의 문제뿐만 아니라 사회과학의 공리주의적 또는 물질주의적 설명, 단선적인 역사의 방향성, 근대화에 따른 정치와 문화의 분화 등 지금까지 정치학 발전의 발목을 잡아온 이러한 이론적 전제들을 과감히 청산할 것을 주장한다.[253] 특히 국가에 대한 문화의 결정력에 관해서는 M. Foucault의 담론적 분석에 상당한 비중을 둔다. 국가나 경제와 같은 사회적 대상물

---

[252] George Steinmetz (ed.), *State/Culture : State-Formation after the Cultural Turn* (Ithaca and London : Cornell Univ. Press, 1999).

[253] G. Steinmetz, 'Introduction : Culture and State,' in G. Steinmetz, *op. cit.*, pp.20-25.

은 그 담론적 또는 '의미구성'(meaning construction)을 떠나서는 존재할 수 없다고 전제하며, 국가는 담론과 지배기술의 복잡하고도 동적인 결과라는 점이 부연된다. 어느 면에서 문화적 구성주의의 입장이기도 하다. 그리고 합리적 선택이론의 경우도 그 전략적 목표나 다른 행위자에 대한 기대에 있어서도 문화체제가 결정적이라는 입장이 강조된다.[254] 국가형성에 있어서 국제 문화의 영향력(문화적 확산 : cultural diffusion), 종교 및 민족주의와 같은 문화적 요인의 개입, 국가권력 유지를 위한 의식, 공간, 행동, 감정 등과 관련되는 문화적 측면의 분석 등 다양한 각도에서의 문화와 정치의 관계가 재조명된다.

3. 문화적 접근의 이론적 맥락

문화적 접근의 기초가 되는 이론적 맥락의 흐름을 몇 갈래로 잡고 그 변화의 추세를 살펴볼 필요가 있다. 문화에 관한 연구에 동원되는 이론적 배경이 정리될수록 그 이해의 폭이 넓어질 수 있다는 가정에 근거한다.

(1) 문화주의(culturalism)

문화가 어떻게 만들어지느냐의 문제는 문화연구의 가장 기본적인 출발점이 된다. 이 기본적인 논의에 있어서는 인간의 역할을 중시하는 입장과 구조에 보다 무게를 두는 대조적인 입장이 부각되어 있다. 문화주의는 전자의 입장에 서 있으며 영국 버밍햄 대학을 중심으로 한 '문화연구' 학파의 초기 참여자들(R. Hoggart, R. Williams, E. Thompson 등)로 대표된다.

---

[254] *Ibid.*, pp.27-28.

문화주의는 문화의 '일상성'(日常性, ordinariness)을 강조하며 인간이 서로 공유하는 의미 있는 실천들은 사람들의 적극적이며 창조적인 능력에 의해 만들어진다고 본다. 문화연구에서 강조되고 있는 경험적 연구들은 능동적인 인간들이 문화적 의미를 만들어내는 방식을 탐구하게 되며, 일상적으로 사람들이 겪는 생활 경험에 초점을 둔다. 이런 점에서 인류학에서의 문화의 정의에 그 기본을 두고 있다. 동시에 문화주의는 Williams나 Thompson의 연구에 나타나듯이 의미가 시간의 경과에 따라 전개되는 역사적이며 물질적인 측면에 관심을 두게 된다. 즉 문화가 역사적으로 생산되고 수용되는 물질적 조건들에 분석의 무게를 둔다. 문화의 계급적 기반을 부각시키고 억압되는 자의 소리들을 중시하는 '좌경 문화주의'(左傾 文化主義)에 흐르는 경향에 대해서는 그것이 민족주의적인 색채를 띠고 있으며 세계화로 가는 현대 문화의 이해와는 적합지 않다는 반론도 제기된다.[255]

어째든 문화주의는 인간 행위자에 의한 의미의 생산을 강조하는 점이 가장 두드러진 특색이 된다. 그리고 인간의 의미구성에 미치는 역사적 맥락을 강조한다. 이런 점에서 문화를 행위자의 의도와는 무관하게 언어의 심층구조의 표출(深層構造의 表出, expression of deep structure of language)로 보는가 하면 문화의 역사성보다는 언어의 동시성을 강조하는 구조주의와는 대조를 이룰 수 있다.[256] 또한 구조주의의 '반인본주의'(反人本主義, anti-humanism)에 대항하는 인간 중심의 문화연구를 위한 제안적 의미도 갖게 된다.

---

[255] Chris Barker, *Cultural Studies : Theory and Practice,* Second Ed. (London : Sage Publications, 2005), pp.14-15.

[256] *Ibid.,* p.17.

(2) **구조주의 언어학**(structural linguistics)

문화적인 의미가 만들어지고 유통되는데 있어서 언어는 가장 중요한 매체가 된다. 그런데 이 언어가 사물의 파악을 위한 중립적인 매체가 아니라 사물에 관한 의미를 독립적으로 만들어내는 구성적 역할을 한다는 입장이 있을 수 있다. 구조주의 언어학에서는 언어로서의 기호는 다른 기호들과의 관계에 의해 의미를 만들어낸다고 전제한다. 즉 기호는 사물을 표상하는 것이라기보다는 다른 기호들과의 관계에 따라 의미를 만들어낸다고 주장하게 된다. 따라서 언어는 관계의 체제로서, 즉 구조로서 연구해야 한다는 것이다.[257]

구조주의 언어학의 창시자인 소쉬르에 의하면 언어학적 기호는 음성적 이미지로서의 '기표'(記標, signifier)와 개념을 가리키는 '기의'(記意, signified)로서 이루어진다. 기표는 소리나 표식과 같을 물질적 요소이며, 기의는 사물을 가리키는 개념이다. 예를 들면 '나무'라는 음성(기표 : signifier)과 '나무'라는 개념(기의 : signified)이 결합되어 하나의 언어학적 기호를 형성한다. 그런데 기표와 기의의 관계, 그리고 기호와 사물의 관계는 극히 임의적이라는 것이 구조주의 언어학의 기본 전제가 된다. 예를 들면 나무를 가리키는 기표의 경우, 'tree'라는 단어 대신 'arbre', 'baum', 'arbor'라는 기표들을 사용할 수도 있다. 또한 이때 '나무'라는 기의는 사물 자체(실체로서의 나무)가 아니라 개념이기 때문에 기호(signifier와 signified의 결합)와 실제로 흙 속에서 자라고 있는 물리적인 나무 사이에는 합치가 이루어진다는 보장은 없다. 그런 의미에서 기표와 기의의 관계, 기호(기표 + 기의)와 사물 자체의 관계는 극히 임의적인 성격을 띤다고 주장한

257 Samantha Ashenden, 'Structuralism and Post-structuralism,' in Austin Harrington (ed.), *Modern Social Theory* (Oxford : Oxford Univ. Press, 2005), p.197.

다.[258]

기호들은 다른 기호들과 맺는 관계들로 이뤄지는 하나의 체제의 맥락에 따라 의미들을 만들어낸다고 볼 수 있다. 예를 들면 교통신호의 경우 적색(정지)은 청색(전진)과 황색(정지 준비)과의 차이로 그 의미가 확정된다. 이러한 신호들은 서로 연결되면서 하나의 문화적 코드로 조직화되는데, 이러한 코드들은 사회마다 관행으로서의 성격을 띠게 된다. 교통신호에 있어서는 색깔과 의미들의 관계가 사회의 일시적인 관행으로 고정되며 사람들은 문화적 습관으로 이를 받아들인다고 볼 수 있다.

한편 Roland Barthes는 기호가 사회의 존립의미를 유지시키고 확인시켜주는 믿음의 체계로서의 신화의 작용을 하는 점을 크게 부각시킨다. 신화는 하나의 이야기의 형태이자, 메시지를 전달하는 통신의 체계이며, 하나의 의미화(意味化, signification)의 양식이다.[259]

그런데 의미화로서의 신화는 그 이전에 존재하던 기호학적 연쇄로부터 만들어지는 '제2단계 기호학적 체제'(second-order semiological system)라는 특색을 지닌다. 즉 제1단계에서의 기호(기표와 기의의 결합)는 제2단계에서는 단순한 기표가 된다. 언어 자체는 물론, 사진, 그림, 포스터, 양식, 물체 등의 신화적 소재들은 제2단계의 신화구성에 있어서는 기표로서의 의미화 기능을 담당한다는 것이다. 예를 들면 Paris-Match라는 잡지에 나오는 흑인 병사의 경례하는 사진은 제1단계에서의 기호라고 볼 수 있는데, 제2단계에서는 그 기호가 기표가 되어 기의(제국주의)와 결합되어 또 다른 기호로서의 신화를 만들어낸다는 것이다.[260] 제1단계에서의 흑인

---

258 Terrence Hawkes, *Structuralism & Semiotics* (Berkeley, Calif. : Univ. of California Press, 1977), pp.123-124.

259 Roland Barthes, *Mythologies,* trans. Annette Lavers (New York : Hill and Wang, 1957), p.109.

260 *Ibid.,* pp.114-117.

병사의 경례장면은 '외연'(外延, denotation)으로 불리기도 하는데, 외연은 제2단계로서의 '내포'(內包, connotation)로 바뀌게 되면 프랑스는 위대한 나라이고 모든 아들들은 인종의 차별 없이 삼색기(三色旗) 아래 충실히 봉사해야 한다는 것을 의미함으로써 흑인을 억압하는 식민지주의를 오히려 정당화하는 신화의 몫을 한다고 보는 것이다.

그러나 Barthes는 그의 후기 저술에 있어서는 기호가 '다의성'(多義性, polysemy)의 성격을 지닌다는 점을 강조하게 된다. 기호는 많은 잠재적인 의미들을 가지고 있기 때문에 텍스트는 여러 가지 상이한 방법으로 해석될 수 있으며, 의미구성의 과정은 독자의 적극적 참여와 그들의 문화적 능력에 많이 좌우된다고 본다. 즉 텍스트의 의미는 저자에 의해 확정되는 것이 아니라 독자들이야말로 어떤 특정 목적을 위해 의미를 일시적으로 확정짓는다는 것이다.[261] 이러한 Barthes의 생각은 그 후 V. Volosinov의 연구로 이어진다. 그는 기호의 '다강조성'(多强調性, multi-accentuality)을 내세우고 있는데, 그 취지는 기호가 하나의 의미를 가지는 것이 아니라 '내부적인 변증법적 성질'(inner dialectical quality)과 '평가적인 강조'(evaluative accent)의 특성을 가지고 있기 때문에 다양한 의미화를 가능하게 만든다는 것이다. 기호의 의미는 고정된 것이 아니라 협상이 가능하며, 심지어 의미를 둘러싼 싸움이 벌어지는 계급투쟁이 터가 될 수도 있다고 본다.[262]

후기 Barthes나 Volosinov의 기호론은 기호가 어떤 고정된 의미가 아니라 서로 상의한 다양한 의미를 만들어낼 수 있는 가능성을 전제하고

---

261 R. Barthes, 'The Death of the Author,' in *Image, Music, Text,* repr. (London : Fontana, 1977), p.148 (originally in French).

262 V. N. Volosinov, *Marxism and the Philosophy of Language* (London : Seminar Press, 1973), p.23.

있다는 점에서 이미 후기구조주의의 길을 열어 놓고 있으며, Volosinov의 경우 기호의 '다강조성'은 의미가 정치와 권력게임의 결과일 수 있다는 점을 인식시키는 계기를 마련해주는 것으로 볼 수 있다.

(3) 문화와 이데올로기(ideology)

마르크스주의에서의 문화는 상부구조에 속하며 경제적 토대가 그 내용을 결정짓는 것으로 되어 있고, 문화는 지배계급의 통치를 가능하게 만드는 이데올로기적인 성격을 띤다. 이데올로기에 관한 마르크스주의의 관심은 당초 예측되던 프롤레타리아 혁명의 실패에서 오는 '사적유물론'의 평가절하로 말미암아 새로운 역사적 변인으로 등장하게 된다. 자본주의의 종말이 오지 않는 이유에 대해서 이데올로기의 역할이 중대한 의미를 갖게 되었고, 이러한 문제의식은 이른바 L. Althusser나 A. Gramsci 등의 네오마르크스주의자(neo-marxists)들에 의한 '이데올로기론'으로 구체화된다.

L. Althusser에 의하면 상부구조에 속하는 이데올로기는 '상대적 자율성'(relative autonomy)을 가지고 자본주의적 생산양식의 재생산에 결정적인 기여를 한다. 우선 이데올로기는 이미지, 신화, 생각 또는 개념 등으로 이루어지는 표상의 체제로서 인간을 '주체'로서 구성해낸다.[263] 이데올로기는 구체적인 개인들을 구체적인 주체로서 불러내고 설문해낸다는 것이다.[264] 즉 사회의 개인들을 주체로서 충원 또는 변환시킨다고 보기 때문에 주체로서의 인간은 자체구성적(自体構成的, self-constituting) 행위자가 아니라 구조의 결과라는 이야기가 된다. 바로 Althusser의 구조주의 마르

263 Louis Althusser, *For Marx* (London : Allen Lane, 1969), p.231.

264 Louis Althusser, *Lenin and Philosophy and Other Essays* (New York & London : Monthly Review Press, 1971), p.171, p.174.

크스주의가 '반인본주의'의 성격을 띠는 대목이기도 하다. 그 다음으로 이데올로기는 구체적인 장치와 사회적 실천으로 나타난다. 즉 가정, 교육체계, 교회, 매스미디어 등으로 구성되는 '이데올로기적 국가 장치'(ideological state apparatus)는 자본주의의 재생산에 결정적인 공헌을 한다. 특히 학교와 대학은 지배적인 역할을 담당하며 지식(언어, 수학, 자연역사, 과학, 문학) 및 단순한 지배이념(윤리, 공민교육, 철학)의 보급과 주입에 결정적인 공헌을 한다고 보고 있다.[265] '이데올로기적 국가 장치'는 물리적 강제력을 담당하는 '억압적 국가 장치'(repressive state apparatus)보다 훨씬 효과적인 기능을 수행한다고 본다.

한편 A. Gramsci는 이데올로기의 체제유지적인 측면을 새로운 각도에서 조명해본다. 그의 중심개념인 '헤게모니'(hegemony)란 지배계급으로서의 '역사적 블록'(historic blocs)이 피지배계급에 대해서 사회적 권위와 리더십을 행사하는 측면을 지칭한다. 의회제도 하에서 헤게모니의 일상적인 행사는 '힘'(force)과 '동의'(consent)의 결합으로 특징지어지는데 양자 간에는 균형이 잡히되 힘이 동의에 우월할 수는 없게 된다. 힘이 행사되더라도 그것은 언론을 통한 여론면에서 동의에 근거하는 것처럼 보이게 된다는 것이다.[266] 즉 자본주의하에서의 헤게모니의 지배는 동의에 바탕을 두는 지적이며 도덕적인 리더십에 따라 이루어진다고 보는 것이다. 이러한 동의를 만들어내는데 있어서는 지배적인 세계관이나 이데올로기가 결정적 역할을 담당하며, 그것은 인간의 욕구와 가치・기대를 형성함에 있어서 불평등한 자본주의 체제를 안정화시키는 방향으로 작용하게 된다.[267]

---

265 *Ibid.,* pp.154-155.

266 Antonio Gramsci, *Selections from the Prison Notebooks,* trans. Quentin Hoare & G. Nowell-Smith (London : Lawrence & Wishart, 1971), p.80.

그런데 이러한 헤게모니적 지배는 대중의 의식과 자각적 실천으로 이루어지는 새로운 문화와 '대항 헤게모니'(counter-hegemony)를 발생시킬 수 있다. 헤게모니는 어디까지나 사회집단 간에 형성되는 세력 연합의 잠정적인 성격을 띠며 지배집단과 피지배집단의 이해를 둘러싸고 계속적으로 전개되는 불안정한 균형이기 때문에 지배집단의 헤게모니적 장악은 항구적인 것이 못된다.[268] 따라서 헤게모니의 이러한 불안정성은 '대항 헤게모니의' 도전 가능성의 길을 열게 된다. 그리고 자본주의체제의 혁명적 변화는 일시적인 정치권력 장악을 노리는 정치・군사적인 정면공격(기동전 : war of maneuver)이 아니라 인간의 의식과 문화의 우월한 힘이 바탕이 되는 장기적 지구전(진지전 : war of positions)에 의해서만 가능하다고 본다.[269] Gramsci의 헤게모니론은 '대항 헤게모니'의 형성 가능성을 전제한다는 점에서 기능주의적 성격을 띠는 L. Althusser의 이데올로기 개념과는 차별화된다.

문화연구에 있어서 Gramsci는 상당한 영향력을 인정받는다. 무엇보다도 그는 이데올로기가 인간의 생활상의 경험에 바탕을 두는 상식적인 특성을 지닌다는 점을 강조한다. 대중문화속의 상식을 통하여 사람들은 세계를 파악하고 자기들의 생활과 경험을 조직화되기 때문에 이러한 일반인들의 상식은 이데올로기적 갈등과 자본주의 계급투쟁의 결정적인 '터'(site)가 된다는 것이다. 헤게모니적 지배를 좌우하는 이러한 상식의 세계, 대중문화의 영향력이 각별한 연구대상으로서의 의미를 갖는다.[270] 따라서 대중문화가 이데올로기적 투쟁의 터가 된다는 이 명제는 그 후

[267] Joseph V. Femia, *Gramsci's Political Thought : Hegemony, Consciousness and the Revoutionary Process* (Oxford : Clarendon Press, 1981), pp.44-45.

[268] Antonio Gramsci, *Prison Notebooks* (London : Lawrence & Wishart, 1968), p.182.

[269] J. Femia, *op. cit.*, pp.50-56.

[270] A. Gramscil, Selections, *op. cit.*, p.362.

로 자본주의 사회의 광고 문화의 연구 등에 원용된다. 대중소비에 있어서의 광고의 역할에 대한 텍스트 및 이데올로기 분석에 있어서는 광고란 단순히 상품만을 파는 것이 아니라 사회적 현실과 세계를 보는 방식도 함께 판다는 것이다. 어떤 브랜드를 산다는 것은 어떤 제품을 사는 것뿐만 아니라 제품이 함축하는 생활스타일과 가치를 함께 사는 것으로 분석된다. 제품판매의 '외연적'(外延的) 특성이 '내포'(內包)로 전환되면서 광고는 이데올로기적인 성격을 띠게 되는데, 여러모로 경제면의 불평등을 자유롭고 평등한 모습으로 채색하는데 기여한다는 것이다.[271]

(4) 후기구조주의와 포스트모더니즘

최근의 사회과학의 방법론적 논의에 있어서는 후기구조주의와 포스트모더니즘은 공통되는 점이 많아서 같은 주제로 다루어지는 경우가 많다. 그러나 양자는 그 논의의 대상에 있어서 다소 역점이 다른 측면이 있기 때문에 각각의 특성을 부각시킬 필요가 있다고 생각한다.

① 후기구조주의(poststructuralism)

후기구조주의는 '구조주의'의 다음에 오는 것으로서 구조주의적 언어학을 수용하되 그것을 비판적으로 재구성하는 새로운 시도가 된다. 문화가 전제하는 의미의 구성은 구조주의에서처럼 어떤 심층적 구조에 의해 결정된다고 보는 것이 아니라 기호들의 상호관계에 의해 부단히 변모한다고 전제한다. 기호와 텍스트의 의미들은 어떤 단일 근원에서 비롯되는 것이 아니라 텍스트간의 관계, 즉 '간텍스트성'(intertextuality)의 결과라고

---

[271] Gramsci의 영향을 받는 대중문화의 광고 분석과 관련해서는 J. Williamson, *Decoding Advertisement* (London : Marion Boyars, 1978); C. Barker, *op. cit.*, pp.82-83.

주장한다.

우선 Jacques Derrida는 소쉬르에서처럼 언어의 의미구성에 있어서의 '차이'(difference)의 개념에서 출발하지만 이 차이가 갖는 공간의 측면뿐만 아니라 시간성의 요소를 강조하고 있어 주목을 끈다. 즉 기표와 기의 간에는 즉각적인 연결이 이루어지는 것이 아니라 '차이'의 무한한 시간적 과정을 수반하는 것으로 된다. 따라서 어떤 기호의 의미는 부단히 연기되면서 기의는 기표와 완전한 일치가 이루어질 수 없게 되는데, Derrida는 이러한 데 착안하여 '디페랑스'(differance)라는 새로운 용어를 제시하고 있다. 이 용어는 공간을 지칭하는 '차이'와 함께 '연기'(deferment)라는 시간적 차원을 아울러 포함하고 있다고 볼 수 있다.[272] 예를 들면 개는 고양이나 여우와는 그 의미에 있어서 차이가 있다. 그러나 개는 집 지키는 개인지, 애완용인지 또는 장애인 인도용인지 그 이미는 하나의 연쇄로서 부단한 연기의 가능성을 지닌다는 이야기가 된다.

전통적인 형이상학은 현존과 부재, 말과 글, 철학과 문학, 문자적인 것과 은유적인 것, 중심과 주변 등의 서로 상반되는 것을 설정해놓고 그 중 하나가 우월하다고 보는 '계층성'(hierarchy)을 이루는 것인데, Derrida는 이러한 일방적인 계층성을 '해체'(解體, deconstruction)해버리고자 한다. 즉 그러한 구조화된 계층을 면밀하고도 내재적인 방식으로 검토함으로써 그것이 이데올로기적인 강요에 지나지 않는다는 것을 논증해낼 수 있고, 또한 새로운 논쟁을 통하여 다른 상태나 결과를 가져오도록 전도시키는 방법 등을 제시한다.[273] 문화연구의 분야와 관련해서는 글, 간텍스트성,

---

[272] T. K. Seung, *Structuralism and Hermeneutics* (New York : Columbia Univ. Press, 1982), pp. 151-152.

[273] Jonathan Culler, *On Deconstruction : Theory and Criticism after Structuralism* (Ithaca, N. Y. : Cornell Univ. Press, 1982), p.150.

해체, 디페랑스, 흔적과 보완 등의 다양한 개념들이 분석에 원용된다. 이 모든 개념들에 공통되는 주제는 의미의 불안정성이며 텍스트의 상호유희에 의한 연기라고 볼 수 있다. 또한 용어란 보편적인 의미를 갖지 않으며 어떤 본질적인 특질을 갖춘 대상물을 지칭하는 것이 아니라는 이른바 '반본질주의'(anti-essentialism)로 요약될 수 있다.

M. Foucault는 문화연구에서 더욱 두드러지는 영향을 미친다. Derrida의 경우 의미는 무한히 늘어날 수 있는 것이지만 Foucault는 의미들이 어떻게 잠정적으로나마 안정화되고 규제되어 하나의 담론을 형성하게 되는가 하는 것을 검토한다. 여기서 담론이란 언어를 통한 지식의 생산과 관련되며 물질적 대상물과 사회적 실천에 의미를 부여한다. 예를 들면 정신병을 대상으로 하는 담론은 정신병에 이름을 붙이고, 분류하고, 기술하고, 설명하고, 그 진행을 추적해내고, 여러 가지 상관관계를 밝히고, 판단을 하고, 그것을 담론으로 표출하는 이야기들로 이루어진다. 즉 담론은 어떤 대상물(정신병)에 관한 다양한 요소들의 '관계'(relations)들을 일상적인 실천으로 통합해내는 것으로 파악된다. 여기서 말하는 '관계'란 구체적으로 의학적 담론의 경우, 의료지원으로서의 병원의 공간, 청결한 체계적 관찰, 어느 정도 검증된 실험적 요법 등의 관계를 비롯하여 의사들의 치료 역할, 그의 현학적 역할, 의학지식의 전파에 있어서의 그의 중개적 역할, 공공위생의 책임 있는 대표자로서의 역할 등의 다양한 관계들을 지칭한다. 결국 담론은 인간의 사회적 실천의 체계를 통합하는 것이며, 이러한 담론적 통일에 의해서 다양한 사회적, 정치적, 경제적, 기술적, 현학적 요소들이 일관된 방식으로 그 기능을 수행해나갈 수 있다는 것이다.[274]

---

[274] Hubert L. Dreyfus and Paul Rabinow, *Michel Foucault : Beyond Structuralism and*

Foucault는 1968년 이후 계보학적인 분석을 통하여 담론이 어떻게 효과적으로 형성되는가를 다루며 특히 그 형성을 권력면에서 파악하고자 시도한다. 즉 담론형성에 작용하는 권력의 양식에 초점이 모아지며 지식과 권력의 상호관계를 그 기원에서부터 추적하여 밝혀내고자 한다. 예를 들면 형벌제도의 경우 18세기 말을 계기로 종래의 육체적 고통(고문, 공개적 처형)의 방식으로부터 육체적·정신적 훈련을 통한 감금 제도로 바뀐 점을 중시한다.[275] 권력이 육체적·정신적 훈련이라는 새로운 '규율적 기술'(規律的 技術, disciplinary technology)을 통하여 인간을 개체화하고 권력의 목적에 인간의 관계를 순응시키는 효과적인 메커니즘을 만들어낸다. 또한 권력이 종래의 금지와 억압의 형태로부터 생산적이며 규율적인 생명권력으로 바뀌게 되자 권력과 지식의 상호관계가 또한 새로운 모습으로 나타나게 된다. 이제 감시와 부단한 가시성의 대상으로서의 개인의 신상과 일상적 자료들이 서류화되고 기록으로 분류되면서 규율적 기술은 더욱 섬세하게 되며 이와 병행해서 다양한 학문적 분야의 형성을 자극하게 된다는 것이다. 규율적 기술이 감옥뿐만 아니라 병원이나 행정기구의 영역에도 보급되고 그러한 특정한 제도적 영역마다의 전문화된 사회과학들을 탄생시켰다고 본다.[276]

담론이란 무엇을 이야기할 수 있는가를 규제할 뿐만 아니라 누가, 언제, 어디서 이야기할 수 있는가를 규제할 수 있다고 볼 수 있기 때문에 인간의 주체성은 어떻게 형성되는가의 문제가 제기될 수 있다. 담론이 갖는 권력의 속성을 전제한다면 그 속의 주체는 담론으로 만들어지는 성격이 두드러지게 된다. 사실 Foucault의 담론분석은 광인, 병자, 범죄

Hermeneutics, Second E. (Chicago : The Univ. of Chicago Press, 1982), pp.61-65.

275 *Ibid.,* pp.144-152.

276 *Ibid.,* pp.159-160.

인, 성도착자 등의 주체들이 담론과 권력관계의 결과로 생산되었다는 전제에 서 있다. 그러나 이 대목과 관련해서는 Foucault가 Althusser의 구조주의와 동격이 되는 것으로 받아들여지기 쉬우나 그렇지 않다는 견해가 지배적이다. 즉 그는 인간이 개인적으로 또는 집단적으로 자유로운 주체로서 여러 가지 행동, 반응, 거동 등의 가능성에 직면할 수 있다는 점을 강조하고 있음이 지적된다.[277] 인간의 주체성과 정체성에 관련되는 문화연구에 있어서 그의 연구는 풍부한 논의의 소재를 제공하고 있다.

② 포스트모더니즘(postmodernism)

포스트모더니즘은 현대사회의 탈근대로의 전환에 대한 이론적 구성을 지칭하게 되는데 대체로 Jean-Francis Lyotard, Jean Baudrillard, Fredric Jameson, Zeygmun Bauman 등에 의해 대표된다. 그러나 이들은 후기구조주의 학자들(Jacque Derrida, Michel Foucault로 대표됨)과 함께 철학과 인식론에 있어서 '표상'(representation)의 문제를 놓고 서로 견해를 함께한다는 점에서 후기구조주의와 포스트모더니즘은 동일시되는 경향이 있다. 즉 구조주의로 대표되는 종래의 입장은 언어로 구성되는 심층적인 안정된 구조가 '이원적 쌍'(binary pairs)을 통하여 의미를 만들어내는 것으로 이론화되었다. 그러나 후기구조주의와 포스트모더니즘은 공히 이러한 심층적 구조의 존재를 받아들이지 않으며 오히려 인식의 대상에 대한 의미는 항상 불안정하며 대상에 대한 무한한 해석 가능성의 길이 열려 있

---

277 Paul Rabinow, 'Introduction,' in P.Rabinow (ed.), *Foucault : Reader* (New York : Pantheon Books, 1984), pp.7-11; Clare O'Farrell, *Foucault : Historian or Philosopher ?* (London : Macmilan, 1989), pp.118-119; Alec McHoul and Wendy Grace, *A Foucault Primer : Discourse, Power and the Subject* (New York : New York Univ. Press, 1993), pp.91-92.

음을 주장하고 나선다. 의미는 어떤 단어나 문장 또는 특정 텍스트에 국한되어 결정되는 것이 아니라 텍스트 사이의 관계, 즉 '간텍스트성'(intertextuality)의 결과라는 점이 강조된다. 그리고 문화연구에 있어서도 언어, 담론, 텍스트 등의 새로운 용어들이 각광을 받게 되면서 지식자체의 종국적인 안정된 기반은 부정되고 계몽사조가 전제하는 자율적인 합리적 주체의 가능성도 의문시된다. 그러나 이러한 인식론상의 공통점에도 불구하고 후기구조주의와 포스트모더니즘은 서로 다른 특징적 요소들을 포함하고 있는 것으로 파악된다.[278]

포스트모더니즘은 무엇보다도 현대사회의 사회·경제적 변환에 따라 문화의 힘이 매우 커진다는 점을 중시한다. 즉 문화적인 상징이나 매체 이미지, 기타 상징적 의미의 영향력들이 사회조직의 본질을 비롯해서 개인과 사회의 관계들을 크게 바꾸어 놓는다고 보게 된다.[279] 예를 들면 F. Jameson에 의하면 핵 동력과 전자기계가 주축을 이루는 현대의 후기 다국적 자본주의 하에서는 상징적인 재생산의 기계들(카메라, 컴퓨터, 비디오, 영화, 테이프 레코더, 팩스 등)이 인간의 생산과 그 상징적 표현 사이의 직접적 연결을 제거해버림으로써 인간의 실천과 관련되는 본질을 바꾸어버린다. 전자기계의 등장은 생산보다는 재생산을 위한 것이어서 기호와 대상 사이의 의미화의 연결고리는 끊어지게 되어 있다. 이른바 '문화의 정신분열'(schizophrenia of culture) 현상이 발생하게 된다. 즉 기호는 대상과 관계없이 혼자 서 있거나 다른 기호들과의 엉성한 결합이 가능할 뿐, 의미나 메시지는 자유로이 유동하면서 물질적 현실과는 전혀 맺어지지 않는다

---

278 Barry Smart, 'Modernity and Postmodernity : Part I,' in Austin Harrington (ed.), *Modern Social Theory* (Oxford : Oxford Univ. Press, 2005), pp.253-254.

279 Jonathan H. Turner, *The Structure of Sociological Theory, Seventh Ed.* (Belmont, CA : Thomson, Wadsworth, 2003), p.227.

는 것이다.[280] 탈근대 조건 하의 문화는 분절되고 자아는 생산보다는 재생산의 수단들에 지배되는 물질적 세계 안에 자리 잡는 일련의 이미지에 불과한 존재가 되어버린다. 인간은 그들의 상황에 관한 설화나 의식의 물질적 기초를 확보할 수가 없기 때문에 감정적인 평면성과 천박성에서 벗어나지 못하며 사상과 행동을 결합할 수 있는 실천의 능력을 상실해버린다는 것이다.[281]

J. Baudrillard에 의하면 현대사회의 삶은 기호의 중단 없는 순환으로 특징지어진다. 일상의 뉴스에 관한 것에서부터 개인의 정체성, 사회적 신분, 건축물, 지적인 감각 등에 이르기까지의 모든 것은 기호로 표출된다. 그런데 문화는 탈근대의 단계에 이르면 구조와 부호에 지배되는 시뮬레이션의 세계로 바뀐다고 본다. 기호가 이제는 어떤 준거(자연, 생산) 없이 스스로의 상호작용으로 영상을 이루게 된다. 즉 기호는 '실재'와는 관련 없이 스스로의 상호교환으로 시뮬레이션의 세계를 구성한다는 것이다.[282] 이 세계는 '실재'에 근거를 두지 않고 오직 기호 스스로에 준거를 두는 영상이나 모형으로 이루어지며 현실적인 것을 오히려 자체 내에 흡수하는 '초월적 현실'(超越的 現實, hyperreality)의 세계로 파악된다. 여기서 초월적 현실이란 비현실적인 것을 말하는 것이 아니라 실재하는 것보다도 더 현실적이라는 뜻을 지닌다. TV와 같은 대중매체를 비롯하여 각종 여론조사, 광고, 통계, 정보 등으로 만들어지는 영상과 시뮬레이션의 세계는 개인의 의지나 의견, 그리고 대표성과는 전혀 별개의 이질적인 세계를 이룬다.[283] 심지어 미디어를 통한 기호의 범람은 모든 내용

---

280 *Ibid.,* pp.234-235.

281 *Ibid.*, p.235.

282 Jean Baudrillard, 'Symbolic Exchange and Death,' in Mark Poster (ed.), *Jean Baudrillard : Selected Writings* (Stanford, Calif.: Stanford Univ. Press, 1988), p.125.

283 Jean Baudrillard, 'The Masses : The Implosion of the Social in the Media,' in Mark

을 중립화시키거나 해체해버림으로써 의미의 와해를 가져오고 매체와 현실의 구별을 파괴하는 '내파'(implosion)의 현상을 가져오고 만다. 즉 모든 정보나 의미는 내파의 작용으로 '의미 없는 소음'(meaningless noise), 내용 없는 순수효과가 되어버린다.[284] 또한 이러한 내파를 통한 초월적 현실 하에서의 대중은 수동적이며 탈정치화된 '조용한 다수'(silent majority)로 전락되며, 마르크스주의에서 예측되고 있는 대중적 반항이란 실현 가능성이 없을 뿐만 아니라 사회주의가 부의 분배를 통하여 사회를 구제하겠다는 착상 자체가 소박한 것으로 단정된다.[285]

이러한 '탈근대'의 대표적인 이론적 구성의 맥락 하에서 문화연구는 다양한 내용을 띨 수 있다. 문화와 예술 분야에서 표출되는 특징적인 것으로서는 ① 근대의 '담론적인 것'으로부터 ② 탈근대의 '형상적인 것'(形象的인 것, figural)으로의 변화가 이루어진다. 즉 담론적인 것으로서는 이미지보다는 용어에 우선을 둔다든가 합리적인 세계관의 강조, 문화적 대상으로부터의 관망자의 거리유지 등으로 특징지어지는가 하면, 형상적인 것으로서는 시각적인 것의 강조, 일상생활의 강조, 합리적 문화관에 대한 비판, 관망자의 문화적 대상에의 몰입 등이 열거된다.[286] 특히 전자매체의 등장으로 가속화되는 문화의 가시성과 대중문화의 보급에 따라 이제는 '상위'(high)와 '하위'(low) 문화의 차이가 없어지게 된다. 그리고 문화의 역사성이 모호해지면서 과거와 현재의 표출은 '브리콜라주'(bricolage)로 구체화된다. 이전에는 서로 연결되지 않던 기호들이 재배치되고 재정렬

Poster, *op. cit.*, p.209.

284 Douglaus Kellner, *Jean Baudrillard : From Marxism to Postmodernism and Beyond* (Cambridge : Polity Press, 1989), p.68.

285 Jean Baudrillard, *In the Shadow of the Silent Majorities,* trans. by Paul Foss, Paul Patton and John Johnstone (New York : Semiotexte, 1983), p.19, pp.28-29, pp.80-81.

286 Scott Lash, *Sociology of Postmodernism* (London & New York : Routledge, 1990) ; Chris Barker, *op. cit.*, p.208.

됨으로써 건축, 필름, 대중음악 비디오 등에서 관찰될 수 있듯이 새로운 의미부호를 만들어낸다. MTV도 그러한 경향의 산물이기도 하다. 또한 '상호텍스트성'(intertextuality)을 통해서는 어떤 특정 프로그램의 인유(引喩, allusion)와 다른 장르 관행 및 스타일에 대한 완곡한 논급을 가능케 한다. 뿐만 아니라 문화적 경계의 허물기와 그에 따른 '이미지'의 역할 상승은 '도시생활의 심미화'(aestheticization of urban life)를 초래한다. 예술과 일상생활의 경계가 희미하게 되고, 일상생활을 예술로 전환시키는 과제들이 관심을 끌게 되며, 일상생활에 기호와 이미지가 깊게 배어들게 된다는 것이다. 이제 심미적 산물과 기호들의 소비에 초점을 두는 생활스타일의 등장으로 인하여 소비문화의 비중이 더욱 확대된다. 생산보다는 소비의 역할이 커지는 신축적인 후기포드주의(post-Fordist)의 생산과정과도 맞물리게 된다. 그리고 이미지 생산과 그러한 이미지의 합성으로서의 '콜라주'(collage)의 순환에 있어서는 텔레비전이 핵심적인 역할을 하게 된다고 본다.[287]

(5) **신실용주의**(neo-pragmatism)

실용주의의 창시자로 알려져 있는 John Dewey나 Williams James에 의하면 지식이란 바깥 세계의 내적인 본질을 정확히 표상할 수 있는 것이 아니라는 점을 강조하게 되는 '반표상주의'(anti-representationalism)의 입장에 선다. 지식은 그 표상보다는 인간생활의 요구나 문제를 적절히 다루고 새로운 행동을 가능하게 만드는 하나의 수단이요 도구라는 점을 주장한다. 즉 지식은 행동의 한 형식이며 현존하는 현실을 변경시킬 수 있다는 전제에서 출발하며 지식이 인간이 추구하는 목적에 따라 적절히

[287] Chris Barker, *op. cit.*, pp.208-211.

사용될 수 있는 도구적인 측면을 크게 부각시킨다.

지식의 사용과 그 도구적인 성격을 둘러싸고 전개되는 논의에 있어서는 지식이 가져올 수 있는 결과가 중요한 의미를 갖는다. 흔히 지식의 습득과 관련해서는 사물의 내적특성, 필연성, 일차적 원칙 등을 둘러싼 끝없는 논쟁이 있을 수 있지만 그러한 논쟁에 있어서의 어떤 입장의 채택이 구체적인 차이를 가져오지 않는 한 불필요한 논쟁이라는 것이다. W. James가 지적하는 것처럼 만약 어떤 입장의 선택이 관찰될 만한 결과를 가져오지 못한다면 그 논의는 중단해야 한다는 주장이 있을 수 있다. 물론 어떤 결과가 중요한 것인가는 우리들의 '가치'에 따라 좌우되는 것이기는 하지만 지식의 실용성과 관련해서는 지식이 가져오는 결과의 문제가 매우 중요한 의미를 갖게 된다고 보는 것이다. 예를 들면 자연과학의 논쟁 같으면 경험적 결과가 중요할 것이고 사회과학의 경우에는 사회정책면에서의 반향이 고려될 수 있다.[288] 이와 관련하여 '신실용주의'를 대표하는 Richard Rorty는 마르크스주의를 그 결과 면에서 비판한다. 즉 마르크스의 이론이 19세기적 세계정신론에 입각하여 사회진화의 철칙으로 종말론적 필연성을 예견하는 대목도 문제이지만 그보다는 실제 면에서 중앙집권화된 '불안한 체제'를 만들어내는데 문제가 있다고 본다. 이러한 체제는 단순한 역사적 예외현상으로 다룰 것이 아니라 이론 자체에 문제가 있고 포기되어야할 충분한 근거가 된다는 것이다.[289] 이와는 대조적으로 Rorty는 페미니즘을 그 실용성면에서 매우 긍정적으로 받아들인다. 페미니즘은 여성에 관한 본질론이나 '토대론'

[288] Patrick Baert, *Philosophy of the Social Sciences : Toward Pragmatism* (Cambridge : Polity Press, 2005), pp.129-130 ; Richard Rorty, *Consequences of Pragmatism* (Brighton : Harvester Press, 1982), pp.195-203.

[289] P. Baert, *op. cit.,* pp.135-136; Richard Rorty, *Philosophical Papers, vol. 3 : Truth and Progress* (Cambridge : Cambridge Univ. Press, 1998), pp.228-243.

(foundationalism)에 근거하기보다는 역사적 주체로서의 여성에 초점을 두는 재기술(再記述, redescription)과 새로운 언어를 만들어내어 여성해방의 길을 열었다는 것이다. 여성의 꿈과 그 소리들을 기술함으로써 이전에는 '자연'으로 받아들이던 것을 '문화'의 소산으로 생각하게 만들고, 또한 운명으로 받아들이던 것을 하나의 도덕적 혐오로 느끼게 하는 페미니즘의 결과 면에서의 힘을 인정하고 있다.[290]

신실용주의는 문화연구에 있어서 정책상의 논의를 활발하게 만들고 있다. 문화가 가지는 실제 면에서의 영향력을 감안하여 정책적으로 어떻게 활용되어야할 것인가의 문제로 요약될 수 있다. Tony Bennett에 의하면 지금까지의 문화연구에서는 지적 작업이란 어떤 자족적이고 초월적인 비판의 영역인 것으로 받아들여져 왔고, 그 비판의 대상으로서 문화를 관리하는 정부와는 별개의 영역으로 취급되어온 점을 지적하고 나선다. 그는 이 '비판'과 '정부'(국가)가 두 개의 서로 분리된 영역이 아니라 통합된 정부의 두 영역으로서 문화의 관리에 서로 깊게 관여하고 있음을 강조한다.[291] 오늘날 문화는 추상적이고 비판적인 성격을 띠면서 학술적 제도의 틀 속에 묶여 있기보다는 사회생활의 곳곳에 스며들면서 극히 정부화되어 있는 사실을 중요시한다. 따라서 문화는 정부의 영역 밖에 있다고 보기 힘들며 문화와 관련되는 지식 종사자는 문화의 기능을 수정하는데 있어서 오히려 정부의 영역과의 기술적 조정을 이루어내는 것이 필요하다고 주장한다.[292] 즉 문화가 갖는 일상적이고 실용적인 결과를 감안하여 그와 관련되는 정부의 영역과 다양한 제도적 측면에

---

290 Richard Rorty, 'Feminism and Pragmatism,' in R. S. Goodman (ed.), *Pragmatism* (New York : Routledge, 1995), p.126.

291 Tony Bennett, *Culture : A Reformer's Science* (London : Sage Publications, 1998), p.6.

292 *Ibid.*, pp.30-32.

관심을 돌릴 것을 종용한다. 문화적 제작물의 형식과 내용을 관리하는 다양한 제도들을 둘러싼 정책의 수립과 집행에 문화연구는 보다 무거운 비중을 두어야 하며, 각종 위원회를 비롯하여 박물관, 정부부처(교육, 예술, 문화, 미디어, 스포츠 등), 학교, 고등교육, 극장 행정, TV조직, 각종 광고 등의 다양한 제도적 측면에 대한 정책상 논의와 연구의 필요성이 역설될 수 있다.

4. 문화적 접근의 주요 논제

문화적 접근의 구체적인 연구와 관련해서는 주요 개념을 둘러싼 다양한 논의들을 생각해볼 수 있다. 최근 사회학이나 정치학 분야에서 관심을 모으고 있는 몇몇 주요 개념들을 중심으로 전개되는 논의의 개략을 정리해볼 수 있다.

(1) 정체성(identity)

정체성(正體性)이란 인간이 자아로서 갖는 특성(생활관, 세계관, 생활스타일, 취미, 습관 등)을 지칭한다. 자아의 특성에 관한 자기 나름대로의 언어적 개념화(概念化)는 '자아 정체성'(self-identity)으로 부를 수 있다. 그러나 자아로서의 개인은 다른 사람들과의 관계에서 비롯되는 '차이'나 '유사성'을 바탕으로 집단적인 특성을 만들어낼 수 있다. 예를 들면 인종(흑인, 백인 등), 여성, 남성, 젊은이, 한국인, 아시아 사람 등의 다양한 사회적 범주로서 파악될 수 있는데, 이때는 '사회적 정체성'(social identity)으로 불리기도 한다. 인간이 개인으로서 또는 남들과의 관계에서 갖게 되는 이러한 정체성은 사회질서의 형성과 변화에 있어서도 매우 중요한 역할을 하게 된다. 정체성이 어떻게 형성되고 변하며 어떠한 사회·정치적 변화로 연결되는가가 중요한 연구과제가 될 수 있다.

① 근대와 탈근대의 정체성

근대를 상징하는 계몽사조에 의하면 인간은 중심화되고 통일된 주체로서 이성과 의식 그리고 행동의 능력을 보유하고 있으며 이를 바탕으로 무한한 진보를 이루어낼 수 있다고 믿는다. 이른바 '데카르트적 주체'(Cartesian subject)로 불리기도 하는 이 정체성이 지칭하는 바는 인간이란 합리적인 능력을 가지고 있으며 스스로를 조직할 수 있는 통합된 주체로서 자기의 행동에 대한 개인적 책임을 진다는 점이다. 이러한 정체성과 관련되는 근대적인 시각에 있어서는 정체성이란 어떤 고정된 실체나 본질로서 존재하며 우리 모두가 가지는 보편적이고 탈시간적인 것으로서 '표상'(representation)의 형식으로 이러한 정체성을 찾아낼 수 있다고 주장한다.

그러나 이러한 근대적인 시각은 현대사회의 변환에 따라 '포스트모던 주체'(postmodern subject)로 인식이 바뀐다. 마르크스주의(특히 구조주의), 정신분석학, 페미니즘, 언어학, 후기구조주의(M. Foucault) 등의 다양한 갈래의 현대사조를 배경으로 인간의 정체성은 그 내용면에 획기적인 변화가 생긴다. 이제 인간의 정체성은 어떤 고정되고 중심화된 것이 아니라 '탈중심화된'(decentred) 자아로서 파악되며 항상 변천하고, 분절되고, 복합적인 정체성을 갖는다고 주장한다. S. Hall에 의하면 주체로서의 인간은 어떤 일관된 자아를 중심으로 통합된다기보다는 시간적으로 다르게 나타나는 상이한 정체성들로 특징지어지며, 서로 다른 방향으로 끌어당기는 모순된 정체성도 있게 됨으로써 인간의 정체성 형성은 항시 변하기 마련인 것으로 이해된다.[293] 정체성이 가지는 복합적인 성격을 부각시키기 위하여 Hall은 '표명'(articulation)이라는 개념을 도입하고 있다. 이른바 '표명되는 자아'(the articulated self)란 서로 다른 구성요소들이 어떤 특정한 조건하에 상호연결되어 통일을 기하는 경우를 지칭하는데, 이때의 통일은 결코 필연적이거나 결정적, 절대적, 본질적인 것이 되지 못한다고 본다.[294] 정체성은 그 구성요소들의 연결 면에서 극히 잠정적인 안정성과 의미의 임의적인 폐쇄의 성격을 지닌다고 보는 것이다. 예를 들면 영국적 정체성은 ① 유니온 잭(Union Jack)의 상징, ② 제2차대전의 기억, ③ FA Cup 결승전과 같은 집단적 의식, 의회의 개회, 저녁 뉴스 등으로 표현되는 본질적인 정체성이 있는 것으로 가정된다. 그러나 만약 여기에 영국 흑인이라는 또 다른 요소가 맞물리게 되면 문제는 달라진다. '영국적인 것'과 '흑인'이 연결되면 본질적인 논의는 즉각 흔들리게 되는데, 영국적인 정체성은 일반적으로 백인 Anglo-Saxon의 특성으로 가정되어 왔기 때문이다. 영국 내의 유색인종(아프리카인, 아시아계, 유태인, 중국인 등)들의 존재로 말미암아 정체성의 개념은 차이를 전제하기 때문에 어떤 고정되고 자연적인 상태의 존재를 반영하는 것이 아니라 언제나 가변적이고 '이루어지는'(becoming) 과정으로 파악될 수밖에 없다. 흑인계 영국인들의 경우 그 정체성은 출생에 얽힌 뿌리의 문제, 식민지적 과거 등과 연결되면서 독특한 정체성의 구성으로 이어질 가능성이 열려 있다. 결국 문화적인 정체성은 그 구성요소들 간의 유사성과 차이들로 말미암

293 Stuart Hall, 'The Question of Cultural Identity,' in S. Hall, D. Held and T. McGrew (eds.), *Modernity and Its Futures* (Cambridge : Polity Press, 1992), p.277.

294 Stuart Hall, 'On Postmodernism and Articulation,' in D. Morley and D. K. Chen (eds.), *Stuart Hall* (London : Routledge, 1996), p.141.

아 계속적으로 생산되는 것으로 파악될 것이 강조된다. 특히 구성요소들 사이에는 모순적인 것도 있고 상호교차되는 것도, 혹은 탈구(dislocate)되는 경우도 있을 수 있어 정체성은 언제나 성형력(成形力, plasticity)을 갖는 것으로 이해되어야 한다는 것이다.[295]

② 연구사례

정체성 연구에 있어서 상당한 관심을 모으고 있는 분야로서는 여성의 지위향상을 위한 페미니즘 연구가 꼽힐 수 있다. 여성의 정체성이 문화적 구성의 산물이라는 현대적인 공감대에도 불구하고 그 정체성의 내용이 본질론에서 벗어날 수 있느냐의 논의는 계속적인 관심을 끌고 있다. 예를 들면 아프리카 여성의 음핵제거 문제를 소재로 한 영화(Warrior Marks)를 둘러싸고 어떤 보편적인 여성의 정체성이 있을 수 있느냐, 그렇지 않으면 아프리카 여성의 고유한 전통과 신성한 관행이 존중되어야 하느냐의 문제가 상당한 논쟁으로 이어진 적이 있다. 이러한 정체성을 둘러싼 '서로 비교할 수 없는 언어'(incommensurable language)의 문제와 관련되는 해법(예: Rorty의 신실용주의)도 최근의 문화연구의 새로운 분야가 될 수 있다.[296]

미국 중산층에 관한 의식조사에 나타나는 정체성 연구도 관심을 모으게 된다. 1980년대 초반에 이루어진 이 연구결과에 의하면 미국인들이 추구하는 좋은 생활이란 개인적인 선택의 폭을 넓히는 것이고 이를 위해서는 경제적인 향상이 매우 절실하다고 생각하는 것으로 나타난다. 자기 스스로에만 관심이 있고 자기가 원하는 대로 행동할 수 있도록 내버

---

295 Chris Barker, *op. cit.*, pp.230-233.

296 이 문제와 관련해서는 E. Kaplan, *Looking for the Other Feminism, Film and Imperial Gaze* (London : Routledge, 1997); Chris Barker, *op. cit.*, pp.241-243.

려 두기를 원하는 것만이 목표가 되어버리고, 좋은 사회의 실질적인 이상과는 전혀 관련이 없는 의식 상태인 것으로 파악되고 있다. 이 연구를 주관한 Bellah 등은 지금까지 미국인들이 추구하는 것으로 되어 왔던 재정적 독립이라는 경제적 이상과 감정적인 자기 통제는 매우 과장된 것이었다는 점을 비판하고 있다. 효용을 강조하다보니 의무를 소홀하게 되고 자기표현만을 앞세우다보면 권위가 상실되어버리면서 남과 서로 '공유하는 생활'(shared life)의 이미지는 불가능해졌다는 것이다. 이제 미국사회는 결속과 공동체를 만들어나갈 문화적 자원이 고갈되어 있음을 지적한다.[297]

그러나 Charles Taylor는 미국인들의 개인주의적 정체성에 대한 이러한 다소 비관적인 견해를 반박하고 나선다. 그는 미국인의 개인주의 문제를 서구적인 근대의 도덕적인 시야라는 넓은 맥락에서 다루고 있으며 18세기의 서구 낭만주의적 입장에서 개인주의의 특유한 '표현성'(expressivism)을 매우 긍정적으로 부각시키고 있다. 그의 '표현적 개인성'(expressive individuality)의 논리에 따르면 모든 개인들은 특유의 개성을 가지며 각자는 자기의 고유한 상상력과 창조성, 그리고 정서적인 힘을 발전시킬 의무를 가진다고 본다. 인간이 자기의 본성을 실현한다는 것은 자기의 내면적인 예기(內面的인 銳氣, inner elan)와 충동의 소리를 밝혀냄으로써 자기와 남들이 함께 실현하도록 만들 수 있는 길을 열 수 있다는 것이다. 또한 개인들이 자기의 독창성, 자기의 내면적 깊이, 내면적 근원에 충실하는 일은 새롭고 완전한 개인화에 기여할 뿐만 아니라 생태계 보

[297] Robert N. Bellah, Richard Madsen, William M. Sullivan, Ann Swidler and Steven M. Tipton, 'Habits of the Heart : Individualism and Commitment in American Life,' in Steven Seidman and Jeffrrey C. Alexander (eds.), *The New Social Theory Reader* (London and New York : Routledge, 2003), pp.307-314.

호 운동이라든가 지역적, 민족적 문화의 보전노력과 같은 공동체적인 감각을 일깨우는 데에도 도움이 될 수 있다고 본다.[298]

(2) **종족성**(ethnicity), **인종**(race), **민족**(nation)

종족, 인종, 민족과 같은 집단적 수준의 개념들도 문화적 정체성의 문제로 다루어질 수 있다. 이러한 집단적 수준의 문화적 정체성의 특성은 무엇이며, 어떻게 만들어지고 어떻게 변하는가의 문제가 될 수 있다. 주로 사회학에서는 이러한 인종과 종족성의 문제가 사회적 자원과 정치적 관계에 바탕을 두는 사회적 층화의 문제로 다루어져 왔으며, 마르크스주의에서는 이 문제를 계급의 수준으로 환원시켜 자본주의의 기능상의 문제로 획일화시키는 경향이 있다. 문화적 접근은 이 문제를 문화적 측면에서의 담론적 구성이라는 각도에서 검토하게 되며, 종족이나 인종, 민족이 지니는 문화적 정체성이 표상의 문제임을 전제하는 이론적 구성을 지향하게 된다. 정치학의 가장 주요 관심사가 되는 민족의 개념을 중심으로 그 문화적인 정체성을 검토해보기로 한다.

① 민족적 정체성(national identities)

근대 국제사회는 민족을 기반으로 하는 정치적 단위, 즉 민족국가들로 구성되어 있다. 이 민족국가들은 일정한 영토 안에서 그 주민과 재산에 대한 궁극적인 권위로서의 주권을 가지고 있으며 각기의 민족적 정체성을 인정받는다. 그런데 이 민족국가를 하나로 묶는 이 정체성은 자연적인 산물이 아니라 상징과 담론으로 이루어지는 '문화적 구성'이라는

298 Charles Taylor, 'Source of the Self : The Making of Modern Identity,' in R. Bellah et. al., *op. cit.,* pp.315-320.

점이 강조된다. 즉 민족적 정체성은 문화적인 표상으로서 담론적 행동에 의해 계속적으로 재생산된다는 것이다. 민족의 근원, 계속성, 전통 등에 관한 부단한 설화와 표상(이야기, 이미지, 상징, 의식 등)을 통하여 민족적 정체성이 이어진다고 본다.

Benedict Anderson에 의하면 민족이란 일정한 영토 및 행정적 범주와 관련되는 상징과 의식(rituals)으로 구성되는 하나의 '상상된 공동체'(imagined community)로 파악된다. 여기서 '상상된다'(imagined)는 의미는 민족의 모든 구성원들이 서로를 잘 알고 만나고 이야기를 나눌 수 없더라도 서로의 마음속에는 간담의 이미지가 살아 있다는 뜻이 된다. 그리고 '공동체'라는 의미는 각 민족마다 현실적인 불평등이나 착취에도 불구하고 민족은 심층적이고 수평적인 동지의식으로 단합되어 하나의 공동체를 이루는 것처럼 받아들여진다는 것이다. 궁극적으로 이 형제의식으로 말미암아 지난 수세기 동안 그 많은 사람들이 민족을 위한 일에 기꺼이 목숨을 던질 수 있었다고 볼 수 있다.[299] 그는 이러한 민족적 정체성의 형성과 유지가 통신의 발달, 특히 인쇄 자본주의(印刷 資本主義, print capitalism)의 도래로 인하여 가속화되었으며 이로 인하여 자기민족의 언어가 계발되고 민족적 의식이 고양된 점을 크게 부각시킨다.[300]

Anderson의 연구는 민족주의가 가지는 유대와 통일의 영향력을 적절히 표현하고 있으나 민족주의가 만들어내는 통합의 힘을 지나치게 과장한다는 비판도 있다. 민족 안에서 나타날 수 있는 계급이라든가 젠더, 종족 등의 차이를 둘러싸고 벌어질 수 있는 불화와 갈등의 소지를 덮어버릴 수도 있기 때문이다. 특히 민족 간의 상호작용 확대와 세계화의 진

---

299 B. Anderson, *Imagined Communities : Reflections on the Origins and Spread of Nationalism* (London : Verso, 1983), pp.15-16.

300 *Ibid.*, p.122.

행에 따라 민족을 어떤 특정 장소(지역)에 묶는 고정된 정체성의 개념으로 파악하는 것은 매우 어렵게 된다는 점도 지적된다. 어떤 동질적인 민족적, 종족적인 정체성보다는 '혼성'(hybridity)을 전제하는 문화적 정체성을 강조하게 된다.[301]

② 디아스포라(diaspora)와 혼성 정체성(混成 正體性, hybrid identities)

세계화가 폭넓게 진행되면서 민족 간의 상호접촉과 관계심화로 민족적 정체성도 새로운 의미를 지니게 된다. 사람들이 국경을 넘나들면서 정착하고 교분하게 되는 범위가 넓어지게 되자 민족적 이산집단(離散集團)으로서의 '디아스포라'가 새로운 분석의 초점을 이루게 되며, 전 세계적으로 흩어져 있는 유태인들처럼 아프리카 종족, 아시아계 이민 집단 등의 다양한 이산집단들이 '혼성된 정체성'을 만들어내게 된다. 이제는 어떤 고정된 장소가 아니라 이산과 여행을 초점으로 하는 문화적 정체성이 '혼성'(hybridity)의 형태로 새롭게 단장되어 나간다고 볼 수 있다.

혼성 정체성은 이민 집단의 경우 그들의 근원, 이주 전의 문화적 특성(종교, 카스트, 계급, 연령, 젠더 등), 새로운 정착지에서의 적응전략 등에 따라 문화적 혼성의 내용이 결정된다. 예를 들면 영국 아시아계(British Asians)의 젊은 여성에 관한 한 연구에 의하면 어떤 상황 하에서는 영국적인 것과의 일체감을, 또 다른 상황 하에서는 아시아 문화의 영향력이 나타난다. 1991년 걸프전(Gulf War) 당시의 반응에서는 이슬람권의 발전과정상의 문제로 다소 동정적인 면이 두드러진다. 그러나 그들의 생활상의 적절성 여부에 따라서는 자기의 출생과 성장의 장소인 '영국적인 것'의 경계 내에 머물고자 하는 의지가 분명해지는 것으로 나타난다. 또 한 가

301 C. Barker, *op. cit.*, pp.254-255.

지 흔한 예로서 영국내의 아시아계 젊은 여성들은 아시아 문화를 존중해야 한다면서 그 의상의 아름다움을 역설하지만 여성의 지위향상과 관련되는 페미니즘(Feminism)의 논의에 있어서는 아시아적인 가부장적 관행이 과감히 청산되어야 한다는 식으로 그 입장이 바뀐다. 결국 정체성은 고정되어 있는 것이 아니라 연령, 계급, 젠더, 인종, 민족 등의 다양한 요소들의 교차상태에서 형성되는 것으로 볼 수 있으며, 상황에 따라 혼성으로 나타나는 '복합적 정체성'(multiple identities)의 양태를 띠는 것으로 파악될 수 있다.[302]

③ 인종차별주의(racism)와 '오리엔탈리즘'(orientalism)

문화적 정체성은 '표상'(representation)의 산물이다. 표상에서는 언제나 포함과 제외의 문제가 되기 때문에 그것은 부득이 권력의 문제로 귀결될 수 있다. 예를 들면 흑인에 대한 고정관념은 부정적인 것을 표상해 놓은 것인데 그것은 따지고 보면 백인들의 권력에 의한 표상의 결과로 볼 수 있기 때문이다. 서구에서는 유색인종의 경우 문제꺼리나 객체로서만 표상되어 왔으며 역사의 주체로서의 개념은 존재하지 않았다. 아무런 발의(發議)나 자기 운명에 대한 제어능력이 결여된 것으로 인정되어 왔기 때문에 항상 백인들에게는 문제꺼리로, 또는 문화적 오염원으로 또는 범죄의 원천으로 취급되기에 이른다. 따라서 인종차별주의는 서구사회의 관행, 담론, 주체성 등에 깊이 스며들어 있는 문화적 표상의 문제라는 주장이 나올 수 있게 된다.[303]

Edward Said는 이러한 인종차별주의와 관련하여 동방에 대한 서구의

---

302 *Ibid.,* pp.258-261.
303 *Ibid.,* pp.263-265.

인식을 '오리엔탈리즘'(Orientalism)으로 다루고 있어 관심을 모은다.[304] 그는 '동방'(Orient)이라는 문화적-지리적 실체가 어떤 자연의 비활성적인 사실이라기보다는 특정한 역사와 전통을 가지는 담론적 구성임을 내세운다. 오리엔탈리즘은 다양한 텍스트와 관행을 통하여 정교하게 만들어지고 배포된 서구적 담론의 소산이며, 이 담론은 서구적 우월성과 헤게모니(hegemony), 인종차별주의, 제국주의 등과 관련되는 서방을 두둔하는 일방적인 내용으로 구성되어 있다고 본다. 서구의 우월성을 전제로 한 이미지와 언어들로 만들어진 담론으로서 그 담론은 서구의 힘을 배경으로 구성되었다는 것이다.

(3) **담론분석**(discourse analysis)

J. Alexander와 P. Smith는 미국 시민사회의 움직임을 이해하게 만들 수 있는 담론분석을 시도하고 있어 문화적 접근의 실용성을 잘 보여 주고 있다. 여기서 담론이란 의미를 만들어내는 상징(기호: signs)들의 묶음이다. 그런데 이 기호들의 조직형태가 구조주의(예 : C. Levi-Strauss, R. Barthes)에 나타나는 '이원 구조'(二元 構造, binary structures)로 되어 있다는 점이 특이하다. 그리고 이 이원적 구조로 되어 있는 담론은 M. Foucault의 담론개념에서처럼 현실에 대한 인지적인 측면에서의 정보를 제공할 뿐만 아니라 평가적인 과제도 함께 수행하는 것으로 정의된다.[305]

우선 미국 시민사회의 담론은 ① 행위자, ② 행위자간의 관계, ③ 제도라는 세 가지 구조적 수준에 대한 기호들의 이원적 구조로 파악된다.

---

304 Edward Said, *Orientalism* (London: Routledge, 1978).

305 Jeffrey C. Alexander and Philip Smith, 'The Discourse of American Civil Society : A New Proposal for Cultural Studies,' in Lyn Spillman (ed), *Cultural Sociology* (Malden, MA.: Blackwell, 2002), p.234.

그리고 이 세 가지 구조적 수준에 대한 담론 구조는 ① 민주적 코드와 ② 반민주적 코드로 나누어진다. 〈표 3-4-1〉에 나타나는 바와 같이 민주적인 개인들은 정책 결정면에서 합리적이고 분별 있으며, 차분하고 현실적인 행위자로서 양심과 명예를 존중한다. 이와는 대조적으로 '반민주적 코드'에 의하면 반민주적인 개인들은 병리적인 탐욕과 자기이익에 얽매이며 합리적 정책결정을 하기 힘들고 흥분하기 쉬운 인성으로 말미암아 히스테리적인 행동을 보인다. 그리고 이로 말미암아 비현실적인 계획이 나오기 쉽다. 민주적인 사람들은 실천과 자율성으로 특징지어지나 비민주적인 사람들은 자유의지가 결여되고 다른 사람의 명령에 따르는 수동적인 인물이다. 그리고 이러한 행위자들의 특성은 '그들의 관계'(relationships)에도 그대로 반영된다. 〈표 3-4-2〉에 잘 나타나는 바와 같이 민주적인 인성의 특질로서는 개방적이고 신뢰할 수 있고 똑바른 관계를 구성해낸다. 그들은 무조건 공경하기보다는 비판적이고 성찰적인 관계를 중시한다. 반대로 비민주적인 사람들은 사기성과 마키아벨리적인 타

〈표 3-4-1〉 행위자들의 담론 구조(The discursive structure of actors)

민주적 코드(Democratic code)	반민주적 코드(Counter-democratic code)
적극적(active)	수동적(passive)
자율적(autonomous)	의타적(dependent)
합리적(rational)	비합리적(irrational)
분별있는(reasonable)	히스테리의(hysterical)
차분한(calm)	흥분하는(excitable)
제어된(controlled)	감정적(passionate)
현실적인(realistic)	비현실적인(unrealistic)
정상(sane)	미친(mad)

출처 : Spillman, *op. cit.*, p.235.

〈표 3-4-2〉 사회관계(social relationships)의 담론 구조

민주적 코드	반미주적 코드
개방적(open)	비밀의(secret)
신뢰하는(trusting)	회의적(suspicious)
비판적(critical)	공경하는(deferential)
진실한(truthful)	사기적인(deceitful)
직선적인(straightforward)	타산적인(calculating)
시민(citizen)	적(enemy)

출처 : Spillman, *op. cit.*, p.236.

산이 앞서는 비밀스럽고 음모적인 거래(conspirational dealings)에 집착한다. 이들의 비합리적이고 의타적인 성격은 권위에 대한 공경심리로 이어진다.

한편 담론적 구조는 제도면에서도 민주적인 것과 반민주적인 것의 차이를 나타내게 되는데 〈표 3-4-3〉은 이 제도적 측면의 대조를 잘 부각시킨다. 공동체의 구성원들이 그들의 동기 면에서 비합리적이고 또한 사회적 관계 면에서 서로 믿음이 결여되면 그들은 자연적으로 규칙의 규제를 받는 제도보다는 임의적인 제도를 만들어낸다. 법보다는 노골적인 권력에 의존할 것이며 평등보다는 계층을 활용할 것이다. 이러한 비민주적 제도들은 구성원에 대한 포용성보다는 배타성을 지향할 것이며 일반적이고 계약적인 기준보다는 개인적인 충성심을 진작시키려고 들것이다. 그들은 공동체 전체의 필요보다는 조그마한 파벌의 이익을 선호할 것이 분명하다.

이제 개인적 동기, 상호관계, 제도의 세 가지 측면의 이원적(二元的) 담론 구조는 서로 상호연결되어 있음을 밝혀준다. 예를 들면 반민주적인 독재자의 경우 그의 신하를 신뢰하거나 공개적이며 정직하기를 기대할

〈표 3-4-3〉 사회제도(social institutions)의 담론 구조

민주적 코드	비민주적 코드
규칙에 규제되는(rule regulated)	임의적(arbitrary)
법(law)	권력(power)
평등(equality)	계층(hierarchy)
포용적(inclusive)	배타적(exclusive)
일반적(impersonal)	사사로운(personal)
계약적(contractual)	귀속적(ascriptive)
집단(groups)	파벌(factions)
직무(office)	인성(personality)

출처 : Spillman, *op. cit.*, p.236.

수 없으며 모든 신하들에게 평등을 보장해주기 위하여 법을 엄격히 준수하기를 기대하기란 불가능하다. 따라서 담론적 구조의 세 가지 측면은 서로 상동적(相同的, homology)인 성격을 나타낸다고 볼 수 있다. 또한 이러한 담론 구조는 사회적 현실에 대한 인지적 측면뿐만 아니라 평가적인 차원을 가지고 있다는 점이 강조되고 있다. 미국과 같은 민주적인 시민사회에 있어서는 시민들이 사회적 현실을 파악하고 인식하는 인지적인 활동에만 매달리는 것이 아니라 담론 구조를 통하여 사회적 현실을 평가하는 일이 매우 중요한 과제가 된다. 따라서 민주적 코드는 신성한 위치에 있으며 그와 반대되는 비민주적 코드는 모독적인 것으로 평가될 수밖에 없게 된다. 즉 담론 구조는 평가를 통하여 행동으로 접어들게 된다. 반민주적 코드의 요소들은 위험하기 짝이 없고 사회를 오염시키며 시민사회의 신성한 기본을 위협하는 것으로 받아들여진다. 이러한 신성한 기본을 지키기 위하여 모독적인 요소들은 고립화되고 주변화되어야 하며 경우에 따라서는 분쇄되어야 한다고 주장된다.[306]

[306] *Ibid.,* pp.235-237.

이러한 미국 시민사회의 담론은 경험적으로 뒷받침된다. 1974년 미국 Nixon 대통령은 워터게이트(Watergate) 도청사건으로 탄핵의 운명을 맞게 되는데 이 과정이 담론 구조의 결과로 설명된다. 이 당시 의회의 각종 위원회 및 다양한 미디어를 통하여 나타난 논의들은 당시의 담론구조를 적절히 반영하는 것으로 풀이된다. 즉 Nixon 대통령의 이미지는 탐욕적이고 성마른 인성으로서 시민공동체보다는 부와 권력만을 추구하는 것으로 부각된다. 그의 자기중심적인 태도는 비합리적이고 비현실적이며 약간 편집병적인 동기구조(paranoid motivational structure)에서 비롯되는 것으로 묘사된다. 그리고 이러한 비합리적, 이기적 동기는 협력적, 공공적인 관계보다는 종파적인 관계의 구축으로 이어짐으로써 기만적이고 은밀한 반민주적 특성으로 이어졌다고 비판된다. 결국 Nixon의 개인적 동기와 그의 '관계'구축을 통하여 권력의 집중을 노리는 사조직이 만들어졌고 그 제도적인 목표는 뉴욕타임스(New York Times)에 의하면 독재와 권위주의적 쿠데타인 것으로 묘사된다. 물론 Nixon의 지지자들도 나름대로의 대항논리(증거 불충분, 일방적 매도와 탄압 등)를 전개하였으며, 오히려 지나친 대통령 폄훼는 반민주적 처사로서 시민사회의 근간을 위태롭게 한다고 맞섰다.[307] 담론이 정치적 행동에 미치는 작용력을 밝혀주는 적절한 사례로 취급될 수 있겠다. 한국정치를 이해하는데 있어서도 예를 들면 ① 보수・우익적 담론, ② 자유주의적 담론, ③ 급진・좌경적 담론과 같은 세 가지 형태의 담론으로 해방 후의 정치사를 조명해볼 수 있는 시도가 가능할 것 같다.[308]

---

307 *Ibid.,* pp.238-241.
308 오명호, 『한국현대정치사의 이해』(서울 : 오름, 1999), pp.30-39.

(4) **사회운동**(social movements)

최근의 사회과학에서 관심을 모으는 각종 사회운동의 연구에도 문화적 접근이 상당한 몫을 담당할 수 있다. Ann Swidler는 사회운동의 진행에 작용하는 요인들을 ① 문화적 코드, ② 맥락, ③ 제도의 세 가지 측면에서 검토해보고 있다.[309]

첫째로 사회운동에는 '문화적 코드'가 결정적인 몫을 하게 된다. 여기서 '코드'(codes)란 사람들로 하여금 무언가를 해석하게 만드는 공적 상징을 지칭하는데 구체적으로 의식, 심미적 대상, 텍스트 등을 포함한다. 그런데 이처럼 해석을 가능케 하고 의미를 만들어내는 코드는 사람들의 머릿속에 내면화되어 있는 것이 아니라 사람들의 '밖에서'(outside) 영향력을 발휘하는 독립적인 것으로 파악된다. 이런 점에서 인간의 문화적 특성이나 의식은 개인의 수준이 아니라 집단의 수준에서 독립적으로 작용력을 미친다는 뒤르켕으로부터 Clifford Geertz에 이어지는 이론적 시각을 받아들이는 것으로 볼 수 있다.[310] 예를 들면 크리스마스 선물의 경우 사람들은 마음속으로는 그것을 준비하는데 부담스럽고 귀찮게 여기는 것이 사실이지만 선물을 주고받는 것이 서로를 인정하고 값지게 여긴다는 의미를 가지고 있기 때문에 선물교환은 일상적 관행으로 이루어진다고 보는 것이다. 즉 사람들의 머릿속에 내면화된 것이 아니라 '밖에서' 어떤 행동에 대한 해석과 '의미 만들기'를 가능하게 하는 문화적 코드가 존재한다는 것이다.

그런데 사회운동은 이러한 코드의 변화, 즉 '문화적 재코드화'(cultural

---

309 Ann Swidler, 'Cultural Power and Social Movements,' in Lane Crothers and Charles Lockhrt (eds.), *Culture and Politics : A Reader* (New York : St. Martin's Press, 2000), pp. 269-283.

310 *Ibid.,* p.272.

recoding)로 가능해진다. 현존하는 문화적 코드를 흔들어놓음으로써 새로운 해석을 만들 수 있는 운동권주체들에 의한 공론화의 과정(예 : 미국 흑인운동에 있어서의 Black Panthers 집단에 의한 전투적 이미지의 고양)이 수반되어야 한다. 최근의 젠더 정치와 관련된 문화적 코드의 변화도 그 적절한 예가 될 수 있다. 즉 종래의 고전적인 '여성다움'(femininity)에 관한 코드에 의하면 여성은 나약함, 레이스, 푹신한 베개 등으로 상징되어 왔으나 페미니즘은 이를 조작적이고 불성실한 '반여성다움'(antifeminity)의 시도로 통렬히 비판하고 새로운 상징으로 바꾸는 '재코드화'에 나서게 된다. 비근한 예로 〈일하는 여자(Working Girl)〉라는 영화에 나오는 것처럼 새로운 여성은 강인함과 야망이 오히려 현실적이고 섹시한 여성다움으로 코드화된다. 반대로 남성다움의 경우는 전통적인 건장한 남성상(男性像, macho)이 아니라 부드러운 어색함, 여성을 즐겁게 하려는 진지함, 독서열, 폭력에 대한 혐오감 등의 문화적 재구성이 시도된다. 즉 이러한 '문화적 재코드화'는 사람들의 행동에 대한 해석의 틀을 바꾸어놓게 됨으로써 사회운동의 방향을 결정하게 된다는 것이다.[311]

둘째로 사회운동의 '맥락'(contexts)이 중요한 요인으로 등장한다. 문화는 어떤 상황이나 순간에 따라 그 영향력이 달라질 수 있다. 흔히 문화적인 이데올로기는 불안정한 역사적 시기에 등장하여 매우 체계적인 세계관으로서 그 추종자들을 사로잡는다고 한다. 반면 매우 정교한 이데올로기라 할지라도 그 영향력에 한계가 드러나 변절자나 이탈자를 만들어내는 경우도 있게 된다. 즉 '맥락'에 따라 문화의 영향력은 달라진다는 것이다. 예를 들면 어떤 쟁점이 논의되고 결정되는 공적 토론회나 대중집회, 입법기관과 같은 맥락 하에서는 모임의 역학(力學)으로 말미암아

[311] *Ibid.*, pp.275-277.

생각과 주장들이 일관성 있고 체계적인 내용을 띨 수 있게 된다. 또한 맥락은 여러 가지 형태로 바뀔 수도 있다. 예를 들면 대학과 같은 분위기에서는 일상적 논의(강의시간 배당, 교수임용 등)가 극히 혼돈스럽고 애매할 수 있다. 그러나 서로 편을 갈라서 적대감이 팽배하는 양극화가 전개되는 맥락이 생기면 문제는 달라진다. 정치가 양극화되고 서로가 동맹을 추구하게 되는 절박한 맥락이 전개되면 '공공 문화'(public culture)가 구체화되며 사람들이 갖고 있는 생각들은 편가름에 따라 통일이 되고 상호공방에 동원된다. 정치적 갈등은 적과 동지를 구분시키고 쟁점을 선명히 하면서 이데올로기 논쟁의 틀을 구체화시킨다고 볼 수 있다. 생각으로 표출되는 문화의 힘은 이러한 특출한 맥락 하에 그 위력이 더해질 수 있다는 것이다. 극히 유동적이고 일관성이 결여된 통상적인 문화라 할지라도 어떤 특별한 맥락과 결부되면 행동을 위한 구체적인 요구로 바뀌게 된다는 점이 강조된다.[312]

셋째로 '제도'가 미치는 영향력을 생각해볼 수 있다. 사회운동은 문화적 코드의 변화로 촉발되지만 그것은 맥락에 따라 부침이 가능했다. 그러나 제도가 운동의 향배에 한몫을 하게 된다. 즉 서로 다른 체제 형태나 상이한 억압양식에 따라 사회운동은 그 전술이나 내부 문화가 달라질 수 있게 된다. 예를 들면 국가가 공공질서를 책임지고 있는 체제하에서는 그 공공질서를 위협함으로써 국가의 행동을 유발시키는 전술이 채택될 수 있다. 프랑스 노동자들은 거리에 바리케이드를 치고, 도심지로 진출함으로써 국가의 개입을 유도하면서 간접적으로 고용자를 압박해나가는 전술을 쓴다. 그러나 미국의 경우처럼 강한 시장제도와 그에 대조되는 약한 중앙집권화된 경찰력이 존재하게 되면 노동자들은 고용자와

312 *Ibid.*, pp.277-278.

의 직접적인 투쟁을 통하여 권익과 임금의 협상을 시도한다. 한편 제도는 사회운동의 정체성과 목적의 형성에도 결정적인 작용을 미칠 수 있다. 예를 들면 국가가 정책면에서 국민들의 '권리'(rights)를 최대의 법률적 요구사항으로 받아들이는 체제하에서는 개인들의 권리가 사회운동의 주제를 이룬다. 그러나 이 법률적 요구가 집단의 이해를 전제하는 '집단적 정체성'(group identities)과 결부될 때에는 사회운동은 미국 인디안(American Indians), 여성, 장애자, 각종 인종 집단 등으로 나누어진다.[313]

(5) 국가(國家)와 문화적 전환

문화적 접근은 국가론(國家論)의 내용에도 중요한 변화를 유도한다. 종래의 국가론에서는 국가란 사회-경제적 구조들과 다양한 행위자들의 상호작용으로 파악되면서 주로 '물질론'(物質論, materialism)적인 설명이 지배적이었으나 문화적 접근은 이에 반하여 '관념론'(觀念論, idealism)의 입장에서 국가의 정책과 행동을 좌우하는 문화적인 측면에 관심을 돌려놓게 된다. 즉 국가가 행위자로서 갖는 담론적 특성에 분석의 초점을 모으게 된다.

① 국가의 담론적 특성

지금까지 국가론의 논의를 돌이켜보면, 우선 마르크스주의자와 네오마르크스주의자(Marxists and Neo-marxists)들은 국가가 강력한 이데올로기적 표현의 생산자임을 강조해왔고, 문화는 언제나 자본이나 계급관계, 생산양식과 같은 구조적 측면의 부수적 현상이라는 입장을 견지해왔다. 한편 M. Weber의 전통을 잇는 네오웨버리언(Neo-Weberian)의 '국가 중심적 접

---

[313] *Ibid.*, pp.279-280.

근'(state-centered approach)에 있어서도 국가는 항상 자율적인 행위자로 부각되면서 국가형성에 대한 문화적 역할은 극히 주변적인 것으로 취급되어 온 것이 사실이다. 그러나 George Steinmetz는 국가론에 있어서도 문화의 독립적이고 결정적인 역할이 재인식될 것을 주장하고 나선다. 그는 지금까지 문화의 영역을 극히 부수적인 현상으로 다루거나 인과적으로 중요하지 않게 보는 정치학의 경향을 비판하면서 문화가 정치(국가형성)에 구성적인 역할을 담당한다는 점을 강조한다.

그는 1914년 이전의 독일의 사회정책과 국가규제의 근원을 다루는 최근의 한 연구에 있어서 국가 관리들의 이데올로기와 정책적 시야를 구성하던 문화적 담론에 각별한 비중을 둔다. 즉 관리들은 빈곤층에 의해 조성되는 사회적 소요에 직면하게 되면 역사적으로 전승되어 오는 대응방식으로서의 기존의 담론에 의한 대응처방(예 : pauperism)을 내린다는 점을 지적한다. 또한 Steinmetz는 나치 체제(Nazi regime)의 등장을 둘러싼 해석에 있어서도 담론적 성격이 두드러지는 것을 보여주고 있다. 이 해석을 둘러싸고는 정통 마르크스주의자들의 경우 나치 국가를 금융자본의 제국주의적 표출로 보는가 하면, 국가 중심적 접근은 나치의 등장을 '정치 지상'(政治 至上, primacy of politics)면에서 풀이하여 대기업으로부터의 자율성을 얻어냄으로써 가능하였다는 점을 부각시키고 있으나 그는 이 두 가지 해석들이 적절치 못한 것으로 못박는다. 오히려 나치의 등장은 독일의 역사 속에 침전되어 오던 반유태주의의 '심층문화'(深層文化, deep culture)의 산물이라는 최근의 연구들을 높이 평가하고 있다. 그 근원에 있어서 이 인종적인 대량 학살 정치를 만들어낸 반유태주의는 나치의 권력 장악 이전에 이미 존재하였으며 국가 밖에서 엄연히 자리 잡고 있었다는 것이다.[314]

② 국가경쟁력의 담론적 성격

Bob Jessop은 21세기에 들어서는 자본주의가 포드주의(Fordism)로부터 후기포드주의(post-Fordism)로 바뀌게 되면서 국가도 '케인즈형 복지민족국가'(Keynesian Welfare National State)로부터 '슘페터형 노동 장려복지 탈국가적 레짐'(Schumpeterian Workfare Postnational Regimes)으로 변환될 것을 내다보고 있다. 21세기에 등장하게 되는 '슘페터형 레짐'은 ① 경제정책면에서 공급에 적극 개입하여 경쟁력을 강화하는 지식기반 경제의 구축, ② 노동시장의 유연성과 고용 가능성의 확대, ③ 국제적 경영규모의 개발, ④ 이형제(異形制, heterarchy)와 수평적 자체조직에 기초한 새로운 가버넌스 등의 특성을 지닌다.[315]

그런데 이 새로운 '슘페터형 국가'의 기본은 자본주의의 구조적 변환과 세계화에 대응하는 '경쟁력'의 강화이며 이를 위해서는 담론적 구성이 전제된다. 즉 20세기의 경제적 정형(定型)을 이루던 '케인즈형 복지국가'의 한계가 다가옴으로써 모든 국가들이 당면하게 된 경제적, 정치적 어려움에 직면하여 이를 적절이 진단하고 처방을 내리기 위한 '거대 설화'(巨大 說話', metanarrative)가 절실하게 된다. 기업문화, 기업사회, 혁신적 환경, 네트워크, 전략적 제휴, 파트너십, 가버넌스 등이 그러한 설화의 내용을 이룰 수 있다. 그리고 지정학적인 것과 관련해서는 냉전과 공산주의의 몰락, 동아시아로부터 오는 경제적 위협 등이 담론적 소재가 될 수 있다. 무엇보다도 이제는 20세기 후반을 장식한 케인즈형 민족국가의 형태로선 새로운 경쟁적 환경에서는 살아남기 힘들다는 위기감이 새로운 담론의 틀을 마련한다고 볼 수 있다.[316]

---

314 George Steinmetz, *op. cit.*, pp.24-25.

315 Bob Jessop, *The Future of the Capitalist State* (Cambridge, UK : Polity Press, 2002), pp.250-254, pp.228-229, pp.240-243.

그러나 슘페터형 경쟁국가에 관한 이러한 거대 설화의 기본이 되는 것은 '경쟁력'이라는 개념인데 Jessop은 이 경쟁력이 담론적 구성임을 전제로 그 역사적인 개념적 변화를 다룬다. 첫 번째는 근대 초의 국제무역과 관련하여 David Ricardo가 제시한 비교우위(比較優位, comparative advantage)의 개념이다. 이때의 국가 경쟁력은 나라마다의 가장 풍부하고 저렴한 생산요인들을 서로 교환하는 전략에 의존하는 것으로서 정태적인 효율성에 치중하는 것이었다. 두 번째의 경쟁개념은 Fredrich List의 유아산업(幼兒産業, infant indutries) 육성정책이다. 이것은 경제성장을 위해서 국가가 자원의 배분에 적극 개입하여 성장 효율성을 확보하는 경우가 된다. 세 번째는 Schumpeter의 경쟁개념으로서 국가경제의 경쟁력은 자원 확보, 기술, 상품, 조직, 마케팅 등에서 부단한 '혁신'(innovation)을 만들어내는 개인 또는 집단적 능력에 달려 있다고 보는 입장이 된다. 그리고 이러한 기업가적 혁신은 ① 새로운 상품의 개발, ② 새로운 생산방법의 도입, ③ 새로운 시장의 개발, ④ 원료 및 반제품 보급의 새로운 소스의 확보, ⑤ 새로운 산업조직(예: 독점적 지위)의 형성 등으로 가능해진다고 본다. 여기서 논의되는 '혁신'이란 자본주의 경제의 경영과 관련되는 단순한 기술적 발명이 아니라 새롭게 일을 처리해나가는 방식을 고안해냄으로써 평균적 이윤 이상을 올리는 경우가 된다.[317]

한편 'Schumpeter형 경쟁 국가'는 전략 면에서의 담론에서도 두드러지는 특성을 나타낸다. 첫째로 생산성과 계획에 관한 것은 격하되고 대신 신축성과 '기업가주의'(entrepreneurialism)가 강조된다. 둘째로 '종신고용

316 Bob Jessop, 'Narrating the Future of the National Economy and the Nation State : Remarks on Revamping Regulation and Reinventing Governance,' in George Steinmetz, *op. cit.,* pp.396-399.

317 Bob Jessop, *The Future of the Capitalist State, op. cit.,* pp.120-123.

권리'에 관한 담론으로부터 노동자의 고용을 보장할 수 있는 종신학습으로 바뀐다. 셋째로 자본축적과 관련된 세계화의 담론이 지배적인 추세를 이룬다. 넷째로는 종신학습 등에 기초한 지식기반 성장이 강조된다. 끝으로 경제이론 면에서 종래의 통화주의(通貨主義, monetarism)가 격하되고 '신성장이론'(新成長理論, new growth theory)이 각광을 받게 된다. 이러한 다섯 가지 변환은 경쟁력을 둘러싼 담론에 적절이 반영된다는 것이다.[318]

[318] *Ibid.*, pp.132-133.

제5장 정치심리학

정치(政治)에 대한 인간심리(人間心理)의 작용력은 정치학의 오랜 연구과제가 되어 왔다. 이미 H. D. Lasswell은 1930년대에 정치인의 형성에 대한 정신분석학적 가설들을 제시한 바 있고 그 후로도 정치지도자의 성격적 특성을 비롯하여 정치현상의 동태적인 상호작용과 정책결정에 작용하는 인지심리학적 측면, 정치적 습성과 관련되는 학습이론의 적용 등 정치학과 심리학이 접목되는 독특한 '정치심리학'(政治心理學, political psychology)의 연구영역이 구축되어 왔다고 볼 수 있다.

21세기로 들어서는 현대사회는 정보화로 특징지어진다. 통신기술의 비약적 발전에 따라 현대는 기호와 코드가 범람하는 새로운 문화적 질서로 변모해간다는 진단이 관심을 모으게 된다. 정보화는 인간의 상호작용과 일상적 실천에 전례 없는 유동성과 불확실성을 증폭시키면서 인간의 가치, 규범, 정체성, 태도 등에 커다란 변환의 전기를 마련하게 됨은 분명하다. 그리고 심리학적 접근이 이러한 새로운 변환의 정치적 파장과 결과에 대하여 적절한 설명적 틀을 제공할 수 있음은 당연한 일이다. 정치적 엘리트에 의한 대내적 대외적 정책 결정과정, 세계적 규모의 인종적 갈등과 폭력, 테러리즘, 대량학살 등, 그리고 나라마다 당면하는 투표형태의 변화, 집단적 갈등과 폭력적 시위 등을 둘러싸고 정치심리학이 정치적 사건과 현상에 대한 설명과 처방에 기여할 바는 매우 크다고 볼 수 있다.

사회과학의 연구추세와 관련해서도 정치의 심리적 접근은 각별한 의미를 갖는다. 전후 1970년대와 1980년대까지 정치학을 지배해온 기능주의, 체제이론, 구조주의, 신제도주의 등의 이론적 접근들은 인간에 미치는 구조나 제도의 역할을 중요시한 나머지 인간의 주체성을 등한시 해왔다는 비판을 면치 못하고 있다. 최근에 와서 '구조'(structure)에 대치되는 '행위'(agency)의 중요성이 제기되면서 양자의 상호작용이 재인식되기에 이르자 정치심리학이 가지는 의미도 또한 새로워지게 된다. 행위의 측면에 대한 이해에 있어서는 방법론적 개체주의(方法論的 個體主義)와 그에 따르는 심리학적 접근이 필수적인 분석 수단이 되기 때문이다. 새삼 개인의 '무의식'(無意識, unconscious)에 초점을 두는 정신분석학(精神分析學)이 정치적 엘리트의 성격적 특성뿐만 아니라 현대사회의 '포스트모더니티'(postmodernity)와 관련되는 새로운 변화에 대한 이해의 심도를 높일 수 있다는 주장도 나올 수 있게 된다.

이러한 몇 가지 기본인식을 배경으로 최근의 정치심리학의 연구 분야에 대한 개략적인 검토를 시도해볼 수 있다. 정치지도자의 성격적 특성과 정책결정 과정의 다양한 유형을 비롯해서 정치적 상호작용에서 나타나는 인지적 측면과 관련되는 이미지 구성, 외교정책면에서 나타나는 전망이론, 정치적 폭력과 관련되는 정치적 극단주의, 정치적 대중운동 등의 여러 주제들을 다루어보고자 한다. 특히 최근에 관심을 모으는 근대와 포스트모더니티의 논제를 둘러싼 정신분석학의 새로운 주장들도 정리해보기로 한다.

1. 정치지도자의 심리적 특징

정치지도자들의 심리적 특징은 그들의 국정 운영과 정책 결정과정에 폭넓게 작용하게 될 것은 당연하나 그러한 심리적 특징이 어떻게 형성되는가에 관심이 쏠리게 된다. Freud에 의해 창시된 '정신분석학'(psychoanalysis)은 인간의 성장과정에서 나타나는 무의식의 동인으로부터 정치인의 형성을 근원적으로 규명하는 길을 트고 있으며, 이와는 대조적으로 Gordon Allport나 Hans Eysenck로 대표되는 '특성 이론'(Trait theories)은 무의식보다는 사람들이 그들의 환경에 대응하면서 만들어지는 성격적 특성을 중요시하게 된다. 이 대조적인 접근에 따라 정치지도자들의 심리적 특징들을 다룬 연구들을 정리해보기로 한다.

(1) 정신분석학적 접근

정치지도자들의 심리적 특징은 일찍이 1930년대에 H. D. Lasswell에 의해 제기되었다. 그에 의하면 권력(權力)을 상대적으로 강조하는 정치인이란 남근기(phallic stage)의 Oedipus complex에서 비롯되는 증오를 성장해가면서 공적 대상(예 : 절대군주, 부르주아지 등)에 전위하고 이를 공공이익의 명분으로 합리화(예 : 자유주의, 계급 없는 사회 등)한다는 것이다. 어릴 때의 권위적 인물(아버지)에 대한 증오심이 커가면서 공적 대상에 전치되고 이를 그럴듯한 공적인 명분으로 합리화하는 것이 정치인이라는 것이다.[319]

이러한 프로이드 심리학의 접근은 그 후 미국의 W. Wilson 대통령의 심리적 특징을 설명하는 데에도 원용되었다. A. L. George와 J. L. George에 의하면 Wilson의 아버지는 해박한 지식을 가진 강한 인성의

[319] Harold D. Lasswell, *Psychopathology and Politics* (New York : Viking Press, 1960), pp.74-76.

소유자이며 완벽주의자로 파악된다. 따라서 아들의 교육에 있어서도 힘겨울 정도의 요구와 철저한 지도를 강조하였다고 한다. 이러한 엄격한 아버지의 훈도 때문에 Wilson은 어릴 때부터 아버지에 비해 열등하다는 의식에 사로잡혀 있었고 어떠한 문제도 아버지와 상의 없이는 처리하지 못했다고 한다. 결국 이러한 열등감을 보완하려는 보완심리에서 그는 권력을 추구하게 된다. 열등감을 보완하려는 사적 동기를 정치무대라는 공적 대상에 전위하고 그것을 전쟁을 종식시키기 위한 전쟁(미국의 1차대전 참전의 명분), 국제연맹의 창설(국제적 도의질서의 확립) 등과 같은 도덕적 사명으로 합리화하였다는 것이다. 자기의 열등감을 보완하려는 강력한 성취욕구를 가진 사람은 남을 지배하려는 욕구가 강하고 도전자에 대해서는 비타협적인 태도와 경직성이 두드러지게 되는데 Wilson의 경우 이러한 비타협적 태도와 경직성은 후일 국제연맹의 미 의회에서의 비준을 둘러싼 그의 정치적 처리과정에 그대로 반영되어 그의 정치적 실패를 가져왔다는 풀이이다.[320]

한편 정치인들의 특징은 '성격장애'(personality disorder)의 관점에서 그 특이한 모습을 살펴볼 수도 있다. 우선 '자아도취'(narcissism)는 어린이와 어머니의 이원일위(dyad)의 관계에서 형성되며 전능과 성취의 마술적인 세계에 존재하는 것처럼 믿게 하는 힘을 갖고 자아와 기타의 관계를 규제한다는 가정에서 출발한다. 이런 초기 단계의 강렬한 자아도취는 그 다음 단계에서 어머니와의 감정적 분리로서 현실 세계와의 관계가 짙어지면서 당초의 희열적인 상상적 상태는 상실과 단절의 과정에 접어들게

320 Alexander L. George & Juliette L. George, *Woodrow Wilson and Colonel House* (New York : Dover, 1964). 여기에서의 설명은 Alan C. Elms 및 Fred L. Greenstein의 요약 등을 참고하였음. Alan C. Elms, *Personality in Politics* (New York : Harcourt Brace Jovanovich, Inc., 1976), pp.96-103; Fred Greenstein, *Personality and Politics : Problems of Evidence, Inference, and Conceptualization* (Chicago: Markham Publishing Co., 1970), pp.73-86.

되고 이로부터 여러 자아도취형 장애가 발생한다. 즉 타인과의 감정적 연결이 결여되면서 자애적(自愛的)인 웅대함의 밑바닥에는 스스로가 보잘것없다는 생각과 부적절성의 감정이 감추어져 있다는 것이다. 현실적인 사회적 참여가 단절되면서 자아도취형 인성(人性)은 무력감과 부적절성에 직면하여 오히려 이러한 현실을 조작과, 통제, 그리고 자기 확대의 가학적인 시도로서 극복하려고 든다는 것이다.[321] 대체로 자애가 강한 사람들은 그들의 능력을 과신하고 자기 업적을 크게 부풀리며 자기자랑과 뽐내기를 좋아한다. 또한 가끔 자기비하도 하고 능력과 업적을 극소화하기도 한다. 그들은 자주 무한한 성공, 권력, 명석함, 아름다움과 같은 환상에 사로잡히게 되며 또한 실패와 결함의 두려움에 시달리기도 한다. 이미 지나가버린 칭찬과 특권을 되새기며 자주 유명 인사들과 비교하여 자찬에 빠진다.[322] 자기도취가 강한 정치인의 경우 권력에 대한 집요한 추구로 특징지어지며 권력의 좌에 올라서기 위해서는 남을 철저히 이용한다. 이러한 정치인들은 간혹 카리스마를 지닌 것처럼 보이고 사회가 위기에 처했을 때 권력 장악에 성공한다. 즉 사태해결에 도움이 될 만한 강한 지도자를 찾고 있는 많은 추종자들의 지지를 최대한 이용할 수가 있기 때문이다.[323]

비슷한 성격장애로서 '편집성 성격장애'(paranoid personality disorder)도 살펴볼 수 있다. Freud는 인간에게 '생명본능'뿐만 아니라 공격성과 파괴로

321 Anthony Elliott, *Psychoanalytic Theory : An Introduction, Second Ed.* (New York: Palgrâve, 2002), pp.61-62. 자기애의 인성형성에 관해서는 Joel Kovel, 'Narcissism and the Family,' in Joel Kovel, *The Radical Spirit : Essays on Psychoanalysis and Society* (London : Free Association, 1988) 등을 참고할 수 있음.

322 *Diagnostic and Statistical Manual of Mental Disorders,* American Psychiatric Association, 2000, pp.14-15.

323 V. Volkan, 'Narcissistic personality organization and reparative personality,' *International Journal of Group Psychology*, 30 (1980), pp.131-152.

이끄는 '죽음의 본능'도 있다는 것을 전제하고 있지만 이러한 가정은 M. Klein에 의해 보다 구체적으로 이론화된다. Klein은 죽음의 본능에서 비롯되는 '편집성 불안'(paranoid anxiety)이 성장기(Oedipus complex 이전) 어린아이와 어머니의 관계에서 비롯되며 어린이는 경우에 따라 어머니에 대한 강렬하고도 폭력적인 감정을 가질 수 있다고 보고 있다. 그리고 이러한 공격적인 감정은 커가면서 밖으로 다른 대상자에 투사(projection)되면서 완화의 계기가 마련되기도 하나 이렇게 투사되고 전위된 격정은 언제나 보복적인 반격으로 되돌아올 수 있는 가능성이 수반된다는 주장을 펴고 있다. 따라서 투사와 전위의 대상자는 좋은 것과 나쁜 것으로 쪼개지는 과정을 밟으면서 공격성, 파괴, 증오와 같은 죽음의 본능은 언제나 박해의 형태(persecutory manner)로 돌아오고 극도의 불안을 만들어내는 편집성 성격장애가 발생한다는 것이다.[324] 편집성 성격장애자는 극도의 불신과 의심에 차 있다. 전혀 근거가 없는데도 다른 사람들이 자기를 착취하고 해를 끼치며 기만한다고 믿는다. 이들은 남에게 실토를 하거나 가까워지기를 꺼려하는데 이것은 남들이 서로 공유하는 정보를 역이용할 것을 두려워하기 때문이다. 또한 극히 무해한 소견에 관해서도 그것에 대해서 해롭거나 위협적인 숨은 의미를 부여한다. 남에게 유감의 감정이 많고 자기가 받았다고 생각하는 멸시나 모욕에 대해서는 전혀 용서를 하지 않는다.[325] 정치지도자의 성격 면에서는 소련의 J. Stalin이 이러한 편집성 장애의 유형에 들어간다는 연구가 있다. R. Birt에 의하면 Stalin은 그의 편집적 성격으로 고도로 중앙집권화된 정치구조의 정상에 오를 수

[324] Anthony Elliott, Psychoanalytic Theory, *op. cit.*, pp.79-85. Melanie Klein에 관해서는 *Psychoanalysis of Children* (1942), *Contribution to Psychoanalysis* (1948)와 *Envy and Gratitude* (1947) 등의 대표적인 저서들이 있음.

[325] Diagnostic and statistical manual of mental disorders. *op. cit.*, pp.690-691.

있었고 일단 그 자리에 오른 다음에는 소련의 관료 제도를 그의 내면적 성격장애의 연장수단으로 전환시킬 수 있었다고 보고 있다.[326]

(2) **특성 이론**(Trait Theories)

Freud 심리학에서 강조되는 '무의식'보다는 인간이 갖고 있는 심리적인 특성이 인간의 행동을 보다 적절하게 설명할 수 있다는 주장이 나온다. Gordon Allport는 이러한 인간의 심리적 특성을 ① 기본적 특성(cardinal traits 예: 권위주의, 권력의 추구), ② 중심적 특성(central traits 예: 정직, 총명), ③ 부차적 특성 (secondary traits 예: 식후 산책, 간식 등)의 세 가지로 나눈다. 또한 Hans Eysenck는 ① 외향적(extroverts: 사교적, 충동적), ② 내향적(introverts: 조용하고 내성적), ③ 신경적(neurotics: 두려움, 불안감), ④ 정신병적(psychotics: 타인에 무관심, 적대적, 비인간적, 그러나 간혹 매우 창조적)인 네 가지 유형으로 분류하고 있다.[327]

정치지도자들의 성격적 특징에 대한 유형도 생각해볼 수 있는데 〈그림 3-5-1〉은 Myers-Briggs Indicator(MBTI)에 의한 성격 평가 측정 기준에 따른 하나의 분류이다. 이 분류에서는 개인의 성격이 특정한 환경, 과제, 그리고 인지적 유형(cognitive patterns)에 대한 구체적인 선호로 표출된다는 점이 강조된다. M. Lyons는 미국의 Clinton 대통령의 경우 백악관에 들어가기 전까지는 '외향성, 직관, 감정, 지각'(extroversion, intuitiveness, feeling, perceiving)의 카테고리 속에 들어간다고 보고 있다. Clinton은 남들과 친밀

---

326 R. Birt, 'Personality and foreign policy : The case of Stalin,' *Political Psychology,* 15 (1993), p.611.

327 Gordon Allport, *Personality : A psychological interpretation* (New York : Holt, 1937), p.338; Hans Eysenck, *Fact and Fiction in Psychology* (Baltimore: Penguine Books, 1965), pp.97-98; Hans Eysenck & M, Eysenck, *Personality and individual difference : A natural science approach* (New York: Plenum Press, 1985), p.14, p.48.

〈그림 3-5-1〉 MBTI(Myers-Briggs Type Indicator) 성격 유형

내향성(Introversion) 내성적, 겸양적, 고독의 추구	대	외향성(Extroversion) 표현의 풍부함, 사교적
인식(Sensing) 문학적, 경험적 인식을 선호함	대	직관(Intuition) 추상적, 비유적(figurative) 인식을 선호함
사고(Thinking) 객관적, 공평한, 논리적 정책결정을 선호함	대	감정(Feeling) 주관적이며, 가치 또는 감정에 근거한 정책결정을 선호함
판단(Judging) 문제해결과 질서의 추구	대	지각(Perceiving) 호기심, 자연스러움, 무질서의 묵인

출처 : M. Lyons, 'Presidential character revisited,' *Political Psychology*, 18 (1997), p.794.

한 애착을 가지려고 했으며 또한 이러한 관계를 만드는데 능숙하였다. 사람들과의 관계를 전문적으로 다루었고 낙관적이고, 열성적이며 명랑하고, 카리스마의 면모를 보여주었다. 다른 사람들에 대하여 통찰력을 가지고 있었으며 지지자들을 끌어 모으고 탁월한 정치인의 모습을 보여주었다. 그러나 가끔 불성실한 면도 보여주었는데 그것은 그의 목적을 위하여 다른 사람과 적응하기 위해서였다. 매우 혁신적이었으나 비규율적이고, 비조직적이며, 우유부단한 면도 있었다. 규칙을 싫어하고 제도의 제약 속에서 일하기 힘들었다. 부단한 변화에서 득을 보았고 어떤 프로젝트가 끝나기도 전에 다른 것을 시도했고 쉴 틈 없이 일하고 기진맥진하는 경우가 많았다. 그의 에너지는 서로 경합적인 이해와 개인적인 관계로 언제나 분산되었다. 재능과 적응성이 많아서 즉흥적인 성공으로 이어질 수 있었고 매우 뚜렷한 세계관을 보여 주었으나 때로는 자기의 편견을 정당화하는 데이터에 초점을 맞춤으로써 매우 서툰 선택을 하고

심각한 판단의 과오를 범하는 경우도 있었다.[328]

그러나 미국 대통령들의 국정운영의 리더십 스타일에 관한 또 다른 연구에 의하면 Clinton은 백악관에 들어가서는 본인이 국정 운영(외교정책)의 모든 것을 직접 챙기고 추진시켜 나가기보다는 업무를 위임하는 다소 소극적인 스타일로 부각되고 있다. T. Preston의 연구에 의하면 그는 첫째로 정책과정(외교정책)의 통제나 관여 면에서 Eisenhower나 Kennedy처럼 중앙집권적이거나 직접적인 통제를 하기보다는 다소 느슨하고 단체조직적인 특성을 보인다. 부하들의 역할이 증대되고 그들에게 정책수립과 집행을 위임하고 최종적인 정책결정에 있어서는 전문가의 자문에 크게 의존하는 경향이 많았다. 둘째로 정보의 필요성이나 정책상황의 제약 등과 관련해서는 적극적이고 조정적이며 조심스러운 접근보다는 다소 관망자적인 특성을 보인다. 즉 적극적으로 정보를 챙기고 정책상황의 제약 등에 덜 신경을 쓰면서 일을 조정해나가는 Kennedy, Johnson, Reagan, Bush 등과는 대조적으로 외교정책에는 비교적 관심이 덜하고 정보는 요구하되 전문가의 자문에 크게 의존하고 상황적인 제약에도 덜 민감한 스타일로 부각되고 있다. 외교정책면에서는 '위임자-관망자'(delegator-observer)의 스타일이 되고 있는데 이러한 그의 특성은 특히 북한과의 핵 위기(1993~1994)의 처리에 있어서 잘 나타난 것으로 분석된다.[329]

---

328 M. Lyons, 'Presidential character revisited,' *Political Psychology, 18* (1997), p.794

329 Martha Cottam, Beth Dietz-Uhler, Elena M. Mastors, Thomas Preston, *Introduction to Political Psychology* (Mahwah, N.J. : Lawrence Erlbaum Associates, Publishers, 2004), pp.109-122

2. 정치적 이미지(image): 인지이론의 논리

인지이론(認知理論, cognitive theory)은 인간의 지각, 지식, 생각, 기대와 같은 심적 과정(心的 過程, mental process)을 강조한다. 정보를 수집하여 그에 대한 의미를 부여하고 그것을 지식으로 조직화하는 등의 심리활동이 인간행위의 가장 중요한 부분을 차지한다고 보고 있다.[330] 인지이론의 창시자로 알려진 G. A. Kelly에 의하면 인간은 환경에서 오는 자극에 극히 수동적으로 대응하기보다는 자기를 둘러싼 세계를 이해하려고 계속 노력하는 적극적이며 호기심 많고 창조적인 주체라는 전제하에 인간은 부단히 정보를 수집하고 해석함으로써 사태를 예측하고 통제하려고 시도하는 과학자로 비유된다.[331] 정치학의 분야에서는 어떤 정책결정권자가 중요한 결정을 내리는데 있어 어떻게 정보를 입수하고 기존의 태도나 믿음에 비추어 이러한 정보를 어떻게 분석 또는 해석하는가, 어떠한 전략을 택할 것인가, 그리고 정보의 처리 과정에서 어떠한 오류와 편견이 발생할 수 있는가 등의 정책결정 과정의 중요한 과정을 이해하는데 인지이론은 크게 기여할 수 있다. 그 분석적 초점은 인간이 갖게 되는 정치적 이미지(태도, 믿음, 지식 등)와 정보처리 과정에 있다고 볼 수 있다.

(1) 정보처리 과정(information processing)

귀속이론(歸屬理論, attribution theory)은 인간의 정보처리 과정에서 나타나는 심리적 특성을 잘 밝혀준다. 사람들은 정보를 처리하는데 있어서 심

---

330 S. L. Brecht, D. L. Thomas, B. A. Chadwick, *Social Psychology* (Englewood Cliffs, N. J.: Prentice-Hall, Inc., 1980), p.18.

331 George Alexander Kelly, *The Psychology of Personal Constructs, Vol. 1*(New York : Norton, 1955), p.5, p.15.

적인 지름길이 될 수 있는 '발견적 지도법'을 사용한다. 복잡한 사태를 손쉽게 파악할 수 있게 만드는 정보처리 방식이라고 볼 수 있는데 예를 들면 어떤 예측을 하는데 있어서 손쉽게 원용할 수 있는 가까운 사례에 의존하는 방법이다. 정치학 강의에서 A학점을 받을 학생이 얼마나 될 것이냐를 예측하려면 지난해의 강의 성적분포를 참고하는 경우가 된다. 이것을 '가용 발견 지도법'(availability heuristic)으로 부른다.[332] '대표성 발견 지도법'(representativeness heuristic)이라는 것도 있는데 이것은 어떤 사람의 특성에서 그의 직업을 짐작해내는 방식이다. 예를 들면 의료직업은 청진기와 밀접히 관련을 맺기 마련인데 만약 청진기를 가진 사람을 만나게 되면 그는 의료직에 종사하는 것으로 짐작하는 경우가 된다.[333]

그러나 정보처리에 있어서는 여러 가지 오류나 편견이 있을 수 있는데 몇 가지 대표적인 유형들을 살펴볼 수 있다. 첫째로 행위자-관찰자 효과(actor-observer effect)가 있는데 이것은 다른 사람의 행위는 성향적 특질에서 비롯되고 자기의 행위는 상황적(외부적) 요인에서 비롯되었다고 추정하는 편견이다. 둘째 자기 근거에 의한 총의효과(self-based consensus effect)가 있다. 자기의 행위를 전형적인 것으로 생각하고 남도 그렇게 행동할 것이라고 추정하는 편견이다. 즉 '남도 내 마음처럼 생각할 것이다'라고 믿는 심리이다. 셋째 방어적 귀속(defensive attribution)이 있는데 이것은 가벼운 결과(책상 위의 책을 떨어뜨린다)보다는 중대한 결과를 가져오는 사고(책상 위의 값진 도자기를 떨어뜨린다)에 보다 많은 책임을 묻는 경우가 된다. 넷째 자기기여 편견(self-serving bias)이란 성공은 자기 탓으로 돌리고 실패에 대한 책임은 부인하는 심리이다. 다섯째 자기중심적 편견(self-centered bias)

---

[332] A, Tversky & D. Kahneman, *Judgement under Uncertainty : Heuristics and Biases* (Cambridge, UK: Cambridge Univ. Press, 1982).

[333] S. Fiske & S. E. Taylor, *Social Cognition* (New York : McGraw-Hill, 1992).

이 있는데 공동작업의 결과에 대해서 자기가 공헌한 몫이 훨씬 많다고 생각하는 경우이다. 부부 사이에는 집안일에 서로가 공헌이 많다고 다툴 때가 많다.[334]

한편 정보처리과정의 연구에서는 Leon Festinger의 '인지불협이론'(認知不協理論, cognitive dissonance theory)도 상당한 비중을 차지한다. 사람들의 정보처리는 인지요소들 사이의 관계에서 다르게 나타나게 되는데 예를 들면 정의적인 것과 인지적인 것 사이에 불협이 생기면 그 결과는 매우 다양하게 나타날 수 있다. 담배를 좋아하는 사람의 경우 담배가 암을 유발한다는 정보가 들어오면 담배를 끊든가 계속 피우되 그럴듯한 명분을 제시하는 것이 그 좋은 예가 된다. 국제정치 분야에서는 Ole R. Holsti의 미국 Dulles 국무장관의 연구가 있다. Dulles는 소련에 대한 그의 강한 부정적 선입견(무신론적 체제)으로 인하여 소련에 대한 다소 긍정적인 정보가 입수되더라도 그것을 무시하든가 또는 자기의 기존의 믿음체제에 일치하도록 해석함으로써 소련에 대한 기본적 태도에는 전혀 수정을 가하지 않는 정보처리를 하였다는 연구이다. 즉 인지불협을 기존 태도 보존의 방향으로 조정하는 사례의 연구가 된다.[335]

국제정치학 분야에서는 '인지일치이론'(Cognitive consistency theory)의 적용이 관심을 모을 수 있다. 인지의 구성요소간의 상호관계가 일치되지 않든가, 또는 불균형 상태를 이룰 때 인간은 거기에서 오는 심리적 긴장을 해소하려는 시도에서 인지요소간의 관계를 일치시키거나 균형된 상태로 만드는 심리적 경향을 가지게 되는데 T. Newcomb의 A-B-X 모형을 그 예로 검토해볼 수 있다.[336]

---

334 S. T. Fiske & S. E. Taylor, *op. cit.*, pp.76-87.

335 David Finlay, Ole R. Holsti, Richard R. Fagen, *Enemies in Politics* (Chicago, Ill.: Rand McNally & Co., 1967), pp.39-86.

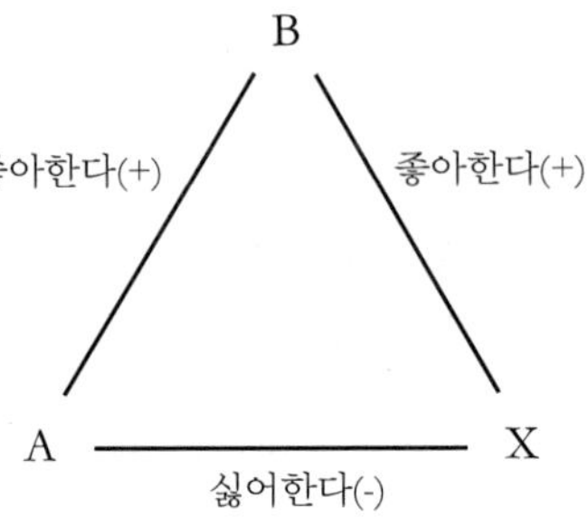

A와 B는 서로 좋아하는 사이이나 X라는 대상을 두고 그 관계가 A의 경우 X를 싫어하고 B의 경우는 X를 좋아한다는 3자 관계가 형성되면, 이러한 상태는 불균형 관계가 된다. 이러한 불균형 관계가 형성되면 사람들은 균형된 관계로 만들려는 심리적 긴장이 발생하며, A와 B는 상호 커뮤니케이션을 통하여 이러한 불균형 상태를 해소한다. 즉, A는 B를 설득하여 X를 싫어하게 만들든가, 또는 B가 A를 설득하여 X를 좋아하게 만드는 두 가지 긴장해소 방법이 있을 수 있다.

그러면 긴장이 해소된 균형상태란 어떤 것인가? 3자간의 마이너스 부호(-)가 두 개이거나 전혀 없는 다음의 네 가지 상태가 있을 수 있다.

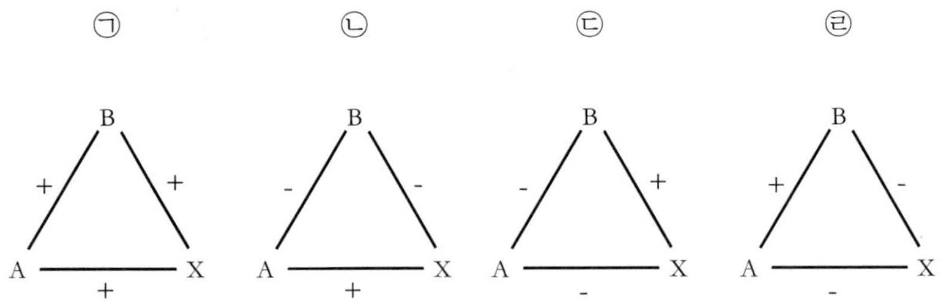

336 T. M. Newcomb의 A-B-X 모형에 관해서는 T. M. Newcomb, 'Approach to the Study of Communicative Acts,' *Psychological Review,* Vol. 60(1953), pp.393-404. 이 예시는 S. L. Albrecht, et. al., *op. cit.*, p.228을 참조하였음.

이러한 3자 관계의 상호작용은 대인 관계뿐만 아니라 국제정치에 있어서의 국가간의 상호작용의 이해에 도움이 될 수 있다. 아랍의 속담에 보면, "나의 친구의 친구는 나의 친구이며, 나의 친구의 적은 나의 적이요, 나의 적의 적은 나의 친구이다"는 3자간의 미묘한 우호, 적대관계의 표현이 있다. 즉, 위에서 제시된 네 가지 균형상태 중, A를 기준으로 볼 때 ㉠의 경우는 나의 친구의 친구는 나의 친구, ㉡의 경우는 나의 적의 적은 나의 친구, ㉢의 경우는 나의 적의 친구는 나의 적, ㉣의 경우는 나의 친구의 적은 나의 적이라는 사례로 비유해볼 수 있다.[337]

국제정치의 냉혹한 현실은 위의 네 가지 유형 중 ㉡의 '나의 적의 적은 나의 친구이다'라는 대목에서 가장 두드러진다. 국가간의 제휴를 가장 일관성 있게 만드는 것은 공동의 적에 대한 대처이다. 공동의 적에 대한 대처는 국가를 움직이는 가장 강한 힘이 될 수 있기 때문이다. 영국의 Churchill 수상은 소련에 대하여 매우 적대적이었으나 그보다 더 위협적인 Hitler의 Nazis가 등장하게 되자 만사를 제쳐놓고 소련과의 제휴를 주장하게 된다. 유럽의 나폴레옹 전쟁 당시 영국 외상은 모든 나라에 대해서 프랑스를 공동의 적으로 삼을 것을 강력히 주장했다. 1949년 당시 Eisenhower 대통령은 소련을 반대하는 모든 나라는 친구가 될 수 있다고 선언한 바 있다. 한때 베트남이 캄보디아를 침공했을 때 인도와 소련만이 베트남과 좋은 관계를 유지하였는데, 그 이유는 이 두 나라는 베트남의 주적(主敵)인 중공(中共)의 적이었기 때문이었다. 그리고 이러한 국가간의 적대관계에서는 '주적'이 누구냐가 가장 중대한 선결과제로 등장하게 된다. 주적이 결정되면 그 이외의 나라는 제휴와 동맹의 대상이

[337] Robert Jervis, 'Systems Theories and Diplomatic History,' in Paul G. Lauren (ed.), *Diplomacy : New Approaches in History, Theory, and Policy* (New York : The Free Press, 1979), pp.226-231.

될 수 있다. 모택동의 '통일전선'(統一戰線, united front)이론에 의하면 결정적인 역사적 전환기에서는 하나의 주요 반동적인 적이 확인되어 '일차적인 적'(primary enemy)으로 공격목표가 되면 그 이외의 덜 반동적인 세력들은 이 주적을 쓰러뜨리기 위하여 통일되어야 한다는 논리를 펴고 있다. 즉 어느 국가가 가장 치명적인 위협이 되는가가 결정되면 다른 고려는 모든 부차적인 문제가 된다. 1960년대와 1970년대를 거치면서 모택동 세력에게는 이것이 일차적인 문제였는데, 그들은 주적이 미국이 아니라 소련이라는 결론에 도달했다. 마찬가지로 이때를 즈음해서 미국도 베트남 사태에도 불구하고 소련의 힘보다는 중공이 선동하는 '인민전쟁'(people's war)이 덜 위험하다는 결론에 접근하고 있었다. 결국 어떤 나라가 두 나라와 갈등관계에 있으면서 그 중 한 나라를 자기편으로 끌어오려면 다른 3자가 주적이라는 것을 확신시킬 필요가 있게 된다.[338]

(2) 정치적 이미지(image)와 그 전략적 측면

사람들은 그들의 환경을 단순화시키고 조직화하며 정보의 처리를 통하여 사건과 현상에 대한 원인들을 찾아내려고 한다. 이 과정에서 인간의 생각과 지식으로 이루어지는 인지체제는 입수되는 정보를 거르는데 결정적인 작용을 하게 되는데, 이것은 특히 '카테고리'(category)나 '고정관념'(stereotypes)을 통하여 이루어진다는 점이 강조된다. 예를 들면 '유태인' 같으면 부(富)와 재간을 겸비한 특수한 소수인종으로서 그들의 부와 영향력을 묶는 복잡한 음모에 능한 것으로 인식된다. 그들은 쌀쌀하고 당파성이 강하고 다른 사람들보다 항상 우월하다고 생각한다. 이처럼 고정

338 Robert Jervis, *System Effects : Complexity in Political and Social Life* (Princeton, N. J. : Princeton Univ. Press, 1997), pp.221-227.

관념이나 카테고리는 상황의 인식과 파악을 도와주는 역할을 담당하게 되는데 우리들은 정치세계를 파악하는데 있어서도 이러한 '카테고리화'(categorization)에 의존하게 된다. 우리들은 국제적 환경을 파악하는데 있어서 국가들을 여러 형태로 즉 '적'(enemy)이라든가 '우방'(ally) 등으로 분류하여 접근한다. 그리고 이러한 인지적 카테고리는 '이미지'로 불리어지며, 국제정치학에서의 '이미지 이론'(image theories)은 정책결정권자들의 다른 국가들에 대한 이미지와 그로부터 도출되는 행동과의 연관성을 다루는 학문분야가 되고 있다.[339]

그러면 국제정치학에서 다루어지는 이미지 이론의 한 연구사례를 살펴보기로 한다. M. Cottam과 그의 동료들은 〈표 3-5-1〉에서 보는 바와 같이 정책결정권자들이 상대 국가들에 관하여 갖게 되는 이미지를 다섯 가지로 나누고 각 이미지에 따른 상대방의 능력, 문화, 의도, 정책결정자, 위협과 기회 등에 관한 다양한 인지적 측면을 제시해보고 있다. 만약 정책결정권자가 상대방 국가에 대해서 '적'의 이미지를 갖게 되면 그 나라는 능력(capability : 경제력, 군사력, 대내적 정치안정, 효율적 정책결정과 집행)면에서 자기나라와 비등하다고 생각하게 되고 문화(culture : 문화적 세련)적으로도 같은 수준이고 자기나라에 대해서 해로운 의도를 가지고 있으며 그 나라의 정책결정자들은 소수의 엘리트로 구성되어 있고 여러모로 자국에 위협이 된다고 판단하게 된다. 한편 어떤 나라에 관해서 '식민지'(colonial)의 이미지가 전제된다면, 정책결정권자는 그 나라가 능력과 문화면에서 열등하고 그 나라의 국민들은 무능하고 유치하며 소수의 엘리트에 의해 지배되고 지배층은 부패하고 전혀 위협이 되지 않을 뿐만 아니라 상황에 따라서는 기회를 만들어주는 것으로 전제되어 극히 강압적이고 비타

339 Martha Cottam et. al., Introduction to Political Psychology, *op. cit.*, pp.41-44.

〈표 3-5-1〉 국제관계에 있어서의 이미지(images)

	능력	문화	의도	정책결정자	위협/기회
적(enemy)	동등	동등	해로운	소수 엘리트	위협
야만(barbarian)	우월	열등	해로운	소수 엘리트	위협
제국주의(imperialist)	우월	우월	해로운	소수 집단	위협
식민지(colonial)	열등	열등	자비로운	소수 엘리트	기회
퇴조(degenerate)	우월/평등	약한 의지	해로운	혼란/분화	기회
불량(rogue)	열등	열등	해로운	소수 엘리트	위협
우방(ally)	동등	동등	우호	다수 집단	위협

자료 출처 : Martha Cottam, Beth Dietz-Uhler, Elena M. Mastors, Thomas Preston, *Introduction to Political Psychology* (Mahwa, N. J.: Lawrence Erlbaum Associates, Publishers, 2004), p.45.

협적인 자세로 임하게 된다. 야만 국가의 경우 능력면에서 우월하고 문화에서는 열등하나 의도면에서는 침략적이고 매우 위협적인 것으로 인지된다. 제국주의 국가는 능력과 문화면에서 우월하다고 인식되고 그 의도는 해로울 수도 있고 자비로울 수도 있지만 그 지배적인 위세만은 거역할 수 없을 것으로 받아들인다. 불량국가는 능력이나 문화면에서 열등하지만 그 의도만은 해롭다. 나쁜 종자이자 무책임한 아이로서 버릇을 고칠 때까지 처벌의 대상이 된다. 퇴조 국가는 강한 능력과 발달된 문화를 가지고 있지만 의지가 약하고, 규율이 해이해져 있고 스스로의 목표와 계획을 추진시켜나갈 의지가 결여되어 있다. 우방은 능력이나 문화면에서 동등하고 자국의 집단이나 가치와 비슷한 점이 많고 그 의도도 우호적인 것으로 인식된다.[340]

또한 이미지는 상대방에 대한 정의면의 감정과 결합되면서 나라마다의 전략적 선호(strategic preference)에 작용하게 되는데 그 구체적인 면모를 살펴보기로 한다. 우선 〈그림 3-5-2〉에서 보는 바와 같이 매우 '악마적인 적'(diabolical enemy)인 경우에는 그 의도와 동기가 침략적이고 그 정책결정

340 Martha Cottam, et. al., Introduction to Political Psychology, *op. cit.,* pp.44-45.

구조도 획일적이며 또한 정책결정이 매우 합리적일 수 있다. 비록 증오, 두려움, 불신 등이 교차되기는 하지만 상대방의 힘에 비추어 잘 못하면 패배할 수도 있기 때문에 최선의 대응책은 매우 공격적인 방어가 될 수 밖에 없다. 그러나 이보다는 좀 더 신중한 봉쇄정책이 바람직하게 된다. 항상 비등한 적과의 대결은 성패가 50 : 50의 확률이 될 수 있기 때문이다. 오히려 적이 그들의 힘을 증가하고 목적을 달성할 수 없도록 하는 봉쇄가 적절한 대안이 될 수 있다. '야만' 국가의 경우, 문화는 열등하지만 능력은 우월하다는데 문제가 있다. 역사적으로는 '게르만 종족'들에 대한 희랍의 묘사가 적절한 사례가 될 수 있으며, 현대에 와서는 이스라엘의 아랍 세계에 대한 인식, 유고슬라비아 붕괴와 관련하여 크로아티아(Croatians)의 세르비아(Serbs)에 대한 인식 등이 이에 해당될 수 있다. 야만 국가를 대하는 전략에 있어서는 힘 있는 우방(예 : 미국, 유럽 국가 등)을 찾는 길뿐이다. '제국주의' 국가의 경우는 능력과 문화적 우월을 배경으로 식민지를 지배하고 이용하려 들기 때문에 이 두려운 존재에 대해서는 자기보호와 갈등회피의 길을 모색할 수밖에 없게 된다. 현재의 상

〈그림 3-5-2〉 이미지와 전략적 선호(strategic preferences)

다른 정치적 행위자의 이미지		위협/기회		전략적 선호
적(enemy)	➡	높은 위협	➡	봉쇄
야만(barbarian)	➡	높은 위협	➡	우방모색, 힘의 증대
제국(imperial)	➡	높은 위협	➡	가능하면 복종/항거
불량(rogue)	➡	적당한 위협/낮은 위협	➡	응징
퇴조(degenerate)	➡	높은 기회/적당한 기회	➡	도전, 모험 시도
식민지(colonial)	➡	높은 기회	➡	제어, 지시, 이용
우방(ally)	➡	위협/기회(모두 도움됨)	➡	합의 협상, 공동 전략

자료 출처 : Martha Cottam et. al., *op. cit.*, p.52.

태를 유지하고 제국주의 집단의 주요결정에 따르고 상징적인 양보를 보여 주는 전략이 불가피해진다.

한편 '불량' 국가에 대해서는 능력과 문화가 극히 열등하고 지금까지 '적'에 의존해 온 나라들(예 : 북한, Cuba, Iraq, Libya, Serbia, Iran 등)이기 때문에 힘을 통한 응징으로 버릇을 가르쳐야할 대상이 된다. 미국의 입장에서는 Iraq의 Saddam Hussein, Panama의 M. Noriega, Serbia의 S. Milosevic 등이 이에 해당된다고 볼 수 있다. 퇴조 단계에 들어선 나라는 기회를 제공하는 면이 있다. 비록 힘과 문화면에서는 한때 우월한 위치에 있었지만 이제는 방향감각을 상실하고 효과적인 전략 수립에 무기력한 것으로 인식된다. 2차대전 이전의 독일과 일본은 영국, 미국, 프랑스 등에 대해서 이러한 이미지를 가졌었다. 근래에 와서는 한때 Iraq의 S. Hussein이 미국과 그 우방에 대해서 이러한 이미지를 가졌고 만약 Kuwait를 침공하더라도 미국과 그 우방들은 손을 쓰지 못할 것으로 예상했다. 그리고 Hitler나 Mussolini, 일본 군부 등은 막강한 전쟁 능력을 갖추고 있었고 그들의 침략적인 목적이 충분히 달성될 수 있을 것으로 믿었다고 볼 수 있다. 식민 국가의 경우는 능력과 문화에서 열등하고 그 나라 국민들은 유치하고 정치 엘리트는 일부 온건하고 책임감 있는 집단도 있으나 매우 선동적이고 무책임한 집단도 있어 대내외적으로 매우 불안한 정치로 특징지어진다. 냉전 시대의 미국은 이러한 식민 국가의 유형을 대하는데 있어 단호한 처벌과 전복의 전략으로 택하였는데 Iran(1953), Guatemala(1954), Chile(1973)의 사례에서 잘 입증된다.[341]

---

341 *Ibid.,* pp.52-56.

3. 대외정책 결정의 심리적 변수

국가의 대외정책 결정에 있어서는 정책결정권자의 개인적인 심리적 특성이 작용하기 마련이다. 이미 인지이론에서 정책결정과정에 작용하는 이미지의 역할을 다루었지만 특히 외교정책면에서 제기되는 다양한 심리적 변수들을 좀 더 구체적으로 다루어볼 수 있다. 여기서는 대외정책에 있어서의 위협을 둘러싼 지각적 측면과 정책결정권자들이 갖는 정책적 손익에 관련된 전망이론 등을 다루어보기로 한다.

(1) **위협인식**(threat perception)

국제정치의 현실은 무한히 복잡다단하게 변하는데 비하여 이에 적절히 대처하여야할 인간의 정보처리 능력과 대안 설정의 능력에는 한계가 있기 때문에 외교정책의 수행에 있어서도 정책결정권자의 경우 밖으로부터 오는 위협에 대한 '인식적 오류'(misperception)가 발생할 수 있다. 그리고 이 문제는 정치심리학의 주요 연구과제가 되어왔다.[342]

① 인지적 편견(cognitive biases)

첫째로 위협에 대한 인식적 오류에는 '인지적 편견'(cognitive biases)이 있을 수 있다.[343] 우선 국제적 현실에 대한 관찰과 입수되는 정보의 해석을 둘러싸고 정책결정권자들이 이미 가지고 있는 '사전의 믿음 체제'(prior belief system)의 작용력을 생각해볼 수 있다. 사람들은 그들이

---

342 Robert Jervis, *Perception and Misperception in International Politics* (Princeton, N. J.: Princeton Univ. Press, 1976).

343 Jack S. Levy, 'Political Psychology and Foreign Policy,' in David O. Sears, Leonie Huddy, Robert Jervis, *Oxford Handbook of Political Psychology* (Oxford : Oxford Univ. Press, 2004), pp.264-268.

갖고 있는 사전의 믿음에 따라 사태를 파악하는 경향이 있다. 즉 사전의 믿음에 따른 '선별적 주의'(selective attention)의 경향 때문에 정보처리과정은 합리적이라기보다는 여러 가지 편견이 개재되기 마련이라는 것이다. 만약 상대방이 근본적으로 적대적이고 동시에 외부적 위협이나 기회에 관해서는 극히 반응적이라고 믿게 되면, 상대방의 공격적인 행동은 그의 내재적 적대감을 반영하는 것으로 인식할 것이고 또한 그의 타협적 행동은 자기의 단호한 행동에 대한 반응으로 받아들인다는 것이다. 만약 반대로 상대방의 의도가 인자한 것으로 믿게 된다면 그로부터 오는 임박한 군사적 공격의 신호에 대해서도 극히 무감각할 수가 있다. 1973년 이스라엘 정보기관은 이집트의 경우 이스라엘 깊숙이 들어와서 이스라엘 공군을 무력화시킬 수 있는 공습능력을 갖추지 못하는 한 절대로 이스라엘에 대한 공격을 시도하지 못할 것으로 믿었다. 따라서 이스라엘은 이러한 사전 인식으로 말미암아 이집트와 시리아가 최전선에 걸쳐 막대한 군사력을 집결시키는 데도 이것을 일상적인 군사 훈련의 일환으로 취급하였다고 한다.

귀속이론(attribution theory)에 보면 사람들은 다른 사람들의 바람직하지 못한 행동은 그것이 내부적인 성향적 요인에서 비롯된다고 해석하는 경향이 있다. 즉 외부적인 환경적 제약이 아니라 내부적 성향(예 : 적대적 의도)에서 온다고 믿을 수 있기 때문에 간혹 국제정치에서 상대방이 느끼는 위협이 외부적 요인에서 오는 것을 전혀 감안하지 않는 오류를 범하게 된다. 또한 자기의 행동(안보 조치)은 외부적인 요인에 기인하는 것으로 설명하기 때문에 상대방도 이를 이해하여 자기에게는 위협이 되지 않는다고 믿게 될 것이며, 한편 상대방의 군비증강은 그 적대적 의도 때문이라고 믿기 때문에 결과적으로 갈등은 증폭되는 경우가 많게 된다. 귀속적 오류에서 크게 문제되는 것은 적대국가의 체제는 실제보다 더 중앙집권화되어 있고 적대국 지도층을 견제하는 내부적인 정치적, 관료적 견제가 없다고 가정하는 경향이다. 이때 내부적 여론층을 무마하려는 행동은 침략행동으로 나가는 교묘한 수법으로 인식되어 서로의 갈등을 부추길 수 있다.

이러한 인지적 편견의 과정은 '감정이입'(empathy)의 결여로 더욱 나빠질 수 있다. 즉 상대방의 세계관, 그들 이익의 정의, 이익에 대한 위협, 이러한 위협을 중립화시킬 수 있는 가능한 전략 등에 대한 이해(理解)의 부족이 문제가 된다. 특히 대립관계에 있는 양자가 서로 상이한 문화적, 이데올로기적, 종교적 성향을 지니고 있을 때 문제는 더욱 복잡해진다. 1950년 한국전쟁 당시 미국은 북한 내에 수립될 미국지원의 체제가 중국에게 얼마나 위협이 될 것인가를 짐작하지 못했다. 1973년 이스라엘 정보 당국은 이집트가 비록 대 이스라엘 전이 선공하지 못하더라도 그로부터 얻는 정치적 이득이 많다고 믿는 것을 전혀 이해하지 못했다. 그리고 이 당시 이스라엘 지도자들은 이집트가 무행동(無行動, doing nothing)과 전면전의 중간단계의 전략(Suez 운화의 제한된 도하)을 택하리라는 것도 전혀 생각해보지 못했다는 지적이 가능하다. 또한 이스라엘 지도자들은 1967년 전쟁처럼 전쟁은 서로의 두려움과 인식적 오류에서 비롯되는 갈등적 소용돌이에서만 일어난다고만 믿은 것이 오판이었다. 전쟁은 과거의 형태로만 일어난다고 믿고 전혀 다른 억지 정책을 강구하지 못한 점이 지적된다. 이처럼 정책결정권자들은 과거에 일어난 일을 교훈삼아 상황판단을 하는 경우가 많다. 즉 역사적인 유추(historical analogy)에 의한 판단은 '인지적 지름길'을 마련함으로써 복잡한 사태를 단순화하고 정보처리의 신속성을 보장해주는 것은 틀림없다. 특히 심대한 영향을 미친 역사적 사건, 그리고 특히 최근에 일어난 생생한 사건들과의 유사성에 입각한 사태진단은 정책결정권자의 관심을 끌 수 있음은 분명하다. 그러나 이러한 역사적 유추방식은 자칫하면 건전한 추리를 저해하고 그릇된 정책결정으로 이어질 위험이 도사리고 있음도 알아야할 것이다.

② 동기성 편견(motivated biases)

외교정책상의 편견은 정책결정권자의 인지적 지름길에서만 아니라 그들의 동기에서도 비롯될 수 있다. 즉 그들의 감정적 안녕을 유지하고 공포, 수치, 죄책감, 스트레스 등을 피하기 위한 심리적 필요에서도 발생할 수 있다는 것이다.[344]

동기성 편견 중 가장 두드러지는 것은 '희망적 사고'(wishful thinking)이다. 즉 어떤 결정의 결과에 대한 확률의 추정에 있어서 가치가 작용하는 경우가 된다. 바람직한 결과는 일어날 가능성이 보다 많고 바람직하지 않은 결과는 일어날 가능성이 적다고 믿는 사고방식이다. 만약 어떤 전략의 성공이 고도로 가치 있는 목표를 달성하는데 필요하다고 보게 되면, 희망적인 사고는 이러한 전략의 성공 가능성을 더욱 과장하게 만든다. 제1차대전에서의 공격 군사 교리에 따르면 객관적 상황이 조심스러운데도 불구하고 군사당국의 경우 '필요한 것은 가능하다'(to see the necessary as possible)는 사고방식이 지배하였다고 한다. 매우 공세적인 외교적, 군사적 정책들은 정치지도자들의 대내적인 정치적 이해에서 비롯되는 '동기성 편견' 때문에 그 성공의 확률이 더욱 과장될 수 있다. 1930년대 영국의 Chamberlain 수상은 독일에 대한 그의 유화정책(appeasement policy)을 추구할 때에는 독일의 능력에 대한 평가가 계속 올라갔으나, 독

---

344 *Ibid.*, pp.268-269.

일의 위협이 심각해져서 전쟁에 대비하게 되자 독일 능력의 평가는 내려갔다고 한다.

(2) **손실회피**(loss aversion)**와 전망이론**(prospect theory)

합리적 정책결정(合理的 政策決定, rational decision making) 모형에 따르면 사람들은 '기대되는 효용'(expected utility)을 극대화하는 방향으로 행동하는 것으로 전제되지만 정치심리학에서는 사람들이 이 기준에서 떨어지는 결정을 자주 내린다는 사실이 지적된다. 즉 기대효용을 극대화하기보다는 어떤 '준거점'(reference point)을 정해놓고 그로부터의 득실을 염두에 두고 어떤 결정을 내린다는 것이 국제정치 분야에서 최근 관심을 모으고 있는 '전망이론'(prospect theory)이다.

사람들은 선택의 문제와 관련하여 어떤 '준거점'을 정해놓고 그로부터의 '이득'보다는 오히려 '손실'에 무게를 두는 경향이 있다. 즉 '손실회피'(loss aversion)의 성향이 된다. 그리고 그때의 손실에 대해서는 그것을 피하기 위해서 '위험 수용'(risk-accepting)의 가능성이 높다는 것이다. 예를 들면 병원 치료를 둘러싸고 90%의 생존 가능성과 10%의 사망 가능성은 논리적으로 같은 기준임에도 불구하고 사람들의 대응은 다르게 나타날 수가 있다. 대체로 '준거점'은 현상의 기준인 경우가 많으나 이것은 사람들의 기대수준, 열망수준, 사회적 비교 등의 다양한 형태를 띨 수 있다. Jack S. Levy는 국제관계와 외교정책에 관련되는 전망이론의 몇 가지 중요한 명제들을 다음과 같이 제시하고 있다.

1. 국가가 준거점을 현상의 수준에 두게 되면 그것은 안정상태가 된다. 만약 준거점이 현상으로부터 떨어지게 되면 국가는 그것으로

가기 위한 행동으로 인하여 불안정 상태에 들게 된다.

2. 국가지도자들은 국제적 지위, 평판, 대내적 정치지도 등과 관련하여 이득을 보는데 실패하는 것보다는 오히려 손실을 피하려고 하는데 위험을 무릅쓰는 경향이 있다.
3. 대내적으로 국민들은 그들의 지도자들이 이득을 얻는데 실패한 것보다는 손실을 가져온데 대하여 문제를 제기하고 처벌을 원한다.
4. 정치지도자들은 일단 손실을 보게 되면 새로운 현상에 적응하기보다는 손실을 만회하기 위해 지나친 모험을 하는 경우가 많다. 이득을 얻었을 때에는 정치지도자들은 준거점을 다시 정상화시킨 다음 새로운 현상상태를 손실로부터 막기 위한 지나친 모험도 서슴지 않는다.
5. 사람들은 손실을 천천히 받아들이기 때문에 매몰원가(sunk costs)는 정책결정권자의 계산과 국가 행동에 영향을 미치기 마련이다. 이것은 미시경제이론과는 맞지 않는다.
6. 적대자가 이득을 챙기는 것을 저지하는 것은 그가 손실을 회복하거나 손실을 받아들이도록 만들기보다는 훨씬 쉽다.
7. 국가간의 관계에 있어서는 손실을 서로 분배하는 것보다는 이득을 서로 분배하는 것이 훨씬 쉽다. 국가지도자들은 그들의 이득 지분을 극대화하기보다는 그들의 비용 몫을 극소화하기 위하여 위험을 무릅쓴다.

전망이론의 이러한 명제들은 국제정치와 관련되는 상식적인 이해와 잘 맞아떨어지는 면이 많아서 많은 관심을 끌고 있으나 아직은 실험실 수준에서의 개인들의 선택 행위에 관한 것이라는 점이 문제가 된다. 앞으로 국가간의 선택행위에 초점을 두는 보다 체계적인 연구로 보강될 필요가 있다. 특히 어떻게 행위자가 그들의 '준거점'을 결정하는가 하는 문제에 대한 적절한 조사연구 디자인의 설정이 가장 중요한 대목이 된다.[345]

4. 정치적 가치와 이데올로기

사람들은 정치적 대상과 사건을 비롯하여 국정(國政) 전반에 걸친 '태도'를 갖기 마련이다. 현대정치에서는 정치적 인물, 집단, 정부시책, 정책적 제안들에 관한 다양한 인식과 평가를 가능하게 만드는 정치적 태도가 중요한 의미를 갖게 된다. 그런데 이러한 정치적 태도는 복잡한 현대생활환경만큼 다양하고 복잡하게 서로 엉켜있는 것처럼 보이지만 그러한 태도들을 서로 묶고 일관성 있게 만드는 구조를 이루는 것으로 파악될 수 있다. 바로 '가치'(values)가 그러한 구조의 역할을 담당한다. 가치는 복잡하게 얽히는 정치적 태도를 서로 묶고 의미화하는 구조의 몫을 담당한다고 볼 수 있다. 그리고 이러한 가치는 또한 정치적 실천면에서 '이데올로기'(ideology)로 표출되면서 정치적 상호작용과 역학관계의 촉매가 된다. 좌와 우, 보수와 자유 등으로 갈라지는 정치적 배열과 갈등의 표현은 가치가 이데올로기로 표현되는 현대정치의 특이한 양상이기도 하다. 여기서는 정치적 가치와 이데올로기를 둘러싼 최근의 논의들을 정리해 볼 수 있다.

345 *Ibid.,* pp.269-271.

(1) **정치적 가치**(political values)

가치는 태도의 궁극적인 받침대가 된다. 모든 정치적 믿음체제의 저변에는 공공정책의 최종 상태를 구체화하는 궁극적이고 최종적인 가치가 있다고 보고 이러한 가치들은 예를 들면 경제적 효율, 개인적 자유, 범죄 통제, 국가 안보, 인종적 순수성 등으로 나타난다고 본다.[346] 가치는 비교적 적은 수로 파악되면서 정치적 판단의 복잡성을 줄이고 정치적 태도의 일관성을 마련해주고 비교적 안정된 형태로 정치적 실천에 영향을 미친다. 그리고 가치는 '체제'(system)로서 구조화되기 때문에 계속적인 평가의 기준이 되어야 함으로 그 구성요소들 간에는 우선순위를 잡도록 되어 있다. Shalon Schwartz는 가치가 ① 개념 또는 믿음으로 이루어지며, ② 바람직한 최종상태 또는 행위와 관련되며, ③ 구체적인 상황을 초월하며, ④ 행위나 사건의 선별 또는 평가를 지도하고, ⑤ 그 상대적 중요성면에서 질서가 잡힌다고 정의하고 있다. 가치는 일반성과 추상성, 그리고 중요성면에서 계층적 질서가 이루어진다는 점에서 단순한 태도와는 구별된다는 것이다.[347]

한편 S. Schwartz는 모든 개인들이나 사회가 존재하기 위하여 갖추어야할 보편적인 필요(universal requirements)를 ① 생물학적 유기체로서의 필요, ② 사회적 상호작용의 조정상의 필요, ③ 집단의 생존과 복지상의 필요라는 세 가지로 파악하고, 이러한 세 가지 기준에 따른 기본 틀에 따라 20개국에 대한 표본조사를 기초로 〈표 3-5-2〉에서 보는 바와 같은

---

346 P.E. Tetlock, 'Coping with trade-offs : Psychological constraints and political implications,' in S. Lupia, M. MKcCubbins, & S. Popkin (Eds.) *Political reasoning and choice* (Berkeley : Univ. of California Press, 2000), p.247.

347 Shalom H. Shwartz, 'Universals in the content and structure of values,' in M. p.Zenna (Ed.), *Advances in Experimental and Social Psychology*. Vol. 25 (New York : Academic Press, 1992), p.4.

〈표 3-5-2〉 S. Schwartz의 가치유형(types)과 그 항목들(items)

1. 자아지향성(self-direction) : 독립적 사고와 행동(창조성, 자유, 자기목표의 선택, 호기심, 독립성)
2. 활력(stimulation) : 다양성, 참신성, 도전(다양한 생활, 자극적 생활, 과감성)
3. 도피주의(hedonism) : 쾌락, 만족(쾌락, 향락적 생활)
4. 성취(achievement) : 능력 과시를 통한 개인적 성공(야망, 성공, 능력, 영향)
5. 권력(power) : 사회적 신분, 위광, 지배와 제어(권위, 부, 사회권력, 공적이미지 보존, 사회적 인정)
6. 안전(security) : 안전, 조화, 사회의 안정(사회적 질서, 가족적 안전, 국가안보, 혜택의 상호성, 깨끗함, 귀속감, 건강함)
7. 동조성(conformity) : 남을 해치고 사회적 기대나 규범을 위반하는 행동, 성향, 충동 등의 제약(복종, 자기훈련, 예의바름, 부모와 연장자의 존대)
8. 전통(tradition) : 관습과 아이디어의 존경, 언질, 수용(전통의 존중, 겸양, 경건, 생활 속 자기 몫의 수용, 온건)
9. 자비심(benevolence) : 일상적 상호작용에 있어서 친근자의 복지에 관심(도움, 충성, 용서, 정직, 책임감, 진정한 우정, 원숙한 사랑)
10. 보편주의(universalism): 자연 및 인간 복지의 보호에 필요한 이해, 감사, 관용(포용력, 사회정의, 평등, 세계평화, 미적 세계, 자연과의 통일, 지혜, 환경보호)

자료출처 : Stanley Feldman, 'Values, Ideology, and the Structure of Political Attitudes,' in David O. Sears et. al.. *op. cit.*, p.485.

10가지의 가치 형태를 제시하고 있다. 그런데 이 표에 나타나는 가치들은 그 특성에 있어서 '체제'로 조직화되어 있기 때문에 서로 '조화되는 것'과 그렇지 못한 '반대되는 것'으로 나누어진다는 특징을 보인다. 예를

〈그림 3-5-3〉 S. Schwartz 가치 형태의 상호관계

(A)		(B)
안전		권력
전통		성취
동조	⟷	도피주의
자비심		활성화
보편주의		자아지향성

자료출처 : Stanley Feldman, *op. cit.*, p.486. 이 그림은 S. Schwartz, 'Are their universal aspects in the structure and content of human values?, *Journal of Social Issues*, 50(1994), pp.19-46에 제시된 것을 S. Feldman이 재구성한 것을 참고하였음.

들면 '자비심'과 '보편주의'는 개인의 성향을 반영한다는 점에서 서로 조화되는 것으로 취급될 수 있다. 그러나 '보편주의'와 '권력'은 서로가 반대되는 것으로 취급될 수밖에 없다. 권력은 개인적 지배와 자원의 통제를 수반하는 반면, 보편주의는 모든 사람들의 복지를 보호하는 것과 관련되기 때문이다. 따라서 10가지 가치들의 상호관계는 〈그림 3-5-3〉에서 보는 바와 같이 두 차원의 공간으로 배열될 수 있다는 이야기가 된다. 즉 (A)와 (B)의 각각에 속한 가치들은 서로 조화를 이루고 있으나 (A)와 (B)는 서로 반대의 특성을 지니는 것으로 파악된다. 결국 (A)와 (B)는 서로 다른 두 개 차원의 가치공간을 이룬다고 볼 수 있다.[348] 대체로 (A)차원은 전통이나 공동체적인 특성으로 나타나는 반면 (B)차원은 권력이나 이익에 치중하는 자아 중심적 공간을 대표한다고 볼 수 있다.

(2) 정치적 이데올로기

가치가 일반성이나 추상성면에서 사람들의 정치적 태도를 높은 수준

[348] Stanley Feldman, 'Values, Ideology, and the Structure of Political Attitudes,' in David O. Sears, et. al.(Ed.), Oxford Handbook of Political Psychology, *op. cit.*, pp.485-487.

에서 결정한다면 이러한 가치는 정치적 실천이나 변화와 관련하여 어떻게 구체화되느냐의 문제가 있다. 사람들은 정치문제와 관련하여 다양한 가치를 소유하고 있는데 이러한 가치들은 극히 복잡하게 서로 엉키면서 정치적 갈등과 결부되기 마련이다. 이러한 매우 복잡한 가치들의 상호관계에 어느 정도의 질서를 마련해주고 상호작용을 체계화시키는 몫을 담당하는 것이 바로 '이데올로기'이다. 다양한 가치들을 체계화하는 이데올로기는 정치인들과 국민들의 의사소통을 원활하게 해주고 정당들의 경합과 대립의 차별화 기능을 마련해주며 국정 전반에 걸친 정책적 논의의 촉매작용을 할 수 있게 만든다.[349] 정치심리학에서는 일찍부터 자유주의자와 보수주의자라는 이데올로기적 구별이 파악되었고 특히 정치권의 엘리트들의 믿음체계를 연구하는 개념적 골격을 이루어 왔다고 볼 수 있다. P. E. Converse는 정치적 엘리트는 그들의 정치적 태도를 조직화하기 위하여 이러한 '자유/보수'의 이데올로기적 차원의 용어를 사용한다는 연구결과를 내놓았다.[350] P. J. Conover와 S. Feldman은 '자유-보수'의 구별이 사람들에게 사회적 정체성을 부여하는 중요한 몫을 하고 있으며 보수주의자들은 자유주의자들보다는 현상유지에 보다 긍정적인 태도를 가지고 있으며 사회적 통제와 친자본주의적인 태도를 가진 것을 밝혀내고 있다. 이와는 대조적으로 자유주의자들은 현상유지에 문제를 제기하고 사회개혁을 추구하는 집단을 지지한다는 조사연구 결과를 내놓고 있다.[351] 정치적 갈등과 국정의 지표를 놓고 전개되는 복잡한 가치들의 상호작용을 이데올로기는 좌와 우, 보수주의자와 자유주의자, 자본

---

[349] *Ibid.*, pp.491-492.

[350] P. E. Converse, 'The Nature of Belief Systems in Mass Publics,' in D. E. Apter(Ed.), *Ideology and Discontent* (New York : Free Press, 1964), pp.206-261.

[351] P. J. Conover & Feldman, S, 'The Origin and Meaning of Liberal/Conservative Self-Identification,' in *American Journal of Political Science,* 25(1981), pp.617-645.

주의와 사회주의 및 공산주의, 개인주의와 공동체주의 등의 비교적 체계화된 구도로 만드는 단순화 작용을 담당하는 것은 분명하다.

가치와 이데올로기의 상호연결은 여러모로 시도될 수 있으며 어떤 가치가 이데올로기의 기초가 되느냐에 따라 여러 가지 이데올로기가 형성될 수 있다. M. Rokeach는 현대사회의 정치적 갈등이 자유와 평등이라는 두 가지 주요 가치들을 둘러싼 다양한 대응에 있다고 보고 사람들이 집착하는 가치에 우선순위의 결정에 따라 상이한 이데올로기가 형성된다고 보고 있다. 〈그림 3-5-4〉에서 보는 바와 같이 사회주의는 자유와 평등에 높은 우선순위를 두는 이데올로기이고 파시즘은 자유와 평등에 모두 낮은 우선순위를 둔다. 자본주의는 높은 자유와 낮은 평등, 그리고 공산주의는 높은 평등과 낮은 자유를 지향하는 이데올로기가 된다는 것이다.[352]

〈그림 3-5-4〉 가치와 이데올로기의 상호연결(M. Rokeach)

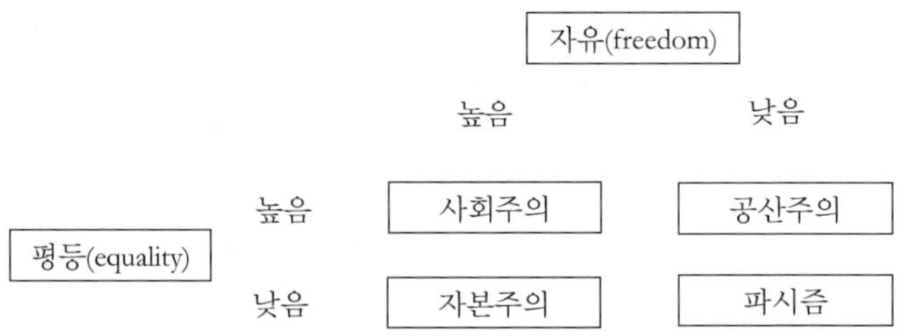

자료출처 : M. Rokeach, *The Nature of Human Value* (New York: Free Press, 1973); S. Feldman, *op. cit.*, p.492.

352 사람들은 어느 가치가 보다 소중한가에 따라 우선순위를 결정하게 된다. 예를 들면 사람들은 야망, 성공, 책임, 사회정의 등의 모든 가치들을 바람직하다고 생각할 수 있다. 그러나 어떤 사람들은 야망이나 성공에 우선순위를 둘 것이고 또 다른 사람들은 책임과 사회정의에 보다 우선순위를 둘 수 있다. *Ibid.*, p.481, pp.492-493.

한편 V. A. Braithwaite도 가치와 이데올로기의 관계를 두 가지 차원으로 배열되는 것을 제시하고 있다. 그 하나는 '국제적 조화와 평등'(international harmony and equality)으로서 '남을 위한 좋은 생활', '국민에 의한 통치', '국제적 협력', '사회적 진보와 사회적 개혁', '평화로운 세계', '아름다운 세계', '인간의 존엄', '보다 많은 경제적 평등', '자연환경의 보존' 등을 포함하는 차원이다. 그리고 또 하나는 '국력과 질서'(national strength and order)로서 '국가적 위대함', '국가적 경제 발전', '법의 지배', '국가안보' 등으로 이루어지는 차원이 된다. 전자는 '조화', 그리고 후자는 '안전'으로 요약되는 서로 대조적인 이데올로기적 차원으로 파악될 수 있다.[353]

(3) 가치의 거시적 분석

사회과학에서는 사회마다 갖는 '공유하는 사회적 가치' 또는 '문화적 가치'의 존재를 전제하여 나라마다의 특성을 파악하고자 노력해왔다. 즉 개인의 수준을 통합하는 '전체사회의 가치'(societal values)의 연구 분야가 된다. 개인들의 수준에 바탕을 두는 표본조사가 그 기본이 된다는 점에서 이러한 '전체 사회적' 가치의 특성을 밝히는 데는 비록 몇 가지 방법론상의 문제가 제기되지만 정치사회학에서는 다음과 같은 연구 분야가 자리 잡고 있다.

우선 여러 나라들을 대상으로 하는 '문화 비교연구'에서는 '개인주의/집단주의'의 연구가 관심을 모은다. 개인주의의 본질과 그 결과에 대한 연구는 프랑스 혁명으로까지 거슬러 올라가지만 서구, 특히 미국사회가 이러한 개인주의를 대표한다는 인식은 오래된 전통을 이룬다. 1980년 J.

---

[353] V. Braithwaite, 'Harmony and security value orientation in political evaluation,' *Personality and Social Psychology Bulletin,* 23(1997), pp.401-414.

Hofstede는 40개국에 걸친 표본조사를 통하여 ① 권력거리, ② 불확실성 회피, ③ 남성다움, ④ 개인주의 등의 네 가지 차원의 '전체 사회적 가치'를 추출해 보았다. 그 결과 미국이 가장 개인주의가 높았고 그 다음으로 호주와 영국이 약간 처지는 결과가 나왔다. 그 다음으로 Canada, Netherlands, New Zealand 순으로 이어졌다. 가장 집단주의적인 국가는 Venezuela, Columbia, Pakistan, Peru, Taiwan 등으로 나타난다. 대체로 산업화된 나라들은 개인주의가 높았고 특히 영국의 영향력을 받은 나라들이 그러했다. 집단주의 국가들은 남미와 아시아에 많은 것으로 나타난다.[354]

R. Inglehart은 서구사회의 장기적인 가치의 변화를 다루고 있다. 즉 가치변화는 경제적인 부족에서부터 상대적인 풍요로 넘어가는 사회경제적 변화의 산물로서 '물질적 가치'로부터 '탈물질적 가치'(postmaterialist values)로 바뀌어 간다는 것이다. 사람들은 성인이 되기 이전의 단계에서 물질적으로 부족한 여건 하에서 경험하는 '경제적 박탈감'을 겪게 되면 생존과 안전상의 욕구에만 매달리게 만든다는 가정에서 출발한다. 따라서 이 단계에서는 '부르주아'(bourgeois) 또는 '물질적 가치'가 발달하게 된다는 것이다. 즉 유럽의 기성세대는 성인 이전의 성장단계에서는 이러한 물질적 가치를 사회화할 수밖에 없었다는 것이다. 그러나 경제가 성장하여 경제적 박탈이 없어지게 되면 이제 사람들은 A. Maslow의 '계층적 가치이론'(hierarchical value theory)에 따라 보다 높은 순위의 욕구에 관심을 돌리게 된다. 경제적 안전감이 증대되면서 점차로 젊은이들은 '탈부르주아'

354 개인주의는 개인과 집단체의 관계에서 나타나며, 개인주의의 기본전제는 개인들이 서로가 독립적이라는 점이고 집단주의의 경우는 집단이 개인들을 서로 묶고 서로 서로가 의무를 가지는 것으로 정의된다. J. Hofstede, Culture's Consequence : International Differences in work-related values (Beverly Hills, CA: Sage, 1980).

(post bourgeois) 또는 '탈물질적 가치'를 습득하게 되며 세대 간 교체는 결과적으로 이러한 탈물질적 가치를 더욱 확산 보급시키게 된다고 보고 있다.[355]

S. H. Schwartz도 앞에서 살펴본 10가지 가치들로 구성된 구조적 모형을 가지고 동유럽과 서유럽에 나타나는 가치변화들을 거시적으로 분석하는 새로운 본보기를 보이고 있다. 공산주의체제가 사람들의 가치구성에 어떠한 변화를 가져오는가에 대한 연구가 된다. 공산주의가 미치는 가치상의 변화에 있어서는 우선 동유럽의 경우, 서유럽보다는 보수주의적 가치(동조심리, 전통, 안전 상가치 등)가 훨씬 높게 나타난다. 그리고 동유럽 표본에서는 서유럽보다는 계층적(권력) 가치가 높다. 반대로 동유럽표본은 정의적 자율성(활력: stimulation)과 지적 자율성(자아지향: self-direction), 평등주의(보편주의 및 자비심 : universalism and benevolence) 가치 등이 낮게 나타난다. 동유럽 9개국들은 이상하게도 평등주의면에서 서유럽제국들보다는 낮은 추세를 보이고 있으며 사회주의체제에서 기대되는 가치들이 덜 나타나고 있는데 Schwartz는 이것이 공산주의의 권위주의적 성격에서 오는 것으로 풀이하고 있다.[356]

Inglehart의 연구는 선진산업사회 특히 유럽의 정치적 태도, 참여, 투표 등에 관한 적절한 분석을 가능하게 만든다. 이러한 가치변화에 대한 이론은 산업화사회에서 일고 있는 정치적인 역동성을 이해하는데 많은 도움을 줄 수 있음이 분명하다. 특히 Schwartz의 '구조적 가치모형'은 동

355 Inglehart의 가치 측정항목으로서는 ① 국내의 질서유지, ② 정부 결정에의 국민들의 참여, ③ 물가고와의 투쟁, ④ 언론자유의 보호 등이 채택되었다. 첫째와 셋째 항목들은 물질적 가치들을, 그리고 둘째와 넷째는 탈물질적 가치들을 추출해내는 것으로 되어 있다. 이 항목들에는 나중에 환경문제, 핵에너지, 여성의 역할들이 추가되었다. R. Inglehard, *The Silent Revolution* (Princeton : Princeton Univ. Press, 1977); R. Inglehart, *Cultural Shift in Advanced Industrial Society* (Princeton : Princeton Univ. Press, 1990).

356 S. H. Schwartz, 'Influences of adaptation to communist rule on value priorities in Eastern Europe,' in *Political Psychology,* 18(1997), pp.385-410.

유럽과 서유럽에서 일어난 공산주의체제의 특성을 이해하는데 심도 있는 분석적 수단을 제공한다. 그의 구조적 모형은 가치 변화가 여러 갈래의 가치기준(예: 보수주의, 권력구조, 활력, 자아지향, 보편주의, 자비심 등)에 따라 이루어지는 것을 밝혀준다는 장점이 있다. 결과적으로 이 두 연구들은 가치변화와 관련하여 여러 나라들의 장기적인 상호비교에 초점을 두는 거시적 분석이라는 점에서 '전체 사회적 가치'의 변화를 설명할 수 있을 뿐만 아니라 다수국가의 비교연구로 뒷받침되는 경험적인 타당성도 증대되는 이점이 있다고 볼 수 있다.

5. 정치적 집단행동(Collective Political Action)

20세기 후반에 들어서면서 세계는 각종 정치적 집단행동의 증대를 경험하게 된다. 1960년대와 1970년대에 걸친 학생운동, 평화운동, 반월남전 운동, 여성운동, 환경운동 등의 단계를 거쳐 1980년대와 1990년대에 들어서면서는 동성애 운동, 핵동결운동 등의 보다 다양한 정치적 집단행동들이 시위, 항의, 격렬한 저항운동의 양태로서 세계의 도처를 뒤흔들고 있다.

사회과학의 영역에서는 이러한 집단적 정치행동에 대한 꾸준한 이론화의 노력이 계속되어 왔으며 최근에 와서는 정치심리학에서도 각별한 연구 분야를 형성해나가고 있다. 이론적 구성을 둘러싼 그간의 개략적인 흐름의 검토와 함께 최근의 대표적인 이론적 논의의 내용들을 정리해보기로 한다.

(1) 주요 이론적 접근의 개요

첫 번째의 이론적 접근 단계는 1950년대와 1960년대의 이른바 고전적인 '집단행위'의 연구 시기가 된다. 집단행동은 사람들의 불만상태의 소산이라는 기본전제에서 출발한다. 사람들은 불만을 가지게 되고 또한 자원을 동원할 수 있고 항의를 할 수 있는 기회를 포착할 수 있으며 자기들의 집단적 정체성을 정치화시킬 수 있기 때문에 정치적 집단행동이 발생할 수 있다는 설명이 된다. 각종 사회운동은 사회적 스트레스, 긴장, 또는 붕괴에 대한 반응이지만 그 궁극적인 원인은 개인에 있으며, 개인이 갖는 불만과 불안에서 시작된다는 것이다. 주로 사회학 분야에서 논의되었던 이러한 이론적 관점은 '상징적 상호작용론'[Symbolic Interactionism : H. Blumer(1951), R. H. Turner & L. M. Killian(1972)], '구조기능주의'[Structural Functionalism : N. Smelser(1963)], '상대적 박탈이론'[Relative Deprivation Theory : J. Davies(1962), T. Gurr(1970)] 등으로 대표된다.[357]

두 번째는 1970년대의 '자원동원이론'(resource mobilization theory)의 단계가 된다. 사람들의 불만은 어디에나 있기 마련인데, 문제는 사람들의 불만이 아니라 무엇이 불만이 있는 사람들을 사회운동에 끌어들이느냐가 주요 관심사가 된다. 즉 사람들은 집단적 행동을 하려면 자원을 필요로 하게 되는데 조직과 네트워크가 중요한 자원이 된다는 것이다. 그리고 이러한 자원동원의 이론적 구성에 있어서는 집단행동에의 참여가 손익계산면에서 다루어지기 마련인데 '합리적 선택'(rational choice)모형과 M. Olson의 '집단행동이론'(theory of collective action)이 각광받은 분석수단으로

---

357 Bert Klandermans, 'Collective Political Action,' in David O. Sears et. al., Political Psychology, *op. cit.*, p.674. 구조기능주의는 N. Smelser, The Theory of Collective Behavior (N. Y.: The Free Press, 1963), 상대적 박탈이론은 J. Davis, 'Toward a Theory of Revolution,' *American Sociological Review,* 27(1962), Ted Gurr, *Why Men Revel* (Princeton, N. J. : Princeton Univ. Press, 1970)로 대표된다.

등장한다[Z. D. McCarthy & Zald, M.(1976), A. Oberschall(1973), M. Olson(1968)]. 사람들은 잠재적인 '이득'이 기대되는 '비용'을 초과할 때 집단행동에 참여한다고 보고 있다. 특히 집단행동에의 참여에 있어서는 사람들을 유인하는 '정치적 기회'(political opportunities)가 결정적인 몫을 하게 되는데 이러한 기회를 만들어내는 '정치적 환경'(political environment)으로서는 국가의 힘, 억압의 정도, 정당체제, 정책에의 접근, 엘리트의 분열 등이 열거된다[S. Tarrow(1994)].[358]

그러나 그 다음 단계로 1980년대 후반과 1990년대 초에 들어서면서 유럽과 미국의 사회운동 연구학자들의 상호연구의 기회가 빈번해지자 사회운동에 관한 인지적 및 정서적 근원(cognitive and affective origin)에 관한 관심이 고조되기 시작한다. 지금까지의 사회운동의 지배적인 패러다임으로 군림해오던 구조적 접근(주로 자원동원)에 대항하여 학자들은 운동의 주체간의 상호작용, 상징적 정의, 관련 당사자간의 협상 등의 보다 동태적인 측면에 관심을 돌리기 시작했다. 특히 사회적 불만, 자원, 기회 등이 만들어지는 구성적인 측면에 초점이 모아지면서 '프레이밍'(framing), 집단적 정체성, 감정 등의 인지적이며 정의적인 차원의 분석이 각광을 받게 된다. 이른바 '사회구성주의적 접근'(社會構成主義的 接近, social constructionist approach)으로 불리기도 하는 새로운 사회운동의 패러다임이 등장하게 된다. 예를 들면 사회운동의 주동자들이 참가자들에게 어떻게 바람직한 상황인식을 하도록 설득하는가 하는 '프레임 설계도' 등과 관련되는 인지적 측면의 연구가 관심을 모을 수 있다. 운동의 유대와 활력

[358] B. Klandermans, op. cit., pp.674-675. 집단행동이론은 M. Olson, *The Logic of Collective Action* (Cambridge, MA : Harvard Univ. Press, 1968), 정치적 기회와 환경에 관해서는 S. Tarrow, *Power in movement: Social movements, collective action and mass politics in the modern state* (Cambridge : Cambridge Univ. Press, 1994).

을 지속, 확대시키기 위한 '집단적 정체성'이나 '감정'의 역할도 강조되는 새로운 방향전환이 될 수 있다.[359]

(2) **정치화된 집단적 정체성** : B. Simon & B. Klandermans

집단적인 정치행동은 사람들이 가지는 '집단적 정체성'이 권력투쟁 및 사회적 맥락 등과 결부되어 정치화됨으로써 운동으로서의 강도와 특성이 구체화된다는 연구이다.[360]

① 집단적 정체성, 권력투쟁, 사회적 맥락

사람들은 어떤 집단의 일원이 되면서 '집단적 정체성'을 가질 수 있다. 집단의 구성원이 되면서 자기가 누구인가를 깨닫게 되고 자기와 다른 사람들에 관하여 고정관념 등을 통하여 이해하게 되며 자기집단과 바깥 집단으로 차별화하는가 하면 자기집단의 구성원들의 영향력은 받아들이고 바깥 집단의 영향력은 거부한다. 특히 '우리'라는 집단적 정체성은 다른 구성원들과 서로 공유하는 것으로서 개인적 정체성과는 구별된다.

현대사회에서 사람들은 다양한 집단과 관계를 맺으면서 정체성은 복합적이고 서로 상충적일 수도 있는 복잡한 양상을 띤다. 그러나 사람들

---

359 B. Klandermans, *op. cit.,* pp.675-676. 사회 구성주의적 접근과 관련해서는 D. A. Snow et. al., 'Frame alignment process, micro-mobilization and movement participation,' *American Sociological Review,* 51(1986), pp.464-481; J. Goodwin, J. Jasper, & Polletta F., 'Why emotion matters,' in J. Goodwin, J. Jasper, & Polletta (Eds.), *Passionate Politics, Emotions and Social Movements* (Chicago : Univ. Press of Chicago, 2001), pp.1-24; Jeff Goodwin and James Jasper,' Caught in a Winding, Snarling Vine : The Structural Bias of Political Process Theory,' in J. Goodwin & J. Jasper (Eds.), *Rethinking Social Movements : Structure, Meaning, and Emotion* (Lanham : Rowman & Littlefield Publisher, Inc., 2004), pp.3-30.

360 Bernd Simon & Bert Klandermans, 'Politicized Collective Identity,' *American Psychologist,* 56(2001), pp.319-331.

은 각자의 특수한 사정과 인생역정을 거치면서 어떤 특정한 집단에 소속되어 강한 감정적, 또는 가치 있는 일체감을 형성할 수가 있다. 인종, 성별 등이 그 좋은 예가 된다. 그리고 집단적 정체성은 ① 소속감, ② 특수성, ③ 존경, ④ 이해 또는 의미, ⑤ 행위주체성 등의 다섯 가지 심리적 기능을 수행한다고 할 수 있다. 특별한 소속감과 함께 자기 집단은 특수하다는 자부심, 서로가 존경하고 이해하는 공감대의 형성, 그리고 우리 모두가 합치면 강하다는 생각들이 집단적 정체성으로부터 나온다.

집단적 정체성은 집단간의 권력투쟁과 관련되기 마련이다. 권력은 한 당사자가 다른 당사자에게 자기가 바라는 결과를 만들어내기 위하여 자기의 의지를 강요할 수 있는 능력으로 정의됨으로써 권력은 사회관계에서 언제나 당사자 간에 차이나 비상응성을 가져오기 마련이다. 따라서 이러한 권력의 비상응성은 항시 사회내의 집단 간의 격렬한 갈등의 근원이 된다. 권력이 있는 집단은 스스로에게 유리한 결과를 가져오기 위한 배분에 집착할 것이고 권력에 불리한 집단은 보다 나은 지위에 올라서기 위한 투쟁을 전개하게 된다. 권력은 또한 그 수단적인 가치뿐만 아니라 부차적인 심리적 가치로서 존경과 효과적인 행위자의 이미지도 가져올 수 있다. 따라서 이러한 존경과 행위의 기능을 수행하게 되는 집단적 정체성은 그만큼 집단간의 권력투쟁을 부채질하게 된다.

집단적 정체성은 또한 집단 간의 양자관계의 갈등에만 국한되지 않고 제 3자의 개입을 불가피하게 만든다. 대체로 권력투쟁은 두 집단 간에 벌어지게 마련이어서 그중 하나는 그 사회의 엘리트이거나 정부당국이 될 가능성이 많다. 그리고 이 양자의 대립과 투쟁에는 언제나 제3자가 있기 마련인데, 그것은 일반 국민이거나 그 대표자가 될 수 있다. 서로 권력투쟁에 들어서는 두 집단의 경우 자기들은 일반국민의 편에 서 있고 '공동의 이익'을 추구한다는 사실을 강조할 것이 분명해진다. 또한 서로 적대관계에 있는 각 집단은 자기들의 입장이 국민을 포함하는 보다 포용적인 성격을 띠었음을 내세워 사회내의 패권적 지위를 차지하려고 들고 적대 집단은 그럴 자격이 없다고 나올 수 있다.

② 집단적 정체성의 정치화 : 운동의 전개

집단적 정치행동이나 폭넓은 사회운동은 집단을 둘러싼 '집단적 정체성'이 정치화되면서 본격화된다. 즉 집단 간의 권력투쟁이 3자 구도로 잡히면서 이제는 집단적 정체성을 정치적으로 활성화시키는 '정치화'과정이 본격적으로 전개된다. B. Simon과 B. Klandermans는 정치화를 좌우하는 세 가지 선행요건을 제시한다.

첫째로 불만의 공유가 집단적 정체성의 정치화를 가속시킬 수 있다. 부당한 불평등이나 불의의 감정은 외부 집단과의 사회적 비교에서 일어날 수 있다. 예를 들면 동독과 서독은 서로 같은 민족에 속하기 때문에 똑같은 대우를 받아야 한다고 생각하지만 한쪽은 다른 쪽에 비하여 뒤떨어진다고 비교될 때 거기에는 불의가 개재되어 있다는 강한 불만이 싹틀 수 있다. 자기 고장의 이웃에 유독폐기물이 발견되었다든가 또는 원하지 않는 산업이나 기피시설이 들어오려고 한다든가 하게 되면 불만의 공유현상은 벌어지게 마련이다. 그리고 반낙태운동처럼 사람들은 어떤 특정한 원칙의 입장에서 운동에 참여하기도 한다. 집단적 정체성은 내집단과 관련되는 단순한 물질적 생활조건뿐만 아니라 가치, 원칙, 또는 특권 등을 포함하는 여러 요인들이 '공유되는 불만'으로 확대되면서 정치화되어 나간다고 볼 수 있다. 어떻게 보면 집단적 정체성은 불만을 나누고 확대시키는 면도 있지만 동시에 불만의 공유는 집단적 정체성을 더욱 강화시키는 면도 있기 때문에 양자는 '양방향성'의 성격을 띤다고 볼 수 있다.

둘째로 적대자의 확정이 정치화를 부추긴다. 밖으로 외부집단, 정부당국, 또는 체제 등이 반대자나 적으로 인정되면서 자기 집단의 곤경에 대한 책임을 지워 강한 비난의 대상이 된다. 만약 비난이 내부로 향하는 경우에는 수치와 죄책감으로 곤경에서 벗어나려는 집단적인 노력으로 이어질 수도 있으나 이때는 정치화과정으로 이어지지는 않는다. 사태악화의 책임이 자기들에게 있다고 느끼기 때문에 상황은 오히려 탈정치화될 수 있다. 따라서 적대자의 확정만이 적과 반대자에게 책임을 묻고 분노를 유발하는 정치화과정으로 이어진다. 대체로 집단적 정체성은 고정관념화(stereotyping)를 가능하게 만들며 복잡한 사회적 사건들에 대한 단순하고도 쉬운 설명을 유도해낸다. '유태인들은 탐욕스럽고 우리나라의 경제문제에 책임이 있다'는 식의 고정관념의 형성이 그 좋은 예가 된다. '우리들은 무고한 희생자이고 좋은 사람인데 그들(적)이야말로 가해자이고 나쁜 놈들이다'라는 논리는 고정관념화가 만들어내는 전형적인 '적대자의 확정'이라고 볼 수 있다.

셋째로 집단 간의 투쟁과 적대자의 확정은 '제 3자'를 끌어들이는 '삼각관계형성'(triangulation)으로 이어진다. 불만 집단은 상대방(적)에게 사태의 시정과 보상을 요구하게 되나 이것이 여의치 않으면 보다 대결적이고 정치화된 양상으로 진전하게 된다. 이때 불만 집단은 이러한 대결을 사회전체를 끌어들이는 전면적인 권력투쟁으로 몰고 가게 되는데 자기들을 포함하는 보다 포괄적인 집단에 속한다는 명분을 내세워 자기들에 대한 지지도를 높이려고 든다. 예를 들면 독일 사회당의 의회파 지도자였던 Gregor Gysi는 '만약 우리가 변화를 가져오려면 우리가 먼저 사회의 부분이 되어야 한다'고 갈파한 적이 있다. 남아프리카의 '자유전선'(Freedom Front) 지지자들은 아프리카인으로의 그들의 정체성이 정치화되어 나가자 그들의 전체 '국민적 정체성'을 강조해나갔다. 즉 보다 포괄적인 사회적 실체와의 일체감을 강조하여 보다 폭넓은 지지도를 얻으려고 노력하게 된다는 것이다. 흔히 대학에서도 있을 수 있는 예가 되겠지만 학생들의 경우 교수들이 연구와 집필에 집중하여 수업에 등한하다는 불만과 저항운동을 전개할 수 있다. 교수들이 이러한 학생들의 요구를 수용하지 않게 되면 양자 간의 갈등은 정치화되어(시험거부, 데모 등) 결국에는 교육부나 언론, 그리고 심지어 일반국민(여론)들까지 끌어들이는 '삼각관계형성'으로 이어질 수 있다. 또 다른 '시나리오'로서는 어떤 나라의 극히 보수적인 원주민의 경우 점차로 늘어나는 이민유입으로 자기들의 가치와 원칙들이 퇴색되고 문화적 패권에 동요가 온다고 생각할 수 있다. 그들은 이민자들을 '문화적으로 미개한 외래인'으로 비난하고 이민자들이 원주민들의 문화에 동화되던가 그렇지 않으면 일정한 거리를 유지할 것을 요구한다. 결국 보수적인 불만집단은 권력투쟁을 삼각관계로 만들어 일반 국민들을 대상으로 서명운동을 전개하고 이민자들에게 평등한 권리를 부여하는 입법을 반대하는 청원운동에 돌입할 수 있다. 사회나 일반 국민을 제3자로 끌어들여 그들의 편을 들도록 만들 수 있다.

이상에서 논의된 세 가지 '정치화'과정의 요인들 외에도 참고될 수 있는 변수들이 있을 수 있다. 예들 들면 정치화과정에서는 불만을 고조시키고 그것을 체계적인 저항운동으로 변화시킬 수 있는 지도자의 역할이 결정적일 수 있다. 즉 '정체성의 기업가'(entrepreneurs of identity)들이 등장하여 정치화 과정의 다양한 단계들을 용이하게 만들 수 있다. 또한 집단

정체성의 활성화에 작용하는 그 사회의 기존 신화나 이데올로기의 역할도 무시할 수 없다. 즉 사회적 지배 성향이 강한 사회에서는 집단행동의 정치화는 방해를 받든가 저지되기 일쑤다. 특히 계층화를 부추기는 신화가 자리 잡고 있는 사회에서는 사회적 불만은 표출되기 힘들고 내부적으로 책임이 전가되며 집단 간의 대결은 억제된다.

이상에서 살펴본 이론적 고찰에서 특기되어야할 점은 집단적 정체성의 정치화에서는 행위주체의 역할이 강조되고 있다는 사실이다. 집단적 정체성은 참여자에게 세계관과 관련되는 인지적 틀을 제공하고 행동으로의 추진력을 마련해준다는 측면이 강조된다. 또한 정치화과정에서 '제3자'를 끌어들이는 '삼각관계화'의 논리는 운동의 전개차원을 특징짓는 당사자들의 전략적 차원의 상호작용을 보다 역동적으로 분석할 수 있다는 장점도 주장된다.

(3) **집단적 정치행동의 수요-공급 이론**: B. Klandermans

B. Klandermans는 집단적 정치행동을 수요와 공급에서 비롯되는 동원과정으로 설명한다. 사람들은 집단행동이 추구하는 목표에 이해를 가지고 있으며 사람들이 걱정하는 문제를 해결하기를 기대하고 이를 위해서 운동이 필요한가를 따진다. 운동에 대한 요구, 즉 '수요'를 만들어낸다. 또한 운동이 일어나고 지속되려면 그 동조자들과 주동자들이 등장하여야 하고 성공의 가능성을 비롯하여 조직의 힘과, 카리스마 있는 지도자의 존재여부, 민중에의 호소력 정도 등 '공급'의 측면이 중요한 의미를 갖게 된다. 운동에 대한 사회의 수요와 공급에 따라 참여와 동원이 결정된다는 이론적 구성이 된다.[361]

---

[361] Bert Klandermans, 'Collective Political Action,' in D. Sears et. al., Political Psychology,

① 운동의 수요(demand) 측면

대체로 집단적 정치행동에 대한 사회의 수요는 그렇게 많지는 않다. 그러나 근래에 와서 그 수요는 증가 추세에 있다고 볼 수 있는데 수요의 측면을 ① 수단성, ② 정체성, ③ 이데올로기의 세 가지 동기면에서 살펴볼 수 있다.

첫째로 운동에 대한 수요는 그 수단성과 연관을 맺는다. 전후 1960년대까지만 하더라도 사회운동의 이론적 구성에 있어서는 부당한 불평등, 상대적 박탈감, 불의에 대한 울분 등의 사회적 불만이 운동의 근원으로 받아들여짐으로써 인간의 충동이나 불합리한 심리적 갈등에 초점을 두는 것이었다. 그러나 1970년대에 들어서면서부터는 운동의 발생을 좀 더 수단적인 측면에 두는 방향전환이 이루어짐으로써 인간의 이해득실을 따지는 합리적 선택이 운동발생의 설명적 틀로 등장하게 된다. 운동을 바라고 지지하는 것은 그 어떤 불만적 충동보다는 운동의 결과가 가져올 수 있는 이익이 중요한 변수가 된다. 즉 운동이 자기들의 이익에 맞게 정치적 환경을 바꿀 수 있느냐에 관심이 있고 이 이해타산의 기준에서 운동에 대한 요구와 평가가 좌우된다는 것이다. 따라서 운동에 대한 요구, 즉 수요는 사람들의 합리적 선택의 결과가 된다.

둘째로 운동의 수요는 '정체성'에 많이 좌우된다. 사람들은 사회 안에서의 여러 장소(예 : 학생, 실업자, 가정부, 축구선수, 정치인, 농부 등)에 귀속되면서 그에 상응하는 집단적 정체성을 갖게 마련이다. 그런데 집단에의 일체감이 생기면서 사람들은 보다 적극적으로 집단을 위한 행동의 충동이 생겨날 수 있다. 노조와 그 회원들과의 일체감이 생기면 그만큼 산업 행동에 적극 참여하게 되고 젠더와의 일체감은 여성운동에의 적극적인 참여

---

op. cit., pp.676-701.

로 연결되기 마련이다. 따라서 집단적 정체성의 형성은 운동에 대한 요구를 많이 만들어낸다고 볼 수 있다.

셋째로 운동의 향배는 이데올로기와 같은 문화적, 감정적인 동기에도 많이 좌우된다. 사람들은 자기의 견해를 표현하기를 원한다. 화를 내고 국정이나 정부의 결정에 대하여 도덕적인 분노를 느끼며 이를 적극 표현하려고 들며 운동에 참여하는 경우에도 그것이 어떤 정치적 변화를 가져온다기보다는 투쟁과 도덕적인 표현을 통하여 생활에서의 존엄을 얻고자 하는 동기가 보다 강할 수 있다. 이러한 동기와 관련하여 이데올로기가 매우 중요한 의미를 갖게 된다. 이데올로기는 인지, 태도, 느낌의 비교적 일관된 집합으로서 개인을 움직이는 정의적인 요소를 가지고 있다. 따라서 사람들은 이데올로기의 힘에 의해 운동에 참여하는 경우가 많게 된다. 특히 이데올로기가 갖는 '감정'의 힘은 사람들이 운동을 요구하게 만들 수 있는 강한 감정적 작용력을 갖고 있음이 지적된다. 즉 이데올로기는 운동에 대한 수요를 만들어내는데 큰몫을 한다고 볼 수 있다.

② 운동의 공급(supply) 측면

운동을 활성화시켜 만들어내는 공급의 측면도 수단성, 정체성, 이데올로기의 세 가지 동기면에서 살펴볼 수 있다.

첫째로 수단성면에서는 '효과적인 운동'(effective movement)은 어떤 바라는 변화를 만들어내거나 적어도 상당한 지지를 동원할 수가 있다. 운동조직은 강한 이미지나 운동의 힘을 과시하는 방법들을 동원한다. 운동에의 참여를 유도하기 위하여 '선별적인 유인'(selective incentives)을 제공하게 되는데, 주로 자원의 확보 능력, 재정적 수단, 운동경영의 전문성 등이 이에 포함된다. 사람들을 운동에 끌어넣기 위해서는 깨끗한 공기, 평화,

평등한 권리와 같은 공공선이 매우 매력적일 수 있다. 특히 많은 사람을 동원할 수 있는 집단적 유인으로서는 얼마나 많은 사람들이 참여할 것인가 하는 기대심리가 한몫을 한다. 너무 많이 참여할 것 같으면 사람들은 참여의 필요를 느끼지 않을 것이며, 또한 너무 작게 참여할 것 같으면 사람들은 실패할 가능성을 점치고 참여를 단념할 수 있다. 즉 기대심리에서는 최적의 논리가 지배할 수 있다.

둘째로 사람들은 집단과의 정체성을 가지게 되면 그만큼 운동에 적극성을 보일 수 있다. 농부들은 다른 농부들과 일체감을 가질수록 농민의 항의운동에도 적극적일 수 있다. 여성들과의 일체감, 동성애자들과의 일체감 등도 여성운동, 동성애운동의 보다 적극적인 참여로 이어진다. 학생운동에 관한 한 연구에 의하면 집단과의 일체감이 높을수록 운동에서의 변절비용을 증가시키고 또한 협조의 이득도 높이는 것으로 나타나 있다.

셋째로 운동의 공급은 이데올로기에 의해서 많이 좌우된다. 운동을 이끄는 지도자들은 아이디어와 가치를 만들어내는 '비판적 공동체'(critical communities)로부터 '이데올로기적 프레임'(ideological frames)을 공급받는다. 이 프레임은 행동의 단계로 접어들게 되면 사회적 불의를 밝혀내고 누가 이로 인해 희생을 강요당하고 누가 책임을 져야 하며 사회변화를 위한 구체적인 행동 등과 관련된 방향제시를 가능하게 만든다. 운동에 참가하는 사람들은 이러한 행동 프레임을 서로 공유함으로써 운동이 제시하는 세계관과 행동방향에 관한 심리적인 동조감을 갖게 된다고 볼 수 있다. 역사적으로 운동은 이데올로기적 유산에 많이 의존하게 되는데 그 한 가지 예로서 '자립' 대 '상호의존'의 대치적인 흐름이 지적된다. 전자는 개인들이 스스로를 책임져야 하는 독립심을 강조하는 것이라면 후자는 사회가 혜택 받지 못하는 사람들을 도와주어야 한다는 입장을 대표한다. 전자가 무능자에 대한 사회적 지원을 제한할 것을 주장하는 반면 후자는 현존하는 지원 체제를 옹호하는 열띤 논쟁의 소재가 된다. '권리 프레임'(rights frames)도 생각해볼 수 있는데 어떤 근본적인 권리(시민권, 여권, 동물의 권리 등)의 옹호를 위한 이데올로기적 전개와 관련된다. 마르크스주의, 파시즘과 나치즘 등은 이러한 근본적 권리들을 둘러싼 이데올로기적 유산을 대표한다고 볼 수 있다.

이상에서 운동의 수요와 공급의 두 측면을 살펴보았는데 수요와 공급의 상호관계를 다음과 같이 정리해볼 수 있다. 우선 운동에의 참여자들은 수요에서 자극받고 참가하는 것이지만 그러나 이러한 수요에 상응하는 공급이 뒤따르지 않으면 운동은 일어나지 않는다. 그리고 운동의 공급은 운동조직의 성공여부에 달려 있는데 만약 그 조직이 운동수요에 대응하여 '프레임'과 '행동'을 세 가지 측면에서(수단적, 정체성, 이데올로기) 마련하지 못하게 되면 운동은 소규모가 되고 별다른 의미를 갖지 못하게 된다. 또한 운동조직에 의하여 아무리 항의와 시위의 기회가 매력적으로 전개되더라도 이러한 기회를 수요하고자 하는 사람들이 없다면 그 운동조직은 오래 지탱하기가 힘들게 된다.

6. 정치적 극단주의 : 테러리즘과 대량학살

정치적 극단주의는 20세기의 후반에 들어서 가장 세계적인 관심을 모으는 연구 분야가 되고 있다. 국제적으로 북아일랜드의 임시아일랜드 공화군(Provisional Irish Republican Army), 콜롬비아의 통합자위군(United Self-

Defense Forces), 프랑스의 국민전선 정당(National Front) 등이 있는가 하면 미국 내에만 하더라도 Aryan Nations, Ku Klux Klan, National Alliance, Spokane Skins 등의 여러 과격집단이 거론되고 있으며 중동지역에 벌어지고 있는 과격집단 간의 폭력사태는 오래전부터 계속되어 온 극단주의의 표현이기도 하다. 특히 2001년 9.11 뉴욕시 세계무역센터에 대한 국제테러는 이러한 국제적 극단주의의 가장 심각한 폐해를 입증하는 사건으로 기록되고 있다. 뿐만 아니라 이른바 2차대전시 Holocaust(유태인 학살)로 널리 알려진 '대량학살'의 형태는 유럽의 발칸반도(former Yugoslavia)와 아시아(Sri Lanka), 아프리카(Rwanda, Angola, Sierra Leone 등)의 도처에서 벌어지고 있다. 이러한 극단주의의 추세를 국제테러리즘과 대량학살이라는 두 가지 유형으로 나누어 정리해보기로 한다.

(1) 극단주의(extremism)의 성격

극단주의자들은 자기들 나름대로의 행동의 논리를 가지고 있으며 세계를 해석하는 나름대로의 이데올로기적인 구성을 가지고 자기들의 생활상의 목적을 달성하려고 든다. 남의 생명을 고려하지 않고 또한 대안도 고려하지 않는다. 그들의 폭력적인 면은 테러리즘에서 더욱 두드러진다. 테러리즘은 극히 체계적이고 목표 지향적인 폭력에 바탕을 두고 있으며 다른 행위자들에 대한 단순한 부상이나 물질적인 파괴보다는 정치적 선택에 영향을 미치고자 하는 행동이다. 자기들의 정치적 목적달성을 위하여 사회적으로 수용될 수 없는 비정상적 방법, 즉 폭력적인 방법에 호소하는 극히 체계적이고 목적론적인 행위로 정의될 수 있다.[362]

---

[362] Martha Cottam et. al., Introduction to Political Psychology, *op. cit.,* pp.223-224 ; Martha Crenshaw, 'The Psychology of Political Terrorism,' in John T. Jost & Jim Sidanius (Eds.), *Political Psychology* (New York : Psychology Press, 2004), p.412.

그런데 극단주의자들의 행동에 관한 근원에 있어서는 ① 성격 장애에서 온다는 설과 ② 극단주의자들이 속한 집단, 또는 상황적 압력에 좌우된다는 두 가지 형태의 설명이 있다. 첫 번째의 설명은 극단주의자의 경우 악의 핵심적인 특질을 소유하는 악한 사람의 '타락된 심성'에서 나온다는 주장이 된다. 정신병질자, 반사회인, 반사회적 성격 등으로 불리는 사람들의 경우가 된다. 극단주의는 극단주의적 성격을 지닌 병적인 사람들의 행동이라는 풀이가 된다. 그러나 근래에 와서 논의되는 극단주의자들의 성격에 관한한 두 번째의 설명이 폭 넓은 지지를 받고 있다. 즉 사람이 악해서 그리고 성격적인 장애가 있어서가 아니라 그들이 속해 있는 집단의 영향력, 또는 그들이 당면하는 환경적, 상황적인 압력으로 말미암아 극단주의적인 행동이 빚어진다는 설명이 된다.

어떻게 보면 모든 사람들은 어떤 극단주의적 집단에 소속해 있거나 또는 주위환경이 강요할 때에는 잠재적으로 악한 행동으로 나갈 수 있다는 가정에 서고 있다. 즉 사람을 죽이는 살인 조직에 끌려 들어가고 그 안에서 사회화과정을 밟게 되면 사람들은 극단주의로 돌 수 있다는 것이다. 즉 극단주의 집단이나 상황적 입력과 같은 '조직상 병리'(organizational pathology)가 그 주된 원인이 된다고 본다.[363]

극단주의자 또는 광신자들의 행동이 개인이 가지고 있는 악한 마음에서보다는 그가 속한 집단의 영향력이나 그가 당하는 상황적인 압력에서 비롯될 수 있다는 가설은 심리학의 여러 사례연구에서도 뒷받침된다. 예를 들면 1995년 미국의 Oklahoma 시의 폭탄테러의 범인(Timothey McVeigh)에 대한 정신병학적 평가에 따르면 그는 매우 심리적으로 침울

[363] John M. Darley, 'Social Organization for the Production of Evil,' in John Jost & Jim Sidanius (Eds.), *op. cit.*, pp.387-407.

한 것은 사실이지만 결코 미친 것은 아니라는 결과가 나오고 있다. 결국 테러리즘은 일차적으로 개인의 성격장애라기보다는 오히려 집단수준의 행동일 수 있고 극단주의자들이 공유하는 이데올로기적인 신념과 집단적 결속의 소산이라는 설명으로 가닥을 잡아간다고 볼 수 있다.[364]

(2) **테러리즘**(terrorism)

테러리즘은 대량학살, 공동체적 폭력, 게릴라전과 같은 대규모적인 폭력과는 구별된다. 대량학살 또는 공동체적 폭력은 자연발생적이고 산발적이며 대중 참여의 성격을 띠는데 반하여 테러리즘은 소수의 극단주의자들에 의해 자행되는 의도적이며 체계적인 폭력이다. 또한 대량 학살은 전 공동체를 말살하는데 비하여 테러리즘의 목적은 극히 소수의 사람들을 해침으로써 그것을 바라보는 많은 사람들을 협박하는데 주안점을 둔다. 그리고 게릴라전 같은 것은 군사적 행동인데 반하여 테러리즘은 파괴가 아니라 해를 입히는데 초점을 두고 있으며 매우 정치적이고 상징적인 특징을 지닌다.[365]

① 테러집단의 구성

테러집단은 다양한 사회경제적 계급에서 충원된다. 집단의 리더십은 중간 내지 중상계급에서 이루어지고 일반 구성원들은 예를 들면 아랍권의 경우, 신문광고, 전단, 종교적 포고, 미디어 수단 등을 통하여 여러 지역(Afghanistan, Chechnya, Kashmir)에 걸친 성전(聖戰, jihad)에의 참여를 호소하는 방법이 된다. 또한 비밀을 유지하는 방법으로 극히 개인적인 접촉을

364 Martha Crenshaw, 'The Psychology of Terrorism : An Agenda for the 21st Century,' *Political Psychology, 21(2000)*, p.409.

365 *Ibid.,* p.406.

통한 충원이 있다. 종래의 사회적 유대로부터 분리시키는 여러 단계에 걸친 유인방법이 된다.[366]

주로 복잡한 일신상의 이유(이혼, 마약, 알콜 남용, 교육적 실패 등)에서 테러 집단에 가입하게 되는데 이들은 집단 가입으로 새로운 귀속감을 갖게 된다. 종전의 사회에서 소외되었던 감정에서 벗어나 새로운 집단과의 일체감을 갖게 됨으로써 흡사 한가족과 같은 애착심이 형성될 수 있다. 집단에 가입함으로써 집단적 정체성을 얻게 되고 집단의 성원들과의 일체감, 집단의 목표와 그 달성방법에 대한 이데올로기적 신념에 대한 동화과정이 이어진다고 볼 수 있다.

② 집단의 결속력과 행동성

집단을 하나로 묶는 결속력과 테러에 강한 집행력을 발휘하게 만드는 원동력을 어디서 찾을 수 있을까? 우선 테러집단으로 충원되는 극단주의자들의 성격 자체에서 그 원동력을 찾는 설명이 가능하다. 일부 심리학자들에 의하면 테러리스트들은 어린 시절 극도의 모욕감이나 부정적인 경험을 가진바 있어 자기존경의 심성이 결여되어 있고 스트레스를 감당할 능력이 없는가 하면 매우 공격적인 성향을 지니는 매우 일그러진 성격유형으로 단정된다[A. Kaplan(1981), J. Post(1984, 1986b, 1987)] J. Post에 의하면 이러한 과격 성격소유자들은 '무정부 이데올로기 자'(anarchic-ideologue)와 '민족 분리주의자'(nationalist-secessionist)의 두 가지 유형으로 나누어진다. 전자는 역기능적 가정에서 오며 부모에 반항하는 유형이 된다. 이들은 빈곤이라든가 불의와 같은 사회-정치적 조건들을 부모의 권위로 유추 해석하여 테러리스트의 방법을 통한 반항으로 대처한다는 것이다.

366 M. Cottam et. al., *op. cit.,* p.234.

후자는 착실한 어린이요 권위에 순종하는 유형이지만 그들 가족의 수난과 고통이 사회, 정치적 조건에서 비롯된다고 생각하여 이에 대한 반항을 전개한다는 것이다.

그러나 또 다른 심리학자들은 이러한 성격장애의 설명보다는 사회적 학습이론에 의한 집단적 성향에 무게를 둔다. 즉 집단에 가입함으로써 습득되는 학습적 경험에서 결속력과 행동력이 발생한다고 보는 것이다. 테러집단에 가입함으로써 매우 응집된 집단적 압력에 직면하게 되고 집단의 표준과 규범에 충실하도로 강요되며 외부와의 접촉이 단절되는가 하면 집단의 적(敵)에 대한 공격적 행동을 생활화하도록 학습과정을 밟는다. 북 아일랜드(Northern Ireland)의 경우 집단구성원들은 특정한 아이디어와 이상을 갖도록 사회화되며 그들의 집단이 받는 위협, 자율에 대한 욕망, 선대로부터 전승되는 이데올로기를 사회화하는 과정임이 밝혀진다. 적에 대한 인식이 분명하며 그들에 대한 특수한 고정관념과 이미지가 형성된다. 자주 적들에 의한 음모론이 공유되고 있으며 폭력에 의존할 수밖에 없는 그들의 특수한 사정이 정당화된다[M. Crenshaw(2000), M. Taylor & Quale, E.(1994), C. Ruby(2002)][367]

③ 알 카에다(Al Qaeda)의 사례

2001년 9월 11일 미국 세계무역센터에 대한 테러 공격에 연루된 Al Qaeda는 전형적인 국제적 테러조직으로 부상되었고 그 수법도 자살폭탄에 의존하는 특징을 지닌다. 당초 1979년 소련의 Afghanistan 침공으로 만들어진 이 집단은 1990년 걸프전쟁을 계기로 대미 항전(對美 抗戰)의 양상을 띠어가다가 1996년에는 정식으로 대미 성전(jihad)으로 그 목표가

[367] *Ibid.*, p.235.

설정되는 국제적 테러 조직으로 확장된다. 이 조직을 이끌어온 Bin Laden의 예에서 보듯이 구성원들은 자기 나라 정부의 실정(失政)(주로 중동 전쟁)과 동족들의 여러 참상에 대한 울분, 또한 자기 일신상의 실패 등에서 오는 불만감 등이 조직참여의 계기가 된 것으로 분석된다.

조직은 한때 Sudan(1992년), 그리고 Afghanistan에 조직원들의 훈련소를 세우고 집단적 정체성의 형성기반을 조성해왔다. 엄격한 규율과 훈련, 그리고 이탈자에 대한 혹심한 처벌 등으로 집단의 결속력이 강화되었고 이슬람 원리주의에 근거한 강력한 이데올로기적 무장이 병행되었다. 조직의 적대자를 확정하고 이를 제거하기 위한 성전과 그 구체적인 방법 등이 체계화된다. Al Qaeda는 유럽과 미국을 비롯한 여러 나라에 걸친 국제적인 동조 및 협조망을 형성하면서 다양한 충원 네트워크가 마련되었고 그러한 광범한 활동 반경에 힘입어 2001년 9월 11일 테러가 이루어진 것으로 보고 있다.[368]

(3) **대량학살**(genocide)**과 대규모 살인**(mass killing)

북아일랜드의 신교도와 가톨릭교도, 터키의 터키인(Turkes)과 쿠르드(Kurds), 루안다의 후투스(Hutus)와 투트시스(Tutsis)의 갈등과 살상, 카슈밀(Kashmir)과 중동의 여러 곳에서 벌어지는 대규모 살인과 학살의 문제는 인류가 당면하는 또 다른 21세기의 현안이 될 수 있다. 이러한 부족, 집단, 인종 간에 벌어지는 대규모 살상의 범죄는 '매우 제어하기 힘든 갈등'(intractable conflict)으로서 정의되면서 ① 장기적으로 자행되고, ② 폭력적이며, ③ 비타협적이며, ④ 광범한 투자로 이루어지며, ⑤ 총력적이며, ⑥ 제로섬 게임(zero-sum game)의 성격을 띠고 있고, ⑦ 집단 구성원에게

368 *Ibid.*, pp.237-238.

가장 중심적인 성격을 띠는 것으로 규정된다.[369]

① 대량학살의 근원과 동태적 측면

우선 대량 학살의 근원에 있어서는 어려운 생활조건이 지적된다. 독일에 있어서의 Nazis의 등장이나 Rwanda에 있어서의 종족 간 갈등 등에서는 모두가 경제적 어려움과 정치적 실패 등이 크게 작용하는 것으로 보고 있다. 특히 사회경제적 어려움에 더하여 정부의 무능과 실정이 대규모 살상의 모든 원인을 제공하는 것으로 받아들여진다. 생활조건의 어려움은 인간의 근본적 욕구, 즉 안전, 국정의 효율성과 통제, 자기 정체성의 유지와 같은 다양한 욕구들을 충족하는 것을 자기가 일체감을 갖는 집단에서 찾는다. 사람들은 자기가 소속하는 집단을 생존에 필요한 절대적인 것으로 인식하는 반면 다른 집단은 그러한 생존조건을 위협하는 대상으로 인지하게 된다. 서로 대립하는 두 집단들은 서로가 자기들은 수탈당하고 차별을 받고 있으며 오히려 자결권과 독립을 보장받아야 한다고 믿게 된다. 그리고 이러한 집단의식은 점차적으로 이데올로기와 결부되면서 집단 간의 갈등은 '이데올로기적 적'으로 바뀌는 적대 관계로 진전된다.

집단 간의 갈등은 몇 가지 차원에서 더욱 격화된다. 우선 결정적인 이해의 갈등이 있을 수 있다. 영토를 둘러싼 이해의 갈등, 두 집단 간의 물 공급문제, 그리고 권력, 부, 기회와 관련되는 이해의 갈등도 있을 수 있다. 그리고 심리적인 요인들도 중요하다. 영토가 집단 정체성의 일부라는 생각, 권력관계를 정당화하는 세계관이나 이데올로기의 영향력, 자

369 Ervin Staub and Daniel Bar-Tal, 'Genocide, Mass Killing, and Intractable Conflict,' in David O. Sears et.al., *op. cit.*, pp.711-712.

기 집단의 평가절하의 역사와 타집단이 주는 두려움, 평화적 수단에 의한 갈등해결의 불투명한 전망, 적대감을 부추기는 이데올로기와 믿음의 작용 등이 지적된다.[370]

② 대규모 폭력에 기여하는 심리적, 사회적, 문화적 특성

첫째로 대규모 폭력을 가져오는 가장 두드러지는 특성으로서는 집단과의 일체감을 들 수 있다. 생활의 어려움을 경험하는 인간은 개인으로서는 그들 가족의 욕구를 달성할 수 없음을 알게 되고 정치적, 사회적 혼돈에 대한 이해도 부족하기 때문에 집단의 힘을 빌릴 수밖에 없고 이러한 심리적 요인으로 말미암아 집단에의 소속감과 일체감을 형성해나가게 된다. 개인으로 해동하기보다는 Nazis, 공산주의자, 독일인, 세르비아인(Serb), 후투(Hutu), 이스라엘인(Israeli), 파레스타인인(Palestinian) 등으로 행동하게 된다. 미국인들은 세계무역센터 테러를 당하면서 보다 미국인으로서의 정체성을 얻은 것도 좋은 예가 된다.

둘째로 생활상의 곤경을 다른 집단의 소행으로 비난하는 심리적 반응에 있어서는 집단들을 서로 적으로 만드는 책임전가의 방법이 있다. Nazis는 유태인들을 비난했고 그 다음으로는 공산주의자들을 적으로 돌렸다. Rwanda의 후투(Hutu)는 경제적, 정치적 문제, 내전(內戰)의 책임을 투트스(Tutus)에게 돌렸다.

셋째로 중요한 것은 이데올로기의 역할이다. 이데올로기는 이상적인 사회적 건설에 관한 극히 긍정적인 비전으로 정의될 수 있는데 이러한 이상을 성취하는데 방해가 되는 적을 확정짓기 때문에 매우 파괴적인 성격을 띠게 마련이다. 공산주의는 보다 이상적인 세계의 건설을 내세워

---

370 *Ibid.,* pp.714-717.

일당독재(一黨獨裁)를 정당화하였고 Cambodia의 Khmer Rouge는 전체 사회적 평등의 달성을 구실로 대량학살을 감행했다. 독일의 반유태주의(anti-Semitism)와 대외적 팽창의욕은 Nazis 이데올로기로 체계화되어 Holocaust의 참상으로 이어졌으며 터키의 '젊은 터키인들'(Young Turks)은 민족주의를 내세워 아르메니아(Armenians)에 대한 대량 살상을 실행에 옮겼다.

넷째로 대량폭력을 선동하는데 있어서는 적 집단(敵 集團)에 대한 '평가절하'도 효과적인 방법이 된다. 집단 간의 갈등을 '우리'와 '그들'의 문제로 나누고 상대방을 평가절하하게 되는데 터키의 '아르메니아인', 독일의 '유태인', 르완다의 '투트시스' 등의 평가절하된 집단은 사회적으로 물질적인 안녕과 신분 면에서 월등한 위치에 있었는데 이러한 상대적 우월성이 오히려 선동적인 상황에서는 적대감을 부추기는 촉매가 되었다고 볼 수 있다. 평가절하의 극단적인 형태로서는 다음과 같은 '탈정당화'가 가능하다.[371]

탈정당화(delegitimization)의 형태 :

㉠ 탈인간화 : 야만적, 원시적, 괴물

㉡ 추방(outcasting) : 살인자, 도둑, 정신병자

㉢ 특성화 : 침략자, 멍청이, 기생자

㉣ 정치적 라벨의 사용 : 나치스, 파시스트, 공산주의자

㉤ 집단적 비교 : 반달(Vandals), 훈(Huns)

---

[371] *Ibid.,* pp.718-721.

③ 과거의 희생(victimization)과 집단적 기억(collective memory)

한 민족이나 종족 또는 집단이 역사적으로 당한 희생적 고통은 대량학살의 중요한 계기를 마련할 수 있다. 크나큰 마음의 상처, 특히 자기들이 당한 끔직한 피해나 폭력의 과거는 아물기 힘든 상처로 남게 되며 어떤 조건하에서는 대량학살의 원동력으로 작용하게 된다. 그들은 갈등적 상황에 직면하게 되면 보다 예민하게 대응하며 상대방의 입장을 이해하기 힘들게 된다. 실제상황보다는 더욱 심각한 위협을 감지하게 되고 지나친 자위수단을 발동하고자 하는 충동을 느낀다. 결국 이러한 심리적 과정을 거쳐 그들은 대량학살의 실행자가 되어버린다. 특히 쓰라린 과거를 가진 집단들은 어떤 특정한 과거의 마음의 상처에 초점을 맞추게 되는데 발칸 반도의 Yugoslavia의 붕괴과정에서 세르비아(Serv)의 폭력적 대응이 그 좋은 예가 된다. 뿐만 아니라 과거의 희생적 고통에 관한 추억은 '포위 심리', 즉 항상 남이 자기에 대해서 부정적인 생각을 가지고 있으며 자기는 살벌한 세계에 혼자 서 있다는 생각에 사로잡히게 된다. 1917년 Bolshevik 혁명 직후 국제 간섭을 경험한 러시아, 반유태주의와 Holocaust를 경험한 이스라엘의 경우 등이 이러한 사례로 인용된다.

④ 정치체제의 차이

첫째로 사회에 따라서는 권위에 대한 존경의 정도가 일정하지 않기 때문에 대량 폭력에 대한 대응 심리도 달라진다. 권위에 대한 강한 존경심은 대량학살의 문화적 잠재성을 높일 수 있다. 남을 따라하기에 익숙해지면 생활의 문제나 집단적 갈등에 직면하게 될 때 스스로의 판단에 따라 움직이기보다는 남의 대응, 또는 지도자의 지시에 따라 움직일 가능성이 높다. 그리고 비도덕적이고 파괴적인 정책에 대하여 반론을 제기하기를 꺼려한다. 남을 해치는 명령에 순종하게 됨은 당연하다.

둘째로 민주적 사회와 획일적 사회의 차이도 중요한 의미를 지닌다. 다양한 믿음, 자기견해의 자유로운 표현, 쟁점과 관련되는 공공참여, 모든 집단의 공공영역에의 참여가 보장되어 있는 다원적이고 민주적인 사회에서는 다른 집단에 대한 해를 끼치는 정책이나 행동에 대해서는 반대가 있을 수 있다. 그리고 이러한 사회에서는 집단 간의 갈등이 언제나 해결의 가능성을 보일 수 있게 된다. 대량살상에 관한 많은 연구에서 나타나는 결론은 민주주의는 대량폭력에 호소할 가능성이 매우 낮고 반대로 20세기의 모든 대량학살은 획일적인 독재사회, 또는 권위주위 사회의 소산으로 밝혀진다. 특히 '원숙한 민주주의'(mature democracies)일수록 대량폭력의 가능성은 더욱 줄어든다는 결론이다.

셋째로 집단의 지도자나 엘리트의 역할이 크게 작용할 수 있다. 집단 간의 '제어하기 힘든 갈등'이 조성되는 선동적 상황이 전개되면 이러한 집단을 이끌 지도자가 등장하는 계기가 마련된다. 그러나 지도자나 엘리트들이 집단을 대량학살로 이끄는 결정적인 역할이 보다 중요한 의미를 지닌다. 그들은 파괴적인 이데올로기를 만들어내고 과거의 희생적인 고통과 그 기억을 불러일으키고 폭력을 실행에 옮길 제도(정부 부처, 선전 매체, 준 군사집단 등)를 만들어낸다. Rwanda의 경우 준군사집단이 대량학살의 주동역할을 맡았다.[372]

⑤ 대량학살의 증폭과정

선동적 조건과 사회·문화적 조건들이 성숙되어 집단 간의 갈등이 고조되면 집단의 구성원들은 폭력사용을 실행에 옮기면서 터득하는 학

[372] *Ibid.,* pp.721-724.

습과정에 들어간다. 특히 적이 확정되고 평가절하의 과정이 격화되면 '도덕의 전도현상'이 벌어짐으로써 상대방을 죽이는 것이 올바르고 도덕적인 것으로 되어버린다. 당초에는 주춤하던 대량살상이 일상적이고 효과적인 도덕적이고 바람직한 행동으로 관습화된다. 이 과정에서 다음과 같은 '제어하기 어려운 갈등'에서의 독특한 에토스(Ethos)가 발생한다.[373]

㉠ 집단 목표의 정당성 : 집단 목표의 절대성이 강조되고 이것이 달성되지 않으면 자기들의 생존이 위협받는다고 믿음.
㉡ 반대자에 대한 부정적인 이미지.
㉢ 긍정적인 자기 이미지.
㉣ 과거의 희생.
㉤ 안전 : 개인적 및 국가적 안전은 중심적인 전체 사회적 가치가 됨.
㉥ 애국심 : 애국심은 집단원의 충성심과 행동력의 원천이 됨.
㉦ 단합 : 단합의 강조는 내부적 불화와 의견 충돌을 방지함.
㉧ 평화 : 평화를 궁극적인 가치로 인정하고 자기집단을 평화애호집단으로 규정함.

한편 대량학살의 증폭에 있어서는 방관자의 역할이 문제가 된다. 대량학살의 진행에 관련되어 있으면서도 방관하는 사람들이나 증인들의 수동적 자세나 심지어 공모는 사태를 더욱 악화시킨다. 국외(國外)의 집단들이나 다른 나라들이 수동적인 자세로 임하거나 심지어 학살자들을 지지하는 경우 사태는 걷잡을 수 없게 된다. 미국과 일부 국가들은 Iraq

373 D. Bar-Tal, 'Societal beliefs in times of intractable conflict : The Israeli case,' *International Journal of Conflict Management,* 9 (1998), pp.22-50.

자국 내의 쿠르드족(Kurds)에 대하여 화학무기를 사용하고 Kuwait를 침공하려고 하는데도 Iraq 정부를 지지한 적이 있다. 1930년대 Nazis 독일의 침략적인 움직임이 본격화되었는데도 미국 기업들은 독일과의 정상적인 경제적 관계를 유지하였고 당시의 방관자의 입장은 대량학살의 주동자들을 지지하는 결과를 만들어버렸다.[374]

7. 정신분석학과 현대사회의 변환

S. Freud에 의해 창시된 정신분석학은 개인의 무의식에서 출발하면서도 현대사회의 역동적인 변환을 예리하게 진단하는 거시적이며 포괄적인 이론적 구성으로 21세기에 들어서는 학계와 현대인의 계속적인 관심을 모은다. 20세기 초반 그의 이론적 구성이 정립되어 오늘에 이르기까지 그와 그의 후계자들이 현대인과 사회의 심층적 심리구조를 특히 자아와 사회의 상호관계를 초점으로 다루어온 다양한 분석적 시각들을 정리해보고자 한다.

(1) Freud의 유산 : 무의식(無意識)과 문명(文明)

Freud는 인간의 정신을 Id, Ego, Superego의 세 가지 기관으로 나누어 분석한다. Id는 모든 인간의 무의식적 욕망의 근원에 자리 잡고 있으면서 모든 충동 에너지의 원천으로서 흥분, 긴장, 에너지의 해소를 추구하며, 쾌락지향과 고통회피를 주요 내용으로 하는 쾌락원칙에 따라 작동한다. Superego는 인성의 기능면에서 도덕적 측면과 관련되어 있으며, 사

[374] E. Staub and D. Bar-Tal, *op. cit.*, pp.724-728.

회의 규칙에 따라 인간의 행위를 규제하는 '도덕적 양심'의 역할을 담당한다. Ego는 Id의 욕망을 현실과 Superego의 요구에 맞게 충족시켜주는 기능을 수행하며, 본능의 만족을 적정시까지 지연시키고 모든 쾌락달성에 있어서 고통이 적고 부정적 결과가 수반되지 않도록 하는 '현실성 원칙'에 따라 작동한다.

인간사회와 문명의 발전에 있어서 가장 문제되는 것은 '무의식'의 개념이다. 이 개념은 '의식', '선의식'과는 구별되는 각별한 의미를 지닌다. 그리고 이 '무의식'의 저변에는 ① 생명 본능 또는 에로스(eros), ② 죽음의 본능 또는 타나토스(thanatos)라는 두 가지 본능이 자리 잡는다. 전자는 생명을 보존하게 만드는 것으로서 배고픔, 갈증, 성적 욕구를 충족시키고자 하는 본능이다. 이것은 리비도(libido)로 불리기도 한다. 후자는 정반대의 죽음의 본능인데 Freud는 모든 생명의 목표는 죽음이라는 전제하에 인간은 생물적 욕구를 충족시켜야 하는 고통스러운 투쟁이 없는 생명이전(生命以前)의 '생활기능이 없는 균형상태'에 돌아가려고 노력한다고 보고 있다. 죽음의 본능에서 남과 자기를 파괴하려는 '공격성'이 나온다. 그는 인간이 온순하고 사랑을 원하는 친근한 창조물이 아니라 강한 공격적 욕망을 본능적으로 갖고 태어나기 때문에 이웃은 어떤 가능한 도우미나 성적 대상이 될 뿐만 아니라 자기의 공격성을 만족시키는 대상으로서 보상 없이 수탈하고 동의 없이 성욕을 채우고 자산을 빼앗고 욕되게 하며 고통을 주고 고문하고 죽인다고 보고 있다.[375]

Freud는 그의 후기 저술[Beyond the Pleasure Principle(1920), Civilization and its Discontent(1930)]에서 인간의 이 '죽음의 본능'이 인류의 문명에 미칠 심대

---

375 Richard M. Ryckman, *Theories of Personality,* Ninth Edition (Belmont, CA : Thomson, 2008), pp.37-38.

한 영향을 우려했다.[376] 인간의 본능적 충동을 다스리기 위하여 사회가 형성되고 문명이 필요한 것은 당연한 일이었다. 인간은 성적인 욕구와 향락에 대한 문화적 금지에 더하여 죽음의 본능과 같은 파괴적인 힘에 좌우되기 때문에 사회는 개인들이 문화적인 동조심을 갖도록 정신적 요구를 하게 된다. 사회적 유대를 만들어내고 일을 해야 하며 서로가 자기의 행동을 사회적 규범에 맞게 조정해나가야 하는 만큼 인간의 자기제어는 필수적인 과제로 등장하게 된다. 이런 점에서 문명(civilization)은 억압적인 것에 틀림없다.

그러나 이러한 문명의 억압적인 측면, 그리고 사회가 요구하게 되는 문화적 동조의 문제는 또 다른 심각한 문제를 야기한다는 것이 Freud의 진단이다. 사회와 그 문명적 요구로 말미암아 자기의 본능적 욕망을 다스려야 하는 인간은 심한 개인적 불행과 신경성 고통에 직면하게 될 가능성을 내다본 것이다. 즉 자기제어와 같은 '필요성'과 인간의 '욕망'사이에 문화적 균열이 생길 것을 두려워한 것이다. 이미 Freud는 19세기말 Vienna에서 사람들의 개인적인 내적 욕망과 이것을 다스려야할 억압적인 사회적 제어 사이에는 언제나 밀접한 연관이 있음을 발견했기 때문이다. 그는 무의식적 욕망의 자유로운 흐름에 질서를 잡는 일은 문명의 핵심적 과제이긴 하나 '욕망'과 '질서' 사이의 균형은 항시 가변적이며 또한 개인들이나 집합체에 막중한 부담을 줄 것을 걱정했다. 사회적 통제, 질서, 구조 등이 억압적인 폐쇄로 바뀔 때 인간의 문화적 생활은 자멸의 가능성이 있다고 보았다.[377]

---

[376] S. Freud, *Beyond the Pleasure Principle,* repr. (London: Penguin, 2002); S. Freud, *Civilization and its Discontent,* repr. (London: Penguin, 2002).

[377] Anthony Elliott, 'Psychoanalytic Social Theory,' in Austin Harrington, *Modern Social Theory* (Ed.) (Oxford : Oxford Univ. Press, 2005), pp.176-177.

한편 인간이 겪게 되는 욕망과 통제, 쾌락과 현실, 성(性)과 자기보존(自己保存) 등의 대치현상과 관련하여 제기되는 사회적 규제를 설명하기 위하여 Freud는 Oedipus Complex라는 개념을 제시하고 있다. 주로 어린이의 경우 4-5세의 남근단계(男根段階, phallic stage)에 들어서면 흥분과 긴장이 성기에 집중되는 시기가 되는데, 남아의 경우 성기에 대한 관심과 함께 거세불안을 갖게 되며, 성적 대상으로서 어머니를 사랑하고 아버지에 대해서는 경쟁의식을 느끼거나 때에 따라서는 시기와 증오의 대상으로 삼는다. 바로 이것이 Oedipus Complex인데 남아의 경우 이러한 위기 상황은 아버지와의 동일화로 해결하며 아버지와 같은 가치와 도덕률을 습득하면서 초자아(superego)를 형성하게 된다. 즉 사회의 규제는 이러한 욕망의 포기, 근친상간의 금기(taboo)로 제도화되어 나간다고 보는 것이다.

자아와 사회의 관계에 대한 Freud의 생각은 분명해진다. 자아의 본능적 욕망을 다스리기 위해서 사회와 그 문화적 질서가 불가결하지만 이 양자관계에 있어서 그 균형에 문제가 생김으로써 사회(문화)가 지나치게 억압적으로 바뀔 때 인간에게는 심한 무의식적 고통, 적대감, 분노가 생길 위험성을 우려했다.

(2) Frankfurt 학파 : 자본주의 사회의 문제점

Freud가 제기한 자아와 사회의 긴장관계는 1950년대와 1960년대에 들어서 마르크스주의자들의 모임인 Frankfurt 학파의 일부 학자들에 의해 재연되어 나치즘과 파시즘의 등장, 관료적 자본주의의 구조적 모순의 진단 등에 원용된다.

Erich Fromm은 사회가 인간관계에 병리현상을 만들어내는 측면을 강조한다. 마르크스주의의 전통에서 사회체제가 인간의 정체성을 만들어낸다는 기본 전제에서 출발하고 있는데 자본주의는 경제적, 사회적, 역사적 맥락에 적합하도록 인간의 주체성을 형성해낸다는 점을 강조하고 나선다. 봉건사회는 농노와 영주의 역할에 적응할 수 있는 주체를 만들어내고 시장자본주의는 자본가와 노동자로서의 주체를, 그리고 20세기 독점자본주의는 사람들을 소비자로 대량 생산해낸다. 사회는 정신적 경제의 근본적인 질서를 인스턴트 식품화하면서 사회적 가치와 과정들을 자아의 깊은 구석으로 투사한다. 그리고 이러한 사회적 억압의 출현에 결정적인 역할을 하는 것은 가족이 된다. 아이들의 부모의 사랑 얻기는 충동의 억제와 내면적 자아의 부정, 그리고 사회적 규범에의 적응을 통해서만 가능해진다. 가족이 이를 위한 결정적인 매체가 됨은 당연하다. 핵가족은 개인적 주체성의 핵심에 객관적인 적대감을 심고, 경제적 조건들을 이데올로기로 유지하고, 자아를 순종하고 겸손하며 무기력한 주체로 인식하도록 만들어내는 중요한 제도가 된다. Fromm에 따르면 후기자본주의의 파괴적인 영향력은 경제적 메커니즘과 제도에만 국한된 것이 아니라 그 지배의 형태를 자아의 내면생활과 개인들의 정신 역학적 투쟁 속에 새겨 넣는다는 것이다. 따라서 이러한 지배의 형태로부터 벗어나려면 개인들은 미디어 시대의 대중문화의 부패한 영향력에서 벗어나야만하며 이를 위해서는 내성과 자아반성을 통한 진정한 존재양식에 충실할 것을 주문하고 있다.[378]

Fromm은 사회-경제적 관계가 자아의 정체성에 미치는 작용을 보다 세부적으로 분석한다는 점에서 Freud의 심리적 억압이론의 내용을 보강하는 면도 있으나 지나치게 사회의 영향력을 강조하다보니 사회학적 환

---

378 Anthony Elliott, *Psychoanalytic Theory : An Introduction*, Second Ed. (New York : Palgrave, 2002), pp.47-48; Erich Fromm, *The Sane Society* (London : Routledge, 1956).

원론에 빠진다는 지적을 받는다. 즉 무의식적 상상력의 심오한 역할을 외면해버리고 인간의 주체성, 창조력, 비판적 반성과 변환의 가능성 등은 전혀 고려하지 않는다는 점이 비판된다.[379]

한편 Herbert Marcuse도 그의 『Eros and Civilization』(1955)에서 근대적인 사회관계가 자아와 사회관계들을 흉하게 변형시키는 것을 부각시킨다. 자본주의의 기계화와 자동화, 그리고 이에서 비롯되는 강압적이고 지루한 노동 등은 개인의 깊은 내면세계에 파고들면서 억압을 격화시킨다고 보고 있다. 모든 사회적 재생산은 일정 수준의 억압을 필요로 하고 있으나 자본주의 생산의 사회조직은 욕망파기에 치명적인 부담을 안겨준다. 이제 인간의 무의식은 기술・과학과 자본주의 과정의 세계적인 네트워크의 의해 조작되고 대중매체의 환등적 광경(幻燈的 光景, phantasmagoria), 성의 상품화, 파괴적인 전쟁 및 기타의 근대사회의 특징들이 자아정체성을 혼미상태로 만들어간다는 것이다.

Marcuse는 이러한 혼미상태를 설명하기 위해서 '억압'을 두 가지 형태로 나눈다. '근본적 억압'은 문명된 사회를 유지하기 위한 욕망포기의 최소한의 수준으로서 인간으로 하여금 사회생활을 영위케 하고 사회적, 성적 재생산을 가능하게 만드는 것이다. 그 다음 '잉여 억압'(surplus repression)은 권력의 비대칭관계에서 비롯되는 자제의 격화에서 온다. 일부일처제의 가부장적 가족이 그 좋은 예가 된다. 그리고 이러한 '잉여 억압'은 '수행원칙'을 통하여 작동한다. 수행원칙이란 사람들이 서로를 '물건'(things)이나 '대상물'(objects)로 대하며 일반적 에로티시즘은 생식적 성으로 교체되고, 또한 억압된 욕망이 자본주의 교환가치에 간섭하지 않도록 인간의 신체를 규율한다는 의미이다. 이른바 '억압적 탈승화' (repressive

379 Anthony Elliott, *op. cit.,* p.50.

desublimation)이다.[380]

그러면 이러한 잉여억압에서 벗어날 길은 있는가? 그는 자본주의가 가져오는 물질적 풍요는 성적 억압을 풀어나갈 수 있다고 주장한다. 문화적 지배의 극복은 억압된 무의식을 해방시킴으로써 성적충동과 환상을 사회적 네트워크에 재결합시켜 이른바 '리비도 합리성'(libidinal rationality)을 창출할 수 있다. 이 리비도 합리성은 잉여억압의 과격한 반전을 뜻하며 일반적 에로티시즘을 확산시켜 신체뿐만 아니라 자연과 문화조직 전반에 파급시킬 수 있다. 사회전반에 감정적 의사소통과 친밀감이 권장되고 환상과 상상력은 개인과 전체, 욕망과 실현성, 행복과 이성의 화합을 가능하게 만들 수 있다. Marcuse의 이러한 긍정적 전망은 Freud가 제시한 무의식의 풍부한 내용에 상당한 접근을 보이고 있으나 그의 잉여억압이 어떻게 근본적 억압에서 조성되는 것인지, 또한 개인수준에서의 잉여억압으로부터의 해방(리비도 합리성)이 어떻게 전체사회의 변환에까지 이어지느냐에 대한 좀 더 구체적인 언급이 없다는 점을 지적받는다.[381]

(3) **구조주의** : Lacan**과** Althusser

정신분석학은 1950년대에 들어서면서 라캉(Jacque Lacan)에 의하여 프랑스 구조주의 학파를 탄생시킨다. 그는 당시 유럽의 학문적 추세, 특히 소쉬르의 구조주의 언어학, Claude Levi-Strauss의 구조주의 인류학 등과의 교감을 통하여 Freud 심리학의 중심개념인 '무의식'이 언어적 구조로서 파악될 수 있다는 색다른 주장을 펴게 된다. 그리고 이러한 라캉의 새로

380 *Ibid.,* pp.51-53 ; Marcuse의 대표작으로서는 H. Marcuse, *Eros and Civilization* (London : Ark, 1956).

381 *Ibid.,* pp.54-56.

운 해석은 Louis Althusser의 구조주의로 이어지면서 사회과학에서는 이데올로기의 특성을 둘러싼 새로운 논의를 전개시켰다.

① Jacques Lacan : 상징적 질서와 언어

라캉의 정신분석학은 ① 상상적, ② 상징적, ③ 현실적의 세 중심적 개념들로 구성된다. 상상적 질서는 사람들이 인상, 감각, 욕망 등의 혼란한 상태를 정리하기 위하여 만들어내는 정신적 이미지를 뜻한다. 상징적 질서는 감각이나 지칭의 정당성 있는 기준의 공적 질서와 기대되는 행동의 규범이다. 그리고 현실적 질서란 고통, 충격, 공포, 죽음의 목격과 같은 밖으로부터의 모든 강도 높은 경험을 지칭한다. 예를 들면 2001년 9.11사태(뉴욕 세계무역센터 테러)는 '현실적'인 외상적(外傷的, traumatic) 폭발이 미국인들의 '상징적 질서'에 결정적인 타격을 가하는 사건이 된다. 이때의 상징적 질서는 공적질서와 행동규범에 따라 미국인들이 영위하는 일상적 생활이 된다. 그리고 '상상적 질서'란 미국인들이 자기들의 자유와 안전이야말로 무적이라는 상상의 경지를 말한다.[382]

우선 '상상적'인 것은 어린아이들이 겪는 어머니와의 일체감 속에 경험하는 '오이디프스 이전'(pre-Oedipus)의 시기가 되는데 이른바 '거울 단계'(Mirror Stage)에서 그 구체적인 모습이 드러난다. 이때의 어린아이는 어머니의 몸(가슴, 입술, 응시, 피부표면 등)과 일체가 되면서 최대의 만족과 쾌락을 느끼는 단계이다. 그런데 일단 어린아이가 거울을 들여다보게 되면 거기서 반영되는 것은 극히 통일된 만족스럽게 일관성 있는 이미지로 보이게 된다. 이로 인하여 어린이는 분절의 경험으로부터 구원을 받을 수 있고 자기가 신체적 단일성을 이루고 있다는 환상적 감각을 갖게 되며 벅

382 A. Elliott, 'Psychoanalytic Social Theory,' *op. cit.,* pp.181-182.

찬 환희와 상쾌함을 느낀다. 거울 속에 반영되는 자기의 동작들을 보면서 어린이는 새롭게 찾은 자아와 정체성을 즐겁게 반길 수 있다. 그러나 이 통일된 자아로서의 거울 단계의 즐거운 경험은 그것이 상상에 지나지 않고 어린이가 실제로 경험하는 여러 가지 충동과 욕망과는 전혀 반대되는 것이라는데 문제가 있다. 즉 거울은 거짓말을 하고 있으며 자기 자신을 잘못 인식하는 '그릇된 인식'(misrecognition)을 가져온다는 사실이 문제가 된다. 또한 인간 주체성의 씨앗은 당초에 이러한 '그릇된 인식'을 통하여 심어진다는 이야기도 가능하게 된다.[383] 어릴 때에 형성되는 이러한 상상적 질서는 자아와 대치되는 사회의 영역에서 그 지속적인 영향력이 두드러질 수 있다. 예를 들면 현대사회의 광고와 소비문화는 전위된 욕망으로 풀이될 수 있으며, 실제로는 존재하지도 않지만 주체를 위해서 전체, 건강, 행복, 의미 등의 긍정적 감각을 만들어내는 내부적인 상징적 지시물 체계로 받아들여질 수 있다. 이러한 문화적 항목들은 갈등이나 분절, 반대, 고통, 박탈 등이 있음에도 불구하고 이것들을 통일, 합의, 만족 등의 명분 조작으로 호도하려는 시도로 해석될 수도 있다.[384]

이러한 거울단계의 상상적 질서는 Oedipus Complex 단계에 들어서면 '상징적 질서'로 바뀌게 된다. 어머니와 어린아이의 신체적 일체감은 아버지의 등장으로 돌변하게 되며 아버지는 이때 매우 광범한 문화적 네트워크와 근친상간에 대한 사회적 금기의 대표자로 등장한다. 즉 '아버지의 법'이 나타난 것이다. 어린이는 어머니의 품으로부터 단절된 것뿐만 아니라 이제는 아버지로 대표되는 상징적 의미의 구조화된 세계로 편입된 것이다. 상징적 질서는 어른들에 의해 수용되고 있는 사회적 의

---

383 A. Elliott, Psychoanalytic Theory : Introduction, *op. cit.,* pp.103-104; Lacan의 대표적 저술로는 Jacques Lacan, *Ecrits : A Selection*(London : Tavistock, 1977)을 꼽을 수 있다.

384 A. Elliott, Psychoanalytic Social Theory, *op. cit.*, p.183.

미와 논리, 그리고 차별화의 세계가 된다. 어린이는 이제 상상의 세계에서 벗어나 보다 넓은 문화적 네트워크 속으로 보내지며 근친상간의 사회적 금기에 얽매이게 된다. 상징적 의미의 구조화된 세계로 넘어온 아이들은 자아와 사회를 묶는 새로운 네트워크 속에서 자기 스스로를 표상하는 방법을 배워야 한다.[385]

그러나 어린이가 이 상징적 질서에 들어서면서 자아(self)를 구성하는 과정에서는 언어가 결정적인 역할을 하게 된다. 즉 언어는 욕망이 표상되고 그것을 계기로 자아와 타인(others)의 관계를 구성하는 근본적인 매체가 된다. 상징화의 간주간적 질서로서 그리고 가부장적 문화를 대표하면서 언어는 '아버지의 법'을 지속화시켜나가는 중대한 몫을 담당한다는 것이다. 언어와 말(speeches)은 이제 아이들을 타인들과의 관계 속으로 구성하게 되며 이 관계야말로 그 사회의 사회적, 문화적, 그리고 성적인 코드로서 사전에 구조화된 것이기도 하다. 라캉은 상징적 질서를 설명하는데 있어서 소쉬르의 언어적 구조를 '기표'(signifier)와 '기의'(signified)의 관계로서 원용한다. 예를 들면 '남자'라는 기표의 의미는 '여자'라는 기표와의 차이로서 정해진다. 의미는 기표들의 유희를 통하여 언어적 차이로서 만들어진다. 그리고 기표와 기의의 관계는 임의적이고 관행에 따라 결정된다는 점이 추가된다. 그러나 소쉬르는 기표 위에 기의를 두었으나 라캉은 이것을 뒤집어 기의보다는 기표를 우선시한다. 즉 개인적 주체로서의 우리들 각자의 위치는 우리들의 기표들의 문화적 체제에 따라 결정된다는 것이다. 기표는 주체를 대표하며 기표의 우위성은 무의식이 언어 속에 뿌리를 내리고 있다는 의미도 된다. 그리고 무의식은 인간의 내면에 있다기보다는 사람들 사이의 간주간적 공간의 영역이

385 A. Elliott, Psychoanalytic Theory : An Introduction, *op. cit.*, p.105.

라고 볼 수 있다. 어떤 의미에서 무의식은 언어처럼 구조화되어 있다는 것이다. 이제 남근상(phallus)으로 상징되는 '아버지의 법'은 상상적인 아이/어머니의 이원관계를 욕망의 금지로서 깨어버린다. 그리고 무의식적 욕망의 공간은 '전 구조화된(pre-structured) 언어적/성적 세팅' 속에 탄생된다. 주체성과 무의식은 문화적, 사회적 법(Law) 속에 언어학적으로 구조화된다고 보고 있다.[386]

그러나 라캉의 정신분석학은 무의식을 지나치게 구조화함으로써 주체가 기표의 유희에 불과하다는 주장에 문제가 제기된다. 주체가 자율적인 충당의 가능성을 배제해버리는 어떤 힘으로 구성된다는 결정론적 시각에 도달하고 있기 때문이다. 그리고 인간의 욕망이 전적으로 언어학적으로 사전 구조화된 것으로 단정해버림으로써 인간의 자율적 자아 전환의 능력을 무시해버린다는 비판을 면하기 어렵게 된다.[387]

② Louis Althusser의 이데올로기론

프랑스 마르크스주의자인 L. Althusser는 근대사회에 있어서의 이데올로기의 작동을 이해하기 위하여 구조적 마르크스주의와 라캉의 정신분석학의 통합을 시도한다. 그는 이데올로기가 근대사회의 개인적 주체들이 자본주의 사회의 지배계급 권력의 재생산을 지지하도록 인도하는 하나의 담론임을 밝혀내고자 한다. 이를 위해서 그는 라캉의 거울단계와 상상적 세계의 개념들을 원용한다.

라캉의 거울단계의 어린이처럼 이데올로기적인 거울은 개인의 주관적인 세계 속에 사회적으로 수용되고 있는 의미들을 심는다는 것이다.

---

386 *Ibid.,* pp.105-107.

387 A. Elliott, Psychoanalytic Social Theory, *op. cit.*, p.183.

이데올로기가 거울의 비유에서처럼 사회의 간주간적 세계를 이상화하고 왜곡하기 때문에 사회적 구성의 형태는 필연적으로 '그릇된 인식'을 수반하기 마련이다. 계급, 인종, 젠더, 민족주의 등에 관한 이데올로기적 담론에 지배됨으로써 개인들은 그들 스스로를 자율적이고 자기 입법적 주체로서 잘못 인식하게 된다. 이러한 상상적인 '그릇 인식'은 이른바 '설명요구'를 통해서 이루어지는데 이데올로기를 통해서 사회는 개인들에게 주체로서 설문하고 정체성을 부여하며 사회적 지위에 배치한다.[388]

그는 1971년의 저서에서 개인의 상상적 세계를 만들어내는 이데올로기의 작동을 그 장치와 실천면에서 보다 구체적으로 제시한다. 여기서 이데올로기는 '이데올로기적 국가장치'(ideological state apparatus)로 나타난다. 자본주의 체제의 재생산과 관련된 국가장치 중에서도 교육, 특히 학교는 지배적인 역할을 담당하며 지식(언어, 수학, 자연역사, 과학, 문학) 및 단순한 지배이념(윤리, 공민교육, 철학)의 보급과 주입에 결정적인 공헌을 한다고 보고 있다.[389] 그러나 그의 이데올로기의 상상적 역할은 라캉의 경우처럼 인간의 주체성과 관련되는 비판을 면치 못한다. 개인적 주체가 이데올로기적 담론 속에서 스스로를 잘못 인식할 수 있으려면 이미 그는 개인적 반응을 보일 수 있는 어떤 정서적인 능력을 갖고 있음이 분명해지기 때문이다. 즉 개인은 문화적으로 제어되고 폐쇄된 사회적 형식의 단순한 이식으로 취급될 수 없다는 반론이 제기된다.[390] Althusser는 이미 사회학 분야에서 역사에 있어서의 개인을 하나의 괴뢰(puppet)로 취급해버린다는 익살스러운 비판에 시달려오는 것도 이러한 지적에 근거한 것으로

---

388 A. Elliott, *Social Theory Since Freud : Traversing social imaginaries* (London : Routledge, 2004), p.41.

389 Louis Althusser, *Lenin and Philosophy and Other Essays* (New York : Monthly Review press, 1971), pp.154-155.

390 A. Elliott, Social Theory Since Freud, *op. cit.,* p.42.

볼 수 있다.

(4) **페미니즘**(Feminism) : Julia Kristeva

라캉의 상징적 질서는 '아버지의 법'이 자리 잡는 남성지배의 문화였다. 여권운동의 신장과정으로 특징지어지는 현대사회의 변환은 이러한 남성 본위의 상징적 질서에 대한 새로운 대항적 논의를 확산시킨 것은 어쩌면 당연한 추세일지도 모른다. 현대의 페미니즘을 정신분석학적으로 재구성하고 있는 대표적 학자인 Julia Kristeva의 주장을 정리해보기로 한다.

우선 Kristeva는 어린아이들의 '오이디푸스 이전' 단계에서 어머니와의 관계에 초점을 맞춘다. 이 단계에서 남아나 여아 모두가 어머니의 신체와 융화되는 리비도 에너지와 신체적 리듬이 경험되는 이른바 '증후적'(semiotic) 관계가 된다. 단순한 성적인 것을 초월하는 '증후적인' 복수적 정신력(multiple psychic forces)이 넘쳐흐르는 어머니와의 관계로서 일상적인 말속에 담겨있는 음색적 리듬, 슬립, 침묵 등으로 느껴진다. 이러한 '오이디푸스 이전'단계의 에너지는 '여성적인 즐거움의 표명'과 가부장적 문화와 언어를 훨씬 뛰어넘는 비밀스러운 욕망의 영역이기도 하다. 남녀 어린이 공히 어머니의 신체와 맺어지는 욕망과 즐거움의 에너지가 형성되는 과정이 된다. 그리고 이러한 오이디푸스 이전의 에너지는 라캉의 상징적 질서를 언제든지 흔들어놓을 수 있는 힘을 가지고 있다고 보고 있다.[391]

Kristeva는 모성의 연구에서도 여성만이 가지는 타자와의 즐겁고도

---

[391] A. Elliott, Psychoanlaytic Theory, *op. cit.*, pp.145-146; Julia Kristeva, *Revolution in Poetic Language* (New York : Columbia Univ. Press, 1984).

창조적인 연결을 제시하고 있는데 이러한 경험은 여성의 임신에서 두드러진다고 보고 있다. 여성의 임신은 주체의 분열을 재생산하는 과격한 시련으로 파악된다. 즉 신체의 배가 과정(redoubling), 분리, 그리고 자아와 타자, 자연과 의식(consciousness), 생리학(physiology)과 말 등이 서로 공존하는 시련과정이 된다. 따라서 이러한 임신의 새로운 분석은 인간의 사회관계를 새롭게 재구성할 수 있게 만드는데, 증후적 신체가 가지는 즐거움, 고정된 상반관계(자아/타자, 남자/여자)의 해체를 통해서 현존하는 남성문화를 과감히 뒤엎을 수 있다는 논리로 이어진다.

또한 최근의 저서에서는 현대적 문명이 만들어내는 의기소침, 슬픔, 우울증 등에 관하여 새로운 해석을 내리고 있어 관심을 모은다. 사랑하는 이를 잃고, 정체성을 잃고, 과거를 잃어버린 사람들은 주위의 모든 것에 흥미를 잃게 되지만 이때의 정신적 에너지는 기능면에서 원시적인 형태로 전환되어 모성적이고 충동적인 경험형식으로 바뀔 수 있다는 것이다. 의기소침은 상징적 동일화의 심적 상처(trauma), 증후적 에너지의 힘을 분출할 수 있는 심적 상처를 만들어냄으로써 오히려 자아의 정신적 재편의 길을 열 수 있다. 이렇게 되면 Kristeva의 정신분석학이 시사하는 정치적 함축은 매우 중요한 의미를 지닌다. 즉 제도의 수준에서 논의되는 정치적 변화보다는 정신치료학적 작업을 통한 방법이 보다 항구적인 개인적 및 정치적 변화를 가져올 수 있다는 주장이다. 결국 Kristeva의 정신분석학은 매우 과격한 정치적 행동의 의미도 지니게 된다.[392]

[392] *Ibid.*, pp.146-147; J. Kristeva, *Tales of Love* (New York : Columbia Univ. Press, 1987); J. Kristeva, *New Maladies the Soul* (New York : Columbia Univ. Press, 1993).

(5) 포스트모더니즘(postmodernism)

1970년대에 들어서 서구학계의 비상한 관심을 모으고 있는 포스트모더니즘은 문화예술의 미학적(aesthetic) 측면에서는 근대적인 심층적 현실에의 집착보다는 스타일과 표면에 그리고 합리성보다는 다양성과 차이를 강조하고 있으며, 철학적 담론 면에서는 근대가 추구해온 인식론적 표상주의보다는 현실에 대한 무한한 해석가능성을 전제로 하는 '반표상주의'로 파악된다. 그러나 포스트모더니즘이 정신분석학과 만나는 보다 중요한 의미는 현대사회에 일고 있는 개인적, 사회적, 문화적 측면의 일대 변환에 관한 것으로 볼 수 있다. 즉 세계화, 다국적 통신 체제, 새로운 정보통신기술, 전쟁의 산업화, 보편적인 소비주의 등이 인간의 자아, 자아정체성, 주체성 등에 미치는 심대한 영향이라고 볼 수 있다. 이러한 역사적 전환이 인간의 심리적 내면에 침투해 들어감으로써 인간주체들의 무의식적인 상호작용을 새롭고도 극적인 방향으로 재구성할 가능성이 있게 되며, 또한 이러한 새로운 사태 진전에 따른 정신분석학 나름대로의 이론적 구성의 공간이 열리게 된다고 볼 수 있다.

① Gilles Deleuze & Felix Guattari

G. Deleuze와 F. Guattari는 정신분석학에서의 포스트모더니즘을 대표한다. 이들은 라캉의 욕망이론이 인간주체들을 사회적 질서로 묶는 한 그것은 억압에 봉사하고 한걸음 나아가 자본주의의 이익에 기여한다고 보고 있다. 그 논리적 근거는 다음과 같다. 우선 오이디푸스 이전 단계의 욕망은 '주체 없는 기계'(subjectless machine)로서 근원적으로 그것은 '정신분열적'이고 '주체 없는 것'이며 '비개인적'인 생산의 힘이다. 그러나 아버지의 법이 등장하는 오이디푸스기에 들어서면 이야기가 달라진다. 정

신분열의 욕망은 억압적으로 코드화되고 개인화되어 가족의 근친상간의 성적 영역과 결합되어버린다. 이제 욕망은 개인화되면서 자본주의 사회의 상품기호로서 처방된 통로로만 순환되기에 이르고 자본주의적 담론에 그대로 봉사하게 된다는 것이다. 그리고 이 과정에서 정신분석학은 '억압적인 힘'의 기능을 수행하는 것으로 보고 있다.

그러나 Deleuze와 Guattari에 의하면 자본주의는 그 독점단계의 국제적인 생산과정에 접어들게 되면 경제력이 상징적 영역 자체를 물어끊기 때문에 부르주아적 문화형태와 도덕적 코드를 잔인하게 해체해버리며 이것들을 교환가능성과 상품형태의 익명성으로 전위시킨다. 즉 이른바 사회적 코드의 '탈영토화'(deterritorialization)가 이루어진다는 것이다. 그리고 이러한 '탈영토화' 과정은 '정신분열적 욕망'(schizophrenic desire)의 부상과 밀접히 결부되고 있음이 강조된다. 즉 정신분열적 욕망은 부단히 자본주의적 생산의 기본구조를 흔들고 이미 수용되고 있는 사회적 의미를 해체해버린다. 뿐만 아니라 정신 분열적 고난은 파계적(transgressive)이고, 다형적이며 분절적인 특성을 지니며, 무정부적이며 이질적인 리비도의 강도면에서 오히려 역설적으로 자본주의적 생산의 중앙집권화되고 통일된 조직을 능가할 수 있다는 점이 역설된다. 마치 초현실주의적 전위파(Surrealist avant-garde)처럼 이들은 파계, 한계의 파괴, 규칙의 취소 등에 매우 매료되었다는 인상을 주고도 남음이 있다.[393]

이처럼 '탈영토화'가 진행되면서 정신분열의 욕망이 격화되는 상황하에서는 정치가 이제는 합리적으로 재구성되기가 힘들게 되며 사회적, 정치적 변환의 청사진도 성공가능성이 희박해진다. 유일한 해법은 정신

---

[393] A. Elliott, Psychoanalytic Theory, *op. cit.,* pp.157-159. Deleuze와 Guattari의 대표작은 Gilles Deleuze & Felix Guattari, *Anti-Oedipus : Capitalism and Schizophrenia* (New York : Viking, 1977)이다.

분열적 과정 자체를 더욱 확산시킴으로써 문화적 탄압을 종식시키는 일이 되는데 이를 위해서는 사회체제가 지금까지 억압해온 리비도의 힘으로 사회체제 자체가 파괴되도록 하는 길이 제시된다. 정신분열이 긍정적인 것이 되기 위해서는 철수가 아니라 오히려 팽창되어야 한다. 그것은 동일시, 분류, 분화 등을 문제 삼지 않는 가히 혁명적인 힘을 갖기 때문이다. 욕망의 자연스러움과 그 강도로 말미암아 사회체제가 문화적 제약으로부터 벗어나게 하는 대안적 사회관계의 구성이 제안된다.[394]

정신분열적 욕망을 내세우는 Deleuze와 Guattari의 주장에는 당연한 비판이 뒤따른다. 무엇보다도 '리비도적 강도'에 지나친 가치를 두는 격상적 제안은 그 설득력 자체보다는 이러한 제안이 이데올로기 면에서 진보적인 세력이나 반동적인 세력 모두에 의해서 이용될 가능성이 문제가 된다. 그리고 욕망을 사실상 반항적이고 전복적인 것으로 보는 것은 그 자체가 순진한 자연주의에 빠질 위험이 있으며, 무의식적인 열정이 자리 잡는 구체적인 제도적 형식을 고려하지 않는다는 비판을 받는다. 분절과 유동성의 심리적 상태가 가져올지도 모를 잠재적인 해악, 고통, 피해 등은 외면되어버릴 수 있다. 정신분열을 낭만화하는 심각한 위험이 지적된다.[395]

② 정신분석학의 미래

세계화, 정보화, 상품화와 소비주의 등의 급격한 사회-문화적 변환에 직면하는 현대사회가 개인의 내면세계에 파고들어 개인의 정체성에 심대한 변화를 가져오는 세계사적 추세는 이제 21세기 인류의 피할 수 없

---

394 *Ibid.*, p.160.

395 A. Elliott, 'Psychoanalytic Social Theory,' *op. cit.*, p.193.

는 도전과 시련이 되고 있다. 포스트모더니즘의 철학적 담론이나 정신분석학의 상관 이론 등에 공통되는 현대사회에 대한 진단은 개연성, 분절, 다원성 등으로 요약될 수 있는데, 이제 정신분석학은 이러한 새로운 탈근대의 조건하에서 일찍이 Freud가 제시한 바 있는 자아와 사회의 애매하고도 복잡한 상호관계를 새롭게 정립할 필요가 있게 된다.

대체로 정신분석학의 포스트모더니즘에서도 개인의 주체성 문제는 대인관계 면에서 무의식적 환상과 연관되는 다의적(multivalent) 심리형태로 파악되는 경향이 지배적이다. 즉 개인의 무의식의 세계가 환상이나 상상의 측면이 보다 두드러지게 됨으로써 이것이 가지는 다양한 심리적 형태를 통하여 강력한 욕망의 힘이 현대사회에 작용한다는 가정이다. A. Elliott와 C. Spezzano는 이러한 계보의 대표적인 학자로서 Castoriadis, Kristeva, Anzieu, Ogden, Bollas 등을 꼽고 있다.[396]

우선 C. Castoriadis의 경우만 보더라도 인간의 주체성을 '과격한 상상력'으로 이론화하고 있는데, 인간의 심적 공간은 표상의 무의식적 구조와 충동, 그리고 정서 등으로 구성되고 또한 지속된다고 보고 있다. 그리고 주체성에 관한 자성의 선행조건을 환상으로 못박고 있는데, 이 환상은 '무(無)에서 만들어지는 비유적 표현'을 할 수 있는 심리적 능력으로 정의하고 있다.[397] 즉 환상이나 상상은 순수한 창조물로서 그 자체의 자기 생산으로 이미지를 만들고 또 재생한다는 것이다. 자아와 사회는 인간의 창조적인 상상의 행동으로 구성된다. 그리고 인간의 개인적, 사회적 생활의 상상적 측면은 언제나 외부적 현실의 세계를 능가한다. 예를

396 Anthony Elliott & Charles Spezzano, 'Psychoanalysis at its limits : Navigating the postmodern turn,' in Anthony Elliott, Social Theory Since Freud : Traversing social imaginaries, *op. cit.*, p.155.

397 *Ibid.*, p.155; Cornelius Castoriadis, *The Imaginary Institution of Society* (Cambridge : Polity Press, 1987), p.287.

들면 자본주의만 하더라도 그것이 비록 개인 활동이나 사회구조 및 제도들을 조직하여 축적과 상품화를 이루어내더라도 거기에는 축적과 부를 위한 매우 상상적이고 환상적인 충동이 개입되어 있다는 것이다. 자동차나 TV와 같은 상품은 어떤 면에서 강한 정서와 환상이 투자된 '보이지 않는 대상'(invisible objects)의 의미도 가진다. 어떤 면에서 상상은 '새롭게 생각할 수 있는 것'을 만들어내는 사회의 생산적 핵심이 된다. Kant나 Hegel의 철학 체계, Newton, Einstein, Darwin의 과학적 발견, 그리고 신과 정신의 제도화, 이러한 모든 세계적 구성은 사회의 상상적 측면의 소산으로 볼 수 있다는 것이다.[398]

한편 J. Kristeva에 있어서도 상징적 표상(表象)과 문화과정(文化過程)에 들어가기 이전인 언어 이전의 경험영역(충동, 정서, 그리고 원초적 리듬을 포함), 즉 증후적인 측면이 강조되고 있는데, 이것은 무의식적 경험의 극히 상상적 측면으로 파악된다. 어린 아이들이 오이디푸스 이전의 단계에서 남녀를 불문하고 어머니와의 관계에서 나타나는 리비도적 에너지와 신체적인 리듬이 그 적절한 예가 될 수 있다. 이것은 상징적 질서를 뒤집을 수도 있는 강도 있는 힘이다. 그는 현대의 정신분석학이 상징주의와 간주간성을 탈선시킬 수 있는 타자(otherness)로서 증후적인 전위와 무의식적 파열의 복잡한 측면에 매우 밀접히 관련되어 있음을 부각시킨다. 그리고 그의 무의식에 관한 재개념화는 현대사회에 수용되고 있는 사회적 의미, 또는 외부적 현실에 대처하는데 있어서 '환상의 증식'(multiplication of fantasy)과 '복합적 자아'(multiple selves)가 가지는 막중한 비중을 분명하게 설명해보고자 하는 시도로 받아들여질 수 있다.[399]

---

398 A. Elliott, Psychoanalytic Theory, *op. cit.,* pp.172-173.
399 A. Elliott & C. Spezzano, *op. cit.*, pp.155-156.

이상에서 Castoriadis와 Kristeva에 공통되는 점은 무의식의 세계에 나타나는 환상과 상상의 창조적인 힘이다. 매우 긍정적인 창조의 힘이라는 점에서 Freud에서처럼 죽음의 본능에서 나타나는 공격성이나 라캉의 상징적 질서에 자리 잡는 억압과는 대조적인 무의식의 세계가 된다. 그리고 포스트모더니즘을 대표하는 Deleuze와 Guattari의 정신분열적 욕망이 전제하는 전복적인 힘과도 차이가 난다. 현대사회를 특징짓는 개연성, 분절, 탈구, 다원성 등의 '탈근대의 조건'들에 대처하기 위해서는 공격성이나 파괴, 그리고 억압의 논리보다는 무언가를 새롭게 만들어낼 수 있는 상상과 환상의 창조적인 힘이 우선될 수 있는 전향성(前向性)이 함축되어 있다. 문제는 창조를 향한 환상과 상상의 힘이 어떠한 사회적 조건과 제도적 장치 하에서 바람직한 결실이 보장될 수 있을 것인가에 대한 좀 더 구체적인 논의가 필요하게 되는데 이것은 미래의 과제로 남는다.

제4편

현대정치학의 이론적 연구영역

제1장 근대와 탈근대의 역사적 변환

1970년대에 들어서면서 서구학계의 상당한 관심을 모으고 있는 포스트모더니즘은 현대사회가 근대적인 것으로부터 탈근대의 단계로 접어든다는 새로운 인식적 기반을 넓혀 나가면서 문학, 예술, 철학, 사회이론 등의 광범위한 분야에 걸쳐 참신한 사고와 비평의 전기를 마련하고 있다. 20세기 서구사회와 그 문화 속에 일고 있는 근본적인 변화에 대한 새로운 문제의식과 실천적 대응을 적절히 표현하고 있다고 볼 수 있다.

당초에는 건축, 문학, 예술 분야에서 일기 시작한 탈근대의 사상으로서의 포스트모더니즘은 점차로 철학과 사회이론의 학문적 영역과 접목하게 되면서 근대적 서구문화를 특징지어온 합리주의적이며 주관주의적인 철학적 전통에 정면으로 도전하게 된다. 특히 1970년대 후반 프랑스의 후기구조주의 철학과 합류하면서 포스트모더니즘은 이성과 합리적 인간을 전제로 하는 '데카르트-칸트의 전통'을 해체하고 Nietzsche, Heidegger, Wittgenstein 등에서 나타나는 자율적 자아에 대한 회의(懷疑), 지식의 불확실성, 탈중심 세계관 등을 앞세우는 새로운 철학적 움직임으로 나타나기도 한다.[1] 이러한 철학적 · 인식론적 변환을 앞세우는 포스트모더니즘이 사회과학의 이론적 구성과 방법론을 위해 던져주는 성찰

1 Kenneth Baynes, James Bohman, and Thomas MaCarthy (eds.), *After Philosophy : End or Transformation ?* (Cambridge, Mass. : The MIT Press, 1987), pp.67-68.

과 재구성의 의미는 매우 크다고 할 수 있다. 지금까지 사회과학의 표준적 견해로 자리를 굳혀온 논리실증주의는 물론, 근대철학의 범주 속에 포함되는 합리주의, 경험주의, 공리주의, 마르크스주의와 비판이론 등, 그 모두가 새로운 비판과 해체의 대상이 되며, 종래의 과학철학과 방법론적 원칙에 대한 전면적인 재검토를 주장하고 있다.

한편 포스트모더니즘이 표방하는 철학적・인식론적 혁신은 현대사회의 변환을 진단하는데 있어서 보다 구체적인 분석적 연구로 이어질 수 있게 된다. 현대사회의 주축이 되는 산업 자본주의에 대한 구조적 변화가 다양하게 다루어질 수 있다. 무엇보다도 후기산업사회(D. Bell)의 분석을 비롯하여 후기포드주의(post-Fordism)로의 구조적 변환이 현대사회의 정치와 문화에 미치는 다양한 작용력이 새로운 연구 분야로 등장할 수 있다. 또한 현대사회의 문화적 측면에 분석의 초점이 모아지게 되면 포스트모더니즘은 문화가 사회 전반에 미치는 독자적이고 구성적인 영향력을 진단하는데 새로운 전기를 마련할 수 있게 된다. 현대 고도자본주의 사회에 접어들게 되면서 새로운 테크놀로지의 발달로 가능해지는 기호(signs)의 무한한 형성과 보급을 통하여 이제 기호는 어떤 구체적인 현실을 지칭하는 것이 아니라 기호들 스스로의 상호작용을 통한 부호(code)의 통제를 받으면서 독자적인 의미화의 양식을 구성하게 된다고 본다. 그리하여 부호와 모형으로 이루어지는 이른바 '시뮬레이션'의 세계가 구축되면서 대중은 수동적이며 탈정치화된 '조용한 다수'로 전락하는 위험성이 지적되기도 한다. 이런 점에서 포스트모더니즘은 현대 자본주의의 구조적 문제나 병폐에 대한 새로운 분석적 틀을 제시함으로써 미래의 대응과 처방에 새로운 활력을 불어 넣을 수 있는 가능성도 생각해볼 수 있다.

그러나 어떤 철학적 담론이나 문화운동도 그에 대한 반작용과 비판이 뒤따르듯이 포스트모더니즘도 예외가 될 수는 없다. 바로 근대의 가치와 실현가능성을 신봉하는 '모더니즘'(modernism)이 반격에 나선다. 근대론자들에 의하면 포스트모더니즘이 진단하는 여러 문제점들은 극히 지엽적인 성격을 띠는 것으로서 근대의 기본가치와 기본제도들을 위협하는 심각한 도전은 되지 못한다는 입장이다. 포스트모더니즘에 의해 지적된 근대의 여러 문제점에도 불구하고 근대가 제시하는 자율적 인간의 달성이라는 이상 자체를 부인해서는 안 되고 근대의 주축을 이루는 도덕적·윤리적 영역을 외면할 수는 없음을 강조하게 된다. Habermas에 의하면 근대는 인류에게 하나의 '미완의 프로젝트'로서 그 영향력을 지속시켜 나갈 것으로 내다본다. 이런 점에서 '모더니즘'에 의해 주장되는 '근대의 재조명'은 포스트모더니즘의 내용과 그 한계를 보다 적절히 밝혀주는 의미도 될 수 있다.

1. 근대의 의미

근대의 세계관을 이해하기 위해서는 계몽사조의 기본정신과 세계관을 개략적으로 정리해본 다음 Marx, Weber, 뒤르켕과 같은 고전적 학자들의 견해를 살펴볼 필요가 있다. 이들은 모두가 근대사회의 분석과 비판을 그들의 이론적 구성의 주요내용으로 하고 있으며 근대의 여러 이점도 인정하고 있지만 근대사회가 만들어내는 여러 가지 문제점에 대한 비판도 아울러 하고 있기 때문에 포스트모더니즘 등장의 이론적 배경을 이해하는데 도움이 될 수 있다.

근대란 18세기에 들어서 산업혁명, 도시화, 프랑스 대혁명 등과 같은 거대한 사회 · 정치적 변화를 겪으면서 인류가 경험하게 되는 새로운 의식과 시야를 뜻한다. 이러한 근대적인 의식과 시야는 흔히 계몽사조의 세계관으로 파악되고 있는데, 그 기본정신은 자연과 사회생활에 이성과 과학의 힘을 적용하여 인류의 무한한 진보를 가져올 수 있다는 믿음이었다. 18세기의 계몽사조를 대표하는 철학자들은 무엇보다도 인간의 이성이 지니는 무한한 잠재력을 믿었다. 이성은 물리적 및 사회적 조건의 본질적인 진리에 접근할 수 있기 때문에 자연과 사회관계에 대한 합리적인 제어를 가능하게 만들 수 있다는 확신으로 이어진다. 그리고 과학적 지식의 축적을 통하여 자연을 정복하게 되면, 인류는 궁핍과 부족, 자연적 재해로부터 자유를 획득할 수 있고, 사회조직의 합리적 형태와 합리적 사고의 계발을 통해서는 신화, 종교, 미신, 권력의 횡포와 같은 모든 비합리적 요소로부터 해방될 수 있다고 믿었다. 따라서 계몽사조의 철학자들은 이성과 과학에 의한 인류의 무한한 진보를 믿고 있었다는 점에서 극히 낙관적인 세계관을 갖고 있었다고 볼 수 있다.

한편 이러한 근대적인 세계관은 지식 특히 과학적 지식의 습득과 관련하여서는 독특한 철학적, 인식론적 전제에 서 있었음이 지적될 수 있다. 오늘날 과학철학에서 논의되는 이른바 '데카르트 주의'(Cartesianism)가 바로 그것이다. 근대의 방법론(methodology)으로서의 데카르트 주의는 인식하는 주체와 지식의 대상을 엄격히 구별하며, 냉철한 과학자에 의해 자연과 사회 속에 깔려 있는 숨은 진리와 법칙을 찾아낼 수 있다는 믿음이 전제되어 있다. 우리들의 세계에 관한 본질적인 진리란 인간에 의해 밝혀질 수 있으며, 또한 그러한 진리는 사물의 표면에 있는 것이 아니라 외양으로 가리어져 있고 현재의 현상적 형태와 미래라는 거리로 은익되어 있다는 것이다. 그리고 표면과 외양의 저변에 숨은 심층구조는 인간의 이성의 힘으로 정확히 표현할 수 있고 파악될 수 있다는 확신이 근대의 방법론상의 특징을 이룬다고 볼 수 있다.[2]

그러나 계몽사조의 세계관과 방법론적 원칙들에 바탕을 둔 '근대의 프로젝트'가 서구의 역사에 기록한 자취는 모든 면에서 그렇게 진보적이고 낙관적인 것만은 아니었다. 비록 과학의 발달로 합리화와 산업화가 이루어져 인류의 계몽과 물질적 번영을 증대시킨 진보적인 측면도 있었으나, 한편으로는 두 차례의 세계대전, 군국주의, 유태인 학살과 죽음의 수용소, 히로시마와 나가사키의 원자탄 투하 등 근대를 어둡게 하는 또 다른 측면이 있었던 것을 부인할 수 없게 된다. 이미 근대를 대표하는 고전적 사회학자들(Marx, Weber, 뒤르켕 등)은 근대가 지니는 양면성에 착안하여 나름대로 진단과 전망을 내렸던 것을 돌이켜볼 수 있다. 이들은 근대의 여러 이점들을 잘 알고 있었지만 근대세계가 만들어내는 여러 문제들에 대한 비판에도 나름대로의 주장을 펴고 있었다. Marx만 하더라도 근대는 자본주의 경제로 정의되었으며 봉건사회로부터 자본주의로 이행함에 따라 발생한 물질적 번영의 이득은 인정하였지만 그의 주된 관심은 자본주의 경제체제와 그로 인한 병폐(소외, 착취 등)에 대한 비판에 쏠려 있었던 것이 사실이다. Weber는 근대 세계의 심대한 문제가 '형식적 합리성'이 다른 형태의 합리성을 억누르면서 인간을 합리성의 철새장 속에 가두어버리는 역설적인 현상임을 내다보았다. 인간은 이 철새장 속에 갇히면서 인간적 특성을 표출하기 힘들어지는 것을 우려했다. 즉 근대의 '합리화'가 만들어내는 관료의 힘이 그 이전의 조직 형태보다 우월

2 Roy Boyne and Ali Rattansi, 'The Theory and Politics of Postmodernism : By way of an Introduction,' in Roy Boyne and Ali Rattansi (eds.), *Postmodernism and Society* (London : Macmillan Education Ltd., 1990), pp.7-8; Patricia Waugh (ed.), *Postmodernism : A Reader* (London : Edward Arnold, 1992), p.2.

하지만 그로 인해 조성되는 부작용은 심각하게 받아들였다. 뒤르켕은 근대를 '유기적 연대'(organic solidarity)로 정의하고 이로 말미암아 자유와 생산성이 증대한 것은 사실이지만 유기적 연대의 등장으로 상대적으로 '집단적 의식'이 약화됨으로써 도덕성이 침체되자 사람들은 점차로 탈규범화된 '아노미'상태에 직면하게 되는 것을 우려했다.[3]

계몽사조의 과학적 · 합리적 세계관은 2차대전 이후에는 조합적 권력과 문화적 제국주의를 정당화하는데 기여한 것으로 비판되기도 한다. 1960년대의 다양한 반문화적, 반모더니즘 운동들은 모두가 과학에 바탕을 둔 기술적 · 관료적 합리성이 지니는 억압적 제도에 대항하면서 '신좌파'(new left)의 정치와 반권위주의, 우상파괴와 일상생활의 비판 등을 통하여 개인적 자아실현의 영역을 탐색하려는 움직임으로 파악된다. 그리고 이러한 운동들은 1968년의 세계적인 소요로 일단 매듭을 짓게 되나, 그 후 포스트모더니즘을 등장시키는 문화적 · 정치적 전조로 풀이되고 있다.[4]

2. 탈근대(脫近代)의 역사적 변환: 포스트모더니즘

탈근대의 역사적 변환은 포스트모더니즘으로 개념화될 수 있는데 그 변환적 특성은 ① 근대를 대체하는 새로운 철학적 담론으로서의 성격, ② 현대사회의 경제적 측면의 분석, ③ 현대사회의 문화적 측면의 영향

---

3 George Ritzer, *Sociological Theory, Fifth Edition* (New York: McGraw-Hill Co., 2000), pp. 555-556.

4 David Harvey, *The Condition of Postmodernity : An Enquiry into the Origins of Cultural Change* (Oxford : Basil Blackwell, 1989), pp.37-38.

력 분석 등의 세 가지 방향의 검토로 파악될 수 있다.

(1) 포스트모더니즘의 철학적 담론

포스트모더니즘은 '근대'의 철학적 담론이 지니는 문제점과 한계를 우선 인식론(epistemology)과 관련되는 '표상의 위기'(表象의 危機, crisis of representation)로 보고 있다. 즉 인식하는 주체가 그 대상물을 정확히 표상해냄으로써 자연과 사회의 저변에 숨은 진리와 법칙을 찾아낼 수 있다는 근대의 인식론적 전제에 강한 회의감을 나타낸다. 오히려 모든 학문적 담론들이 만성적인 잠정성과 관점의 다원성, 그리고 같은 표준으로 비교할 수 없는 외양에 머무를 수밖에 없다는 점을 강조한다.[5] 이런 점에서 포스트모더니즘은 '반표상주의'(反表象主義, anti-representationalism)를 지향한다고 볼 수 있는데, 이 대목을 분명히 하기 위해서는 포스트모더니즘에 앞서 등장한 '후기구조주의'의 영향을 살펴볼 필요가 있다.

① 후기구조주의의 영향

J. Derrida와 M. Foucault로 대표되는 후기구조주의 학자들은 담론이나 텍스트로 이루어지는 언어가 심층구조로서 인간의 실천을 제약한다는 구조주의 언어학의 기본전제를 비판하고 나선다.[6]

우선 Derrida는 언어의 기본이 말이 아니라 '쓰기'(writing)임을 전제로 인간의 실천을 제약한다는 구조주의의 주장을 반박한다. 그는 구조주의에서처럼 기호의 의미구성이 '차이'의 개념으로 이루어지는 것은 인정하지만 이 차이가 갖는 '공간'의 측면뿐만 아니라 '시간성'의 요소가 강하게

5 *R. Boyne and A. Battansi, op. cit.,* p.12.

6 후기구조주의 학자들(J. Derrida, M. Foucault)의 이론적 관점에 관해서는 오명호, 『현대정치학방법론』(서울: 박영사, 1995), pp.622-640 참조.

작용한다는 점을 강조한다. 즉 기표(signifier)와 기의(signified) 간에는 즉각적인 연결이 이루어지는 것이 아니라 '차이'의 무한한 시간적 과정을 수반하게 됨으로써 기호의 의미는 부단히 연기된다고 보고 있다. 이를 위하여 '디페랑스'(differance)라는 새로운 용어를 제시하고 있는데 공간을 지칭하는 '차이'와 함께 '연기'(deferrment)라는 시간적 요소가 첨가되면서 의미구성에는 불확실성과 개연성이 개입된다. 언어는 무질서하고 불안정하며 맥락에 따라 서로 다른 의미를 가질 수 있다는 것이며 언어체제는 구조주의의 주장처럼 인간을 제약하는 힘을 갖지 못한다. 한편 Derrida는 전통적인 서구의 사회사상에서 진리나 정당성, 아름다움 등을 나타내는 보편적 체제를 추구하는 이른바 '로고스 중심주의'(logocentrism)를 철저히 배격한다.[7] 그는 이것이 Plato 이래로 '쓰기'를 역사적으로 억압하여 왔으며 철학뿐만 아니라 인문과학의 영역도 폐쇄시켜 왔음을 지적한다. 이 로고스 중심주의는 해체되어야 하며 숨은 차이들을 찾아내기 위하여 '통합된 것'들을 단호히 분해되어야 한다. 심지어 그는 이 세계를 하나의 중심 없는 연극으로 비유하고 자유로운 유희와 차이가 이루어지는 이 무대는 무한히 개방되고 진행되며 자기 성찰적일 가능성을 내다보고 있다. 어떤 궁극적인 해답이나 '로고스'를 추구할 것이 아니라 유희와 차이로서 부단히 쓰고 행동해야 한다는 것이다.[8]

Michel Foucault도 서구의 계몽사조에 기초한 거창한 사회이론에 대한 비판의 대열에 동참한다. 과학적 지식임을 자부하는 이러한 일반이론

7 로고스 중심주의란 이 세상 최초의, 그리고 궁극적인 것을 로고스(logos), 신의 말, 신의 마음, 신에 대한 무한한 이해, 무한히 창조적인 주체성, 그리고 완전한 자아의식의 존재일 뿐이라는 믿음을 뜻한다. 특히 이러한 근원적이며 목적론적인 존재의 근거로서 음성, 즉 소리를 꼽고 있다는 점에서 '음성중심주의'(phonocentrism)라는 표현을 쓰기도 한다. Gayatri Chakravorty Spivak, 'Translator's Preface,' in Jacque Derrida, *Of Grammatology,* translated by Gayatri Chakravorty Spivak(Baltimore : The Johns Hopkins Univ. Press, 1976), p.lxviii.

8 George Ritzer, *op, cit.*, pp.591-593.

들은 사회의 본질적인 구조와 역학을 찾아냄으로써 사회변화의 정치적 의제(agenda)를 처방할 수 있다고 믿는다. 마르크스주의만 하더라도 계몽사조의 전통을 이어받고 있으며 역사와 사회에 관한 법칙들을 밝힌다는 전제하에 경제가 변화의 주요 무대이고 계급투쟁은 그 일차적인 드라마이며 변화의 주체로서 노동자계급에 의한 공산주의 휴머니즘을 제시한다. 그러나 Foucault는 이러한 '전체화 이론'(totalizing theories)들이 특정한 사회 역학과 정치적 의제를 임의적으로 우선시하고 이외의 것은 배제하고 주변화하고 있음을 지적한다. 마르크스주의자들은 정치경제와 계급이야말로 모든 사회 조직의 원칙임을 내세워 젠더(gender), 성별, 인종, 민족주의 등과 관련되는 갈등은 부차적인 것으로 취급해버린다. 결국 이러한 일반이론들은 역사와 사회에 존재하는 법칙을 찾아내어 그 기초 위에 정치와 윤리를 정립한다는 명분 아래 기만과 억압적인 폐쇄감각을 만들어낸다고 본다.[9]

Foucault는 지식의 역사에는 언제나 권력이 개입되어 있음을 강조한다. 인간과 사회에 관한 의미와 실천을 좌우하는 모든 담론(discourse)은 권력이 개입되기 마련이어서 시대마다 지배적인 담론들은 그 자연스러운 모습과는 달리 특정한 사회적 이해과 권력 관계를 은폐하기 마련이다. 그의 이른바 '계보학'(系譜學, geneology)은 이러한 지배적 담론의 '정상화 역할'(normalizing role)을 파헤쳐 그로 인해 제외되고 억압되어온 집단이나 공동체의 존재와 이들을 위한 담론에 새로운 관심을 돌릴 수 있다고 믿는다. 그는 일반이론에 의해 가려지고 냉대 받아온 억압된 집단들의 담론들을 '억눌린 지식'(subjugated knowledges)으로 부르고 이러한 지식들의 반란

---

9 Steven Seidman, *Contested Knowledge : Social Theory in the Postmodern Era, Second Edition* (Malden, MA : Blackwell Publishers, 1998), pp.233-234.

을 촉구한다. 바로 계보학은 지금까지 참된 지식 또는 과학이라는 미명하에 그 대상들을 거르고 계층화하고 질서를 잡아온 통일된 이론체계를 거부하고 그 대신 한정적이며 불연속적이고 실격되었던 변칙적인 지식들에 지대한 관심을 돌릴 수 있게 만든다는 것이다. 이런 점에서 계보학은 반과학적임이 강조된다.[10]

이상에서 살펴본 바와 같이 Derrida의 '반로고스 중심주의', Foucault의 일반이론에 대한 비판과 그 대안으로서 '계보학'의 제시 등은 포스모더니즘의 철학적 담론의 구성에 결정적인 기여를 하였다고 볼 수 있다.[11]

② 포스트모더니즘의 인식론 : Jean-Francois Lyotard

포스트모더니즘의 철학을 대표하는 학자는 Lyotard이다. 그는 현대사회의 '탈근대의 조건' 하에서는 지식이란 과학에 국한되지 않는 보다 폭넓은 설화적 지식이 될 것을 역설한다.

우선 그에게 있어서 '근대'라는 용어는 어떤 '웅대한 설화'에 호소함으로써 정당성을 확보하는 과학을 지칭한다. 여기서 웅대한 설화로 이루어지는 과학적 지식이란 사회를 하나의 통일된 총체나 유기적 전체로 보고 그러한 체제의 능률이나 수행력에 초점을 두는 접근방법이다. 체제의 자기규제를 전제하는 T. Parsons의 기능주의를 비롯하여 근래의 커뮤니케이션 이론, 사이버네틱스 등이 대표적인 것으로 예시된다. 또한 계급투쟁과 변증법의 원칙에 입각하여 체제의 재구성이 가능하다고 보는 '전

10 Michel Foucault, 'Two Lectures,' in *Power/Knowledge : Selected Interviews & Other Writings, 1972-1977* (New York : Pantheon Books, 1980), pp.81-83.

11 후기구조주의학자들에 의한 이러한 영향력으로 인하여 학계에서는 후기구조주의와 포스트모더니즘을 거의 동일시하는 견해도 있다. 이 논의와 관련된 부분은 Barry Smart, 'Modernity and Postmodernity : Part I,' in Austin Narrington, *Modern Social Theory* (Oxford : Oxford Univ. Press, 2005), pp.253-254 참조.

체화 모형'(全體化 模型, totalizing model)으로서의 마르크스주의나 비판이론도 이러한 범주 속에 들어간다.[12]

과학적 지식은 주로 현상의 서술에 있어서 대상물을 지시하는 이른바 '외연적 언명'(外延的 言明, denotative utterances)들로 이루어지게 마련인데, 무엇보다도 체제의 효율성이나 수행성에 초점을 두기 때문에 체제의 필요가 우선함으로써 개인의 열망은 도외시된다는 위험을 안게 된다. 즉 체제의 효율이나 필요가 앞서게 되면 개인은 그에 무조건 적응해야 한다는 논리가 지배적이기 때문에, Lyotard는 이러한 과학적 지식이 개인의 참여능력을 위협하고 정책결정자의 방만을 부추기는 '공포의 행사'(exercise of terror)로 귀결될 수 있음을 우려한다.[13] 따라서 그는 이러한 과학을 앞세우는 근대의 웅대한 '메타설화에 대한 회의'(incredulity toward metanarratives)를 '포스트모던'으로 정의한다.[14]

한편 Loytard는 자본주의와 테크놀로지의 발달이 지식의 습득, 분류, 가용성, 이용 등에 미치는 심대한 결과에 각별한 비중을 둔다. 지식은 체제의 효율성과 수행성에만 우선을 두고 그 적용에만 치중하게 되면서 '지식의 중상주의화'(mercantilization of knowledge)를 촉진시키게 된다. 전문직 종사자, 국가, 고등교육 기관들에서 통용되는 대화에는 지식이 참된 것이냐 또는 그 용도는 무엇이냐가 아니라 그것이 '팔릴 것이냐' 혹은 '효율적이냐'의 문제로 압축된다. 조사연구비는 권력 증대의 논리에 따라 국가와 회사, 그리고 국유기업 등에 의해 배정되기 마련이며 체제의 수행성을 극대화할 수 없는 연구 분야들은 자본의 흐름에 따라 폐기되거

12 Jean-Francois Lyotard, *The Postmodern Condition : A Report on Knowledge,* translated by Geof Bennington & Brian Massumi (Minneapolis : Univ. of Minnesota Press, 1985), pp.11-13.

13 *Ibid.*, pp.63-64.

14 *Ibid.*, p.xxiv

나 노쇠의 운명을 맞는다.[15] 자본주의의 발달로 빚어지는 과학적 탐구의 내부적 규범과 기술 권위기관들에 의한 수행성 기준간에는 서로 상반되는 관계가 불가피하게 된다. 과학은 그 기본정신에 있어서 극히 비판적이고 자성적이며 반문화적인 개방체제임에도 불구하고 효율과 수행성을 강조하는 '테크노크라시'(technocracy)의 규범과는 융화되기 힘들게 되기 마련이다. 사람들은 체제가 잘 수행되기 위하여 필요로 하는 바를 원하도록 설득되기 마련이며 이를 거절할 경우 불이익을 받거나 연구비의 혜택을 받을 수 없게 된다. 따라서 지식의 탈근대적인 조건 하에서는 풍부한 상상력에 기초한 지식의 발전이 언제나 기대되는 것이지만 그와는 대조적인 지식의 체제수행성 및 효율성간에는 언제나 긴장이 지속되기 마련인 것으로 진단된다.[16]

그러면 근대의 과학적 지식을 지양할 수 있는 '탈근대의 조건' 하에서의 바람직한 지식의 형태는 무엇인가? 이제 지식은 과학적 지식을 훨씬 뛰어넘는 폭넓은 지식의 개념이 제시된다. 본래 인간의 지식은 과학이 초점을 두는 '외연적 언명'뿐만 아니라 명령이나 처방과 같은 '규정적 언명'(prescriptive utterances), 사물을 심미적으로 보는 '평가적 언명'(evaluative utterances)도 함께 포함하는 광의의 내용이라는 것이다. 지식은 '노하우', '생활하는 방법', '듣는 방법' 등에 관련되는 모든 언명들을 포함하게 되며, 효율성의 기준뿐만 아니라 정의나 행복(윤리적 지혜), 음향이나 색채의 아름다움(청각적 · 시각적 감각) 등 인간의 모든 능력과 관련되는 내용들을 함축한다고 볼 수 있다.[17] 그리고 이러한 외연적 · 규정적 · 평가적 언명들로 이루어지는 지식을 그는 '설화' 또는 '설화적 지식'(narrative knowledge)

---

15 *Ibid.,* pp.46-47, pp.50-51.

16 *Ibid.,* pp.62-64.

17 *Ibid.,* p.18.

으로 부르고 있다. 또한 그는 이렇게 설화로 구성되는 인간의 언어적 세계는 Wittgenstein의 '언어게임'을 이룬다고 보고 있다. 즉 언어게임에서는 장기(chess) 놀음에서처럼 모든 말(pieces)의 성질과 용도를 결정하는 규칙이 있듯이 다양한 형태의 언명들의 특성(의미)과 용도를 결정하는 규칙이 있게 마련이다. 또한 지식이 언어게임으로 파악되는 이상, 다양한 언어게임 상호간에 존재하는 공통된 규칙이나 합의 또한 있을 수 없게 된다. 즉 근대 과학이 상정하는 바 모든 사례에 공통되는 본질적이며, 일반적이고, 획일적인 특성이란 있을 수 없으며, 다양한 언어게임은 각기의 규칙과 타당성의 근거를 가지면서 독특한 의미의 세계를 이룬다. 모든 언어게임에 공통되는 규칙으로서 '메타규정'(metaprescriptives)이란 존재하지 않으며 외연적・규정적・수행적・기술적・평가적인 다양한 언명들의 이형적인 형태가 존재한다고 보고 있다.[18]

결국 Loytard는 탈근대의 조건 하에서 지식의 바람직한 형태는 다양한 언어게임에 존재하는 규칙의 이질성을 인정하고, 또한 그러한 규칙에 대한 의의에 입각한 '유론'(謬論, paralogy)의 필요성을 강조한다. 특히 근대 과학이 다양한 언어게임에 공통되는 것으로 설정해온 '메타규정'(예 : Habermas의 보편적인 합의의 개념)들의 허구성을 밝혀내고, 이형적인 언어게임의 규칙에 관한 한, 그것이 국부적이며 한정적이고 언제든지 변경될 수 있다는 새로운 인식과 방향전환을 권고한다.[19]

(2) 포스트모더니즘 : 경제적 분석

현대사회의 경제구조 변화가 문화적인 측면에 미치는 다양한 결과들

[18] *Ibid.*, p.62.
[19] *Ibid.,* pp.64-65.

을 검토해보는 것도 포스트모더니즘의 주요 연구 분야가 될 수 있다. 즉 자본주의의 획기적인 변화로 이루어지는 문화면의 새로운 특성을 '근대적'인 것으로부터 '포스트모던'한 것으로 파악하는 방법이다. 경제적 측면으로부터 포스모더니즘을 연구하는 것이 된다.

① Fredric Jameson

마르크스주의자로서의 Jameson은 후기 단계에 접어든 자본주의가 포스트모더니즘이란 새로운 문화적 논리를 산란해낸다는 주장을 펴서 주목을 끈다. 자본주의는 ① 시장자본주의(국민적 통일 시장형성), ② 제국주의(세계적 자본주의 네트워크), ③ 후기자본주의의 세 단계를 거쳐 발전하게 된다.[20] 그리고 후기자본주의는 다국적기업의 성격을 띠며 상품화의 범위가 매우 증대된 단계이다. 주로 핵 동력과 전자기계가 주축을 이루는 이 단계에 들어서게 되면 상징적 재생산의 기계들(카메라, 컴퓨터, 비디오, 영화, 테이프 레코더, 팩스 등)이 인간의 생산과 그 상징적 표현 사이의 직접적 연결을 제거해버림으로써 인간의 실천과 관련되는 본질을 바꾸어버린다는 것이다.

따라서 후기자본주의 하에서 나타나는 포스트모더니즘은 다음과 같은 특징을 가지게 된다. 첫째로 탈근대의 사회는 표면성과 깊이의 결여로 특징지어진다. 그 문화적 산물들은 표면상의 이미지에 사로잡혀 있으며 저변의 깊은 의미에는 접근하지 못한다. 예를 들면 그림에 있어서는 원본인지 복사인지 구별이 되지 않는 '모조상'으로 나타나며 그것은 극히 표면적이고 깊이가 결여되어 있다.[21] 둘째로 감정과 정서의 퇴조가

20 Fredric Jameson, 'Postmodernism, or the Cultural Logic of Late Capitalism,' *New Left Review, 146* (1984), p.78.

21 *Ibid.*, p.66.

지적된다. 탈근대의 상황에서는 소외가 분절로 대치됨으로써 사람들의 정서는 자유롭게 헤엄치고 비인격적인 특성을 띠게 된다는 것이다. 심지어 끔직한 자동차 사고조차도 환각적인 장관으로 어렴풋이 나타날 수 있다.[22] 셋째로 역사성의 상실이 있을 수 있다. 사람들이 접근할 수 있는 것은 과거에 관한 텍스트뿐이고 어떤 주제에 관한 또 다른 텍스트를 만들어내는 일뿐이다. 역사성의 상실은 과거에 대한 모든 형태의 무작위적인 폐품조립으로 이어지며, 과거에 대한 서로 모순되기도 하고 혼돈스러운 아이디어의 뒤범벅으로 혼성작품의 창작으로 만족을 느끼게 된다.[23] 넷째로 전자매체와 같은 재생산기술의 발달(예 : 텔레비전, 컴퓨터 등)로 사물의 표면적이고 단조로운 이미지를 만들어내는 내파성 기술이 만연되고 그에 따른 여러 가지 문화적 산물이 출현하게 된다.[24]

결국 Jameson이 그리는 포스트모더니티의 이미지는 사람들이 그들을 둘러싸고 있는 다국적 기업의 자본주의 체제와 그들의 생활 속을 파고들면서 폭발적으로 증가하는 문화의 실체를 정확히 파악하지 못한 채 끝없이 표류하고 있는 상황이 된다. 이상적인 정치의 후퇴는 물론, 보다 나은 사회생활에 대한 공공의식의 상실 등으로 비판의 가능성 자체가 불투명하게 되는 사태가 시사된다.

② David Harvey

D. Harvey도 경제의 변화로부터 포스트모던한 조건을 도출하고 있다. 즉 자본주의는 본질적으로 자본의 과잉저축의 경향을 지니고 있는데 이 경향에 대처하기 위하여 '시간 · 공간 전위'(time-space displacement)의 방안을

22 *Ibid.,* p.64, p.76
23 *Ibid.,* pp.65-66.
24 *Ibid.,* p.79.

모색하게 된다는 것이다. 그렇게 되면 탈근대의 조건이 형성되면서 순간성이나 단명성과 같은 여러 가지 포스트모던한 사회적 및 문화적 특성이 만들어진다고 본다.

우선 자본의 과잉축적 경향을 흡수하기 위한 방법에는 두 가지가 있다. 첫째로는 시간적 전위인데 현재의 필요를 충족할 수 있는 자원을 미래의 용도에 돌리는 방법이다. 현재의 잉여자본이나 노동을 미래의 공장 건설이나 인프라에 대한 장기적 또는 개인적 투자에 전용하는 방법이다. 또 한 가지는 공간적 전위인데 잉여자본이나 노동을 지리적 팽창으로 흡수하는 방법이다. 자본주의가 무역이나 직접투자로서 다른 지역으로 뻗어나가는 경우가 된다. 국가의 금융, 통화상의 지원은 물론 경우에 따라서는 군사력의 지원을 통한 후진지역에 대한 과감한 자본의 진출이 이 경우가 된다. 이러한 자본의 '시간 · 공간 전위'는 자본의 과잉축적 문제를 해결하는 강력한 수단이 될 수 있다. 선진국이 후진국에 돈을 빌려주어 장기적인 인프라 건설을 도모한다든가 또는 장기적으로 많은 세월에 걸쳐 생산을 가능케 하는 기계나 공장건설에 투자하는 것이 그 적절한 예가 될 수 있다.[25] 그리고 이러한 '시간 · 공간적 전위'는 대체로 ① 통신 및 수송수단 테크놀로지의 선진화, ② 분배과정의 합리화 증대, ③ 돈의 순환을 가속화시키는 세계적 수준의 금융시장, ④ 어떤 특정지역에 자본 집중의 감소현상 등으로 가능해진다.

시간 · 공간의 전위현상이 매우 빠르게 진행되면 사람들에게 '시간 · 공간 압축'(time-space compression)의 감각을 불러일으키게 되는데 이로 인해 정치 · 경제적 실천면이나 사회 · 문화면에서 '방향감각의 상실'과 같은

---

[25] David Harvey, *The Condition of Postmodernity : An Inquiry into the Origins of Cultural Change* (Oxford : Basil Blackwell, 1989), pp.182-184.

분열적 결과를 가져오게 된다. 경제의 모든 분야에서 생산 속도 증가와 자본 회전시간의 가속으로 탈근대의 사고와 감각, 그리고 행동이 나타나게 된다는 것이다. 각종 유행과 산품(産品), 생산 기술, 노동과정, 아이디어와 이데올로기, 가치와 기존의 실천 등에 있어서 '순간성'과 '단명성'이 두드러지게 된다. 그리고 사람들의 취미와 의견을 조작할 수 있는 기호체제와 심상의 구성을 위한 광고와 각종 매체들의 역할이 증대된다. 이미지 구축을 위한 치열한 경쟁이 예술 및 전시회, 텔레비전 생산, 신축건물, 직접 마케팅 등에 과감한 투자로 구체화된다.[26]

그러나 '시간 · 공간 압축' 현상이 가져오는 가장 두드러지는 결과는 문화와 관련되는 심미적 반응이다. 즉 자본의 과잉축적에서 오는 '시간-공간 전위' 방법에서 오는 '시간 · 공간 압축' 현상에 대한 문제해결에는 심미적 · 문화적 대응이 가장 편리한 대안이 될 수 있기 때문이다. 우선 과학적 지식과 도덕적 판단 사이의 결합 가능성에 관한 신뢰는 붕괴되어버린다. 그리고 광고나 각종 매체들을 통한 '이미지 구축'이 우선시되면서 심미적 운동이 전개되어 이것이 사회적 및 지적 관심면에서 윤리를 제압하게 된다. 이제는 이미지가 설화를 압도하고 단명성과 분절화가 항구적인 진리와 통합적인 정치에 우선하며, 사회현상에 대한 설명에 있어서는 물질적, 정치 · 경제적 영역보다는 자율적인 문화적 · 정치적 실천의 영역으로 무게가 실리게 된다는 것이다.[27]

(3) 포스트모더니즘 : 문화적 전환

현대사회의 변환을 다루는데 있어서 포스트모더니즘이 가장 역점을

---

26 *Ibid.,* pp.284-289.

27 *Ibid.,* pp.327-328.

두는 것은 문화의 심대한 영향력이라고 볼 수 있다. 이제 문화는 독립적인 영향력을 가지고 인간의 생활 전반에 대한 의미구성과 행동의 방향을 크게 좌우한다고 전제한다. 물론 자본주의의 구조적 변화에 따른 문화의 새로운 위상을 심도 있게 다룬 F. Jameson이나 D. Harvey의 연구에서도 심미적 반응에 따른 문화적 분절화 현상이 적절히 다루어지고 있음을 이미 살펴보았다. 그러나 문화의 각별한 독립적 작용력을 강조하는 입장에서는 문화 현상 중에서도 정보 통신기술의 비약적 발전에 따른 대중매체와 광고의 효과에 초점을 두면서 현대사회의 심대한 변화를 크게 부각시키고자 하는 시도가 있다. 그러한 시도를 대표하는 J. Baudrillard와 J. Bauman의 견해를 정리해볼 수 있다.

① Jean Baudrillard

Baudrillard는 현대사회가 소비사회로 변하고 있다고 진단한다. 그는 우선 노동이나, 생산, 정치경제학 등에 집착하던 마르크스주의를 비판하면서 현대사회가 미디어, 사이버네틱 모형과 조타 체제, 컴퓨터, 정보처리, 오락과 지식산업 등의 새로운 테크놀로지가 사회의 조직 원칙으로 정착되어가고 있음을 강조한다. 즉 Marx가 전제하던 생산양식의 사회로부터 기호와 코드가 지배하는 문화적 질서의 도래를 설파하고 있다.[28]

산업사회에 있어서는 개인들이 가구라든가 가전제품, 기기, 유행 장식품과 같은 상품 형태의 대상물의 사용에만 집착하는 것이 아니라 이제는 기호를 소비하는데 각별한 관심을 갖기 시작한다. 즉 유행의 기호를 비롯하여 디자인 상표의 차이 등에 각별한 정력을 소모한다. 물건이

[28] Douglas Kellner, *Jean Baudrillard : From Marxism to Postmodernism and Beyond* (Cambridge : Polity Press, 1989), pp.61-62.

갖는 물질적 내용이 아니라 그 이미지, 기호, 또는 상징성이 소비의 목적을 이루며 물건의 '브랜드'라든가 다른 '유행 라벨'(fashion label)과의 차이에만 관심을 기울이게 된다는 것이다. 이제 현대사회는 사람들을 노동력의 소유자로 길러내는 것이 아니라 소비권력으로 사회화시켜나가게 되고 사람들에게는 소비가 전략적 요소가 되며 그들은 소비자로서 동원되게 마련이라고 본다.[29]

한편 Marx의 정치경제학으로부터의 문화적 전환은 현대사회의 기호구조, 복합적인 상징적 질서, 다양한 통신과 정보의 네트워크 등에 분석의 초점을 모으게 한다. 그는 현대사회를 기호로 이루어지는 시뮬레이션의 세계로 파악한다. 시뮬레이션의 중심이 되는 것은 '영상'이라는 개념으로서 이것은 대상물이나 사건의 표현 또는 묘사를 뜻하게 되는데 전자통신 기술의 발달로 이루어지는 '영상'의 폭발적인 증대는 기호와 현실의 차이를 모호하게 만들어버린다고 주장한다. 이제는 미디어(특히 텔레비전)로 이루어지는 시뮬레이션으로 말미암아 현실적인 것과 가상적인 것, 참된 것과 거짓의 차이는 애매해지고 만다. 현실적인 것 대신 현실의 기호들만 범람하게 된다는 것이다. 결국 시뮬레이션의 세계는 '실재'에 근거를 두지 않고 오직 기호 스스로에 준거를 두는 영상이나 모형으로 이루어지며 현실적인 것을 오히려 흡수해버리는 '초월적 현실'의 세계를 만들어낸다고 본다. 여기서 초월적 현실이란 '비현실적인 것'을 말하는 것이 아니라 실재하는 것보다도 더 현실적이라는 뜻을 지닌다.[30]

시뮬레이션과 초월적 현실이 지배하는 사회는 극히 수동적인 대중을 만들어내기 마련이다. 대중은 우주의 '블랙홀'처럼 모든 의미, 정보, 통

---

29 Jean Baudrillard, *The Mirror of Production* (St. Louis : Telos Press, 1973), p.82, pp.140-144.

30 Jean Baudrillard, *Simulations* (New York: Seiotexte, 1981), pp.2-4; D. Kellner, *op. cit.*, pp.82-83.

신, 메시지 등을 빨아들이지만 그 모든 것은 무의미하다. 그들은 무관심, 냉담, 타성에 젖은 '조용한 다수'로 전락되며 결국에는 허무주의와 무의미성에 빠지게 된다는 것이다.[31] 그리고 Baudrillard는 사회이론과 관련해서도 매우 과격한 견해를 피력하고 있는데, 그가 제시하고 있는 이른바 '치명적 이론'이란 현실에 도전하는 극단론으로서 매우 도전적인 성격을 띤다. 즉 이론의 가치는 이미 지나간 과거의 사건을 조명하는 것이 아니라 그 이론이 예시하는 사건의 충격파를 밝혀주는데 있다고 본다.[32] 인간의 해방이라든가 계급투쟁, 계몽사조 등의 보편적인 규범적 이상들에 끊임없는 의문을 제기하는데 역점을 두는 숙명적인 성격의 이론을 권장하는 대목이라고 볼 수 있다.

② Zygmunt Bauman

Z. Bauman에게 있어서 근대란 질서와 통합으로 이루어지는 기능적인 균형체제로 파악되며 가장 두드러지는 체제의 특성으로는 관료적 합리성이 지적된다. 근대적인 체제는 응집력을 가지고 있으며 균형 지향적이며 통합된 가치체계와 핵심적 권위가 형성되어 있고 구성요소들은 적절한 기능을 수행하고 재생산해나가는 하나의 조정되고 밀폐된 전체로서 파악된다.[33] 그는 이러한 근대적 사회체제가 나타내는 관료적 합리성의 대표적인 산물로서 유태인 대량학살을 자행한 나치의 홀로코스트(Holocaust)를 꼽고 있다. 어떤 목표를 달성하기 위한 가장 효율적이고 최적인 조직적 성취(organizational achievements)로서 관료적 합리성의 결과가 이

---

31 D. Kellner, *op. cit.,* pp.85-86, p.118.

32 Jean Baudrillard, *Cool Memories* (London : Verso Books, 1987), p.215; D. Kellner, *op. cit.*, pp.187-188.

33 Zigmunt Bauman, *Intimations of Postmodernity* (London : Routledge, 1992), p.189.

끔직한 역사적 만행이었다는 것이다. 그 만행은 진정한 합리적 고려에서 시작되었으며 그러한 목적과 형식에 충실한 관료들에 의해 진행되었다고 보는 것이다.[34]

'포스트모더니티'는 근대의 성년으로 정의된다. 성년이 되면서 스스로를 다시 보게 되는 성찰과 자아비판의 계기가 조성되듯이 근대도 스스로를 밖에서 거리를 두고 바라보면서 그 득실을 따져보고 정신 분석을 해보고 지금까지 밝혀지지 않았던 의도들을 찾아내어 서로의 상쇄와 비조화의 측면을 찾아낸다는 것이다.[35] 즉 근대가 자기의 진정한 모습을 의식하는 움직임이 된다. 자아 비판적이고 자아 비하적이며 자아 해체적인 형태를 띠면서 가장 가시적인 특성으로서는 제도화된 다원주의, 다양성, 개연성, 반대감정의 병존 등이 지적된다.[36] 과거와의 단호한 단절을 전제하는 탈근대의 조건 하에서는 이제 근대적인 거대설화는 설득력을 잃게 되고 특히 지금까지의 대인관계를 규제하던 법률적 · 합리적 권위의 유대는 약화된다. 사회적 구성에서는 '토대'(foundation)의 의미가 상실되고 심리적 안정을 보장하는 공유된 문화도 존재하지 않으며 사회적 현실을 설명할 수 있는 거창한 이론도 전혀 도움이 되지 않는다. 탈근대의 조건 하에서 자아는 그들을 인도할 논리도 합리성도 도덕성도 없이 고립되어 나간다는 것이다. 확실성이 결여된 세계가 바로 탈근대의 조건이라고 주장된다.[37]

2000년을 고비로 Bauman은 포스트모더니티를 '유동적인 근대'(liquid modernity)로 새롭게 개념화한다.[38] 근대의 견고하고 육중한 사회구조들이

34 Zigmunt Bauman, *Modernity and the Holocaust* (Cambridge : Polity, 1989), pp.10-17.
35 Z. Bauman, *Modernity and Ambivalence* (Cambridge : Polity, 1991), p.272.
36 Z. Bauman, Intimations, *op. cit.*, p.182.
37 Shaun Best, *Social Theory* (London : Sage Publications, 2005), p.237.
38 Z. Bauman, *Liquid Modernity* (Cambridge : Polity, 2000).

유대면에서 느슨해지고 약화된다는 뜻이 된다. 인간관계의 유대가 자칫 부서지기 쉽고 깨어지기 쉬운 유동체에 비유된다. 단단히 고정된 사회적 분업, 사회적 경력의 궤도, 계급적 차별, 권력적 계층, 평생 결혼 등으로 이루어지는 근대의 견고한 세계에서 살아남는 유일한 사회적 기능이란 오직 그 불변의 사회적 형상을 터득하고 그에 적응하는 길뿐이었다. 적응, 조정, 관습화가 지배적인 용어로 통용되고 동조심리와 일상적인 행위가 사회의 지배적인 통념으로 자리를 굳힌다. 그러나 이제 포스트모던한 유동적인 상황 하에서는 신축성만이 유일한 합리적 선택이며 기능이나, 관습, 그리고 학습 등은 종전과 같은 위력을 보일 수가 없게 된다. 유동적 근대의 사회성은 인간관계의 과정화를 강조하게 되는데, 이제는 유형보다는 유형화를, 구조보다는 구조화를 지칭하게 되며, 무언가가 부단히 이루어지며 미완의 상태로 있게 되고 또한 폐지할 수도 없게 만드는 과정이 된다. 이 과정에서 사회성은 관계를 만들기도 하지만 동시에 해체할 수도 있게 하는 양면성을 지니는 것으로 이해된다.[39]

그러면 21세기에 들어서는 유동적 사회의 가장 중요한 당면 문제는 무엇인가? 첫째 세계화로 인한 구조적인 문제가 있다. 근대적인 경영지배는 어떤 장소를 근거로 경영자와 비경영자간의 지배관계로 정착되는 포드주의(Fordism)였으나 이제 유동적 상황에서는 이것이 탈영토적인 사이버공간으로 옮겨가면서 새로운 모습으로 바뀌게 된다. 이제는 자본이 급속히 새로이 등장하는 사이버공간과 수시로 철수가 가능한 새로운 개척 지역으로 이주가 가능하게 되고 자본간의 유동적인 제휴가 이루어질 수 있으며 또한 그와 관련되는 구속적 규칙도 줄어들게 된다. 따라서 이

---

39 Z. Bauman, 'Liquid Sociality' in Nicholas Gane, *The Future of Social Theory* (London : Continuum, 2004), pp.19-23.

러한 새로운 기동성 기회(mobility chances)의 양극화로 말미암아 종래와 같은 경영적 지배의 방식(어떤 장소에서의 경영자와 피경영자의 상호 의존관계)은 필요 없게 되면서 자본은 언제든지 떠날 수 있다는 일방적인 철수나 또는 그 위협만으로도 지배의 관계를 구축할 수 있게 된다. 자본은 구식 경영보다는 적은 비용으로 이를 달성할 수 있고 종래의 취약점은 자산(assets)으로, 또한 경비지출은 이윤으로 전환시킬 수 있는 길이 열려 있다. 국제적인 자본의 이동은 더욱 자유스럽게 되고 동시에 사람의 이동과 관련되는 이민정책과 그 규제는 훨씬 강화되며 세계적인 치외법권적 지배 엘리트의 입지는 더욱 강화된다. 결국 세계적 규모의 새로운 양극화 현상이 심화될 수 있다.[40]

둘째 유동적 사회에는 '개성화'(individualization)에서 오는 문제가 있다.[41] 유동적 근대화는 종래의 경직된 계급관계나 자연적 차별화에서 오는 제도적 제약을 이완시키면서 사람들로 하여금 새로운 정체성을 획득하게 만든다. 흑인, 여성, 동성연애자 등의 다양한 정체성이 파급되면서 그것은 새로운 권리와 자유의 폭을 늘리는 긍정적인 측면도 있지만 동시에 부정적인 결과로 이어질 수도 있다. 예를 들면 오늘날과 같이 혼잡하게 붐비는 지구상에서는 어떤 집단의 정체성은 다른 집단과의 차이로 정해지기 마련인데 대부분의 경우 자기 집단의 정체성을 인정받으려고 다른 집단의 정체성은 자격이 없다든가 또는 인정할 수 없다는 방향으로 하나의 '인정 싸움'(recognition wars)으로 번질 가능성이 많아진다. 이런 점에서 정체성이란 본질적으로 논쟁적인 개념이며 여러 면에서 갈등을 만들어낼 소지를 마련해준다. 이러한 갈등에서 유리한 고지를 점령하려면 당

40 *Ibid.*, pp.23-26.

41 Z. Bauman, *The Individualized Society* (Cambridge : Polity, 2001).

사자들은 풍부한 자원을 가져야 하고 또한 매체를 통한 PR이 결정적인 역할을 하게 된다. 극히 일부의 집단이나 결사들에게만 매체에 대한 통제가 가능한 만큼 여기에서 제외되는 집단은 말썽을 부릴 수 있는 힘을 통해서만 자기의 정체성을 인정받을 수 있게 된다. 산업근로자들의 소란스러운 투쟁이나 최근에는 국제적인 테러리즘이 관심을 모으는 것도 이러한 사정에 기인한다고 볼 수 있다. 결국 어떤 정체성을 선택하고 유지할 수 있는 자유는 다른 모든 자유처럼 사회관계가 된다. 어떤 사람들의 자유는 다른 사람들의 '비자유'가 될 수 있으며 종종 하나의 특권으로 누려질 수 있다. 포스트모던 문학에서는 정체성 자유의 긍정적인 측면이 많이 부각되지만 오늘날 그러한 긍정적인 자유는 세계적 엘리트의 특권에 불과하며 지구상의 대다수 주민들은 접근 금지로 되어 있다. 뿐만 아니라 불확실한 상황 하에서의 자유는 나름대로의 문제점이 있다. 즉 자유의 구속에서 벗어나는 것은 좋은 일이나 전망이 뚜렷하지 않은 불확실성 하에서 생활한다는 것은 더욱 힘든 일이 된다. 자기의 결정과 행동이 함정이나 막다른 골목에 빠지지 않을까에 대한 불안감이 상존할 수 있기 때문이다. 이런 점에서 '자유'와 '안전'은 인간의 버젓한 생활을 위해 불가결한 것이기는 하지만 양자는 서로 융합되기 힘든 경우가 많다. 따라서 인간 정체성의 확대와 그로 인한 선택과 자유의 폭이 커지는 인간의 '개성화' 단계는 동시에 인간의 사회체제로부터의 이탈을 뜻할 수 있으며, 개인적 선택과 생활은 사회의 집단적 프로젝트나 행동으로부터 점차로 고립되어나가는 추세를 만들어낸다고 볼 수 있다.[42]

그러면 이러한 문제들에 대한 대응으로는 어떠한 것이 가능한가? Bauman은 문화의 영역에서 그 해답을 시사하고 있다. 근원적으로 유동

[42] Z. Bauman, 'Liquid Sociality,' *op. cit.*, pp.32-36.

적인 현대사회의 위험성과 모순은 사회적으로 만들어지기 때문에 개인의 자기포용(self-containment)과 자기충족(self-sufficiency)을 전제하는 '개성화'는 문제해결이 될 수 없다. 개성화는 새로운 형태의 소외와 불평등을 가져올 수밖에 없게 되어 있다. 신(神), 군주, 인민, 민족, 인종, 프롤레타리아와 같은 모든 '타자'가 사라져버리면서 자기만을 지칭하는 개인들은 해방되었다기보다는 오히려 버려졌다고 보는 것이 타당한 이야기가 된다. 이제 단순한 개인적 소비자로 전락된 시민들은 그들의 공공관심사를 논의해오던 시민광장(agora)을 무리로 떠나버리게 된다는 것이다. 이 시민광장을 새롭게 활성화하기 위해서 Bauman은 Pierre Bourdieux처럼 지식인들과 학자들의 적극적인 사회참여를 제의한다. 이들은 유동적 사회가 안고 있는 문제의 근원과 그 치유 및 개혁을 연결해주는 '해석'의 중요한 역할을 담당하고 있기 때문이다. 즉 이들이야말로 문제의 '지각'과 '효과적인 행동'을 연결시켜 주는 해석의 기능을 담당할 수 있다는 것이다. 또한 Bauman은 이들이 인류의 미래가 달려있는 투쟁에 결코 중립적이거나 무관할 수 없음을 강조한다. 어차피 사회적 세계에 관한 비전은 그 유지나 수정을 둘러싼 투쟁을 전제하는 만큼 그러한 비전의 정당성을 놓고 예를 들면 사회학자의 경우 숙고와 행동은 불가피하게 결합될 수밖에 없다고 본다. 세계적 비전의 내용과 형상에 관한 투쟁을 다루게 되는 한 사회학자들은 그가 조사하는 현실에 끼어들지 않을 수 없고 그러한 연구의 질적 수준을 검토하게 되면서 이미 인간세계를 변환시킬 수 있기 때문이다. 정치적 투쟁에 참여한다는 것은 하나의 윤리적 요구이자 도덕적 행동이며 시민적 의무라는 점이 강조된다.[43]

[43] *Ibid.,* pp.40-44.

(4) 포스트모더니즘에 대한 비판

첫째로 포스트모더니즘은 과학적 지식에 대한 한계와 거부감을 전제하고 나선 만큼 과학의 기준에서 경험적 검증면의 진위를 논하기는 힘들게 된다. 외연적 언명(과학적 지식)뿐만 아니라 규정적 및 평가적 언명들을 포함하는 폭넓은 설화의 유용성을 주장하고 있으며 과학의 경험적 근거라는 기준은 구시대적 인식론이라는 것이 포스트모더니즘의 입장이다. 따라서 과학의 가치를 지상의 평가기준으로 삼는 근대적 입장에서는 포스트모더니즘이 내세우는 여러 주장들이 진실이냐의 여부를 가리기는 힘들다는 점을 지적한다. 심지어 경험적으로 반증할 수 없다는 점이 강조된다. 결국 포스트모더니스트들이 내놓는 사회이론들은 과학적 기준에서 벗어나기 때문에 일종의 이데올로기에 불과하다는 비판도 가능하다. 또한 진위를 가리기 힘들다고 보면 사회의 구성과 미래에 관한 뚜렷한 비전이 결여될 수밖에 없고 일종의 비관론에 빠질 위험도 있다고 비판한다.[44]

둘째로 포스트모더니즘은 문화의 중요성을 강조하는 나머지 권력이라든가 물질적인 사회구조의 영향력을 과소평가하는 경향이 있다. 사회를 해체가 가능한 텍스트(texts)로 본다든가 지나치게 표상이나 기호 및 상징적 이미지 등에 무게를 두는 분석적 경향이 두드러지는 것은 분명하다. Baudrillard의 시뮬레이션, 초월적 현실, 내파 등에 관한 주장들을 비롯하여 포스트모더니스트들이 일반적으로 역설하는 다원주의, 분절, 정체성, 순간성, 단명성, 개연성, 개성화 등의 다양한 개념적 구성들은 문화의 영역을 지나치게 부각시키면서 오히려 구조적 사회과정에 관한 적절한 설명에는 미흡할 수밖에 없다는 비판이 나온다.[45] 그리고 문화의

[44] George Ritzer, Sociological Theory, *op. cit.*, pp.617-618.

작용력이 높아지고 그것으로 인하여 개인들이 갖는 안정된 의미가 상실되고 개성화가 심화되어 가면서 이제는 사회적인 것이 희석되어버리는 심각한 상황이 전개된다고 주장하고 있지만 과연 그것이 지배적인 추세인가는 일방적으로 단언하기 힘들다. 왜냐하면 이러한 주장들이 주로 보기(examples)나 예해(例解, illustrations)로만 뒷받침되고 체계적인 방법으로 수집된 데이터에 근거하고 있지 않기 때문이다. 물론 이들은 이러한 과학적 방법을 받아들이지 않는 사정이 있는 것도 참고될 수는 있다.[46]

셋째로 일부 포스트모더니스트 학자들은 규범적인 정치적 참여를 위한 적절한 근거를 제시하지 못한다는 비판을 받는다. 경우에 따라서는 집단적 투쟁을 위한 합리적 기반에 관한 생각 자체가 18세기 유럽의 계몽사조에서 비롯되는 하나의 환상에 불과하다고 일축해버리는 경우가 많다. 최근의 페미니스트나 탈식민주의 이론가들은 포스트모더니즘이 비록 비판면에서는 좋은 시작을 보이고 있지만 인류해방을 위한 정치적 프로젝트면에서는 적절한 지도를 하지 못한다는 점을 비판한다.[47]

3. 근대의 재조명

어떠한 문화의 재구성과 운동에 있어서도 비판과 재조명이 따르듯이 포스트모더니즘도 그 예외가 될 수 없다. 최근의 사회이론에서는 포스트모더니즘에 대한 비판과 함께 근대의 성격을 재조명하려는 시도가 나타

45 Gerad Delanty, 'Modernity and Postmodernity : Part II,' in Austin Harrington, Modern Social Theory, *op. cit.*, p.274.

46 Jonathan H. Turner, The Structure of Sociological Theory, *op. cit.*, pp.246-247.

47 G. Delanty, *op. cit.*, pp.274-275.

난다. 즉 근대적 가치와 규범적 아이디어는 파탄되었고 근대의 종말이 왔다는 포스트모더니즘의 입장에 강한 제동을 걸고 오히려 포스트모더니즘이야말로 근대의 일부에 지나지 않으며 양자간의 급격한 파열에는 강한 거부감을 나타내는 움직임이 있다. 포스트모더니즘은 근대의 한 추세에 대한 반발에 불과하며 근대의 가치나 그 기본 프로젝트를 전체로서 부정하려는 운동이 아니라는 주장이 학계의 관심을 끌고 있다. Jurgen Habermas, Niklas Luhman, Alain Touraine, Ulrich Beck, Anthony Giddens 등의 학자들이 이러한 근대의 재조명에 참여하고 있다.

(1) Jurgen Habermas : **근대와 의사소통 합리성**

Habermas는 근대를 하나의 '미완의 프로젝트'로 보고 포스트모던한 세계의 가능성을 생각하기에 앞서 근대 세계에는 아직도 해야 할 일이 많다고 주장한다. 많은 지식인들이 근대가 지니는 인류해방의 잠재력에 냉소적이며 이성에 의한 좋은 사회를 건설하고자 하는 계몽사조의 신조에 회의감을 느끼지만 그는 근대를 지키려는 강한 의지를 표명하고 나선다.[48]

Habermas는 근대의 기본이 계몽사조에 나타나는 인간의 일상생활의 합리적 조직에 있다고 본다.[49] 그리고 이러한 합리적 조직은 인간의 의사소통 능력에 달려 있는데, 인간은 강요나 조작, 또는 위협이 없는 왜곡되지 않은 자유로운 상황 하에서의 의사소통을 통해서 협의적 논쟁(deliberative argumentation)이나 성찰(reflection)을 거치게 되면 그들의 의견차를

---

[48] Steven Seidman, 'Introduction,' in S. Seidman (ed.), *Jurgen Habermas on Society and Politics : A Reader* (Boston : Beacon Press, 1989), p.2.

[49] Jurgen Habermas, 'Modernity - An Incomplete Project,' in Thomas Docherty (ed.), *Postmodernism : R Reader* (New York : Harvester Wheatsheaf, 1993), p.103.

좁히고 합의에 도달할 수 있다고 믿는다. 따라서 근대란 다름 아닌 합리성(rationality)의 의사소통적 형태의 점진적 확대과정으로 파악된다. 사회가 전통적이며 관습적인 방법에서 탈피하여 여러 문제들을 해결할 수 있고, 사회적 규범이나 조직적 규칙, 정치적 실천, 법률체제 등의 구성에 있어서 반사적이고 보편적인 원칙이 소요되기에 이를 때에 근대사회가 등장하게 된다고 본다. 그리고 이 근대로의 이행은 실정법의 구성, 예술의 자율성, 인권의 우선, 종교의 세속화 등에 있어서 그 심의과정이 제도화됨으로써 가능해진다는 것이다.[50]

그런데 Habermas에 의하면 근대사회는 ① 생활세계(lifeworld)와 ② 체제(system)로 이루어진다. 생활세계는 말하는 사람과 듣는 사람이 만나는 초월적 장소로서 서로가 세계를 둘러싼 다양한 주장들을 펴고 서로가 비판하고 자기주장의 타당성을 확인하며 의견의 불일치를 조정하면서 합의에 도달하는 세계가 된다. 즉 의사소통을 통한 상호이해가 이루어지며 '의사소통 합리성'(communicative rationality)이 지배하는 사회통합이 가능하게 된다. 반면 '체제'는 '수단적 합리성'에 의해 지탱되며 가족, 사법(司法), 경제, 국가와 같은 다양한 구조들로 이루어진다. 체제는 합리화과정을 통하여 점진적인 분화와 복잡성의 증대로서 체제통합이 이루어진다. 그러나 생활세계와 체제는 점진적인 합리화를 거쳐 서로가 분화의 길로 들어서지만 점차로 체제의 힘이 매우 커져서 생활세계를 통제하게 되는 '식민지화'(colonization)가 이루어진다고 본다. 즉 분화로 이루어진 '복잡체제'는 생활세계의 능력을 분쇄해 버리는 체제 필수물을 만들어내면서 생활세계에 대한 폭력을 행사하게 되고 여러 가지 병리현상을 유발하게 된다는 것이다.[51]

---

50 G. Delanty, *op. cit.*, p.280.

수단적 합리성에 근거한 '체제'가 의사소통 합리성에 근거한 '생활세계'를 식민지화한다고 해서 근대의 종말이 오는 것은 아니라는 것이 Habermas의 일관된 입장이다. 보다 많은 평등, 자아실현, 환경보존, 평화운동 등 생활세계를 중심으로 전개되고 있는 현대의 사회운동은 체제의 공략에 대한 새로운 저항운동의 의미가 부여되고 있다. 인류의 미래는 생활세계에서 일어나는 저항 여하에 달려 있으며 체제와 생활세계가 서로 조화를 이루면서 그 내용을 풍부하게 할 수 있는 세계를 만드느냐의 여부에 달려있다고 보고 있다.[52]

1990년대에 들어서면서 Habermas는 협의민주주의의 필요성을 강조하게 된다. 협의 또는 담론이란 권력이나 금력(金力)이 아니라 규범을 통하여 사회적 영향력을 구축해나가는 방식이 된다. 권력은 국가에 의해 독점되면서 규칙과 관료적 형태로서 사회적 조정을 수행해나가고 돈에 의존하는 금력은 시장에서 제도화되는 교환매체로서 수많은 개인적 결정을 집약하는 기능을 수행한다. 그러나 국가는 사회적 통합의 규범적 자원을 통제 또는 파괴하고 권위주의나 독재에 흐를 가능성이 있으며, 시장이 지배하는 상황 하에서의 생활은 경제적 효용만이 지배하여 사회관계의 규범적 신뢰는 부식되어버린다. 반면 사랑이나, 우애, 윤리적 담론, 과학, 예술, 종교와 같은 사회의 규범적 자원들은 자유롭게 신장되면서 이야기, 토론, 설득 등의 '협의'의 힘을 만들어낼 수 있기 때문에 사회의 결속을 강화시키고 집단적 판단을 원활하게 할 수 있다는 것이다.[53]

협의적 정치의 개념은 공동의지가 형성되는 다양한 의사소통의 양태

51 George Ritzer, *op. cit.*, pp.543-546.

52 *Ibid.,* p.547.

53 Mark Warren, 'Deliberative Democracy,' in April Carter & Geoffrey Stokes (eds.), *Democratic Theory Today* (Cambridge : Polity, 2002), pp.176-178.

를 고려에 넣어야하며 시장의 논리가 아니라 공동선(共同善)과 상호이해를 위한 공적 의사소통의 구조로부터 정치적 의견과 의사형성이 결정된다는 점이 강조된다.[54] 따라서 협의민주주의의 기본 원칙으로서는 의사결정 과정이 모든 견해의 토론을 거쳐야 하며 모든 당사자들의 논의는 모두의 이해(利害)를 고려하는 방향에서 서로 비교될 것이 강조된다. 특히 공적인 협의는 문제를 세밀하게 해부하여 보다 나은 해결을 도출해낼 수 있는 장점이 있으며 이러한 인지적 측면이 협의민주주의의 핵심적인 원칙으로 주장된다. 근래에 와서 유럽을 중심으로 활성화되고 있는 이른바 '합의형 회의'(合意型 會議, consensus conference)는 협의민주주의의 하나의 실험단계로 볼 수 있는데, 이러한 회의는 일단의 시민들이 과학이나 기술적인 쟁점과 관련된 정보를 제공받은 다음 이 분야의 전문가들과 폭넓은 토의를 거쳐 문제해결을 도출해내는 방식이 된다.[55]

(2) **반사적 근대화**(reflexive modernization)

근대를 인간의 반사적인 능력 면에서 다루고자 하는 시도가 있다. 여기서 '반사성'(反射性, reflexivity)이란 스스로에게 무언가를 적용하는 것으로 예를 들면 사회과학의 방법론에서 어떤 조사연구 과정과 관련하여 조사자의 입장을 캐기 시작하는 경우가 된다. 즉 자기와의 대결을 지칭하며 비판적인 태도로 스스로에 대한 이해를 높이는 의미를 지닌다. 근대를 반사적인 과정으로 파악하는 Anthony Giddens와 Ulrich Beck의 견해들을 정리해보기로 한다.

---

54 Jurgen Habermas, *The Inclusion of the Other : Studies in Political Theory* (Cambridge, MA.: The MIT Press, 2001), pp.243-245.

55 Luigi Pellizzoni, 'The myth of the best argument : power, deliberation and reason,' *The British Journal of Sociology,* Vol. 52, No. 1 (March 2001), p.60.

① Anthony Giddens

A. Giddens는 근대를 17세기의 유럽에서 발생한 사회생활의 양태 또는 조직으로 보고 그것이 그 후로 전 세계로 영향력을 뻗어나간 것으로 파악한다. 따라서 그는 포스트모더니즘이 근대를 서구에서 발생한 독특한 문명의 형태에 불과하다는 입장을 비판하고 근대는 오히려 제도적 측면에서 볼 때 근원은 서구지만 무서운 파괴력을 가지고 범세계적인 확산과 보편화의 결과를 가져오고 있다고 본다.[56]

우선 그의 근대에 관한 성격규정은 다음과 같다. 첫째로 근대는 시간과 공간의 분리를 통하여 사회체제를 '인출'해내는 특성을 지닌다. 여기서 '인출'(disembedding)이란 사회관계를 어떤 한정적인 상호작용의 맥락으로부터 끄집어내어 그것을 시간·공간의 무한한 영역으로 재구성한다는 뜻을 지닌다. 즉 전통사회에서의 사회관계는 어떤 지역적으로 한정된 맥락 속에서 유지되고 있으나, 근대는 이 관계를 시공(時空)면에 무한히 확산시킨다는 의미가 된다. 주로 돈과 같은 상징적 징표나 인간의 물질적·사회적 환경을 조직화하는 전문적 지식체제가 이러한 사회관계의 '인출메커니즘'을 구성하게 된다. 예를 들면 돈은 시간과 공간 면에서 크게 떨어져 있는 사람들과도 거래를 맺게 해줄 수 있다. 그런데 근대를 제도면에서 볼 때에는 ① 자본주의(경쟁적 노동력과 제품시장의 맥락 하에서의 자본축적), ② 산업화(자연의 변환과 창출된 환경의 개발), ③ 감시 장치(정보와 사회적 감독의 통제), ④ 군사력(전쟁의 산업화에서 폭력적 수단의 통제)의 네 가지 특성을 지니는 것으로 파악된다. 따라서 근대의 이러한 네 가지 제도적 특성은 '인출메커니즘'을 통하여 시·공의 범세계적인 영역으로 확

56 Anthony Giddens, *The Consequences of Modernity* (Stanford : Stanford Univ. Press, 1990), pp.1-3, p.139.

산될 수 있다. 근대는 본질적으로 세계화(globalization)되고 보편화되는 특성을 가졌다고 보는 것이다. 그것은 인간의 사회관계를 어떤 한정된 맥락에서부터 끄집어내어 먼 지역으로까지 뻗어가게 만드는 하나의 확장과정이다.[57] 따라서 근대는 비록 서구에서 발생한 것이기는 하지만 서구에 국한된 독특한 것이라기보다는 시・공을 넘어서 뻗어나가는 범세계적이며 보편적인 현상으로 보아야 한다는 것이다. 포스트모더니즘이 근대를 서구적인 것으로 그 성격을 규정하고, 탈근대의 현상을 서구의 몰락이나 역사의 종말과 같은 것으로 받아들이는 것은 근대의 특성을 잘못 파악하고 있는 것임을 지적한다. 근대는 여러 문명 중의 하나라기보다는 '인출메커니즘'을 통하여 시간과 공간의 무한한 영역으로 뻗어나가는 과정임이 강조된다. 결국 서구세력의 퇴조는 서구가 지니는 근대적 제도의 무력화라기보다는 그러한 제도의 세계적인 확산과 보급의 결과로 비서구적인 세력의 힘이 상대적으로 부각되는 양상의 반영이라는 것이다.[58]

둘째로 포스트모더니즘은 지식의 성격과 관련하여 반토대의 인식론을 내세워 모든 지식이 잠정적이며 불확실한 기반 위에 서 있으며 실증주의의 '설명'보다는 '이해와 해석'의 무한한 가능성을 주장하고 있다. 그러나 Giddens는 근대의 특성 자체가 이미 지식의 불확실성을 전제하고 있음을 지적한다. 즉 근대적인 사회생활에 있어서는 '반사성'으로 말미암아 사회적 실천은 새롭게 들어오는 정보에 따라 부단히 검토되고 재구성되어 사회적 실천의 성격을 항상 바꾸어나가기 때문에 그에 대한 우리들의 지식은 확실한 것이 못된다고 보고 있다. K. Popper가 말한 것

---

57 *Ibid.*, pp.17-28, pp.55-64.

58 *Ibid.,* pp.50-52, pp.174-175.

처럼 모든 과학은 '움직이는 모래 위'에 놓여 있다고 볼 수도 있으며, 특히 사회과학의 지식은 사회적 실천과의 부단한 상호작용을 통하여 수정되고 보완되어 나간다고 본다. 따라서 사회생활에 관한 지식이 많으면 많을수록 우리들의 운명을 통제할 수 있다고 믿는 것은 잘못된 생각이며, 자연과학에 어느 정도 해당될 수 있는 논리라고 반박한다. 특히 사회과학의 지식은 ① 권력자의 당파적 이익에 차별적으로 이용될 수 있고, ② 가치의 개입이 불가피하며, ③ 지식은 사용자의 의도와는 무관한 '의도되지 않은 결과'를 가져오는 경우가 많으며, ④ 지식의 반사적 성격으로 말미암아 '체제 재생산'의 성격 자체를 바꾸어 놓는 '이중 해석학'이 강조된다. 이러한 네 가지 이유로 말미암아 사회과학적 지식은 항상 가변적이고 불확실한 성격을 띤다는 것이며, 이런 점에서 포스트모더니즘은 근대를 대신하는 것이라기보다는 근대의 사상적 성격을 보다 잘 이해하고 분명히 하는 하나의 자기 명료화이자 급진화의 단계라고 풀이한다.[59]

② Ulrich Beck

U. Beck은 근대사회가 ① 고전적 근대(산업사회)로부터 ② 새로운 근대(위험성 사회 : risk society)로 접어들고 있다고 주장한다. 즉 근대의 고전적 단계는 산업사회였으나 이것이 이제는 엄청난 위험성을 수반하는 '새로운 근대'의 단계로 접어든다고 보고 있다. 따라서 근대와는 단절되는 '탈근대'의 사회로 이행하고 있다는 포스트모더니즘의 입장을 비판하고 나선다.[60]

---

59 *Ibid.*, pp.47-54.

60 Ulrich Beck, *Risk Society : Towards a New Modernity* (London : Sage, 1992), p.10.

근대사회의 위험성은 무엇보다도 근대화과정에서 사람들에 의해 만들어진 것이며 특히 과학과 기술의 발달에서 연유되는 것이 많다. 그것은 극히 추상적인 성격을 지니게 되며 방사성, 온실 효과, 미생물 실체, 여러 오염물질 등처럼 즉각적으로 관찰할 수 없는 경우가 많다. 그리고 그 존재 형태와 영향력은 지구전반에 걸치는 규모가 대부분이다. 뿐만 아니라 사회·정치적으로 형성되는 위험성도 있을 수 있는데, 예를 들면 부(wealth)의 경우 정상에만 축적되면서 위험은 아래층에 상존하게 되는 계급적인 특성을 보일 수 있어 빈곤은 그만큼 사회의 갈등과 위험성을 만들어낼 수 있다. 마찬가지로 국제사회의 부의 분배로 말미암아 위험성은 언제나 가난한 나라로부터 발생하기 일쑤이다. 때로는 이러한 부의 불평등은 잘사는 나라에도 부정적으로 작용할 수 있는 '반작용'이 있을 수 있기 때문에 전반적으로 근대화를 추진하는 행위자들은 그들이 조성하고 이득을 보는 것이 자기에게 부정적으로 되돌아오는 '위험의 소용돌이'에 빠질 수 있게 된다.[61]

그러면 이러한 위험성에 대한 적절한 대응은 가능한가? 근대의 반사적인 능력이 이를 가능하게 만들 수 있다. 서구의 근대로서 이루어진 개성화로 사람들은 점차로 여러 계급과 같은 구조적 제약으로부터 벗어났고 스스로를 반사적으로 재구성할 뿐만 아니라 그들이 살고 있는 사회자체를 개조해나갈 수 있다. 새로이 형성되는 사회관계와 사회적 네트워크는 개인적으로 선택되는 것이며 이렇게 만들어지는 사회적 유대는 반사적인 성격을 띠면서 개인들에 의해 계속 유지되고 부단히 재생된다는 것이다.[62] 이제 위험에 직면하게 되는 개인들은 이러한 위험의 실체를

61 *Ibid.*, pp.35-37.
62 *Ibid.,* p.97.

반사적으로 관찰하고 해부하며 데이터를 수집하면서 스스로가 전문가로 나선다. 그리고 과학자들은 그들의 역사적인 명성에 부합하지 않게 여러모로 위험성 해결에 도움이 되지 못한 것이 지적된다.[63] 결국 Beck은 위험의 존재를 판단하고 그 검증은 어떻게 이루어져야 하며 위험의 보상은 어떻게 하고 누구를 신뢰할 것인가에 대한 폭넓은 대화의 필요성을 역설한다. 과학적 지식과 일반 시민들의 전문적 지식이 서로 만나서 공적인 논의를 거치는 담론적 광장의 형성을 권장하고 있는 셈이다. 특히 전통적인 정치의 영역이었던 정부의 역할은 축소될 수밖에 없는데 그 이유는 모든 위험이 대규모 회사라든가 과학 실험실 과 같은 이른바 '하위 정치'(sub politics)에서 비롯되기 때문이다. 즉 정치는 의회라든가 중앙정부가 아니라 사회 내의 다양한 하위집단이나 개인들의 영역으로 넘어가게 된다고 전망한다.[64] 이들은 중앙정부보다는 더욱 반사적이고 자아비판적이며 새로운 근대가 만들어내는 위험성에 보다 효과적으로 대처할 수 있다고 본다.

---

63 *Ibid.,* p.70.

64 *Ibid.*, p.223.

제2장 민주주의: 도전과 선택

20세기의 마지막 4반세기는 거대한 민주화의 물결이 세계사의 흐름을 바꾸어놓은 역사적인 시기로 기록된다. 1974년 남부 유럽(포르투갈, 스페인)에서부터 비롯된 민주화의 시동(始動)은 1980년대에는 남미와 아세아의 여러 나라들에 확산되었고 그 기세는 그 후 사하라 아프리카지역으로 뻗어나갔는가 하면 1980년대 말과 1990년대 초에는 동유럽과 소련에까지 파급되면서 공산권의 몰락을 가져오는 일대 변환을 가져왔다. 1974년 당시만 하더라도 150개국 중 민주주의는 41개국에 불과했으나 2003년 현재 193개국 중 121개국이 민주주의로 분류될 정도가 되었으며, 이제 민주주의는 공산주의를 비롯한 독재와 권위주의 체제를 배제하는 새로운 통치와 정부형태의 대안으로서 정착되어가는 모습을 보여 주고 있다. S. Huntington은 이 거대한 역사적 변환을 가리켜 민주화의 세계적인 '제3의 물결'로 표현하고 있으며, 학자에 따라서는 국가사회주의(國家社會主義)의 붕괴와 자유민주주의의 부활을 '역사의 종말'로 받아들이면서 인류의 벅찬 소망의 실현과 밝은 미래를 기대해보기도 한다.

민주화의 '제3의 물결'은 학계는 물론 나라마다의 정책 당국자들에게도 비상한 관심과 연구의 전기를 마련하게 된다. 민주화를 촉성하게 된 역사적 원인들을 규명해보고 또한 민주화 과정을 '이행'의 여러 단계로 설정하면서 그에 수반되는 사회-경제적 조건과 정치적 제도의 측면을 둘러싸고 다양한 연구들과 활발한 논의들을 가능하게 만들었다. 대체로 이제 민주주의는 지구상의 대다수 국가들이 채택하고 추구하는 보편적인 통치 모형으로 격상되고 이들 민주국가들의 주동으로 인류의 자유와 인권이 신장될 수 있으며 이를 위한 세계적 규모의 협력과 연합이 절실하다는 인식도 병행하게 된다. 이제 민주주의는 인류의 보편적인 가치이며 그 실현은 시급한 당면과제가 되어야 한다는 주장이 미국과 서구제국의 정책적 분위기를 좌우할 정도에 이르고 있다.

그러나 이러한 민주주의의 앞날에 대한 장미빛 전망에도 불구하고 학계는 민주화 추세를 둘러싼 지나친 낙관론을 경계하는 새로운 움직임이 가시화되고 있다. 무엇보다도 그동안 민주화 과정을 둘러싼 '이행 패러다임'을 둘러싼 비판과 재검토가 관심을 모으게 된다. 이 '이행'의 모형에 따르면 권위주의 체제가 일단 종식되면서 민주화가 시작되면 그 이후의 과정은 비교적 순탄하게 진행되어 민주주의가 자리 잡는 '강화'의 단계로 이어질 수 있다는 낙관론이었다. 그러나 비판론자들은 이 이행의 과정이 선거와 같은 극히 형식적인 구조는 만들어나갈 수 있어도 정치를 실제로 움직이는 구시대의 비형식적인 구조는 존속됨으로써 매우 자기중심적인 '배타주의'를 지속시켜 나갈 수 있음을 지적한다. 정실, 지역주의, 부패와 같은 고객 편의주의가 만연하고 국정의 능력적 한계가 드러나는 '무기력한 다원주의'가 횡행할 수 있다는 것이다.

민주주의에 대한 자성론은 선진민주주의국가에 대해서도 예외 없이 적용된다. 이른바 '선진 산업화 민주주의'는 가장 민주주의의 이상에 가까운 모범적인 민주적 제도와 문화를 갖추고 있다는 전래의 통념에 제동이 걸리기 시작한 것이다. 일찍이 1970년대에 이미 선진 민주주의국가들이 당면한 문제점과 그 위기적 징후는 진단된 적이 있지만 최근의 일부 연구에서는 이들 선진 제국의 민주주의는 극심한 '정치적 신뢰'의 하락에 시달리고 있다는 분석이 나오고 있다. 대의 민주적 제도의 불안한 수행능력에 더하여 정보화와 다양한 평가기준의 출현 등으로 선진 제국의 민주주의도 과부하로 인한 정치적 신뢰의 하락이 불가피해졌다는 것이다.

비록 민주주의의 확산은 21세기의 시대적 대세를 이룰지는 몰라도 그 운영을 둘러싼 논의와 연구에 있어서는 지나친 낙관론을 지양하는 신중한 재검토가 바람직할 수 있다. 민주화의 '제3의 물결'이 파급되면서 나타나는 여러 가지 문제점과 부작용도 참작되어야 하겠고 민주주의의 존속과 강화를 보장할 수 있는 제도적 보완이나 개혁의 방향을 가름할 수 있는 새로운 분석적 노력이 필요하게 된다. 분명히 21세기는 세계화라든가 정보화 같은 민주주의에 영향을 미칠 수 있는 환경적 요인의 급격한 변화를 수반하고 있기 때문에 이러한 여건 변화에 대한 폭넓은 통찰이 절실하며 이를 근거로 새로운 정책적 구상을 둘러싼 대안들이 검토되어야할 것이다. 이와 관련된 최근 학계의 논의들을 정리해보고자 한다.

1. 민주화의 '제3 물결'과 '이행 패러다임'

Samuel Huntington에 의한 세계적 민주화의 『제3의 물결』이 출간된 이후로 가장 관심을 모으는 연구 주제로 '이행'을 둘러싼 이론적 구성의 문제로 볼 수 있다.[65] 대체로 민주화는 권위주의 체제 내의 구조적 갈등

---

65 Samuel P. Huntington, *The Third Wave : Democratization in the Late Twentieth Century*

과 국정수행능력의 한계로 강온파(強穩派)의 대립이 격화되면서 민주화 세력의 힘이 강해지는 민주화의 첫 번째 '시작' 단계를 겪고 나면 그 다음으로는 구체제의 붕괴와 새로운 민주적 정부가 수립되는 두 번째의 '돌파' 단계가 오고 마지막으로는 민주주의가 정착되는 세 번째의 '강화'의 단계로 이어진다는 설명이 '이행론'의 줄거리를 이룬다. 마지막 강화 단계에서는 ① 시민사회의 형성, ② 선거를 중심으로 하는 정치제도의 확립, ③ 법(法)의 지배의 강화, ④ 기능적인 국가의 존재, ⑤ 공공재(公共財)의 창출과 경제부흥을 가져올 수 있는 경제사회의 출현 등과 같은 여러 조건들이 충족되어야 한다는 단서가 추가되기도 한다.[66] 이러한 이행론에 대한 최근의 비판을 살펴볼 수 있다.

(1) Guillermo O'Donnell : **강화론의 환상**

권위주의가 붕괴되어 민주화 과정에 들어선다고 해서 조만간 민주주의의 '강화'의 단계로까지 간다고 주장하는 것은 지나친 낙관론이요 보기에 따라서는 환상일 수 있다는 주장이 나온다. G. O'donnell에 의하면 일단 민주화에 접어들게 되면 선거와 같은 형식적인 제도는 만들어질 수 있어도 민주주의 실제 운영에 있어서는 비형식적인 제도로서의 자기중심적인 '배타주의'가 횡행할 수 있다는 것이다. 즉 선거가 치러지고 정부가 바뀌는 등의 민주주의의 형식적인 모양새는 갖추어질지 몰라도 그 속을 들여다보면 구체제 하에서 볼 수 있었던 계층적이고 특정주의적 교환, 후원제(patronage), 족벌주의, 부패와 같은 비형식적인 이른바 '배타

(Norman and London : Univ. of Oklahoma Press, 1991).

66 Juan J. Linz & Alfred Stepan, *Problems of Democratic Transition and Consolidation : Southern Europe, South America, and Post-Communist Europe* (Baltimore : The Johns Hopkins Univ. Press, 1996), pp.5-6, pp.7-13.

주의' 또는 '수혜자주의'(clientalism)는 지속된다는 것이다.[67]

무엇보다도 배타주의는 공직자들에게 공(public)과 사(private)의 경계를 흐트러지게 함으로써 공공선(public good)의 기준과 보편주의적 성향에 따라 행동하고 업무를 처리하는 것을 방해하게 된다. 뿐만 아니라 선진 민주주의에서는 모든 국가기관들이 각자의 권한과 기능을 수행하면서 다른 기관들에 의한 불법적 또는 부적절한 행동에 대한 견제와 제재가 가능한 이른바 '수평적 책임'이 제도화되어 있다. 그러나 배타주의가 기승을 부리는 불완전한 민주주의에서는 이 수평적 책임이 해이해짐으로써 한 국가기관이 다른 기관들을 임의로 통제하고 지배하는 제왕적이고 국민투표적 집행부를 만들어낼 수 있으며 일단 선출되면 나라를 자기 멋대로 통치하는 상황이 조성될 수 있다는 것이다. 이러한 집행부에게는 의회나 사법부 그리고 다양한 국가기관들은 자기 권한 수행의 방해물로 단정되며 이들을 약화시키고 그 법률적 권위를 침해하고 그 권위를 격하시키려는 시도가 일관된다. 결국 배타주의가 지배하는 형식 위주의 민주화에 있어서는 강제되지 않은 투표, 의사표현의 자유, 운동, 결사와 같은 민주적인 자유는 어느 정도 보장되지만 많은 국민들의 기본적 자유는 부정되고 수시로 유린당하고 있으며 특권층에 속하는 소수에게만 시민으로서의 권리와 혜택이 돌아간다는 것이다.[68]

주로 남미 지역을 대상으로 하는 O'Donnell의 견해에 의하면 민주화의 이행에 대한 이론적 구성에 있어서는 형식만을 보고 비형식적인 것을 보지 못하는데 대한 강한 불만이 깔려 있다. 좀 더 문제를 현실적으

---

67 Guillermo O'Donnell, 'Illusions about Consolidation,' in Larry Diamond and Marc F. Flatter (eds.), *The Global Divergence of Democracies* (Baltimore and London : The Johns Hopkins Univ. Press, 2001), pp.113-119.

68 *Ibid.,* pp.119-124.

로 보고 이들 새로운 민주주의에 대한 분석에 있어서는 탈목적론적이고, 탈자민족 중심적이며 긍정적인 접근이 절실함을 강조하고 있다.[69]

(2) Thomas Carothers : **이행 패러다임의 문제점**

이행 패러다임의 문제점은 T. Carothers에 의해서도 제기된다. 그는 이행의 이론적 구성이 몇 가지 적절치 못한 일방적인 가정에 서 있음을 지적하고 이행이 가져올 수 있는 긍정적인 면보다는 여러 가지 부작용들을 제시하고 있어 주목을 끈다.

첫째로 이행을 주제로 하는 모형은 몇 개의 단계들(시작, 돌파, 강화 등)로 이루어지는데 그 전체적인 특성은 한번 들어서면 필연적으로 민주주의를 향해서 가게 되어 있는 일종의 '목적론'을 가정하고 있다. 둘째로 민주화의 이행과정에서는 경제수준이라든가 정치적 과거, 제도적 전통, 인종적 구성, 사회문화적 전통, 기타 구조적인 특성들이 고려되어야 하는데 이러한 민주화의 전제조건들은 크게 고려되지 않은 채 민주화의 진행을 낙관적으로 보는 경향이 두드러진다. 셋째로 민주화를 시작하는 많은 나라들에 있어서는 아직도 기능적인 국가 자체를 만들지 못한 후진적인 상태에서 출발하는 경우가 많다. 아직도 국가건설이 이루어지지 않은 상태에서 민주화를 동시에 추진한다는 것은 매우 어려운 문제임에도 불구하고 '이행론'은 이 두 가지가 서로 상승적인 것으로 전제하고 있다는 것이다.[70]

69 *Ibid.,* p.125; 이 O'Donnell의 논문에 대한 반론과 재반론은 다음을 참조할 것. Richard Gunther, p.Nikiforos Diamandouros, and Hans-Jurgen Puhle, 'O'Donnell's "Illusions" : A Rejoinder,' in L. Diamond and M. Platter (eds.), The Global Divergence of Democracies, *op. cit.*, pp.131-139 ; G. O'Donnell, 'Illusions and Conceptual Flaws : A Response,' in L. Diamond and M. Platter, *op. cit.,* pp.140-148.

70 Thomas Carothers, 'The End of the Transition Paradigm,' in Bernard E. Brown (ed.), *Comparative Politics,* Tenth Edition (Belmont, CA : Thomson-Wadsworth, 2006), pp.212-214. Reprinted from *Journal of Democracy*, vol, 19, no 1 (January 2002), pp.5-21.

그러면 민주화의 '제3의 물결' 속에 뛰어든 많은 나라들의 실태는 어떠한가? 대다수가 독재도 아니고 민주주의로 가는 것도 아닌 어중간한 '회색지대'에 들어서 있다는 진단이다. 비록 반대당을 위한 제한된 정치적 공간이 마련되어 있고 정규적인 선거와 헌법이 마련되어 있기는 하지만 시민적 이해의 대표성 부족, 선거 이외의 정치적 참여의 저조, 공직자들에 의한 법의 남용, 정당성 없는 선거, 국가제도에 대한 매우 저조한 정치적 신임, 국가의 제도적 수행능력의 계속적인 하락 등의 심각한 비민주적 실정(失政)과 부작용에 시달린다. 이 회색지대에는 결과적으로 진정한 의미의 민주주의라기보다는 '반쪽', '형식적', '선거', '외관', '유사(pseudo)', '약체(weak)', '부분적', '가상'과 같은 접두어가 붙는 민주주의가 나타나고 있으며, 이러한 한정된 민주주의에는 다음과 같은 두 가지의 '정치적 증후군'이 나타난다.[71]

첫 번째의 증후군은 '무기력한 다원주의'(feckless pluralism)이다. 비록 어느 정도의 정치적 자유, 규칙적인 선거, 서로 상이한 정치적 집단 간의 정권교체 등은 이루어져 있으나 민주주의는 극히 피상적이고 혼미한 상태에 있다. 정치적 참여는 선거 때는 매우 활발해도 투표의 수준에서 벗어나지 못하고 있으며 모든 정당이나 정치적 집단의 정치적 엘리트들은 부패하고 자기이익에만 얽매이고 무능하며 나라를 위한 사명감 등이 결여된 것으로 인식된다. 국가는 허약하고 경제정책은 잘못되어 있거나 실천이 뒤따르지 못하며 경제의 운영은 파국적인 경우가 많다. 사회적·정치적 개혁은 답보되고 주요 현안에서 돌파구를 찾지 못하며 범죄, 부패, 위생, 교육, 공공복지 등의 모든 면에서 개선의 기미를 보여주지 못한다. 주로 남미 지역의 많은 나라들이 이 증후군에 시달리고 있으며

71 *Ibid.*, pp.214-215.

2002년을 기준으로 Nicaragua, Ecuador, Guatemala, Panama, Honduras, Bolivia 등이 이에 속한다. 탈공산권에서는 Moldova, Bosnia, Albania, Ukraine 등이 꼽힐 수 있고 아세아에서는 Nepal이 대표적이고 Bangladesh, Mongolia, Thailand 등이 유사한 사례에 든다. 아프리카의 사하라 이남 지역에서는 Madagascar, Guinea-Bissau, Sierra Leone 등이 거론된다.[72]

두 번째의 증후군은 '지배 세력의 정치'이다. 이 경우도 어느 정도의 자유로운 정치적 공간(여야 간의 정치적 경합, 기본적인 민주적 제도의 마련 등)이 형성되어 있으나, 그 실상은 한 정치 세력(예 : 운동권, 정당, 족벌, 영도자 등)이 권력을 장악하여 지배적인 지위에 올라 서 있기 때문에 가까운 장래에 정권 교체의 가능성은 보이지 않는다. 특히 지배정당과 국가의 경계가 모호해져서 국가의 기본자산(재력, 직업창출, 홍보능력, 경찰력 등)은 지배정당의 봉사에 동원되기 일쑤이다. 사법부는 지배집단의 시녀로 전락되고 선거가 다가오면 국제사회에 대한 모양새를 갖추기 위한 선거잔치로 바뀐다. 결과적으로 국가는 약체이고 국정수행은 초라해지기 마련이다. 다시 2002년을 기준으로 할 때 '사하라 사막 이남의 아프리카'에서는 Cameroon, Burkina Faso, Equatorial Guinea, Tanzania, Gabon, Kenya, Mauritania 등이 이에 해당된다. 구소련에 속했던 Armenia, Azerbaijan, Georgia, Kyrgystan, Kazakhstan 등도 마찬가지다. 1980년대의 자유화 바람이 분 중동지역에서는 Morocco, Jordan, Algeria, Egypt, Yemen 등이 이 유형에 가깝다. 아세아에서는 Malaysia와 Cambodia, 그리고 남미에서는 유일하게 Paraguay가 거론되고 있다.[73]

대체로 도출될 수 있는 결론은 민주화란 이행단계에 들어서면 자동

---

72 *Ibid.*, pp.215-216.
73 *Ibid.*, pp.216-217.

적으로 이루어질 수 있다든가 또한 선거만 제대로 이루어지면 민주주의는 심화될 수 있다든가 하는 단순하고도 부정확한 '이행 패러다임'의 가정들은 버려야 한다는 것이다. 다소의 사법부 개혁, 의회의 강화, 시민사회에 대한 지원, 언론매체의 보급, 정당의 발전, 공민교육, 선거 프로그램과 같은 극히 일반적인 '제도적 체크리스트'만으로 민주화가 손쉽게 달성될 수 있다는 생각은 과감히 청산할 것을 요청한다. 그 대신 '무기력한 다원주의'와 '지배세력 정치'라는 서로 특징적인 증후에 대한 인식을 기초로 각 나라마다의 정책적 처방이 고려되어야할 것이다. 예를 들면 전자의 경우 시민들과 공식적인 정치체제 간의 간격을 좁혀줄 수 있도록 정당의 발달을 도와준다든가 후자의 경우에는 지배적인 권력을 견제할 수 있는 대항권력을 만들어준다든가 하는 처방들이 그 예가 될 수 있다.[74]

2. 선진 민주주의 고민

오늘날 이미 산업화되어 있는 유럽과 북미 선진제국의 민주주의가 인간의 자유와 번영을 신장할 수 있는 가장 모범적인 제도적 장치를 갖추고 있다는 것은 그 누구도 이의를 제기하지 않는 보편적인 통념이라고 해도 과언이 아니다. 민주화의 제3의 물결에 들어선 모든 나라들도 이들 선진 산업화 민주주의를 강화 단계의 종착지로 삼고 있는 것은 널리 인식되어 온 사실이다. 그러나 이 기본 가정에 틈새가 생기기 시작한다. 이들 나라에도 정치인들과 정당, 그리고 정치적 제도에 대한 국민들

74 *Ibid.,* pp.217-221.

의 신뢰가 하락 일로에 있다는 진단이 나오면서 민주주의는 새로운 고민에 빠지게 된다. 예상 밖의 정치적 진단에 대한 분석적 논의를 살펴볼 수 있다.

(1) S. Pharr, R. Putnam, & R. Dalton : **선진민주주의 고민**

1975년 M. Crozier, S. Huntington, J. Watanuki 등은 유럽, 북미, 일본의 3자 민주주의가 심각한 위기에 직면해 있다는 연구를 내놓았다.[75] 이들 나라들은 증대일로에 있는 정치적 참여자들에 의한 끈질긴 요구들로 인하여 과부하되어 통치 가능성에 관한 근본적인 문제를 제기하고 있다고 진단했다. 영도력의 하락, 요구의 폭증과 '과부하된 정부'(overloaded government), 격화되고 분절된 정치적 경쟁, 민족주의적 편협으로 이어지는 공공압력 등으로 이들 선진민주주의는 극히 침울한 앞날에 처해있다는 것이었다.

2000년에 들어서면서도 이 삼자간 민주주의는 계속적인 정치적 신뢰의 하락에 직면하고 있다는 연구가 나오고 있어 주목을 끈다.[76] S. Pharr, R. Putnam, R. Dalton 등은 이들 나라들에서 정당, 의회와 기타 정치적 제도, 정치지도자 들에 대한 시민들의 '정치적 신뢰'(political confidence)가 계속 감소추세에 있는 것을 각종 여론조사와 통계자료로 뒷받침하고 있다. 미국 시민들의 경우, '모든 선출직 공무원들은 나와 같은 사람들의 생각에는 전혀 신경을 쓰지 않는다'라는 설문에 대해서 1960년대만 하더

75 Michael Crozier, Samuel P. Huntington, and Joli Watanuki, *The Crisis of Democracy* (New York : New York Univ. Press, 1975).

76 Susan J. Pharr, Robert D. Putnam, and Russell J. Dalton, 'A Quarter-Century of Declining Confidence,' in Larry Diamond and Marc F. Plattner (eds.), The Global Divergence of Democracies, *op. cit.*, pp.291-311. Reprinted from *Journal of Democracy,* vol. 11, no. 2 (April 2000), pp.5-22.

라도 2/3가 이를 받아들이지 않았으나 1998년에는 2/3가 이에 찬성하고 있다. 유럽에서는 1985년 영국시민들의 48%가 하원(House of Commons)에 대해서 상당한 신임을 보였으나 1995년에는 그것이 반(24%)으로 준다. 정치인들에 대한 신뢰도의 조사연구(Austria, Britain, Canada, Denmark, Finland, Germany, Italy, Japan, Netherlands, Norway, Sweden, United States)도 1970년대 이후 줄곧 감소추세에 있는 것으로 밝혀지고 있으며, 정치제도(대법원, 행정부, 의회)에 대한 신뢰도도 마찬가지 추세를 보인다.[77]

그러면 이러한 정치적 신뢰도의 감소는 어떻게 설명되어야 할까? 세 저자들은 정치적 신뢰에 작용하는 여섯 개의 요인들을 제시하고 그 상호작용을 검토해보고 있다. 우선 이들 민주주의국가에 있어서 대의 민주제도의 국정 수행은 ① 능력/자격, ② 사회자본, ③ 성실의 세 가지 요인에 좌우된다. 시민들의 이해와 욕구 충족을 위해 일할 수 있는 정치적

〈표 4-2-1〉 정부와 정치제도에 대한 신뢰도 설명 모형

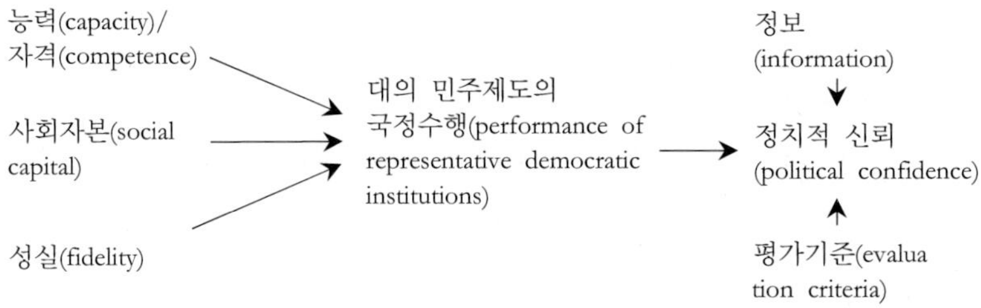

자료출처 : Susan J. Pharr, Robert D. Putnam, and Russel J. Dalton, 'A Quarter-Century of Declining Confidence, in Larry Diamond and Marc F. Plattner (eds.) The Global Divergence of Democracies (Baltimore and London : The Johns Hopkins Univ. Press, 2001), p.307.

[77] *Ibid.,* pp.295-304.

대행자들의 '능력'의 쇠퇴는 대의제도의 국정수행을 크게 좌우한다. 예를 들면 국가간의 상호의존이 깊어지는 세계화 단계에서는 국가의 영토적 범위와 상호의존관계가 제기하는 정책적 의제들은 서로 조화되기 힘들고 복잡해지기 때문에 그만큼 공직자들의 능력은 줄어들기 마련이다. 그 다음으로 시민의 이해와 욕구를 대신해야할 정치지도자들의 '성실도'도 국정수행에 부정적인 영향을 미치기는 마찬가지다. 여기에는 정치적 리더십의 실패와 함께 투표자들의 판단 착오도 포함된다. 끝으로 국정수행에 작용하는 것은 '사회적 자본'의 성격이다. 사회적 자본은 물질적, 또는 인간자본과 대조되는 것으로서 시민들과 제도들이 생산적으로 움직일 수 있도록 하는 시민사회의 규범과 네트워크를 지칭한다. 이 사회자본의 적절한 보급이 마련되지 않으면, 즉 시민적 참여, 건강한 공동체, 상호 호혜주의, 신용 등이 없으면 민주주의와 시장경제는 흔들릴 수밖에 없게 된다.[78]

한편 민주적 대의제도의 국정수행은 ① 정보 및 ② 평가 기준과 함께 민주주의의 '정치적 신뢰'에 최종적으로 작용한다. 민주사회에서 정보가 정치적 신뢰에 미치는 영향은 대단하다. 대의제도에 대한 공적만족도는 시민들에게 노출되는 정보의 기능에 좌우될 수 있는데, 대체로 투표자들은 1970년대 이후로 계속해서 정부의 국정수행과 정치인들의 공직수행(예: 부패 여부)에 관하여 많은 정보를 갖게 된 것이 지적된다. 그 다음으로 '평가의 기준'도 바뀌면서 정치적 신뢰에 작용한다. 만약 정부에 대한 시민들의 요구가 폭발적으로 치솟게 되면 정부의 국정수행이 일정 수준에 그대로 머물더라도 평가의 기준은 달라지게 마련이다. 또한 국민들의 욕구(desires)가 양극화나 여러 차원의 격차로 말미암아 이질화되면 될수록

78 *Ibid.,* pp.308-311.

정부는 국민들을 골고루 만족시킬 수 있는 정책을 마련하기는 힘들게 된다.[79]

〈표 4-2-1〉에 잘 나타나듯이 선진민주주의의 정치적 신뢰는 하락의 추세를 면하기 힘들게 되어 있다는 것이 세 저자들의 분석이다. 이들은 그것이 '민주주의의 위기'라는 해석으로까지 가고 있지는 않지만 선진민주주의의 시민들이 그들의 정부나 정치인들의 국정수행에 대하여 불만을 갖고 있으며 이로써 정치적 신뢰는 크게 흔들리고 있다는 사실만은 분명하게 보여 준다.[80]

(2) Russel J. Dalton : **선진 민주주의의 정치적 지지도의 퇴조**

선진 민주주의의 정치적 지지도의 장기적 하락을 다룬 또 다른 연구에서도 그것이 일시적인 현상이 아닌 30여년에 거친 장기적인 추세임이 밝혀지고 있다. R. Dalton은 서구 OECD 국가들(Australia, Autstria, Belgium, Britain, Canada, Denmark, Finland, France, Germany, Ireland, Italy, Japan, The Netherlands, New Zealand, Norway, Sweden, Switzerland, U. S.)에 관한 선거관계자료 및 각종 여론조사 자료들(1960년대~2000년)을 근거로 정치적 지지도 하락의 장기적 추세에 작용하는 여러 요인들을 검토해 보고 있다. 여기서 정치적 지지도란 정치체제의 구성원들이 정치당국자, 정치제도, 정치과정의 규범과 절차, 정치공동체 등에 대하여 가지는 지지도를 지칭한다. 예를 들면 정치 당국자의 경우 공직자를 비롯한 정치인들에 대한 평가와 지지, 정치제도의 경우는 의회, 법원 및 주요 사회집단(노조, 경제단체, 언론 등)에 대한 지지도, 그리고 정치공동체에 대한 지지도는 민족적 자긍심 등으로 나타

---

79 *Ibid.,* p.306.
80 *Ibid.,* p.309.

나게 된다.[81]

Dalton은 우선 정치적 지지도와 관련된 지금까지의 연구들에 대하여 비판적인 재검토를 시도하고 있어 관심을 모은다. 첫째로 정부의 경제적 수행력은 정치적 지지도에 매우 긍정적으로 기여하는 것으로 인식되어 왔으나 이 연구에서는 장기적인 추세 면에서 관련이 별로 없는 것으로 나타난다. 실제로 OECD 국가들의 지난 30여 년간의 경제적 수행력은 대체로 무난한 것이었고 다소의 기복(고용상태, 경제성장 등)은 지지도에 영향을 별로 미치지 못했다는 것이다. 즉 정부가 경제적으로 잘 못해서 지지도가 떨어졌다고는 볼 수 없다는 이야기가 된다.[82] 둘째로 정치적 지지도의 하락에는 TV나 신문과 같은 '미디어'의 작용력이 크게 논란이 된다. 미국의 경우 Watergate 도청사건에서 보는 바와 같이 미디어가 정치에 미치는 작용은 매우 큰 것으로 인식되어 왔다. 특히 정치적 스캔들을 다루는 미디어의 보도가 지지도 하락에 결정적인 것으로 받아들여져 왔다. 그러나 이러한 특수한 언론의 구조나 정치적 논평의 특성들은 OECD의 다른 나라에는 공통된 것으로 볼 수 없는 만큼 지지도 하락에 크게 기여 하는 것으로는 보지 않는다.[83] 셋째로 정치 제도의 차이가 영향을 미칠 수 있다. 대통력 중심제와 의원내각제도의 차이, 소선거구제와 대선거구제 및 비례대표제 등의 장단점을 둘러싸고 어느 형태가 정치적 지지도와 관련이 있느냐의 논의는 꾸준히 계속된다. 그러나 이러한 제도적 차이에도 불구하고 OECD의 여러 나라들의 지지도는 일관되게 하락추세에 있기 때문에 제도적 영향력도 미미하게 된다. 넷째로 극적인

81 Russel J. Dalton, *Democratic Challenges, Democratic Choices : The Erosion of Political Support in Advanced Industrial Democracies* (Oxford : Oxford Univ. Press, 2004), pp.7-15.

82 *Ibid.,* pp.111-127.

83 *Ibid.*, pp.71-74.

역사적 사건들을 생각해볼 수 있다. 2차 대전 직후의 전승국의 경우 정치적 지지도가 크게 상승하였다든가 또는 미국의 경우 9. 11 테러사건 이후의 정부지지도의 변화 등에서 보는 바와 같이 매우 충격적인 사건들은 단기적으로 지지도에 영향을 미칠 수는 있다. 그러나 이러한 사건들은 장기적 추세를 설명할 수는 없다고 본다.[84]

그러면 선진 민주주의 국가의 정치적 지지도의 하락에 공통적으로 기여하는 결정적인 요인들은 무엇일까? 첫째로 경험적 연구에 나타나는 가장 특징적인 사실은 정치적 의문이나 불만은 보다 교육을 많이 받고, 보다 기능을 많이 소지하고 있고, 보다 높은 수준의 소득을 가지는 계층임이 밝혀지고 있다. 흔히 사회-경제적으로 이득을 보는 층에서 정치적 지지도가 높을 것으로 기대되지만 오히려 이 계층이 민주적 과정에 의문을 제기하고 정치적 불만이 많아서 정치적 지지도가 계속 퇴조하는 역설적인 경향이 나타난다. 특히 정치적 지지도의 퇴조는 교육을 많이 받은 젊은 세대에서 두드러지는 것으로 나타난다. 이들 사회적 상류층과 젊은 세대는 민주적 과정에 대한 '높은 기대감'을 가지고 있기 때문에 그만큼 정치적 지지도의 부식에 기여한다. 이들은 정치인이나 정치적 제도에 대한 존경심이 덜하고 보다 공개적인 정부, 책임감, 정책결정에의 직접적인 참여 등을 요구하며 대의민주주의에 대한 매우 시끄러운 비판자로 등장하게 된다. [85]

둘째로 이들 사회-경제적 질서로부터 득을 보아 온 계층이 오히려 정치적 지지도가 떨어지는 것은 이들이 갖는 공적 가치의 변화와도 관련이 있는 것으로 분석된다. R. Inglehart의 이른바 '탈물질주의'(post-

---

84 *Ibid.,* pp.194-195.

85 *Ibid.,* pp.83-96.

materialism)의 가치관이 하나의 적절한 설명적 틀로 등장하게 된다. 즉 20세기 후반에 들어서면서 주로 경제적 복지와 안전에 치중하던 지금까지의 '물질주의적 가치'가 이제는 생활의 질, 개인적 자유, 생활스타일의 선택, 자유로운 표현과 참여와 같은 '탈물질적'인 가치들로 그 비중이 바뀌어 간다는 것이다.[86] 즉 '탈물질주의'로 인한 개인주의나 자아 표현의 강조는 권위에 대한 이의를 제기하고 신분이나 정치적 입장에 따라 그 권위를 남용하는 사람들에 강한 거부감으로 도전하게 만든다. 그리고 이러한 가치체계의 변화는 정치제도에 대한 존경심을 희석시킴으로써 의회민주주의의 기초를 이루는 규율있는 정당정치에 부정적으로 작용할 수도 있음을 지적한다. 대체로 '탈물질론자'들은 현대 민주주의가 조합주의적 경향으로 가고 있으며 소수 집단과 반문화적 집단들의 대표성에 부정적인 점을 근거로 현존하는 정치질서를 강도 높게 비판하고 있는 것은 사실로 밝혀지고 있다.[87] 그러나 Dalton은 비록 탈물질주의와 같은 가치체계의 변화가 현대정치에 대한 점증하는 정치적 회의주의에 기여하고 있는 것은 사실이나 그것은 극히 제한적이라는 단서를 달고 있다. 즉 정치인들과 정부에 대한 신뢰의 감퇴를 강화하는 점은 있지만 독일을 제외한 유럽의 다른 나라에서는 정치 지지도의 하락에 극히 부분적인 설명에 그친다는 점을 지적한다.[88]

셋째로 현대사회가 직면하는 복잡다단한 새로운 쟁점들로 인한 기대감의 소용돌이가 문제된다. 이전에는 주로 계급과 경제적 쟁점으로 정당간 경쟁이 구조화되어 오던 것이 이제는 환경보호, 여성의 권리, 보다 많

86 Ronald Inglehart, *Culture Shift* (Princeton : Princeton Univ, Press, 1990); Also by R. Inglehart, *Modernization and Postmodernization* (Princeton : Princeton Univ. Press, 1997).

87 R. Dalton, *op. cit.*, pp.98-100.

88 *Ibid.*, pp.102-103.

은 개인적 자유, 주변 집단의 권리신장 등의 새로운 쟁점들이 등장하면서 이것이 '정책적 의제'의 내용을 매우 복잡하게 만든다. 예를 들면 경제성장의 요구는 환경보호의 요구와 경합을 벌여야 하고 노동당들은 노조와 환경단체의 이해를 대변하는 두 파로 갈라질 수도 있다. 뿐만 아니라 나라에 따라서는 낙태의 문제, 사회보장, 교육 정책 등 새로운 쟁점들이 가중되면서 정책적 이해의 분절화와 확산을 가져온다. 지금까지 서구 민주주의의 전통적인 '좌우의 틀'을 뛰어 넘는 대안적인 이데올로기를 창출하게 되면서 그만큼 국민들의 기대감 충족을 복잡하고 힘들게 만든다는 것이다. 쟁점 확산에 병행해서 '비정부 조직'(NGO)의 역할이 종래의 정당정치의 역할을 대행하는 양상도 벌어지면서 이들은 '가혹한 정부 비판자'로 변모한다. 이러한 정책적 공간의 변화에 따라 보다 많은 시민들이 정부가 적절한 대응을 못한다는 인식이 팽배하게 되며 그 수행능력에 한계가 있는 정부에 대한 국민의 지지도는 떨어질 수밖에 없다는 결론이 도출된다.[89]

이상에서 지적되는 선진민주주의의 정치적 지지도 하락은 몇몇 나라에 국한된 것이 아니고 대부분의 OECD 국가들에 공통된 현상이라는 점이 문제가 된다. 특히 냉전이 끝나고 민주화의 열기가 비서구권에 확산되어 가는 때에 선진민주주의에 나타나는 이러한 지지도 하락은 더욱 역설적이고 고민스러운 일이 된다. 민주주의 저력이 새로운 상황에 적응하면서 성장하는데 있다면 지금의 도전이 어떠한 새로운 선택으로 이어질 것인지 두고 볼 일이다.[90]

89 *Ibid.,* pp.143-147, pp.195-196.
90 *Ibid.*, p.208.

3. 민주주의에 대한 도전

민주주의의 운영을 둘러싼 도전은 다양할 수 있다. 지금까지는 주로 나라마다 민주주의가 겪는 내부적인 요인들에 초점을 두는 것이었다. 내부적으로 조성되는 계급적 이해의 갈등, 세대간의 격차, 공적 가치의 변화 등에서 오는 정치적 신뢰나 지지도의 추이에 관한 것이었다. 그러나 민주주의의 운영에 있어서는 나라마다 겪는 외부적인 영향력, 즉 국제적 맥락에서 오는 작용력도 무시할 수 없다. 예를 들면 냉전의 종식과 병행되었던 민주화의 열기도 중요한 것이었지만 20세기 후반에 들어서 급속히 진행된 세계화도 민주주의의 운영에서는 새로운 도전이 될 수 있다. 비단 세계화뿐만 아니라 민주주의 이외의 정치체제의 가능성을 비롯해서 종래의 민족국가를 지양하는 다양한 수준의 '가버넌스'의 문제 등도 민주주의에 대한 새로운 도전의 의미를 지닐 수 있다. 주로 국제적인 측면에서 민주주의의 운영에 미칠 수 있는 요인들을 정리해 보기로 한다.

(1) 세계화와 경쟁력

세계화는 주로 경제적인 국제적 상호의존 관계의 심화를 뜻하게 되는데 이로 인해 국가간의 치열한 경쟁을 유발할 수 있다. 이러한 국가간의 경쟁이 격화되면 그만큼 나라마다의 민주주의는 경쟁력 강화에 기여하는 방향으로 제도적 장치의 혁신이 불가피해지며 민주주의로서는 새로운 도전에 직면하게 된다고 볼 수 있다.

Bob Jessop은 세계화에서 오는 경쟁력 강화의 필요성에 직면하여 국가는 역동적인 경쟁력 우위를 확보해야 하는데, 이를 위해서는 소싱(sourcing), 테크놀로지, 생산품, 조직, 마케팅 등에서 부단한 혁신을 기할

수 있는 '슘페터형 경쟁국가'의 등장을 내다보고 있다.[91]

계속적인 자본축적의 저력이 되는 경쟁력 강화를 위해서 '경쟁국가'는 우선 기술정보의 수집에 진력하고 독자적인 기술적 능력이 형성될 수 있도록 도와주며 기업들의 혁신적 능력, 기술적 능력, 기술이전 등이 적극 향상되도록 지원해 주어야 한다. 벤처 자본의 육성, 보조금, 기업공원, 기술 이전의 메커니즘과 기술지원, R&D를 통한 지식생산에의 투자 등의 과감한 시책으로 혁신적인 기업분위기가 형성되도록 해야 한다. 또한 자국 내에서의 노동시장의 유연성을 확보하고 외환운동의 자유화 및 탈규제, 그리고 국제 금융체계의 재구성을 통하여 자본 유동의 촉진과 국제화를 도모한다. 국제통상과 외국의 직접 투자를 위한 제도적 틀의 수정을 비롯해서 금융, 산업, 상업 자본의 활동을 지원할 수 있는 공간적 위치를 확정짓는 계획 및 보조를 시행한다. 세계적 진출에 적합한 국가적 또는 지역적 자본주의의 증진, 유동적 자본은 자국의 경제적 공간 속에 머물게 하고 자국 내의 장소적 자본은 국제적 경쟁력을 갖도록 조치하는 등의 다양한 정책적 과제들을 원만히 수행할 것이 기대된다.[92]

이러한 방대한 과제들을 수행해야할 경쟁적 자본주의 국가의 필요성은 민주적 제도와 절차에 엄청난 긴장과 부담을 안겨다 줄 수 있다. 경쟁에서 살아남기 위한 또는 남보다 뒤처지지 않으려는 강한 동기부여가 지속되는 한 민주주의는 강한 지도력과 응집력을 요청받게 된다. 민주화의 이행기에 접어든 나라들뿐만 아니라 선진민주주의도 이 경쟁의 대열에서는 국외자가 될 수 없다. 혁신적인 기업가들을 창출해내야 하고 지속적인 경제성장을 보장할 수 있는 '기업적 분위기'를 만드는 일은 민주

91 Bob Jessop, *The Future of the Capitalist State* (Cambridge, UK : Polity Press, 2002), pp.120-122.

92 *Ibid.,* p.127, pp.138-139.

주의의 또다른 벅찬 과제가 된다.

(2) 발전국가(發展國家, developmental state)의 부상(浮上)

B. Moore, Jr.는 1966년의 그의 저서에서 산업화 이전의 사회가 근대화된 세계에 들어서기 위해서는 ① 부르주아 혁명(자본주의와 의회민주주의의 결합), ② 보수적 근대화(자본주의와 권위주의의 결합), ③ 공산주의(농민혁명)라는 세 가지 도정이 있다고 보았다. 첫 번째의 길은 영국 · 프랑스 · 미국 등 초기의 산업화에 성공한 경우로 일찍이 부르주아 계급이 힘을 얻으면서 시민혁명을 통하여 군주의 힘을 약화시켜 의회민주주의를 확립하고 자본주의를 발전시켰다. 두 번째의 길은 독일이나 일본이 택한 길로 산업화는 군주가 주도하는 강한 국가에 의해 이루어진 경우로서 '위로부터의 혁명'으로 불리기도 한다. 세 번째의 길은 소련이나 중국의 농민 혁명을 통한 공산주의 방식이 된다.[93]

이제 21세기에 들어서면서 Moore의 세 가지 근대화의 유형에 있어서 공산주의가 갖는 의미는 소련의 붕괴와 중국의 일대 변환으로 퇴색해버렸고 자본주의와 민주주의가 결합되는 '영미형'(英美型)이 범세계적인 인정과 모범이 되어가는 추세를 실감하게 된다. 그러나 두 번째 도정으로서의 독일이나 일본이 선택했던 자본주의와 권위주의가 결합된 형태로서의 '보수적 근대화' 또는 '위로부터의 혁명'도 많은 발전도상 국가들에게는 계속적인 관심과 집착을 갖게 하는 발전모형의 의미를 가질 수 있다고 생각된다. 이 길은 독일이나 일본의 경우처럼 이미 산업화된 선진국들(영국, 프랑스, 미국)을 따라 잡기 위한 '후발 산업화'의 매력적인 모형이

---

93 Barrington Moore, Jr., *Social Origins of Dictatorship and Democracy : Lord and Peasant in the Making of the Modern World* (Boston : Beacon Press, 1966), pp.xv-xvi, pp.413-414, pp.433-441, p.453.

될 수 있기 때문이다. 그리고 이러한 후발 산업화의 성공 사례들을 이론화하기 위하여 등장한 것이 C. Johnson의 '발전국가' 개념이다.[94]

발전국가는 높은 수준의 경제성장을 지속시킬 수 있는 능력을 갖고 있다. 최상층부에는 부국강병의 신념을 가진 '기민한 리더십'이 있고 그 밑으로는 의욕적인 산업정책을 계획하고 수행하는 '선도기관'(일본의 MITI, 한국의 EPB)이 진을 친다. 주로 금융통제와 행정지도를 통한 강한 추진력으로서 국제적 규모의 기업집단을 육성하여 규모의 경제를 구축하며 장기적 안목의 경제적 인프라를 구축하고 과감한 수출 진흥을 주도해나간다.[95] Johnson은 1980년대까지의 발전국가로서는 일본이 대표적인 것으로 보았고 한국과 대만 등이 그 뒤를 잇는 대표적 사례로 보았으나 21세기의 길목에서 아직 학계의 체계적인 논의는 구체화되지 않고 있으나 동아시아에서는 최근 급성장세에 들어선 중국이나 베트남이 포함될 수 있겠다.

발전국가로 탈바꿈한 중국정치의 일대변환은 놀라운 경제성장으로 이어지면서 21세기의 강대국 관계에 새로운 변수로 부각될 수 있게 된다. 중국이 차지하는 국제적 위상과 그 역할에 비추어 볼 때 발전국가의 모형이 많은 개발도상국들의 개발의욕과 방향설정에 미칠 영향도 만만치 않을 수 있다. 한 가지 특기할 점은 중국의 경우 발전국가로서의 경제적 측면뿐만 아니라 그 권위주의적인 측면에 대해서도 새로운 각도의 검토와 평가가 나오고 있다는 사실이다. 즉 중국의 권위주의적 정치가

---

94 Chalmers Johnson, *MITI and the Japanese Miracle : The Growth of Industrial Policy, 1925-1975* (Stanford : Stanford Univ. Press, 1982).

95 Chalmers Johnson, 'Political institutions and economic performance : the government-business relationship in Japan, South Korea, Taiwan,' in Frederic Deyo (ed.), *The Political Economy of the New Asian Industrialization* (Ithaca : Cornell Univ. Press, 1987), pp.147-159; 오명호, 『현대정치학이론』 II (서울: 박영사, 2004), pp.430-436.

보여주는 탄력적이고 긍정적인 측면을 밝히는 연구가 있어 관심을 모으게 된다.

Andrew J. Nathan은 최근의 중국을 '권위주의적 탄력성'으로 특징짓는다. 1989년 6월 천안문 사태 이후로 중국 공산당은 조만간 붕괴될 것이며 민주화의 제3의 물결에 휩싸여 민주주의 체제로 이행될 것이라는 중국전문가들의 예상을 뒤엎고 중국은 권위주의를 재건하고 견고히 하고 있다는 사실을 중요시하고 있다.[96] 붕괴된 것이 아니라 극히 탄력성 있게 건재하고 있는데 설명은 다음과 같다. 우선 그 탄력성은 S. Huntington이 제시한 바 있는 '제도화'에서 온다고 보고 이에 기여하는 네 가지 요인들이 열거된다. 첫째로 중국은 승계정치의 규범을 정착시킴으로써 제도화에 성공하고 있음을 지적한다. 강택민(姜澤民)으로 대표되는 혁명 제3세대로부터 후진타우의 제4세대로의 권력승계가 평화롭고 질서 있게 진행된 것을 예로 들고 있다. 모택동(毛澤東) 치하에서 있었던 정권이행을 둘러싼 여러 차례의 권력투쟁들을 상기한다면 이 승계과정은 규범화된 양상이라는 것이다. 둘째로 종래에는 승계정치에서 파벌적인 고려가 두드러졌으나 약 20여년에 걸친 업적 위주의 선별과정을 거쳐 핵심권력에의 접근은 극히 제한된 자격 있는 후보자들로 선별되는 방향으로 제도화되었다. 등소평(鄧小平)의 1980년 간부 4대 자격(40대의 혁명성, 젊음, 교육, 기능적 전문성)의 교시에 따른 개혁의 결과로 풀이한다. 파벌주의가 희석되고 간부간의 승급, 이동이 정규화되면서 보다 유능하고 사명감 있는 지도층이 형성되었으며 파벌간의 조화가 가능해지고 정책 결정에 있어서도 협동적인 성격으로 변모하였다는 것이다. 셋째로 체제의

96 Andrew J. Nathan, 'Authoritarian Resilience,' in Bernard E. Brown (ed.), *Comparative Politics : Notes and Readings*, Tenth Edition (Belmont, CA : Thomson-Wadsworth, 2006), pp.359-360; Reprinted from *Journal of Democracy,* vol 14, no. 1 (January 2003), pp.6-17.

분화와 기능적 전문화가 많이 이루어졌다. 1987년 이후로 당과 정부의 분리가 많이 시도되었으며 정부기관간의 권능과 책임도 분화되는 방향으로 진행되어 왔다. 국가인민회의(NPC)도 입법과 관련되는 독자적인 업무를 다루고, 군(軍)도 기술적이고 전문화되는 방향으로, 미디어도 보다 상업화되고 탈정치화되었다. 아직도 당의 지배력은 결정적이지만 체제의 다양한 부서간의 분화가 정착되어 나간다. 넷째로 체제의 투입 제도(input institutions)가 활성화되면서 체제의 정당성이 증대되어 나간다. 권위주의체제인 만큼 강압이 통용되고 그로 말미암아 국민의 지지도는 극히 저조할 것으로 예상되지만 사실은 정반대로 체제의 정당성은 의외로 높은 것으로 나타난다. 1993년 어떤 지방도시에서 실시된 무작위 여론조사에서는 '정부가 궁극적으로는 우리들의 이익에 봉사하기 때문에 우리들은 정부를 믿고 그에 복종해야만 한다'는 응답이 약 94.1%로 나타나 있다. 그리고 이러한 추세는 2002년에도 비슷한 것으로 나타나고 있으며 주로 하급 관리들에 대한 불만은 제기되고 있으나 체제 전반에 대한 지지도는 높은 것으로 되어 있다. 대체로 투입기능이 확대되고 있는데 국민들은 지방의 하위 행정단위에서는 투표로 문제해결의 길이 열려 있고 정부시책에 대한 소원(訴願)의 기회확대, 시민의 불편 신고접수 제도의 활성화, 인민회의의 보다 독자적인 기능 증대, 공직자들의 실정(失政)과 시민적 불만에 대한 보도에 있어서의 대중매체의 보다 독립적이고 적극적인 역할 등이 열거된다.[97]

발전국가는 급속한 경제성장 능력은 있지만 권위주의적인 특성으로 말미암아 극히 부정적으로 인식되어 왔으나 이 권위주의적 측면에 다소의 정당성이 부여되고 제도화되어 가는 것으로 해석된다면 민주주의는

97 *Ibid.,* pp.260-264.

새로운 도전에 직면할 수도 있다. 중국의 권위주의는 안정과 성장 속에 근대화를 추진할 수 있는 보다 긍정적인 모형으로 부상될 수 있고 많은 개발도상국들에게 매력적인 정치적 대안이 될 수 있기 때문이다. Nathan의 지적대로 권위주의도 하나의 '생존 가능한 레짐형태'(viable regime form)라는 극히 염려스러운 가능성을 시사한다고 볼 수 있다.[98]

(3) 다수준(多水準) 가버넌스(multi-level governance)

여러 수준에서 복합적으로 전개되는 '통치' 행위가 있을 수 있다. 전통적인 통치의 개념은 주권국가가 중심이 되어 한편으로는 그 안에서 이루어지는 통치가 있었고 또 한편으로는 국가간에 이루어지는 정부간의 통치가 있다는 식의 이분법으로 이해되어 왔다. 그러나 국제사회가 복잡해지고 세계화가 진행됨에 따라 다양한 국제조직(UN, WTO, IMF 등)이 생겨나고 국가 내에서도 도시나 지역과 같은 다양한 '하위국가 행위자'의 국제적인 역할이 활성화되기에 이르자 종래의 2분법으로 서술하기 힘든 복합적인 수준에서 전개되는 통치현상이 나타나게 되는데 이것을 '다수준 가버넌스'(multi-level governance)로 부르게 된다. 그리고 여기에서 '가버넌스'란 공공정책의 수립과 집행에 있어서 늘어나는 '비정부 행위자'(non-governmental actors)들의 증대된 역할을 지칭하는 용어가 된다.[99] 좀 더 부연하면 주권국가의 통치보다는 넓은 의미를 가지고 있으며 각종 요구를 만들어내고, 목표를 세우며, 지시를 내리고, 정책을 추구하고, 복종을 만들어내는 공식적 또는 비공식적 '조타 메커니즘'(steering mechanisms)

---

98 *Ibid.,* p.265.

99 Ian Bache and Metthew Flinders, 'Multi-level Governance and British Politics,' in Ian Bache and Matthew Flinders (eds.) *Multi-level Governance* (Oxford : Oxford Univ. Press, 2004), p.97.

을 구비하고 있는 사적 또는 공적 집합체를 지칭하는 것으로도 정의될 수 있다.[100]

'다수준 가버넌스'의 대표적인 예로서는 유럽연합(EU)이 꼽힌다. 유럽위원회(European Commission)나 유럽의회(European Parliament)는 '초국가적인 행위자'(supranational actors)로서 EU의 정책 수립기능을 수행한다. 또한 회원국의 다양한 이익집단은 물론 각국의 시민들은 '하위국가 행위자'(subnational actors)로서 EU의 정책에 참여하게 되는데 유럽의회는 각국의 국민들에 의한 직접선거로서 선출되는 것이 좋은 예가 된다. 1988년 유럽연합은 회원국의 국가대표, 지역대표 및 초국가대표(유럽위원회)로 구성되는 제휴로서 자금운영이 가능하도록 만든 구조정책을 확정하였는데 이를 계기로 '다수준 가버넌스'의 개념이 나타나게 된 것이다. 특히 회원국 내의 지역이나 도시, 그리고 시민들과 같은 하위국가 행위자들의 적극 참여가 이 개념의 특징을 이룬다고 볼 수 있다.[101]

그러면 이러한 '다수준 가버넌스'의 출현은 어떠한 국제적인 변화를 가져오게 되는가? 첫째로 국가는 위로는 초국가적 행위자로부터, 밑으로는 하위 국가 행위자로부터 오는 각종 요구와 압력에 직면하게 되면서 내부적으로 질서를 유지하고 권위를 확립하는 일이 매우 어렵게 된다. 즉 국가는 그 제도적인 힘이나 조타 능력면에서 상당한 타격이 불가피할 수밖에 없고 그로 인한 국가의 공동화(空洞化)가 초래되면서 통치상의 어려운 문제가 민주주의의 운영에 차질을 가져올 수 있다.[102] 둘째로 '다수준 가버넌스'는 하위 국가 행위자들의 활발한 정치 참여로 그만큼 민

100 James Rosenau, 'Strong Demand, Huge Supply : Governance in an Emerging Epoch,' in Ian Bache and Matthew Flinders (eds.) *op. cit.,* p.31.

101 Ian Bache and Matthew Flinders, 'Themes and Issues in Multi-level Governance,' in I. Bache and M. Flinders (eds.), *op. cit.,* pp.2-3.

102 I. Bache and M. Flinders, 'Multi-level Governance,' *op. cit.*, p.97.

주주의가 내실화될 수 있다는 주장이 많이 나오고 있다. 그러나 그렇지 않다는 유보론도 만만치 않아 관심을 모으게 된다. 즉 하위 국가 행위자들의 참여 확대는 참여자들의 이익표명에는 기여할지 모르나 이익집약의 결과에서는 힘 있는 자의 이해가 앞설 수 있고 사회적 약자의 지위는 외면될 수 있기 때문이다. 따라서 다수준 가버넌스는 자원을 가지고 있고 그것을 복잡한 상황 하에서 효과적으로 동원할 수 있는 집단이나 행위자들에게 오히려 권력을 집중시켜 주는 결과를 가져올 수가 있다는 것이다.[103] 셋째로 새로운 전자 및 수송 기술의 발달로 시간과 거리가 축소되면서 사람들은 상호 접촉과 이해의 조정으로 조직을 만들고 네트워크 구축에 나서게 된다. 이것은 인간의 '관계 혁명'(relationship revolution)과 함께 '조직의 폭증'(organizational explosion)을 가져오게 되면서 세계적으로는 분절의 과정을 촉진시키지 않을 수 없게 된다. 결국 이러한 끝없는 분절 현상을 흡수해줄 수 있는 새로운 통합의 힘이 생겨나도록 되어 있다.[104] 민주주의가 이러한 통합의 문제를 적절히 해결해줄 것인지는 미래의 숙제로 남는다.

4. 민주주의의 선택

1970년대에 시작된 민주화의 제3의 물결로 많은 권위주의 국가들이 민주화의 길로 들어섬으로써 이제 민주주의는 모든 나라들이 지향하는

---

103 B. Guy Peters and Jon Pierre, 'Multi-level Governance and Democracy : A Faustian Bargain ?,' in Ian Bache and Mattew Flinders (eds.), Multi-level Governance, *op. cit.,* pp.86- 87; I. Bache and M. Flinders, 'Conclusions and Implications,' in I. Bache and M. Flinders (eds.), Multi-level Governance, *op, cit.*, pp.204-205.

104 James Rosenau, 'Strong Demand, Huge Supply,' *op. cit.*, pp.34-35.

역사의 종착역으로서의 가치를 인정받고 있다. 그러나 민주화의 이행과정은 결코 순탄치 못하다는 연구들이 나오고 있고 심지어 선진 민주주의도 국민의 지지도 하락추세와 병행해서 세계화나 정보화와 같은 새로운 도전에 직면하여 그 역량의 한계가 논의되는 등 민주주의는 국내외로 다가오는 복잡다단한 교란과 시련에 대응하기 위해서 새로운 선택의 기로에 서 있다고 볼 수 있다. 그야말로 낙관과 경고가 교차되는 역사적 전환점에 다다른 감이 없지 않다. 민주주의가 당면하는 개혁의 방향이나 제도적 고안들을 둘러싼 논의들을 정리해 보기로 한다.

(1) **보편적 민주주의론**(universal democracy)

2003년 미국이 이라크의 후세인 정권에 대한 군사작전에 성공하자 권위주의 체제에 대한 민주화의 가능성은 한때 상당한 기대를 모은 적이 있다. 이라크뿐만 아니라 그 인접 권위주의 국가들에 대해서도 민주화의 일대전환이 가능할 수 있다는 조심스러운 낙관론이 팽배하면서 세계적인 규모의 민주화 운동이 새로운 기운을 가지게 되었다는 분위기가 만연된 적이 있다.

L. Diamond는 이러한 낙관적인 분위기를 대표하듯 ① 자유민주주의 국가들의 강한 연합세력의 등장, ② 세계의 다대수 국가들은 이미 민주화되었고, ③ 이제는 민주주의 이외에는 광범위한 규범적 호소력과 정당성을 가진 통치 모형이 존재하지 않는다는 사실, ④ 민주주의야말로 기본적 인권을 보장할 수 있다는 국제적인 법적, 도덕적 전기가 마련되었다는 점, ⑤ 민주주의와 자유를 증진하기 위하여 국가와 국제조직들이 보다 과감하게 주권을 제약할 수 있게 된 점 등의 정세판단을 근거로 민주주의가 이제는 보편적인 세계적 추세가 되었음을 강조하고 다음과

같은 제안을 하고 있다.[105]

첫째로 아랍권의 민주화를 위해서는 이스라엘-팔레스타인 분쟁의 해결을 양자간의 항구적 공존과 두 개의 분리국가의 상호인정의 처방으로 해결함으로써 민주화의 계기를 촉진시킬 것을 제안한다. 이 분쟁의 해결만이 아랍권 독재의 횡포와 남용을 감싸던 정치적 허울을 벗김으로써 이들 사회가 자기들의 불행과 좌절의 진정한 근원에 초점을 돌리도록 할 수 있다는 것이다. 둘째로 민주화의 세계적인 전략으로서는 세계의 모든 폐쇄된 사회를 개방하는 일이 된다. 쿠바, 베트남, 버마, 북한 등의 극도로 폐쇄된 나라들과의 통상, 여행 및 여러 형태의 상호교환을 증진시킴으로써 개방의 길로 이끌어야 한다. 극도의 거짓말로 유지되는 북한과 같은 경우는 바깥 세계의 현실이 알려지는 한 붕괴되거나 급속도의 변화가 불가피한 것으로 보고 있다. 셋째로 많은 개발도상국가들에 대한 외원(foreign aid)과 부채 탕감을 위한 과감한 '뉴딜'(new deal) 정책을 제시한다. 지금까지의 개발도상국가에 대한 지원에 있어서는 세계은행과 같은 국제기구가 담당해왔으나 그 관리들은 타성과 무사안일에 젖기 일쑤이고 선진국들도 양자간 시혜를 통하여 민주화에는 도움이 되지 못한 것이 사실이었다. 그러나 최근 미국의 Bush 행정부가 결정한 '새천년 도전회계'(Millennium Challenge Account)는 민주화에 적극적인 저소득 국가들에 대한 개발원조에 새로 50억불을 증액하고 있는데 이러한 조치들은 외원을 통하여 좋은 통치를 권장하고 촉진할 수 있는 훌륭한 본보기가 된다. 이 외원 회계는 저소득 국가들의 경우 정의롭게 통치되고(민주적이고 책임 있게), 국민들을 위해 투자하고, 경제적인 자유를 증진하게 되면 그 대가로

---

105 Larry Diamond, 'Universal Democracy?,' in Bernard Brown, Comparative Politics, op. cit., p.222. Reprinted from *Policy Review,* no. 119 (June 2003), pp.3-25.

외원을 제공한다는 조건이 붙어 있어 민주화의 자격조건을 갖춘 저소득 국가들에 대한 적절한 외원수단이 될 것으로 기대되고 있다. 미국을 위시한 다른 서방 선진제국들도 이러한 민주화의 포괄적 전략에 동조할 것이 종용된다.[106]

(2) 민주주의의 세 가지 형태 : 개혁의 기본 방향

현대 민주주의의 개혁 방향과 관련해서 Bruce E. Cain, Russell J. Dalton, Susan E.. Scarrow 등은 민주주의를 ① 대의민주주의, ② 직접민주주의, ③ 창도민주주의의 세 가지 형태로 나누어서 각각의 형태에 따른 개혁적 노력의 결과를 분석해보고 있다.[107] 각 형태마다의 특성을 살펴보고 나름대로의 개혁적 노력의 결과가 어떻게 나타날 수 있는가를 검토해보는 일이 된다. 그리고 이들의 연구는 1960년부터 2000년까지의 기간 중 OECD의 18개국의 선거관계 및 여론조사에 근거한다.[108] 또한 세 가지 민주주의 형태의 실제 운영에 관한 평가에 있어서는 Robert Dahl이 제시한 ① 포함, ② 정치적 평등, ③ 계몽된 이해, ④ 의제의 통제(control of the agenda), ⑤ 효과적인 참여의 다섯 가지의 민주적 기준을 택하고 있다.[109]

---

106 *Ibid.,* pp.233-234.

107 Bruce E. Cain, Russell J. Dalton, and Susan E. Scarrow, *Democracy Transformed ? : Expanding Political Opportunities in Advanced Industrial Democracies* (Oxford : Oxford Univ. Press, 2003).

108 이 연구의 대상은 OECD의 다음 18개국이다 : Australia, Austria, Belgium, Britain, Canada, Denmark, Finland, France, Germany, Ireland, Italy, Japan, the Netherlands, New Zealand, Norway, Sweden, Switzerland, the United States.

109 Russel J. Dalton, Bruce E. Cain, and Susan E. Scarrow, 'Democratic Publics and Democratic Institutions,' in Bruce E. Cain, et. al., Democracy Transformed ?, *op. cit.,* p.257; Robert Dahl, *On Democracy* (New Haven : Yale Univ. Press, 1988), pp.37-38.

① 대의민주주의(representative democracy)

대의민주주의는 민주주의의 기본이 되는 형태로서 국민은 자신들의 이익을 대변해줄 대표자를 선출함으로써 이들이 국민을 대신하여 국정을 수행하는 형태이다. 민주주의의 개혁은 일관되게 이 대의적 기능을 확대하는 과정이었으며 민주주의 초기의 개혁과제도 이 선거의 확대과정에 초점을 두어 왔다고 볼 수 있다. 2차대전 이후로도 이 선거확대는 여성투표의 증대, 각종 선출직 공무원의 확충, 투표 연령의 하향조정(18-20) 등의 개혁 시책으로 구체화되어 왔다. 미국의 경우 최근에 이르러서도 대통령 예비선거(presidential primary) 제도는 전국적으로 확대되고 있으며 특수 이익의 반영을 견제하기 위한 선거 자금관리의 규제를 비롯하여 여러 가지 시민참여의 확대가 시도되고 있다.[110]

그러면 OECD 국가들의 경우 선거를 통한 정치참여의 확대는 Dahl의 다섯 가지 민주적 기준에 비추어볼 때 어떠한 결과로 나타나는가? 우선 선거의 확대는 모든 성인들에게 투표권을 부여한다는 점에서 '포용'(inclusion)의 기준을 충족시킨다고 볼 수 있다. 그리고 모든 국민에게 차별없는 투표권을 보장하는 추세가 늘어감에 따라 '정치적 평등'의 기준도 충족된다. 그러나 문제가 '계몽된 이해'(enlightened understanding)에 이르면 이야기가 달라진다. 즉 일반 투표자들의 경우 매우 복잡한 사안에 대한 선택을 놓고 필요한 정보와 인지적 기능을 갖추고 있는가는 정치학의 계속된 논쟁의 소지가 되어온 것이 사실이다. 예를 들면 2002년 11월 미국의 Houston시민들은 12명의 판사선임에 대한 투표를 요청받았는데 얼마나 계몽된 선택을 할 수 있었는지는 의심의 여지가 있다는 것이다. 또한 '의제의 통제'에 있어서도 엘리트의 역할이 결정적인 것은 불가피

110 *Ibid.*, pp.9-10.

해진다. 가장 중요한 것은 시민들의 투표가 '효과적인 참여'로 결실될 수 있느냐의 문제다. 투표자는 자기가 원하는 것을 얻어낼 수 있느냐의 문제가 된다. 예를 들면 시장을 선출하는데 한표를 던졌다고 해서 자기가 원하는 일이 뜻대로 될 것인가의 의문이 제기될 수 있듯이 현대의 정치와 행정은 복잡성과 책임성의 분산을 특징으로 하고 있다는 사실이 중요하게 된다. 정책 결정의 분절화, 분리 정부, 선출직 공직자의 복합성 등으로 말미암아 선출되는 공직자들에 대한 책임소재의 결정은 매우 힘들기 때문이다. 대체로 선거를 통한 대의민주주의 형태의 개혁은 '포함'이나 '정치적 평등'면에서는 어느 정도의 성과가 있을 수 있으나 그 이외의 기준면에서는 뚜렷한 성과를 장담할 수 없다는 결론이 도출된다.[111]

② 직접민주주의(direct democracy)

민주주의를 발전시키는 길은 '직접민주주의'의 행태로도 가능하다. 즉 국민투표나 발의를 통하여 시민들이 정치과정에 직접 뛰어드는 방법이다. 일찍이 시도된 스위스의 헌법 및 입법 국민투표 제도가 관심을 모으면서 미국서도 1900년부터 1920년 사이에 22개 주의 헌법에 국민투표와 발의제를 확정하기도 했다. 시민들이 직접 정부정책을 결정하고 정부 이외의 행위자들이 쟁점의 설정을 통제하고 정책적 토의의 시기도 결정함으로써 이 방법을 택하는 시민들이나 집단의 힘을 증대시킨다. 전후 1950년대와 1960년대에는 별로 사용되지 않다가 그 후로 급속히 증가하여 OECD의 경우 1960년대와 1990년대 사이에 3배로 증가된 것으로 나타난다. 특히 Italy에서 국민투표 실시가 괄목했고 유럽 연합(EU)의 발전과 병행해서 그 빈도가 늘어났다. EU 가입, 유럽의회의 구성, 유로화

---

[111] *Ibid.,* pp.257-260.

(euro) 결정 등의 문제는 각국의 국민투표로 결정되었다.[112]

국민투표와 같은 직접민주주의 형태의 도입과 확산은 시민 참여를 늘리는 '포함'이나 '정치적 평등'에 기여하는 것은 확실하다. 다만 국민투표 참여율은 공직자 선출 선거보다는 다소 떨어지는 경향은 있다. 예를 들면 1996년 California에서의 '제안 98'(proposition 98)에 대한 투표에서는 투표권자의 반이 참여하여 51%의 지지를 받은 것으로 나타났다. 그리고 투표자들이 갖는 정보나 이해의 정도면에서 국민투표는 여러 가지 문제를 안고 있다. 즉 국민투표의 쟁점이 매우 복잡하거나 특수한 성격을 띨 때가 많기 때문이다. 예를 들면 1997년 Italy에서는 TV소유권에 관한 규칙, TV 방송 정책, 상가의 영업시간, 지방단체의 상업행위, 노동조합 개혁안, 행정 선거의 규제, 마피아 회원들의 주거 규칙 등에 관한 다양한 쟁점을 물은 적이 있다. 투표자들이 이러한 쟁점에 관한 충분한 정보와 이해를 갖고 있는가는 의문되는 점이 많다. 결국 국민투표는 시민들의 '계몽된 이해'의 기준을 충족시키기에 부족한 점이 많게 된다.

그러나 국민투표는 '의제의 확정'이나 '효과적인 참여'면에서는 결정적인 몫을 할 수 있다. 의제의 확정은 엘리트로부터 시민들의 손으로 넘어오게 되고 투표자들은 직접 투표로 정책을 결정짓는다. 투표자들은 새로운 법을 만들고 현존하는 법을 철폐하고 헌법을 직접 고친다. 즉 시민들의 투표는 효과적인 것이 된다. 물론 국민투표의 과정에 있어서는 힘있는 집단이나 세력들이 자기들의 '특수한 이익'을 옹호하기 위하여 여러 가지 그릇된 영향력을 발휘할 경우가 있을 수 있다. 그러나 전반적으

---

112 Russel J. Dalton, Susan E. Scarrow, and Bruce E. Cain, 'New Forms of Democracy ? Reform and Transformation of Democratic Institutions, ' in Bruce E. Cain, Democracy Transformed ?, *op. cit.*, p.5; R. Dalton, B. Cain, S. Scarrow, 'Democratic Publics,' *op cit.*, pp.253-254.

로 국민투표 방식은 시민들에게 정치적 접근의 새로운 통로를 마련해주고 정치적 의제를 구성해줄 새로운 방법을 제공하는 것만은 확실하다. 다만 이 과정에서 공정하고 합리적인 판단을 가능케하는 여러 가지 조건들이 구비되는 것이 바람직한 일이 된다.[113]

③ 창도민주주의(advocacy democracy)

민주주의를 국민에게 보다 철저히 다가서게 만들기 위한 것이 '창도민주주의'이다. 시민들과 공공이익 집단들이 정부와 직접 접촉하고 정책형성 과정에도 직접 참여하는 형태가 된다. 물론 최종적인 결정은 공직자의 몫이기는 하다. 시민들의 국정에 대한 정보의 취득을 원활하게 하기 위한 '정보의 자유'(FOI : Freedom of Information)법은 현재 OECD 대부분의 국가들에 의해 실행되고 있으며 시민들은 정부의 공문서에 자유롭게 접근할 수 있은 길이 법으로 허용되고 있다. 미국에서는 1966년 이 법이 통과되었으며 2002년 현재 OECD의 15개국이 이 법을 실행에 옮기고 있다.[114] 정부시책이 국민에게 보다 밀접하게 다가서도록 만들기 위해서 정부의 기능과 권한을 하급기관이나 지방으로 분권화시키는 경향도 늘어나고 있다. OECD 국가들은 1965년을 기점으로 교육, 사회봉사, 지역계획 등의 분야에서 이 분권화를 실행하고 있다.[115]

한편 '행정 국가'의 개혁도 시민의 행정에 대한 직접적인 참여를 가져올 수 있다. '신 공공경영'(New Public Management) 제도의 도입 이래로 '시민 헌

---

113 *Ibid.,* pp.261-262.

114 Bruce E. Cain, Patrick Egan, and Sergio Fabbrini, 'Towards More Open Democracies : The Expansion of Freedom of Information Laws,' in Bruce E. Cain, et. al., Democracy Transformed?, *op. cit.,* pp.118-119.

115 Christopher Ansell and Jane Gingrich, 'Trends in Decentralization,' in Bruce E. Cain, Democracy Transformed ?, *op. cit.,* pp.143-145.

장' 또는 '서비스 헌장', '시민만족도 조사', '절차간소화' 등이 실행되면서 시민들에 대한 행정의 봉사가 활성화되었고, '민원조사제도'(Ombudsman), '행정절차법' 등의 도입은 국정에 대한 투명성과 책임소재의 규명에 결정적으로 기여한다. 최근에는 시민들이 공직자들과 직접 대화와 협의를 하는 이른바 '시민자문위원회', '시민배심원', '콘센서스 회의' 등으로 '협의민주주의'를 실행에 옮기는 실험적인 단계까지 이르고 있다.[116]

그러면 '창도민주주의'의 개혁방식은 어떠한 결과를 가져올 수 있는가? 우선 시민들에게 국정에 접근할 수 있는 새로운 통로를 개척하는 것은 분명하다. 그러나 투표와는 달리 모든 시민들이 소송의 절차를 밟거나 '정보자유법'을 이용하여 정부 투명성을 규명하고 또는 전문화된 시민자문위원회에 참여하는 것은 아니라는 점에서 Dahl의 '포함'이나 '정치적 평등'의 기준에는 미치지 못하는 경우가 발생될 수 있다. 자원과 전문성, 그리고 시간의 문제에 따라 참여자는 한정되기 마련이기 때문이다. '계몽된 이해'면에서는 시민들이 많은 정보 획득의 길이 열리면서 보다 정확하고 풍부한 판단으로서 국정의 책임소재를 분명히 하고 자신들의 입장을 관철시킬 수 있게 된다는 장점이 있다. 그러나 협의민주주의적인 성격을 띠는 '시민자문위원회'와 같은 경우에는 상당한 전문지식과 인지적 기능(技能)이 요구된다는 점에서 시민참여는 불평등한 결과로 이어질 수도 있다.

그러나 '창도민주주의'는 시민들의 '의제의 통제'와 '효과적인 참여'면에서는 매우 긍정적인 결과를 가져온다. 시민들은 정보자유법, 국정의 분권화, 행정국가의 개혁 등에 나타나는 다양한 수단을 동원하여 언제,

---

116 Christopher Ansell and Jane Gingrich, 'Reforming the Administrative State,' in Bruce E. Cain, Democracy Transformed ?, *op. cit.,* pp.165-188.

어디서 정부지시에 도전하고 정책수립자에게 압력을 가할 수 있는가를 선택할 수 있게 됨으로써 민주주의의 내실을 기할 수 있다. 이제 시민들은 직접적이고 중개되지 않는 참여를 통하여 대행자를 쓰지 않고도 정책결정 과정에 참여할 수 있는 귀중한 기회가 마련된다. 민주주의가 요구하는 투명성과 책임성에 기여하는 것은 분명하다. 물론 여기에는 자원과 능력을 갖춘 시민들이 우선적으로 혜택을 본다는 단서가 붙는다.[117]

이상의 논의를 정리해 보면 다음과 같다. 우선 대의민주주의 형태를 통한 선거의 확대는 '포함'이나 '정치적 평등'의 신장에는 기여하게 되나 시민들의 '계몽된 이해'를 증대시키는 데는 한계가 있고 특히 '의제의 통제'나 '효과적인 참여'면에서의 기여도도 대단하지 않은 것으로 나타난다. 직접민주주의는 시민들의 의제에 대한 통제를 강화하고 정치적 참여의 효과를 증대시키기 위한 방편이며 이를 위해서는 상당한 진전을 보이는 것으로 나타난다. 그러나 직접민주주의가 국정의 매우 복잡하고도 민감한 분야에 관한 쟁점들에 관한 투표를 하는 경우에 있어서는 과연 시민들이 그 내용을 충분히 이해할 수 있을 것인가의 '계몽된 이해'면에서는 미흡한 것으로 나타난다. 끝으로 '창도민주주의'는 시민들이 정책결정에 깊이 있게 참여하는 '협의민주주의'의 이상을 실천하려는 움직임이 된다. 의제의 결정이나 참여의 효율성을 극대화시킬 수 있는 최선의 방법이 될 수 있음은 분명해진다. 그러나 여기에도 토의와 협의의 과정에서 전문성과 인지적 기능 및 자원의 문제가 제기되면서 이러한 수단을 구비하고 있는 개인들이나 집단들이 자기들의 특수 이익을 우선적으로 반영시킬 수 있는 길이 열려 있다는 점이 아쉬운 한계로 지적된다.

---

[117] R. Dalton, B. Cain, and S. Scarrow, 'Democratic Publics and Democratic Institutions,' *op. cit.,* pp.262-264.

(3) 민주주의의 어려운 선택

민주주의는 세계화에서 오는 경쟁력 강화의 문제, 급속한 경제성장을 보장하는 발전국가의 필요성, 다수준 가버넌스에서 오는 통치상의 문제 등 그 도전의 현실은 가혹할 정도의 시련을 뜻할 수 있다. 그리고 이미 살펴본 민주주의의 세 가지 형태로 구체화되는 제도적 개혁에서 오는 복잡하고도 상반되는 운영상의 결과들을 감안하게 되면 민주주의가 풀어야할 과제들은 어려운 선택의 문제가 된다.

첫째로 최근의 민주주의의 개혁에서는 '직접민주주의'와 '창도민주주의'가 그 주된 내용을 이루고 있는데 이러한 방향이 시민 참여를 증폭시켜 투명성과 책임성을 증대시켜 주는 것은 부인할 수 없는 사실로 나타난다. 국정에 대한 소상한 정보를 얻을 수 있고 공직자들의 의식과 행동에 제약을 가하면서 정책 결정에 실질적인 영향을 미칠 수 있음은 분명하다. 그러나 이 과정이 정책 수립의 질을 높인다는 보장은 없다. 특수이익이 앞선다든가 소수자 권리가 외면되고 소수와 다수의 이해에 균형이 잡히지 못하며 공중이 후회하게 될 결정이 내려질 수도 있다. 투명성과 접근의 확대는 잘못을 시정하고 벌을 주는 긍정적인 면도 있지만 그것이 지나칠 때에는 업무의 효율성을 저하시키고 때에 따라서는 정당성에까지도 영향을 미칠 수 있다. 예를 들면 무역에 관한 비밀이 경쟁자에게 새면 그것은 차후의 혁신 의욕을 감소시킬 수 있다. 행정적 결정을 뒤집기 위하여 시민들의 사법적 대응이 증가하면 소송비용도 증가하는 상호작용이 불가피해지고 재판에서 지면 그만큼 정책적 마비로 이어질 가능성도 있다.[118] 결국 투명성과 책임성을 확대하기 위하여 참여와 협의의

[118] R. Dalton, B. Cain, and S. Scarrow, 'Democratic Publics and Democratic Institutions,' *op. cit.,* pp.270-272.

제도적 개혁을 도입한다는 것은 정치과정에 있어서의 G. Almond류의 '이익 표명'에는 크게 기여하게 되나 그 다음 단계로의 '이익 집약'에까지는 효적으로 연결되지 못할 수 있다는 점이 문제가 된다. 따라서 민주주의의 개혁에 있어서는 이미 표명된 다양한 이해와 입장들을 일관된 정책적 프로그램으로 집약할 수 있는 적절한 메커니즘이 형성되어야 한다는 이야기가 된다.[119] 그것이 정당제도의 재편이 되든 또 다른 중간단위의 매개체가 되든 구체적인 형성은 민주주의의 새로운 선택적 과제가 된다. 이것이 형성되지 않는 한 민주주의는 부단한 분절에서 오는 원심적인 경향을 통치로 연결시켜주는 구심적 경향을 형성하지 못한 채 '통치성'의 결여 문제에 계속 시달릴 수밖에 없다.

둘째로 민주주의는 자칫 이미지 관리나 대중영합주의(populism)로 흐를 가능성을 언제나 안고 있다. 제도적 개혁(직접민주주의, 창도민주주의)이 별다른 효과가 없고 또한 실질적인 대안이 보이지 않게 되면 정치인들은 정치적 불만의 부정적 잠재성을 이용하여 단기적인 정치적 이득을 얻고자 한다. 정치적 전략가들은 선거를 정책 대결이 아니라 이미지 조작의 경합으로 보고 오로지 선거에 승리하기 위한 부정적 광고에만 치중하게 된다. 미국 대통령선거에서 보듯 입후보자들은 제도를 제쳐놓고 선거에 뛰어들며 이미지 관리와 부정적 광고 효과로 정치적 목적을 달성하려고 한다. 그리고 이미지 정치와 관련해서 여론조사가 민주적 과정에 도움이 될 것으로 받아들여져 왔으나 그것도 정치인들의 비전을 흐리게 하는 사이렌의 노래가 될 수 있다는 반론도 만만치 않다. 정치인들은 당장에 인기 있는 정책적 발의에만 급급하고 그들의 행동이 가져오는 부정적인 결과로부터 헤어나기 위해서는 또다시 '보도 대책 보좌관'들에 의존할

119 Russel Dalton, Democratic Challenges, *op. cit.*, pp.204-205.

수밖에 없게 된다는 것이다.[120]

이러한 정치인들의 자질과 능력의 문제는 결국 정치적 리더십의 문제로 귀결된다. Plato의 '기능적 비유'에서 도출되는 특출한 철학적 후견자, M. Weber의 탁월한 소수의 지도 집단, J. Schumpeter의 민주적 리더십의 불가피성 등에 일관되는 주제는 민주주의의 원심적 경향(참여와 분절현상)에 균형을 잡아줄 구심적인 리더십의 필요성이라고 볼 수 있다. 현대적인 상황 하에서 엘리트들의 이미지 조작과 '포퓰리즘'을 견제하는 일이 선거나 행정 말단 수준의 참여확대로 해결되기 힘들다면 어떠한 대안이 있을 수 있을 것인가가 앞으로의 숙제로 남는다.

셋째로 정치적 참여의 확대가 분절 현상을 확산시키게 되자 그에 상응하는 통합력을 마련해야 하는데 이를 위한 제도적 묘안이 좀처럼 보이지 않는다면 유일한 해법은 구조가 아닌 행위의 수준에서 찾을 수밖에 없다. 즉 정치적 절제, 연합 구축, 협상, 특수 이익집단과 그들의 수사(修辭)에서는 배울 수 없는 귀중한 교훈 등의 바람직한 정치적 덕성을 갖춘 모범적인 시민들을 교육시켜 나가야 한다는 것이다.[121] 최근의 정치사상 연구에서는 시민적 덕성의 문제가 '공화주의' 또는 '시민 이론'으로 자리잡으면서 경제적 자립정신, 정치적 참여, 예의 등을 포함하는 시민적 책임감과 덕성을 함양시키는 방안들이 논의된다. 가정과 학교, 시민사회의 각종 자발적 조직(이웃, 교회, 노조, 인종단체, 환경단체, 자선단체 등)들이 시민적 덕성의 묘상으로 보존되고 육성되는 방안 등이 검토될 수 있다.[122]

120 *Ibid.,* pp.206-207.

121 R. Dalton, B. Cain, S. Scarrow, 'Democratic Publics and Democratic Institutions,' *op. cit.*, pp.273-274.

122 Knud Haaknonssen, 'Republicanism,' in Robert E. Goodin and Philip Pettit (eds.), *A Companion to Contemporary Political Philosophy* (MA, US : Blackwell Publishing, 2004), pp. 568-572 ; Will Kymlicka, *Contemporary Political Philosophy,* Second Ed. (Oxford : Oxford Univ. Press, 2002), pp.284-319.

제3장 환경과 정치

환경 문제는 21세기의 인류가 당면하는 중요한 현안 중의 하나이다. 환경에 관한 인류의 관심과 대응은 오래 전으로 거슬러 올라가지만 본격적으로 세계적인 관심사가 되고 공동의 대책이 논의되기 시작한 것은 2차대전 이후, 특히 1970년대 이후가 된다. 20세기 후반에 접어들면서 세계적인 산업화 과정이 진행되자 그에 따른 갖가지 부작용과 함께 환경의 훼손과 파괴가 인류의 안전과 복지에 심각한 위협으로 전환되기에 이르렀기 때문이다. 공해, 생태계의 파괴, 자연자원의 고갈 등을 비롯하여 보다 시급한 지구 오존층의 파괴, 세계적 기후 변화, 어족 자원의 남획 등의 세계적인 차원의 해결을 요하는 중요한 환경문제들이 국제정치의 현안으로 등장하게 되었다.

환경문제는 본질적으로 한 나라의 국경을 뛰어 넘는 초국경적인 성격을 띠고 있다. 대기와 해양의 오염과 그 확산, 그리고 바다의 어족고갈과 지구상의 주요 산림의 황폐 등은 어느 특정국가나 지역에만 국한되는 것이 아니라 지구 전체의 보존과 안전에 직결되는 국제정치적인 문제가 되기 마련이다. 따라서 문제의 해결을 위해서는 국가간의 이해와 협력이 절실하게 되며 어떻게 하면 국가간의 합의를 도출해낼 것인가가 일차적 과제가 된다. 또한 환경문제는 산업화와 경제성장의 산물이라는 특성이 있기 때문에 경제성장의 방향과 속도면에서의 자제와 한계의 설정이 불가피하게 되는데 이러한 문제를 해결하기 위해서는 이미 산업화를 이룩한 선진제국과 개발도상국가 사이의 협력과 상호조정, 즉 북남협력이 새로운 국제정치의 과제로 등장하게 된다. 이러한 문제들을 중심으로 이미 1970년대로부터 세 차례에 걸친 세계적인 정상회의가 열린 바 있다. 첫 번째 회의는 1972년 스웨덴의 Stockholm에서 열린 '환경과 발전을 위한 유엔 회의'(U.N. Conference on Environment and Development)이고 두 번째는 1992년 브라질의 Rio de Janeiro에서 열린 '지구 정상회의', 그리고 세 번째는 2002년 남아프리카의 Johannesburg에서 열린 '지속가능한 발전을 위한 세계 정상회의'이다. 이 세 차례의 세계적 회의는 당시의 환경과 관련된 이론적 관점들과 정책적 대안을 둘러싼 세계적 규모의 토의와 합의를 반영하고 있으며, 보다 구체적으로는 국가간의 환경문제를 둘러싼 원칙, 규범, 규칙, 실행절차, 제도 등을 마련하게 될 '국제 레짐'(international regimes)의 형성과정으로 볼 수도 있다. 환경문제에 대한 세계적인 관심과 대응의 역사적 발자취로서 회의마다 제기된 쟁점과 문제해결을 둘러싼 논의들을 정리해보는 것은 환경과 정치의 상호관계를 밝히는 적절한 길잡이가 될 수 있다.

환경문제에 있어서는 환경 훼손의 원인규명과 대책의 수립을 둘러싸고 두 갈래의 서로 상충되는 입장이 존재한다는 것을 이해할 필요가 있다. 첫 번째는 환경주의, 또는 개혁주의로 불리는 비교적 온건한 입장으로 현존하는 세계의 정치, 사회, 경제, 규범적 구조를 그대로 받아들이면서 구조적 틀 속에서 환경문제를 개선할 수 있다고 믿는다. 즉 현재의 세계적 자본주의 구조를 받아들이면서 환경개선을 지향하는 입장이다. 또 하나는 '생태주의', '심층생태학', '생태중심주의', '녹색정치이론', '녹색정치' 등으로 불리면서 현존하는 자본주의적 구조 자체가 환경적 위기를 만들어내는 장본인이기 때문에 이 구조는 마땅히 도전을 받아야 하고 극복되어야 한다는 매우 과격한 입장이다. 이러한 대조적인 입장은 환경문제의 발생원인, 그 대응을 둘러싼 해법, 그리고 장기적인 정책적 결과를 둘러싸고 첨예한 대립을 보이고 있으며 학계의 열띤 논쟁을 유발하고 있기 때문에 그 체계적인 이해는 환경문제의 연구를 위하여 매우 유익할 수 있다.

환경문제가 초국경적인 세계적 관심사가 되고 환경의 훼손과 파괴가 인류의 안전과 복지에 미칠 심대한 영향력에 대한 국가간, 지역간, 또는 남북간의 이해와 협력이 절실히 필요하게 되자 이제 환경과 정치의 상호관계는 가장 절실한 학문적 연구 과제로 등장하고 있다. 그리고 이러한 시대적 분위기를 반영하여 '세계적 환경 정치'라는 새로운 연구 분야가 개척되기에 이르고 있다. 환경문제가 두드러진 국제적 관심사와 협력과제로 등장하게 된 지난 30여년의 역사적 과정을 통하여 제기된 주요 쟁점과 정책적 논의들을 정리해본 다음 이론적 구성 및 개혁의 방향과 관련되는 서로 상충되는 이론적 시각과 대응책들을 검토해볼 수 있다.

1. 환경문제의 역사적 맥락

환경문제의 이해를 위해서 1972년 이후로 열린 세계적인 환경회의들을 중심으로 어떠한 쟁점이 제기되고 어떠한 형태의 국제적 대응과 협력이 모색되었는가를 역사적으로 검토하는 것이 바람직하게 된다. 1972년의 Stockholm 회의, 1992년의 Rio 회의, 그리고 2002년의 Johannesburg 회의 등을 중심으로 환경문제의 역사적인 맥락을 정리해 보고자 한다.

(1) U.N **인류환경회의**(Stockholm, 1972**년**)

이 회의는 전후의 냉전 시기였지만 처음으로 열린 세계적인 환경 정상회의였다. 비록 동구권과 소련은 동서독의 참석 문제로 인한 의견 차이로 회의에 불참하였으나 당시 지배적인 환경문제의 쟁점과 대응을 둘러싼 국제적인 관심과 노력의 일면이 적절히 반영된 역사적 전환점으로 기록된다. 이 회의에서는 당시 미국과 유럽에서 일고 있는 환경문제에 대한 관심, 특히 공기와 물의 오염에 대한 관심과 대책이 주요한 쟁점이 되었다. 그리고 선진제국들은 환경문제가 산업화된 풍요한 생활스타일의 소산으로 보는 입장에 치우치다보니 후진지역에서는 환경문제가 선진국만큼 관심사가 되지 못한다는 분위기를 만든 것으로도 평가되고 있다. 회의를 전후하여 제기된 환경문제에 관한 두드러진 이론적 논의들을 정리해볼 수 있다.

첫째로 회의에 앞서 1968년에 발표된 Garrett Harding의 '공유지의 비극'은 환경문제의 관심과 대책의 절실함을 불러일으키는 선도적인 역할을 했다.[123] 그에 의하면 가축을 기를 수 있는 공유지는 사용료 없이 무한정 개방되어 있어 목자의 개인적 판단에 따라 얼마든지 가축을 늘려나갈 수 있게 되어 있다. 그러나 자기의 가축이 늘어나고 다른 목자들도 공유지에 모여들게 되면 언젠가는 한계가 와서 공유지는 황폐해지기 마련이다. 목자 개인으로 볼 때에는 공유지를 극히 적은 비용으로 사용할 수 있어 이득이 될 수 있으나 사용자가 늘게 되면 공유지라는 자원은 고갈되고 황폐화되어 전체 목자들 모두가 피해를 보게 되는 비극적인 결과가 온다는 이야기이다. 마찬가지로 공기나 바다, 산림과 같은 인류

[123] Garrett Harding, 'The Tragedy of the Commons,' *Science, 162* (December 13, 1968); 1243-1248.

의 공유 자원도 사용자의 개인적 이해에 얽매이고 전체의 공익이 고려되지 않을 때에는 이러한 비극으로 끝난다는 것이다. 즉 환경의 이용과 관련해서는 개인적인 논리가 집단적인 재난을 초래한다는 Harding의 비유는 Stockholm 환경회의를 전후하여 환경문제의 관심과 논의를 활성화시키는데 상당한 기여를 한 것이다.[124]

둘째로 D. H. Meadows와 그의 동료들이 내놓은 '성장의 한계'를 꼽을 수 있다.[125] 1970년대에 들어서면서 선진제국에서는 공기와 물의 오염, 야생계의 보존, 유독화학제품, 도시혼잡, 핵 방사선, 자연자원의 가격상승 등으로 경제성장의 심각한 부작용과 한계가 본격적으로 논의되기 시작하였는데 이 책은 당시의 이러한 분위기를 배경으로 베스트셀러의 인기를 모은 연구가 된다. 체제모형의 기법을 사용하여 저자들은 인구와 경제성장, 그리고 자연자원의 상호작용의 추세를 장기적으로 추정한 결과 성장에는 언젠가는 한계가 오는 심각한 사태를 전망했다. 즉 산업화의 촉진, 급격한 인구증가, 악화되는 영양실조, 비재생가능자원의 고갈, 환경의 훼손 등의 여러 추세들이 수렴되면서 세계는 성장의 한계에 도달한다는 것이다. 세계의 경제적, 사회적 파국을 피하기 위해서는 인구의 증가와 자원소비에 있어서의 계획된 억제책이 절실하다는 결론이 도출된다. 이 연구는 당시 선진제국에 감돌던 성장의 부작용과 한계에서 오는 두려움을 자극하고 대응책을 요구하게 만드는데 큰 몫을 한 것으로 되어 있다.[126]

이상의 두 연구에 대해서는 여러 가지 문제점들이 지적된다. Harding

124 Ken Conca & Geoffrey D. Dabelko (eds.), *Great Planet Blues : Environmental Politics from Stockhlom to Johannesburg, Third Ed.* (Boulder, Colorado : Westview Press, 2004), pp.19-20.

125 Donella H. Meadows, Dennis L. Meadows, Jorgen Randers, and William W. Behrens III, *The Limits to Growth* (Washington, D. C.: Potomac Associates, 1972).

126 K. Conca & G. Dabelko, *op. cit.*, p.18.

의 연구에서는 공유지의 보존을 위해서는 민영화 또는 보다 철저한 통제가 이루어져야 한다는 주장이 나오고 있으나 이러한 대응책은 현재의 국제정치적 현실에서는 실현가능성이 희박하다는 것이고, Meadows 외의 '성장의 한계'와 관련해서는 자원의 활용에서 가능한 기술적 해법을 도외시하고 있다는 비판이 있다.[127] 그러나 Stockholm 회의를 즈음하여 세계적인 관심을 모은 두 연구는 당시에도 환경문제 논의의 기본적 틀을 제공하였을 뿐만 아니라 그 후로도 계속 이론적 구성의 주요 항목으로 존속되어 가고 있다. 성장의 한계를 둘러싼 논쟁은 최근에 와서는 국제무역의 환경적 결과와 관련하여 재연되고 있으며, 국제협력의 어려움과 관련된 부분에 있어서는 Harding의 연구가 아직도 설득력 있는 소재로 원용된다.[128]

(2) **지구정상회의**(Rio de Janeiro, 1992)

1972년 Stockholm 회의 당시만 하더라도 환경문제 해결에는 인구증가에 제동을 걸고 자원소비도 국가간의 협력으로 억제되어야 한다는 방향으로 가닥을 잡았고 특히 경제성장에 대한 태도는 무조건 찬성이 아니라 그 부작용과 한계가 중시되는 유보적인 경향이 두드러졌다. 그러나 지배적인 환경문제에 대한 패러다임(paradigm)은 1980년대와 1990년대에 들어서면서 새로운 것으로 바뀌기 시작하는데 이른바 '지속가능한 발전'(sustainable development)의 개념이 이러한 변환을 대표한다. 이 개념은 경제성장이 환경의 훼손이 없는 생태학적으로 수용가능한 발전을 가져올 수

---

127 Elinor Ostrom, Governing the Commons : The Evolution of Institutions for Collective Action (London: Cambridge Univ. Press, 1990); Julian Simon and Herman Kahn, *The Resourceful Earth* (Oxford : Basil Blackwell, 1984).

128 Conca & Dabelko, *op. cit.*, pp.20-22.

있다는 전제 하에 생태학과 경제 사이에 존재하는 긴장을 능히 조정할 수 있다는 입장을 그 내용으로 하고 있다. 그리고 이 개념은 1992년 브라질의 Rio에서 열린 지구정상회의의 주요 의제가 됨으로써 기후와 생태다양성에 관한 다자조약의 체결을 이루어냈으며 21세기의 '지속가능한 발전'을 위한 800페이지에 달하는 야심찬 청사진으로 '아젠다 21'을 창출해냈다.

지속가능한 발전의 개념은 1987년 '환경과 발전에 관한 세계위원회'(World Commission on Environment and Development)가 발표한 '우리들 공동의 미래'(Our Common Future)에 잘 나타나 있다. 일명 'Brundtland 보고서'로도 불리는 이 보고서는 경제성장이 지구상의 자연자본(natural capital: 재생가능자원과 비재생가능자원의 총체)과 주요 자연 지원 체제(vital natural support system : 오존층과 기후체제)의 훼손과 파괴를 통하여 이루어져서는 안 되며, 모든 나라의 일인당 에너지 소비량을 줄이고 화석연료의 사용으로부터 재생에너지 자원에 의존할 것을 강조하고 있다. 재생가능 자연 자원의 관리 체계를 확립하고 또 한편으로는 세계 인구를 가급적 낮은 수준으로 유지하면서 세계적인 소비 수준에도 한계를 도입하는 방안 등을 제안하고 있다. 또한 가난한 나라와 부유한 나라, 한 나라 안에서, 세대간에 있어서 '형평'의 중요성을 강조하고 있는데 고도로 산업화된 나라는 세계적인 자원의 사용면에서 형평성을 벗어나는 경향이 있고 한 나라 안에서도 토지와 기타 자원의 분배는 극히 형평성을 잃고 있는 사태가 지적된다. 그리고 현재 못지않게 미래의 세대들도 지구상의 자원을 사용할 권리가 있다는 점이 강조된다. 결론적으로 이 보고서는 정책결정에 있어서 경제적인 고려와 생태적인 고려는 반드시 상반될 필요가 없으며 오히려 통합이 가능하다는 점이 역설되고 있다. 예를 들면 농지의 질을 보존하고

산림을 보호하는 것은 농업의 장기적인 발전 가능성을 높여줄 수 있다는 것이다.[129]

환경문제를 위한 이 새로운 패러다임은 1992년 Rio에서 열린 '지구정상회의'(Earth Summit)의 주요 의제가 되었고 보다 지속가능한 발전을 위한 행동계획을 담은 '아젠다 21'(Agenda 21)의 채택으로 이어졌다. 이 회의는 인류의 장기적인 지속가능한 발전을 위한 각국의 사회·경제정책, 국제 경제관계, 세계적 공동 쟁점에 관한 협력 등에 관한 광범위한 합의 등을 도출해냈다. 각국의 국내정책과 관련해서는 개발도상국가의 경우 지속가능한 발전에 시민참여의 원칙이 합의되었고 빈곤, 지속가능한 농업, 사막화, 토지 훼손 등과 관련해서는 자연자원관리를 공동체 수준으로 분권화하고 농촌주민들이나 원주민들에게 농지권리와 기타 권리들을 부여하며 농촌공동체의 신용창출과 같은 서비스 확대도 요구하였다. 지속가능한 발전에 역행하는 보조금의 삭감이나 제거도 요구되었고 형평성을 결한 소비유형이 지구 환경 훼손의 원인이 된다는 사실도 확인했다. 현존하는 국제 레짐의 강화나 새로운 레짐의 창출에도 합의하였는데, 유독화학제품, 세계 어족 감퇴, 토지에서 유발되는 해양 오염, 사막화, 작은 섬들이 당면하는 환경 및 발전상의 문제 등이 그 대상으로 포함되었다. 재정적 자원, 기술이전, 교육, 기타 아젠다 21의 실행을 위한 능력개발 등은 Rio 회의의 핵심내용을 이루고 있으며, 개발도상국은 선진국들의 지원을 받아서 환경보호 면에서 보다 건전한 정책을 수행할 것 등이 합의되었다. '아젠다 21'은 환경보존의 새로운 패러다임으로 실

[129] World Commission on Environment and Development, 'Towards Sustainable Development,' in K. Conca & G. Daeleko, *op. cit.*, pp.234-244. Excerpted from Chapter Two of World Commission on Environment and Development, *Our Common Future* (1987).

천면에서는 많은 차질이 생긴 것은 사실이지만 학술적인 논쟁을 불러일으키고 공공의식을 높였으며 국가별 회계와 과세규칙에도 다소의 조정을 가져오는 데는 나름대로 기여를 하였다고 볼 수 있다. 그러나 각국의 근본적인 변환에는 미치지 못했다는 지적도 있다.[130]

(3) '**지속가능한 발전을 위한 세계정상회의**'(World Summit on Substainable Development : Johannesburg, 2002).

Rio 정상회의(1992)가 끝난 다음 세계는 세계화로 인한 경제, 사회적인 일대변환이 이루어지는 격동기로 기록될 수 있다. 통상과 자본의 유동이 급증하고 정보・통신 기술의 비약적인 발달이 가세되면서 세계는 전례없는 상호의존과 연결이 심화되는 새로운 국면을 맞게 된다. 세계화를 주도하는 '신자유주의' 경제이론의 영향에 따라 최상의 우선순위는 무역과 투자에 주어지고 경제에 대한 정부의 간섭이 거부되면서 자유로운 시장과 경제성장을 통한 진보에만 역점을 두는 새로운 국면이 전개되기에 이른다. 심지어 신자유주의자들은 환경을 보호하는 최선의 방법은 민영화, 대외직접투자, 자유무역을 촉진시켜서 경제적 빈곤을 극복하는 길이란 것을 주장하게 된다. 결과적으로 세계경제와 관련되는 제도들의 목소리는 커지고 사회적 형평이라든가 빈곤퇴치, 환경문제의 협력을 다루는 제도들은 그 위상이 축소될 수밖에 없게 된다. 세계화로 무역과 투자를 통한 성장우선주의가 확산되자 상대적으로 환경에 대한 관심과 열의는 희석될 수밖에 없었고 많은 NGO들은 개발도상국가들의 경우 엄격한 환경오염 조건이나 아동노동의 금지 등과는 무관하게 무조건 외국투자를 수용하게 될 분위기를 걱정할 정도였다고 한다.[131]

[130] Pamela S. Chasek, David L. Downie, Janet Welsh Brown, *Global Environmental Politics, Fourth Ed.* (Boulder, Col.: Westview Press, 2006), pp.30-35.

2002년의 '지속가능한 발전을 위한 정상회의'는 이러한 '성장'과 '환경' 사이에 벌어지는 미묘한 상호작용을 배경으로 개최된 세계적 정상회의였다. 이 회의에서는 이미 Rio 정상회의에서 합의된 '아젠다 21'의 실행을 주요의제로 삼게 되고 빈곤퇴치, 지속 불가능한 소비와 생산의 문제, 자연자원의 보호와 관리 등에 관한 다각적인 토의와 심의가 이루어졌다. 그리고 그 이전의 회의에서처럼 물과 위생, 사막화, 기후변화, 생물다양성, 건강, 교육, 테크놀로지, 무역, 금융 등에 관한 다양한 견해들이 교환되었고 다음과 같은 세 가지 사항들이 타결되었다. 첫째로는 이미 2000년 UN의 '새천년 선언'(Millennium Declaration)의 8개 발전목표를 재확인 하는 '요하네스부르그 선언'(Johannesburg Declaration)을 발표함으로써 모든 나라들이 지속가능한 발전에 힘쓸 것을 다짐하였다. 둘째로는 '요하네스부르그 실천 계획'(Johannesburg Plan of Implementation)을 채택함으로써 지속가능한 발전을 위한 구체적인 목표와 실시 기간을 정한 포괄적인 행동 프로그램을 확정하였다. 셋째로는 지속가능한 발전을 위한 약 300개의 자발적인 파트너십이 체결되었다. 특히 이 파트너십 협정에 있어서는 모든 나라들에 깨끗한 물과 적절한 위생수준의 구비를 2015년까지 약속하고 미국이나 유럽이 재정지원을 하는 경우처럼 에너지, 건강문제(HIV/AIDS), 화학물질의 생산, 어족 보호, 해양 보호, 오존 파괴 방지 등을 둘러싼 국가, 세계적 기업, 국제기구 간의 다양한 부분적인 개별 파트너십 체결이 이루어졌다.[132]

그러나 이러한 '요하네스부르그 선언'과 일부 파트너십의 체결이라는 성과에도 불구하고 2002년의 세계정상회의는 성공보다는 당초의 기대에

---

131 *Ibid.,* pp.262-264.
132 *Ibid.,* pp.264-270.

는 미치지 못했다는 아쉬움을 남기고 있다. 지속가능한 발전을 위한 목표나 방향에 관한 것은 다시 합의하고 확인하였지만 국가간의 실천을 구체화하게 될 새로운 조약의 체결은 이루어내지 못했다는 지적이다. '요하네스부르그'는 10년 전의 '리오'(Rio)보다도 못했다는 것이 이 회의를 둘러싼 전반적인 평가가 된다. 21세기에 들어서면서 세계는 세계화에 지나치게 매달리면서 지속가능한 발전과 관련하여서는 경제나 사회적인 기둥에 역점을 두다보니 환경적인 기둥에는 소원해졌다는 것이다.[133]

2. 환경정치의 주요 현안과 이론적 맥락

(1) 환경정치의 주요 현안

환경문제는 역사적인 성격을 띠게 마련이다. 산업화의 진행에 따라 나타나는 현상인 만큼 시간이 경과함에 따라 그 부작용이 축적되면서 나타나기 때문에 새로운 것, 전혀 예기치 않았던 문제들이 발생하고 있다. 21세기에 들어서는 시점에서 제기되고 있는 환경문제의 주요 현안들을 추출해보면 다음과 같다.[134]

① 초국경 공기 오염(transboundary air pollution)

② 오존 파손(ozone depletion)

---

133 James Gustav Speth, 'Perspective on the Johannesburg Summit,' in K. Conca & G. Dabelko, *op. cit.,* p.162; P. Chasek et. al., *op. cit.,* pp.270-271.

134 P. Chasek. et. al. *op. cit.,* pp.97-190. 환경문제의 주요 현안과 관련해서는 ① 도전 문제, ② 원인, ③ 피해 등의 3가지 차원에서의 분류가 가능하게 되는데 이에 대해서는 이화수, "생태사회학: 쟁점과 접근," 김영래 외, 『환경과 사회: 인간, 생명, 그리고 생태』(오름, 2007), pp.19-30 참조.

③ 기후 변화(climate change)

④ 국제 유독폐기물 거래(international toxic waste trade)

⑤ 유독화학제품(toxic chemicals)

⑥ 고래포획(whaling)

⑦ 멸종위기 품종의 국제무역(international trade in endangered species)

⑧ 생물다양성 훼손(biodiversity loss)

⑨ 어류 남획(fisheries depletion)

⑩ 사막화 현상(desertification)

⑪ 산림(forests)

이러한 환경정치의 현안들은 ① 민족국가, ② 국제기구, ③ NGO, ④ 기업(주로 다국적 기업: multinational corporations) 등의 주요 행위자들에 의해 국제적인 현안으로 제기되고 '국제 레짐'으로 형성된다. 환경에 관한 법적 수단으로서는 당사자들을 법적으로 구속하는 '협약'(convention)이 주요 형식이 된다. 1946년의 '고래어획에 관한 국제 협약'(International Convention for the Regulation of Whaling)을 위시하여 유해 폐기물 처리를 위한 '런던 협약'(London Convention: 1972), 산성비에 관한 '장기 초국경간 공기오염 협약'(Convention on Long-Range Transboundary Air Pollution : 1979), 오존 파괴에 대해서는 '오존층 보호를 위한 비엔나 협약'(Vienna Convention for the Protection of the Ozone Layer: 1985), 위험폐기물 운반과 처분에 관해서는 '위험폐기물의 초국경적 운반과 그 처리의 통제에 관한 바슬 협약'(Basel Convention on the Control of Transboundary Movements of Hazardous Wastes and Their Disposal: 1989), 생물적 다양성과 관련해서는 '생물학적 다양성 협약'(Convention on Biological Diversity: 1992), 유독화학물질과 관해서는 '지속적인 유기적 오염물질에 관

한 협약'(Stockholm Convention on Persistent Organic Pollutants: 2001) 등이 예로 제시될 수 있다. 그리고 어떤 협약을 근거로 그 다음의 사안들에 관한 규범이나 규칙에 관한 협의에 들어가게 되면 그것은 '틀 협약'(framework convention)의 단계가 되는데, 여기서는 어떤 환경적 쟁점과 관련된 일반적인 원칙, 규범, 목표 등이 논의된다. 예를 들면 기후변화와 관련해서는 1992년 '기후변화에 관한 틀 협약'(Framework Convention on Climate Change)이 체결된 바 있다. 그리고 이 '틀 협약'은 그 다음단계로 '의정서'(protocols)의 협상으로 이어지는데, 여기서는 쟁점과 관련되는 당사자간의 구체적인 의무가 명시된다. 예를 들면 오존층과 관련된 1987년의 '몬트리올 의정서'(Montreal Protocol)나 기후 변화에 관한 1997년 '교토 의정서'(Kyoto Protocol)가 이에 해당된다.

대체로 환경정치의 현안을 둘러싼 국제 레짐의 형성에 있어서는 협상과정이나 최종합의 단계에 있어서의 결정적인 역할을 하게 되는 '거부국가'(veto states)의 위상이 뚜렷이 부각되기 마련이다. 주로 경제력과 군사력을 구비한 초강대국이나 강대국들의 연합으로 이루어지는 '거부권'의 행사는 협상과 협약체결을 좌우하는 결정적인 지렛대가 될 수 있기 때문이다. 예를 들면 고래 모라토리엄의 쟁점과 관련해서는 일본이 주도하는 4개국들의 경우 고래어획의 3/4을 점하고 있기 때문에 고래의 보존을 위한 세계적 레짐을 언제든지 만들고 해체할 수 있는 능력이 있다. 마이아미 그룹(Miami group: 아르헨티나, 호주, 캐나다, 칠레, 미국, 우루과이)은 주요 곡물 수출국으로 구성되어 있는데 이들은 1999년 '생물학적 다양성 협약'(Convention on Biological Diversity) 하에서의 '바이오 안전 의정서'(Biosafety Protocol)에 관한 합의도출을 저지한 바 있다. 〈표 4-3-1〉은 환경 레짐의 형성과정에서 드러난 거부 국가의 분포를 말해 준다. 미국을 위시한 유

〈표 4-3-1〉 국제 레짐 형성에 있어서의 '거부 국가' (veto states)

쟁 점(issues)	주요 거부 국가(key veto states)
산성비(아황산가스)	독일, 벨기에, 덴마크
오존층 파괴	유럽 위원회(European Commission)
기후 변화(climate change)	미국
독성 폐기물 거래	미국, EU, 일본
독성 화학제품	말라리아 통제를 위한 DDT 사용국가
고래포획(whaling)	일본, 노르웨이
아프리카 코끼리 상아	일본, 남부 아프리카 제국
Big-leaf Mahogany	보리비아, 브라질, 기타 수출국
생물적 다양성(biodiversity)훼손	미국
어류 고갈(fishery depletion)	유럽위원회, 일본, 기타 동조국
사막화(desertification)	EC, 미국
산림(forests)	브라질, 남미제국, 미국

자료출처 : P. Chasek et. al., *Global Environmental Politics, Fourth Ed.* (Boulder, Col. : Westview Press, 2006), p.192.

럽 강대국을 비롯하여 아세아에서는 일본과 같은 강대국들의 거부권이 환경문제 전반에 걸쳐 두드러지며 산림이나 독성화학제품 등에 관한 개발도상국들이 문제시될 뿐이다.

국제 레짐의 형성과정은 거부국가의 저항에도 불구하고 재구성되거나 지속적인 강화과정을 밟으면서 정착되어 간다고 볼 수 있다. 대체로 환경정치에 있어서의 거부권이 극복되어 결정적인 규범이나 행동에 관한 합의가 이루어지는 경우는 다음과 같은 이유에서 비롯되는 것으로 보고 있다.[135]

- 새로운 과학적 근거에 따라 거부국가의 문제에 대한 이해에 변화가 생김
- 거부국가에 정권교체가 이루어짐으로써 새 정부가 쟁점에 대한 정

135 P. Chasek et. al., *op. cit.*, p.191.

책을 변경

- 거부국가가 종래의 정책을 바꾸도록 효과적인 국내적 압력을 받을 경우
- 거부국가가 다른 정부로부터 부정적인 반응, 또는 불리한 국제적 여론을 두려워하게 됨으로써 이를 수용하는 것이 특정 레짐에 대한 거부권 행사보다 중요하다고 판단하는 경우.

(2) 환경정치의 이론적 맥락 : 이데올로기

환경문제에 관한 이론적 논의에 있어서는 우선 환경의 훼손과 파괴를 가져오는 다양한 원인들과 그 복잡한 상호연관성이 규명되어야 하기 때문에 경험에 근거한 실증적인 이론적 구성이 중요한 의미를 갖게 된다. 그러나 환경문제에 있어서는 이러한 환경적 실태를 둘러싼 설명단계에서 한걸음 더 나아가 어떻게 하면 환경의 훼손이나 파괴를 예방하고 개선시켜 나갈 것인가 하는 당위성과 규범적인 요청이 절실해지기 때문이 문제 해결을 위한 처방과 행동 프로그램의 제시가 보다 중요한 의미를 갖게 된다. 즉 환경문제는 이데올로기의 문제가 되는 것이다. 환경문제를 주제로 한 연구 분야를 정치이론 또는 정치사상으로 부르거나 간단히 '이데올로기'의 영역으로 취급하려는 학계의 추세가 이러한 이론적 논의의 분위기를 적절히 반영한다.

Andrew Dobson은 환경정치의 논의를 다음과 같은 두 가지 형태로 분류하고 있는데 학계의 폭넓은 인정을 받고 있어 소개해보면 다음과 같다.

① 환경주의 : 환경문제는 현재의 가치를 비롯하여 생산과 소비의 유

형에 대한 근본적인 변화가 없더라도 충분히 해결될 수 있다는 믿음에 안주하고 있으며 주로 경영적 접근을 주장한다.

② 생태주의 : 인간의 지속가능하고 충족적인 존재는 우리들이 갖고 있는 인간 이외의 자연계와의 관계, 그리고 우리들의 사회적, 정치적 생활의 양태에 대한 과격한 변화를 통해서만 가능하다는 전제를 내세운다.[136]

환경주의는 현재의 생산과 소비의 구조 및 이를 지탱하는 가치들을 그대로 받아들이면서 환경문제의 발생은 특정 사회적 실천의 극히 개연적인 특성에 불과하다는 전제에 서 있다. 예를 들면 환경문제는 에너지 생산에 있어서 적절치 못한 테크놀로지에 기인하는 것이기 때문에 기술적인 조정이나 테크놀로지 차원의 처리로 가능하다는 입장이다. 즉 경영 차원의 문제해결로 보는 것이다.[137] 국제정치학 분야에서는 자유주의적 제도주의가 대표적일 수 있는데 현존하는 세계적 자본주의의 구조와 그것을 지탱하는 정치적, 사회적 가치들을 그대로 받아들이면서 환경문제의 해결은 국제적인 환경 레짐의 구축으로 가능하다는 입장이다. 현존하는 기본 구조를 수용하는 점진적인 개혁주의가 된다.

그러나 생태주의는 매우 과격한 입장이다. 우선 생태주의는 이데올로기라는 점이 강조된다. 그것은 지도처럼 사용자가 정치적 세계에서 방향을 찾을 수 있게 만드는 사회에 대한 '분석적 기술'을 제공하며, 바람직한 지속가능한 사회에 관한 처방을 제시하는가 하면 우리가 살고 있는 현재 사회로부터 이데올로기가 처방하는 새로운 사회로 가기 위한 구체

136 Andrew Dobson, *Green Political Thought, Fourth Ed.* (New York : Routledge, 2007), pp.2-3; 진미경, "녹색정치와 녹색운동," 김영래 외, 『환경과 사회』, 앞의 책, pp.249-251.

137 A, Dobson, *op. cit.,* pp.3-4.

적인 정치적 행동의 프로그램을 마련해준다. 이데올로기로서의 생태주의는 환경문제를 인간조건의 근본적이고 필요한 측면에서 분석하게 되는데, 예를 들면 기후의 변화가 에너지 생산의 단순한 기술적인 문제에서 비롯되는 것이 아니라 인간이 상호 연관된 생체적(biotic) 또는 비생체적(abiotic) 공동체의 일원이라는 데서 발생한다는 문제의식에서 출발한다. 그리고 미래의 처방과 관련해 단순한 '쟁점위주'에 국한되는 기술적인 것이 아니라 우리 인류가 어떻게 살아야 하는가, 즉 좋은 삶(Good Life)에 관한 원칙적인 비전에 바탕을 두는 것임이 강조된다. 특히 근대 계몽사조는 인간이 우주의 중심이고 이성의 힘으로 그 주위를 통제할 수 있는 능력이 있다는 세계관으로 특징지어지는데 생태주의는 '인간중심의 사상'을 단호히 거부한다. 세계가 인간을 위하여 만들어졌고 인간은 무조건 자연을 정복하고 이용할 수 있다는 기본전제 자체를 받아들이지 않는다. 오히려 인간은 '탈중심화'(decenter)되어야 하며 인간의 자연정복에 동원되는 기계적인 과학과 그 결과들에 대해서 강한 의문을 제기한다. 인간은 오히려 지구와의 조화 속에 생존해야 한다는 점이 역설된다. 그리고 환경문제는 인간중심의 사상 위에 자리 잡고 있는 현재의 정치적, 경제적, 사회적 기본구조에서 발생되는 것이기 때문에 이 구조는 마땅히 도전되고 극복되어야 한다는 것이 생태주의의 기본입장이다.[138] 결국 환경주의는 현존하는 구조(경제, 사회, 정치)를 그대로 유지하면서 환경문제를 점진적으로 개선해나가려는 개혁주의적인 입장인 반면, 생태주의는 환경문제의 주범이 바로 현재의 구조인 만큼 이 구조를 과감히 청산하고 새로운 것으로 만들어야 한다는 매우 과격한 입장으로 정리될 수 있다.

환경문제의 연구를 둘러싼 Dobson의 이 분류는 학계에서 많은 공감

---

[138] *Ibid.,* pp.6-7.

대를 형성하고 있음을 알 수 있다. David Pepper도 환경정치를 ① 개혁주의 성향과 ② 과격한 성향의 두 가지로 가른 다음 전자의 경우는 보수주의, 자유시장자유주의, 사회개혁주의 등을 포함하고 있으며, 후자의 경우는 심층생태주의, 사회생태주의, 생태사회주의 등을 포함하는 것으로 분류하고 있다. 개혁주의는 세계적 자본주의 구조를 그대로 유지하면서 환경문제를 개선하여 나가려는 것이고 과격한 입장은 환경문제의 근본원인이 되고 있는 자본주의 구조 자체를 극복해야 한다는 입장으로 풀이된다.[139] 또한 국제정치이론 분야의 환경정치의 논의에 있어서도 Dobson의 분류가 그대로 원용되고 있음을 알 수 있다.[140]

3. 환경주의(Environmentalism)

환경주의는 현존하는 세계적 자본주의의 구조를 그대로 유지하면서 환경문제를 점진적으로 개혁해나갈 수 있다는 기본 입장이다. 자유주의, 보수주의, 사회민주주의와 같은 서구의 주류 이데올로기들이 이러한 입장을 대표한다. 주로 환경문제가 발생하면 그에 대한 대응의 차원에서 자본주의를 어느 정도 개혁해나갈 수 있다고 믿으며 그 방법은 '기술 중심적인' 측면이 두드러지게 된다. 기술 중심의 사고는 과학, 테크놀로지, 생태계와 사회의 합리적 경영 등에 대한 믿음에 바탕을 두고 있으며 이에 기초하여 환경문제는 충분히 해결 가능하다고 본다. 시장경제에 어느

---

139 David Pepper, 'Environmentalism' in Carey Browning, Abigail Halcli, Frank Webster (eds.), *Understanding Contemporary Society : Theories of the Present* (London : Sage Publications, 2000), pp.446-448.

140 Matthew Paterson, 'Green Politics,' in Scott Burchill, et. al., *Theories of International Relations, Third Ed.* (New York: Palgrave, 2005), pp.235-236.

정도의 개입이 필요한가가 중요한 과제가 될 뿐이다. 다만 시장자유주의자들은 자유로운 시장의 힘과 환경의 사유화 정책을 통하여 환경문제는 쉽게 풀릴 수 있다고 믿는 반면, 사회 개혁주의자들은 환경문제와 관련하여 개인이나 회사들에 폭넓은 과세, 유인책, 규제 등의 필요성을 강조한다는 차이는 있다.[141]

한편 국제정치학 분야에서도 환경문제는 중요한 이론적 구성의 대상으로 부각되고 있는데 주로 '신자유주의 제도주의' 또는 '자유주의적 제도주의 입장' 등이 환경주의를 대표한다. 자유로운 시장 경제와 국가간섭의 자제를 주요내용으로 하는 자본주의 구조의 장점을 최대한으로 활용하게 되면 세계의 빈곤과 인류의 복지문제가 해결가능하다는 입장이며, 이를 위해서는 국가간의 이해와 협력이 바탕이 되는 국제 레짐의 형성으로 환경문제는 충분히 해결될 수 있다는 것이다. 현 국제사회를 구성하는 국가 체제를 그대로 유지하면서 그 기반 위에 UN이나 WTO, IMF 같은 국제제도나 다양한 레짐의 형성으로 환경문제는 효과적인 해결이 가능하다고 주장한다.[142]

21세기에 들어서면서 환경문제는 더욱 인류적 관심사가 되고 이에 따른 학계의 논의도 꾸준한 상승세를 유지하고 있다. 특히 2002년의 요하네스버그 세계정상회의의 성패를 둘러싼 논쟁이 지속되면서 환경정치는 이데올로기 면에서 새로운 격론의 계기를 마련하고 있다. 최근 환경

---

141 D. Pepper, op. cit., p.446; T. O'Riordan, 'The Challenge of Environmentalism,' in R. Peet and N. Thrift (eds.), *New Models in Geography* (London : Unwin Hyman, 1989), pp.77-102; T. Anderson and D. Leal, *Free Market Environmentalism* (San Francisco : Pacific Research Institute for Public Policy, 1991).

142 M. Paterson, op. cit., p.236. 환경문제에 관한 '자유주의적 제도주의 입장'을 대표하는 최근의 학자들로서는 R. O. Keohane, *International Institutions and State Power : Essays in International Relations Theory* (Boulder, Col.: Westview, 1989); O. R. Young, *International Governance : Protecting the Environment in a Stateless Society* (Ithaca : Cornell Univ. Press, 1994); A. Hurrell and B. Kingsbury, *The International Politics of the Environment* (Oxford : Clarendon Press, 1992) 등이 꼽히고 있다.

주의 범주에 속해 있는 보수주의나 자유주의에 나타나고 있는 환경문제에 대해 새롭게 대응하는 내용들을 살펴보기로 한다.

(1) 보수주의(保守主義, conservatism)

보수주의는 역사적으로 전승되어 오는 제도를 존중한다. 반복적으로 제기되어 오는 문제들을 집단적으로 해결해온 제도의 가치를 인정하여 그것을 보존하고 전승시켜 나가려는 강한 동기가 인간을 움직인다고 전제한다. Burke에 의하면 관습법이라든가 대의제도와 같은 정치제도, 결혼이나 가족과 같은 사회 제도들이 이에 해당되며 이러한 제도들은 사람들을 움직이는 충성심을 만들어낸다는 것이다.

바로 환경문제의 해결에 있어서도 이러한 충성심이 근간을 이루어야 하며 이것은 언제나 사람들이 생활하면서 갖게 되는 국지적인 성격을 띠는 것으로 보고 있다. 특히 사람들은 자기가 생활하는 영토와 관련되는 애착에서 이러한 충성심을 갖게 되는데 현대에 가장 두드러진 대상은 바로 민족성이다. 민족은 정치적인 성격을 가지는 공동체로서 사람들이 갖는 공통의 소속감을 집단적인 결정이나 법률로 만들어 나가는 주권을 형성하게 된다. 따라서 민족을 단위로 형성되는 영토적 애착감이나 주권의식은 생태적인 사고에 나름대로 기여를 할 수 있다는 것이다.[143]

따라서 보수주의는 환경문제에 있어서도 세계적인 차원보다는 국지적인 해법을 강조하게 된다. 서로가 잘 알고 있고 관리할 수 있는 환경에 대한 국지적 통제와 국지적 주권을 주창한다. 자기의 영토에 대한 애착, 자기의 영토를 침식과 낭비로부터 보호하려는 욕구는 강력한 동기가

[143] Roger Scruton, 'Conservatism,' in Andrew Bobson and Robyn Eckersley (eds.), *Political Theory and the Ecological Challenge* (Cambridge : Cambridge Univ. Press, 2006), pp.12-15.

되어 환경문제의 해결에 기여할 수 있다. 그리고 이러한 민족 단위의 충성심과 민족적 자긍심은 환경문제를 둘러싼 국민들의 정책적 지지를 얻어내는 데에도 결정적인 공헌을 할 수 있다는 것이다. 내 나라의 영토, 내 지방에 대한 애착에서 오는 환경개선의 노력은 세계적 규모의 거창한 환경운동보다 훨씬 효과적일 수 있다. 예를 들면 독일에서는 플라스틱 병에서 오는 피해를 재생이용하는 방식으로 개선하고 있으며, 미국에서는 폴리에틸렌 백(polythene bags)에 대한 입법을 관철시켰고, 스웨덴과 노르웨이에서는 깨끗한 에너지의 선도적 추진, 그리고 스위스에서는 지역 공동체가 그들의 환경에 대한 통제권을 갖게 하는 입법 추진 등이 이러한 작은 국지적인 규모의 환경개혁으로 꼽힐 수 있다. 이것들은 매우 작은 규모의 성과이긴 하지만 나라에 대한 사랑, 영토에 대한 사랑 등에 근거한 보람 있는 성공사례가 될 수 있다는 것이다.[144]

보수주의가 가장 경계하는 것은 과격한 환경주의자들에 의한 행동주의이다. 이들은 운동의 목표를 항상 세계적인 차원에서 정하고 NGO와 압력단체를 지원하여 국민적 주권을 전적으로 도외시하는 방법으로 다국적 약탈자들을 자기들의 영토로부터 몰아내려는 투쟁을 지상의 과업으로 삼는다는 것이다. 보수주의자들은 이들을 철저히 반대한다. 첫째로 이들은 책임감이 없고 대표성도 없다. 둘째로 이들은 증오와 데모로 지지자들을 모으려고 한다. 대기업, 공해 조성자, 자본주의의 변호자들에 대한 증오로만 문제해결을 시도한다. 심지어 세계적인 이상에 얽매인 나머지 국지적인 충성심을 외면하고 반대자들과 교량적인 역할을 하기보다는 그들을 악마화하기 일쑤다. 결국 이러한 과격주의는 정치를 우정과 대담 위에 자리매김하고 갈등을 대화로 해결하려는 보수주의와는 정면

144 *Ibid.*, pp.15-16.

으로 배치된다는 것이다. 보수주의의 철학에 따르면 인류는 한정되고 국지적인 애정의 창조물로서 영토적인 충성심을 가지고 있기 때문에 외지의 사람들과도 평화롭게 지낼 수 있으며, 그들의 선대를 존경함으로서 언젠가는 스스로를 대체할 미래의 세대들에 대한 여러 가지 보장을 마련한다는 사실이 강조된다.[145]

(2) **자유주의**(liberalism)

자유주의는 개인의 자유와 인권을 최대한 존중하고 보장해야 한다는 이데올로기이다. 개인의 자유를 최상의 가치로 삼는다는 점에서 '인간중심주의'에 치우칠 수밖에 없고 인간과 자연의 융화를 강조하는 생태주의와는 상충이 불가피하게 된다. 특히 고전적 자유주의에서처럼 개인에 대한 외부적 제약이나 강제의 결여로 정의되는 '부정적 자유'를 주창하게 되면 환경문제는 해결의 실마리를 찾기 힘들게 된다. 그러나 최근의 근대적인 자유주의는 환경문제에 관한 이러한 부정적 자유의 기준을 완화하여 인간중심주의에서도 다소의 후퇴와 함께 환경문제에 관해서는 어느 정도 정부의 관여를 인정하는 방향으로 나가고 있다. 그러한 방향의 일환으로 '인간 이외'의, 그리고 '현재 이외의 인간'의 이익도 보호할 수 있는 제도적 대표의 형식을 마련해 주려고 노력을 기울여 나간다고 볼 수 있다. 즉 자연이나 동물들의 이익을 위하여, 또는 다음 세대의 권익을 보호하기 위한 보다 적극적인 자유의 신장을 위해서 변신이 시도되고 있다는 이야기가 된다.[146]

이처럼 고전적 자유주의에도 다소의 변화가 오고 또한 인간의 복지

---

145 *Ibid.,* pp.17-19.

146 Marcel Wissenburg, 'Liberalism,' in A. Dobson and R. Eckersley (eds.), Political Theory and the Ecological Challenge, *op. cit.,* p.32.

증진을 위한 보다 적극적인 사회적 자유주의도 신장세를 보이는 한 개인의 근본적인 해방을 통하여 인간의 존엄을 확인하려는 자유주의와 자연을 가급적 최대한으로 보호하려는 생태주의 사이에는 근본적인 모순이란 존재하지 않는다고 볼 수도 있다. 양자의 이익에 관한 한 서로 상승작용도 가능하다는 견해도 있을 수 있다.

그러나 자유주의와 생태주의 사이에는 도저히 합의가 이루어질 수 없는 몇 가지 문제가 있다. 그 첫째가 재산과 소유권에 관한 문제이다. 생태주의, 또는 '녹색 이론가'들은 원칙 면에서 인간의 재산과 소유권의 개념을 부정한다. 자유시장경제의 근간을 이루는 재산과 소유권의 불가침적인 성격이야말로 바로 환경파괴의 주범이라는 인식이 녹색 정치를 지배하고 있다. 이 주범을 놓아두고 환경문제를 다룬다는 것은 피상적인 해법이라는 것이다. 그러나 자유주의는 이런 녹색 이론가들의 주장에 대해서 강한 반발을 보인다. 자유주의자들에 의하면 개인의 가치는 자연 못지않은 귀중한 것이고, 또한 개인들의 생활과 그들의 계획은 자연이 제공하는 물질적인 자원 없이는 충족될 수 없다는 점이 강조된다. 그리고 이를 위해서는 개인의 재산과 소유의 문제는 쉽사리 양보할 수 없는 문제가 될 수밖에 없다.

둘째로 자유주의와 생태주의가 합의에 도달하기 힘든 또다른 문제는 서로가 이상화하는 '사회'의 성격에 관한 것이다. 심층 녹색 이론가들에 의해 주창되는 바람직한 사회란 모든 사람들이 생태학적으로 책임감 있고 소박하며 검약한 생활을 영위함으로써 자연과 최대한으로 가까워지는 형태를 전제한다고 볼 수 있다. 그러나 대부분의 자유주의자들은 개인들이 삶을 영위해나가는데 있어서 그 어떤 하나의 방식만이 좋다고 주장하지 않으며 특히 인간의 구원에 있어서는 하나의 길만이 존재한다는 생각은 하지 않는다. 녹색 이론가들은 나름대로 '심층 녹색 생활'을 위한 처방을 내릴 뿐만 아니라 다른 형태의 생활가능성은 제거하거나 금지하게 되는데, 이렇게 되면 자유로운 생활스타일과 기회균등을 통하여 인간의 존엄과 해방을 추구하는 자유주의사상과는 정면으로 배치되는 결과를 가져오게 된다는 것이다. 인류가 환경의 훼손에서 오는 공포에서 벗어나야 하고 물질적 번영을 추구하는 것을 포기해야 한다는 전제 자체는 매우 합리적일지는 몰라도 그렇다고 해서 모든 사람이 이렇게 할 수 있고 또한 이렇게 할 것이라고 기대하는 것은 자살행위에 가까운 일이 될 것이라고 통박한다.[147]

4. 생태주의(Ecologism)

환경문제에 대한 극히 피상적인 경영적 접근에만 치중하는 '환경주의'와는 대조적으로 현존하는 정치-사회적 생활양태에 대한 과격한 변화를 지향하는 '생태주의'의 등장은 대체로 1960년대와 1970년대로 잡고 있다. 환경문제에 대한 인식은 멀리 구석기시대나 신석기시대로 거슬러 올라가거나 근세의 19세기에도 어느 정도 나타난 것으로 논의되기도 하나 생태주의 본연의 논리와 주장에 체계가 잡힌 것은 1960년대 이후, 특히 1972년의 '성장의 한계'(The Limits of Growth. Meadows et. al.) 보고서 출간 이후가 된다. 이 보고서는 지구상의 계속적인 경제성장은 언젠가는 인간의 기술적인 재간과 보다 나은 계획만으로 도저히 극복될 수 없는 생태적인 한계에 직면하게 될 것을 예견했고 그에 대한 과격한 대응책의 필

147 *Ibid.*, p.33.

요성을 제시한 것이었다. 환경문제의 극히 국지적인 성격에서 세계적인 차원으로의 변환, 그리고 그 대응책에 있어서도 체계적이고 근원적인 수준에서의 해법이 보고서의 출현으로 본격화되었다고 볼 수 있다.[148] 이러한 역사적 인식을 배경으로 생태주의의 이론적 기초, 환경위기의 본질, 그리고 그 전략적 측면 등에 관한 논의를 정리해보기로 한다.

(1) **이론적 기초**

생태주의는 환경주의와 차별화되는 독특한 이론적 기초에서 출발한다. 인간과 인간 이외의 세계와의 관계에서 '전체주의'를 주창하고 있으며 인간중심의 사상이 아니라 '생태계 중심의 사상'에 근거하고 있는가 하면 환경문제에 대한 이론적 구성에 있어서는 '심층 생태계'의 논리를 펴고 있다. 그러한 이론적 기초의 문제들을 다음과 같이 정리해볼 수 있다.

① 전체주의(holism)

생태주의는 '전체주의'의 철학적 기반 위에 선다. 즉 사물을 여러 부분으로 쪼개어서 그것들을 개별적으로 연구하는 방식을 철저히 공격하며 오히려 그 부분들을 있는 그대로 두고 서로의 상호의존 관계를 연구할 것을 주창하고 나선다. 가장 훌륭한 지식은 체제의 부분들에 대한 고립된 검토에서가 아니라 그 부분들이 상호작용하는 방식을 검토하는데서 얻어진다고 믿는다. 이러한 상호작용의 종합을 지칭하는 언어가 다름 아닌 '전체주의'라는 것이다. 그리고 이 전체주의의 논리는 나름대로의 철학적 연유에서 비롯된다는 점이 강조된다.

---

[148] Andrew Dobson, *op. cit.*, pp.22-27.

고전물리학을 대표하는 Newton에 의하면 거대한 기계로 비유되는 우주의 작동은 견고하고도 육중하며 침투될 수 없고 움직이는 입자들의 집체로 환언될 수 있다고 주장된다. 그러나 이러한 우주관은 최근에 와서 우주의 구성요소들 간의 상호작용과 상호의존을 강조하는 방향으로 재구성되고 있음이 강조된다. 예를 들면 Niels Bohr는 고립화된 물질적 입자들은 추상화에 불과하며 그 입자들의 성질들은 다른 체제들과의 상호작용을 통해서만이 정의되고 관찰될 수 있다는 점을 인식시켜 주고 있다. 그리고 Werner Heisenberg의 '불확정성 원칙'(Uncertainty Principle)에 의하면 관찰자는 그 실험의 수행에 있어서 독립적이라기보다는 오히려 실험의 불가분의 한 부분임이 강조된다. 결국 이러한 상호작용과 상호의존의 논리는 전체주의의 철학적 기조를 형성하고 있다고 볼 수 있으며 Andrew Dobson은 이러한 전체주의가 생태주의의 철학적 기반이 된다고 보고 있다.[149] 인간과 자연, 즉 인간과 인간 이외의 세계의 상호의존은 환경문제의 이해를 위한 가장 기본적인 인식론적 출발점이 된다고 볼 수 있다.

② 생태중심주의(Ecocentrism)

녹색정치사상(Green political thought)은 무엇보다도 '인간중심주의'에 단호히 반대한다. 인간중심주의는 인간의 이익에 배타적 또는 임의적인 우선적 고려를 부여함으로써 다른 존재들의 이익을 외면하는 오류를 범하는 입장으로 정의된다. 인간들이 인간 이외의 세계에 대한 배려를 외면하고 자신들의 입장에만 집착하다보니 환경적 붕괴와 잠재적 재난의 기본 원인을 제공하게 된다는 것이다.[150]

---

149 *Ibid.*, pp.30-31.

인간중심주의에 대조되는 것이 바로 '생태중심주의'이다. 지구의 생존과 유지를 위해서는 생태계를 구성하는 인간뿐만 아니라 인간 이외의 세계의 모든 구성요소들 각각의 존재가치를 인정하고 모든 생태계의 구성원들의 상호의존성을 강조하는 입장이다. 세계는 구성요소들 간의 '상호연결성'으로 이루어지기 때문에 거기에는 절대적으로 개별적인 실체란 존재하지 않으며 생명체와 비생명체 사이에, 생물과 무생물 사이에도 분간점이 존재하지 않는다고 주장한다.[151] 동물들이 못하는 일을 인간들이 할 수 있듯이 인간들이 못하는 일을 또한 동물들이 할 수 있다는 논리로 인간과 인간 이외의 세계의 분명한 분간을 거부하고 나선다. 인간들이 스스로의 특별한 자질 때문에 다른 생명 형태의 자질을 인정하지 않는 배타적인 도덕적 고려의 필요성을 들고 나오는 것은 일종의 인간적 우월주의에 지나지 않는다고 통박한다.[152]

모든 현상의 상호연결성을 인정하고 모든 사물에 대한 포용적인 태도를 받아들인다면 그것은 지구의 모든 생명지지 체제(Earth's life-supporting system)의 보호에 매우 획기적인 전기를 마련할 수 있게 된다. 즉 상호연결성을 전제하는 생태중심주의로부터 지구의 생명지지 체제의 보호라는 윤리적인 명제가 도출될 수 있다. 인간을 포함하는 모든 실체들이 스스로의 갈 길을 열 수 있는 자유가 허용됨으로써 인간뿐만 아니라 모든 우주의 실체들이 환경파괴와 재난에서 해방되어야 한다는 당위적인 주장이 가능하게 된다. 이런 점에서 생태중심주의는 궁극적으로 우주의 모든 실체들이 추구하는 '총체적 해방'의 의미가 될 수 있다.[153]

---

150 *Ibid.*, p.42.

151 Robyn Eckersley, *Environmentalism and Political Theory : Toward an Ecocentric Approach* (Albany : State Univ. of New York Press, 1992), p.49.

152 *Ibid.*, p.50.

153 *Ibid.*, pp.52-53.

R. Eckersley는 생태중심주의 관점이 다른 어떤 관점들보다도 환경문제에 대한 포괄적인 접근이라는 점에서 다음과 같은 특성을 제시한다.

1. 인간 이외의 세계에 있어서 전면적인 인간의 이익을 인식한다[즉, 자원의 보존이나 인간의 복지 생태학의 관점을 포용하면서 그 이상의 것도 추구한다].
2. 인간 이외의 공동체 이익을 인정한다[초기의 보존주의적 관점 이상을 추구한다].
3. 인간과 인간 이외의 미래세대의 이익을 인정한다.
4. 원자론적 관점보다는 전체주의적인 관점을 채택함으로써 인구, 종(species), 생태계, 생물생존권, 개인적 유기체 등의 가치를 골고루 인정한다.[154]

③ 심층 생태학(Deep ecology)

생태주의의 초기 이론가로 널리 알려져 있는 Arne Naess는 1972년 생태계 운동과 관련하여 '천층 생태학'(shallow ecology)과 '심층 생태학'의 차이를 제시하고, 전자는 오염과 자원고갈이 인간생활에 끼치는 해로운 결과에만 관심을 두는 반면, 후자는 다양성, 복잡성, 자율성, 분권화, 공생, 평등주의, 탈계급성 등의 생태적인 원칙에 초점을 두는 보다 심층적인 운동임을 구분하였다.[155] '천층 생태학'이 환경보호를 위한 극히 피상적인 접근에 머무는 환경주의의 입장이라면 '심층 생태주의'는 자연계를 그 자체로 도덕적 관심의 실체로서 취급하려는 심층적인 이유를 제시한

---

154 *Ibid.*, p.46.

155 Arne Naess, 'The shallow and the deep, long-range ecology movement. A summary,' *Inquiry,* 16 (1973), p.95; 이화수, "생태사회학," 앞의 글, p.39.

다고 볼 수 있다.

Naess는 인간과 같은 유기체는 자기 이외의 실체들과의 관계 속에서만 존재할 수 있다고 본다. 매듭은 그물의 한 부분으로만 존재할 수 있듯이 인간도 '생물권 그물'(biospherical net)의 매듭이라는 의미를 갖게 된다는 것이다. 인간은 인간이 속한 전체와의 연관 속에서 그 가치를 인정받는다고 보고 있다. 그는 심층생태학이 추구하는 다음 여덟 개의 강령원칙들을 제시하고 있어 주목을 모은 바 있다.

1. 지구상의 인간과 인간 이외의 생명들의 안녕과 번성은 그 자체로 고유한 가치를 가진다. 이 가치들은 인간을 위한 인간 이외의 세계가 가지는 사용가치와는 독립적인 성격을 띤다.
2. 생명 형태의 풍부함과 다양성은 이러한 가치들을 실현하는데 공헌하며 또한 그 자체로서 가치를 지닌다.
3. 인간은 필수적인 인간욕구를 충족시키기 위한 경우를 제외하고는 이러한 생명 형태의 풍부함과 다양성을 감소시킬 권리가 없다.
4. 인간 생명과 문화의 번성은 인구의 실질적인 감소와 양립할 수 있다.
5. 현대 인간 이외의 세계에 대한 인간의 간섭은 지나치며 그 상태는 급속히 악화되고 있다.
6. 정책은 변해야 하며 또한 정책들은 근본적인 경제적, 기술적, 이데올로기적 구조들에 영향을 미칠 수 있다.
7. 이데올로기적 변화는 점차로 높은 생활수준에 집착할 것이 아니라 생활의 질을 고려하는 방향이 되어야 한다.
8. 이상의 원칙에 찬동하는 사람들은 필요한 변화를 실행에 옮기기

위한 직접 또는 간접의 의무를 가진다.[156]

한편 환경문제의 해결에 있어서 Naess는 여러 가지 정치적 조직면에서의 가이드라인을 제시한다. 심층 생태주의자들은 공해와 자원고갈에 대한 투쟁을 전개하는 경우 '얕은 생태주의자'들과 공동의 대의를 함께 하는 경우가 발생할 수 있다. 그러나 이러한 환경주의자들과의 연합은 생태주의자들이 가져야할 포괄적인 관심을 희석시킴으로써 운동 자체를 저해할 수 있다고 본다. 예를 들면 공해를 줄이기 위하여 가격이나 세금을 인상하는 경우, 누가 그러한 부담을 걸머지게 될 것인가의 문제가 제기될 수 있는데, 만약 가난한 사람들에게 그 부담이 돌아간다면 '생물권 그물'이 전제하는 평등주의가 존중되지 않는다는 결과를 가져온다. 특히 정치적 조직에 있어서는 분권화가 바람직한 대안으로 제시되고 있는데, 이러한 조직은 중앙이나 초국가적인 압력을 덜 받는다는 장점을 내세운다. 자족적 공동체는 공해도 덜하고 자원의 고갈도 심하지 않으며 그 정책결정 과정도 훨씬 짧아서 외부적 압력이 작용할 확률이 줄어들어 보다 민주적일 수 있다는 것이다.[157]

(2) 환경위기의 본질과 대응방향

생태중심주의는 환경 위기의 본질이 지구가 간직하는 자원의 한정성에 있다고 전제한다. 즉 현재와 같은 산업화와 성장이 지속되는 한 지구의 자원은 언젠가는 바닥이 나는 심각한 사태를 우려한다. 이러한 입장

---

[156] John Hoffman and Paul Graham, 'Ecologism,' in John Hoffman and Paul Graham, *Introduction to Political Theory* (Essex : Pearson Education Limited, 2006), pp.379-380; 이화수, "생태사회학," 앞의 글, pp.41-42.

[157] J. Hoffman and p.Graham, *op. cit.*, pp.380-381.

은 이미 Meadows와 그의 동료들이 1974년에 제시한 '성장의 한계'의 연구의 기본전제로부터 비롯된 것이지만 그 후로 30여년이 지나도 이 자원의 한정성 문제는 일관되게 녹색정치의 기본전제가 되고 있다.

'성장의 한계' 연구는 ① 가속되는 산업화, ② 급속한 인구 증가, ③ 광범위한 영양실조, ④ 재생가능 자원의 고갈, ⑤ 악화되는 환경이라는 다섯 가지 세계적 추세를 제시하고 이것들을 컴퓨터 시뮬레이션 모형으로 장기 예측한 것이었다. 그 후로 1992년, 2005년 연속적으로 이루어진 예측 연구에서도 자원의 한정성에서 오는 위기적 진단은 일관되게 나타나는 것으로 되어 있다. 첫째로 성장에서 오는 자원의 한정성 문제를 현존하는 경제적, 사회적, 정치적 조건의 틀 속에서 다루는 기술적 해법은 지속가능한 사회를 만들어나가는 데는 역부족이라는 결론이 도출되고 있다. 지구의 한정된 체제에서 무한한 성장을 추구하는 것은 무모한 일로 단정되어버린다. 일례로 에너지 문제의 해결로서 핵기술의 역할이 논의되고 있으나 그것은 비용이 많이 들고 잠재적으로 위험스럽고 폐기물 처리의 문제, 미래세대를 위한 배려, 그리고 우라늄 자체가 재생 불가능한 자원이라는 점이 강조된다. 둘째로 현재 진행되는 산업화는 '지수적 성장'의 성격을 지니는 점이 문제된다. 성장의 속도와 규모가 급속하게 증가하는 만큼 자원의 고갈과 환경오염의 규모도 그만큼 클 것이라는 예측이 가능하다. 어떤 면에서 활용가능한 자원의 양은 줄어들고 환경오염의 수준은 높아지는 추세가 불가피해진다. 셋째로 문제해결에 있어서는 서로 상호연결성이 발목을 잡게 된다. 즉 한 가지 문제를 해결한다고 해서 나머지 문제들이 영향을 받지 않는다는 보장이 없다. 핵 동력은 에너지 영역에서의 기후변화 방사물을 일시적으로 감소시킬 수 있으나 다른 영역에서의 자원소요를 증대시킴으로써 또 다른 자원 및 오염문제를 야기시킬 수 있기 때문이다. 이상의 세 가지 문제점들과 관련하여 제기되는 결론은 성장은 무한한 자원의 소요를 요구하는데 이를 충족시켜줄 자원은 한정되어 있기 때문에 이로 인해 발생되는 '부족'의 문제는 거의 극복하기 힘든 사실로 되어가고 있으며 생태계보존의 과제는 그만큼 현재의 경제, 사회, 정치의 구조에 대한 일대 변혁이 없이는 가망이 없다는 이야기가 된다.[158]

이러한 환경위기에 대한 근원적 진단에 대하여 녹색 정치의 입장에서도 나름대로 대응 방향이 논의되고 있다. 주로 Tim O'Riordan의 대응방향의 분류를 근거로 논의되고 있는 정치적-제도적 대응책을 정리해놓은 A. Dobson의 요약은 다음과 같다.[159]

첫째로 환경위기를 다루기 위한 세계적 조정을 관장할 국제적인 기구의 필요성이 제기되고 있는데 현 단계로선 UN과 같은 국제기구의 형태가 바람직하다는 입장이다. 1987년의 Bruntland 보고서를 비롯해서 1992년의 UN 지구정상회의(The United Nations Earth Summit), 2002년의 Rio 정상회의 등이 이러한 국제기구 주도하의 환경위기 대응책의 대표적인 노력의 결실로 보고 있다. 1992년의 지구정상회의는 일대 성공으로 평가되고 있으며 비록 2002년의 Rio 회의는 다소 미흡하다는 진단도 있으나 UN과 같은 국제기구를 통한 환경위기의 대응방향이 현 단계에서는 가장 적절한 대안이 된다는 입장이다. 둘째로 '중앙집권화된 권위주의'가 있을 수 있다. 환경위기를 극복하기 위하여 환경보호 조치에 자발적으로 복종할 가능성이 적기 때문에 권위주의적으로 문제를 해결할 수밖에 없다는 입장이다. 권위의 궁극적 행사는 각 민족국가의 정부에 달려 있는

158 A. Dobson, *op. cit.*, pp.53-61.

159 T. O'Riordan, *Environmentalism* (London : Pion, 1981), pp.303-307; A. Dobson, *op. cit.*, pp.62-64.

만큼 별도의 국제적인 정치적-제도적 변화는 필요하지 않게 된다. 각 나라마다의 정부는 환경보호, 배급, 인구통제, 이민제한 등의 조치들을 실행에 옮김으로써 지속가능한 사회를 만들어나가면 된다는 것이다. 단 이러한 정부의 형태는 자유주의로부터 권위주의로 이행되는 결과가 빚어질 수 있다. 셋째로 '권위적 코뮌'(authoritarian commune)이 있을 수 있다. 제도적 구조들은 깨어지고 정책결정의 단위는 원칙적으로 없어지게 되나 사회구조만은 계층적인 것으로 존속하는 경우가 된다. 한때 관심을 모았던 중국의 인민공사가 이러한 유형에 가깝다고 보고 있다. 넷째로 '무정부적인 해법'이 가능하다. 무정부주의적인 모형에 근거한 자족적 공동체를 뜻하게 된다. 권위의 소재나 정책결정의 측면에서 볼 때 '권위적인 코뮌'의 형태와 비슷하나 공동체 내에서는 좌경-자유주의인 입장(left-liberal stance)이 견지된다는 차이점은 있다. 이 '무정부적 해법'은 근본적으로 평등주의적이고 참여적이라는 특성을 지닌다는 점이 강조된다.

(3) 녹색정치의 제도적 고안 : 분권화와 국가의 역할

생태중심주의를 실행에 옮기려는 '녹색정치'에서는 여러 가지 제도적 고안이 제기될 수 있다. 환경위기의 해법에 있어서 중앙집권화가 바람직하냐 또는 분권화된 형태가 좋을 것인가의 문제가 가장 관심을 모으게 되는데 이와 관련된 최근의 논의들을 정리해볼 수 있다.

① 분권화(分權化, decentralization)

녹색주의자들은 국가에 대한 철저한 불신을 안고 있다. 현재의 환경위기는 중앙집권화된 궁극적인 계층구조로서의 국가에서 비롯된다고 보고 있다. 중앙집권화되고 가식적인 대표성과 유사 민주적인 모양새를 갖춘 국가야말로 경쟁적이고 불평등한 경제관계를 안정시키면서 환경에 치명적인 기본 기술들을 만들어내는데 기여한다고 비판한다. 녹색주의자들의 입장에서는 국가란 불필요할 뿐만 아니라 보다 적극적인 의미에서 바람직하지 못한 존재로 단정한다.[160]

이러한 국가에 대한 불신으로부터 '분권화'의 주장이 강력히 제기된다. 국가보다는 훨씬 작은 규모의 '코뮌'이나 소규모의 지역적인 공동체가 환경위기의 극복에는 훨씬 효과적이라는 입장이다. 첫째로 이러한 코뮌 형태의 소공동체는 경제적으로 팽창하지 않기 때문에 인구를 자그마한 소도시나 촌락에 재배치하는 것은 환경에 대한 영향력을 최소화할 수 있다. 둘째로 코뮌의 생활은 신경과민성 가족이나 소외를 만들어내는 큰 조직도 아니기 때문에 인간의 본성에 보다 적합한 장점이 있다. 즉 사람들은 이러한 소규모 공동체에서 생활함으로써 참된 개인으로서의 인간다움을 성취할 수 있다는 것이다. 셋째로 대도시는 지나친 환경오염, 생활 쓰레기로 인한 토지의 황폐화, 자연자원에 대한 과도한 요구 등을 만들어낸다고 주장한다.[161] 특히 소규모공동체는 환경문제에 대한 대응면에서 효과적인 역할을 인정받는다. J. Dryzek는 작은 규모의 공동체는 환경의 교란에서 오는 문제에 보다 민감한 반응을 보일 수 있다는 것이다. 공동체 생활에서 오는 자립정신과 소규모의 이점은 환류 채널을 단축시킴으로 환경의 교란이 심각한 상태로 변환되기 이전에 대응할 수 있게 만든다는 것이다.[162]

---

160 A. Carter, 'Towards a Green Political Theory,' in A. Dobson and p.Lucardie (eds), *The Politics of Nature : Explanations in Green Political Theory* (London: Routledge, 1993), p.45 ; M. Bookchin, *Toward an Ecological Society* (Montreal : Black Rose Books, 1980).

161 E. Goldsmith, *A Blueprint for Survival* (London : Tom Stacy, 1972), pp.62-64; P. Stoett, 'Cities to love or loathe ?, *Environmental Politics* (1994), 3(2), p.339.

162 John Dryzek, *Rational Ecology* (Oxford : Blackwell, 1987), p.219.

한편 코뮌과 같은 소규모 공동체는 정치적-제도적 측면에서 참여민주주의로 직결될 수 있다는 견해도 만만치 않은 관심을 모으게 된다. 많은 녹색주의자들은 정책결정이 국지적으로 이루어지는데서 오는 장점을 강조하게 되는데 그것은 주민들의 참여를 늘리고 책임성을 증대시킬 수 있다고 주장한다. 영국 New England의 시민대회가 대면민주주의(face-to-face democracy)의 고전적인 표본이라면 그에 유사한 희랍 민주주의, 프랑스 혁명당시의 파리 구역(Parisian sections), 미국 혁명 전야(前夜)의 보스턴, 스페인 내전 당시의 바르셀로나 시 등이 이러한 소규모 공동체의 참여민주주의를 대표한다고 보고 있다.[163]

② 녹색 국가(green state)

환경문제의 해법을 둘러싼 '분권화'의 여러 제안들은 실제적으로는 비현실적이라는 비판을 피할 수가 없었다. 우선 소규모 공동체 같은 곳에서는 사회적으로 필요한 다양한 물건들을 생산해내기가 힘들다는 점이 있다. 그리고 환경 위기와 관련되는 어려운 문제들을 다루어 나가기 위해서는 종합적이고 중앙집권적 계획이나 조정이 필요하게 되는데 코뮌 형태의 정치적-제도적 장치로서는 해결하기 힘들 수 있다. 녹색정치는 또한 평등 지향적 프로젝트를 추구하고 있는데 이를 위한 재분배도 힘들게 되어 있다. 전반적으로 환경문제는 한정적인 성격을 띠면서도 동시에 지역적, 국가적, 국제적인 여러 수준에 걸친 해법을 요구하고 있음에 비추어 녹색정치도 이에 상응하는 다양한 정치적-제도적 조치가 불가피해진다. 그리고 이러한 다양한 제도적 대응에 있어서 국가의 개입필요성이 재인식되지 않을 수 없게 된다. 특히 국가는 시장의 작동을 통제

[163] B. Tokar, *The Green Alternative*(2nd edn) (San Pedro: R. and E. Miles, 1994), p.105.

하고 사회적 정의와 생태학적으로 지속가능한 사회의 틀을 마련하는데 결정적인 역할을 할 수 있기 때문이다. 이러한 일련의 지적과 주장들을 배경으로 최근에 와서는 '국가'의 역할이 녹색 정치이론에서 재조명되기에 이른다.[164]

R. Eckersley는 '녹색 민주국가', 또는 '생태민주주의'의 필요성을 강조하고 있어 관심을 모은다. 환경문제를 해결할 수 있는 국가는 우선 강하고 효과적이어야 한다는 것이다. 생태계의 보호와 관련되는 규제적, 재정적 조타메커니즘(steering mechanism)을 관리하고 경제활동에 참가하는 투자자, 생산자, 소비자들을 통솔할 능력을 구비해야 하며, 지속가능한 사회의 건설을 위한 자원의 재분배와 생활기회의 제공을 책임질 수 있어야 한다. 그리고 국가는 또한 좋은 국가가 되어야 하는데 공공이익과 가치를 추구하는 윤리적이고 민주적인 수용성과 책임성을 갖추고 있어야 하며 환경적 정의를 구현하는 견인차가 되어야 한다는 것이다. 국가는 '공적 생태적 수탁자'(public ecological trustee)의 역할을 담당하면서 생활지지 서비스, 공적 쾌적함, 공적 수송, 생물다양성과 같은 공공재를 성실히 보호해 주어야 한다.[165] 그리고 이러한 녹색 민주국가는 다음과 같은 세 가지 측면의 발전과 병행해서 구현될 수 있다고 보고 있다. 첫째로 녹색국가는 환경적 다자주의의 발달과 병행되어 자리를 잡아갈 수 있다. 환경관련 조약, 선언, 국제적 환경 기준 등을 만들어내는 다자주의에 적극 참여하는 국가를 지칭할 수 있다. 1972년 Stockholm 회의, 1992년 Rio 회의, 2002년 Johannesburg 회의 등에서 천명된 기본원칙들은 많은 환경관련 조약들의 체결을 위한 기초를 마련하였을 뿐만 아니라 참가국들의

---

164 A. Dobson, *op. cit.,* pp.97-100.

165 Robyn Eckersley, The Green State : Rethinking Democracy and Sovereignty (Cambridge, Mass.: The MIT Press, 2004), pp.11-12.

국내적인 헌법, 국내법, 지속가능한 발전 전략 등에 매우 긍정적인 영향력을 미친 것으로 받아들여진다. 이러한 환경 다자주의의 발전은 녹색국가의 제도화에 효과적으로 연결될 수 있다는 것이다.[166] 둘째로 녹색국가는 '생태적 근대화'와 밀접하게 관련된다. 흔히 자본주의 하에서는 경제성장과 생태계의 보존이 서로 상극되는 관계로 정립되는 경우가 대부분인데, 이 양자는 서로 융합될 수 있다는 것이 생태적 근대화의 개념이다. 국가는 환경적 규제를 줄이기보다는 오히려 증가시키면서도 산업의 경쟁력을 높여나갈 수 있다는 것이다. 환경문제에 규제를 강화하더라도 그것이 경제적인 위축을 가져오는 것이 아니라 경우에 따라서는 경제성장을 촉진하는 결과를 가져올 수 있다. 예를 들면 세계에서 가장 엄격한 환경 기준을 가지고 있는 독일이나 네덜란드 같은 나라들이 이러한 사실들을 입증한다는 것이다. 따라서 생태적 근대화의 전략은 산업경쟁력 강화의 새로운 방안으로 각광받을 수 있으며 이러한 전략적 전환은 녹색국가의 등장을 가속시킬 수 있다.[167]

셋째로 녹색 민주국가는 협의민주주의가 되어야 한다. J. Haberrmas는 정부의 규제와 시장의 유혹으로부터 자유롭고 시민들의 활발한 대화(dialogue)와 상호이해를 지향하는 공적 의사소통의 구조로서 '공공영역'의 구축이 민주주의를 내실화시킬 수 있으며 이것이 협의민주주의로 이어질 수 있다고 보았다. Eckersley는 이 '공공영역'에 녹색 정치의 이상과 주장들을 반영시키는 새로운 공간을 '녹색 공공영역'(green public sphere)으로 부르고 이 공간이야말로 환경과 관련된 모든 정보를 마련해주고 환경문제의 쟁론, 참여, 환경적 정의에의 접근 등과 관련되는 착실한 협의

166 *Ibid.,* pp.214-216.
167 *Ibid.*, p.69, p.83.

의 메커니즘이 된다고 보고 있다. 특히 지금까지 환경문제의 정책수립과 입법과정에서 배제되고 소외되었던 집단들의 참여도 보장될 수 있음을 강조한다. 그리고 이 녹색 공공영역의 구축과 관련하여 그는 '녹색 헌법'의 구상도 밝히고 있는데 이 헌법의 전문에는 인권뿐만 아니라 생물다양성과 생명지원 서비스, 지구의 생태체제 등을 보호할 책임이 포함될 것을 제의한다. 그리고 헌법의 실질적 내용에 있어서는 다양한 환경적 권리와 책임이 부연되고 보다 구체적인 제도적 장치로는 공동체의 '알 권리' 입법, 공동체의 환경 감시와 보고, 제3자 소송권리, 환경 및 기술적 영향 평가, 법정 정책자문위원회, 시민 배심원, 콘센서스 회의, 공공 심리 등의 다양한 협의민주주의의 제도적 고안들이 제시되고 있다.[168]

(4) 녹색 정치의 전략적 측면

생태주의는 현존하는 사회, 경제, 정치적 구조에 대한 대대적인 변환 없이는 환경문제의 해결이 어렵다는 전제에 서 있기 때문에 이러한 기본입장을 관철하기 위해서는 독특한 전략이 부상되지 않을 수 없게 된다. 그 기본에 있어서 권위주의와 민주주의적인 해법 중 어느 것이 바람직할 것이냐를 비롯해서 녹색주의자들이 취할 수 있는 전략들은 다양할 수 있다.

① 권위주의와 민주주의

환경문제와 관련된 초기(1970년대) 녹색정치이론가들은 권위주의적인 해법의 필요성을 제기한 바 있다. 주로 Heilbroner나 Ophuls와 같은 북미 학자들은 환경위기의 절박성에도 불구하고 사람들은 자발적으로 환

---

[168] *Ibid.*, p.15, pp.243-244.

경문제의 해결에 동조하지 않을 것이기 때문에 강한 정부, 경우에 따라서는 권위주의적인 정부가 바람직하다는 주장을 폈다.[169] 그리고 최근에 와서도 환경문제의 해결에 있어서는 녹색적인 좋은 생활의 실현은 흔히 자유주의적인 민주주의에서 주창되는 다원주의의 가치와는 조화되기 힘들다는 견해가 지속적으로 제기되어 왔다고 볼 수 있다. 이것은 일부 녹색정치이론가들의 과격한 목적들에 비하여 자유민주주의적인 절차가 지니는 복잡성과 능률성의 문제가 발목을 잡는다는 인식에서 비롯되는 긴장의 소산으로 풀이될 수 있다.

그러나 환경문제를 둘러싼 역사적인 경험에 따르면 권위주의 국가보다는 민주주의국가의 환경개선 노력이 훨씬 효과적이라는 결과가 나온다. 특히 소련이나 동구권의 경험에 비추어 볼 때 장기적인 환경문제의 해결에는 권위주의 체제가 한계를 드러내게 마련이라는 진단이 나온다. 뿐만 아니라 녹색 환경운동가들의 경우 정치조직에 있어서의 관료주의적 폐단을 극복하고자 하는 열의가 강하였고 1970년대와 1980년대의 신좌파(New Left)가 내세운 참여민주주의의 영향을 많이 받고 있기 때문에 그 기본에 있어서는 권위주의보다는 민주주의에 보다 가까울 수밖에 없다는 결론이 도출된다.

민주주의 방식의 선호와 관련해서는 다음의 두 가지 경향이 두드러지게 된다. 첫째로 민주주의도 여러 형태가 있기 마련인데, 대체로 북유럽의 작은 사회민주주의 국가들(Norway, Sweden, the Netherlands)이 환경문제에 있어서 시장규제를 비롯해서 환경프로그램의 분배부담의 투명성 제고를 둘러싼 정책적 논의에 있어서 매우 적극적이라는 사실이 지적된다.

---

169 R. Heilbroner, *An Inquiry into the Human Prospect* (New York : HarperRow, 1974); W. Ophuls, 'The Politics of a Sustainable Society,' in D. Pirages (ed.), *The Sustainable Society* (New York : New York : Praeger, 1977).

둘째로는 환경문제는 시간이 경과할수록 정치적 의제 면에서 '새로운 유권자들'이 등장하게 된다는 사실이 중요하게 된다. 예를 들면 다른 나라에서 오는 환경오염의 피해자들(예 : 영국 산성비를 맞게 되는 스칸디나비아 사람들), 미래 세대들, 인간 이외의 자연계의 부분들 등이 열거될 수 있다. 이러한 새로운 유권자들의 이해를 흡수하기 위한 민주적인 방식의 문제는 쉽지 않은 과제가 될 것이 분명해진다.[170]

2006년 현재 유럽의 녹색당은 의회진출에 있어서 192석을 차지하고 있으며 두 장관(Italy와 Latvia)을 배출함으로써 녹색 운동이 자유-민주적 정책결정 과정에 적절히 조화되어가고 있음을 보여 주고 있다. 특히 독일의 경우 녹색정당원이 외무장관직에 오르는 대단한 변화를 과시하고 있으며 다른 당과의 연합전략의 채택으로 1998년부터 2005년 사이에 사회민주당과 연합하여 세 명의 장관직을 차지한 적도 있다. 비록 녹색운동이 고정된 선거구의 영향력 있는 유권자들의 지속적인 지지획득에는 어려움이 있기는 하나 이러한 연합전략이 의회민주주의의 틀 안에서 어느 정도의 효과를 거두고 있는 것만은 새로운 사실로 인정되고 있다.[171]

② 녹색운동의 주동 계급(class)

녹색정치에 있어서도 어느 계급이 주동적 역할을 하는가는 중대한 관심사가 된다. 즉 녹색운동의 계급적 기초에 관한 문제는 운동의 진행과 결과에 결정적인 영향을 미칠 수 있기 때문이다. 지금까지의 녹색정치의 논의에 있어서는 주로 중산계급의 주동적인 역할이 관심을 모아왔다. 예를 들면 중산 계급은 위험한 노동조건이나 더럽고 오염된 환경,

---

170 A. Dobson, *op. cit.*, pp.113-114.

171 *Ibid.*, pp.115-119; 녹색당(green party)의 등장과 그 활동에 관한 부분은 김영래, "환경운동단체의 현황과 그 활동," 김영래 외, 『환경과 사회』, 앞의 책, pp.341-344 참조.

붕괴된 공동체, 대중문화의 수탈, 비인간적인 관료들, 정치인들의 거짓말 등의 사회적인 극악의 상황에 덜 시달리는 계층으로서 비교적 사회-경제적 유형의 어려운 변환을 극복해낼 수 있는 유연성을 가지고 있는 계층으로 파악되고 있다.[172] 이러한 입장은 중산계급이 변화의 주동자라는 자유주의의 전통과도 부합되는 입장이 된다.

그러나 이러한 중산계급의 역할보다는 좀 더 계급의 의미를 확대하여 환경 위기의 숨은 피해자들의 목소리를 경청해야 한다는 주장도 나온다. 보다 과격한 녹색 정치적 관점에 서게 되면 인류의 소비과정에서 다소 영구적인 주변화 계급을 생각해볼 수 있다. 이른바 '개발도상에 있는' 세계에 살고 있으면서 자유무역 세계화의 혜택으로부터는 완전히 제외된 많은 인구들이 해당된다. 산업화로 인한 '독 피해자'(toxic victims)들은 빈약한 생존수단에 의존하는 가난한 노동자들이며 그들의 환경문제는 그들의 경제적 조건들과 분리될 수 없는 문제이기도 하다. 사람들은 경제적으로 곤궁한 공동체에 살수록 오염된 산업지역 가까이에서 살기 마련이다. 이러한 사정으로 인하여 풀뿌리 환경주의는 보다 광범한 사회정의운동의 재구성에 주도적 역할을 할 가능성이 있게 된다.[173] 뿐만 아니라 생태주의에 여성의 주동적인 역할을 강조하는 '생태 페미니즘'의 등장도 관심을 모으게 된다. 세계 65%의 일을 담당하고 있으면서도 고작 보수의 5%밖에 받지 못하는 여성들이야말로 '프롤레타리아트'이며 경제적 최하층으로서의 여성들은 생태적 혁명에서 요청되는 사회적 변화의 추진에 있어서 놀라울 정도의 적합성을 가진다는 주장도 나올 수 있다.[174]

---

[172] J. Porritt, *Seeing Green* (Oxford : Blackwell, 1984), p.116.

[173] S. Szasz, *Ecopopulism : Toxic Waste and the Movement for Environmental Justice* (Minneapolis : Minnesota Univ. Press, 1994), p.151, p.166.

이상의 녹색 정치에 있어서의 계급의 역할에 관해서는 구체적인 행동 면에서의 논의가 미흡하다는 지적이 있을 수 있다. 만약 어떤 계급이 혁명적 변화를 추구한다면 구체적으로 어떤 혁명적 조직을 형성할 것이며 그 투쟁은 또한 어떻게 전개할 것인가를 둘러싼 보다 체계화된 언급이 없다는 점이다. 그리고 만약 개혁주의 전략을 택할 것이면 압력단체나 의회주의 정당의 형태를 띨 것인지 협상이나 선거의 방식을 주 무기로 할 것인지의 선택도 중요한 논의의 대상으로 포함되어야할 것이다. 이러한 논의를 체계화한 녹색 정치의 주도계급은 아직 부상되고 있지 않는다는 지적이 가능하다.[175]

③ 생활스타일과 재정적 유인책

사람들의 '생활스타일'을 바꿈으로써 환경문제의 해결에 크게 도움이 된다는 입장도 있다. 즉 일상생활에 있어서의 개인의 행동을 환경 친화적으로 만듦으로써 소기의 효과를 거둘 수 있다는 것이다. 예를 들면 백화점 매장에 환경 친화적인 녹색포장 상품을 내놓아서 매출을 늘린다든가 가정마다 화장실 물을 덜 사용해서 환경오염을 줄인다든가 하는 생활스타일의 변화를 지칭한다. 각자가 자기의 집안 살림에 녹색의 규범을 스며들게 하는 것이다. 보다 많은 병과 신문을 재활용하고 보다 많은 '무연 가솔린'을 사용하고 보다 많은 '무해 세제'를 쓰는 생활스타일을 권장하는 전략이다.

이러한 생활스타일의 변화가 환경문제를 개선하는데 도움이 되는 것은 분명하다. 그러나 이 전략에도 한계가 있다. 첫째로 환경위기는 제한

---

174 A. Salleh, *Ecofeminism as Politics : Nature, Marx and the Postmodern* (London : Zed Books, 1997), p.6.

175 A. Dobson, *op. cit.,* p.146.

없는 생산과 소비에서 비롯되는 것인데 생활스타일의 변화만으로 이러한 경향을 제한하기는 힘들기 때문이다. 사람들에게 건전한 소비를 권장하는 것이 문제가 아니라 소비 자체를 줄이는 일이 힘들기 때문이다. 자동차 매연은 어느 정도 줄일 수는 있어도 자동차 생산은 엄청난 추세로 증가하는 것이 현실이다. 둘째로 이러한 소비 생활스타일에 일조가 될 수 없는 많은 가난한 사람들이 존재한다는 사실도 중요하다. 셋째로 이러한 녹색 소비주의는 우리들의 소비 형태를 개혁하려는 것이지 그것을 근본적으로 재구성하려는 것이 아님이 강조된다. 즉 피상적인 개혁 위주의 '환경주의'이지 근원적인 해결을 지향하는 '생태주의'는 아니라는 점이 강조된다.[176]

한편 재정적 유인책도 하나의 전략으로 고려될 수 있다. 사람들로 하여금 환경개선에 협조하도록 세금, 요금, 혜택 등의 유인책을 마련하는 방법이 된다. 예를 들면 차량의 도심 진입을 줄이기 위하여 혼잡 요금을 부과할 수 있다. 2002년 아일랜드 정부는 쇼핑에 있어서 플라스틱 백 사용과 관련하여 일정한 세금을 고려하는 정책을 채택하였는데 이는 사람들로 하여금 백의 재사용을 권장하기 위한 것이었다. 이러한 재정적 유인책은 사람들의 이기적인 동기에 착안한 유인책으로 볼 수 있는데 이러한 방식은 지속가능한 방식이 되기는 힘들다. 따라서 사람들의 자발적인 환경의식을 좀더 조성하기 위하여 '생태적 시민'의 아이디어가 등장하게 된다. 이것은 사람들 사이의 간주관적이고 공동체 지향적인 성향에 호소함으로써 지속가능한 환경 사회를 지탱할 권리와 의무를 생활화하는 방식이 된다. 자유주의적 시각에서는 개인들이 갖는 환경적 권리가 부각됨으로써 환경 공간에 대한 권리주장으로 이어진다. 공화주의의 전

176 *Ibid.,* pp.119-121.

통에서는 대조적으로 권리 못지않게 의무를 강조함으로써 공동선에 대한 공헌을 역설하게 된다. 국제사회에서 거론되어 내려온 '사해동포주의'는 환경문제의 국제적인 성격을 부각시킴으로써 환경문제에 대한 초국가적인 대응과 연대감의 조성에 기여할 수 있다. 재정적 유인책이 일시적인 깜짝 효과로 얕은 환경의식을 불러일으킬 수 있다면 '생태시민'의 대응방안은 비록 시간은 오래 걸리더라도 환경과의 보다 깊게 일체감을 형성해나갈 수 있는 장점이 있다.[177]

④ 공동체의 구성

생태주의의 이상을 실현하는 가장 심층적인 처방으로는 녹색적인 공동체를 구성하는 방법이 있을 수 있다. 매우 적극적이고 책임감 있는 공동체의 일원이야말로 녹색운동의 혁명적 주체가 될 수 있으며 이러한 공동체에 들어가게 되면 사람들은 자조(self-help), 공동체의 책임감, 자유로운 행동 등을 함양하게 됨으로써 여러 지역과 코뮌들로 이루어지는 느슨한 형태의 녹색적인 연방을 만들어나갈 수 있다고 주장한다. 핵무기와 슈퍼마켓으로부터 해방되고 산업 체제로부터 해방되는 새로운 사회구성체를 만들 수 있다는 것이다.[178]

생태적 생활스타일을 표출하는 이러한 공동체로는 시골의 자급자족 농장, 도시의 농장, 노동자 협동조합, 유럽의 여러 도시에 자리 잡은 무단 정착지, 영국 웨일즈 지방의 '대체 기술 센터'(Centre for Alternative Technology), 스코틀랜드의 '파인드혼 공동체'(Findhorn community) 등이 열거된다. 이들 공동체들은 환경문제의 해법에 있어서 대안적인 공동체 내에

[177] *Ibid.*, pp.132-133.

[178] R. Bahro, *Building the Green Movement* (London : GMP, 1986), p.29.

서 정신적 재건을 추구한다는 점을 인정받는다. 자원의 공동소유, 재생이용, 에너지 사용의 절약 등에 있어서 이들 공동체 구성원들은 매우 과격하고도 녹색적인 세계관을 구비하고 있다는 연구 결과도 있다.[179]

이러한 공동체적 실험이 단순한 생활스타일의 변화에만 초점을 두는 전략보다는 근원적이고 지속적인 성과를 거둘 수 있는 것만은 사실이다. 그러나 이러한 공동체 전략은 변화를 지나치게 예시로서 추구한다는 한계를 안고 있다. 지나치게 유혹적인 능력에 의존한다는 지적이다. 시간이 경과하면 이러한 유혹적인 힘에 한계가 오기 마련이며 사람들은 의식에 있어서 과격한 변화보다는 대리적인 성격을 띤 좋은 양심의 역할을 수행하게 된다는 것이다. A. Dobson은 이러한 공동체 전략의 보다 바람직한 변형으로서 한때 오스트리아에서 관심을 모았던 '지역 화폐' 제도의 장점을 소개하고 있다. 이것은 이 나라의 Worgel 지방의 지역 경제의 침체를 살리기 위한 국지적인 실험(1929~1934)이었는데, 지역 내 구성원들의 경제적 거래를 자기들만의 통화의 유통으로 해결함으로써 지역 내의 생산, 소비 및 고용 등의 문제를 자체적으로 해결해나가는 방법이었다. 또한 이와 매우 유사한 공동체 실험으로는 1983년부터 1989년 사이에 캐나다의 밴쿠버 섬에서 실시된 '지역 고용과 무역 체제'(Local Employment and Trade System)를 들고 있다. 이러한 공동체적 실험은 녹색 정치의 미래를 위해서도 여러 교훈적인 의미를 지닌다고 보고 있다.[180]

⑤ 직접 행동(direct action)

환경훼손을 방지하고자 하는 직접행동은 근래에 와서 매우 두드러지

---

[179] D. Pepper, *Communes and the Green Vision : Counterculture, Lifestyle and New Age* (London : Green Print, 1991), p.156.

[180] A. Dobson, *op. cit.,* pp.126-129.

는 항의표시 방법이 되고 있다. 이미 '그린피스'와 같은 환경집단이 환경문제에 대한 인류의 관심을 고취시키고 환경개선에 기여한 바에 대해서는 국제적인 공감대가 형성되어 있다.[181] 주로 녹색정당을 포함하는 주류 정당들과 그들이 추구하는 정치적 의제에 대한 환멸과 불만은 '직접 나서는 정치'(do-it-yourself)로 표출된다고 볼 수 있다. 영국 같은 경우 이러한 시위는 도로건설공사의 방해로 나타나게 되는데 공사만 벌어지게 되면 언제든지 나타나서 비폭력적인 방법으로 공사를 지연시킬 수 있다. '지구 제일'(Earth First!)이라는 환경집단은 1980년 미국에서 결성되었는데 미지근한 환경운동은 지구를 구제하기에는 너무도 미흡하다는 명분하에 시작부터 불도저와 기타 중기들을 무능화시키는 '멍키렌칭'(monkeywrenching)의 방법을 택하여 상당한 효과를 거둔 것으로 나타난다. 이들의 항의방식은 녹색운동 내에서도 비판을 자초하게 되고 사람보다는 동물이나 나무들에 보다 가치를 둠으로써 인간생활에 해를 끼친다는 비난도 받았다.

이러한 직접행동 방식에 대한 실제적인 효과에 대해서는 그 평가가 쉽지 않다. 예를 들면 도로건설 공사의 방해 등과 관련해서는 어느 정도의 효과를 거둔 것으로 나타나는데 영국 수송 성(Department of Transport)이 데모의 절정기에는 일당 20,000파운드의 비용손실을 본 것으로 추정되기도 한다. 그러나 한편으로는 이러한 환경운동가들의 방해 공작에도 불구하고 도로나 차도는 잠시 주춤하다가도 계속 추진되었다는 사실이 중요한 의미를 갖게 된다. 즉 녹색운동에 있어서의 직접행동의 효과는 극히 일시적이고 수정이 불가피해진다는 결론이 가능해진다.[182]

---

181 그린피스의 등장과 활동에 관해서는 김영래, "환경운동단체의 활약", 김영래 외, 『환경과 사회』, 앞의 책 pp.337-339 참조.

182 A. Dobson, *op. cit.,* pp.129-132.

5. 환경정치의 최대 현안: 지구온난화와 기후변화

21세기에 들어서 환경정치의 최대 현안은 지구온난화와 기후변화이다. 이미 지구온난화로 인한 기후변화로 인류가 겪게 될 끔직한 재난의 심각성과 이에 대한 시급한 대책의 필요성은 세계적인 공감대를 이루어 나가고 있으며 이와 관련된 세계 주요 당사국들의 참여도 활기를 띠어 가고 있다. 지구온난화의 원인과 그 결과에 대한 분석과 더불어 현재 진행되고 있는 국제적 공조의 방향과 조직의 형태를 둘러싼 다양한 논의들을 정리해볼 수 있다.

(1) 지구온난화와 기후변화: 원인과 결과

지구온난화의 근본 원인은 대기 중의 이산화탄소(CO_2)의 증가이다. 대기 중에는 태양으로부터 열을 흡수하여 지구의 온도를 증가시키는 이른바 온실효과를 일으키는 기체들(이산화탄소, 메탄, 아산화질소, 수소불화탄소, 과불화탄소, 육불화유황)이 있는데 이 중 온실효과에 가장 크게 기여하는 것이 이산화탄소이다. 이산화탄소는 주로 화석연료(석탄, 석유, 자연가스)의 연소에서 비롯되기 때문에 지구의 산업화에 따른 전력과 수송의 증대가 지구온난화의 결정적인 원인이 된다고 볼 수 있다. 화석연료의 연소로 말미암아 대기 중에 있는 이산화탄소는 일세기 반전에 비하여 35% 증대된 것으로 나타난다.[183]

그러면 지구온난화로 인한 기후변화는 어떤 결과를 가져올 것인가? 2007년 UN의 '기후변화에 관한 정부간 위원회'(The Intergovernmental Panel

---

[183] Jerry Silver, *Global Warming & Climate Change Demystified* (New York : McGraw-Hill, 2008), pp.73-74, p.109.

on Climate Change: IPCC)의 보고는 다음과 같은 결론을 내리고 있다.[184]

- 기후체제의 온난화는 명료해졌다.
- 1750년 이후 인간의 활동이 지구의 총체적 온난화에 기여하였음은 매우 확실시된다.
- 대기 중 이산화탄소 농축의 증대는 지구온도의 상승을 가져오는 가장 중요한 요인이다.
- 만약 내일 이산화탄소의 대기 중 배출이 완전히 중단되더라도 이미 대기 중에 있는 이산화탄소의 수준은 해수(海水) 수준을 약 1.4미터 높일 것이다.
- 2030년에 가면 7500만 명에서 2억5000만 명의 아프리카인들이 물 부족을 겪을 것이다.
- 아시아의 많은 큰 도시 지역의 주민들은 강과 해안의 홍수 위험에 직면할 것이다.
- 특히 유럽에서는 광범위한 종(species)의 손실이 예상된다.
- 북미에서는 길고 무더운 혹서(heat waves)와 수자원을 둘러싼 극심한 경쟁이 예상된다.

이 IPCC 보고서는 지구온난화가 전 세계적인 규모의 여러 가지 재난을 예고하고 있으며 그 작성과정(2,500명 이상의 과학자 참여)의 권위적 위상으로 폭넓은 공감대를 형성하고 있다고 볼 수 있다. 극심한 식수난이 아프리카를 비롯한 여러 지역에서 번질 것이고 가뭄과 홍수가 겹치게 된다. 생태계의 경우 지구 온도가 1.5~2.5℃ 증가하게 되면 많은 식물과

184 *Ibid.*, p.27.

동물들의 종은 소멸의 위기에 봉착하게 된다. 해수면의 상승은 조개, 산호 및 조개어류 등의 수생유기체의 멸종 위험을 가져올 수도 있다. 2080년에 가면 해안지역의 약 10억 인구가 홍수조건에 직면하게 된다. 미국의 동부, 방글라데시의 전지역, 중국의 약 2억5천만 명이 이러한 위험에 직면한다. 가뭄과 홍수로 농업이 타격을 입게 되면 식량난과 영양실조가 심각해진다. 지구온난화로 뎅그열병(Dengue fever)이 이미 확산되고 있으며 고인 물의 증가에서 오는 모기와 관련되는 질병, 말라리아 등이 기세를 부리는 세계적인 위생상의 문제가 다가오게 된다.[185]

(2) **국제적 공조: 교토 의정서**(Kyoto Protocol) **체제**

기후변화에 관한 국제적 공조의 움직임은 1980년대 이후 주로 유럽연합(EU)을 중심으로 활성화되었다. 이미 IPCC는 1988년에 조직되어 활동을 개시하였고 EU는 1990년대에 들어서 기후변화에 대비하는 구체적인 목표와 예정표 등을 확정하는데 선도적인 역할을 담당해 왔다. 1992년에는 154개국이 참석한 '기후변화에 관한 유엔 기본 협약'(United Nations Framework Convention on Climate Change: UNFCCC)이 체결되어 2000년도에 1990년도 수준의 온실가스 배출 수준을 달성할 것을 합의하게 된다. 그러나 EU의 선도적 역할에도 불구하고 개발도상국들(중국, 인도, 브라질, 멕시코 등)은 선진 제국의 책임론을 전제로 한 유보적 태도가 두드러져 왔으며, 이러한 개발도상국들의 태도와 관련하여 미국의 거부권 입장은 계속적인 국제적 관심사가 되어 왔다. UNFCCC(1992)는 온실가스 배출 제한의 절심함과 각국의 노력을 다짐하는 '협약'의 수준에 머무는 것이었기 때문에 EU는 계속하여 구속력 있는 목표와 시간표를 담은 다음 단계로 '의

185 *Ibid.,* pp.165-167.

정서'의 협상체결을 서두르게 되는데 바로 그 결실이 1997년의 '교토 의정서'(Kyoto Protocol)가 된다.[186]

'교토 의정서'는 주요 선진국들이 2008년부터 2012년까지 온실가스 배출량을 1990년 배출량과 비교하여 5.2% 감축하는 것을 골자로 하고 있다. 구체적으로 EU는 8%, 미국은 7%, 일본은 6% 감축하는 것을 약속하고 있다. 그리고 의정서는 ① 선진국이 개발도상국의 온실가스 배출을 제한하도록 하는 여러 프로젝트를 지원해주는 '깨끗한 발전 메커니즘'(Clean Development Mechanism: CDM), ② 선진국과 개도국 사이의 에너지 효율화를 위한 '공동 실행'(Joint Implementation: JI), ③ 온실가스 배출권을 둘러싼 신용거래를 위한 '배출권 거래' 등의 세 가지 '신축성 메커니즘'을 권고하고 있다. 미국은 이 의정서 비준을 거부하고 있으며 부시 미국대통령은 2001년 3월 중국이나 인도 등 개발도상국들의 적극적인 참여가 없는 점, 그리고 지구온난화의 원인과 해법에 관한 과학적 지식이 충분치 못한 것을 거부권의 명분으로 제시했다.[187]

2007년 12월 UN 회원국들은 인도네시아의 발리에서 온실가스 배출 감축과 교토 의정서 참여국들의 계속적인 협력과 약속이행을 위한 회의를 가졌다. 그리고 IPCC 과학자들과 기후 모형작성자들은 2020년까지 온실가스 감축을 25~40% 선까지 이루어낼 것을 제안했다. 이 회의에서 미국을 비롯한 모든 참가국들이 기후변화의 대응책 수립에 합의하였고 중국과 인도 등도 나름대로의 기후변화와 관련되는 각자의 적절한 대응조치를 약속했다. 이른바 '발리 로드 맵'(Bali roadmap)에 의하면 2012년 이후의 기후변화를 위한 국제적 합의(post-2012 international agreement on climate

---

186 Pamela S. Chasek et. al., Global Environmental Politics, *op. cit.*, pp.115-122.
187 *Ibid.,* pp.122-125.

change)를 2009년 12월까지 타결해내겠다는 것이다.[188] 그리고 이를 위한 기후변화 국제회의는 2009년 12월 중순 코펜하겐에서 개최되기로 되어 있다.

(3) 정책적 대응의 세 가지 형태

기후변화에 대응하는 정책적 논의는 IPCC의 활동과 기후관련 국제회의 등을 통하여 활발하고 다양한 형태로 전개된다. 이러한 정책적 논의들을 몇 가지 특징별로 파악하여 대충 세 가지 형태로 나눈 것을 정리해 보기로 한다.[189]

① 적응(adaptation)

기후변화에 대한 정책적 대응에 있어서는 우선 '적응'의 형태가 가능하다. 기후변화에 대한 비교적 장기적 예측에 따라 새로운 환경에 적응해나가야 한다. 21세기에 들어서 나타나는 온도, 기상악화, 농산물 수확, 산림의 구성형태, 강의 계절적 흐름의 변형 등 지구온난화에서 오는 다양한 변화를 예측해낼 수 있다. 이 예측에 따라 정책적 적응의 양상이 달라질 수 있다. 예를 들면 긴 여름의 혹서는 전기수요의 증대를 가져오고 스키 유흥지에서는 겨울 평균온도와 강설량에 민감해 질 수밖에 없다. 농업에서는 지역에 따라 농기(農期)의 장단에 민감하게 되고 가뭄과 폭우의 빈도를 고려해야 하며, 낮은 해안지역에서는 높아지는 바다 수위에서 오는 수몰의 피해를 걱정해야 한다.

적응의 노력은 국민, 조직, 공동체 등을 통하여 이루어질 수 있으나

188 J. Silver, *op. cit.,* pp.215-216.

189 Andrew E. Dessler & Edward A. Parson, *The Science and Politics of Global Climate Change: A Guide to Debate* (Cambridge: Cambridge Univ. Press, 2006), pp.90-125.

무엇보다 정부의 정책이 매우 중요하다. 정부는 공적 자금으로 여러 가지 적응시책에 앞장설 수 있다. 낮은 해안지역에 대해서는 바다 장벽을 건설할 수 있고 이러한 저지대를 비롯하여 홍수침범지역, 기타 취약지구에 건축허가를 제한하는 규제조치를 취할 수 있다. 농업에 있어서는 기후변화에 따른 새로운 영농환경에 적합한 농작물을 선택하는 일이 중요한 과제가 된다. 특히 정부시책과 관련해서는 기후예측, 영향연구, 가능한 대응조치의 홍보, 기술적 지원 등에 관한 종합적인 정보의 보급이 중요한 과제가 된다. 이러한 정보의 제공은 개인이나 기업들이 장기적인 안목에서의 계획이나 투자에 결정적인 도움을 주고 또한 기후분석이나 예측의 정확도는 국민들의 위험부담을 경감시켜줄 수 있다.

그러나 기후변화에 대한 '예측'은 언제나 '불확실성'을 수반한다는데 문제가 있다. 기후변화는 고립되어 나타나는 것이 아니라 다른 환경변화와 연계되기 마련이어서 예를 들면 이산화탄소가 증가하면 영양침전(nutrient deposition)이나 공기의 질에도 영향을 미칠 수 있기 때문에 그 예측은 복합적인 성격을 띠게 된다. 따라서 불확실한 예측에 따른 적응시책도 항상 효율성면에서의 한계를 수반하기 마련이다. 비록 기후변화에 대응하는 적응능력을 증진시키는 것이 중요한 과제이긴 하지만 이에 전적으로 의존하는데서 오는 위험도를 감안하여야할 것이다. 따라서 적절한 정책적 대응으로서는 적응에만 의존할 것이 아니라 지구온난화의 결정적 원인인 이산화탄소의 증가추세를 완화시키는 방법을 병행하는 것이 바람직하게 된다.[190]

---

[190] *Ibid.,* pp.91-96.

② 완화(mitigation)

정책적 대응의 두 번째 형태는 이산화탄소의 '배출완화'이다. 그리고 이 방법은 현재 진행되고 있는 국제적 공조(UNFCC, Kyoto Protocol 등)의 기본 골격을 이룬다. 현재 화석연료 사용에서 비롯되는 이산화탄소 배출량의 60%는 산업화된 국가에서 오고 그중 25%는 미국이 만들어낸다. 대체로 세계의 경제성장이 탄소배출 감축의 기술을 능가하는 한 배출은 21세기를 통하여 지속될 것으로 예상되며, 21세기 중반에 가면 개도국의 배출이 현재의 선진국 수준을 넘어설 것으로 예측된다.

탄소배출의 증대는 대체로 인구, 경제성장(인구대비 GDP), 테크놀로지 등과 상관된다. 인구증가를 억제하든가, 경제성장을 늦추든가, 배출억제의 새로운 테크놀로지의 혁신 등이 그 해법이 된다. 세계적으로 인구증가는 연간 약 1~2%의 감소가 있지만 경제성장을 늦추는 문제는 그리 간단치가 않다. 개도국은 물론 선진산업국가들도 경제성장은 일관된 우선적인 정책적 과제가 되어 있다. 결국 테크놀로지의 혁신이 하나의 적절한 방안이 된다.

온실가스 배출을 억제하는 길은 테크놀로지의 혁신에서 찾아야 한다. 첫째로 '비화석 연료 에너지 자원'을 개발하여야 하는데 태양, 바람, 생물자원, 핵분열과 융합, 탄소격리 등이 이에 해당한다. 바람과 태양열의 이용은 비용면에서도 매우 경쟁력 있는 재생에너지원으로 각광을 받고 있으며, 생물자원과 관련해서는 속성 성장곡물의 재배와 효율적인 연소 등의 방법도 권장될 수 있다. 그러나 핵분열과 융합 이용문제는 안전성, 테러리즘, 핵무기확산 등의 복잡한 문제를 수반한다는 점이 있다. 그리고 세계의 우라늄 자원도 한정되어 있다는 사실이 중요하다. 이산화탄소를 수소와 탄소로 격리시키는 방법은 매우 혁신적인 기술이라는 측면도

있으나 격리된 탄소를 저장시키는 문제는 큰 부담으로 남게 된다.[191]

각 나라마다 요구되는 배출 감축의 과제를 정책적으로 실현해나가는 문제도 간단하지 않다. 우선 정부는 에너지 기술의 조사연구(R&D)에 대한 장기적인 투자를 해야할 것이다. 자칫 개인 기업들의 참여를 유도하는 문제도 쉽지 않고 또한 투자효과가 장기적인 성격을 띠는 만큼 정부의 직접 공공투자도 여러 가지 애로가 수반될 수 있다. 둘째로 정부가 실행목표를 설정해주는 일반적인 환경규제 방법이 있다. 즉 공장이나 회사가 일 년에 어느 정도의 가스배출이 가능한가의 범위를 정하는 일이 된다. 셋째로 규제방법을 시장에 접목시키는 방법으로서 배출요금을 받거나 또는 상거래가 가능한 배출허가체제를 도입하는 경우가 있을 수 있다. 넷째로는 정부가 국민들의 환경의식을 고취하기 위하여 교육적인 기능을 강화해나가는 방법이 권장될 수 있다. 자발적인 동참이 스스로나 사회를 위해서도 도움이 된다는 의식화의 방향이 된다.

한편 국제적 공조 면에서의 정책적 과제로는 기후변화에 관한 국제적 합의를 어떻게 실천에 옮기느냐의 문제가 된다. 많은 환경론자들이 '구속력 있는 조약'을 강조하고 있지만 무역제한, 벌금, 원조나 투자의 취소와 같은 처벌제재의 방식이 통용되기는 어렵게 되어 있다. 환경문제에 관한 국제적 합의가 보고나 재검토와 같은 설득의 부드러운 방식을 택하는 이유가 여기에 있다. 이 문제와 관련해서는 국제적 합의에 나타나는 각국의 약속에 관한 한 언제나 수정이 가능하고 변화를 점진적으로 유도함으로써 비용과 희생을 덜어주는 방식이 바람직하다. 그리고 모든 나라들이 동시에 참여하는 방식보다는 산업화된 선진국들이 솔선하고 개도국들이 뒤따르도록 하는 방법이 좋다는 견해가 설득력을 얻는다.[192]

---

191 *Ibid.*,, pp.96-105.

③ 지구공학(geoengineering)

세 번째의 정책적 대응은 대기 중 온실가스 증가의 효과를 상쇄하기 위하여 기후 자체를 조작하는 것이다. '지구공학'으로 불리는 이 접근은 여러 가지 다양한 제안으로 이루어진다. 어떤 것은 조그마한 태양 광선이라도 지구에 도달하는 것을 막기 위하여 성층권에 반사에어로솔(reflective aerosols)을 투입하거나 또는 우주공간에 스크린을 발사함으로써 지구에 들어오는 태양광선을 차단하는 제안이 된다. 또 다른 제안으로는 지구의 이산화탄소 주기를 조작하는 방법이다. 예를 들면 대양의 이산화탄소 흡수를 증대시키기 위하여 해양 플랑크톤을 철분과 같은 제한적인 영양소로 기름지게 만드는 경우도 있을 수 있다. 지구공학의 여러 제안들은 기후변화의 가망성 있는 해법으로 받아들여지고 있으나 지구에 대한 대규모의 조작은 예상치 못하는 위험을 수반할 수도 있다는 점이 지적된다.

지구공학적 접근은 오랜 시일이 걸리는 '완화'의 방법에 비하여 태양 방패 벽(Sun shield) 같은 것은 보다 짧은 시간에 부강한 나라들에 의해 실행될 수 있는 장점도 있다. 그러나 이러한 지구적 규모의 조작은 누가 그것을 실행하는 권한을 가질 것이며 현존하는 국제조약에의 저촉 문제, 여기에서 비롯되는 여러 가지 부담을 공유하는 문제 등의 복잡한 법적, 외교적, 정치적 문제들을 야기시킬 수 있다. 그리고 지구적 조작에서 벌어질 영향이나 이해득실을 둘러싼 국가간의 갈등을 조성할 가능성도 있다. 아직은 기후변화의 대응을 둘러싸고 적응이나 완화의 방안들에 대하여 그 실효성에 관한 결정적인 의문이 제기되고 있지 않는 점을 감안할 때 지구공학적 해법은 서두를 필요가 없다는 견해가 힘을 얻을 수 있다.[193]

---

[192] *Ibid.,* pp.106-117.

(4) 기후변화의 지정학(地政學)

기후변화에 관한 논의는 지정학과 만나게 된다. 한편으로 탄소배출의 완화를 둘러싼 국제적 협력도 현실화되겠지만 동시에 기후변화로 말미암아 자원(주로 석유)을 둘러싼 국가간의 이해의 갈등과 경합, 또는 심지어 투쟁의 가능성도 늘어날 수 있기 때문이다. 기후변화로 북극 빙하가 녹아내리면서 그전에는 관심을 두지 않던 열강들이 빙하 속에 묻힌 석유나 가스 및 광물자원을 둘러싸고 새로운 관심표명과 이해득실을 따지게 되고 국제적 마찰의 가능성이 제기되고 있다. 심지어 아프리카의 자원 확보에 나선 중국의 예(Sudan, North Africa, Angola, Chad 진출)에서 나타나듯이 배출완화의 국제적 협력도 열강간의 자원을 둘러싼 투쟁으로 말미암아 헛된 노력으로 끝날 가능성도 제기된다. 러시아는 이미 석유와 가스의 풍부한 매장량을 앞세워 EU 제국에 대한 영향력을 비롯한 다방면의 지정학적 우위를 확보해나가고 있다. 미국은 부시 행정부에 들어서 전략적, 군사적 계획 면에서 자원 확보의 경쟁력 강화에 나섰고 세계적 자원 수송로의 안전을 위한 해군력(핵 항공모함, 미사일 방어능력 구축함, 잠수함, 기타 전투함 등) 증강에 막대한 예산배정을 하고 해외병력배치도 서유럽, 한국, 일본 등에서 동유럽, 중앙 및 남서 아시아, 아프리카 등지로 옮기는 방향 전환을 시도하고 있다.[194]

자원을 둘러싼 투쟁에 초점을 두는 지정학적 이론적 구성은 국제정치의 어두운 그림을 그리게 한다. 자원 확보에 힘을 쏟는 중국이나 러시아의 움직임에 미국 부시 행정부가 기름을 붓는 격이 되어버린 국제적 현실을 놓고 국제정치의 현실주의의 전통을 잇는 시각에서는 이를 '정상

193 *Ibid.,* pp.123-124.

194 Anthony Giddens, *The Politics of Climate Change* (Cambridge: Polity Press, 2008), pp.203-207.

으로의 복귀'로 단정한다. 전후(戰後)의 유럽연합처럼 국가간의 협력과 번영이 전 세계적인 공동체 구축으로 확산될 것이라는 인류의 꿈이 이제는 하나의 '신기루'로 끝나고 민족국가는 여전히 강하고 열강간의 치열한 경쟁과 각축은 다시 돌아왔다는 것이다.[195]

A. Giddens는 이러한 부정적인 시각에 대해서 반대의 입장을 분명히 한다. 첫째로 그는 UN의 위상과 역할에 관하여 매우 긍정적인 평가를 내린다. 다소 일관성은 결여되어 있으나 아프리카나 기타 후진지역에서 자행된 잔인한 살육과 인권탄압의 만행에 대하여 UN은 평화유지군을 통한 효과적인 인도주의적 간섭으로 그 존립의 정당성을 확인시켰고 인류의 건강과 질병에 관한 적절한 대처와 협력유도에 있어서도 성공적인 업적을 이루어냈음을 지적한다. 그리고 1992년 Rio의 지구정상회의에서 교토의정서로 이어지는 UN이 앞장선 환경정치의 혁혁한 발자취를 상기시킨다. 이미 지구는 깊어진 상호의존관계로 말미암아 종래와 같은 민족국가의 낡은 주권개념은 희석되어가고 있으며 UN과 같은 국제조직을 통한 상호협력과 공조의 제도화는 시대의 대세가 되었음을 강조한다.

둘째로 그는 환경문제의 해법에 있어서 '경제적 수렴'(economic convergence)의 논리가 매우 적절한 방안이 될 수 있다고 주장한다. 지구온난화를 방지하기 위한 경제적, 기술적 혁신이 동시에 그러한 혁신을 채택한 자에게 경쟁적 이익을 만들어주는 것을 의미한다. 반대로 환경적 목표를 등한시하는 회사는 경쟁 면에서 뒤떨어지고 실패하는 경우가 된다. 이러한 경제적 수렴이 증가할수록 기후변화를 제어할 수 있는 성공가능성은 높아진다. 정치인들이나 기업지도자들은 이러한 경제적 수렴의 기회를 창출하고 넓혀나가야 한다. 기후변화의 진취적인 프로그램을

---

[195] Robert Kagan, *The Return of History and the End of Dreams* (London: Atlantic, 2008).

실행에 옮김으로써 그것이 경제적 이득으로 돌아오는 새로운 혁신적 방법이다.[196] 기후변화에 대응하는 여러 나라들의 정책적 방향과 관련하여 최근에 나타나는 '녹색성장'의 개념이 이에 해당된다고 볼 수 있다.

셋째로 기후변화를 둘러싼 미국과 중국의 상호이해와 협력이 강조된다. 양국은 지정학적인 라이벌로서 자원 확보 투쟁에 말려들 수도 있으나 이것은 서로에게 도움이 되지 않는다는 것을 깨달아야 한다는 것이다. 양국이 협력할 분야는 기술 분야에서 보다 실효성이 있다. 예를 들면 미국은 중국에게 최근의 자연가스 발굴 기술을 지원해줌으로써 지역적 공해를 덜어주고 온실가스 배출도 경감시켜줄 수 있다. 양국 간에는 탄소격리와 저장에 있어서 기술적 협력이 가능한데 두 나라는 세계 석탄소비의 반을 차지하고 있기 때문이다. 세계 이산화탄소 배출의 25%가 토지사용에서 오는데 그것은 산림벌채에서 오는 점을 감안한다면 산림조성에 있어서도 양국간의 협력은 내실화될 수 있다.[197]

끝으로 Giddens는 기후변화 문제의 해결은 정치적 능력에 달려 있다고 본다. 오늘날 사람들은 정치지도자나 정치에 대하여 냉소적인 태도를 가지고 있는 것이 관행으로 되어 있으나 정치적 영역은 우리들에게 무언가 영감을 주는 능력을 가지고 있으며, 국내적으로 또는 국제적으로 정치적 능력은 인류가 당면한 딜레마에 대처하는데 결정적인 역할을 담당할 수 있음을 강조한다. 이런 점에서 미국과 중국은 환경정치의 성공 가능성을 좌우할 수 있는 능력을 가지고 있기 때문에 양국의 협력과 공조 그리고 여기에 유럽연합이 가세하여 다자주의가 확산될 수 있다. 그리고 이와 병행하여 과학적 연구결과의 상호교환, 기술이전, 상호원조

[196] *Ibid.*, p.9, pp.70-71, p.222

[197] *Ibid.*, pp.220-226.

및 기타 여러 가지 형태의 제휴들이 결실을 맺는 계기가 조성될 수 있다. 비록 열강 간에 대치와 권력투쟁이 있더라도 기후변화에 적절하게 대처하게 되면 그것은 보다 협력적인 세계를 만들 수 있는 하나의 '도약대'가 될 수 있다는 것이다.[198]

[198] *Ibid.,* pp.228-229.

제4장 세계화

20세기 말엽에서부터 21세기로 들어서면서 세계는 커다란 변화를 겪고 있다. 제 2차대전 이후 시작된 통신과 수송 기술의 비약적 발달은 20세기의 말엽에 다가서면서 더욱 가속화되어 세계를 시간과 공간 면에서 결정적으로 압축시키는 일대변환을 가져왔다. 사람들은 세계 어디를 가더라도 여행과 이주의 선택이 가능해지고 위성방송은 세계적인 사건들을 즉각적인 동영상으로 청중들에게 소개해줄 수 있고, 인터넷은 세계의 모든 이익집단들을 상호작용과 이해관계의 연결마디로 맺어주기에 이른다. 이로 인하여 국제적인 통상과 투자가 전례 없이 증대되어 세계적인 자본주의체제가 확대・정착되고 이와 병행해서 1980년대 후반 소련의 해체와 냉전의 종식을 계기로 서구적 민주주의는 불가항력적인 시대적 대세로 굳어져 가고 있다. 이제 세계적 규모의 시장경제가 창출해낼 세계적 번영과 복지의 혜택, 독재와 권위주의가 사라진 민주 정치의 확산, 그리고 그로부터 비롯될 자유와 인권의 신장은 수많은 세계인들에게 현실적 가능성의 문제로 다가서고 있다. 21세기에 들어서면서 나타나는 이러한 장미빛 그림은 '세계화'라는 용어로 전인류를 벅찬 기대와 희망으로 사로잡고 있다.

그러나 이러한 낙관적인 전망에도 불구하고 세계화의 전반적인 추세에 대해서는 유보적이거나 비판적인 견해가 학계의 일각에 자리 잡기 시작하고 있다. 일부 회의론자들은 자본주의의 세계적 팽창은 이미 16세기에 시작되었으며 20세기 후반에 가속화된 이 과정은 다름 아닌 '족쇄 풀린 자본주의'의 거대한 파괴력에 불과하다는 점을 크게 부각시킨다. 증대된 경제적 상호의존관계로 모든 나라들은 시장의 변화가 가져올지 모를 파괴적인 영향력 앞에 무기력해질 수밖에 없고 시장의 가치에 대한 지나친 기대심리는 도덕적 판단을 무디게 만들고 공적 도덕성을 잠식해버릴 사태를 우려한다. 경제적 상호의존의 심화는 개별국가의 행동반경과 정책적 능력을 제약하게 됨으로써 국가단위의 문제해결의 길을 봉쇄할지도 모른다. 결국 세계화는 궁극적으로 일부 지역의 우월한 경제력과 문화적 기준을 확산시키는 서구화의 또다른 면모에 불과할 것으로 내다보기도 한다.

세계화는 여러 차원의 복합적인 과정으로 파악될 수 있다. 우선 경제적인 차원이 일차적인 원동력이 되면서 상호의존 관계의 확대와 심화를 가져온다. 그리고 경제적 상호의존은 문화의 영역에 파급되면서 국제간의 정보의 흐름을 변환시키면서 새로운 정보 질서를 만들어 나가게 된다. 그 과정이 일부 경제적 강국의 문화적 기준을 확대 보급시키는 과정 여부를 둘러싼 문화적 제국주의의 논쟁도 불러일으킬 수 있다. 그러나 무엇보다도 관심을 모으게 되는 분야는 세계화로 인한 상호의존관계의 영향을 가장 크게 받게 될 정치적 차원이라고 볼 수 있다. 세계화는 전통적인 영토적 국가 개념에 대한 일대 변환을 불가피 하게 만들기 때문이다. 개별적인 국가는 위로는 다양한 국제적 조직들로부터 밑으로는 자국 내의 다양한 하위 국가 행위자(지역적 및 각종 이익집단, NGO 등)들에 이르기까지 상하의 압력에 직면하게 된다. 뿐만 아니라 세계화의 복잡다단한 상호의존에서 빚어지는 세계적 규모의 '가버넌스'의 문제를 해결해야할 새롭고 힘겨운 과제에 봉착하게 된다. 세계적인 차원의 안전, 지역간 빈부격차, 환경, 위생, 범죄 등의 복잡한 현안들을 둘러싸고 기존의 국제조직만으로 이러한 세계적 수준의 통치 문제를 해결하기는 매우 벅찰 수 있기 때문이다.

세계화의 연구에서는 우선 21세기 세계사의 거대한 변환을 체계적으로 설명하고자 하는 이론적 구성의 논의들을 검토하는 작업이 필요하게 된다. 현 단계에서는 극히 추상적이고 한정된 범위의 명제들로 이루어질 수밖에 없지만 세계화라는 큰 역사적 흐름의 기본적인 유형의 파악을 위해서는 초보적인 길잡이가 될 수 있다. 그 다음으로는 경제적인 변화로부터 시작하여 정치, 문화 등의 다른 차원들에서 나타나는 보다 구체적인 변화들을 차원별로 정리해볼 필요가 있다. 이 작업은 세계화의 이론적 구성의 경험적인 보완의 의미도 있다.

그러나 세계화의 연구에서 가장 관심을 모으게 되는 주제는 역시 '세계적 가버넌스' 문제가 될 것이다. 세계화가 시간과 공간의 압축현상을 수반하는 상호의존 관계의 심화가 그 특징을 이루는 한, 종래의 주권국가의 위상은 크게 흔들릴 수밖에 없고 이를 둘러싼 주권국가 내부에서, 그리고 세계적 수준에서 제기되는 통치문제에 대한 이론적 논의는 정치학의 가장 긴요한 연구과제가 되지 않을 수 없다. 국제정치의 이론 분야에서 전통적으로 논의되어오던 '현실주의', '자유주의', '마르크스주의' 등의 입장을 비롯해서 새롭게 나타나는 이론적 구성의 시도들에 대한 폭넓은 이해의 필요성이 절감된다. 끝으로 세계화의 진행을 둘러싼 비판과 행동의 성격을 둘러싼 두드러진 논쟁도 정리해볼 수 있다.

1. 세계화(globalization)의 의미

세계화는 여러 차원의 복합적인 변화를 전제하는 한 현대적인 의미를 분명히 하기 위해서는 개념적인 정의를 내릴 필요가 있다. 현재까지 시도된 몇 개의 대표적인 정의들을 살펴보고 어느 정도 공통된 의미를 추출해볼 수 있다.

(1) David Held et. al.

세계화란 인간의 사회관계와 거래의 공간적 조직을 그 확산, 강도, 속도, 충격면에서 크게 변환시키며, 사람들의 활동, 상호작용 그리고 권력의 행사 등을 초대륙간, 또는 지역간의 흐름과 네트워크로 만들어 나가는 과정을 지칭한다. 여기서 '흐름'이란 물리적 가공품, 사람들, 상징, 표상, 정보 등의 운동을, 그리고 '네트워크'란 독립적 행위자들, 활동의 마디들, 권력의 터 사이에 형성되는 규칙적이고 유형화된 상호작용을 의미하는 것이다.[199] 즉 인간의 사회적, 정치적, 경제적 활동이 상호연결(interconnectedness)면에서 초대륙적, 또는 초지역적으로 확산되며 그 강도는 더욱 깊어지고 연결의 속도도 빨라지면서 결과적으로 인간의 상호작용과 권력행사 면에서도 심각한 충격을 가져오는 과정으로 파악되고 있다.

(2) Jan Aart Scholte

세계화란 많은 사회관계들이 영토적 지리로부터 상대적으로 탈결합

---

199 David Held & Anthony McGrew, David Goldblatt & Jonathan Perraton, *Global Transformations : Politics, Economics and Culture* (Stanford : Stanford Univ. Press, 1999), p.16.

됨으로써 인간생활이 세계적으로 단일 장소에서 이루어지게 되는 과정을 지칭한다. 즉 사람들이 상호작용하고 영향을 미치는 무수하게 복잡한 양식으로서 사회관계가 빠른 속도로 하나의 지구적 단위의 기초위에서 행하여지고 조직된다는 의미가 된다. 세계는 빠르게 상대적으로 국경 없는 사회적 영역으로 바뀌어 감으로써 세계정치와 관련된 영토성의 개념은 희석되어버린다는 것이다.[200]

(3) Joseph S. Nye and John D. Donahue

세계주의란 다 대륙적(多 大陸的) 거리의 상호의존관계(interdependence)의 네트워크를 수반하는 세계의 상태이다. 이러한 네트워크는 자본과 물자, 정보와 아이디어, 사람과 세력, 환경적으로 그리고 생물학적으로 연관있는 물질들(산성비 또는 병원균)의 흐름과 영향력을 통하여 연결된다. 세계화와 탈세계화는 이러한 세계주의의 증가나 감퇴를 지칭한다. 특히 세계주의는 복수의 연결 네트워크를 지칭하며 그것은 복수의 대륙적 거리로 이루어진다는 점이 강조된다.[201]

이상의 몇 가지 정의에서 나타나는 바에 따르면 세계화란 대체로 사회관계의 '상호의존성'이나 '상호연결성'이 빠르고 강도 있게 확산됨으로써 세계가 하나의 '장소'로 또는 '지구적 단위'로 변환되는 과정을 지칭하고 있다. 이 과정은 20세기 후반이라는 현대적 상황 하에서 보다 빠르

---

[200] Jan Aart Scholte, 'The globalization of world politics,' in John Baylis & Steve Smith (eds.), *The Globalization of World Politics : An Introdunction to International Relations, Second Ed.* (Oxford : Oxford Univ. Press, 2001), p.15.

[201] Robert O. Keohane & Joseph S. Nye Jr, 'Introduction,' in Joseph S. Nye and John D. Donahue (eds.), *Governance in a Globalizing world* (Washington, D. C.: Brookings Institute Press, 2000), p.2.

게 진행되어 왔으며 지금까지의 국제사회를 특징짓던 민족국가의 '국경' 이나 '영토' 개념이 사라져가는 것으로 이해되고 있다.

한편 Ulrich Beck은 세계화의 의미를 연구방법론상의 특징으로 파악하고 있어 관심을 모은다. 즉 세계화는 지금까지의 사회과학을 사로잡아 온 '방법론적 민족주의'와의 결별을 의미한다고 보고 있다. 국제사회의 기본적 구성단위는 민족에 바탕을 두는 주권국가로서 주어진 영토 내에서의 궁극적인 권위와 관할권을 주장하는 민족국가이고 그 지도이념은 민족주의였다는 것이다. 사람들은 이 민족국가라는 '스스로 둘러싸인 공간'(self-enclosed spaces) 속에서 살고 행동한다는 기본전제가 지금까지의 연구방법론을 좌우해왔다고 본다. 이제 이 기본 전제는 뿌리채 흔들리면서 새로운 권력, 경쟁, 갈등 등의 관계가 국가간, 지역간, 대륙간 등의 세계적인 하나의 공간 속에서 형성되어 나가는 과정이 바로 세계화란 것이다. 돈과 기술, 상품, 정보, 심지어 독소까지도 마치 국경이 없는 것처럼 넘나들 수 있고 정부가 원치 않는 물건이나 사람들, 사상들(예 : 마약, 불법이민, 인권남용의 비판 등)조차 새로운 영토로 들어갈 수 있게 된다. 사람들은 그들이 이해할 수도 없고 또한 원하지도 않았던 새로운 초국가적 생활스타일 속에 빠져 들어가게 된다.[202]

2. 세계화의 이론적 구성

세계화를 설명하기 위한 다양한 이론적 구성이 가능하다. 아직 이론적 골격이나 경험적인 측면에서 두드러진 결과를 기대하기는 어려운 단

[202] Ulrich Beck, *What is Globalization ?* (Cambridge, UK : Polity Press, 2000), pp.20-21.

계이긴 하지만 우선 최근까지 나타난 몇 가지 대표적인 사례들을 검토해볼 수 있다.

(1) **신자유주의 제도주의**(Neoliberal Institutionalism)

국제정치의 정통을 이루어온 현실주의(realism)는 자국의 안보와 이익을 지상의 과제로 삼고 힘의 사용을 우선시하는 독립적인 국가에 초점을 두는 분석적 시각이었다. 그러나 '신자유주의 제도주의'는 이러한 현실주의적인 관점이 지나치게 단순하다고 보고 이제는 세계화로 인하여 모든 국가들은 상호의존적인 관계에 접어들게 됨으로써 초국가간의 규칙이나 규범, 그리고 조직들이 영향력을 발휘하게 되는 '복잡한 상호의존관계'가 구축되고 있음을 강조하고 나선다.

Robert Keohane과 Joseph Nye에 의하면 세계화란 '복잡한 상호의존관계'를 뜻하며 다음과 같은 특성을 지닌 것으로 보고 있다. 첫째로 그것은 세계의 모든 사회들을 '복수 채널'로 연결한다. 정부간의 관계만 하더라도 직접적인 대면이나 원거리 통신 등을 통한 극히 비공식적인 정부엘리트들의 유대뿐만 아니라 공식적인 외무부처간의 관계도 통상적으로 이루어지고, 다국적 은행이나 기업과 같은 초국가적 조직과 같은 통로도 증가 일로에 있다. 비단 정부관계의 정치인들이나 관료들의 사호접촉이나 통신 교환들로 이루어지는 채널뿐만 아니라 다양한 비정부 엘리트들로 이루어지는 수많은 접촉과 상호작용이 가능해진다. 이러한 NGO들의 활동은 국가간 또는 정부부처간의 전송대로서 각국의 정부들로 하여금 정책면에서 상호예민성과 협력적 대응을 가능케 할 수 있다. 둘째로 주요 쟁점에 있어서의 계층성이 없어진다. 종래에는 안보라든가 군사문제가 쟁점 면에서 우선시되었던 것이 이제는 에너지, 자원, 환경, 인구,

우주, 해양 등의 다양한 쟁점들이 등장하면서 쟁점간의 계층성을 허물어 버린다. 즉 안보나 군사문제가 이제는 그 계층적 우위를 그대로 인정받기 힘들게 되었다는 이야기가 된다. 셋째로 국제관계에 있어서 군사력의 역할이 감소된다. 특히 산업화된 국가들 사이에 있어서는 직접적인 군사적 공격의 가능성은 크게 줄어들고 서로간의 군사적 공격의 두려움은 사라졌다고 해도 과언이 아니다. 그리고 경제나 생태적인 쟁점으로 인한 힘의 사용도 적절치 못한 것으로 받아들여져가고 있다. 핵무기는 그 사용보다는 억지력의 의미가 크고 재래식 전쟁방법도 미국의 월남전 개입에서 보듯이 효과적인 것이 못된다는 인식이 정착되어 간다. 심지어 권위주의국가들조차 경제적인 목적으로 무력을 사용하는 것이 비효과적이고 또한 다른 국가간의 관계를 해치게 된다는 것을 알고 자제하게 된다.[203]

수많은 채널로 상호의존관계가 깊어지고 종래에는 안보나 군사문제가 국가간의 쟁점 면에서 우선시 되던 것이 이제는 에너지, 자원, 환경 등의 다양한 쟁점들이 복잡하게 쟁점 연결망을 형성하게 되고 특히 군사력의 사용이 효과를 발휘하지 못하게 되는 새로운 국제적 여건 하에서는 어떠한 상황이 전개될 수 있을까? 이제는 현실주의가 초점을 두던 독립적인 국가의 위상이나 역할보다는 국가간에 이루어지는 국제적 제도가 중요한 몫을 담당하게 된다. 함부로 무력을 사용할 수도 없는데다가 복합적인 쟁점들이 서로 얽히게 되면 국가들은 초국가적으로 또는 초정부적으로 연합을 맺고 주로 흥정을 통하여 문제해결에 임할 수밖에

203 Robert O. Keohane and Joseph S. Nye, 'Realism and Complex Interdependence,' in Frank J. Lechner and John Boli (eds.), *The Globalization Reader, Second Edition* (Malden, MA : Blackwell Publishing,, 2004), pp.78-81. Excerpted from Robert O. Keohane and Joseph S. Nye, *Power and Interdependence, Third Edition* (Addison-Wesley, 2001), pp.3-7.

없게 되기 때문에 자연히 국제기구나 조직들이 늘어나면서 그 위력을 발휘하게 된다. 이제 국제조직들은 국제적인 아젠다(agenda)를 설정하고 연합형성의 기폭제가 되며 약소국들의 정치적 발의와 연계의 활동무대가 될 수 있다.

국제기구에 의해서 형성되는 다양한 업무의 흐름에 대응하기 위하여 정부는 스스로의 조직을 정비하여야 하며 국제기구는 또한 나름대로 주요 쟁점을 정의하고 어떤 쟁점들이 함께 취합될 수 있는가를 결정해 줌으로써 각 정부의 우선 순위와 정부부처간의 위원회 구성 등을 결정하도록 도와줄 수 있다. 1972년 '스톡홀름 환경회의'(Stockholm Environment Conference)는 여러 정부 내의 환경부처의 입장을 강화시키는데 기여했고 1974년 '세계식량회의'(World Food Conference)는 미국 정부 내의 여러 부처들로 하여금 식량부족의 방지에 대한 새로운 인식을 하도록 만들었다. 1975년 9월의 UN 특별 총회의 '신국제경제질서'(New International Economic Order) 제안은 제3세계의 현안에 대한 정부 간의 새로운 토의의 기점을 마련했고 '국제통화기금'(IMF)과 GATT는 개인적인 직접투자보다는 돈과 통상에 관한 정부의 활동에 초점을 두는 방향으로 국제기구가 유도한 적절한 사례가 될 수 있다. 특히 국제기구는 약소국들의 권익을 위한 적절한 제도가 될 수 있는데 UN의 '일국 일표 제'(one-state-one-vote)는 힘없고 작은 나라들의 연합을 가능케 하는 매우 효과적인 수단이 된다. UN 사무국도 이들 약소국들을 위한 매우 협력적인 역할을 담당해 왔다고 볼 수 있으며, 국제기구들은 이들 약소국들이 연계전략을 적절히 사용할 수 있는 길도 마련해줄 수 있다고 주장한다.[204]

---

204 *Ibid.*, pp.82-83.

(2) **세계체제 이론**(World-System Theory)

마르크스주의의 전통에 서는 이론가들에게는 세계화란 다름 아닌 자본주의 체제의 세계적인 팽창으로 이론화된다. Immanuel Wallerstein에 의하면 자본주의 세계체제는 유럽의 상인들이 아시아, 아프리카, 그리고 아메리카대륙들과 단단한 연계를 이룬 16세기에 시작되었다는 주장을 펴고 있다. 즉 현재의 세계화는 이미 16세기로 거슬러 올라가는 장구한 역사적 과정임을 강조한다.

그에 의하면 사회체제는 자체의 경계, 구조, 구성 집단, 정당성의 규칙 그리고 통일성 등을 가지고 있으며 역사적으로 볼 때 다음과 같은 세 가지로 분류된다.

① 소형체제(mini systems) : 하나의 완벽한 분업체제와 단일 문화체를 가진 고도로 자립적인 자급경제

② 세계체제(world systems) : 하나의 분업체제와 다양한 문화를 가진 자체적(self-contained) 성격을 띤 경제적 물질적 실체로서 또한 두 가지 형태로 구분된다.

㉮ 세계제국(world empire) : 하나의 정치체제를 가진 것

㉯ 세계경제(world economy) : 하나의 정치체제가 존재하지 않는 것[205]

이미 소형체제나 세계제국은 역사적 유물에 불과하며 오늘날의 세계는 16세기에 출발한 자본주의로서의 세계경제가 지배하고 있다고 본다.

---

[205] Immanuel Wallerstein, *The Modern World System : Capitalist Agriculture and the Origins of the European World Economy in the Sixteenth Century*, text ed. (New York : Academic Press, 1976), pp.229-230.

그러면 세계경제, 즉 자본주의 세계체제는 어떠한 구성요소들과 상호관계로 특징지어지는가? 그것은 핵심제국(core states), 반주변지역(semi-peripheral areas), 주변지역(peripheral areas)이라는 세 개의 구성요소들로 이루어지고 있으며 그 상호관계는 경제적인 불평등교환(unequal exchange)과 착취 관계로 특징지어진다. 즉 핵심과 주변의 불평등교환에서 생기는 경제적 잉여가 핵심제국으로 집중되어 왔으며, 강력한 국가를 가진 이들 핵심제국은 막강한 군사력과 이데올로기적 설득력으로 착취관계를 지속화시킨다는 것이다.[206]

자본주의를 근간으로 하는 세계경제는 16세기에 확립되어 ① 초기단계(1450-1600/50 : Netherland 우위시대), ② 제2단계 (1600/50-1730/50 : 중상주의와 영국 우위시대), ③ 제3단계(1750/1815-1917 : 공업생산과 영국 우위 유지, 한편 미국·독일의 도전), ④ 제4단계(1917~ : 미국 우위시대)를 거쳐 1965년 이후로는 미국의 패권지속에도 동요가 오고 다국적 기업이 등장하는 새로운 국면으로 접어드는 것으로 풀이되고 있다.[207] 핵심제국 내에 등장하는 패권국가의 흥망성쇠와 함께 세계경제는 팽창과 수축의 주기적 변동으로 구조적 재편이 반복되면서 핵심제국의 주변지역에 대한 착취와 통제가 강화되고 경우에 따라서는 국가간의 치열한 경쟁과 갈등 그리고 전쟁 등을 수반한다.[208]

이상의 세계경제의 기원과 팽창에 관한 그림은 Wallerstein이 1970년대 중반에 그린 것이다. 그로부터 20세기 말엽을 거쳐 21세기에 들어서면서 빠르게 진행되고 있는 세계화의 새로운 추세에 대하여 마르크스주

206 *Ibid.,* p.231; Immanuel Wallerstein, *Historical Materialism* (London : Verso Edition, 1983), pp.31-32; Immanuel Wallerstein, *The Capitalist World-Economy* (Cambridge : Cambridge Univ. Press, 1979), p.22.

207 *Ibid.,* pp.25-33.

208 *Ibid.*, pp.31-32.

의는 어떠한 진단을 내리고 있는가? Leslie Sklair가 내놓은 최근의 글이 그러한 이론적 구성의 한 시도가 될 수 있다. 그는 21세기에 들어서는 자본주의가 국제적인 것으로부터 '세계적 체제'(global system)로의 질적인 변화를 겪고 있으며 경제적인 초국가적 실천을 주도하는 일차적 주체이자 제도적 초점을 이루는 것은 다름 아닌 '초국가적 기업'(transnational corporations)임을 강조하고 나선다.[209]

그런데 수출에 전념하면서 국경을 초월하는 여러 장소에서 활동하는 초국가적 기업들은 하나의 '초국가적 자본가 계급'(transnational capitalist class : TCC)을 형성한다. 이 계급의 구성원들은 세계적 또는 특정 지역의 경제적 이해를 공유하면서 생산현장의 통제, 국내 및 국제정치의 통제, 일상생활에서의 문화-이데올로기적 통제(culture-ideology control) 등을 관장한다. 이들은 여러 나라 출신들로 이루어지며 다양한 쟁점에 관해서 세계적인 안목을 공유하고 사치 유형이나 재화 및 서비스의 소비에 있어서도 비슷한 생활스타일을 누리는 것으로 묘사되며 다음의 네 개의 분파가 주된 구성원을 이룬다. 이들 초국가적 자본가 계급은 아직은 초국가적 정

- 초국가적 기업(TNC) 간부와 그 지부요인(기업 분파)
- 세계화된 국가 및 국가간(inter-state) 관료와 정치인(국가 분파)
- 세계화된 전문가(기술적 분파)
- 상인과 미디어(소비자 분파)

209 Leslie Sklair, 'Sociology of the Global System,' in Frank J. Lechner and John Boli, The Globalization Reader, *op. cit.*, p.70. Edited from Leslie Sklair, "Transnational Practices, Corporations, Class and Consumerism," in *Globalization : Capitalism and its Alternatives,* 3rd edn. (Oxford University Press, 2002).

당으로 활동하고 있지는 않지만 다소 엉성한 정치적 집단으로 존재하면서 각국의 초국가적 기업들과 연계된다. 로터리 클럽(Rotary Club)이라든가 미국, 유럽, 일본 등과 관련되는 상공회의소(Chambers of Commerce) 등이 그 좋은 예가 된다. 약간 격상된 수준으로는 미국, 유럽, 일본 등으로 구성되는 '삼자위원회'(Trilateral Commission)가 있고 스위스의 Davos에서 열리는 '세계경제포럼'(World Economic Forum), 포춘지(Fortune)에 의해 조직되는 '연례세계회의'도 있다. 그리고 빌더버그 그룹(Bilderberg Group)이라든가 코 라운드 회의(Caux Round Table)와 같이 원로 기업지도자들로 이루어진 모임도 있다. 이러한 정치적 집단은 세계의 주요도시에 포진되어 있으며 이들의 활동은 나라마다 통상 및 경제부처들의 지원을 받는다. 세계은행(World Bank), 국제통화기금(IMF), 국제무역기구(WTO), 미국의 국제개발처(USAID), 개발은행, UN 관련 초국가적 기업, 기타 다양한 NGO들이 초국가적 자본가 계급의 버팀목이 된다. 그리고 이러한 초국가적 자본가 계급의 막강한 영향력에 비하여 '초국가적 노동'의 힘은 상대적으로 위축되어 있다. 간혹 '국제금속노동자연맹'(International Metalworkers Federation)과 같은 노동조직이 다소의 권익신장의 단기적인 성과를 거두고 있으나 조직적인 자본의 힘에 대항하기에는 언제나 역부족인 것으로 보고 있다.[210]

세계적인 자본주의체제를 유지시켜 나가는 데는 문화와 이데올로기의 힘이 결정인 몫을 담당한다. 매스미디어의 세계적 체제는 소비주의의 문화-이데올로기(culture-ideology of consumerism)를 확산시키는데 결정적인 기여를 하게 된다. 매스미디어는 세계적 자본주의를 위해 여러 기능을 수행한다. 광고를 통하여 물자의 순환을 촉진하면서 생산과 소비의 시간적 격차를 축소시킨다. 또한 어릴 때부터 시청자나 독자들에게 지배적인 이

210 *Ibid.,* pp.72-74.

데올로기를 주입시킴으로써 자본주의 생존에 필요한 정치적/문화적 요구를 만들어낸다. 정보, 오락, 제품 촉진 사이의 차별이 체계적으로 모호해지게 되면서 현대의 소비주의는 모든 매스미디어와 그 내용들을 재구성하여 소비주의적 세계관을 확산시키는데 공헌하도록 만들어버린다. 특히 현대적인 소비문화는 건축예술과 테마 유원지가 결합된 '쇼핑 몰'에서 상징적으로 또한 실질적으로 표출되며 소비자본주의의 핵심적 상징이자 공간적 지시물이 되고 있다. 몰(mall)은 소비적 환경이 어떻게 디자인되고 통제되며 소비경험의 유혹적인 본질과 함께 명목적인 공적 공간이 어떻게 실제로 사적인 영역으로 전환되는가를 여러 갈래로 보여주고도 남는다. 미국뿐만 아니라 제3세계의 모든 쇼핑 몰에서 '소비주의의 문화 · 이데올로기'의 성공적인 만연이 관찰될 수 있으며, 수많은 노동자들과 그들의 가족들이 신용카드로 물건을 사기 위하여 몰려들고 있으며 그들 스스로를 자본주의적 세계화의 금융체제 속으로 가두어버리고 만다는 것이다.[211]

결론적으로 모든 세계적 체제는 경제적 초국가적 실천에 근거하고 있으며 구체적으로 자본주의적 세계체제는 '초국가적 기업'에 의존하고 있다. '초국가적 자본주의 계급'의 구성원들이 이 체제를 운영하고 있으며 이 체제의 디자인을 조작함으로써 여러 가지 변형을 만들어내기도 한다. 그리고 '초국가적 문화 · 이데올로기'야말로 이 체제를 묶는 작동부이자 접착제가 된다. 소비주의의 문화-이데올로기 없이는 체제의 부분들은 정처 없는 표류가 불가피하게 된다고 본다.[212]

---

211 *Ibid.*, pp.74-75.
212 *Ibid.*, p.75.

(3) 세계사회(世界社會)의 발전 모형

세계화를 세계사회의 발전과정으로 파악하는 시도도 있다. 세계사회(world society)란 합리화된 근대를 그 문화적 특성으로 하고 있으며 세계적인 문화가 민족국가의 기본적인 틀을 만들어낸다고 보고 있다. 근대적인 민족국가(nation-state)는 세계사회의 문화적 규칙과 각본에 따라 정체성과 제도적 골격이 결정된다. 그리고 세계적 문화는 합리적인 근대로 파악되고 있다는 점에서 John Meyer와 그 동료들에 의해 주창되는 세계사회 이론은 사회학의 정통을 잇는 근대화이론의 연속선상에 자리매김될 수 있다.[213]

Freyer와 그 동료들이 제시하는 세계사회의 합리적인 문화의 영향력은 다음과 같은 가상적인 예시에서 보다 선명해진다. 만약 지금까지 알려져 있지 않았던 어떤 섬에서 새로운 사회가 시작된다면 어떠한 변화가 일어날까? 근대국가의 모양새를 갖춘 정부, 즉 각 부서와 기관을 거느리는 정부가 들어설 것이다. 다른 나라들에 의한 공식적 승인과 함께 UN에의 가입이 뒤따를 것이며 경제에 있어서도 국내와 국외의 경제적 거래들을 위한 표준화된 데이터, 조직, 그리고 정책들이 자리잡을 것이다. 국민들은 시민으로서의 권리가 주어지고 어린이나 노약자를 위한 보호 장치가 마련될 수 있다. 근대적인 교육, 의료, 과학, 가정 등에 관한 법과 제도가 마련되어나갈 것이다. 그리고 이러한 변화들은 극히 빠르게 진행되어 사람들의 일상생활에 폭넓게 침투되어 나갈 것이 뻔하다. 이 가상적인 예에서 보듯이 세계문화는 세계의 어디에서든지 경제발전이나

---

[213] John W, Meyer, John Boli, George M. Thomas, and Francisco O. Ramirez, 'World Society and the Nation-State,' in Frank Lechner and John Boli(eds.), The Globalization Reader, *op. cit.,* pp.84-92. Excerpted from John Meyer, et. al., 'World Society and the Nation-State,' *American Journal of Sociology* (1977), pp.144-175.

사회정의와 같은 국가적 목표에서 또는 그러한 목표달성 면에서 실패의 성격이나 처방의 문제에 있어서 언제나 비슷한 결과로 이어지게 만드는 '구조적 동형성'(structural isomorphism)을 보인다. 즉 근대적인 국가형성이나 정책 수립에 종사하는 사람들은 자기 지향적 행위자(self-directed actors)라기보다는 세계문화의 각본 공연자에 불과하다고 보게 된다. 그리고 이 '합리화된 근대'의 세계문화가 전 세계에 걸쳐 '동형적 변화'(isomorphic change)를 만들어나가는 역동적인 과정이 바로 세계화라고 정의된다.[214]

합리화된 근대의 세계문화가 구체적으로 민족국가의 정체성과 국가구조를 만들어나가는 과정을 좀 더 구체적으로 살펴볼 수 있다. 첫째로 세계사회는 문화적으로 민족국가를 주권을 가진 책임 있는 행위자로서 그 정체성을 부여한다. '주권적 국가성'(sovereign statehood)의 구성과 국제적 인정은 수세기 동안 서구적 체제의 중요한 근간을 이루어왔으며 새로운 가입자들은 이 체제의 지배적인 국가들로부터의 승인이 필수적인 것으로 이어져 내려왔다. 20세기에 들어서 반식민주의와 민족자결 운동의 파급으로 인하여 모든 집합체들은 민족국가의 정체성을 내세워 조직을 정비하였으며 UN체제의 강화는 이러한 정체성 인정의 전당을 마련하게 되면서 강대국들의 비중을 상대적으로 격하시켰다. 주권적인 정체성이 부여되면 민족국가들은 적절한 헌법, 국가목표, 데이터 체제, 조직 편성, 행정부처, 정책 등을 확정짓는다. 이 과정은 극히 표준화된 모형을 준거로 삼게 되는데, 예를 들면 UNESCO는 1950년대에 마련한 교육통계표의 기준을 초등(6년), 중급(3년), 상급(3년)의 분류로 정한 바 있는데 이 기준은 그 후 대부분의 국가들에 의해 국민교육의 기본 틀로서 보급되었다. 합리화 국가(rationalizing state)로서의 정체성에서 적절한 정책들이 도출

---

214 *Ibid.*, pp.84-86.

되는데 국가발전, 개인적 시민권과 그 권리, 환경문제의 관리, 대외관계 등의 정책들이 구체화된다. 이러한 정책들은 다분히 민족국가가 관행적인 각본의 연출을 수행하고 있는 것으로 보여질 수 있다. 만약 국가가 이러한 정체성 모형에 반대한다 하더라도 조만간 이 모형의 범위 안에서 정책수행을 검토할 수밖에 없기 때문이다. 즉 세계 문화적인 형식의 방향으로 자기의 전통이나 정책을 수정해나갈 수밖에 없다는 것이다.[215]

둘째로 세계문화의 원칙들은 민족국가로 하여금 중앙 권위의 관리뿐만 아니라 개인적 시민들이나 다양한 집단들로 이루어지는 준국가적 행위자들에 대한 관리에도 무관하지 않을 수 없게 만든다. 그리고 이들 준국가적 행위자들에 의한 조직적 이해와 관행은 세계문화의 영향력과도 연관을 맺지 않을 수 없게 된다. 예를 들면 동성애자와 여성간 동성애자들의 인권을 정당화하는 세계적 담론의 부상은 국가정책상의 변화와 함께 이들의 권리옹호자들의 동원 등에 상당한 변화를 가져왔다. 민족국가들은 이러한 문화적 담론의 추세에 맞추어 이들의 정체성과 존재를 제도화하는 정책을 채택하지 않을 수 없게 된다. 만약 민족국가들이 세계적으로 인정되는 이러한 정책들을 채택하는데 소홀하게 되면 내부적으로 지지하는 세력들과 그들의 압력이 격화될 수 있기 때문이다. 환경주의를 지지하는 세계적인 압력에 따라 환경 기술 회사, 환경집단, 기획 기관 등이 생겨나게 되고 만약 국가가 적절한 정책을 내놓지 않으면 도시, 학교, 스카우트 집단, 종교 집단 등이 다양한 압력과 운동을 통하여 환경문제를 국가적 과제로 격상시킬 수 있다. 따라서 세계문화는 민족국가의 중심에만 영향을 주는 것이 아니라 내부적인 국지적 행위자와의 연결을 통하여 그 영향력을 넓힐 수 있다. 비록 민족주의나 강력한 종교적 운동의

---

[215] *Ibid.*, pp.87-88.

힘으로 세계문화의 원칙들이 배척되는 경우가 발생할 수 있으나 장기적으로 볼 때 이러한 저항들은 합리화된 근대 세계문화의 영향력 침투와 그 보급의 추세를 거역할 수 없을 것으로 전망한다. 종교적인 원리주의자들이 이상화된 근대적 공동체의 원칙들을 거부하더라도 국가건설이나 대중교육, 합리적인 건강관리, 직업주의와 같은 세계문화적인 요소들을 거부할 수는 없을 것이고 이러한 과정을 통하여 합리화된 근대의 문화는 그 영향력의 범위를 넓혀 나간다는 것이다. 결국 민족주의나 종교운동은 저항보다는 '동형성'(同形性)을 증대시켜나갈 것으로 보고 있다.[216]

(4) 세계문화의 다양성

세계적인 문화의 흐름이 '동형성'보다는 여러 문화가 혼합되어 다양하게 나타난다는 이론적 관점도 있다. 즉 서구적인 합리화된 근대가 보편화되어 간다고 보기보다는 나라마다의 특수한 조건과 환경에 접목되면서 세계적인 문화가 혼합되는 형태로 다양하게 표출된다는 주장도 힘을 얻게 된다.

Ulf Hannerz는 세계적인 문화의 흐름이 동형성이나 동질화보다는 혼합성과 다양성을 보인다는 이론적 시각을 대표하고 있다. 그는 우선 문화의 흐름이 ① 중심과 ② 주변이라는 서로 비대칭적인 관계로 이루어진다는 것을 전제로 중심의 주변에 대한 방대한 영향력을 인정하고 들어간다. 주로 미국, 영국, 프랑스, 일본 등으로 이루어지는 세계문화의 중심지대는 문화의 힘을 주변으로 확산시킨다. 미국의 영향력은 문화의 전 영역에 걸친 방대한 것이긴 하지만 특히 과학, 기술, 대중문화 부문이 두드러지고, 프랑스의 경우는 상위문화, 특히 음식이나 패션부문, 그리

216 *Ibid.,* pp.89-90.

고 일본은 회사의 조직이나 내부적 문화기술이 각광을 받는다.[217]

그러면 중심의 영향력은 주변에서 어떻게 나타나게 되는가? Hannerz는 Nigeria의 예를 들어 주변에서도 교육이나 사회적 지위 면에서 서방의 문화가 폭 넓게 침투되어 업적 주의적 성향과 세련된 재치로 특징지어지는 문화계층(beento라고 불림)이 있는가 하면 그와는 대조적으로 다소 무지하고 촌스러우며 세련되지 못한 계층(bush로 불림)으로 이루어지는 주변의 문화지대로 갈라져 있다고 본다. 서유럽이나 북미의 문화가 정착되어가는 지대에 비하여 시골의 수많은 부락들에 있어서 외부문화의 영향력은 분절화되고 간접적인 성격을 띠게 마련이다.[218]

흔히 중심에서 오는 선진문화는 주변에서 파괴적이거나 교란적인 힘을 나타내게 되는 것으로 인식되는 경우가 많다. 문화적인 산물과 관련해서는 값싼 외국제 쓰레기문화의 수입으로 간주되기가 일쑤이며 주변국들의 문화는 소멸의 위기를 맞게 된다는 주장으로 이어질 수 있으며 심지어 제3세계뿐만 아니라 스웨덴 같은 중진 문화국에서도 열기 띤 논쟁거리가 될 수 있다. 그러나 이러한 부정적 영향력보다 선진과 주변의 만남은 혼합의 형태라는 것이 Hannerz의 주장이다. 그는 이러한 혼합의 형태가 특히 대중문화의 경우에 매우 두드러진다고 보고 있다. 결코 주변은 문화의 수용에 있어서 수동적인 역할에 머무는 것이 아니며 오히려 나라마다 특성과 환경적 요인에 따라 새롭게 재구성될 수 있다는 점을 강조하고 있다. 재구성된다는 점에서 그것은 혼합의 형태를 띤다는 것이다. 예를 들면 Nigeria 대중음악만 하더라도 수입음악과의 경쟁을

217 Ulf Hannerz, 'The Global Ecumene,' in F. Lechner and J. Boli (eds.), The Globalization Reader, *op. cit.*, pp.110-111. Excerpted from Ulf Hannerz, *Cultural Complexity: Studies in the Social Organization of Meaning* (Columbia Univ. Press, 1992), pp.217-222, pp.228-231, pp.239-245, pp.261-262, pp.266-267.

218 *Ibid.*, pp.112-114.

전혀 두려워하지 않으며 단순히 외국 것을 복사하는 일도 없을 뿐더러 자국 내의 문화적 사업가들은 새로운 기술과 상징적 표현의 소스에 접근 가능해지면서 외국의 대중음악을 새로이 재구성하고 토착적인 자료들과의 통합을 이루어낸다고 보고 있다. 이들은 외래의 문화형태를 점진적으로 습득해내고 그것을 분해하여 상징적 양태, 장르, 발표면에서의 잠재력을 조사해냄으로써 새로운 능력을 키워 나간다. 그리고 대중 음악가들은 외국 것이라 할지라도 이들 문화적 사업가들이 만들어내는 스타일에 따라 노래를 부르게 됨으로써 대중음악은 원숙한 내용으로 발전하고 외국 것의 수입대체 효과도 올릴 수 있다. 대중음악뿐만 아니라 문학의 영역에서도 이러한 혼합의 형태가 가능하게 되는데 예를 들면 1986년 노벨 문학상을 받은 Wole Soyinka의 경우 그의 문학적 전문성은 서구적인 맥락에 서 있으나 그것은 어디까지나 Nigeria의 신화에 바탕을 둔 상상력에 크게 힘입은 바가 많다는 점을 지적한다.[219]

한편 Arjun Appadurai도 세계화가 문화적인 동질화를 가져온다는데 대해서 강한 반론을 제기한다. 흔히 미국화라든가 상품화와 같은 동질화 과정이 아니라 다양한 선진 수도권의 문화가 제3세계의 여러 나라들에 도입되는 경우에는 그것이 여러모로 현지화된다는 점을 강조한다. 수입지의 특성과 어울리게 되는 현지화의 과정은 음악이나 주거스타일뿐만 아니라 과학, 장관(壯觀)이나 헌법, 심지어 테러리즘도 그 가능성이 높아진다는 것이다.[220]

그에 의하면 세계화는 ① 인종 축(ethnoscape : 여행자, 이민자, 피난민, 망명인,

---

219 *Ibid.*, pp.114-117.

220 Arjun Appadurai, 'Disjuncture and Difference in the Global Cultural Economy,' in F. Lechner and J. Boli (eds.), *op. cit.*, p.102. Excerpted from Arjun Appadurai, 'Disjuncture and Difference in the Global Cultural Economy,' in *Modernity at Large : Cultural Dimensions of Globalization* (University of Minnesota Press, 1996), pp.27-30, pp.32-43.

초청 노동자 등), ② 기술 축(technoscape : 기계 및 정보관계 기술), ③ 금융 축(통화시장, 주식시장, 상품 투기 등), ④ 미디어 축(mediascape : 신문, 잡지, 텔레비전 방송, 필름 제작소 등), ⑤ 아이디어 축(ideascape : 이미지, 국가 이데올로기 및 대항 이데올로기) 등의 다섯 개의 축을 통하여 진행된다. 다섯 축 사이의 상호작용은 '분리'현상을 만들어냄으로써 세계적인 문화의 흐름은 현지화의 과정이 불가피하게 된다. 예를 들면 분리현상은 일본의 경우 아이디어 축과 관련되는 외부로부터의 다양한 아이디어의 수용에 있어서는 극히 호의적이고 또한 물품의 수출입과 관련되는 기술 축에서도 매우 적극적이기는 하나 외국인의 이민자 수용에는 유별나게 폐쇄적인 경향에서 두드러지게 나타난다. Swiss, Sweden, Saudis도 마찬가지로 이민 수용에는 인색하지만 Swiss나 Saudis의 경우는 초청 노동자만은 잘 받아들인다. 결국 이들 나라에서는 다른 나라에서 들어오는 노동자 이산집단을 형성하게 되는데 이들은 경우에 따라서는 여러 가지 분쟁의 소지를 마련할 수 있다. 일반적으로 탈영토화는 세계적인 노동인구를 비교적 부유한 나라들의 하층계급 생활권에 이주시켜 놓음으로써 본국과의 관계에서 빚어지는 근본주의의 온상을 마련할 수도 있고 이와 관련되는 반항적이고 호전적인 문화예술의 시장을 형성할 가능성을 안고 있다. 뿐만 아니라 미디어 축이나 아이디어 축의 상호작용과 관련해서는 국가의 역할이 결정적인 몫을 하게 된다. 국가는 미디어, 테크놀로지, 여행 등으로 조성되는 소비주의의 만연으로 국민들의 기대수준이 높아지게 되면 그것이 중국의 경우처럼 민주주의를 요구하게 되는 또 다른 곤경에 처할 수도 있다. 국가는 세계적인 문화의 흐름에 지나치게 개방적인 경우 내부적인 반란에 직면할 수도 있고 반면 지나치게 폐쇄적일 때에는 Burma, Albania, 북한처럼 국제무대에서 물러나 있을 수도 있다. 세계화는 군비, 광고기술, 언어적 헤게모니, 의류 스타일 등의 다양한 동질화 수단을 사용할 수 있으나 이러한 수단들은 나라마다의 정치 및 문화 경제에 흡수되면서 현지화되고 그 다음으로는 이질화된 형태로 다시 본국송환의 길을 밟는다고 볼 수 있다. 이 과정에서 문화의 동일성(sameness)과 차이(difference)는 서로가 소란스럽게 상호작용하면서 문화적인 다양성을 보이게 된다. 그리고 국가는 이 과정에서 '차이'를 본국 송환하는 중개자의 역할을 담당하게 된다는 것이다.[221]

(5) 사회적 구성주의(社會的 構成主義, social constructivism)

사회적 구성주의는 최근의 국제정치학에서 물질(자원, 지리, 생산력, 군사력 등)보다는 규범이나 아이디어로 이루어지는 사회구조(넓은 의미에서의 문화)의 영향력을 중시하는 이론적 관점을 뜻한다. 즉 문화와 같은 사회적 의식이 인간의 행동을 좌우하는 정체성과 이해를 구성해냄으로써 인간의 행위에 결정적인 영향을 미친다고 전제한다. 또한 사회적 규범과 아이디어들로 이루어지는 문화의 구조는 역으로 사회적 행위자의 일상적 실천을 통하여 유지되고 재구성된다는 주장을 폄으로서 '구조'(문화)와 '행위'의 상호작용의 논리를 전개하고 있다는 점이 두드러진다. 이런 점에서 사회적 구성주의는 문화(규범, 아이디어, 지식 등)의 중요성과 더불어 최근의 사회학에서 관심을 모으고 있는 구조와 행위의 통합을 지향하는 Anthony Giddens의 구조화이론과 접목되는 점이 크게 부각될 수 있다.[222]

---

221 *Ibid.,* pp.102-108.

222 구조화이론과 관련해서는 Anthony Giddens, *Central Problems in Social Theory* (London : The MacMillan Press Ltd., 1979), p.69; Anthony Giddens, *The Constitution of Society : Outline of the Theory of Society* (Cambridge : Polity Press, 1984), p.25. 구성주의의 국제정치학에의 적용과 관련해서는 Alexander Wendt, *Social Theory of International Politics*

세계화와 관련해서도 새로운 언어와 담론들이 형성되어가고 있는데 이러한 문화적 요소들이 국가를 비롯한 다양한 주체들의 정체성과 이해를 구성해내는 과정은 중요한 연구 과제임은 분명하다. 특히 구성주의는 첫째로 이러한 문화의 작용력을 다루는데 있어서 담론의 저변에 깔려있는 권력관계를 해부해낼 수 있는 비판적 시각을 마련해줄 수 있고, 둘째로는 세계화의 담론이 다양한 행위 주체들에 의한 협의와 설득으로 재구성되어 세계적 가버넌스의 새로운 처방을 제공할 수도 있다는 장점을 내세우고 있어 관심을 모으게 된다. Thomas Risse는 이러한 세계화 논의가 당면하는 과제들을 구성주의적 시각에서 다루고 있는데 그 요점을 정리해보기로 한다.[223]

① 담론(談論) 분석 : 지배적 담론과 대항적 담론

사회적 구성주의는 인간의 의사소통 실천과 언어에 의해서 의미가 만들어지며 사회현상에 관한 해석이 내려지고 궁극적으로는 사회적 질서가 확립되어 나가는 과정에 분석의 초점을 둔다. 이런 점에서 M. Foucault의 담론분석은 사회적 구성주의의 중요한 부분을 차지할 수 있다. 특히 담론은 의미의 구성뿐만 아니라 그 과정에 수반되는 권력관계를 규명해내는 방편으로서 적절히 원용될 수 있는 점이 강조될 수 있다.[224]

사회 속에 자리잡은 지배적인 담론은 세계란 어떻게 되어 있고 어떻게 되어야 하며, 또한 어떤 의문이 제기되어야할 것이며, 무엇이 정당하

(Cambridge : Cambridge Univ. Press, 1999), pp.23-24, pp.143-152, pp.157-164, pp.171-177, pp.178-185.

223 Thomas Risse, 'Social Constructivism Meets Globalization,' in David Held & Anthony McGrew (eds.), *Globalization Theory : Approaches and Controversies* (Cambridge : Polity Press, 2007), pp.126-147.

224 *Ibid.*, p.136.

고 권위적인 발언인가를 결정한다. 세계화의 의미를 둘러싸고 지배적인 담론이 어느 정도 틀이 잡혀가고 있다고 볼 수 있다. 그리고 그러한 지배적인 담론에 대해서 새로운 비판이 나오고 있는데 그 논쟁의 윤곽은 M. Steger의 최근 요약에서 잘 나타나고 있다.[225] 첫째로 세계화는 모든 사람에게 영향을 미치는 보편적인 과정으로 이론화되고 있는데, 이것은 지나친 단순화라고 비판된다. 수조원의 미국 달러가 세계의 금융 중심가를 유통하였다고 해서 심지어 유럽의 모든 사람이 영향을 받았다고 생각할 수는 없다는 것이다. 둘째로 세계화는 모든 사람들의 '상호연결'을 역설함으로써 이제는 통신과 정보의 세계적인 네트워크에는 계층성이 존재하지 않는다는 주장으로 이어진다. 그러나 세계화에도 불구하고 계층구조는 존재하게 된다. 이기는 자와 지는 자가 있고, 잘사는 북(North)이 있고 못 사는 남(South)이 있으며, 세계화는 서구화나 미국화에 지나지 않는다는 반론도 만만치 않다. 셋째로 세계화는 불가피하고 역행할 수 없는 과정으로 받아들여진다. 따라서 이 과정은 대안이란 있을 수 없고 국가는 자율성을 유지하기 힘든 것으로 전제된다. 그러나 그 진행에는 분명히 정치와 관리의 가능성이 언제나 되살아날 수 있다는 점이 간과되고 있다. 넷째로 세계화의 과정에는 '행위자'는 없고 오직 모든 것은 구조요 인류의 운명을 좌우하게 될 '알 수 없는 세력'들만이라는 가정이 지배한다. 그러나 이러한 이름 없는 세력에 의존하는 설명은 세계화의 저변에 깔려 있는 권력구조를 엄폐하는데 도움을 주는 수사학적 구성에 지나지 않는다는 비판이 나온다. 미국의 힘과 영향력은 어디 가고 세계화는 미국의 패권과는 관련이 없는지, 세계적인 자본의 힘은 어떻고, 강

[225] Manfred B. Steger, 'Introduction,' in M. B. Steger (ed.), *Rethinking Globalism* (Lanham : Rowman & Littlefield Publishers, Inc., 2003), pp.4-11.

력한 다국적 기업의 역할은 어떤지 그러한 비판적인 논의는 외면되고 있다는 지적이 가능하다.[226]

세계화에 관한 최근의 '신자유주의적 담론'도 경제적으로는 시장자유화, 탈규제, 시장의 세계적 통합 등을 내세우지만 위에서 언급된 세계화의 불가피성, 불역행성, 익명적 세력 등을 포용하고 있음을 알 수 있다.

그러면 이러한 지배적인 담론에 대한 비판적인 해체와 대항적 담론의 형성은 어떻게 이루어질 수 있는가? 우선 '네오 그람시적인 분석'(Neo-Gramscians analysis)을 생각해볼 수 있다. Gramsci에 의하면 자본주의 하에서의 헤게모니란 지배계급이 피지배계급에 대해서 사회적 권위와 리더십을 행사하는 것인데 헤게모니의 지배는 지적이며 도덕적인 리더십에 따라 이루어진다고 보고 있다. 네오 그람시주의자들은 국제적인 권력구조가 경제적 세력, 정치제도, 관념적 구성 등의 배열에 따라 결정된다고 보며, 특히 제도나 아이디어의 상대적 자율성을 강조하게 되는데 세계화도 이러한 자본주의적인 관념적 담론에 의해 뒷받침되고 있다는 분석이다.[227]

그러나 대항적 담론으로서의 내용은 다음과 같은 점이 강조될 수 있다. 무엇보다도 세계적인 다국적 규모의 반세계화 사회운동(social movement : 예 ; 1999년 Seattle에서의 WTO 반대운동)은 세계화에 대한 신자유주의 및 통화주의적 구성의 시도에 대한 획기적인 대항 담론 형성의 시작으로 보고 있다. 이러한 반세계화 운동과 그 이론가들의 역할은 세계화로 형성된 담론적 공간을 더욱 개방화하고 지금까지의 지배적인 담론에 의한 해석

226 Thomas Risse, *op. cit.*, p.137.

227 네오 그람시주의 학자들로는 Robert W. Cox and Timothy Sinclair, *Approaches to World Order* (Cambridge : Cambridge Univ. Press, 1996); Stephen Gill (ed.), *Gramsci, Historical Materialism, and International Relations* (Cambridge : Cambridge Univ. Press, 1993) 등이 거론되고 있다. T. Risse, *op. cit.,* p.138.

들을 해체하고 재구성해내는 결정적인 역할을 수행한다. 예를 들면 경제적 자유화와 시장 통합은 지구상의 남(South)과 북(North)의 모든 사람에게 혜택을 줄 수 있다는 담론은 이들 반세계화의 활동가들에 의해 철저히 비판되고 재평가되고 있으며, 새로운 대항 담론의 형성으로 이어지고 있다. 신자유주의적 담론에 맞서 세계적 정의에 초점을 두는 새로운 대항 담론의 등장은 사회구성주의의 핵심을 이루는 구조와 행위의 상호구성적 특성을 적절히 밝혀줄 수 있다. 즉 어떤 담론이 의미와 해석의 체제를 만들어내고 그것을 통하여 권력구조를 형성하게 되면, 이러한 의사소통구조는 또한 새로운 행위자(agents)들에 의하여 새롭게 재생산될 수 있다는 점이 강조될 수 있기 때문이다. 행위자들은 권력구조를 마음대로 바꾸어 치울 수 있는 자유분방한 자율적 주체도 아니고 그렇다고 해서 언제나 지배적인 담론을 그대로 재생산하는 통신 로봇도 아니다. 다만 그들의 의사소통 실천은 구조를 재생산할 뿐만 아니라 구조를 재해석해 낸다는 점이 강조된다. Habermas의 주장대로 지배적인 담론에 문제를 제기하고 그것을 바꾸는 능력은 의사소통 실천 속에 이미 만들어져 있다는 논리가 힘을 얻게 된다.[228] 결국 지배적 담론과 대항 담론의 상호작용은 구성주의적 논리에 따라 꾸준히 만들어지고 재구성되는 과정을 밟는다고 볼 수 있다. 또한 그것은 인간이 갖는 의사소통 실천의 결과라는 점이 강조된다.

② 세계적 가버넌스(global governance)와 협의민주주의(deliberative democracy)

세계화는 복잡한 정치적 결과를 만들어내게 되고 그로 말미암아 정

[228] T. Risse, *op. cit.*, pp.138-139.

치적 개입의 필요를 야기시키기 때문에 정치적 조타(political steering)와 관련되는 '세계적 가버넌스'의 문제를 피할 수 없게 만든다. 세계적 규모의 통치의 문제를 적절히 해결하기 위해서는 또다시 J. Habermas의 의사소통 행동과 담론 윤리에 입각한 '협의민주주의'가 적절한 규범적 처방으로 등장하게 된다.

협의는 민주적 대의제나 투표방식이 잘 적용되기 힘든 상황 하에서는 통치 메커니즘의 민주적 정당성을 증진시키기 위한 의미 있는 수단으로 각광받을 수 있다. 그것은 타협을 위한 흥정보다는 논의와 설득을 통한 합리적인 합의를 달성하기 위하여 비계층적인 조타의 수단에 호소한다는 장점을 지닌다. 사람들은 상호설득을 통한 협의단계를 거쳐 어떤 규칙과 관련된 합리적인 합의에 도달하게 되면 그 규칙에 대한 정당성을 더욱 인정하게 될 것이기 때문에 어떤 제재가 없더라도 규칙에 대한 자발적인 준수가 더욱 확실해진다고 주장된다. 따라서 협의민주주의 주창자들은 협의와 논쟁이야말로 세계적 가버넌스의 참여 부족을 적절히 다룰 수 있을 뿐만 아니라 정당성 격차를 줄임으로써 불편한 규칙들에 대한 자발적인 준수를 증대시킬 수 있다고 믿게 된다.[229]

그러나 세계적 가버넌스에 협의민주주의가 실행되기 위해서는 몇 가지 제도적 뒷받침이 필요하다. 첫째로 협의의 당사자로서는 초국가적인 규칙설정을 위한 이해관계자를 선출하는 문제가 있다. 즉 누가 협의의 이해관계자이며 또한 누구를 대표하느냐를 결정하는 문제가 쉽지 않다. 협의는 어떤 규칙으로 영향을 받는 정책결정과정의 당사자들의 참여가 전제되어야 하는데 그러한 관련당사자들을 선출하기가 쉽지 않다는 이야기가 된다. 둘째로 정책수립의 권위를 확정할 협의체의 구성원을 선출

[229] *Ibid.,* pp.139-140.

하는데 있어서는 누구를 포함하고 누구는 배제해야 하는 것도 어려운 과제가 된다. 어떤 이해관계자들은 조직 면에서 다른 이해관계자들보다 우세하고 또한 대표성도 유리하게 만들 수 있는 경우도 참고 해야 한다. 셋째로 일단 이해관계자의 선출이 끝나면 그 다음으로는 어떻게 협의과정의 질을 높일 수 있는가가 중요하게 된다. 흔히 협상은 공공영역 밖에서 조용히 은밀하게 이루어질수록 성공의 확률이 높을 수 있다. 그러나 협상의 진행은 한편으로 공개적으로 진행되는 투명성이 이루어져야 민주적인 정당성이 확보된다. 즉 협의과정의 '비밀'과 '투명성'은 서로 상반될 가능성이 상존한다. 끝으로 협의과정에 들어가는 '협상자'들은 어떤 조직을 대표하게 되는데 협의 과정에서 상대방의 설득으로 자기의 본래의 입장에 변화가 오는 까다로운 사태가 발생할 수 있다. 즉 상대방의 끈질긴 설득으로 당초의 입장이 바뀌게 되면 조직의 수장에 대한 책임문제가 뒤따르게 된다. 결국 이러한 경우에 대처하기 위해서는 협상자가 자기의 수장도 설득해내야 하는 '두 수준 논쟁'(two-level arguing) 방식이 대안으로 제시되기도 한다.[230]

세계화의 진행에 따라 다국적 제도의 정당성과 문제해결 능력의 증대를 위해서는 사회적 구성주의가 협의민주주의가 제시하고 있는 여러 제안들을 비판적으로 검토하는데 여러모로 도움을 줄 수 있다고 주장한다. 특히 Habermas의 이론적 시각은 세계적 가버넌스에 있어서의 정당성과 효율성을 적절히 배합할 수 있는 활발한 논의의 계기를 만들 수 있는 것으로 평가하고 있다.[231]

230 *Ibid.,* pp.140-141.
231 *Ibid.,* p.142.

3. 세계화와 경제적 변환

(1) 신국제분업과 경제성장

Jeffrey Sachs는 세계화에 따른 세계경제의 변환을 신국제분업에 의한 꾸준한 경제성장으로 파악하고 있다. 여기서 '신 분업'(new division of labor)이란 선진국 경제와 발전도상국가의 경제 사이에 이루어지는 상호보완적인 관계를 지칭하며 이로 인하여 양자간에 서로 혜택이 되는 경제성장이 가능하다고 본다. 예를 들면 반도체 칩의 경우 디자인과 웨이퍼의 생산은 미국에서 이루어지고 그것들은 그 다음 단계로 Malaysia에서 가공되고 조립된 다음 Singapore에서 검증되고 세계 각지로 발송된다. 선진국 경제는 자본과 기술의 저력으로 혁신을 기초로 하는 생산과정을 담당하고 발전도상국은 그 다음 생산단계에서 노동집약적인 부분을 담당하여 최종 생산 완제품(자동차, 항공전자제품, 전자기계 등)을 만들어내는 일련의 과정이 된다.[232]

세계화는 무역, 금융, 생산, 제도적 측면에서 모든 나라들의 경제를 통합시키고 있으며 이러한 통합으로 확대되는 세계적 규모의 시장은 특히 선진국들의 개발도상국들에 대한 해외직접투자를 가능케 하면서 다국적 기업의 역할을 증대시킬 것으로 내다보고 있다. 그리고 다국적 기업의 등장은 선진국과 개발도상국 경제를 상호보완적으로 맺어주는 신국제분업의 연결고리가 되면서 세계경제의 지속적인 경제성장을 주도해나갈 수 있다는 것이다. 물론 세계경제의 통합과정에서는 성장 못지않

232 Jeffrey Sachs, 'International Economics : Unlocking the Mysteries of Globalization,' in Patrick O'Meara, Howard D. Mehlinger, and Matthew Krain (eds.), *Globalization and Challenges of a New Century : A Reader* (Bloomington and Indianapolis : Indiana Univ. Press, 2000), pp.218-220.

게 안정성 문제도 제기될 수 있다. 세계적 규모의 금융자본은 경제성장에도 기여하지만 때로는 동아시아 경제 위기에서 보는 바와 같이 심각한 금융위기를 가져올 수도 있기 때문이다. 또한 세계경제의 통합은 소득 분배에 있어서 일부지역이나 나라별로 다양한 불평등을 야기시키는 경우도 있을 수 있다. 그러나 통합의 결과는 적절한 정책상의 조정과 세계적 가버넌스의 확립으로 성장에서 얻는 장기적인 혜택이 보다 두드러질 수 있다는 전망이 가능하다.[233]

(2) **상품화**(commodification)**의 증대**

세계화는 상품화를 통한 생산의 획기적인 증대를 가져온다. 지금까지 자본주의의 근간을 이루던 일차적 생산(primary production : 농업, 임업, 어업, 광업)이나 중공업(heavy industry : 강철, 화학제품, 군비 등) 분야의 상품뿐만 아니라 다음과 같은 새로운 자본 분야를 조성하면서 상품화를 확대해나가게 된다.[234]

① 소비자본(consumer capital) : 각종 브랜드 식품 및 음료, 디자인 의류, 건강 상품(health aids), 자동차, 레크리에이션, 약품, 관광, 사진, 시청각 상품 등

② 금융자본(finance capital) : 각종 통화, 주식, 보험, 파생금융상품 등을 통한 이윤확대

③ 정보 및 통신 자본(information and communication capital) : 전자 네트워크를 통한 데이터, 메시지, 아이디어의 순환. 하드웨어(hardware : 전화,

233 *Ibid.*, pp.221-226.

234 Jan Aart Scholte, *Globalization : A Critical Introduction, Second Edition* (New York : Palgrave Macmillan, 2005), pp.161-177.

컴퓨터, 위성, TV세트 등), 소프트웨어(software : 디지털 프로그램, 상업 소프트웨어 생산 등), 서비스(servicing : 전자 데이타 서비스 등), 콘텐츠(content : 전화통화, 데이터베이스, 우편 목록, 인터넷 연결, TV 방송, 뉴스 조사, 시장조사 등)

④ 유전 및 원자 자본(genetic and atomic capital) : 생물 공학과 신소재 기술의 적용을 통한 신상품 개발. 생물 공학 분야 : 농업(GM crops), 화학(플라스틱), 에너지(바이오 연료), 임업(펄프 및 종이), 의약(세포 및 조직 분야), 군사(생화학 무기), 약품(호르몬, 인슐린)

⑤ 돌봄 자본(care capital) : 장애자, 노약자, 병자 등을 위한 돌봄 사업 분야

(3) 자본주의의 새로운 조직 형태 : 고도 자본주의

자본주의는 세계화로 인한 상품화 과정이 촉진되면서 새로운 조직 형태를 띠게 된다. 많은 나라들이 무역의 신장과 외국자본의 대대적인 유치를 위해서 경제 특구를 만드는가 하면 세계적 규모의 다국적 기업들이 출현하면서 인수 및 합병, 전략적 제휴, 그리고 자본축적을 위한 집중화와 같은 조직 운영면에서 일대 전환이 뒤따르게 된다. J. Scholte는 상품화로 인한 자본주의의 새로운 조직 형태를 '고도 자본주의'(hypercapitalism)로 표현하고 있는데 다음과 같은 특성이 열거된다.

첫째로 주식, 판매, 개인관련 세금의 감면을 비롯해서 외국자본을 유치하기 위한 각종 혜택(규제완화, 비용감면, 보조금 등)을 약속하는 '연안 경제 특구'들이 만들어진다. 이는 세계적인 생산과정과 금융활동을 원활하게 해 주는 경제적인 특구의 개념이다.[235] 뉴욕의 '국제은행 기관'(International Banking Facilities : 1981 창설), 일본 동경의 '일본 연안시장'(Japan Offshore Market

235 *Ibid.*, p.177.

: 1986 창설), 태국의 '방콕 국제은행 기관'(Bangkok International Banking Facility : 1993년 창설) 등이 있고 한국에 건설 중인 '송도 국제도시'도 이에 해당될 수 있다. 둘째로 '세계적 회사'의 출현이다. 여러 나라에 지사를 두고 여러 지역에 근거를 두는 기업들과의 전략적 제휴를 맺으면서 그야말로 초지구적인 기동성과 조정 능력을 갖춘 세계적인 회사들이 등장하게 된다. 약 백여개에 달하는 나라들에 약 500개의 지점을 가지는 Unilever를 비롯하여 50개국에 600여개의 지사를 갖고 있는 언론 분야의 Bertelsmann AG, 전략적 제휴에 있어서는 1993년에 이루어진 35개국에 19개의 원거리 통신 수단을 제공하고 있는 WorldPartners Association 등이 있다. 광고회사로서는 FCB와 Publicis가 1988년 이래로 70개국에 수백 개의 사무실을 갖추고 있다. 이들의 연간 수익은 많은 약소국들의 GDP를 훨씬 초과하는 정도를 이룬다.[236] 셋째로 기업의 '인수-합병'이 있다. 현대 자본주의의 조직적 특성은 기업의 전략적 제휴로부터 인수합병을 통한 전면적인 연합에서 두드러지는데, 주로 기업 간의 정복이나 '적대적 인수'의 형태를 띠면서 1990년에는 11,300건이던 것이 1997년에는 24,600건으로 배로 늘어나는 추세를 보이고 있다. 항공산업 분야에서 Lockheed가 1994년 Martin Marietta를 인수하고 Boeing은 1997년 McDonnell Douglas와 합병했으며, 소비산업 분야에서는 Nestle, Philip Morris, RJR Nabisco, Unilever 등이 제약 분야에서는 1990년대 중반 800억불 규모의 인수합병이, 그리고 Hotel 분야에서는 Hilton이나 Sheraton 등이 인수합병에 앞선 것으로 되어있다. 정보 통신분야에서는 1995년 한 해에만 2,913건의 인수합병이 이루어졌고 금융 분야에서는 Tokyo-Mitsubishi Bank, Chase Manhattan의 Chemical Bank의 인수 등이 있고 세

[236] *Ibid.*, pp.178-179.

계적인 은행들이 보험회사들을 인수함으로써 상업과 투자의 전통적인 분리현상을 종식시키는 추세도 늘고 있다. 그리고 최근에 이르러서는 세계적인 사모펀드(Private Equity Fund)가 불량 기업을 인수한 다음 구조조정 등으로 정상화시킨 후 그것을 다시 매각하여 막대한 이윤을 남기는 새로운 인수합병도 관심을 모으고 있다. Blackstone, KKR, TPG, Cerberus, HSBC 등이 이 분야의 새로운 움직임을 대표한다고 볼 수 있다. 끝으로 세계화된 자본주의의 조직은 '집중화'의 추세를 보인다. 이것은 단순한 기업의 인수합병이 아니라 거대기업의 '거대합병'으로서 시장에서의 경쟁적 균형을 크게 바꾸어 놓은 경우가 된다. 예를 들면 세계적인 뉴스 제공 분야에서는 AP, Reuters, AFP 등이 군림하고, 세계의 신용카드 분야에서는 Visa, MasterCard, American Express가, 그리고 1995년 현재 5개 거대 음악 산업들이 400억달러 규모로 세계 시장의 2/3를 장악하는가 하면, 회계기술 분야에서는 잇따른 인수합병 등으로 4대 회사들(Deloitte Touche Tohmatsu, Ernest & Young, KPMG, PricewaterhouseCoopers)이 6개 대륙을 지배하는 것으로 나타난다.[237]

(4) 세계적 불평등의 문제

세계화가 경제면에서 모든 지역과 국가들에게 성장면에서 혜택을 주느냐 그렇지 않으면 빈부격차의 불평등을 지속시키느냐의 문제는 계속적인 논의의 소재가 된다. 세계화 찬성론자들은 세계화가 경제성장을 가져옴으로써 가난한 사람들에게도 그 혜택이 돌아간다고 보는 반면, 반대론자들은 경제성장이 이루어지더라도 그것은 빈부격차를 심화시켜서 가난한 사람들에게는 도움을 주지 못한다고 반박한다.

---

[237] *Ibid.,* pp.180-183.

D. Dollar와 A. Kraay는 세계경제가 약 200년 동안 불평등의 추세를 지속하다가 1975년을 정점으로 서서히 안정되거나 어느 정도 반전되는 경향에 접어들었다고 보고 있다. 특히 불평등이 완화되는 것은 지금까지 가장 가난한 대국들이었던 인도와 중국이 급속한 성장을 이룩한데 기인하는 것으로 진단하고 있다. 대체로 적극적인 개방과 무역의 신장으로 나선 '세계화 국가'들은 1960년대 연간 1%의 성장에서 1990년대에는 5%대의 성장을 기록하면서 그 성장의 혜택은 가난한 사람들에게도 돌아가는 것으로 파악하고 있다. 근래에 와서 급속한 성장을 이룩한 Vietnam의 경우는 절대적 빈곤에 속하는 계층이 1988년 75%에서 1998년에는 37%로 감소하는 것으로 나타나고 있음이 지적된다. 그리고 이러한 추세는 인도와 우간다에도 나타나고 있다.[238]

그러나 이에 대한 반론도 있다. Oxfam은 일부 아시아 국가에서는 성장으로 빈곤이 감소한 경우도 있으나 남미에서는 이러한 비슷한 발전의 추세는 나타나고 있지 않다는 점을 강조한다. 오히려 현재의 성장 유형은 불평등을 강화한다는 것이다. 중요한 것은 성장에서 얻는 결실이 얼마나 공평하게 분배되느냐에 있다고 본다. 즉 성장은 빈곤과 불평등의 해결에 필요한 것이기는 하지만 나라마다 광범위한 개혁에 의해서만이 진정한 형평의 문제가 해결될 수 있다는 것이다. 그리고 이러한 개혁은 단순히 성장에서 오는 세입을 가난한 사람들에게 사회복지시책의 일환으로 이전시키는 것이 아니라 '생산 위주의 접근'으로 실제의 생산과정에 빈곤층이 참여하는 기회를 마련하는 방향으로 구체화되어야 함을 강조한다.[239] 한편 J. Stiglitz는 경제적 세계화가 많은 개발도상국가들에게

---

238 David Dollar and Aart Kraay, 'Growth is Good for the Poor,' in F. Lechner and J. Boli (eds.), *op. cit.,* pp.177-182. Excerpted from *Foreign Affairs, 81*(Jan./Feb. 2002).

239 Oxfam, 'Growth with Equity is Good for the Poor,' in F. Lechner and J. Boli (eds.),

는 부당하고 비민주적이며 손해가 되는 결과를 가져왔다고 주장한다. 자본의 자유화는 지나친 휘발성을 만들어내는가 하면 무역자유화는 많은 근로자 집단들을 실업의 위험에 몰아넣고 있다는 것이다. 그는 특히 이러한 세계화의 부정적인 일면이 '시장근본주의'를 신봉하는 국제 금융기관들의 정책적 일방성에 기인함을 지적한다.[240]

(5) 세계적 금융질서: 2008년 미국 금융위기의 전망

2008년 미국발 세계금융위기는 그 원인과 결과를 둘러싼 다양한 논의를 불러일으키고 있다. 미국의 금융질서가 빚어낸 직접적인 원인들을 비롯해서 전 세계적인 파장으로 이어지는 불황의 연쇄적인 결과, 그리고 앞으로의 전망에 관한 활발한 연구들이 나오고 있다. 그러나 금융위기에 관한 논의에서는 그 직접적인 원인이나 결과도 중요하지만 그에 못지않게 세계적 금융질서의 구조적 특성과 관련되는 보다 장기적이고 심층적인 분석이 절실하게 된다. 이와 관련되는 최근의 대표적인 분석사례들을 간략하게 정리해볼 수 있다.

① 2008년 미국발 금융위기의 직접적 원인과 결과

미국 금융위기의 배경으로는 20세기 후반에 가속화된 세계화로 인한 자본주의의 세계적 확장과 자본이동의 규제 완화에 따른 이동성 증대, 통신 및 컴퓨터 기술의 비약적인 발달로 인한 금융거래의 거대한 인프라 구축, 1970년대 브레턴우즈 체제붕괴로 인한 변동환율제로의 이행 등과 같은 국제금융시장의 급격한 성장과 자본이동성의 획기적인 증대를

op. cit., pp.183-189. Excerpted from *Oxfam Policy Papers 6/00.*

240 Joseph E. Stiglitz, 'Globalism's Discontents,' in F. Lechner and J. Boli (eds.), *op. cit.*, pp.200-207. Excerpted from *The American Prospect, 13* (January 1-14, 2002).

들 수 있다.

미국의 이른바 '서브프라임' 금융위기는 첫째로 2000~2001의 IT버블(닷컴버블로도 불림)의 붕괴, 9 · 11 테러 등에 따른 실물 경제 위축을 위해 단행된 저금리 정책에서부터 시작된다. 저금리 정책으로 부동산 시장이 호황을 보이자 신용등급이 낮은 사람들이 집을 담보로 대출하는 서브프라임 모기지가 급증하고 이것이 주택가격의 버블을 형성하게 된다. 둘째로 금융기법의 발달 등에 따른 과도한 레버리지(leverage)가 원인으로 꼽힌다. 2000년대 들어 부채담보부증권(CDO), 신용 디폴트 스와프(CDS) 등 파생상품 시장이 급격히 확대되었다. 셋째로 금융규제 완화와 미흡한 감독체제가 지적된다. 2004년 증권거래위원회(SEC)가 투자은행 지주회사에 대해 마련한 통합감독 프로그램(Consolidated Supervised Entities: CSE)은 대표적 금융규제 완화의 사례가 된다. 특히 리스크 관리를 위한 감독체제가 미흡하여 자산유동화의 위험성과 규모를 제대로 파악하지 못한 실책이 지적된다. 넷째로 '세계적 불균형'에 따른 달러화 하락과 인플레 압력에 대응하기 위하여 2004년 하반기부터 불가피하게 이자율을 인상한 것이 화를 부르게 된다. 금리인상 → 주택가격 급락 → 서브프라임 모기지를 비롯한 파생상품 손실 확산 → 관련 금융기관들을 중심으로 유동성 위기가 발생하게 된 것이다.[241]

미국 금융위기는 세계경제에 심대한 영향을 미치기 시작했다. 대부분 국가의 통화가치가 안전자산(달러) 선호 확산으로 단기간에 급락하고 이에 따라 주가지수도 큰 폭으로 하락한다. 그리고 금융위기는 실물경기 침체로 이어지면서 선진국은 물론 신흥공업국으로 확산되었다. 또한 글

241 허찬국 · 안순권 · 김창배,『글로벌 금융위기의 파장과 대응방안』(서울: 한국경제연구원, 2009), pp.21-23.

로벌 수요위축으로 국제유가가 하락하면서 인플레이션 압력도 크게 약화되고 각국의 소비자 물가상승률도 급속히 둔화된다. 이러한 추세를 반영하여 주요 연구기관들은 2009년 세계경제성장률을 대거 하향조정하고 주요 선진국의 성장률도 마이너스로 전망하고 있다.[242]

② 공황경제(depression economics)의 재발 : Paul Krugman

주류 경제학의 계보를 대표하는 P. Krugman은 미국발 세계금융위기는 1930년대의 세계 대공황(Great Depression)을 비롯하여 1995년 남미(멕시코, 아르헨티나)의 금융위기, 1990년대 일본의 장기경제 침체, 1998년 아시아 금융위기(태국, 말레이시아, 인도네시아, 한국) 등에서 나타나는 '공황경제'의 유형으로 파악될 수 있다고 주장한다. 현대자본주의의 근본 문제는 공급보다는 수요에 있다는 기본 전제에 입각하여 자본과 재화의 축적에 상응하는 소비와 수요의 문제가 해결되지 않으면 경제의 순항과 번영은 이루어지기 힘들다는 입장으로 요약될 수 있다. 즉 경제의 '수요'의 측면을 강조하게 되는데 무엇보다도 가용한 생산능력을 사용할 사적 소비가 뒤따르지 못하게 되면 세계 대부분의 번영은 이루어지기 힘들다는 것이다. 어떻게 하면 경제의 생산능력을 사용할 수 있는 충분한 수요, 즉 유효수요를 창출해낼 수 있는가가 가장 결정적인 과제가 된다. 그렇지 못할 때 공황경제는 언제나 찾아온다는 것이다.[243]

우선 1930년의 대공황은 자본의 축적에서 오는 과잉생산과 소비부족에서 오는 구조적 문제가 그 근원이지만 보다 중요한 것은 경제 불황에 직면하여 정부가 균형예산에 집착한 점, 금본위제를 방어한 점, 공직자

242 상계서, pp.24-25.

243 Paul Krugman, *The Return of Depression Economics and the Crisis of 2008* (New York : W. W. Norton & Company, Inc., 2009), pp.182-184, pp.19-21.

들이 위기에 처한 은행들을 지원하지 못한 점 등 정책적 실패가 대공황을 가속시킨 것으로 설명된다. 유효수요의 창출과는 정반대의 정책적 대응이 화를 불렀다는 것이다.[244] 멕시코의 경우는 1993년까지만 하더라도 외국자본의 투자증대로 상당한 호황을 누렸으나 경제는 점차로 외환으로 인한 페소의 강세로 수출부진과 경상수지 적자에 직면하게 된다. 정부는 이를 해결하기 위하여 1994년 페소의 평가절하를 단행하였으나 실효를 거두지 못하고 오히려 투기와 대대적인 자본의 탈출로 이어지면서 금융위기는 실물경제로 번지게 된다. 결국 500억불에 달하는 미국의 긴급지원으로 진정의 국면에 들어선다.[245] 한편 일본은 1980년대 후반 부동산과 증권에 대한 과다한 투자로 인한 '버블'의 형성이 문제가 되어 1990년 금리인상으로 거품은 완화시켰으나 일본 경제는 그 후 약 10년에 이르는 장기불황에 접어든다. 경제는 성장하는데도 경기는 후퇴하는 (기계와 노동자의 유휴상태) 이른바 '성장 속의 경기후퇴'에 시달린다. 정부는 이를 타개하기 위하여 공공투자를 통한 경제 활성화를 시도하기도 하나 사태의 개선에는 미흡하였다. 이는 일본국민들의 소비가 증대되지 않은 것도 그 원인이 있는 것으로 설명된다. 결국 일본은 2003년에 이르러 대미, 대중국과의 교역에 따른 수출증대로 호전의 계기를 맞게 된다.[246] 1997년 아시아 경제위기에서는 태국의 경우, 외국자본의 대대적인 유입이 상당부분 부동산 부문에 치중되는 거품경제가 문제된다. 또한 증대되는 외자유입은 오히려 신흥부유층의 수입증대도 부추기면서 무역적자가 늘어나고 일부 투기자들이나 금융회사들이 파산하기 시작하자 태국경제에 대한 극도의 불신은 결국 공황의 분위기로 바뀌어 태국으로부터 모

[244] *Ibid.*, p.3.
[245] *Ibid.*, pp.42-51.
[246] *Ibid.*, pp.66-76.

든 외자가 유출되도록 만들었다. 그리고 이 공황적인 상황은 말레이시아, 인도네시아, 한국으로 파급되었다는 설명이다.[247]

Krugman은 2008년 미국의 금융위기와 관련해서는 은행 규제의 범주에 속하지 않는 '음성적 은행체제'(shadow banking system)의 존재가 상당한 몫을 담당했다고 보고 있다. 예를 들면 1984년 리먼 브라더스(Lehman Brothers)가 만들어낸 '경매증권'이 이에 해당되며 이러한 음성적 신용창출 장치들은 법적 규제의 제약을 벗어나면서도 엄청난 자금조달 역할(절정기 4000억달러 상당)을 담당한 것으로 파악된다. 이러한 음성적 은행체제는 일반 은행수준과 경합 또는 능가할 정도로 팽창하였는데도 불구하고 정치권이나 정부당국은 적절한 규제나 대응책을 마련하지 못한 것에 대하여 이것이 하나의 '유해한 방치'(malign neglect)의 성격을 띠었음을 비판한다.[248]

1930년대 대공황 이후의 여러 사례에서 Krugman이 추출해내고 있는 공통점은 자본주의는 그 구조면에서 '공급'보다는 '수요'에서, 특히 '유효수요'의 부족에서 위기적 상황을 잉태한다는 교훈이다. 경제적 불황의 상황에 접어들면 정부의 관여와 다양한 규제조치가 불가피해지나 이것이 단순히 통화면에서의 정책에 국한되는 미봉적 해법에 그칠 수 있다는 점이 또한 중대한 의미를 지닌다. 혁신적인 금융개혁을 통하여 가용한 생산능력을 작동시키고 지속시킬 수 있는 유효수요의 창출이 결정적인 열쇠가 된다는 결론이다. 일본의 장기불황에는 민간소비의 부족이 크게 작용하였고 2003년 이후의 수출증대로 비로서 호전의 계기를 맞이하게 되었다는 분석이 이를 뒷받침해 준다고 볼 수 있다.

---

247 *Ibid.*, pp.80-94.
248 *Ibid.*, pp.158-163.

③ 독점-금융자본의 단계: John Bellamy Foster & Fred Magdoff

좌파 경제학의 관점에서는 2008년 미국 금융위기는 '독점-금융 자본'(monopoly-finance capital)의 단계에 들어선 자본주의체제의 구조적 모순에서 비롯된 것으로 파악한다. 사회주의의 독립적 월간지 〈Monthly Review〉의 편집을 담당하고 있는 F. Foster와 F. Magdoff에 의하면 20세기 말엽에 들어선 자본주의는 ① 극심한 침체에 직면하면서, 동시에 이에 대한 출구로서 ② 자본의 금융화를 추구하게 되는데 미국 금융위기는 바로 이 두 갈래의 상충적 과정에서 빚어진 결과라는 진단이다. 즉 지속적인 자본축적의 기회가 줄어들면서 경제는 침체에 접어들게 되는데 자본주의체제는 재생산의 동력을 금융의 폭발적인 성장, 즉 자본의 금융화에서 찾는데서 기인된 위기적 상황이라는 주장이다.[249]

그러면 선진자본주의가 당면하는 경제적 침체의 실상은 무엇인가? 우선 선진국 경제의 경우 미국만 보더라도 사적 영역에서 순 투자의 규모는 1965년 이후 일시적인 호전(1980, 2000)을 제외하면 계속적인 감소를 보이고 있고, 산업능력의 이용률도 1970년 이후 일시적 상승(1990~1995)에도 불구하고 꾸준한 하강추세를 이루고 있는 것으로 나타난다.[250] 그리고 이러한 경제침체의 원인도 제시된다. 첫째로 선진국의 경우 경제가 성숙단계에 접어들게 되면 기본 산업구조는 처음부터 모든 것이 구축되는 것이 아니고 단순히 재생산되기 때문에 그만큼 투자기회는 줄어들게 되어 있다. 둘째로 경제의 획기적인 자극과 변환은 새로운 테크놀로지의 발견에 크게 힘입는다. 이러한 새로운 테크놀로지의 오랜 부재도 투자기회의 축소와 관련이 있다. 예를 들면 자동차의 등장은 도로망, 위락시설

---

[249] John Bellmy Foster and Fred Magdoff, *The Great Financial Crisis: Causes and Consequences* (New York: Monthly Review Press, 2009), pp.63-64, pp.77-78.

[250] *Ibid.*, p.103, p.132.

의 네트워크, 물자수송, 주거의 교외화 등의 거대한 투자기회의 창출을 가져왔다. 비록 새로운 정보테크놀로지(컴퓨터, 소프트웨어, 인터넷)의 계발도 이러한 새로운 자극으로서의 측면이 있으나 자동차의 경우와는 비교가 되지 않는다는 것이다. 셋째로 소득과 부의 불평등의 증대로 하층에서의 소비수요가 감소되면서 유휴생산능력의 증가와 투자의 감소를 가져온다. 부유층은 그들의 자금을 실물경제보다는 투기에 전환한다. 넷째로 독점화, 또는 과점화의 추세는 자본주의 경제의 신축성과 역동성의 근간을 이루는 '가격경쟁'을 감소시킨다는 것이다.[251]

경제의 '침체'에 직면하는 자본은 '금융'에서 돌파구를 찾는다. 즉 '자본의 금융화'로 이어진다. 금융은 실물(산업생산)과는 달리 다소의 위험은 수반하지만 엄청난 이윤을 보장할 수 있기 때문이다. 미국의 경우 1960년대만 하더라도 금융이윤(financial profits)은 총 국내이윤의 15%였으나 2005년에는 40%에 육박하는 한편, 제조업의 이윤은 50%에서 15%로 감소되는 추세를 보인다. 단적인 예로 GM(General Motors)은 2005년 금융 분야에서 29억불의 이윤을 챙겼으나 자동차에서는 마이너스를 기록했다.[252] 대기업들이 금융에서 채택하는 기법은 다양하기 마련이고 그것이 서브프라임 투기로 나타난 엄청난 '버블'과 파국의 과정은 대체로 다섯 단계로 이루어진다. 첫 번째는 혁신적인 금융상품(CDO, CDS)의 등장이다. 두 번째 과정은 2001년 1월부터 시작된 연방준비위원회(Federal Reserve Board)에 의한 6%에서 1%로의 이자율 하락조치이다. 세 번째는 저금리로 인한 부채의 급속한 증대와 이에 수반되는 투기열의 확산이 된다. 네 번째는 2006년부터 시작되는 이자율 상승에 따른 신용대출자들의 폭증하

[251] *Ibid.*, p.102, p.42.
[252] *Ibid.*, pp.54-55.

는 고통의 단계가 되며, 마지막 단계는 자산매각으로 화폐로의 전환이 광적으로 확산되는 과정으로서 2007년 7월의 두 베어스턴 헷지펀드(Bear Stearns hedge funds)의 내파로 나타난다.[253]

자본의 금융화로 이루어진 미국 금융위기는 자본주의체제의 일시적인 교란에 그칠 것인가? 좌파경제학의 입장에서는 선진 경제가 당면하는 침체의 기본구조가 해소되지 않는 한 금융위기는 재발한다는 전망일 수밖에 없다. 경제를 활성화시킬 수 있는 획기적인 자극(새로운 테크놀로지의 발견, 소득과 부의 불평등해소, 독점 및 과점화의 극복 등)이 마련됨으로써 실물투자의 여건이 조성되지 않는 한 금융화는 유일한 대안으로 남게 되기 때문이다. 뿐만 아니라 자본의 금융화는 기업의 경영인들로 하여금 실물투자보다는 금융투자로의 유인에 쏠리게 하는 경향을 만들어내기 때문에 실물투자는 더욱 위축될 수 있으며 "경제침체 → 금융화 → 경기침체"의 악순환은 언제나 찾아올 수 있다. 특히 독점-금융자본주의의 정상을 점하고 있는 소수의 과점지배층이 실물보다는 금융이나 투기에서 기업이윤의 창출을 고집할 때 금융화의 모순은 해소되기 힘들다고 본다. 결국 자본주의를 극복하는 대안적 체제만이 진정한 해법이 된다는 결론이다.[254]

4. 세계화와 문화적 변환

세계화에 따른 문화적 차원의 변환은 우선 나라마다의 집단적 정체성의 문제로 접근해볼 수 있다. 지금까지 민족국가를 단위로 하는 민족

253 *Ibid.*, pp.93-98.
254 *Ibid.,* pp.106-109, pp.132-133.

주의의 집단적 정체성이 세계화로 인하여 보다 다원적인 성격으로 변환되는 과정이 주목될 수 있다. 또한 근대의 정신적 자산으로 간직해 오던 사람들의 생각이나 지식면에서의 변화도 두드러질 수 있는데, 이와 관련해서는 근대적인 합리주의 사상이 다원성과 회귀적인 내용으로 바뀌는 과정이 검토될 수 있다. 이러한 문화적인 변환을 ① 집단적 정체성과 ② 지식과 사상이라는 두 가지 측면에서 살펴보기로 한다.

(1) 집단적 정체성 : 민족주의의 변환

근세 이후로 인류의 집단적 정체성을 좌우해온 민족주의가 세계화로 인하여 퇴조가 불가피해지면서 나라마다 정체성은 보다 다원적이고 혼성적인 내용으로 변모해간다고 볼 수 있다. 근대적인 민족주의는 많은 인구와 영토적 모국을 기반으로 다른 민족적 집단과 구별되는 특질(언어, 습관, 감수성, 예술, 종교, 인종 등)을 갖추고 있으면서 다른 외국인 집단과의 구성적인 관계(경합, 연합, 갈등, 전쟁 등)를 이루면서 근세 이후의 독특한 집단적 정체성을 대표해 왔다고 볼 수 있다. 즉 다른 외부집단과 차별화되는 민족적 특질이 국가라는 권력적 특성과 결부되어 만들어진 집단적 정체성이라고 볼 수 있다. 물론 민족주의가 세계화로 인하여 완전히 종식되는 것은 아니지만 그래도 그 유대와 응집력의 강도 면에서 또는 특질과 관련되는 내용면에서 새로운 변환이 두드러진다는 가정이 있을 수 있다. 즉 지금까지 민족주의의 내용에 다원성과 혼성이 두드러지게 된다는 것인데 그러한 변환을 몇 갈래의 기준으로 검토해볼 수 있다.

① 미시 민족(micro-nations)의 등장 : 벨기에의 Flemish, 케냐의 Kikuyu : 서부 아시아의 Baluchis, 중앙 아프리카의 Tutsis; '토착민' 형태(호

주의 원주민집단, Kalahari의 Bushpeople, Scandinavia의 Saami 등) ; **민족국가 내에서 소외된 집단**(프랑스의 Corsicans, 나이지리아의 Ibo, 캐나다의 Quebecois, 스리랑카의 Tamis, 중국의 티베트족 등).

② **지역적 민족**(region-nations)**의 등장 : 범 아프리카**(Pan-African), **범 아랍**(Pan-Arab), **범 터키**(Pan-Turkish) **운동 등.**

③ **초세계적 민족**(transworld nations) **: 한 민족이 전 세계에 산재해 있는 형태**(아프리카인, 아르메니아인, 중국인, 인도인, 유태인, 레바논인, 팔레스타인, 시크족 등).

이러한 다양한 형태의 민족적 단위의 부상은 그에 따른 국제관계의 변환을 수반하게 된다. 우선 새롭게 분출되는 미시민족들은 종래의 주변화와 소외를 극복하고 독립과 자율성을 요구하는 운동을 전개함으로써 국제사회의 새로운 인정과 동조를 얻어가고 있다. 지역적 민족을 중심으로 하는 운동은 나름대로 지역적 이해의 인식과 증진의 길을 열어가고 있으며, 초세계적인 민족의 경우에는 전세계에 걸친 그들의 이해를 증진시키기 위한 상업상, 금융상의 네트워크를 형성하면서 범세계적인 영향력을 발휘한다고 볼 수 있다. 결국 이러한 다양한 민족단위의 활성화와 증대는 민족국가의 상대적 권력을 감소시키고 민족국가의 정체성에 변화를 도입하여 민족적 정체성의 내용을 다원화, 혼합화시키는 결과를 초래한다고 볼 수 있다.[255]

한편 영토에 바탕을 두는 민족주의가 아니라 '비영토적 정체성'도 생각해볼 수 있다. 즉 인류, 종교, 계급, 젠더, 인종, 청년, 성적 성향 등을 기준으로 하는 다양한 정체성의 형성이 가능하다. 종교의 세계적 영향력

[255] J. A. Scholte, *op. cit.*, pp.224-239.

은 말할 것도 없고 노동자, 여성, 유색인종 등의 비영토적 기준에 따른 다양한 정체성 집단들은 결속과 투쟁의 네트워크를 형성하면서 범세계적인 영향력을 확대해왔다. 그리고 세계화는 이러한 비영토적 정체성의 네트워크를 확산시키고 강화시키는데 크게 기여하여 왔다. 그러나 이러한 비영토적 집단화의 과정도 민족적 정체성과 마찬가지로 상당한 다양성과 긴장을 수반하기 마련이어서 범세계적인 단합이 손쉽게 이루어지지 못하는 점도 있다. 예를 들면 젠더 정치의 경우 복합적인 페미니즘으로 이어지면서 자유주의적, 사회주의적, 흑인, 평화주의적, 과격, 생태학적인 여러 갈래로 분기되기도 한다. 그리고 이러한 비영토적 정체성의 증가도 인간의 집단적 정체성에 혼성화를 가중시키는 작용을 해나갈 것을 전망해볼 수 있다.[256]

(2) 지식과 사상의 변환

근세 이후 인류의 지식과 사상의 체계를 구축해온 가장 두드러진 문화적 전통으로서는 합리주의를 꼽을 수 있다. 합리주의는 자연과 사회의 파악에 있어서 세속적인 것을 우선시하며 인간 중심적이고 과학적이며 문제해결에 있어서 수단적인 것을 앞세운다. 20세기 후반에 다가서면서 이 합리주의적 사상은 구체적인 정책면에서 신자유주의, 개혁주의와 경제적 민족주의의 형태로 나타나고 있다. 그러나 지식과 사상면에서의 근대적 합리주의는 20세기의 후반에 들어서 세계화가 급속히 진행되면서 '비합리적인' 인식론과 지식체계의 강렬한 도전에 직면하게 된다. 상대주의적 철학을 대표하는 포스트모더니즘을 비롯해서 자연과 인간의 조화를 역설하는 생태중심주의, 그리고 이슬람 근본주의와 같은 종교적 부

256 *Ibid.,* pp.239-252.

흥주의 등이 합리주의적 사상적 주류에 대한 새로운 도전을 대표한다고 볼 수 있다. 비록 합리주의는 당분간 그 주류적 입장에 변화가 없을지라도 이러한 비합리적 인식론과 지식체계의 등장은 인간의 자연과 사회에 대한 이해와 풀이에 있어서 새로운 시각과 접근을 가능하게 만들고 개혁과 실천에 있어서도 새로운 문제제기로 이어질 가능성을 내다보게 된다.[257]

① 포스트모더니즘과 생태중심주의(生態中心主義)

포스트모더니즘은 합리주의에 기초한 과학적 지식이 전제해온 보편주의에 대항하여 '반보편주의'(anti-universalist)의 입장을 취하며 지식이 사물의 본질에 접근할 수 있다는 본질주의에 대항하여 '반본질주의'를 주창하고 나선다. 지식은 시간과 장소에 얽매이고 지식을 만들어내는 사람에 좌우된다는 점을 강조한다. 따라서 지식은 그 구성의 맥락에 좌우되고 지식 창출자의 개인적, 문화적, 역사적 여건에서 오는 영향을 벗어나기 힘들다고 본다. 과학적 객관성을 내세우는 합리주의적 사고는 절대적 진리의 근거가 없는 하나의 신화에 불과하며 모든 지식은 사회적 권력관계와 밀접하게 연관된다고 항변한다. 결국 모든 지식은 똑같은 타당성을 인정받을 수 있다는 상대주의의 함정에 빠질 수도 있게 된다.[258] 지식과 관련된 상대주의적인 시각으로 말미암아 포스트모더니즘은 나름대로의 비판과 재검토의 대상이 되고 있지만 포스트모더니즘이 제기하고 있는 인식론적 변환은 현대사회의 문제점과 병폐들을 새롭게 조명하는 대안적 의미를 과소평가할 수는 없다.

---

[257] *Ibid.*, pp.150-152, pp.256-259.
[258] *Ibid.*, pp.262-263.

한편 '생태중심주의'도 근대적인 합리주의에 대항하는 또 다른 지식체계로 볼 수 있다. 합리주의는 자연과 인간의 관계에 있어서는 인간이 우선하고 자연은 인간의 이해와 목적을 위한 수단적인 의미를 가지는 '인간중심주의'에 기초한다. 그러나 생태중심주의는 이에 대항하여 인간은 자연을 포함하는 보다 광대한 생활체제의 일부로 존재하며 'homo sapiens'로서의 인간은 오히려 자연에 종속된다는 입장이 된다. 생태학적 보존을 위해서는 인간의 욕망은 자제되어야 한다는 것이 사상적 기저를 이룬다. 특히 생태계의 보존을 앞세우는 '심층 생태학'의 입장은 합리적 지식체계를 이용한 '지속 가능한 발전'을 주장하는 환경주의에 대해서는 그 경박성을 질타하고 나선다.[259] 이러한 새로운 생태학적 지식의 부상은 그 과격성에 있어서는 여러 문제점이 지적되기도 하지만, 적어도 인류의 환경문제와 관련되는 새롭고 혁신적인 사고의 전환에는 긍정적인 의미가 부여될 수 있다.

② 이슬람 원리주의(fundamentalism)

합리주의에 대한 저항은 20세기 후반에 두드러지는 다양한 종교적 부활운동에서도 잘 나타난다. 1978년 이후 로마 가톨릭교회의 John Paul 2세와 Benedict 16세에 의한 보수주의적 성향을 비롯하여 1974년 창설된 유태교 부활운동(Gush Emunism), 인도의 RSS, VHP, RJP 등의 힌두교 부활운동, 그리고 몽고, 스리랑카, 태국 등에서 나타나고 있는 다양한 불교 부활운동 등이 열거될 수 있다.

그러나 가장 세계적 이목을 모으는 것은 1979년 이란에 등장한 이슬람 공화국의 출발을 계기로 확산되고 있는 이슬람 원리주의 운동이라고

259 *Ibid.,* pp.261-262.

볼 수 있다. 이슬람 교리를 정치·사회 질서의 기본으로 삼아 진정한 이슬람의 신앙을 입증하고 율법을 부활시키고자 하는 이 원리주의 운동은 서구적 합리주의에 정면으로 도전하는 비합리주의적 입장을 대표한다고 볼 수 있다. F. Lechner는 원리주의 자체가 합리주의가 바탕을 이루는 근대에 대한 반발임을 지적한다. 즉 근대가 몰고 오는 탐욕적이고 보편적인 세계적 문화에 대항하여 그들의 신성한 전통을 부활시킴으로써 의미 있는 사회질서를 확립하려는 시도로 파악된다. 이슬람 전사들의 세계관에 따르면 이슬람 혁명을 전파하여 지배적인 서구적 악마(Western satan)를 격퇴시키는 것은 자기들의 책무라는 강렬한 믿음이 깔려 있다는 것이다.[260]

Mustafa Kamal Pasha도 원리주의가 반서구적인 성격임을 부연한다. 원리주의 운동은 아랍 제국의 내부적 상황의 차이에서 여러 가지 형태로 나타나고 있지만 기본에 있어서는 신자유주의적 세계화에 대한 저항이라는 특색을 지닌다고 보고 있다. 신자유주의의 이데올로기가 지배하는 세계화 과정은 아랍제국의 시민사회에 여러 가지 부작용과 함께 국가의 능력을 약화시키는 결과를 가져옴으로써 인구구성의 변화, 이주민의 유동, 대학출신의 실업 증가사태, 점증하는 경제적 불평등, 여성의 사회적 지위의 변화에서 오는 문화적 혼미, 서구화된 엘리트와 이슬람 토착 세력간의 알력 등으로 시민사회는 세계화 자체에 대한 불만과 저항운동의 온상이 되고 있다는 것이다. 특히 교육 기반시설의 발달이 병행되지 못함으로써 지식의 생산은 룸펜 형태의 학업으로 변모됨으로써 사

---

260 Frank J. Lechner, 'Global Fundamentalism,' in Frank J. Lechner and John Boli(eds.), The Globalization Reader, *op. cit.,* pp.326-327. Excerpted from Frank J. Lechner, 'Global Fundamentalism,' in William H. Swatos (ed.), *A Future for Religion* (Sage Publications, 1993), p.19, pp.27-32.

회적 및 과학적 진리와는 거리가 먼 독단주의로 이어진다. 결국 이러한 불안한 시민사회에서 세계화에 대한 저항이 일어나며 이슬람은 외부적인 가치에 대한 도덕적 방어이며 그 신봉자들에게는 빼앗긴 것을 되찾을 수 있는 위대한 힘을 가진 내생적 이데올로기로서의 의미를 갖게 된다. 결국 이슬람 원리주의는 신자유주의적 세계화가 역사진행의 단선적인 경로가 될 수 없다는 전제하에 자신들의 문제를 변천하는 역사적 조건하에서 자체적으로 해결하려는 의지의 발현이라는 의미가 부여된다.[261]

Bassam Tibi는 이슬람 원리주의가 전통적인 이슬람의 종교적 신앙이라기보다는 하나의 정치적 이데올로기의 형태임을 강조한다. 근대화는 이슬람 세계에 ① 과학, 테크놀로지, 업적과 같은 제도적 측면과 ② 서구적 가치와 규범이라는 문화적 측면이라는 두 가지 형태의 작용력을 미칠 수 있게 되는데, 전자의 보급과 발전은 비교적 순탄할 수 있으나 후자(문화적 근대화)의 경우에는 뜻대로 이루어지기 힘들다는 사실이 중요한 의미를 갖는다. 즉 순탄한 구조적인 세계화와는 대조적으로 순탄치 못한 문화적 분절화가 발생하는데 문제가 있다는 진단이다. 바로 이슬람 원리주의자들은 서구적인 과학 기술의 수용은 허용하되 문화적 분절화에서 오는 문제만은 '탈서구화'로 해결하려고 들며 이것은 전통적인 이슬람 교리에로의 복귀로서만 가능하다고 믿는다. 그리고 이슬람은 서구 문명에 대응할 수 있는 보편적인 유토피아로서 그 대안적인 성격이 강조되며 서방에 대한 반항은 성전의 이름으로 그 실행이 정당화된다. 따

---

261 Mustapha Kamal Pasha, 'Globalization, Islam and Resistance,' in F. Lechner and J. Boli (eds.), *op. cit.*, pp.331-334. Excerpted from Mustapha Kamal Pasha, 'Globalization, Islam and Resistance,' in Barry K. Gills (ed.), *Globalization and the Politics of Resistance* (Macmillan, 2000).

라서 원리주의는 전통적 종교의 부활이라기보다는 서방을 적으로 돌리는 정치적 이데올로기의 성격을 띠고 있다는 설명이 된다.[262]

5. 세계화와 가버넌스(governance)

세계화는 탈영토성과 상호연결성의 증대로서 경제, 사회·문화의 영역에서 다양한 변화를 조성하기 마련이고 이로 인하여 국가 능력의 저하에서 오는 통치상의 복잡다단한 문제를 피할 수 없게 된다. 즉 세계적 가버넌스의 문제가 가장 중요한 세계적 현안으로 등장하게 된다. 인류의 공동 관심사의 제기, 규제, 그리고 관여 등의 문제를 둘러싼 세계적인 통치 메커니즘의 구성을 위요하고 활발한 논의가 전개될 수 있다. 그와 관련되는 최근의 이론적 구성을 몇 가지로 정리해볼 수 있다.

(1) 정치적 현실주의(political realism)

국제정치에 있어서의 현실주의는 국제체제가 초국가적 권위가 존재하지 않는 무정부 상태에 있다는 가정에서 출발한다. 각국은 군사적 안전과 정치적 독립 면에서 정의되는 국가이익에 따라 움직이며 이를 위해서는 권력의 획득과 권력관계의 유지가 최우선적인 과제가 된다. 따라서 현실주의적 시각에서는 세계화로 인하여 경제 및 테크놀로지의 상호의존이 심화됨에 따라 지금까지 민족국가의 위상과 역할이 급속히 퇴조

262 Bassam Tibi, 'The Challenge of Fundamentalism,' in F. Lechner and J. Boli (eds.), *op,cit.*, pp.335-339. Excerpted from Bassam Tibi, *The Challenge of Fundamentalism : Political Islam and the New World Disorder* (University of California Press, 1998), pp.2-3, pp.15-17, pp.65-67.

될 것이라는 전망을 내리는데 대해서는 단호하게 반대한다. 비록 경제의 세계적 통합이 진행되더라도 국가는 그대로 존속하면서 권력을 행사하고 통상, 외국투자, 상업면에서 전반적인 경제의 흐름을 자국의 국익에 알맞게 조정해나갈 것이며 세계적 가버넌스의 기본적 단위로서의 역할을 지속해나갈 것으로 전망한다. 즉 국가가 담당해 온 ① 통화창출, ② 과세, ③ 국가적, 개인적 안전의 보호와 같은 세 가지 주요 기능을 완벽하게 수행할 수 있는 초국가적 가버넌스 단위의 출현은 최근에 관심을 모으는 유럽연합(EU)의 진행과 관련해서도 아직 전도요원하다고 본다.[263]

Gilpin은 최근에 제기되고 있는 세계적 가버넌스와 관련된 세 갈래의 이론적 구성, ① 신자유주의 제도주의, ② 신중세주의, ③ 초정부주의 등의 주장들을 차례로 비판하고 있다. 첫째로 신자유주의 제도주의는 세계화와 더불어 등장한 공식적인 국제적 레짐, 규칙, 제도 등이 국제적인 현안들을 통치할 수 있다는 입장이다. 그러나 Gilpin은 세계무역기구(WTO), 세계은행(World Bank), 국제통화기금(IMF)과 같은 국제기구의 경우 일단 내린 결정에 대한 '준수'의 문제에 있어서는 어려움이 있다는 것을 지적한다. 경제적 원칙과 정당한 정책적인 문제에 관한 나라마다의 견해 차이는 여러 가지 조정상의 어려운 문제들을 야기시키고 있으며 많은 나라들이 이러한 문제를 해결하기 위하여 지역화의 경향으로 가고 있다. 그리고 통치의 문제는 민주적인 절차 문제를 야기하기 마련인데, 예를 들면 동아시아 제국(중국, 한국 등)의 경제적 비중에 비하여 미국을 비롯한 서방의 영향력이 국제 레짐면에서 상대적으로 크다는 비판도 가능하게 된다. 특히 IMF나 세계은행 등에 있어서 제도적 개혁이 세계적 여론에

---

263 Robert Gilpin, 'A Realist Perspective on International Governance,' in David Held & Anthony McGrew (eds.), *Governing Globalization : Power, Authority and Global Governance* (Cambridge : Polity Press, 2002), pp.237-240.

비추어 지지부진하다는 지적도 있다. 둘째로 신중세주의는 장차 세계에서 민족국가는 무력화되고 그에 대신하는 분산되고 다원화된 권력구조가 등장할 것이며 다양한 비정부기구(NGOs)가 국제문제의 통치를 좌우하게 될 것이라는 학설이다. 그러나 이러한 NGO 활동 중심의 세계적 가버넌스의 경우는 아직은 일부 환경문제나 인권 등에 관련된 쟁점 분야에 국한되고 있으며 보다 통합적인 경제문제 등에는 해당되지 않는다는 반론을 제기한다. 셋째로 초정부주의는 각 나라의 정부 부처간의 상호협력으로 은행거래 규제(Basel Accord), 반트러스트 규제(anti-trust regulation), 기타 사법상의 문제해결을 지칭한다. 즉 정부 부처를 중심으로 관료들이나 전문가들에 의한 극히 세세하고 전문적인 분야의 문제해결을 뜻한다. 그러나 이에 대해서도 각국의 정치적 경합이나 이해 갈등과 같은 서로의 국익이 상충하는 주요 현안의 궁극적인 타결에 관한 한 넘기 어려운 한계가 있다는 점을 지적한다.[264]

세계화가 진행된다고 해서 국제정치의 무정부적인 구조에도 큰 변화가 올 것으로 속단해서는 안 된다는 것이 현실주의적 기본 입장이다. 따라서 국가의 기능과 역할에는 변함이 없을 것이라는 전망이 도출된다. 국제관계에서는 여전히 힘의 논리가 지배할 것이고 강한 집단이 약한 집단을 지배하는 현상은 지속될 것이기 때문에 각국은 오히려 세력 균형에 의존하는 것이 현명한 선택이 될 수도 있다. 문제는 권력관계가 중요하고 또한 권력은 언제나 남용될 수 있다는 점을 명심하여 이를 위한 대책을 세우는 것이 국제정치의 핵심적인 현안이 되어야 함을 역설한다. 그리고 어떻게 하면 전쟁이 아닌 '평화적인 변화'를 가져올 수 있는 메커니즘을 만들어나갈 수 있을까가 세계적 가버넌스의 최우선적 과제가 되

[264] *Ibid.,* pp.241-246.

어야 한다고 주장한다.[265]

(2) **자유주의적 국제주의**(liberal internationalism)

세계화의 진행에 따른 통치상의 문제를 자유주의의 틀 속에서 다루어나갈 수 있다는 입장이다. 즉 현실주의가 전제하는 국제정치의 무정부상태나 권력 정치의 문제들을 초월할 수 있는 길이 있다고 믿으며 다음과 같은 몇 가지 추정에 근거하고 있다. 첫째로 인간의 이성과 합리성을 통한 계몽된 자기 이익(enlightened self-interest)과 합리적 계산으로 국가간 이해 갈등은 힘이나 전쟁에 호소함이 없이 해결이나 중재가 가능하다. 둘째로 국가간의 물질적 상호의존성의 증대는 공동관심사에 대한 국제적 규제의 필요성을 야기시킬 수 있으며, 보다 많은 협력의 합리적, 인지적 기초를 마련해줄 수 있다. 셋째로 국제적 제도, 권력정치의 범위를 제한할 수 있는 국제 규범, 유인, 다자 정치의 유형을 만들어냄으로써 힘 있는 자를 길들일 수 있고, 또 한편으로는 국가간의 분쟁을 예방하고 관리할 수 있는 메커니즘을 제공할 수 있다. 넷째로 세계정치에서는 권력정치(그로 인한 전쟁)가 국가간 질서의 불변의 특성이 될 수 없으며 오히려 전향적 개혁이나 국제적 사안의 교화를 통하여 권력 정치가 완화될 수 있게 되면 인류의 진보는 실현 가능다고 믿는다. 이런 점에서 '자유주의적 국제주의'는 인류와 세계적 조건의 발전을 신봉하는 계몽사조를 반영한다.[266]

A. McGrew는 자유주의적 국제주의를 ① 자유주의적 제도주의, ② 구조적 자유주의, ③ 자유주의적 개혁주의, ④ 자유주의적 세계동포주의

[265] *Ibid.*, pp.246-247.

[266] Anthony McGrew, 'Liberal Internationalism : Between Realism and Cosmopolitanism,' in David Held & Anthony McGrew (eds.), *op. cit.,* p.268.

의 네 가지 형태로 분류하고 있다. 첫째로 자유주의적 제도주의는 국가간의 국제적인 협력은 패권 권력이 존재하지 않더라고 이루어질 수 있다는 입장으로 국제정치학 분야에서는 주로 R. O. Keohane이나 L. Martin에 의해 주창된다. 국가간에 상호의존관계가 깊어져서 갈등이 빚어지게 되면 그것을 해결하기 위하여 서로 협력하는 것은 극히 합리적인 반응이기 때문이라는 것이다. 합리적 선택 이론에 의거하여 국가간의 협력이 합리적이고 기능적이라는 전제하에 협력은 패권없이도 증진될 수 있다는 것이다. 그리고 세계무역기구(WTO)나 다양한 국제 레짐(국제테러방지, 핵 확산 방지 등)과 같은 국제 제도는 국가적 목표의 달성을 용이하게 만들고 불확실성을 줄이며 신뢰를 늘리고 협력에서 오는 위험을 축소시킴으로써 국가들에게 중요한 이득을 제공해준다는 점이 강조된다.[267] 둘째로 구조적 자유주의는 신제도주의(New Institutionalism)의 한 갈래인 '역사적 제도적 접근'(Historical Institutional Approach)에 기초하여 제도란 시간의 경과에 따라 진화되면서 국가 행위의 유형을 제약하거나 형성하여 나가는 구조로 파악한다. 그리고 이 구조는 시작 단계의 이유가 소멸되어도 지속되어나갈 수 있으며 심지어 '패권'에 의해 형성되어 지속되기도 하는 것으로 이론화된다. G. I. Ikenberry에 의하면 전후 미국의 패권적 영향 하에 형성되고 유지되어온 서방의 자유진영이 그 대표적인 예가 된다. 즉 미국이라는 패권세력이 공교롭게도 자유민주주의 이데올로기를 신봉하는 데서 그 영향력이 자유진영의 구성 국가에도 파급되어 하나의 '구조적 자유주의'를 이루어왔다는 설명이다. 미국적 패권(American hegemony)은 그 자유주의적 성격으로 인하여 독재국가들의 지배

[267] *Ibid.*, pp.274-275 ; R. O. Keohane, After Hegemony (Princeton : Princeton Univ. Press, 1984).

전략도 아니고 또한 현실주의적인 세력균형도 아니며 오히려 관련 당사자들의 의견을 존중하는 '다자주의적 질서'를 추구하고 이를 제도화시켰다는 것이다. 미국은 민주주의 국가로서 스스로의 권력을 자제시킬 수 있었고 다자간 협력의 제도적 질서를 확립해나갈 수 있었으며 이러한 자유주의적 관행은 일종의 헌법적 질서의 형태로 구조화되어 왔다는 주장이다. 즉 미국의 주도하에 국제적인 헌법적 질서가 사회화의 과정을 밟았다는 의미도 된다. 따라서 앞으로의 세계적 가버넌스 문제도 미국의 자유주의적 패권이 지속되는 한 그 방향은 자유주의적 세계화가 가능하다는 결론이 도출된다.[268]

셋째로 '자유주의적 개혁주의'는 세계화에서 비롯되는 많은 문제들을 해결하기 위하여 현존하는 국제기관들의 결함을 찾아내어 보다 능률적이고 정당성 있는 개혁의 길로 유도하려는 입장이다. 이러한 국제기관들은 구성원들의 의사를 존중해주는 민주적 절차를 소홀히 한다는 점에서 이른바 '민주적 적자'(democratic deficiet)에 직면해 있음을 중요시한다. 국가뿐만 아니라 투명성과 정당성을 앞세우는 활발한 초국가적 시민사회의 형성도 개혁의 한 방편으로 논의된다. 그리고 국가이익 위주의 좁은 시야를 초월하는 초국가적 정책네트워크와 다자주의적 제도의 확립을 적극 주창한다.[269] 끝으로 '자유주의적 세계동포주의'는 세계적 정의에 관한 규범적 이론으로서 C. R. Beitz, S. Caney, M. Doyle, D. Held, K. Hutchings, A. Hurrell, B. Russett 등에 의해 주창된다. 즉 세계적 가버넌스를 위한 제도나 실천이 정당화되고 비판될 수 있는 기초에 관한 교리

---

[268] A. McGrew, *op. cit.,* pp.275-276; G. J. Ikenberry, *After Hegemony* (Princeton : Princeton Univ. Press, 2001), Ch. 1, pp.5-7.

[269] A. McGrew, *op. cit.*, pp.276-277. 자유주의적 개혁주의에는 V. Cable, M. Edwards, W. H. Reinicke, R. Keohane, J. N. Rosenau, A. M. Slaughter, T. G. Weiss, L. Gordenker, N. Woods 등이 포함된다.

로서 철학적이며, 극히 논쟁적인 성격을 띤다. 개인의 복지가 최상의 가치이기 때문에 세계적인 배분적 정의를 실천하는 것이 이론적 구성의 기본이 되며 이를 위해서는 전 세계에 걸쳐 '잘 사는 자'로부터 거두어 '가난한 자'에게 돌아가게 하는 '부의 재분배'가 최상의 과제로 부상된다. 이러한 사회적 정의의 실현은 민족적, 인종적, 영토적 경계의 기준에 얽매일 것이 아니라 오히려 이것들을 초월해야 한다는 점을 강조한다.[270]

(3) 마르크스주의

자본주의는 19세기 말부터 자본의 축적과 집중화 경향으로 민족국가의 영토적 한계를 벗어나 밖으로 뻗어나가는 식민지 획득과 제국주의의 단계로 접어들게 된다. 이때부터 자본주의의 특성을 놓고 그것이 세계적 규모의 경제에 국한되는 평화로운 통합과정이냐 그렇지 않으면 거대 자본주의 국가간의 극심한 경쟁으로 인하여 전쟁과 그 붕괴로 이어질 것인가는 마르크스주의에서 서로 상충되는 이론적 시각을 만들어낸다. K. Kautsky(1984)는 자본주의가 카르텔 형태로 바뀌면서 극심한 경쟁을 극복하고 국가간의 갈등을 조정하면서 평화롭게 통합되어 나가는 '초제국주의'의 단계로 변환된다고 진단한 반면, V. I. Lenin은 자본주의가 열강간의 경쟁을 격화시켜 국제적인 무정부 상태를 만들어내어 전쟁을 촉발하고 붕괴로 가는 '자본주의의 최상의 단계'로서의 제국주의를 전망했다. 지금 진행되고 있는 세계화가 자본주의의 순탄한 세계적 통합(Kautsky형)으로 갈 것이냐, 그렇지 않으면 정치적 대립과 경쟁으로 인한 파국(Lenin

---

270 A. McGrew, *op. cit.,* pp.279-281; C. R. Beitz, 'Does global inequality matter ?,' in T. W. Pogge (ed.), *Global Justice* (Oxford : Blackwell, 2001); K. Hutchings, *International Political Theory* (London : Sage, 1999); S. Caney, 'International distributive justice,' *Political Studies,* 49 (2001).

형)으로 갈 것인가의 논의가 새롭게 마르크스주의 진영을 흔들고 있다고 볼 수 있다.[271] 이러한 제국주의의 고전적 논의에 근거하여 최근 세계화로 인하여 제기되는 세계적 가버넌스의 문제를 다루고 있는 마르크스주의의 대표적인 시각들을 다음의 두 가지로 정리해볼 수 있다.

① 제국주의 3단계론 : Alex Callinicos

세계적 규모의 자본주의의 발달과정은 이른바 '세계 체제론'에서 여러 단계로 분류되어 논의되어 왔다.[272] Alex Callinicos는 세계체제이론에서 제기되는 자본주의의 발달 과정과 관련시켜 볼 때 제국주의는 19세기 말엽, 1875년경부터 시작되는 것으로 보고 있다. 그리고 이때부터 제국주의는 ① 자본간의 경제적 투쟁과 ② 국가간의 지정학적 경합이라는 두 가지 형태의 경쟁이 서로 융합되어 나타나는 것으로 보고 있다.[273]

첫 번째는 고전적 제국주의(1875~1945)의 단계로 유럽 열강들이 세계의 모든 지역을 공식, 또는 비공식으로 분할해버리는 식민지 확장 시기가 된다. 즉 경제적인 경쟁과 지정학적인 경쟁이 서로 강화작용을 한 단계이다. 이 시기는 세계의 작업장으로 자리를 굳혔던 영국과 유럽 국가들이 세계적 열강임을 자랑할 때였으나 독일과 미국이 새로운 경제적, 지정학적 도전자로 등장하면서 고도로 경쟁적인 제조업 산업을 건설하고

---

271 Alex Callinicos, 'Marxism and Global Governance,' in David Held & Anthony McGrew (eds.), Governing Globalization, *op. cit.*, pp.250-254.

272 I, Wallerstein은 세계경제가 16세기에 확립되어 네단계를 거쳐 1917년 이후로 미국 우위의 다국적기업시대로 접어든 것으로 파악한다. I. Wallerstein, *The Capitalist World Economy* (Cambridge : Cambridge Univ. Press, 1979), pp.25-33. 한편 G. Arrighi는 자본주의 세계체제를 '축적의 체제적 주기'(systemic cycles of accumulation)와 그 리더십(leadership)면에서 ① Genoa 시대(1340s~c. 1630), ② 네덜란드 시대(c. 1560~1780s), ③ 영국 시대(c. 1740~1930), ④ 미국 시대(1870s~?)의 네 단계로 나누고 있다. Giovani Arrighi, *The Long Twentieth Century* (London : Verso, 1994).

273 Alex Callinicos, 'Globalization, Imperialism and the Capitalist World System,' in David Held & Anthony McGrew (eds.), *Globalization Theory : Approaches and Controversies* (Cambridge : Polity, 2007), p.70.

영국에 대항할 수 있는 군사력(해군)도 함께 구축하던 단계였다. 결국 두 차례의 세계대전에서는 경제적 자원(특히 석유의 공급)에 대한 통제가 결정적인 군사적 역할을 한 점 등은 독일과 일본의 예에서 두드러진다. 두 번째는 이른바 미·소가 주축을 이루는 '초강대국 제국주의'(superpower imperialism)의 단계(1945~1990)가 된다. 이 시기는 경제와 지정학적 경쟁이 부분적 분리(partial dissociation)를 이룰 때다. 미국과 소련은 서로 두 개의 군사적, 이데올로기적 진영을 만들게 되는데 이 지정학적 투쟁으로 미국은 서유럽과 일본의 선진자본주의 국가들을 자기의 정치·군사적 리더십 하에 통솔할 수 있었고 시장 점유를 둘러싼 자본간의 경합도 지정학적인 경합으로까지는 이어지지 않았으며, 특히 독일이나 일본의 경제적 경쟁력과 그 비중의 상승도 미국이 마련한 경제적 제도적 공간(IMF 등) 속에서 조정됨으로써 서방진영을 흔드는 결정적인 긴장으로까지는 가지 않았다. 서유럽 열강들은 탈식민지 과정을 무사히 마쳤고 국제무역과 해외투자의 획기적인 증대에서 오는 가장 내실 있는 수혜자가 되었으며 서방의 경제적 확장은 20세기 후반의 세계화 과정의 추진력이 되었다.

세 번째는 냉전의 종식과 소련의 붕괴(1989~1991) 이후에 등장한 '초월적 강대국 제국주의'(Hyperpower imperialism)의 단계로서 현재 진행되고 있는 미국의 세계적 패권 시대가 된다. 미국은 정보 통신 기술의 비약적인 발전에 힘입은 군사력의 증가로 소련을 능가할 뿐만 아니라 모든 열강을 합쳐도 이를 압도할 수 있는 패권적 지위를 확보하고 있다. 또한 서방의 정치-경제적 공간은 종전의 공산권을 시장경제와 그 제도적 영역(IMF, NATO, EU) 안으로 끌어들임으로써 진정한 의미에서의 세계적 자본주의 공간을 만들어나가고 있다. 따라서 이제는 경제와 지정학적 경쟁의 부분적 분리가 더욱 두드러지는 단계가 됨으로써 자본주의는 미국의 압도적 패권확립으로 말미암아 지정학적 경합과는 무관하게 계속적으로 세계적인 통합을 이루어나가게 된다.[274]

Callinicos에 의하면 세계적 가버넌스를 위하여 제기되는 가장 중요한 의문은 앞으로 열강간의 경제적 경합이 지정학적 갈등으로 바뀔 가능성이 있는가의 여부다. 즉 미국의 경제를 위협할 새로운 경쟁적 세력이 등장하여 그것이 지정학적인 갈등으로 번질 때 세계는 또다시 통치상의 심각한 문제에 직면할 수 있기 때문이다. 이미 유럽에서는 EU가 새로운 경제적 경쟁자로 모습을 바꾸고 있고 아시아에서는 중국의 놀라운 경제발전이 언제나 지정학적인 새로운 긴장의 요인으로 바뀔 수 있다. 특히 중국, 일본, 한국으로 연결되는 동아시아의 성장연계는 미국의 세계전략과 이해면에서 각별한 비중을 가지게 된다. 미국으로서는 패권적 지위에서 오는 문제를 강압적인 지배가 아니라 Gramsci류의 도덕적, 지적 리더십으로 해결해야 하고 점차로 정당성을 잃어가는 '신자유주의 자본주의 모형'에 대해서도 새로운 보완을 제시하는 등 대응책이 논의되고 있는 것이 사실이다. 그러나 이러한 극히 제한된 범위의 대응 조치로는 미흡하며 신자유주의 세계화와 제국주의 전쟁에 대항하는 거대한 운동들이 미국의 패권이나 그 경제적 모형에 표적을 둘 것이 아니라 그러한 것들을 지탱해주는 세계적 자본주의체제에 돌리는 것이 보다 합리적이라는 결론을 도출한다.[275]

② 제국의 등장 : Michael Hardt & Antonio Negri

M. Hardt와 A. Negri에 의하면 지난 수십 년 동안 식민지 체제가 무

---

274 *Ibid.*, pp.70-72.
275 *Ibid.*, pp.72-75.

너지고 구소련이 붕괴되면서 불가항력적이고 되돌릴 수 없는 경제적, 문화적 세계화로 세계적인 시장과 세계적인 생산회로가 만들어지게 되자 새로운 지배의 논리와 구조로서의 '세계적인 질서'가 출현하게 되었는데, 그것이 바로 새로운 주권의 형태로서의 제국(empire)이라는 것이다. 이 제국은 이러한 세계적인 교환(경제적, 문화적)을 규제하는 정치적 주체이자 세계를 통치하는 주권적 권력이다.[276]

제국은 제국주의와 구별된다. 제국주의는 영토적 경계에 근거하면서 민족국가의 주권이 지역적으로 팽창하여 열강간의 경합과 전쟁으로 이어진다는 개념인데 반하여, 제국에는 권력의 영토적인 중심이 확립되어 있지 아니하며 또한 정해진 경계나 방책에 의존하지도 않는다. 그것은 탈중심화되고 탈영토화된 지배의 장치로서 전 세계의 영역을 자기의 개방되고 확장되는 변경(frontiers) 속으로 편입시킨다. 따라서 제국에 있어서는 어떤 민족국가도 제국의 통치행사의 중심이 될 수는 없으며 현재 세계정치의 패권적 지위에 올라선 미국도 예외가 될 수 없다는 점이 강조된다. 영토주권에 근거한 '제국주의'는 끝나고 이제는 탈영토화된 '제국적 주권'에 바탕을 두는 '제국의 시대'에 들어섰다는 것이다.[277]

제국의 움직임은 ① 경제 및 문화와 ② 정치(가버넌스)의 두 축을 중심으로 파악될 수 있다. 우선 경제적으로 볼 때 자본은 전 세계적으로 조직화되어 20세기 후반에 들어서는 다국적 및 초국가적 산업 및 금융 기업들이 전 세계영토를 생명 정치적(biopolitic)으로 구조화한다. 거대 산업 및 금융 권력들은 상품만 생산하는 것이 아니라 인간의 필요, 사회적 관계, 신체 그리고 마음과 같은 '주체들', 즉 생산자들을 생산해낸다. 생명

[276] Michael Hardt and Antonio Negri, *Empire* (Cambridge, Mass. : Harvard Univ. Press, 2000), p.xi.

[277] *Ibid.*, pp.xii-xiv.

정치의 영역에서는 생명은 생산을 위해 일하고 생산은 또한 생명을 위해 일하게 되는데 그것은 마치 여왕벌이 생산과 재생산을 끊임없이 감독하는 꿀벌집에 비유될 수 있다. M. Foucault의 영향을 받은 이 '생명권력'(biopower)의 개념은 권력이 개인을 의식이나 이데올로기뿐만 아니라 신체를 통해서 생물학적으로, 신체적으로, 육체적으로 통제한다는 것이다. 생명 권력은 사회생활을 내면으로부터 규제하는 권력이기 때문에 생명의 생산과 재생산에 직접 개입한다는 논리가 된다. 그리고 이러한 생명 권력의 생산과 정당화는 현대사회의 놀라운 통신 산업의 발달로 가능해진다는 점이 강조된다.[278]

그러면 제국의 정치적 측면, 세계적 가버넌스는 어떻게 이루어지는가? 비록 영토적으로 탈중심화된 새로운 주권의 형태이긴 하지만 제국을 움직이는 권력은 '단일 권력'으로서 모든 민족국가들을 새로운 정당성의 기준에 따라 다스릴 수 있으며 새로운 규범의 설계를 비롯해서 계약준수와 갈등해결을 위한 강제성을 띤 법률적 수단을 마련한다.[279] Polybius는 로마 제국을 군주제, 귀족제, 민주주의의 세 가지 좋은 정부 형태들을 결합한 것으로 이론화하였는데 Hardt와 Negri도 현 제국의 '단일 권력'의 정상에는 미국과 G7 및 기타 주요 단위들이 군주제에 해당되는 기능을 수행하며, 그 밑으로는 초국가적 기업과 민족국가들이 귀족들이 담당하던 몫을, 그리고 그 다음으로는 UN총회, NGOs, 교회 등이 민주적인 역할을 담당하는 피라미드 형태의 헌법구조를 제시하고 있다.[280] 그리고 이러한 세계적 헌법의 틀 안에서 분쟁해결의 절차와 관련해서는 독특한 사법적 개념이 등장한다. 즉 국제관계에 있어서 권력의

---

278 *Ibid.*, pp.21-27, pp.31-33.

279 *Ibid.*, p.9.

280 *Ibid.*, pp.309-315.

행사를 정당화하는 것은 '올바른 것'에 기준을 두게 되는데 예를 들면 1991년 걸프 전쟁(Gulf War)에서 미국은 자국의 국가적 동기에서가 아니라 세계적 정당성이라는 명분 아래 참전하였다. 이 사법적 개념은 전쟁사에서는 '정전'(正戰, just war)에 해당하는 것인데 전쟁이 윤리적인 기준에서 정당화되며, 적은 진부화되고 윤리적 질서에 절대적인 위협이 되는 것으로 단정된다. 그리고 이때의 군사행동은 '경찰 행위'(police action)의 성격을 띤다.[281] 뿐만 아니라 1980년대와 1990년대에는 인도적 개입이라는 개념이 등장하기도 했는데, 당시에 두드러진 역할을 했던 NGO들(Amnesty International, Oxfam, Medicins sans Frontiers)은 세계적인 시민사회의 대표들이라기보다는 새로운 제국적 질서 확립을 위한 가장 강력한 평화적 무기의 성격을 띤 것이었다. 제국적 질서에서 NGO들은 국제분쟁에 대한 제국의 간섭을 정당화하는 구실을 담당할 수도 있다. 이런 점에서 국제적 분쟁은 국가간에 비롯되는 것이 아니라 도덕적으로 통합된 세계적 질서에서 내부적으로 발생하는 일탈행위의 성격을 띤다는 분석이 가능해진다.[282]

로마가 멸망했듯이 현재의 제국도 쇠잔과 종말이 온다는 것이다. 이곳 저곳에 나타나는 부패의 징후(제국의 최고 통치와 그 봉신행정, 가장 세련되고 썩은 경찰력, 지배계급의 로비, 신흥사회집단의 마피아, 교회와 그 종파들, 스캔들의 장본인들과 그 처벌자들, 거대 금융재벌, 일상적 경제거래 등)와 함께 자본에 의해 저질러지는 지속적인 착취는 제국의 위기로 번지기 마련이다. 그러나 제국을 종식시키고 새로운 미래를 여는 원동력은 역시 노동의 힘, 즉 생명 권력을 가진 '대중'으로부터 나온다. 세계화와 정보화는 ① 산업생산의 서비

---

[281] *Ibid.*, pp.9-13.
[282] *Ibid.,* p.9, pp.36-39, p.180.

스 분야, ② 분석적 및 상징적 업무, ③ 정의(情誼, affect)의 생산과 조작이라는 세 가지 형태의 비물질적 노동을 만들어내게 되는데, 특히 인간적 접촉과 상호작용을 중시하는 정의적 노동(情誼的 勞動, affective labor)은 소외되고 수탈되는 대중들의 상호협력과 혁신을 가능케 하는 창조성의 원동력이 된다. 그것은 다름 아닌 생명 권력의 기초가 되어 제국에 대한 대중들의 저항과 전투성을 주도하는 힘이 된다는 것이다.[283]

(4) **문화적 분석**

세계화는 문화적 측면에서 어떠한 통치상의 문제를 가져오게 되는가? 즉 문화가 통치에 미치는 변화에 대한 체계적인 분석이 가능하다. 대체로 문화적 세계화와 관련해서는 문화의 통합적이고 거시적인 변환에 초점을 두는 입장에서 세계화는 서구화(西歐化, Westernization)나 미국화(美國化, Americanization), 또는 문화적 제국주의(cultural imperialism)로 직결된다는 주제가 상당한 관심을 모아왔다. 즉 서구의 자유주의적 사상이라든가 기독교의 영향력, 그리고 미국 대중문화의 세계적인 파급과 침투에서 오는 다양한 문화적 변화에 관한 논의가 그러한 경향을 대표한다.[284] 또한 세계화와 관련되는 현존하는 사회과학적 개념의 적절성 문제와 관련해서는 전면적인 재검토와 함께 새로운 개념들에 기초한 의욕적인 이론적 구성이 제안되기도 한다.[285]

---

283 *Ibid.,* pp.385-389, pp.290-294, p.413.

284 F. Fukuyama, *The End of History and the Last Man* (London : Hamish Hamilton, 1992); David Rothkopf, 'In Praise of Cultural Imperialism ?,' *Foreign Policy,* 107 (Summer, 1997); Peter Berger, 'Four Faces of Global Culture,' *The National Interest,* No. 49 (Washington D. C. : Fall, 1997); B. R. Barber, *Jihad vs. McWorld* (New York : Ballantine, 1996).

285 Ulrich Beck, 'The Consmopolitan Society and Its Enemies,' in M. Featherstone, H. Patomaki, J. Tomlinson and C. Venn (eds.), *Theory, Culture and Society : Special Issue on Cosmopolis,* 19(1-2), (Feb.-April, 2002) ; J. Urry, *Global Complexity* (Cambridge : Polity, 2003).

그러나 이러한 거창하고도 전면적인 이론적 구성에 치중하기보다는 좀 더 세계화의 문화적 측면과 관련되는 일상적인 경험에 치중하면서 국지화된 현상을 해석하고 이해하게 만들 수 있는 '중간 정도'(middle-order) 수준의 문화적 분석이 바람직하다는 입장도 있다. John Tomlinson은 문화적 세계화에서 나타나는 일상적이고 즉각적인 사안들을 적절히 다룰 수 있는 개념들과 기술적 범주 및 분석적 전략들을 제공할 수 있는 해석학적 전통에 기초하는 연구를 권장하고 있어 관심을 모은다.[286] 거창한 이론적 구축의 작업보다는 세계화에서 오는 새로운 경험들을 '국지적인 행동'(局地的인 行動, local actions)에 초점을 두고 소상히 파악하고 해석할 수 있는 개념적 범주의 구성이 절실하다고 보고, 이를 위해서는 C. Geertz와 G. Ryle류의 '심층 기술'(深層 記述, thick descrption) 방식을 제안하고 있다.[287] 세계화의 문화적 측면을 다룰 수 있는 몇 가지 개념적 범주를 다룬 그의 소견을 정리해보기로 한다.

① 탈영토화(deterritorialization)와 문화적 변화

세계화가 복잡한 상호연결(complex connectedness)이 전 세계적으로 증대하는 것이라면 이로 인한 탈영토적인 영향력은 매우 심대하다고 볼 수 있다. 사람들의 문화는 어떤 지리적인 장소를 거점으로 형성되기 때문에 탈영토화로 말미암아 외래의 다양한 문화가 강하게 침투해오게 되면 그 국지성이나 토착적인 성격은 희석되기 마련이다. 지금까지 사람들이 지

---

286 John Tomlinson, 'Globalization and Cultural Analysis,' in D. Held & A. McGrew (eds.), Globalization Theory : Approaches and Controbersies, *op. cit.,* pp.148-168.

287 '심층 기술'이란 인간 행동의 의미를 해석하는 민속지의 방법이다. 예를 들면 두 소년들이 서로 눈을 깜빡이는 단순한 동작을 사실적으로 기술하는 것은 '피상 기술'인데 반하여, 그 상황을 두 소년간의 어떤 음모로 해석한다든가 또는 누군가를 조롱하는 행동으로 해석하는 경우 등은 '심층 기술'이 된다. Clifford Geertz, *The Interpretation of Cultures* (New York : Basic Books, Inc., 1973), pp.5-7.

역적으로 가지고 있던 공동체적인 친밀감이나 극히 자양적인 일상적 업무에도 큰 동요가 생기고 심지어는 전통적인 국지문화가 와해되어버린다는 '암흑적 시야'(dystopian vision)도 나온다. 그러나 Tomlinson은 이러한 비관적인 견해에 대해 반론을 제기한다. 지역 공동체가 세계화로 새로운 생활공간(초대형 시장, 쇼핑몰, 공항, 주유소, 은행 등)을 만들어내더라도 이것들은 전통적인 생활공간(직장, 학교, 상점, 식당, 시장 등)과 함께 사람들로 하여금 상호작용의 공간을 매개로 이야기 나누기, 익살, 관찰, 농담, 논쟁 등의 새로운 적응적 문화공간을 만들게 할 수 있다는 것이다. 탈영토화되는 지방은 나름대로의 문화적 맥락을 만들면서 새로운 문화적인 정체성 문제나 새로운 불확실성을 조성하는 것은 사실이다. 그러나 한편으로는 세계적인 자본주의 시장이 제공하는 엄청난 상품의 유통과 문화적 경험 등에서 오는 이득과 상쾌함도 있을 수 있고 또한 물리적 및 전자매체로 인한 기동성으로 가능해진 보다 개방적인 문화적 시야(cultural horizons)도 형성될 수 있는 긍정적인 면도 있다는 지적이다.[288]

② 원격매체화(telemediatization)

전자통신매체의 비약적인 발전은 세계적인 상호연결을 가속화함으로써 지역적으로 한정된 장소에 얽매인 사람들에게도 전 세계에 접근할 수 있는 길을 열어 주게 된다. '원격매체화'(遠隔媒體化)란 새로운 통신기술의 발달로 이루어지는 '시간-공간 메우기'(time-space bridging)로 인하여 사람들의 문화적 경험을 어떤 한정된 장소로부터 끄집어내는 탈영토화의 양식으로 정의된다.[289]

---

[288] J. Tomlinson, *op. cit.*, pp.152-155.
[289] *Ibid.*, p.156.

무엇보다도 원격매체화로 문화적 경험의 유동은 속도의 증대로 인한 즉시성의 문제를 제기한다. 모든 것이 신속하게 전달될 수 있기 때문에 어떤 면에서 경박성, 노력하지 않는 경향, 즉각적인 만족의 추구와 같은 문화적 성향을 부추길 수 있다. 특히 새로운 통신기술의 발달로 이제는 출발에 대한 개념은 없어지고 도착만이 중시되는 데이터의 시대가 된다는 P. Virilio의 분석도 관심을 모은다. 이렇게 되면 문화와 관련되는 세습적인 측면에 대한 이해에 있어서는 대중문화의 천박성, 사물에 대한 주의력의 감퇴, '3분 문화'(three-minute culture) 등의 문화적 관행에만 초점이 모아지게 된다. 그러나 새로운 통신 기술의 발달은 그 '편재의 가정'(assumption of ubiquity)과 함께 새로운 요구와 의무감을 만들어낸다는 사실도 중요하다. 예를 들면 직장에서나 사회적 예절면에서 사람들은 새로운 기술(컴퓨터 조작 등)을 잘 활용해야 하고 통신면에서 언제나 접근 가능하도록 스스로를 만들어야 한다는 의무감도 갖게 만든다. 오프라인(off-line)이나 오프메시지(off-message), 통신두절(incommunicado) 등에 놓이는 것은 게으름이나 무책임의 징표가 될 수 있다.

즉시성의 감각은 탈영토화의 사회학적 이론 구성에서 핵심적인 위치를 차지하게 될 것을 전망해볼 수 있다. 즉시성은 예를 들면 한편으로는 인내라든가 자제심과 같은 전래(傳來)의 문화적 가치는 희석시킬지 몰라도 또 한편으로는 한정된 물리적 장소를 뛰어넘어 사람들의 신뢰관계를 구축한다든가 도덕적 의무감을 만들어내는 능력과 같은 새로운 가치를 형성해낼 수가 있다. 그리고 이러한 매개된 경험(mediated experience)의 일상생활에의 침투는 그것이 적절히 조정될 경우 일상화되어 세계적인 가버넌스면에서 긍정적인 효과를 기대해볼 수도 있다.[290]

---

290 *Ibid.,* pp.156-158.

③ 근대(modernity)와 코스모폴리턴이즘(cosmopolitanism)

근대는 자본주의, 산업주의, 도시주의, 민족국가체제, 군사-과학 체계와 같은 다양한 사회제도를 만들어내는 결정적 요인으로만 파악될 수 있을 뿐만 아니라, 인간의 문화적 실천을 제도화하고 규제하는 특징적인 경향으로도 이해 필수이다. 따라서 근대가 만들어내는 문화적 정체성은 젠더, 성, 계급, 종교, 인종, 민족 등 다양한 측면으로 제도화된다고 볼 수 있다. 그리고 이러한 근대의 특성으로 말미암아 근대적 인본주의라든가 코스모폴리턴이즘과 같은 극히 일반화된 보편주의도 세계화와 더불어 제도화되고 규제되는 방향으로 나갈 것은 어쩌면 당연한 추세이기도 하다.

그러나 인본주의나 코스모폴리턴이즘이 제도화되는 과정은 일방적인 것이 아니라 언제나 국지적인 여건에 따라 극히 신축적인 성격을 띨 수 있다. 예를 들면 1996년 Chiaps의 정글 속에서 기세를 올렸던 Zapatista 반군의 담론적(談論的) 전략을 살펴보면 이들이 멕시코 정부의 지방경제에 대한 비참한 정책적 실패에 대해서만 저항하는 것이 아니라 그들의 저항이 인본성(人本性, humanity)에 입각하고 있다는 사실이 역설되고 있음이 지적된다. 즉 보편적 가치의 전파와 침투는 국지적인 상황과 여건에 따라 신축성 있게 변할 수 있다는 것이다. 따라서 세계적 가버넌스의 전기가 된 코스모폴리턴이즘도 그 보편성이 제도화되어나갈 수는 있지만 언제나 국지적인 여건과 수용에 따르는 가변성이 전제되어야 한다. 세계화와 더불어 불가피해진 '문화의 상품화' 과정에도 같은 논리가 적용된다. 팽창하는 세계적 자본주의시장이 세계적인 동질화된 소비문화를 만드는 추세에 대한 나름대로의 불안감 증폭은 예상된 일이다. 그러나 이러한 추세에 대해서는 규제와 견제의 힘에 따라 언제나 완화와 제동이 가능하다는 생각이 필요하다. 국지적인 비판과 저항도 가능하지만 이슬람과 같은 자본주의에 반대하는 전통적인 종교의 부상은 '9.11 사태'에서 볼 수 있듯이 하나의 강력한 저항의 조직이 될 수도 있다. 결론적으로 문화에 대한 민속지(民俗誌, ethnography)적인 파악은 세계화에 수반되는 갈등과 정치적 폭력에 대한 근원과 치유를 둘러싼 문제에 있어서 귀중한 통찰의 계기를 마련할 수 있다. 언제나 불변하고도 다루기 힘든 경향으로만 문화를 연구하기보다는 문화가 경제 및 정치적 이익과 불이익에 어떻게 관련되는가를 일상생활면에서 면밀히 접근해보는 방법이 적극 권장되어야 한다는 결론이다.[291]

6. 세계화의 정책적 논의

세계화에 관한 개념적 정의, 이론적 구성, 변환의 양태와 특성(경제, 문화, 정치 등)에 관한 검토는 최종적으로 세계화에 대한 정책적 선택과 관련되는 논의로 귀결되기 마련이다. 즉 세계화는 과연 인류의 장래를 위하여 바람직한 것인가, 그리고 그 진행에서 생기는 여러 가지 문제점은 무엇이고 이를 해결하기 위해서는 무엇을 해야 하는가의 규범적인 검토가 제기될 수 있으며 또한 어떠한 정책적 선택과 대안들이 가능한가의 논의가 불가피하게 된다. 이러한 규범적, 정책적 논의들을 몇 갈래로 정리해볼 수 있다.

(1) 신자유주의(Neoliberalism)

신자유주의는 고전적 자유주의(J. Locke, A. Smith 등)의 자유방임

291 *Ibid.*, pp.160-165.

(laissez-faire) 정책을 전승하고 있으며 억제되지 않은 시장의 힘이 인류의 번영, 자유, 민주주의, 평화를 가져올 수 있다는 입장이다. 주로 F. Hayek, M. Friedman 등을 필두로 근래의 신자유주의자들은 경제적 세계화는 '자유시장'(free markets)의 입장에서 접근하여야 하며 자유화, 탈규제, 민영화, 재정적 자제(fiscal constraint) 등의 정책을 통하여 시장에 대한 정부의 개입은 대대적으로 배제되어야 한다고 주장 한다(S. Gill, 1995; C. Gore, 2000; A. Gamble, 2001; E. Hovden and E. Keene, 2000; R. Went, 2000 등). 그리고 이러한 일련의 정책들은 미국정부와 1980년대의 워싱턴 일대의 세계경제연구기관들의 의견을 대표한다는 의미에서 '워싱턴 컨센서스'(the Washington Consensus)로 불리기도 한다. 대체로 세계 대부분의 정부들이 세계화에 관한 신자유주의적 성향을 택하고 있으며 IMF, WTO, OECD 등의 세계적인 제도들을 비롯하여 대부분의 UN 기구들이 점차적으로 이 정책적 진영에 합류하고 있다. 국제고용자기구(IOE), 세계경제포럼(WEF) 등의 경제 및 금융계의 대표적 조직, 그리고 Wall Street Journal, The Economist 등의 대중매체들, 워싱턴 소재 국제경제연구소(Institute for International Economics)와 같은 많은 연구기관들이 신자유주의 정책의 형성과 보급에 앞장선다.[292]

1990년대 중반부터 신자유주의는 정책면에서 자유화, 탈규제, 민영화 등과 관련하여 다소 완화된 입장으로 바뀐다. 부패문제를 비롯하여 투명성, 금융 규약과 기준, 제도의 형성, 감당키 어려운 채무 부담, 자본 통제 배제의 타이밍과 순서, 사회적 안전망(social safety nets), 빈곤 감소, 회사 시민권, 시민사회와의 협의 등과 관련되는 정책적 과제에도 관심을 돌린다 (S. J. Burki and G. Perry, 1998; J. Stiglitz, 1998; D. Coyle, 2000; CFGS, 2001; D. Rodrik,

---

[292] J. A. Scholte, Globalization : A Critical Introduction, *op. cit.*, pp.38-40.

2001. World Bank, 2001, 2002). 비록 신자유주의 정책들은 세계경제의 효율성은 증대시켰지만 그 득은 전체의 번영증대에는 못 미치는 것이었고 자유 시장은 기득권층에게 보다 많은 혜택을 주고 불리한 계층에게는 주변화를 증대시켰다고 비판받는다. 제약받지 않은 세계시장은 문화적 파괴, 생태적 교란, 인권 남용과 같은 많은 부작용을 만들었다고 공격받는다. 그리고 신자유주의는 다음과 같은 몇 가지 개념적 결함을 지적받는다. 첫째로 신자유주의적 담론은 세계화의 표면상의 추세, 주로 기술적 혁신과 관련되는 부분의 논의에 치중하다보니 보다 심층적인 문제에는 접근하지 못한다. 예를 들면 과잉축적과 착취라는 자본주의의 근본적인 문제를 외면하는 정책적 논의로 말미암아 빈곤퇴치, 원만한 근로조건, 환경 보호, 문화적 자율성과 같은 문제의 해결은 기대하기 힘들다는 것이다. 둘째로 신자유주의적 정책은 구조적 불평등의 문제를 경시하거나 외면하는 경향이 있다. 그러나 계급, 나라, 신앙, 젠더, 인종 등을 둘러싼 임의적이고 부당한 계층구조가 완화되지 않는 한 세계화는 인류의 전면적인 생활향상과 복지증진에는 한계를 드러낼 수밖에 없다는 것이다. 셋째로 신자유주의는 물질주의적 성향이 문제가 된다. 경제지상주의는 정체성, 결속, 신념, 정신력, 심미적인 것 등의 중요성을 외면하고 있으며 인간적 안전, 평등, 민주주의와 같은 관념적인 측면을 경시하게 된다. 그리고 이러한 개념적 결함으로 인하여 신자유주의는 기득권자, 권력 있는 자들의 이데올로기가 되고 있다는 비판이 일고 있으며, 이를 극복하기 위해서는 신자유주의의 정책들은 새로운 발상과 전환이 절실하다는 주장으로 이어진다.[293]

---

[293] *Ibid.,* pp.39-40, pp.387-388.

(2) 세계화 반대론

자유방임을 내용으로 하는 신자유주의 세계화는 불안전하고, 부당하고, 비민주적이며 지속되어서는 안 될 매우 해로운 결과를 가져오기 때문에 세계화는 반대하여야 한다는 입장이다. 정책적으로는 민족국가나 국지적인 영역으로 돌아가는 것만이 좋은 사회를 만드는 길이라고 주장한다. 즉 세계화에서 벗어나는 '탈세계화'만이 생태적 보존, 경제적 복지, 문화적 안전, 자결권, 평화 등을 이루어낼 수 있다고 믿는다(J. Mander and E. Goldsmith, 1996; K. Hewison, 1999; C. Hines, 2000; J. Bello, 2004). 세계화 반대론은 몇 갈래의 두드러지는 형태로 구분될 수 있는데 첫째로는 경제적 민족주의자들로서 세계적인 경제활동으로부터 탈퇴하여 국가의 민족자결을 확립하여야 한다는 입장인데 심지어 구소련의 공산당 지배의 사회주의가 바람직하다는 견해도 있다(C. Raghavan, et. al., 1996). 둘째로는 이슬람이나 불교와 같은 종교를 근거로 나타나는 종교적 부활주의가 있는데 자기들의 신앙에 관한 근원적인 믿음과 실행으로 돌아가서 국지적인 해법을 제시한다(다소 완화된 형태로서는 C. Muzaffar, 1993; S. Sulak, 1999). 셋째로는 '심층 녹색 생태주의자'(deep green ecologists)들로서 자족적인 지역 공동체를 건설함으로써 자연과의 조화, 그리고 전 근대적인 자연 숭상을 복원하려는 입장이다(H. Norberg-Hodge, 1999; M. H. Shuman, 2000).

그러나 세계화 반대론도 그릇된 생각에 사로 잡혀 있다. 첫째로 세계화되지 않은 과거를 낭만화시키고 있다. 세계화 이전의 영토중심 시대에도 빈곤이나 임의적인 사회계층, 권위적 통치, 전쟁, 생태계 훼손 등이 있었고, 또한 국지적인 것을 강조한다 하더라도 모든 것이 잘 된다는 보장이 없다. 둘째로 만약 세계화로 인한 초세계적 연결(transworld links)이 절단되게 되면 지금까지의 많은 혜택들이 사라지게 된다는 사실을 망각하고 있다. 초지구적 연결(transplanetary connectivity)은 물질적인 복지면에서 많은 긍정적인 발전을 가져왔고 또한 문화면이나 생태계 보전면에서도 나름대로 기여를 한 것이 사실이기 때문이다. 셋째로 현재 진행되고 있는 초지구적 연결은 불가항력적인 시대적 추세라는 점이다. 이미 후기산업체제로 정보화된 세계적 자본주의를 바꿔치기하는 것은 현대의 정치경제학에서는 불가능한 일이기 때문이다. 신자유주의 세계화가 여러 가지 결함이 있는 것은 사실이지만 그렇다고 해서 '탈세계화'를 주장하는 것은 매우 어리석은 반발이 될 수 있다. 자칫 잘못하면 내부지향적인 배타주의나 민족주의, 인종주의, 종교적 원리주의와 같은 부정주의(negativism)로 흐를 가능성도 있다.[294]

(3) **개혁주의**(Reformism)

개혁주의는 세계화를 무조건 반대하는 것도 아니고 신자유주의에 대해서도 여러 가지 결함을 인정하지만 세계화되는 자본주의를 올바른 방향으로 길들이면서 과감한 개혁을 추진해야 한다는 입장이다. 자본주의하에서 발생하는 고통을 덜고 경제적 능률과 안정, 균등한 분배, 생태계 보전, 폭력의 제어와 민주주의 등을 확보하기 위해서는 케인즈 경제와 복지국가를 내용으로 하는 사회민주주의가 바람직하다고 주장한다. 개혁주의가 지향하는 민주적인 공공정책으로는 우선 세계화에 따른 안전의 확보를 위해서 철저한 환경보호규제, 노동기준의 준수, 공공위생 서비스, 효과적인 군비 통제 등을 제창한다. 불평등문제를 해결하기 위해서는 재분배 과세, 극빈국의 부채 탕감, 여성문맹률 개선 등을 내세우고 있으며, 민주주의의 신장을 위해서는 공공정책 결정의 투명성과 시민사

[294] *Ibid.*, p.40, pp.388-389.

회의 정책적 참여 등을 역설한다. 특히 세계적 자본주의를 길들이기 위한 일은 '국가'를 통해서 이루어져야 하며 새로운 세계화된 현실에 대응하기 위해서는 나라마다 사회민주주의의 필요성을 주장하기도 한다(R. Boyer and D. Drache, 1996; H. P. Martin and H. Schumann, 1996; A. Giddens, 1998; P. Hirst and G. Thompson, 1999; D. Held, 2004). 그리고 세계적인 자본주의를 길들이기 위해서는 민족국가의 수준이 아니라 세계적인 규제를 가능케 하는 세계적 가버넌스의 필요성을 강조하게 되는데, 국제적인 독점의 규제, 노동기준의 강화, 환경보전, 금융통제, 세계적인 재분배 과세 등을 다룰 수 있는 국제적 레짐 형성을 제안하기도 한다(I. Carlsson et. al., 1995; B. Deacon, 1997; W. H. Reinicke, 1998; V. Cable, 1999; R. A. Falk, 1999; I. Kaul et. al., 1999, 2003; U. Brand, 2000; Nayyar, 2002, Deacon, et. al., 2003; J. Nederveen Pieterse, 2000; D. Held and M. Koenig-Archibugi, 2003).[295]

개혁주의에 있어서도 과감한 성향을 띠는 사회민주주의자들의 경우, 시장주도 세계화보다는 공공 정책 관리를 주창하면서 소득재분배와 소외계급들에 대한 자원과 서비스의 제공을 적극 추진하고자 한다. 그러나 이들은 구조적 불평등에 대한 대응에 있어서는 언제나 미흡하며 모든 문제를 자본주의 안에서 최선의 해법을 찾으려고 하는데 자본주의 생산양식은 불평등으로 가는 내재적인 논리를 지니는 한계점이 있음을 충분히 깨닫지 못한다. 그리고 개혁은 엘리트주의로 변하기 쉽고 지나치게 온건한 방향이 될 수도 있다. 특히 사회민주주의 정책은 물질주의로 흐를 수도 있는데 인간적 안전에 대한 관념적인 측면, 사회적 불평등의 문화적 · 심리적 측면, 민주주의에 있어서 정체성 정치와 지식권력의 중요성 등에 관한 충분한 배려가 없다는 점이 지적된다. Scholte는 이러한 여

[295] *Ibid.,* pp.42-43, pp.389-390.

러 가지 미흡한 점만 보완된다면 개혁주의가 보다 긍정적인 세계화의 미래를 열어갈 잠재력을 가지는 것으로 보고 있다.[296]

(4) **변환주의**(transformism)

변환주의는 개혁주의를 넘어서는 보다 근본적인 사회변화를 주창한다. 개혁주의가 자본주의나 합리주의와 같은 현대사회의 기본적인 운영원칙만은 받아들이면서 새로운 법과 제도를 만들어나가자는 것인데 반하여, 변환주의는 현존하는 기본 틀을 뜯어 고치기는 불가능하기 때문에 오히려 세계화를 이용하여 전혀 다른 새로운 사회를 만들 것을 제안하고 나선다.

새로운 세대의 무정부주의자들이나 사회주의자들은 현재의 세계화를 계기로 자본주의와 그에서 비롯되는 폭력에 저항하고 초월할 수 있는 새로운 길을 모색한다(B. Gills, 1997; M. Rupert, 2000; E. Bircham and J. Charlton, 2001; B. Epstein, 2001; R. Broad, 2002; D. Graeber, 2002; K. Danaher and J. Marks, 2003; P. Kingsnorth, 2003; R. Sanbrook, 2003; T. Mertes, 2004; C. Eshle and B. Maiguashca, 2005; A. Starr, 2005). 이들 중 과격파는 프롤레타리아 혁명을 통한 전통적인 사회주의 전략이 진부하다고 보고 농민, 원주민, 성적 소수집단, 여성, 노동자 계급 등의 다양한 피압박 인민들에 의한 새로운 세계적 사회운동을 주창하고 있어 주목을 받는다. 일부 포스트모더니스트들도 전적으로 상이한 세계적 정체성 정치와 함께 매우 과격한 새로운 세계적인 지식형태의 필요성을 역설한다(O'Tuathail, 1996; M. J. Shapiro and H. R. Alker, 1996). 심지어 일부 신학자들은 세계화의 확산을 탈합리주의 정신적 혁명의 맥락으로 삼고 있다(H. Kung, 1990; I. Rifkin, 2003). 이들 변환주의자들에 의한

---

296 *Ibid.,* pp.392-393.

세계화 운동은 서부 멕시코의 자파티스타(Zapatistas)와 같은 농민 저항운동도 있고 세계적인 사회주의자들의 경우 전통적인 노동조합 운동을 벗어나는 새로운 노동자 운동을 제창한다. 학생과 젊은이들에 의한 운동은 영국의 '가두 회수운동'(Reclaim the Streets), 캐나다의 '몬트리올 반자본주의 수렴'(Montreal Anti-Capitalist Convergence), 이탈리아의 '야 바스타'(Ya Basta), 미국의 '직접 행동 네트워크'(Direct Action Network) 등이 있다.[297]

비록 열광적인 변환주의들이 새로운 사회건설의 가능성을 과신하는 경향은 있지만 그래도 그들의 비판적 안목은 참고될 만한 것이 있다. 사회주의자들이 후기자본주의적 연대(post-capitalist solidarity)와 관련하여 제시하는 근로와 소비의 모형들은 참고할 만한 가치가 있다. 무정부주의자들의 비관료적 가버넌스(non-bureaucratic governance)의 제안도 세계화의 전향적인 통치를 위하여 주목을 받을 수 있으며, 초지구적 문제들을 다루기 위한 분권화된, 소규모의, 비계층적, 비전문화된 정책결정 기구의 구상은 모든 사람들의 참여와 토의를 증진시킬 수 있는 가능성을 열고 있다. 포스트모더니즘은 공동체주의와는 달리 '우리와 그들'이라는 이분법적 반대를 거부하고 또한 '배타의 정치'(politics of exclusion)도 부정함으로써 그 대신 자아에 대한 복합적이고 혼성적인 정체성의 존재를 받아들이고 있으며 서로 다원적으로 교차하는 집단적 소속을 인정하는 장점을 가지고 있다. 그것은 또한 어떤 하나의 존재양식의 보편성에 집착하는 전통적인 코스모폴리턴이즘과는 달리 '차이'(difference)의 존중과 상승적인 간문화적 상호작용에서 세계적인 연대감의 형성을 추구하는 새로운 면도 있다. 정체성을 둘러싼 지금까지의 인공적인 분할과 대결상태를 타파하고 계층구조와 불평등을 분해해버릴 수도 있으며 포스트모더니즘이 추구하는

[297] *Ibid.*, pp.44-45.

지식은 보다 개방적이고 다원적인 반사적 합리성(reflexive rationality)을 지칭한다는 사실도 중요한 의미를 지닌다. 그러나 변환주의가 가질 수 있는 이러한 긍정적인 잠재성은 지나치게 일반적이고 실행 가능성면에서 한계가 있다는 점이 지적된다. 예를 들면 사회주의자들의 경우 탈자본주의 생산 양식에 관한 구체적인 윤곽의 제시가 없으며, 무정부자들이나 포스트모더니스트들의 경우는 탈관료주의적 가버넌스나 후기합리주의적 지식의 내용에 대한 정확한 설명이 부재하다. 비판은 현재 진행 중인 세계화의 한계를 밝혀내는 데는 도움이 된다. 그러나 항의와 저항에 있어서는 바람직한 세계화를 실현하기 위한 구체적인 제안이 함께 해야 할 것이다. Scholte에 의하면 앞으로의 세계화를 위한 긍정적인 정책적 방향은 개혁주의를 그 기본으로 하되 변환주의에서 제기되는 조심스럽고도 꾸준한 변환 가능성의 탐구가 결합되는 것이 바람직하다는 결론이다.[298]

---

298 *Ibid.,* pp.393-395.

참고문헌

Abrams, Philip, *Historical Sociology* (Ithaca, New York : Cornell Univ. Press, 1982).
Adkins, Lisa, 'Feminist Social Theory,' in Austin Harrington, *Modern Social Theory* (Oxford : Oxford Univ. Press, 2005).
Adorno, T. and M. Horkheimer, *Dialectic of Enlightenment* (New York : Herder & Herder, 1972).
Alcoff, Linda, 'Cultural Feminism Versus Post-Structuralism : The Identity Crisis in Feminist Theory,' in Wendy Kolmar & Frances Bartkowski (eds.), *Feminist Theory : A Reader* [Mountain View, California : Mayfield Publishing Co., 2000(1988)].
Alexander, Jeffrey C. and Paul Colomy (eds.), *Differentiation Theory and Social Change : Comparative and Historical Perspective* (New York : Columbia Univ. Press, 1990).
Alexander, Jeffrey C. and Philip Smith, 'The Discourse of American Civil Society : A New Proposal for Cultural Studies,' in Lyn Spillman (ed), *Cultural Sociology* (Malden, MA.: Blackwell, 2002).
Almond, Gabriel A. and Sidney Verba, *The Civic Culture : Political Attitudes and Democracy in Five Nations* (Princeton : Princeton Univ. Press, 1963).
Althusser, Louis, *For Marx* (London : Allen Lane, 1969).
Althusser, Louis, *Lenin and Philosophy and Other Essays* (New York & London : Monthly Review Press, 1971).
Alvarez, Walter, *T. Rex and the Crater of Doom* (New York : Vintage Books, 1997).
Anderson, Benedict, *Imagined Communities* (London : Verso, 1991).
Anderson, P., *Lineages of the Absolutist State* (London: New Left Books, 1974).
Anderson, P., *Passages from Antiquity to Feudalism* (London : New Left Books, 1974).
Anderson, T. and D. Leal, *Free Market Environmentalism* (San Francisco : Pacific Research Institute for Public Policy, 1991).
Appadurai, Arjun, 'Disjuncture and Difference in the Global Cultural Economy,' in *Modernity at Large : Cultural Dimensions of Globalization* (University of Minnesota Press, 1996).
Archer, M., *Culture and Agency: The Place of Culture in Social Theory* (Cambridge : Cambridge Univ. Press, 1988).
Archer, M., *Realist Social Theory : The Morphogenetic Approach* (Cambridge : Cambridge Univ. Press, 1995).
Archer, Margaret, "Human Agency and Social Structure : A Critique of Giddens," in Jon Clark, C. Modgil & S. Modgil (eds.), *Anthoy Giddens : Consensus and Contro-versy* (London : The Falmer Press, 1990).
Arrighi, Giovani, *The Long Twentieth Century* (London : Verso, 1994).
Ashenden, Samantha, 'Structuralism and Post-structuralism,' in Austin Harrington (ed.), *Modern Social Theory* (Oxford : Oxford Univ. Press, 2005).
Axelrod, Robert, *The Evolution of Cooperation* (New York : Basic Books, 1984).
Bache, Ian and Metthew Flinders, 'Multi-level Governance and British Politics,' in Ian Bache and Matthew Flinders (eds.) *Multi-level Governance* (Oxford : Oxford Univ. Press, 2004).
Baert, Patrick, *Philosophy of the Social Sciences* (Cambridge : Polity Press, 2005).
Bahro, R., *Building the Green Movement* (London : GMP, 1986).
Baker, Keith Michael, *Inventing the French Revolution* (Cambridge : Cambridge Univ. Press, 1990).

Barber, B. R., *Jihad vs. McWorld* (New York : Ballantine, 1996).
Barker, Chris, *Cultural Studies : Theory and Practice,* Second Ed. (London : Sage Publications, 2005).
Barness, Barry and David Bloor, 'Relativism, Rationalism and the Sociology of Knowledge,' in Martin Hollis and Steven Lukes (eds.), *Rationality and Relativism* (Cambridge, Mass. : The MIT Press, 1982).
Barrett, Michele, 'Post-feminism,' in Gary Browning, Abigali Halcli, Frank Webster (eds.), *Understanding Contemporary Society : Theories of the Present* (London : Sage Publications, 2000).
Bar-Tal, D., 'Societal beliefs in times of intractable conflict : The Israeli case,' *International Journal of Conflict Management,* 9 (1998).
Barthes, R., 'The Death of the Author,' in *Image, Music, Text,* repr. (London : Fontana, 1977).
Barthes, Roland, *Mythologies,* trans. Annette Lavers (New York : Hill and Wang, 1957).
Baudrillard, Jean, 'Symbolic Exchange and Death,' in Mark Poster (ed.), *Jean Baudrillard : Selected Writings* (Stanford, Calif.: Stanford Univ. Press, 1988).
Baudrillard, Jean, *Cool Memories* (London : Verso Books, 1987).
Baudrillard, Jean, *In the Shadow of the Silent Majorities,* trans. by Paul Foss, Paul Patton and John Johnstone (New York : Semiotexte, 1983).
Baudrillard, Jean, *Simulations* (New York: Seiotexte, 1981).
Baudrillard, Jean, *The Mirror of Production* (St. Louis : Telos Press, 1973).
Bauman, Zigmunt, 'Liquid Society,' in Nicholas Gane, *The Future of Social Theory* (London : Continuum, 2004).
Bauman, Zigmunt, *Intimations of Postmodernity* (London : Routledge, 1992).
Bauman, Zigmunt, *Liquid Modernity* (Cambridge : Polity, 2000).
Bauman, Zigmunt, *Modernity and Ambivalence* (Cambridge : Polity, 1991).
Bauman, Zigmunt, *Modernity and the Holocaust* (Cambridge : Polity, 1989).
Bauman, Zigmunt, *Postmodernity and its Discontent* (New York : New York Univ. Press, 1997), ch. 6.
Bauman, Zigmunt, *The Individualized Society* (Cambridge : Polity, 2000).
Baynes, Kenneth, James Bohman, and Thomas MaCarthy (eds.), *After Philosophy : End or Transformation?* (Cambridge, Mass. : The MIT Press, 1987).
Beaulieu, Alain, 'The Hybrid Character of "Control" in the Work of Michel Foucault,' in Alain Beulieu and David Cabbard (eds.), *Michel Foucault and Power Today : International Multidisciplinary Studies in the Hitory of the Present* (Lanham : Lexinton Books, 2006).
Beauvoir, Simone de, *The Second Sex,* repr. (London : Penguin, 1983), originally in French (1949).
Beck, Ulrich, 'The Consmopolitan Society and Its Enemies,' in M. Featherstone, H. Patomaki, J. Tomlinson and C. Venn (eds.), *Theory, Culture and Society : Special Issue on Cosmopolis,* 19(1-2), (Feb.-April, 2002).
Beck, Ulrich, Anthony Giddens, and Scott Lash, *Reflexive Modernization : Politics, Tradition and Aesthetics in the Modern Social Order* (Stanford, CA : Stanford Univ. Press, 1994).
Beck, Ulrich, *Risk Society : Towards a New Modernity* (London : Sage, 1992).
Beck, Ulrich, *What is Globalization ?* (Cambridge, UK : Polity Press, 2000).
Bellah, Robert N., Richard Madsen, William M. Sullivan, Ann Swidler and Steven M. Tipton, 'Habits of the Heart : Individualism and Commitment in American Life,' in Steven Seidman and Jeffrrey C. Alexander (eds.), *The New Social Theory Reader* (London and New York : Routledge, 2003).
Benhabib, S., 'Toward a deliberative model of democratic legitimacy,' in S.

Benhabib (ed), *Democracy and Difference : Contesting the Boundaries of the Political* (Princeton : Princeton Univ. Press, 1996).

Bennett, Tony, *Culture : A Reformer's Science* (London : Sage Publications, 1998).

Benton, Ted and Ian Craib, *Philosophy of Social Science : the Philosophical Foundations of Social Thought* (New York: Palgrave, 2001).

Benton, Ted, *Natural Relations : Ecology, Animal Rights and Social Justice* (London : Verso, 1993).

Berger, Thomas U., 'Norms, Identity and National Security in Germany and Japan,' in Peter Katzenstein (ed.), *The Culture of National Security* (New York : Columbia Univ. Press, 1996).

Bernstein, R. J., *The New Constellation : The Ethical-Political Horizons of Modernity/Postmodernity* (Cambridge : Polity).

Bernstein, Steven, Richard Ned Lebow, Janice Gross Stein, Steven Weber, *Theory and Evidence in Comparative Politics and International Relations* (New York : Palgrave Macmillan, 2007).

Best, Shaun, *Social Theory* (London : Sage Publications, 2005).

Bhaskar, Roy, *A Realist Theory of Science* (London : Verso, 1975, 1997).

Bhaskar, Roy, *The Possibility of Naturalism* (Hemel Hempstead : Harvester Wheatsheaf, 1979, 1998).

Birt, R., 'Personality and foreign policy : The case of Stalin,' *Political Psychology,* 15 (1993).

Bookchin, M., *Toward an Ecological Society* (Montreal : Black Rose Books, 1980).

Bourdieu, P. and L. J. D. Wacquant (eds.) *An Invitation to Reflexive Sociology* (Chicago : Univ. of Chicago Press, 1992).

Bourdieu, P., "The Forms of Capital," in J. G. Richardson (ed.), *Handbook of Theory and Research in the Sociology in Education* (New York : Greenwood, 1986).

Bourdieu, P., *Distinction : A Social Critique of the Judgement of Taste* (London : Routledge and Kegan Paul, 1984).

Bourdieu, P., *In Other Words: Essays Toward a Reflexive Sociology* (Cambridge : Polity Press, 1990).

Bourdieu, P., *Outline of A Theory of Practice* (Cambridge, UK : Cambridge Univ. Press, 1977)

Bourdieu, Pierre, *The Logic of Practice* (Stanford, CA : Stanford Univ. Press, 1990).

Boyne, Roy and Ali Rattansi, 'The Theory and Politics of Postmodernism : By way of an Introduction,' in Roy Boyne and Ali Rattansi (eds.), *Postmodernism and Society* (London : Macmillan Education Ltd., 1990).

Braithwaite, V., 'Harmony and security value orientation in political evaluation,' *Personality and Social Psychology Bulletin,* 23(1997).

Braudel, F., *The Mediterranean and the Mediterranean World in the Age of Philip II,* (2 Vols.), (London : Fontana, 1973).

Brecht, S. L., D. L. Thomas, B. A. Chadwick, *Social Psychology* (Englewood Cliffs, N. J.: Prentice- Hall, Inc., 1980).

Burch, K., *'Property' and the Making of the International System* (Boulder : Lynne Rienner, 1988).

Cain, Bruce E., Russell J. Dalton, and Susan E. Scarrow, *Democracy Transformed ? : Expanding Political Opportunities in Advanced Industrial Democracies* (Oxford : Oxford Univ. Press, 2003).

Calhoun, Craig et. al., *Contemporary Sociological Theory* (Malden MA: Blackwell Publishing, 2002).

Callinicos, Alex, 'Globalization, Imperialism and the Capitalist World System,' in David Held & Anthony McGrew (eds.), *Globalization Theory : Approaches and Controversies* (Cambridge : Polity, 2007).

Caney, S., 'International distributive justice,' *Political Studies*, 49 (2001).
Capra, Fritjof, *The Web of Life : A New Scientific Understanding of Living Systems* (New York : Anchor Books, 1996).
Carothers, Thomas, 'The End of the Transition Paradigm,' in Bernard E. Brown (ed.), *Comparative Politics,* Tenth Edition (Belmont, CA : Thomson-Wadsworth, 2006). Reprinted from *Journal of Democracy*, vol, 19, no 1 (January 2002).
Carter, A., 'Towards a Green Political Theory,' in A. Dobson and P. Lucardie (eds), The Politics of Nature : Explanations in Green Political Theory (London: Routledge, 1993).
Castoriadis, Cornelius, *The Imaginary Institution of Society* (Cambridge : Polity Press, 1987).
Certeau, Michel de [1975], *The Writing of History* (New York : Columbia Univ. Press, 1988).
Chakrabarty, Dipesh, *Provincializing Europe : Postcolonial Thought and Historical Difference* (Princeton, N J : Princeton Univ. Press, 2000).
Chasek, Pamela S., David L. Downie, Janet Welsh Brown, *Global Environmental Politics, Fourth Ed.* (Boulder, Col.: Westview Press, 2006).
Clifford, J. & G. E. Marcus (eds), *Writing Culture : The Poetics and Politics of Ethnography* (Berkeley : Univ. of California Press, 1986).
Cohen, G. A., *History, Labour, and Freedom* (Oxford : Oxford Univ. Press, 1988).
Cohen, Jean, 'Strategy or Identity : New Theoretical Paradigms and Contemporary Social Movements,' *Social Research* 52 (1985).
Cohen, Raymond, *Negotiating across Cultures : Communication Obstacles in International Diplomacy* (Washington, D. C.: USIP Press, 1991).
Collier, Andrew, 'Critical Realism,' in George Steinmetz (ed.), *The Politics of Method in the Human Sciences : Positivism and its Epistemological Others* (Durham/London : Duke Univ. Press, 2005).
Collier, Andrew, *Critical Realism* (London : Verso, 1994), Chapter 6.
Collins, Randall, *The Sociology of Philosophies : A Global Theory of Intellectual Change* (Cambridge, MA : Harvard Univ. Press, 1998).
Conca, Ken & Geoffrey D. Dabelko (eds.), *Great Planet Blues : Environmental Politics from Stockhlom to Johannesburg, Third Ed.* (Boulder, Colorado : Westview Press, 2004).
Conover, P. J. & Feldman, S, 'The Origin and Meaning of Liberal/Conservative Self-Identification,' in *American Journal of Political Science,* 25(1981).
Cottam, Martha, Beth Dietz-Uhler, Elena M. Mastors, Thomas Preston, *Introduction to Political Psychology* (Mahwah, N.J. : Lawrence Erlbaum Associates, Publishers, 2004).
Cox, Robert W. and Timothy Sinclair, *Approaches to World Order* (Cambridge : Cambridge Univ. Press, 1996).
Crenshaw, Martha, 'The Psychology of Political Terrorism,' in John T. Jost & Jim Sidanius (Eds.), *Political Psychology* (New York : Psychology Press, 2004).
Crenshaw, Martha, 'The Psychology of Terrorism : An Agenda for the 21st Century,' *Political Psychology, 21(2000).*
Crozier, Michael, Samuel P. Huntington, and Joli Watanuki, *The Crisis of Democracy* (New York : New York Univ. Press, 1975).
Culler, Jonathan, *On Deconstruction : Theory and Criticism after Structuralism* (Ithaca, N. Y. : Cornell Univ. Press, 1982).
Dahl, Robert, *On Democracy* (New Haven : Yale Univ. Press, 1988).
Dalton, Russel J., *Democratic Challenges, Democratic Choices : The Erosion of Political Support in Advanced Industrial Democracies* (Oxford : Oxford Univ. Press, 2004).

Davis, J., 'Toward a Theory of Revolution,' *American Sociological Review,* 27(1962), Ted Gurr, *Why Men Revel* (Princeton, N. J. : Princeton Univ. Press, 1970).
Dawkins, Richard, *The Selfish Gene* (Oxford : Oxford Univ. Press, 197).
Dean, Mitchel, 'Prologue for a Genealogy of War and Peace : Genealogical Approaches,' in G. Delanty and E. Isin (eds.), *Handbook of Historical Sociology* (London : Sage Publications, 2003).
Dean, Mitchell, *Critical and Effective Histories : Foucault's Methods and Historical Sociology* (London : Routledge, 1994).
Delanty, Gerard and Engin F. Isin, "Introduction : Reorienting Historical Sociology," in Gerard Delanty and Engin F. Isin (ed.), *Handbook of Historical Sociology* (London : Sage Publications, 2003).
Delanty, Gerard, *Social Science,* Second Ed.,(New York : Open Univ. Press, 2005).
Deleuze, Gilles & Felix Guattari, *Anti-Oedipus : Capitalism and Schizophrenia* (New York : Viking, 1977).
Denemark, Berth, Mats Ekstrom, Liselotte Jakobsen and Jan Ch. Karlsson, *Explaining Society : Critical Realism in the Social Sciences* (London and New York : Routledge, 2002).
Dennett, Daniel C., *Darwin's Dangerous Idea : Evolution and the Meanings of Life* (New York : Simon & Schuster Paperbacks, 1995).
Derrida, Jacque, *Of Grammatology* (Baltimore & London: Johns Hopkins Univ. Press, 1976).
Derrida, Jacques, *Speech and Phenomena and Other Essays on Husserl's Theory of Signs,* translated by David B, Allison (Evanston Ill : Northwestern Univ. Press, 1973).
Derrida, Jacques, *Writing and Differences* (London : Routledge & Kegan Paul, 1978).
Dessler, Andrew E. & Edward A. Parson, *The Science and Politics of Global Climate Change: A Guide to Debate* (Cambridge: Cambridge Univ. Press, 2006).
Devitt, Michael, *Realism and Truth,* Second Ed. (Oxford : Basil Blackwell, 1991).
Dewey, John, *Logic : The Theory of Inquiry* (New York : Henry Holt & Company, 1938).
Dewey, John, *Reconstruction in Philosophy* (New York : Henry Holt & Company, 1920).
Dewey, John, *The Quest for Certainty : A Study of the Relationship between Knowledge and Action* (London : Allen & Unwin, 1930).
Dickens, Peter, *Restructuring Nature : Alienation, Emancipation, and the Division of Labour* (London : Routledge, 1996).
Dobson, Andrew, *Green Political Thought, Fourth Ed.* (New York : Routledge, 2007).
Dollar, David and Aart Kraay, *Foreign Affairs, 81*(Jan./Feb. 2002).
Dreyfus, Hubert L. & Paul Rabinow, *Michel Foucault : Beyond Structuralism and Hermeneutics,* 2nd ed. (Chicago : The Univ. of Chicago Press, 1983).
Dryzek, J., 'Legitimacy and Economy in Deliberative Democracy,' *Political Theory,* 25(5), 2001.
Dryzek, John, *Discursive Democracy : Politics, Policy and Political Science* (Cambridge : Cambridge Univ. Press, 1990).
Dryzek, John, *Rational Ecology* (Oxford : Blackwell, 1987).
Dworkin, Ronald, *Sovereign Virtue : The Theory and Practice of Equality* (Cambridge, Mass. : Harvard Univ. Press, 2000).
Earman, John, *Bayes or Bust ? : A Critical Examination of Bayesian Confirmation Theory* (Cambridge, MA: MIT Press, 1992).
Eckersley, Robyn, *Environmentalism and Political Theory : Toward an Ecocentric Approach* (Albany : State Univ. of New York Press, 1992).
Eckersley, Robyn, The Green State : Rethinking Democracy and Sovereignty

(Cambridge, Mass.: The MIT Press, 2004).
Edelman, M., *Constructing the Political Spectacle* (Chicago : Univ. of Chicago Press, 1988).
Eldredge, N. and S. J. Gould, 'Punctuated Equilibria : An alternative to phyletic graudualism,' in T. J. M. Schopf and J. M. Thomas (eds.), *Models in Paleobiology* (San Francisco : Freeman, Cooper, 1972).
Elias, Norbert, *The Civilizing Process*, Part I, *The History of Manners* (New York : Pantheon, 1978).
Elliott, Anthony, *Psychoanalytic Theory : An Introduction*, Second Ed. (New York : Palgrave, 2002).
Elliott, Anthony, *Social Theory Since Freud : Traversing social imaginaries* (London : Routledge, 2004).
Elliott, Anthony, 'Psychoanalytic Social Theory,' in Austin Harrington, *Modern Social Theory* (Ed.) (Oxford : Oxford Univ. Press, 2005).
Elster, J., 'Introduction,' in Elster (ed.), *Deliberative Democracy* (Cambridge : Cambridge Univ. Press, 1998).
Elster, J., *Making Sense of Marx* (Cambridge : Cambridge Univ. Press, 1985).
Eysenck, Hans & M, Eysenck, *Personality and individual difference : A natural science approach* (New York : Plenum Press, 1985).
Eysenck, Hans, *Fact and Fiction in Psychology* (Baltimore: Penguine Books, 1965).
Farrelly, Colin, 'Introduction,' in Colin Farrelly (ed.), *Contemporary Political Theory : A Reader* (London : Sage Publications, 2004).
Femia, Joseph V., *Gramsci's Political Thought : Hegemony, Consciousness and the Revoutionary Process* (Oxford : Clarendon Press, 1981).
Firestone, Shulamith, *The Dialectic of Sex* (New York : Basic Books, 1972).
Fiske, S. & S. E. Taylor, *Social Cognition* (New York : McGraw-Hill, 1992).
Flathman, Richard E., *Concepts in Social and Political Philosophy* (New York : Macmillan Publishing Co., Inc., 1973).
Fosnot, Catherine Twomey & Randall Stewart Perry, 'Constructivism : A Psychological Theory of Learning,' in C. T. Fosnot (ed.), *Constructivism : Theory, Perspectives, and Practice,* Second Ed. (New York and London : Teachers College, Columbia Univ., 2005).
Foster, John Bellmy and Fred Magdoff, *The Great Financial Crisis: Causes and Consequences* (New York: Monthly Review Press, 2009).
Foucault, M., 'Nietzsche, Geneology, History' in *Language, Counter-Memory, Practice* (Ithaca, NY : Cornell Univ. Press, 1977).
Foucault, M., 'What is an Author ?' in P. Rabinow (ed.), *The Foucault Reader* (London : Pantheon Books, 1984).
Foucault, M., *Power: Essential Works of Foucault, 1954-1984,* vol. 3, ed. J. D. Faubion (New York : The New Press, 2000).
Foucault, Michel, 'Two Lectures,' in *Power/Knowledge : Selected Interviews & Other Writings, 1972-1977* (New York : Pantheon Books, 1980).
Foucault, Michel, *Discipline & Punishment : The Birth of the Prison,* translated by Alan Sheridan (New York : Vintage Books, 1977).
Foucault, Michel, *The Archeology of Knowledge*, translated by A. M. Sheridan Smith (New York : Harper Colophon, 1972).
Foucault, Michel, *The Order of Things* (New York : Random House, 1970).
Foucaut, Michel, *The History of Sexuality, 1: An Introduction,* repr. (London : Allen Lane, 1976).
Freud, S., *Beyond the Pleasure Principle,* repr. (London: Penguin, 2002).
Freud, S., *Civilization and its Discontent,* repr. (London: Penguin, 2002).
Fromm, Erich, *The Sane Society* (London : Routledge, 1956).

Fukuyama, F., *The End of History and the Last Man* (London : Hamish Hamilton, 1992).
Fulbrook, Mary, *Historical Theory* (London : Routledge, 2002).
Gadamer, Hans-Georg, *Truth and Method* (New York : The Seabay Press, 1975).
Geertz, Clifford, *The Interpretation of Cultures* (New York : Basic Books, Inc., 1973).
Gerth, H. H. & C. W. Mills, *From Max Weber : Essays in Sociology* (New York : Oxford Univ. Press, 1958).
Giddens, A., *A Contemporary Critique of Historical Materialism* (London : Macmillan, 1981).
Giddens, Anthony, *Central Problems in Social Theory* (London: The MacMillan Press, Ltd., 1979).
Giddens, Anthony, *The Consequences of Modernity* (Stanford : Stanford Univ. Press, 1990).
Giddens, Anthony, *The Constitution of Society : Outline of the Theory of Society* (Cambridge : Polity Press, 1984).
Giddens, Anthony, *The Politics of Climate Change* (Cambridge: Polity Press, 2008).
Gill, Stephen (ed.), *Gramsci, Historical Materialism, and International Relations* (Cambridge : Cambridge Univ. Press, 1993).
Gilligan, Carol, *In a Different Voice : Psychological Theory and Women's Development* (Cambridge, Mass. : Harvard Univ. Press, 1982).
Gilpin, Robert, 'A Realist Perspective on International Governance,' in David Held & Anthony McGrew (eds.), *Governing Globalization : Power, Authority and Global Governance* (Cambridge : Polity Press, 2002).
Glasersfeld, Ernst von, 'Aspects of Constructivism,' in Catherine Twomey Fosnot (ed.), *Constructivism : Theory, Perspectives, and Practice,* Second Ed. (New York and London : Teachers College, Columbia Univ., 2005).
Glucksman, Miriam, *Structuralist Analysis in Contemporary Social Thought : A Comparison of the Theories of Claude Levi-Strauss and Louis Althusser* (London : Routledge & Kegan Paul, 1994).
Godfrey-Smith, Peter, *Theory and Reality : An Introduction to the Philosophy of Science* (Chicago : The Univ. of Chicago Press, 2003).
Goetze, David, 'Public goods, sharing genes, and the formation of large groups,' *Politics and the Life Sciences,* Vol. 26, No. 2 (July, 2008).
Goldsmith, E., *A Blueprint for Survival* (London : Tom Stacy, 1972).
Goodwin, J., J. Jasper, & Polletta F., 'Why emotion matters,' in J. Goodwin, J. Jasper, & Polletta (Eds.), *Passionate Politics, Emotions and Social Movements* (Chicago : Univ. Press of Chicago, 2001).
Goodwin, Jeff and James Jasper,' Caught in a Winding, Snarling Vine : The Structural Bias of Political Process Theory,' in J. Goodwin & J. Jasper (Eds.), *Rethinking Social Movements : Structure, Meaning, and Emotion* (Lanham : Rowman & Littlefield Publisher, Inc., 2004).
Gramsci, Antonio, *Selections from the Prison Notebooks*, trans. Quentin Hoare & G. Nowell-Smith (London : Lawrence & Wishart, 1971).
Green, Daniel M., 'Constructivist Comparative Politics : Foundations and Framework,' in Daniel M. Green (ed.), *Constructivism and Comparative Politics* (New York : M. E. Sharpe, 2002).
Grenfell, Michael, *Pierre Bourdieu : Agent Provocateur* (London : Continuum, 2004).
Gutmann, A. and D. Thompson, *Democracy and Disagreement* (Cambridge, MA : Harvard Univ. Press, 1996).
Haaknonssen, Knud, 'Republicanism,' in Robert E. Goodin and Philip Pettit (eds.), *A Companion to Contemporary Political Philosophy* (MA, US : Blackwell Publishing, 2004).

Habermas, J., *Between Facts and Norms : Contributions to a Discursive Theory of Law and Democracy* (Cambridge, MA : MIT Press, 1996).
Habermas, J., *Knowledge and Human Interests* (Boston : Beacon Press, 1971).
Habermas, J., *Logic of the Social Sciences* [Cambridge, Mass. : MIT Press, 1988(1967)].
Habermas, J., *The Theory of Communicative Action, Vol. 2* (Boston : Beacon Press, 1987).
Habermas, Jurgen, 'Modernity - An Incomplete Project,' in Thomas Docherty (ed.), *Postmodernism : R Reader* (New York : Harvester Wheatsheaf, 1993).
Habermas, Jurgen, *The Inclusion of the Other : Studies in Political Theory* (Cambridge, MA.: The MIT Press, 2001).
Hall, Stuart, 'Cultural Studies : Two Paradigms,' in N. B. Dirks, G. Eley, S. B. Ortner (eds.), *Culture/Power/History : A Reader in Contemporary Social Theory* (Princeton : Princeton Univ. Press, 1994).
Hall, Stuart, 'On Postmodernism and Articulation,' in D. Morley and D. K. Chen (eds.), *Stuart Hall* (London : Routledge, 1996).
Hall, Stuart, 'The Question of Cultural Identity,' in S. Hall, D. Held and T. McGrew (eds.), *Modernity and Its Futures* (Cambridge : Polity Press, 1992).
Hall, Stuart, 'The Work of Representation' in S. Hall (ed.) *Representation* (London & Thousand Oaks, CA : Sage, 1997).
Hamilton, W. D., 'The general evolution of social behavior Ⅰ and Ⅱ,' *Journal of Theoretical Biology,* 7(1964).
Hannerz, Ulf, *Cultural Complexity: Studies in the Social Organization of Meaning* (Columbia Univ. Press, 1992).
Harding, Garrett, 'The Tragedy of the Commons,' *Science, 162* (December 13, 1968).
Harding, Sandra (ed.), *The Feminist Standpoint Theory Reader : Intellectual and Poltical Controversies* (New York : Routledge, 2003).
Harding, Sandra, 'Negotiating with the Positivist Legacy : New Social Justice Movements and a Standpoint Politics of Method,' in George Steinmetz (ed.), *The Politics of Methods in the Human Sciences* (Durham/London : Duke Univ. Press, 2005).
Hardt, Michael and Antonio Negri, *Empire* (Cambridge, Mass. : Harvard Univ. Press, 2000).
Harre, Rom, *The Philosophies of Science : An Introductory Survey* (Oxford : Oxford Univ. Press, 1972).
Hartsock, Nancy C. M., 'The Feminist Standpoint : Developing the Ground for a Specifically Feminist Historical Materialism (1983),' in Sandra Harding (ed.), The Feminist Standpoint Theory, *op cit.,* pp. 35-37, pp. 41-42.
Harvey, David, *The Condition of Postmodernity : An Inquiry into the Origins of Cultural Change* (Oxford : Basil Blackwell, 1989).
Hawkes, Terrence, *Structuralism & Semiotics* (Berkeley, Calif. : Univ. of California Press, 1977).
Hay, Colin, 'The "crisis" of Keynesianism and the rise of neo-liberalism in Britain : an ideational institutionalist approach,' in J. L. Campbell and O. K. Pedersen (eds), *The Second Movement in Institutionalist Analysis* (Princeton NJ : Princeton Univ. Press, 2001).
Hay, Colin, "Structure and Agency," in David Marsh and Gerry Stoker (eds.), *Theory and Methods in Political Science* (New York : St. Martin's Press, 1995).
Hay, Colin, *Political Analysis : A Critical Introduction* (New York : Palgrave, 2002).
Heilbroner, R., *An Inquiry into the Human Prospect* (New York : HarperRow, 1974)
Held, David & Anthony McGrew, David Goldblatt & Jonathan Perraton, *Global Transformations : Politics, Economics and Culture* (Stanford : Stanford Univ. Press,

1999).
Hempel, Carl G., *Philosophy of Natural Science* (Englewood Cliffs, N. J. : Prentice-Hall Inc., 1966).
Heywood, Andrew, *Political Ideologies,* Third Ed. (New York : Palgrave Macmillan, 2003).
Hindess, Barry, 'Marxism,' in Robert E. Goodin and Philip Pettit (eds.), *A Companion to Contemporary Political Philosophy* (Malden, MA : Blackwell Publishing, 2004).
Hodder, I., *Archaeological Theory Today* (Cambridge: Polity, 2001).
Hodder, I., *Reading the Past,* Second Ed. (Cambridge : Cambridge Univ. Press, 1991).
Hoffman, John and Paul Graham, 'Ecologism,' in John Hoffman and Paul Graham, *Introduction to Political Theory* (Essex : Pearson Education Limited, 2006).
Huntington, Samuel P., *The Third Wave : Democratization in the Late Twentieth Century* (Norman and London : Univ. of Oklahoma Press, 1991).
Hurrell, A. and B. Kingsbury, *The International Politics of the Environment* (Oxford : Clarendon Press, 1992).
Hutchings, K., *International Political Theory* (London : Sage, 1999).
Ikenberry, G. J., *After Hegemony* (Princeton : Princeton Univ. Press, 2001), Ch. 1.
Inglehard, R., *The Silent Revolution* (Princeton : Princeton Univ. Press, 1977).
Inglehart, R., *Cultural Shift in Advanced Industrial Society* (Princeton : Princeton Univ. Press, 1990).
Inglehart, Ronald, 'The Renaissance of Political Culture,' *American Political Science Review*, 82.
Inglehart, Ronald, *Culture Shift* (Princeton : Princeton Univ, Press, 1990).
James, William, *Pragmatism : A New Name for Some Old Ways of Thinking* (Cambridge, MA : Harvard Univ. Press, 1907).
Jameson, Fredric, 'Postmodernism, or the Cultural Logic of Late Capitalism,' *New Left Review, 146* (1984).
Jenkins, Richard, *Pierre Bourdieu,* revised ed. (New York: Routledge, 2002).
Jenks, Chris, *Culture*, Second Ed. (London & New York : Routledge, 2005).
Jervis, Robert, *Perception and Misperception in International Politics* (Princeton, N. J.: Princeton Univ. Press, 1976).
Jervis, Robert, *System Effects : Complexity in Political and Social Life* (Princeton, N. J. : Princeton Univ. Press, 1997).
Jessop, Bob, *State Theory : Putting the Capitalist State in its Place* (Univ. Park, PA.: The Pennsylvania State Univ. Press, 1990).
Jessop, Bob, *The Future of the Capitalist State* (Cambridge, UK : Polity Press, 2002).
John, P., 'Ideas and interests; agendas and implementation; an evolutionary explanation of policy change in British local government finance,' *British Journal of Politics and International Relations* 1: 1(1999).
John, P., *Analyzing Public Policy* (London : Cassell, 1998);
Johnson, Chalmers, 'Political institutions and economic performance : the government-business relationship in Japan, South Korea, Taiwan,' in Frederic Deyo (ed.), *The Political Economy of the New Asian Industrialization* (Ithaca : Cornell Univ. Press, 1987).
Johnson, Chalmers, MITI and the Japanese Miracle : The Growth of Industrial Policy, 1925-1975 (Stanford : Stanford Univ. Press, 1982).
Kalberg, Stephen, *Max Weber's Comparative Historical Sociology* (Cambridge : Polity Press, 1994).
Kaspersen, Lars Bo, *Anthony Giddens : An Introduction to a Social Theorist* (Oxford :

Blackwell Publishers, 2000).
Katznelson, Ira, 'Structure and Configuration in Comparative Politics,' in Mark Irving Lichbach and Alan S. Zuckerman (eds.), *Comparative Politics : Rationality, Culture and Structure* (Cambridge : Cambridge Univ. Press, 1997).
Keat, Russel and John Urry, *Social Theory as Science,* Second Edition (London : Routledge and Kegan Paul, 1982).
Kellner, Douglaus, *Jean Baudrillard : From Marxism to Postmodernism and Beyond* (Cambridge : Polity Press, 1989).
Kelly, Duncan, "Karl Marx and Historical Sociology," in Gerard Delanty and Engin F. Isin (eds.), *Handbook of Historical Sociology* (London : Sage Publications, 2003).
Kendall, Gavin and Gary Wickham, *Using Foucault's Methods* (London : Sage Publications, 1999).
Keohane, R. O., After Hegemony (Princeton : Princeton Univ. Press, 1984).
Keohane, R. O., *International Institutions and State Power : Essays in International Relations Theory* (Boulder, Col.: Westview, 1989).
Keohane, Robert O. & Joseph S. Nye Jr, 'Introduction,' in Joseph S. Nye and John D. Donahue (eds.), *Governance in a Globalizing world* (Washington, D. C.: Brookings Institute Press, 2000).
Keohane, Robert O. and Joseph S. Nye, 'Realism and Complex Interdependence,' in Frank J. Lechner and John Boli (eds.), *The Globalization Reader, Second Edition* (Malden, MA : Blackwell Publishing, 2004).
Keohane, Robert O. and Joseph S. Nye, *Power and Interdependence, Third Edition* (Addison-Wesley, 2001).
Kerr, Peter, 'Saved from extinction : evolutionary theorising, politics and the state,' *British Jouranal of Politics and International Relations,* Vol. 4, No. 2 (June 2002).
Kertzer, David I., *Ritual Politics and Power* (New Haven and London : Yale Univ. Press, 1988).
King, Anthony, "Structure and Agency," in Austin Harrington, *Modern Social Theory: An Introduction* (Oxford : Oxford Univ. Press, 2005).
King, Gary, Robert Keohane, Sidney Verba, *Designing Social Inquiry* (Princeton : Princeton Univ. Press, 1994).
Kitcher, Philip, *Science, Truth and Democracy* (Oxford : Oxford Univ. Press, 2001).
Kovel, Joel, 'Narcissism and the Family,' in Joel Kovel, *The Radical Spirit : Essays on Psychoanalysis and Society* (London : Free Association, 1988).
Krasner, Stephen D., 'Sovereignty : An Institutional Perspective,' *Comparative Political Studies,* Vol. 21, No. 2 (July 1988).
Kratochwil, Friedrich V., 'Evidence, Inference, and Truth as Problems of Theory Building in the Social Sciences,' in R,. Lebow and M. Lichbach (eds.), *Theory and Evidence in Comparative Politics and International Relations* (New York : Palgrave Macmillan, 2007).
Krieger, Joel, 'Egalitarian Social Movements in Western Europe : Can They Survive Globalization and EMU ?' *International Studies Review* 3 (1999).
Kristeva, J., *New Maladies the Soul* (New York : Columbia Univ. Press, 1993).
Kristeva, J., *Tales of Love* (New York : Columbia Univ. Press, 1987).
Kristeva, Julia, *Revolution in Poetic Language* (New York : Columbia Univ. Press, 1984).
Krouse, Richard and Michael McPherson, 'Capitalism, "Property-Owning Democracy," and the Welfare State,' in Amy Gutmann (ed.), *Democracy and Welfare State* (Princeton: Princeton Univ. Press, 1988).
Krugman, Paul, *The Return of Depression Economics and the Crisis of 2008* (New York : W. W. Norton & Company, Inc., 2009).

Kuhn, Thomas, *The Structure of Scientific Revolution,* 2nd ed., enlarged (Chicago : The Univ. of Chicago Press, 1970).
Kurzwell, Edith, *The Age of Structuralism : Levi-Strauss to Foucault* (New York : Columbia Univ. Press, 1980).
Kymlicka, Will, 'Community,' in Robert E. Goodin & Philip Pettit (eds.), A Companion to Contemporary Political Philosophy, *op, cit.*, pp. 371-376.//
Kymlicka, Will, *Contemporary Political Philosophy,* Second Ed. (Oxford : Oxford Univ. Press, 2002).
Lacan, Jacques, *Ecrits : A Selection* (London : Tavistock, 1977).
Laitin, David, 'National Revivals and Violence,' *Archives Europeennes de Sociologie,* 36 (1995).
Lasch, Christopher, *The Culture of Narcissism* (London : Abacus, 1979).
Lash, Scott, *Sociology of Postmodernism* (London & New York : Routledge, 1990). Patrick Baert, *Philosophy of the Social Sciences : Toward Pragmatism* (Cambridge : Polity Press, 2005).
Lasswell, Harold D., *Psychopathology and Politics* (New York : Viking Press, 1960).
Latour, Bruno and Steve Woolgar, *Laboratory Life : The Construction of Scientific facts* (Princeton : Princeton Univ. Press, 1986).
Lawson, T., *Economics and Reality* (London : Routledge, 1997).
Lebow, Richard Ned, 'What Can We Know ? How Do We Know ?,' in Richard Ned Lebow and Mark Irving Lichbach (eds.), *Theory and Evidence in Comparative Politics and International Relations* (New York : Palgrave Macmillan, 2007).
Lechner, J., 'Global Fundamentalism,' in William H. Swatos (ed.), *A Future for Religion* (Sage Publications, 1993).
Levi-Strauss, Clause, *The Elementary Structures of Kinship* (Boston : Beacon Press, 1949).
Levy, Jack S., 'Political Psychology and Foreign Policy,' in David O. Sears, Leonie Huddy, Robert Jervis, *Oxford Handbook of Political Psychology* (Oxford : Oxford Univ. Press, 2004).
Linz, Juan J. & Alfred Stepan, *Problems of Democratic Transition and Consolidation : Southern Europe, South America, and Post-Communist Europe* (Baltimore : The Johns Hopkins Univ. Press, 1996).
Litan, Robert E., 'On Rectification in Nozick's Minimal State,' in *Political Theory,* 5(2), 1977.
Longino, Helen, *The Fate of Knowledge* (Princeton : Princeton Univ. Press, 2002).
Luhmann, N., 'The differentiation of advances in knowledge,' in N. Stehr and V. Meja (eds), *Society and Knowledge : Contemporary Perspective in the Sociology of Knowledge* (London : Transaction Books, 1984).
Luhmann, Niklas, 'The autopoiesis of social systems,' in Felix Geyer and Hohnnes van der Zouwen (eds.), *Sociocybernetics Paradoxes : Observation, Control and Evolution of Self-steering Systems* (London : Sage, 1986).
Luhmann, Niklas, *The Differentiation of Society* (New York : Columbia Univ. Press, 1982).
Lukes, Steven, *Marxism and Morality* (Oxford : Oxford Univ. Press, 1985).
Lyons, M., 'Presidential character revisited,' *Political Psychology, 18* (1997).
Lyotard, J., *Political Writings* (Minneapolis : Univ. of Minnesota Press, 1993).
Lyotard, J., *The Postmodern Explained : Correspondence, 1982-1985*, (Minneapolis : Univ. of Minnesota, 1986).
Lyotard, Jean-Francois, *The Postmodern Condition : A Report on Knowledge* (Minneapolis : Univ. of Minnesota Press, 1979).
MacIntyre, A., *After Virtue: A Study of Moral Theory* (London : Duckworth, 1981).

Macraild, Donald M. and Avram Taylor, *Social Theory and Social History* (New York : Palgrave Macmillan, 2004).
Mahoney, James and Dietrich Rueschemeyer, "Comparative Historical Analysis," in James Mahoney and Dietrich Rueschemeyer (eds.), *Comparative Historical Analysis in the Social Sciences* (Cambridge : Cambridge Univ. Press, 2003).
Mansbridge, Jane and Susan Okin, 'Feminism,' in Robert E. Goodin and Philip Pettit (eds.) *A Companion to Contemporary Political Philosophy* (Malden, MA : Blackwell Pulbishing, 2004).
Marcus, G. E. & M. J. Fischer, *Anthropology as Cultural Critique*, Second Ed. (Chicago : Univ. of Chicago Press, 1999.
Marcuse, H., *Eros and Civilization* (London : Ark, 1956).
Marx, K., "The Class Struggles in France," in Selected Works, Vol. I, (Moscow: Foreign Language Publishing House, 1962).
Masters, R. D., 'On the evolution of political communities : The paradox of Eastern and Western Europe in the 1990s,' in M. T. McGuire, (ed.), *Human Nature and the New Europe* (Boulder, CO : Westview Presss, 1993).
Maxwell, Richard, 'Cultural Studies,' in Gary Browning, Abigali Halcli, Frank Webster (eds.), *Understanding Contemporary Society : Theories of the Present* (London : Sage Publications, 2000).
Mayr, Ernst, *What Evolution is* (New York : Basic Books, 2001).
Mayhew, Leon H.(ed.), *Talcott Parsons : On Institutions and Social Evolution* (Chicago : The Univ. of Chicago Press, 1982).
McGuire, J. E., 'Scientific Change : Perspectives and Proposals,' in Merrilee H. Salmon et. al., *Introduction to the Philosophy of Science* (Englewood Cliffs, N. J. : Prentice Hall, 1992).
McHoul, Alec and Wendy Grace, *A Foucault Primer : Discourse, Power and the Subject* (New York : New York Univ. Press, 1993).
Meadows, Donella H., Dennis L. Meadows, Jorgen Randers, and William W. Behrens III, *The Limits to Growth* (Washington, D. C.: Potomac Associates, 1972).
Mellor, Mary, *Breaking the Boundaries* (London : Virago, 1992).
Meyer, John, et. al., 'World Society and the Nation-State,' *American Journal of Sociology* (1977).
Mihic, Sophia, Stephen G. Engelmann, Elizabeth Rose Wingrove, 'Making Sense in and of Political Science : Facts, Values, and "Real" Numbers,' in George Steinmetz (ed.), *The Politics of Methods in the Human Sciences* (Durham/London : Duke Univ. Press, 2005).
Millertt, Kate, *Sexual Politics* (New York : Doubleday, 1970).
Millstein, Robert L., 'Evolution,' in Peter Machmer and Michael Silberstein (Eds.), *Philosophy of Science* (Malden, Mass.: Blackwell Publishers, 2002).
Modelski, George, 'Globalization as evolutionalry process,' in George Modelski, Tessaleno Devezas and William R. Thompson (eds.), *Globalization as Evolutionary Process : Modeling Global Change* (London : Routledge, 2008).
Moore, Barrington, Jr., *Social Origins of Dictatorship and Democracy : Lord and Peasant in the Making of the Modern World* (Boston : Beacon Press, 1966).
Morawski, Ewa, *Insecure Prosperity : Small-Town Jews in Industrial America 1890-140 - An Ethnicisation qua Structuration Approach* (Princeton : Princeton Univ. Press, 1996).
Mueller, Carol M., 'Building Social Movement Theory,' in Aldon D. Morris and Carol M. Mueller (eds.), *Frontiers in Social Movement* (New Haven : Yale Univ. Press, 1992).
Naess, Arne, 'The shallow and the deep, long-range ecology movement. A

summary,' *Inquiry,* 16 (1973).
Nathan, Andrew J., 'Authoritarian Resilience,' in Bernard E. Brown (ed.), *Comparative Politics : Notes and Readings*, Tenth Edition (Belmont, CA : Thomson-Wadsworth, 2006).
Newcomb, T. M., 'Approach to the Study of Communicative Acts,' *Psychological Review,* Vol. 60(1953).
Nietzsche, F., *Beyond Good and Evil : Prelude to a Philosophy of the Future* (London : Allen & Unwin, 1967).
Nietzsche, F., *On the Geneology of Morals* (New York : Vintage Books, 1969).
Nietzsche, F., *The Will to Power* (London : Weidenfeld & Nicolson, 1968).
North, D., 'Five Propositions about Institutional Change,' in Jack Knight and Itai Sened(eds.), *Explaining Social Institutions* (Ann Arbor : Univ. of Michigan Press, 1995).
Nozik, Robert, *Anarchy, State, and Utopia* (New York : Basic Books, Inc., 1974).
O'Donnell, Guillermo, 'Illusions about Consolidation,' in Larry Diamond and Marc F. Flatter (eds.), *The Global Divergence of Democracies* (Baltimore and London : The Johns Hopkins Univ. Press, 2001).
O'Farrell, Clare, *Foucault : Historian or Philosopher ?* (London : Macmilan, 1989).
O'Neil, John, *Ecology, Policy and Politics : Human Well-Being and the Natural World* (London : Routledge, 1993).
O'Riordan, T., 'The Challenge of Environmentalism,' in R. Peet and N. Thrift (eds.), *New Models in Geography* (London : Unwin Hyman, 1989).
O'Riordan, T., *Environmentalism* (London : Pion, 1981).
Okin, S. M., Justice, Gender and the Family (New York : Basic Books, 1989).
Olson, M., *The Logic of Collective Action* (Cambridge, MA : Harvard Univ. Press, 1968).
Ophuls, W., 'The Politics of a Sustainable Society,' in D. Pirages (ed.), *The Sustainable Society* (New York : New York : Praeger, 1977).
Parekh, Bikhu, *Rethinking Multiculturalism : Cultural Diversity and Political Theory* (Basingstoke : Palgrave, 2000).
Parsons, Talcott, *The System of Modern Societies* (Englewood Cliffs, N. J.: Prentice-Hall Inc., 1971).
Pasha, Mustapha Kamal, 'Globalization, Islam and Resistance,' in Barry K. Gills (ed.), *Globalization and the Politics of Resistance* (Macmillan, 2000).
Paterson, Matthew, 'Green Politics,' in Scott Burchill, et. al., *Theories of International Relations, Third Ed.* (New York: Palgrave, 2005).
Peirce, C. S., *The Essential Peirce,* Vol. 1 (Bloomington : Indiana Univ. Press, 1992-1999).
Pellizzoni, Luigi, 'The myth of the best argument : power, deliberation and reason,' *The British Journal of Sociology,* Vol. 52, No. 1 (March 2001).
Pepper, D., *Communes and the Green Vision : Counterculture, Lifestyle and New Age* (London : Green Print, 1991).
Pepper, David, 'Environmentalism' in Carey Browning, Abigail Halcli, Frank Webster (eds.), *Understanding Contemporary Society : Theories of the Present* (London : Sage Publications, 2000).
Pierson, Paul, 'Big, Slow-Moving, and … Invisible : Macrosocial Processes in the Study of Comparative Poltics,' in James Mahoney and Dietrich Rueschemeyer (eds.), *Comparative Historical Analysis in the Social Sciences* (Cambridge : Cambridge Univ. Press, 2003).
Poggi, Gianfranco, "Classical Social Theory, Ⅲ : Max Weber and Georg Simmel," in Austin Harrington (ed.), *Modern Social Theory : An Introduction* (Oxford : Oxford Univ. Press, 2005).

Popper, Karl R., *The Logic of Scientific Discovery* (New York : Science Editions, Inc., 1961).
Porritt, J., *Seeing Green* (Oxford : Blackwell, 1984).
Poulantzas, Nicos, *Political Power and Social Classes* (London : New Left Books, 1974).
Prado, C. G., *Starting with Foucault : An Introduction to Genealogy* (Boulder : Westview Press, 1995).
Prakash, Gyan, 'Rethinking the Social and Postcoloniality,' in Patrick Joyce (ed.), *The Social in Question : New Bearings in History and the Social Sciences* (London : Routledge, 2001).
Putnam, Robert D., *Making Democracy Work : Civic Tradition in Modern Italy* (Princeton : Princeton Univ. Press, 1993).
Rabinow, Paul, 'Introduction,' in P. Rabinow (ed.), *Foucault : Reader* (New York : Pantheon Books, 1984).
Rapport, N., 'Edifying Anthropology : Culture as Conversation : Representation as Conversation,' in Al James, J. Hockey and A. Dawson (eds), *After Writing Culture* (London : Routledge, 1997).
Rawls, John, *A Theory of Justice* (Cambridge, Mass. : The Belknap Press of Harvard Univ. Press, 1971).
Risse, Thomas, 'Social Constructivism Meets Globalization,' in David·Held & Anthony McGrew (eds.), *Globalization Theory : Approaches and Controversies* (Cambridge : Polity Press, 2007).
Ritzer, George, *Sociological Theory*, Fifth Ed., (New York : The McGraw-Hill Cos, 2000).
Roemer, John, *Free to Lose : An Introduction to Marxist Economic Philosophy* (Cambridge, Mass. : Harvard Univ. Press, 1988).
Rorty, R., *Achieving Our Country* (Cambridge, Mass. : Harvard Univ. Press, 1998).
Rorty, R., *Contingency, Irony, and Solidarity* (Cambridge : Cambridge Univ. Press, 1989), Part III.
Rorty, R., *Philosophical Papers, Vol. 2 : Essays on Heidegger and Others* (Cambridge : Cambridge Univ. Press, 1995), Part III.
Rorty, Richard, 'Feminism and Pragmatism,' in R. S. Goodman (ed.), *Pragmatism* (New York : Routledge, 1995).
Rorty, Richard, *Consequences of Pragmatism* (Brighton : Harvester Press, 1982).
Rorty, Richard, *Philosophical Papers, Vol. 1 : Objectivity, Relativism, and Truth* (Cambridge : Cambridge Univ. Press, 1991).
Rorty, Richard, *Philosophical Papers, vol. 3 : Truth and Progress* (Cambridge : Cambridge Univ. Press, 1998).
Rorty, Richard, *Philosophy and Social Hope* (Harmondsworth : Penguine, 1999).
Rorty, Richard, *Philosophy and the Mirror of Nature* (Princeton, New Jersey : Princeton Univ. Press, 1979).
Rosanvallon, Pierre, 'The Development of Keynesianism in France,' in Peter Hall (ed.), *The Political Power of Economic Ideas : Keynesianism across Nations* (Princeton : Princeton Univ. Press, 1989).
Rosenberg, Alexander, *Philosophy of Social Science*, Third Ed. (Boulder, Co : Westview Press, 2008).
Rosenberg, Alexander, 'A Field Guide to Recent Species of Naturalism,' in Alexander Rosenberg, *Darwinism in Philosophy, Social Science and Policy* (Cambridge : Cambridge Univ. Press, 2000).
Ross, M., *The Culture of Conflict : Interpretations and Interests in Comparative Perspective* (Hew Haven : Yale Univ. Press, 1993).
Ross, Marc Howard, 'Culture and Identity in Comparative Analysis,' in Mark I.

Lichbach and Alan. S. Zuckerman (eds.) *Comparative Politics : Rationality, Culture, and Structure* (Cambridge : Cambridge Univ. Press, 1997).
Rothkopf, David, 'In Praise of Cultural Imperialism?,' *Foreign Policy,* 107 (Summer, 1997).
Rouse, Joseph, *Engaging Science : How to Understand Its Practices Philosophically* (Ithaca, NY : Cornell Univ. Press, 1996).
Rudner, Richard, *Philosophy of Social Science* (Englewood Cliffs, N. J.: Princeton Univ. Press, 1966).
Ryckman, Richard M., *Theories of Personality,* Ninth Edition (Belmont, CA : Thomson, 2008).
Sachs, Jeffrey, 'International Economics : Unlocking the Mysteries of Globalization,' in Patrick O'Meara, Howard D. Mehlinger, and Matthew Krain (eds.), *Globalization and Challenges of a New Century : A Reader* (Bloomington and Indianapolis : Indiana Univ. Press, 2000).
Said, Edward, *Orientalism* (London: Routledge, 1978).
Salleh, A., *Ecofeminism as Politics : Nature, Marx and the Postmodern* (London : Zed Books, 1997).
Sandel, Michael J., *Democracy's Discontent: America in Search of a Public Philosophy* (Cambridge, Mass. : Cambridge Univ. Press, 1996).
Sandel, Michael J., *Liberalism and the Limits of Justice* (Cambridge : Cambridge Univ. Press, 1982).
Sarup, Madan, *An Introductory Guide to Post-structuralism and Postmodernism* (New York : Harvester Wheatsheaf, 1988).
Saussure, Ferdinand de, *Course in General Linguistics,* (London : Peter Owen, 1916).
Sayer, Andrew, *Realism and Social Science* (London : Sage, 2000), chs 7, 8.
Scholte, Jan Aart, 'The globalization of world politics,' in John Baylis & Steve Smith (eds.), *The Globalization of World Politics : An Introdunction to International Relations, Second Ed.* (Oxford : Oxford Univ. Press, 2001).
Scholte, Jan Aart, *Globalization : A Critical Introduction, Second Edition* (New York : Palgrave Macmillan, 2005).
Schwartz, S. H., 'Influences of adaptation to communist rule on value priorities in Eastern Europe,' in *Political Psychology,* 18(1997).
Scruton, Roger, 'Conservatism,' in Andrew Bobson and Robyn Eckersley (eds.), *Political Theory and the Ecological Challenge* (Cambridge : Cambridge Univ. Press, 2006).
Searle, John, *The Construction of Social Reality* (New York : Free Press, 1995).
Seidman, Steven & Jeffrey C. Alexander (ed.), *The New Social Theory Reader: Contemporary Debates* (New York: Routledge, 2001)
Seidman, Steven, 'Introduction,' in S. Seidman (ed.), *Jurgen Habermas on Society and Politics : A Reader* (Boston : Beacon Press, 1989).
Seidman, Steven, *Contested Knowledge : Social Theory in the Postmodern Era, Second Edition* (Malden, MA : Blackwell Publishers, 1998).
Seung, T. K., *Structuralism and Hermeneutics* (New York : Columbia Univ. Press, 1982).
Sewell, William, 'Ideologies and Social Revolutions : Reflections on the French Case,' in Theda Skocpol (ed.), *Social Revolutions in the Modern World* (Cambridge : Cambridge Univ. Press, 1994).
Shapiro, Ian, 'Problems, methods, and theories in the study of politics, or : what's wrong with political science and what to do about it,' in Ian Shapiro, Robeers M. Smith, and Tar다 E. Maoud (eds.), *Problems and Methods in the Study of Politics* (Cambridge : Cambridge Univ. Press, 2004).
Shwartz, Shalom H., 'Universals in the content and structure of values,' in M. P.

Zenna (Ed.), *Advances in Experimental and Social Psychology*. Vol. 25 (New York : Academic Press, 1992).

Silver, Jerry, *Global Warming & Climate Change Demystified* (New York : McGraw-Hill, 2008).

Simon, Bernd & Bert Klandermans, 'Politicized Collective Identity,' *American Psychologist,* 56(2001).

Simon, Julian and Herman Kahn, *The Resourceful Earth* (Oxford : Basil Blackwell, 1984).

Sklair, Leslie, "Transnational Practices, Corporations, Class and Consumerism," in *Globalization : Capitalism and its Alternatives,* 3rd edn. (Oxford University Press, 2002).

Smart, Barry, 'Modernity and Postmodernity : Part I,' in Austin Harrington (ed.), *Modern Social Theory* (Oxford : Oxford Univ. Press, 2005).

Smith, Dorothy, 'Women's Perspective as a Radical Critique of Sociology,' in Sandra Harding (ed.), *The Feminist Standpoint Theory Reader : Intellectual and Political Controversies* (New York : Routledge, 2003[1972]).

Snow, D. A. et. al., 'Frame alignment process, micro-mobilization and movement participation,' *American Sociological Review*, 51(1986).

Solomon, Miriam, *Social Empiricism* (Cambridge, MA : MIT Press, 2001).

Soper, Kate, 'An Alternative Hedonism,' *Radical Philosophy* 92(1998).

Spillman, Lyn, 'Introduction : Culture and Cultural Sociology,' in Lyn Spillman (ed.), *Cultural Sociology* (Malden, MA : Blackwell, 2002).

Spivak, G. C., 'Translator's Preface,' in Jacques Derrida, *Of Grammatology*, translated by G. C, Spivak (Baltimore: The John's Hopkins Univ. Press, 1976).

Spivak, Gayatri Chakravorty, 'Translator's Preface,' in Jacque Derrida, *Of Grammatology,* translated by Gayatri Chakravorty Spivak(Baltimore : The Johns Hopkins Univ. Press, 1976).

Steger, M. B., 'Introduction,' in M. B. Steger (ed.), *Rethinking Globalism* (Lanham : Rowman & Littlefield Publishers, Inc., 2003).

Steinmetz, George (ed.), *State/Culture : State-Formation after the Cultural Turn* (Ithaca and London : Cornell Univ. Press, 1999).

Steinmo, Sven, Kathleen Thelen, and Frank Lonstreth (eds.), *Structuring Politics : Historical Institutionalism in Comparative Analysis* (Cambridge : Cambridge Univ. Press, 1992).

Stiglitz, Joseph E., *The American Prospect, 13* (January 1-14, 2002).

Stoett, P., 'Cities to love or loathe ?, *Environmental Politics* (1994), 3(2).

Stokes, Geoffrey, 'Democracy and Citizenship,' in April Carter & Geoffrey Stokes (eds.), *Democratic Theory Today : Challenges for the 21st Century* (Cambridge : Polity Press, 2002).

Stones, Rob, *Structuration Theory* (New York : Palgrave Macmillan, 2005).

Swidler, Ann, 'Cultural Power and Social Movements,' in Lane Crothers and Charles Lockhrt (eds.), *Culture and Politics : A Reader* (New York : St. Martin's Press, 2000).

Szasz, S., *Ecopopulism : Toxic Waste and the Movement for Environmental Justice* (Minneapolis : Minnesota Univ. Press, 1994).

Tarrow, S., *Power in movement: Social movements, collective action and mass politics in the modern state* (Cambridge : Cambridge Univ. Press, 1994).

Tarrow, Sidney, *Power in Movement : Social Movements, Collective Actions and Politics* (Cambridge : Cambridge Univ. Press, 1994).

Taylor, Charles, 'The Politics of Recognition,' in A. Gutman (ed.), Multiculturalism (Princeton : Princeton Univ. Press, 1994).

Taylor, Charles, *Philosophy and the Human Sciences* (Cambridge : Cambridge Univ.

Press, 1985).

Tetlock, P. E., 'Coping with trade-offs : Psychological constraints and political implications,' in S. Lupia, M. MKcCubbins, & S. Popkin (Eds.) *Political reasoning and choice* (Berkeley : Univ. of California Press, 2000).

The Hermeneutics of the Subject (1981-1982); Government of the Self and Others (1982-1983); The Government of the Self and Others : The Courage of Truth (1983-1984).

Thompson, E. P., *The Making of the English Working Class* (New York : Pantheon, 1963).

Tibi, Bassam, *The Challenge of Fundamentalism : Political Islam and the New World Disorder* (University of California Press, 1998).

Tilley, C., 'Archaeology as Socio-Political Action in the Present,' in D. S. Whitley (ed.), *Reader in Archaeological Theory* (London : Routledge, 1998).

Tokar, B., *The Green Alternative*(2nd edn) (San Pedro: R. and E. Miles, 1994).

Turner, Jonathtan, *The Structure of Sociological Theory, 7th ed.* (Belmont, CA : Wadsworth/Thomson, 2003).

Tversky, A. & D. Kahneman, *Judgement under Uncertainty : Heuristics and Biases* (Cambridge, UK: Cambridge Univ. Press, 1982).

Urry, J., *Global Complexity* (Cambridge : Polity, 2003).

Vattimo, Gianni, *The End of Modernity : Nihilism and Hermeneutics in Postmodern Culture,* translated by Jon R. Snyder (Baltimore : The Johns Hopkins Univ. Press, 1988).

Vogler, J., *The Global Commons : A Regime Analysis* (London : Routledge, 1995).

Volkan, V., 'Narcissistic personality organization and reparative personality,' *International Journal of Group Psychology*, 30 (1980).

Volosinov, V. N., *Marxism and the Philosophy of Language* (London : Seminar Press, 1973).

Waldner, David, *Theory and Evidence in Comparative Politics and International Relations* (New York : Palgrave Macmillan, 2007).

Wallerstein, Immanuel, *Historical Materialism* (London : Verso Edition, 1983)

Wallerstein, Immanuel, *The Capitalist World-Economy* (Cambridge : Cambridge Univ. Press, 1979).

Wallerstein, Immanuel, *The Modern World System : Capitalist Agriculture and the Origins of the European World Economy in the Sixteenth Century*, text ed. (New York : Academic Press, 1976).

Ward, Hugh, 'Evolution and regulation : economism rediscovered,' *Essex Papers in Politics and Government,* No. 64(1989).

Ward, Hugh, 'The possibility of an evolutionary explanation of the state's role in modes of regulation,' in J. Stanyer and G. Stoker (eds), *Contemporary Political Studies,* 1997, Vol. 1 (Exter: PSA).

Warnke, Georgia, *Gadamer : Hermeneutics, Tradition, and Reason* (Oxford : Polity Press, 1987).

Warren, Mark, 'Deliberative Democracy,' in April Carter & Geoffrey Stokes (eds.), *Democratic Theory Today* (Cambridge : Polity, 2002).

Waugh, Patricia (ed.), *Postmodernism : A Reader* (London : Edward Arnold, 1992).

Weber, Max, *Economy and Society : An Outline of Interpretative Sociology,* Edited by Guenther 깨소 and Claus Wittich, (New York : Bedminster Press, 1968).

Weber, Max, *The Protestant Ethic and the Spirit of Capitalism,* Originally in German, 1904-5, (London : Routledge, 1992).

Weir, Margaret, 'Ideas and Politics : The Acceptance of Keynesianism in Britain and the United States,' in Peter Hall (ed.), *The Political Power of Economic Ideas : Keynesianism across Nations* (Princeton : Princeton Univ. Press, 1989).

Wendt, Alexander, 'Anarchy is What States Make of it : Social Construction of Power Politics,' in *International Organization,* Vol. 46, Issue 2 (Spring, 1992).
Wendt, Alexander, 'Social Theory as Cartesian science: An Auto-critique from a quantum perspective,' in Stefano Guzzini and Anna Leander (eds.), *Constructivism and International Relations : Alexander Wendt and his critics* (London and New York : Routledge, 2006).
Wendt, Alexander, *Social Theory of International Politics* (Cambridge : Cambridge Univ. Press, 1999).
Williamson, J., *Decoding Advertisement* (London : Marion Boyars, 1978).
Willis, P., *Learning to Labour* (Farnborough: Saxon House, 1977).
Wilson, Edward O., *Sociobiology : The New Synthesis* (Cambridge, Mass. : The Belknap Press of Harvard Univ. Press, 2000).
Wittgenstein, Ludwig, *Philosophical Investigations,* translated by G. E. M. Anscombe (Oxford : Basil Blackwell, 1978).
World Commission on Environment and Development, *Our Common Future* (1987).
Young, I. M., *Inclusion and Democracy* (Oxford : Oxford Univ. Press, 2000).
Young, O. R., *International Governance : Protecting the Environment in a Stateless Society* (Ithaca : Cornell Univ. Press, 1994).
김영래, "환경운동단체의 활약", 김영래 외, 『환경과 사회: 인간, 생명, 그리고 생태』(오름, 2007).
남궁곤, "웬트가 양자로 간 까닭은?", 『한국정치학회보』 42(2), 2008(여름).
오명호, 『한국현대정치사의 이해』(오름, 1999).
오명호, 『현대정치학방법론』(박영사, 1995).
오명호, 『현대정치학이론 Ⅱ』(박영사, 2004).
오명호, 『현대정치학이론』(박영사, 1990).
이화수, "생태사회학: 쟁점과 접근", 김영래 외 『환경과 사회』(오름, 2007).
진미경, "녹색정치와 녹색운동", 김영래 외 『환경과 사회』(오름, 2007).
허찬국 · 안순권 · 김창배, 『글로벌 금융위기의 파장과 대응방안』(한국경제연구원, 2009).

찾아보기

인명

용어

기타